Verfall und Verjährung von Urlaubsansprüchen bei unterlassener Mitwirkung des Arbeitgebers an der Urlaubsverwirklichung

Europäische Hochschulschriften Recht

European University Studies in Law

Publications Universitaires Européennes de Droit

Band/Volume 6773

Leonie van Lessen

Verfall und Verjährung von Urlaubsansprüchen bei unterlassener Mitwirkung des Arbeitgebers an der Urlaubsverwirklichung

PETER LANG

Lausanne - Berlin - Bruxelles - Chennai - New York - Oxford

Bibliografische Information der Deutschen Nationalbibliothek
Die Deutsche Nationalbibliothek verzeichnet diese Publikation in der Deutschen Nationalbibliografie; detaillierte bibliografische Daten sind im Internet über http://dnb.d-nb.de abrufbar.

Zugl.: Hamburg, Bucerius Law School, Diss., 2022

H 360
ISSN 0531-7312
ISBN 978-3-631-91156-3
EBOOK 978-3-631-91157-0
E-PUB 978-3-631-91158-7
DOI 10.3726/b21369

Verlegt durch:
Peter Lang GmbH, Berlin, Deutschland

info@peterlang.com http://www.peterlang.com/

Diese Publikation wurde begutachtet.

Vorwort

Die vorliegende Arbeit wurde im Sommersemester 2022 von der Juristenfakultät der Universität Leipzig als Dissertation angenommen.

Rechtsprechung und Literatur wurden bis einschließlich August 2022 berücksichtigt. Für die Drucklegung konnten neben einzelnen literarischen Beiträge noch bis Mitte des Jahres 2023 erschienene neue Auflagen der zitierten Monografien und Kommentare sowie einzelne bis dahin ergangene Entscheidungen des EuGH und des BAG nachträglich eingearbeitet werden.

Mein herzlicher Dank gebührt zunächst meinem Doktorvater, Herrn Prof. Dr. Burkhard Boemke, nicht nur für die Betreuung dieser Arbeit und meines Promotionsverfahrens, sondern auch für die inspirierende und lehrreiche Zeit, die ich als wissenschaftliche Mitarbeiterin an seinem Lehrstuhl verbringen durfte. Herrn RiBAG Prof. Dr. Sebastian Roloff danke ich herzlich für die Übernahme und äußert zügige Erstellung des Zweitgutachtens.

Meiner Familie, meinen Freunden und Freundinnen danke ich für all den Zuspruch und die Unterstützung während der Promotion, vor allem aber auch für die Ablenkung und die Pausen von dieser.

Mein größter Dank gebührt schließlich meinem Mann – für seine Engelsgeduld, sein Verständnis und seine Unterstützung von der Idee der Arbeit bis zum Tag der mündlichen Prüfung. Ihm ist diese Arbeit gewidmet.

Stuttgart, im Juli 2023

Leonie van Lessen

Inhaltsverzeichnis

§ 1 Einleitung

A. Die neue Rollenverteilung bei der Urlaubsverwirklichung

Dass jedem Arbeitnehmer[1] ein Anspruch auf Erholungsurlaub zusteht, ist heute so selbstverständlich wie der Anspruch auf Zahlung von Arbeitslohn.[2] Die große Bedeutung, die dem Erholungsurlaub in unserer heutigen Gesellschaft zukommt, spiegelt sich dabei nicht nur in dem Bundesurlaubsgesetz (BUrlG)[3] wider, welches seit dem 1. Januar 1995 jedem Arbeitnehmer einen gesetzlichen Mindestjahresurlaub in Höhe von 24 Werktagen (§§ 1, 3 BUrlG) garantiert.[4] Auch auf unionaler Ebene tritt die Bedeutung des Urlaubsanspruchs immer mehr in den Vordergrund. So klassifiziert auch der EuGH den Urlaubsanspruch als *„besonders bedeutsame*[n] *Grundsatz des Sozialrechts der Union* […].“[5]

Zentrale Vorschriften für den Urlaubsanspruch auf unionaler Ebene sind Art. 7 der Richtlinie 2003/88/EG über bestimmte Aspekte der Arbeitszeitgestaltung[6]

---

1 Soweit in dieser Arbeit zur besseren Lesbarkeit das generische Maskulinum verwendet wird, ist dieses geschlechtsneutral (m/w/d) zu verstehen.

2 Im Vergleich zu anderen EU-Staaten hat sich das Recht auf Erholungsurlaub in Deutschland nur zögernd entwickelt, vgl. zur historischen Entwicklung *Polzer*, Die Befristung des Urlaubsanspruchs auf das Kalenderjahr, S. 22 ff.

3 Mindesturlaubsgesetz für Arbeitnehmer (Bundesurlaubsgesetz) vom 08.01.1963, zuletzt geändert durch Art. 3 Abs. 3 des Gesetzes vom 20.04.2013 (BGBl. I, S. 868).

4 Vor dem 1. Januar 1995 bestand lediglich ein Anspruch auf 18 Werktage Urlaub, vgl. Art. 2 des Gesetzes zur Vereinheitlichung des Arbeitszeitrechts (ArbZG) v. 06.06.1994 (BGBl. I 1994, S. 1170, 1177).

5 St. Rspr., vgl. nur EuGH, Urt. v. 18.03.2004 – C-342/01 (Merino Gomez), NZA 2004, 535 Rn. 29: *„besonders bedeutsamer Grundsatz des Sozialrechts der Gemeinschaft“*; EuGH, Urt. v. 16.03.2006 – C-131/04 (Robinson-Steele), NZA 2006, 481 Rn. 48: *„besonders bedeutsamer Grundsatz des Sozialrechts der Gemeinschaft“*; EuGH, Urt. v. 20.01.2009 – C-350/06 (Schultz-Hoff), NZA 2009, 135 Rn. 22: *„besonders bedeutsamer Grundsatz des Sozialrechts der Gemeinschaft“*; EuGH, Urt. v. 24.01.2012 – C-282/11 (Dominguez), NZA 2012, 139 Rn. 16: *„besonders bedeutsamer Grundsatz des Sozialrechts der Union“*; EuGH, Urt. v. 12.06.2014 – C-118/13 (Bollacke), NZA 2014, 651 Rn. 15: *„besonders bedeutsamer Grundsatz des Sozialrechts der Union“*; EuGH v. 25.06.2020 – C-762/18 u.a. (Varhoven kasatsionen), NZA 2020, 1001 Rn. 53: *„besonders bedeutsamer Grundsatz des Sozialrechts der Union“*.

6 Richtlinie 2003/88/EG des Europäischen Parlaments und des Rates v. 04.11.2003 über bestimmte Aspekte der Arbeitszeitgestaltung, ABl. EU L 299 v. 18.11.2003, S. 9–19.

sowie Art. 31 Abs. 2 GRCh[7]. Während letzterer zunächst ganz allgemein bestimmt, dass *„Jede Arbeitnehmerin und jeder Arbeitnehmer* [...] *das Recht* [...] *auf bezahlten Jahresurlaub* [hat]", nimmt Art. 7 der Richtlinie 2003/88/EG noch eine zeitliche Komponente mit auf und garantiert in Abs. 1 jedem Arbeitnehmer einen *„bezahlten Mindestjahresurlaub von vier Wochen"*, der nach Abs. 2 *„außer bei Beendigung des Arbeitsverhältnisses nicht durch eine finanzielle Vergütung ersetzt werden* [darf]."

Obwohl es nach Art. 7 der RL 2003/88/EG grundsätzlich Sache der Mitgliedstaaten ist, die erforderlichen Maßnahmen zu treffen, damit jeder Arbeitnehmer einen bezahlten Mindestjahresurlaub von vier Wochen erhält und sich die *„Bedingungen für die Inanspruchnahme und die Gewährung* [des Urlaubs]" nach *„den einzelstaatlichen Rechtsvorschriften und/oder nach den einzelstaatlichen Gepflogenheiten* [richten]", hat der EuGH in den vergangenen Jahren aus der Vorschrift eine Vielzahl an Vorgaben abgeleitet, die die Mitgliedstaaten bei der Ausgestaltung des (nationalen) Urlaubsanspruchs zu beachten haben.[8] Er hat damit – ohne jede Gesetzesänderung – immer wieder auch für eine *„Umgestaltung des deutschen Urlaubsrechts"*[9] gesorgt.[10]

Zu einer jüngsten Änderung des deutschen Urlaubsrechts kam es im Nachgang an die Entscheidung des EuGH in der Rs. *Max-Planck-Gesellschaft*[11], in

---

7 Charta der Grundrechte der Europäischen Union, ABl. EU C 303 v. 14.12.2007, S. 1.

8 Vgl. nur die Entscheidungen des EuGH v. 25.06.2020 – C-762/18 u.a. (Varhoven kasatsionen), NZA 2020, 1001; v. 04.06.2020 – C-588/18 (Fetico), NZA 2020, 929; v. 06.11.2018 – C-569/16 und C-570/16 (Bauer/Willmeroth), NZA 2018, 1467; v. 04.10.2018 – C-12/17 (Dicu), NJW 2019, 825; v. 29.11.2017 – C-214/16 (King), NZW 2017, 1591; v. 20.07.2016 – C-341/15 (Maschek), EuZW 2016, 666; v. 26.03.2015 – C-316/13 (Fenoll), NZA 2015, 1444; v. 12.06.2014 – C-118/13 (Bollacke), NJW 2014, 2415; Urt. v. 03.05.2012 – C-337/10 (Neidel), NVwZ 2012, 688; v. 24.01.2012 – C-282/10 (Dominguez), NZA 2012, 139; v. 22.11.2011 – C-214/10 (KHS), NZA 2011, 1333; v. 20.01.2009 – C-350/06 (Schultz-Hoff), NZA 2009, 135.

9 *Kiel*, FS Preis (2021), 599, 602.

10 Vgl. nur die Umsetzungsentscheidung des BAG v. 24.09.2009 – 9 AZR 983/07, NZA 2009, 538 im Nachgang an die *Schultz-Hoff*-Entscheidung des EuGH v. 20.01.2009 – C-350/06 (Schultz-Hoff), NZA 2009, 135 zum Verfall von Urlaubsansprüchen langzeiterkrankter Arbeitnehmer oder die Umsetzungsentscheidungen des BAG v. 22.01.2019 – 9 AZR 45/16, NZA 2019, 829; 9 AZR 10/17, NZA 2019, 832; 9 AZR 149/17, NZA 2019, 985; 9 AZR 328/16, NZA 2019, 835 im Nachgang an die EuGH-Entscheidung in der Rs. *Bauer/Willmeroth* v. 06.11.2018 – C-569/16 und C-570/16 (Bauer/Willmeroth), NZA 2018, 1467 zur Vererbbarkeit des Urlaubsanspruchs.

11 EuGH, Urt. v. 06.11.2018 – C-684/16 (Max-Planck-Gesellschaft), NZA 2018, 1474.

welcher sich der EuGH auf Vorlage des BAG[12] erneut mit dem konkreten Regelungsgehalt von Art. 7 der RL 2003/88/EG sowie Art. 31 Abs. 2 GRCh zu befassen hatte. Er kam dabei zu dem (Auslegungs-)Ergebnis, dass es mit Art. 7 der RL 2003/88/EG und Art. 31 Abs. 2 GRCh unvereinbar ist, wenn ein Arbeitnehmer nicht genommenen Urlaub mit Ablauf des Kalenderjahres bzw. eines zulässigen Übertragungszeitraums nach nationalem Recht verliert, weil er zuvor keinen Urlaubsantrag gestellt hat.[13] Aufgrund des zwingenden Charakters des Rechts auf bezahlten Jahresurlaub sieht der EuGH den Arbeitgeber in der Pflicht, „*konkret und in völliger Transparenz dafür zu sorgen, dass der Arbeitnehmer tatsächlich in der Lage ist, seinen bezahlten Jahresurlaub zu nehmen* […].“[14] Hierfür habe er ihn „*erforderlichenfalls förmlich*“[15] aufzufordern, den Urlaub zu nehmen und darüber hinaus „*klar und rechtzeitig* [mitzuteilen], *dass der Urlaub, wenn er ihn nicht nimmt, am Ende des Bezugszeitraums oder eines zulässigen Übertragungszeitraums verfallen wird.*“[16] Solange der Arbeitgeber dieser Pflicht nicht nachkommt, darf der Urlaubsanspruch aus Sicht des EuGH nicht verfallen.[17]

Mit diesen Aussagen setzte sich der EuGH in direkten Widerspruch zu der bisherigen Rechtsprechung des BAG[18], nach welcher der Arbeitnehmer seinen Urlaub stets zu beantragen hatte und damit nicht dem Arbeitgeber, sondern vielmehr dem Arbeitnehmer die Initiativlast für die Urlaubsverwirklichung zugewiesen war.[19] Wurde Urlaub nicht beantragt, hatte dies nach deutschem Recht

---

12 BAG, Vorlagebeschl. v. 13.12.2016 – 9 AZR 541/15 (A), NZA 2017, 271.

13 EuGH, Urt. v. 06.11.2018 – C-684/16 (Max-Planck-Gesellschaft), NZA 2018, 1474 Rn. 61.

14 EuGH, Urt. v. 06.11.2018 – C-684/16 (Max-Planck-Gesellschaft), NZA 2018, 1474 Rn. 45.

15 EuGH, Urt. v. 06.11.2018 – C-684/16 (Max-Planck-Gesellschaft), NZA 2018, 1474 Rn. 45.

16 EuGH, Urt. v. 06.11.2018 – C-684/16 (Max-Planck-Gesellschaft), NZA 2018, 1474 Rn. 45.

17 EuGH, Urt. v. 06.11.2018 – C-684/16 (Max-Planck-Gesellschaft), NZA 2018, 1474 Rn. 46.

18 Vgl. nur BAG, Urt. v. 22.09.1992 – 9 AZR 483/91, NZA 1993, 406, 406 f.; BAG, Urt. v. 23.01.2001 – 9 AZR 26/00, NZA 2001, 597, 597; BAG, Urt. v. 18.09.2001 – 9 AZR 570/00, NZA 2022, 895, 896; BAG, Urt. v. 24.03.2009 – 9 AZR 983/07, NZA 2009, 538 Rn. 23; BAG, Urt. v. 15.09.2011 – 8 AZR 846/09, NZA 2012, 377 Rn. 66; BAG, Vorlagebeschl. v. 13.12.2016 – 9 AZR 541/15 (A), NZA 2017, 271 Rn. 13.

19 Ausführlich hierzu *Gooren*, NZA 2016, 1374 ff.

im Grundsatz[20] zur Folge, dass ein ggf. noch bestehender Resturlaub am Ende des Urlaubsjahres bzw. Übertragungszeitraums ersatzlos[21] verfiel.[22]

Aufgrund des Urteils des EuGH, mit dem die Rollen zwischen Arbeitnehmer und Arbeitgeber bei der Urlaubsverwirklichung neu verteilt wurden, musste das deutsche Urlaubsrecht diesen Vorgaben angepasst werden.[23] In Anlehnung an die Vorgaben des EuGH und in Abkehr von seiner bisherigen Rspr.[24] verlangt nun auch das BAG[25] in richtlinienkonformer Auslegung von § 7 Abs. 1 S. 1, Abs. 3 BUrlG, dass der Arbeitgeber bei der Urlaubsgewährung bestimmte Mitwirkungsobliegenheiten zu erfüllen hat. Der Arbeitgeber müsse dem Arbeitnehmer hinreichend klar und transparent „*mitteil*[en], *wie viele Arbeitstage Urlaub ihm im Kalenderjahr zustehen, ihn aufforder*[n], *seinen Jahresurlaub so rechtzeitig zu beantragen, dass er innerhalb des laufenden Urlaubsjahres genommen werden kann, und ihn über die Konsequenzen belehr*[en], *die eintreten, wenn dieser den Urlaub nicht entsprechend der Aufforderung beantragt.*“[26]

Die Erfüllung dieser Mitwirkungsobliegenheiten ist nunmehr tatbestandliche Voraussetzung dafür, dass ein Verfall des Urlaubsanspruchs nach § 7 Abs. 3 S. 1 bzw. S. 3 BUrlG eintreten kann.[27]

---

20 Vorbehaltlich des Vorliegens von Übertragungsgründen i.S.v. § 7 Abs. 3 S. 2 und S. 4 BUrlG, hierzu ausführlich unten unter § 13 A. I. 2.

21 Nur dann, wenn der Arbeitnehmer seinen Urlaub beim Arbeitgeber ausdrücklich beantragt, dieser die Urlaubsgewährung aber gleichwohl verweigert hatte, trat an die Stelle des verfallenen Urlaubs ein Schadenersatzanspruch in Form von Ersatzurlaub, vgl. nur BAG, Vorlagebeschl. v. 13.12.2016 – 9 AZR 541/15 (A), NZA 2017, 271 Rn. 13; ausführlich hierzu unten unter § 2 B.

22 Vgl. BAG, Vorlagebeschl. v. 13.12.2016 – 9 AZR 541/15 (A), NZA 2017, 271 Rn. 13.

23 Vgl. *Kiel*, NZA 2021, 1293, 1294: „*Rollenverteilung bei der Inanspruchnahme von Urlaub.*“

24 Vgl. *Kiel*, Jahrbuch d. Arbeitsrechts (Band 57) 2020, 95, 103: „*Die Rechtsprechung des Gerichtshofs vom 6. November 2018 in der Rechtssache Shimizu nahm das BAG zum Anlass, seine Rechtsprechung am 19. Februar 2019 grundlegend neu auszurichten.*“; zur bisherigen Rspr. des BAG unten unter § 2 B.

25 Vgl. die Entscheidungen des BAG v. 19.02.2019 – 9 AZR 541/15, NZA 2019, 982; 9 AZR 423/16, NZA 2019, 977; 9 AZR 321/16, NZA 2019, 1043; 9 AZR 278/16, BeckRS 2019, 12128; im Anschluss daran etwa BAG, Urt. v. 19.03.2019 – 9 AZR 881/16, NZA 2019, 1046; BAG, Urt. v. 21.05.2019 – 9 AZR 579/16, NZA 2019, 1571; BAG, Urt. v. 25.06.2019 – 9 AZR 546/17, NZA 2019, 1577; BAG, Urt. v. 22.10.2019 – 9 AZR 98/19, NJW 2020, 705.

26 BAG, Urt. v. 19.02.2019 – 9 AZR 423/16, NZA 2019, 977 Rn. 41.

27 Vgl. BAG, Urt. v. 19.02.2019 – 9 AZR 423/16, NZA 2019, 977 Rn. 43; BAG, Vorlagebeschl. v. 07.07.2020 – 9 AZR 401/19 (A), NZA 2020, 1541 Rn. 14; *Kiel*, FS Preis (2021),

B. Problemstellungen und Gang der Untersuchung

I. Problemstellungen

Ändert sich eine langjährige Rechtsprechung eines obersten Bundesgerichtes, liegt es in der Natur der Sache, dass zunächst noch einige (Folge-)Fragen offenbleiben. So stellt sich im hiesigen Kontext etwa die Frage, welche Anforderungen an die Mitwirkungsobliegenheiten konkret zu stellen sind, damit sich der Arbeitgeber mit Erfolg auf einen Verfall nicht genommenen Urlaubs zum Ende des Kalenderjahres bzw. Übertragungszeitraums berufen kann. Gemeint ist dabei nicht nur die Frage nach dem konkreten Inhalt der Mitwirkungsobliegenheiten, d.h. über welche Urlaubsansprüche und in welchem Umfang der Arbeitnehmer im Einzelnen zu unterrichten ist. Klärungsbedürftig ist u.a. auch, wem gegenüber die Mitwirkungsobliegenheiten im Einzelnen vorzunehmen sind, ob sie zu einem bestimmten Zeitpunkt und unter Umständen erneut vorgenommen werden müssen, ob sie einer bestimmten Form bedürfen und ob auf ihre Erfüllung angesichts ihres Sinn und Zwecks in bestimmten Fallkonstellationen auch verzichtet werden kann.

Wie immer im Bereich des Urlaubsrechts stellt sich zudem die Frage, wie vertragliche Mehrurlaubsansprüche und gesetzliche Zusatzurlaubsansprüche zu behandeln sind, ob die Mitwirkungsobliegenheiten auch in Bezug auf diese Urlaubsansprüche gelten und welche Besonderheiten sich hier ergeben.

Klärungsbedürftig ist ferner, wie sich die neuen Rechtsprechungsgrundsätze des EuGH zur Verfallbarkeit von Urlaubsansprüchen zu seinen bisherigen Rechtsprechungsgrundsätzen verhalten, ob sie insgesamt als *„generelle Neuausrichtung“*[28] des (deutschen) Urlaubsrechts zu verstehen sind oder sie sich in die bisherigen Grundsätze einfügen und diese insofern lediglich konkretisieren.

Die eigentlichen Probleme, die sich im Zusammenhang mit dem *Max-Planck*-Urteil des EuGH auftun, resultieren jedoch aus dem Umstand, dass diesem *ex-tunc*-Wirkung zukommt.[29] Auslegungsurteile, die im Verfahren nach Art. 267

599, 603; *ders.*, Jahrbuch d. Arbeitsrechts (Band 57) 2020, 95, 103; vgl. auch *Sagan*, NZA 2020, 350, 351.

28 *von Steinau-Steinrück*, NJW-Spezial 2020, 722, 723; vgl. auch *Fischer/Fuhlrott*, RdA 2022, 19, 22: Die Max-Planck-Rechtsprechung könne *„eine Zäsur hin zu einer sehr arbeitnehmerfreundlichen Tendenz des EuGH begründen.“*; in diese Richtung auch die Einschätzung von *Rütz/Gorontzi*, DB 2021, 234 unter III.

29 Vgl. zur *ex-tunc*-Wirkung von Auslegungsurteilen Streinz/*Ehricke*, Art. 267 AEUV, Rn. 74; Dauses/Ludwigs/*Kaufmann*, EU-Wirtschaftsrecht, P.II. Rn. 272; Pechstein/Nowak/Häde/*Pechstein/Görlitz*, Art. 267 AEUV, Rn. 97; *Pechstein*, EU-ProzessR,

AEUV ergehen, stellen fest, *„in welchem Sinn und mit welcher Tragweite […] [eine] Vorschrift seit ihrem Inkrafttreten zu verstehen und anzuwenden ist oder gewesen wäre"*[30].[31] Die nationalen Gerichte haben die betreffende Unionsvorschrift in der vom EuGH vorgenommenen Auslegung daher auch auf Rechtsverhältnisse anzuwenden, die bereits vor Erlass des Vorabentscheidungsurteils bestanden.[32] Eine zeitliche Begrenzung der Wirkung der Auslegungsurteile – z.B. auf die Zeit nach Urteilsverkündung[33] – kommt aus Gründen der Rechtssicherheit[34] nur als *„absolute Ausnahme"*[35] in Betracht.[36]

Weil eine (zeitliche) Beschränkung der Urteilswirkungen auch nur vom EuGH selbst vorgenommen werden kann[37], dieser auf eine solche in seinem Urteil aber verzichtet hat, müssen Arbeitgeber den vom EuGH im *Max-Planck*-Urteil postulierten Mitwirkungsobliegenheiten insofern nicht nur zukünftig, d.h. nicht erst ab dem Zeitpunkt des Erlasses des Urteils, sondern bereits seit Inkrafttreten der Arbeitszeitrichtlinie 2003/88/EG, d.h. jedenfalls seit dem 02.08.2004[38]

Rn. 870; Preis/Sagan/*Sagan*, Europäisches Arbeitsrecht, § 1 Rn. 1.155; Preis/Sagan/*Roloff*, Europäisches Arbeitsrecht, § 2 Rn. 2.117.

30 EuGH, Urt. v. 27.03.1980 – Rs. 61/79 (Denkavit italiana), NJW 1980, 2008, 2009; EuGH, Urt. v. 22.10.1998 – verb. Rs. C-10/97 bis C-22/97 (IN. CO. GE.), EuZW 1998, 719 Rn. 23; EuGH, Urt. v. 06.03.2007 – C-292/04 (Meilicke), NJW 2007, 1440 Rn. 34.

31 Vgl. *Riegger*, Zeitliche Wirkung, S. 513.

32 Vgl. nur EuGH, Urt. v. 27.03.1980 – Rs. 61/79 (Denkavit italiana), NJW 1980, 2008, 2009; Streinz/*Ehricke*, Art. 267 AEUV, Rn. 74; v. der Groeben/Schwarze/Hatje/*Gaitanides*, Art. 267 AEUV, Rn. 94; Franzen/Gallner/Oetker/*Höpfner*, Art. 267 AEUV, Rn. 96.

33 Vgl. z.B. EuGH, Urt. v. 15.10.1980 – C-145/79, BeckRS 2004, 71670 Rn. 52 f.

34 Vgl. die Definition bei Preis/Sagan/*Roloff*, Europäisches Arbeitsrecht, § 2 Rn. 2.118 Fn. 238: *„Vermeidung eines Zustands der Unsicherheit."*

35 EuGH, Urt. v. 15.09.1998 – C-231/96, NJW 1999, 129 Rn. 16.

36 EuGH, Urt. v. 06.03.2007 – C-292/04 (Meilicke), NJW 2007, 1440 Rn. 35; EuGH, Urt. v. 17.02.2005 – verb. Rs. C-453/02 und C-462/02 (Linneweber), BeckRS 2005, 70125 Rn. 42; ausführlich hierzu *Düsterhaus*, EuR 2017, 30 ff.

37 Eine solche Beschränkung muss *„in dem Urteil selbst enthalten sein, durch das über das Auslegungsersuchen entschieden wird."*, so die st. Rspr. des EuGH, vgl. nur EuGH, Urt. v. 02.02.1988 – Rs. 309/85 (Barra), BeckRS 2004, 73116 Rn. 13; EuGH, Urt. v. 02.02.1988 – Rs. 24/86 (Blaizot), NJW 1989, 3088 Rn. 28; EuGH, Urt. v. 16.07.1992 – C-163/90 (Legros u.a.), BeckRS 2004, 74582 Rn. 30; EuGH, Urt. v. 15.12.1995 – C-415/93 (Bosman u.a.), NJW 1996, 505 Rn. 142; EuGH, Urt. v. 06.03.2007 – C-292/04 (Meilicke), NJW 2007, 1440 Rn. 36 f.; EuGH, Urt. v. 09.06.2016 – C-586/14 (Budişan), BeckRS 2016, 81169 Rn. 47; vgl. auch Dauses/Ludwigs/*Kaufmann*, EU-Wirtschaftsrecht, P.II. Rn. 275.

38 Vgl. Art. 28 RL 2003/88/EG.

nachkommen.[39] Weil die entsprechende Regelung in Art. 7 Abs. 1 RL 2003/88/EG mit Art. 7 der vorherigen Arbeitszeitrichtlinie 93/104/EG identisch ist und nicht anzunehmen ist, dass der EuGH in Bezug auf die Vorgängerregelung anders entschieden hätte, spricht viel dafür, dass die Rechtsprechungsgrundsätze sogar bis zum Zeitpunkt des Inkrafttretens der Vorgängerrichtlinie 93/104/EG[40], d.h. bis zum 23.11.1996[41] zurückwirken.[42]

Im Kern bedeutet das, dass alle ab dem 24.11.1996 entstandenen und noch nicht erfüllten Urlaubsansprüche nur bei ordnungsgemäßer Erfüllung der arbeitgeberseitigen Mitwirkungsobliegenheiten verfallen konnten bzw. können.[43] Kaum ein Arbeitgeber wird diesen Obliegenheiten in der Vergangenheit nachgekommen sein, wussten sie bis zu der „*freien Rechtsschöpfung des EuGH*"[44] schlicht nichts von ihnen.[45] Insofern können Arbeitnehmer, die in vergangenen Jahren nicht immer ihren vollen Urlaub in Anspruch genommen haben, diese noch offenen, nicht verfallenen Urlaubsansprüche aus den vergangenen Jahren (im Extremfall der vergangenen knapp 30 Jahren) theoretisch noch heute von ihren Arbeitgebern einfordern bzw. bei Beendigung des Arbeitsverhältnisses die Abgeltung dieser noch offenen Urlaubsansprüche verlangen.[46] Einer entsprechenden Geltendmachung ist der Arbeitgeber faktisch chancenlos ausgesetzt, weil ihm der EuGH in der *Max-Planck*-Entscheidung zusätzlich die Beweislast für eine ordnungsgemäße Erfüllung der Mitwirkungsobliegenheiten auferlegt hat.[47]

---

39 Vgl. *Bayreuther*, NZA 2022, 1381, 1382; *Sagan*, NZA 2020, 350, 351.

40 Richtlinie 93/104/EG des Rates vom 23.11.1993 über bestimmte Aspekte der Arbeitszeitgestaltung, ABl. EU L 307 v. 13.12.1993, S. 18.

41 Art. 18 I Buchst. a RL 93/104/EG.

42 So zutreffend *Sagan*, NZA 2020, 350, 351; vgl. auch *Bayreuther*, NZA 2019, 945, 948, der hinter dem Umstand, dass das BAG in seiner Umsetzungsentscheidung nur auf das Inkrafttreten der RL 2003/88/EG abstellt, lediglich ein Redaktionsversehen vermutet (dort Fn. 22).

43 *Sagan*, NZA 2020, 350, 351.

44 *Jacobs/Münder*, RdA 2020, 13, 21.

45 Vgl. *Gooren*, NZA-RR 2019, 12, 13; *Jacobs/Münder*, RdA 2020, 13, 21; *Wutte*, RdA 2021, 360, 361.

46 Vgl. *Kiel*, Jahrbuch d. Arbeitsrechts (Band 57) 2020, 95, 108 f.; *Wutte*, RdA 2021, 360, 361.

47 EuGH, Urt. v. 06.11.2018 – C-684/16 (Max-Planck-Gesellschaft), NZA 2018, 1474 Rn. 46; vgl. auch *Bayreuther*, NZA 2019, 945, 948; *Kiel*, Jahrbuch d. Arbeitsrechts (Band 57) 2020, 95, 108.

Angesichts dieser für den Arbeitgeber einschneidenden – organisatorischen und wirtschaftlichen[48] – Konsequenzen wurden Fragen laut, ob zurückliegende Urlaubsansprüche, die mangels Erfüllung der Mitwirkungsobliegenheiten nicht wirksam auf das Kalenderjahr befristet wurden, möglicherweise anderen zeitlichen Grenzen[49], insbesondere den zivilrechtlichen Verjährungsvorschriften der §§ 195 ff. BGB unterliegen (können).[50] Unterlägen sie den Verjährungsvorschriften, würden Urlaubsansprüche, die mangels Erfüllung der arbeitgeberseitigen Hinweis- und Aufforderungsobliegenheiten zwar nicht verfallen, nach Ablauf bestimmter Fristen dann zumindest nicht mehr erfolgreich durchgesetzt werden können. Damit würden die Folgen für die Arbeitgeber, die aus der *Max-Planck*-Entscheidung des EuGH und der Umsetzungsentscheidung des BAG resultieren, zumindest (zeitlich) begrenzt.

II. Gang der Untersuchung

Den angesprochenen Fragen soll im Rahmen dieser Arbeit nachgegangen werden.

Weil das BAG in Bezug auf die Frage, wem die Initiativlast für die Verwirklichung des Urlaubsanspruchs zukommt – Arbeitnehmer oder Arbeitgeber? – vor

---

48 Vgl. *Gooren*, NZA-RR 2019, 12, 13: „*organisatorische Herausforderungen* [und] *nicht zu unterschätzende Kostenrisiken* […]"; ferner *Rüschenbaum*, jurisPR-ArbR 35/2019 Anm. 2. unter D.: Die neue Rechtsprechung bedeute für Arbeitgeber einen „*erhöhten Organisationsaufwand*"; in Einzelfällen wird die Nachgewährung bzw. Abgeltung von Urlaub aus zurückliegenden Jahren u.U. die Bildung von Rückstellungen erfordern, worauf etwa *Arnold*, ArbRAktuell 2019, 119, 119; *Bayreuther*, NZA 2019, 945, 948; *Lunk*, FS 100 Jahre BetrVG (2020), 451, 452 zutreffend hinweisen.

49 U.a. wird diskutiert, ob sich die 15-Monats-Rechtsprechung des EuGH, die ursprünglich im Zusammenhang mit einer Langzeiterkrankung des Arbeitnehmers entwickelt wurde (vgl. EuGH, Urt. v. 22.11.2011 – C-214/10 (KHS), NZA 2011, 1333), zugunsten des Arbeitgebers auch auf den Fall der unterlassenen bzw. unzureichenden Erfüllung der Mitwirkungsobliegenheiten übertragen werden kann; für eine entsprechende Anwendung der 15-Monats-Rechtsprechung etwa *Arnold/Zeh*, NZA 2019, 1, 3; *Powietzka*, BB 2019, 52, 56; in diese Richtung auch *Bayreuther*, NZA 2019, 945, 947; *Mehrens/Witschen*, EuZA 2019, 326, 346; zumindest (generell) für eine zeitliche Beschränkung auch *Mehrens*, RdA 2020, 187, 189; *Sagan*, NZA 2020, 351, 352 hält eine entsprechende Vorlage an den EuGH für angezeigt; gegen die Anwendung der 15-Monats-Rechtsprechung hingegen *Daum*, RdA 2020, 179, 183; *Fuhlrott*, EWiR 2018, 725, 726; *Wutte*, EuZA 2019, 222, 229; *ders.*, RdA 2021, 360, 362, 364 f.; vgl. auch GA *de la Tour*, Schlussantrag v. 17.03.2022 – C-518/20, C-727/20, BeckRS 2022, 4658 Rn. 51 f.

50 Hierzu ausführlich in Teil 5 dieser Arbeit.

Erlass der *Max-Planck*-Entscheidung ein vom EuGH abweichendes Verständnis vertrat, soll im *1. Teil* dieser Arbeit zunächst auf die bisherige Rechtsprechung des BAG und die hiervon abweichende Entscheidungspraxis einiger Instanzgerichte eingegangen werden, die schließlich in einem Vorabentscheidungsersuchen und dem Erlass der *Max-Planck*-Entscheidung durch den EuGH mündete. Sodann soll die Entscheidung des EuGH und dessen wesentlichen Kernaussagen erläutert und anschließend einer kritischen Bewertung unterzogen werden. Im Mittelpunkt der Untersuchung soll dabei die Frage stehen, ob der EuGH tatsächlich eine (positive) unmittelbare Horizontalwirkung von Art. 31 Abs. 2 GRCh angenommen hat, wie dies im Nachgang der Entscheidung weit überwiegend angenommen wurde und falls ja, ob dies möglich und zulässig ist.

Nachdem die *Max-Planck*-Entscheidung des EuGH näher in den Blick genommen wurde, soll in *Teil 2* dieser Arbeit sodann auf die entsprechende Umsetzungsentscheidung des für das Urlaubsrecht zuständigen 9. Senats des BAG[51] eingegangen werden. Weil sich die literarischen Beiträge im Anschluss an die BAG-Entscheidung bislang weit überwiegend lediglich mit deren Inhalten befassen, ohne näher auf die Frage einzugehen, ob die Umsetzung der europäischen Vorgaben durch die vom 9. Senat gewählten Art und Weise methodisch zulässig war, soll die Umsetzungsentscheidung nicht lediglich dargestellt, sondern insbesondere auch auf ihre methodische Zulässigkeit hin überprüft werden.

Der *3. Teil* dieser Arbeit widmet sich sodann den von EuGH und BAG postulierten Mitwirkungsobliegenheiten im Einzelnen. Hier soll zunächst die gegenständliche, persönliche und räumliche Reichweite der Mitwirkungsobliegenheiten abgesteckt werden, bevor auf den konkreten Inhalt, die Form und den Zeitpunkt der Vornahme der Mitwirkungsobliegenheiten eingegangen wird. Behandelt werden zudem Sonderkonstellationen, bei denen fraglich ist, ob die Mitwirkungsobliegenheiten tatsächlich erfüllt werden müssen – so etwa in Falle einer Langzeiterkrankung des Arbeitnehmers, im gekündigten Arbeitsverhältnis oder im Zusammenhang mit gesetzlichem Zusatzurlaub für schwerbehinderte Menschen, wenn der Arbeitgeber keine Kenntnis von der Schwerbehinderung des Arbeitnehmers hat.

Nachdem herausgearbeitet wurde, wann von einer ordnungsgemäßen Erfüllung der Mitwirkungsobliegenheiten auszugehen ist, schließt sich in *Teil 4* dieser Arbeit die Untersuchung an, wann Urlaubsansprüche unter Berücksichtigung

51 Vgl. den Geschäftsverteilungsplan für das Bundesarbeitsgericht, Stand 18.01.2023, unter 9.1.1., abrufbar unter https://www.bundesarbeitsgericht.de/wp-content/uploads/2023/01/gvpl_20231801.pdf (zuletzt abgerufen am 04.07.2023).

der bisherigen und der neueren Rechtsprechung von EuGH und BAG nunmehr dem Verfall unterliegen. Hierbei wird zwischen dem Verfall kraft Gesetzes und dem Verfall kraft (vertraglicher) Vereinbarung unterschieden. Angesichts der für die Praxis bedeutsamen Frage, wann Urlaubsansprüche langzeiterkrankter Arbeitnehmer nunmehr verfallen, soll ein Schwerpunkt dabei auf der Klärung dieser Frage liegen.

Teil 5 behandelt sodann eingehend die Frage, ob es nationales und europäisches Recht gestattet, Urlaubsansprüche den zivilrechtlichen Verjährungsvorschriften nach den §§ 194 ff. BGB zu unterwerfen.

Die Arbeit schließt in *Teil 6* mit einer Zusammenfassung der Ergebnisse dieser Arbeit.

C. Eingrenzung der Untersuchung

Der Untersuchungsgegenstand dieser Arbeit beschränkt sich auf den (originären) Urlaubsanspruch. Der bei Beendigung des Arbeitsverhältnisses entstehende Urlaubsabgeltungsanspruch gem. § 7 Abs. 4 BUrlG wird für die in der vorliegenden Arbeit zu untersuchenden Fragestellungen ausgeklammert.[52]

Kein Untersuchungsgegenstand dieser Arbeit soll auch die Frage bilden, ob und inwieweit der EuGH in seiner Entscheidung Vertrauensschutzerwägungen hätte aufwerfen müssen.[53] Die Frage nach Vertrauensschutz stellt sich im Zusammenhang mit der Änderung höchstrichterlicher Rechtsprechung zwar zwangsläufig, zumal dann, wenn der unterlegenen Partei wie hier Handlungsobliegenheiten auferlegt werden, die knapp 30 Jahre in die Vergangenheit zurückreichen.[54] Angesichts der Reichweite und Komplexität der Thematik und dem Umstand, dass der EuGH die in der *Max-Planck*-Entscheidung getroffenen Ausführungen nicht mit Blick auf Vertrauensschutzerwägungen eingeschränkt und

---

52 Vgl. zu dem unionsrechtlichen Urlaubsabgeltungsanspruch nach Art. 7 Abs. 2 RL 2003/88/EG näher *Junker*, FS Preis (2021), 529 ff.

53 Ausführlich zu dem Thema Vertrauensschutz im Kontext unionsrechtlich determinierter Sachverhalte etwa *Düsterhaus*, EuR 2017, 30 ff.; *Latzel*, ZESAR 2016, 458, 464 f.; *ders.*, EuR 2015, 415, 419 ff.; *Rosenkranz*, Die Beschränkung der Rückwirkung, S. 9 ff.; *Wißmann*, FS Kohte (2016), 993 ff.; zu den Voraussetzungen unionalen Vertrauensschutzes auch EuGH, Urt. v. 21.10.2010 – C-242/09 (Albron Catering), NZA 2010, 1225 Rn. 36 ff.; EuGH, Urt. v. 18.01.2007 – C-313/05 (Brzeziński), BeckRS 2007, 70047 Rn. 56 m.w.N.

54 Vgl. hierzu auch *Sagan*, NZA 2020, 350, 351 f.

es damit auch den nationalen Gerichten verwehrt hat, über Vertrauensschutz zu entscheiden, soll diese Thematik hier aber nicht weiter erörtert werden.[55]

Außer Betracht bleibt schließlich die Frage, ob und ggf. welche Auswirkungen das *Max-Planck*-Urteil und die dort etablierten arbeitgeberseitigen Mitwirkungsobliegenheiten in mitbestimmungsrechtlicher Hinsicht haben.[56]

---

55 Im Anwendungsbereich des Unionsrechts obliegt es ausschließlich dem EuGH, über die Gewährung von Vertrauensschutz zu entscheiden; grundlegend hierzu BVerfG, Beschl. v. 10.12.2014 – 2 BvR 1549/07, NZA 2015, 375 Rn. 14 ff.; ferner EuGH, Urt. v. 23.04.2020 – C-401/18 (Herst), BeckRS 2020, 6612 Rn. 55 ff. m.w.N.; vgl. auch BAG, Urt. v. 27.02.2020 – 8 AZR 215/19, NZA 2020, 1303 Rn. 192; BAG, Urt. v. 13.02.2020 – 6 AZR 146/19, NZA 2020, 1006 Rn. 113 m.w.N.; krit. hierzu etwa Franzen/Gallner/Oetker/*Höpfner*, Art. 288 AEUV, Rn. 54.

56 Hierzu *Kiel*, Jahrbuch d. Arbeitsrechts (Band 57) 2020, 95, 105; ausführlich auch *Lunk*, FS 100 Jahre BetrVG (2020), 451 ff.

1. Teil: Bisherige nationale Rechtslage und europarechtliche Einflüsse

Während es das BAG[57] bis zum Ergehen der *Max-Planck*-Entscheidung für das nationale Recht ablehnte, dem Arbeitgeber eine Initiativpflicht für die Urlaubsgewährung aufzuerlegen, nahm ein Teil der nationalen Instanzgerichte[58] sowie ein Teil der arbeitsrechtlichen Literatur[59] bereits die Entscheidung des EuGH in der Rs. *Bollacke*[60] aus dem Jahr 2014 zum Anlass, die bisherige Rspr. des BAG anzuzweifeln und sich für eine entsprechende Initiativpflicht des Arbeitgebers auszusprechen.[61]

Die Entwicklung dieser unterschiedlichen Auffassungen in Rechtsprechung und Literatur, die schließlich die Anrufung des EuGH und den Erlass des *Max-Planck*-Urteils zur Folge hatten, soll im Folgenden dargestellt werden. Im Anschluss hieran soll auf die in der *Max-Planck*-Entscheidung getroffenen Kernaussagen eingegangen und einer kritischen Überprüfung unterzogen werden.

---

57 Vgl. BAG, Vorlagebeschl. v. 13.12.2016 – 9 AZR 541/15 (A), NZA 2017, 271 Rn. 13; BAG, Urt. v. 18.09.2001 – 9 AZR 570/00, NZA 2002, 895, 896; BAG, Urt. v. 24.03.2009 – 9 AZR 983/07, NZA 2009, 538 Rn. 23.

58 Etwa LAG Berlin-Brandenburg, Urt. v. 12.06.2014 – 21 Sa 221/14, NZA-RR 2014, 631, 633 f.; LAG München, Urt. v. 06.05.2015 – 8 Sa 982/14, BeckRS 2015, 72670 Rn. 56 ff.; LAG Köln, Urt. v. 22.04.2016 – 4 Sa 1095/15, NZA-RR 2016, 466 Rn. 25, 30.

59 Etwa *Hlava*, jurisPR-ArbR 41/2014 Anm. 6 unter C.; in diese Richtung auch *Polzer/Kafka*, NJW 2015, 2289, 2292.

60 EuGH, Urt. v. 12.06.2014 – C-118/13 (Bollacke), NZA 2014, 651.

61 Zu den Entwicklungen im Einzelnen *Gooren*, NZA 2016, 1374 ff.; ferner *Hackmann*, FS Kohte (2016), 293, 306 ff.

§ 2 Nationales Recht

A. Normative Grundlagen

Das BUrlG regelt nicht ausdrücklich, wem die Initiative für die Verwirklichung des Urlaubsanspruchs zukommt, ob also der Arbeitnehmer den Urlaub ausdrücklich beantragen muss oder ob der Arbeitgeber dem Arbeitnehmer von sich aus, d.h. auch ohne vorherigen Urlaubsantrag des Arbeitnehmers Urlaub gewähren muss. In Bezug auf die Urlaubsgewährung enthält das BUrlG in § 7 Abs. 1 S. 1 lediglich die Bestimmung, dass der Arbeitgeber bei der zeitlichen Festlegung der Lage des Urlaubs grundsätzlich die Urlaubswünsche des Arbeitnehmers zu berücksichtigen hat, sofern nicht dringende betriebliche Belange oder Urlaubswünsche anderer Arbeitnehmer entgegenstehen. Darüber hinaus ordnet § 7 Abs. 3 BUrlG an, dass der Urlaub im laufenden Kalenderjahr gewährt und genommen werden muss (S. 1) und eine Übertragung des Urlaubs auf das nächste Kalenderjahr nur statthaft ist, wenn dringende betriebliche oder in der Person des Arbeitnehmers liegende Gründe dies rechtfertigen (S. 2). Für den Fall des Vorliegens solcher Übertragungsgründe ordnet S. 3 an, dass der Urlaub dann in den ersten drei Monaten des folgenden Kalenderjahres gewährt und genommen werden muss.

B. Bisherige Rechtsprechung des BAG

I. Urlaubsgewährungsrecht, keine -pflicht

Nach bisheriger Ansicht des BAG verbürgte das BUrlG – konkret § 7 Abs. 1 S. 1 BUrlG – lediglich das *Recht*, nicht aber die Pflicht des Arbeitgebers, den Urlaub auch ohne vorherige Mitteilung eines Urlaubswunsches durch den Arbeitnehmer, d.h. von sich aus, festzulegen.[62] Aus dem Umstand, dass der Arbeitgeber bei der zeitlichen Festlegung des Urlaubs zwar gem. § 7 Abs. 1 S. 1 BUrlG die Urlaubswünsche des Arbeitnehmers berücksichtigen muss, folgte aus Sicht des BAG weder die Verpflichtung des Arbeitgebers, den Arbeitnehmer vor der Festlegung des Urlaubszeitraums anzuhören, noch dessen Urlaubswünsche konkret zu erfragen.[63] Nach dem Verständnis des BAG oblag es vielmehr dem

62 BAG, Urt. v. 18.09.2001 – 9 AZR 570/00, NZA 2002, 895, 896; BAG, Urt. v. 24.03.2009 – 9 AZR 983/07, NZA 2009, 538 Rn. 23.

63 BAG, Urt. v. 24.03.2009 – 9 AZR 983/07, NZA 2009, 538 Rn. 23; BAG, Urt. v. 15.09.2011 – 8 AZR 846/09, NZA 2012, 377 Rn. 66.

Arbeitnehmer, den Arbeitgeber aufzufordern, den Urlaub zeitlich festzulegen, mithin einen Urlaubswunsch zu äußern bzw. einen Urlaubsantrag zu stellen.[64] Stellte der Arbeitnehmer keinen Urlaubsantrag und legte der Arbeitgeber den Urlaub daraufhin einseitig fest, war diese Urlaubsfestsetzung aber gleichwohl rechtswirksam, solange der Arbeitnehmer auf die Erklärung des Arbeitgebers keinen abweichenden Urlaubswunsch hin äußerte.[65]

Nur dann, wenn der Arbeitnehmer seinen Urlaub ausdrücklich beantragte, der Arbeitgeber den Urlaub aber gleichwohl nicht gewährte, sprach das BAG dem Arbeitnehmer einen Schadensersatzanspruch in Form von Ersatzurlaub unter dem Gesichtspunkt des Schuldnerverzugs zu.[66]

II. Schadensersatz bei unterlassenem Urlaubsantrag

Ausgangspunkt dieser Schadensersatzlösung war das Verständnis des BAG von der grundsätzlichen Befristung des Urlaubsanspruchs auf das Kalenderjahr:

Nach der gesetzlichen Regelung in § 1 und § 7 Abs. 3 S. 1 BUrlG hat jeder Arbeitnehmer „in jedem Kalenderjahr Anspruch auf bezahlten Erholungsurlaub" (§ 1 BUrlG), der „im laufenden Kalenderjahr gewährt und genommen" (§ 7 Abs. 3 S. 1 BUrlG) werden muss. Hieraus folgert das BAG seit Inkrafttreten des BUrlG[67] in ständiger Rspr.[68], dass der Urlaubsanspruch grundsätzlich auf das Kalenderjahr befristet ist und bei Nichtinanspruchnahme des Urlaubs unabhängig vom Verschulden einer Partei mit Ablauf des Kalenderjahres – vorbehaltlich des Vorliegens von Übertragungsgründen i.S.v. § 7 Abs. 3 S. 2 BUrlG – ersatzlos

---

64 Vgl. BAG, Urt. v. 18.09.2001 – 9 AZR 570/00, NZA 2002, 895, 896; vgl. auch BAG, Urt. v. 21.09.1999 – 9 AZR 705/98, NZA 2000, 590, 591.

65 BAG, Urt. v. 23.01.2001 – 9 AZR 26/00, NJW 2001, 1964, 1964; BAG, Urt. v. 22.09.1992 – 9 AZR 483/91, NZA 1993, 406, 406 f.

66 Vgl. nur BAG, Urt. v. 16.05.2017 – 9 AZR 572/16, NZA 2017, 1056 Rn. 12 f.; BAG, Urt. v. 19.01.2016 – 9 AZR 507/14, NZA-RR 2016, 235 Rn. 16, 21; BAG, Urt. v. 03.06.2014 – 9 AZR 944/12, NZA 2015, 123 Rn. 10; BAG, Urt. v. 06.08.2013 – 9 AZR 956/11, NZA 2014, 545 Rn. 13 ff.; BAG, Urt. v. 11.04.2006 – 9 AZR 523/05, NJOZ 2007, 115 Rn. 24.

67 Inkrafttreten am 1. Januar 1963 (vgl. § 16 BUrlG); zur Rechtslage vor Erlass des BUrlG ausführlich *Polzer*, Die Befristung des Urlaubsanspruchs auf das Kalenderjahr, S. 22 ff.

68 So das Verständnis zunächst des 5. Senats (vgl. etwa BAG, Urt. v. 26.06.1969 – 5 AZR 393/68, NJW 1969, 1981 unter 1.), dann des 6. Senats (vgl. etwa BAG, Urt. v. 13.05.1982 – 6 AZR 360/80, BeckRS 2012, 65204) und schließlich des 9. Senats (vgl. nur BAG, Vorlagebeschl. v. 13.12.2016 – 9 AZR 541/15 (A), NZA 2017, 271 Rn. 13; BAG, Urt. v. 19.02.2019 – 9 AZR 423/16, NZA 2019, 977 Rn. 12).

verfällt.[69] Einen Schadensersatzanspruch in Form von Ersatzurlaub[70] nach den §§ 275 Abs. 1 und 4, 280 Abs. 1 und Abs. 3, 283 S. 1, 286 Abs. 1 S. 1, 287 S. 2 und 249 Abs. 1 BGB[71] sprach das BAG dem Arbeitnehmer daher nur ausnahmsweise und nur für den Fall zu, dass der Arbeitgeber von der Urlaubsgewährung absah, obwohl der Arbeitnehmer den Urlaub rechtzeitig vor Ablauf des Urlaubsjahres beantragt hatte.[72] Durch den Urlaubsantrag, in dem eine Mahnung i.S.v. § 286 Abs. 1 S. 1 BGB zu sehen ist, setzte der Arbeitnehmer den Arbeitgeber insofern in Verzug.[73] Als Schadensersatzanspruch unterfiel dieser Anspruch dann auch nicht dem Befristungsregime des § 7 Abs. 3 BUrlG, sondern unterlag der regelmäßigen dreijährigen Verjährungsfrist nach §§ 195, 199 Abs. 1 BGB.[74]

C. Ansicht des LAG Berlin-Brandenburg, des LAG München und des LAG Köln

Anders als das BAG gingen einige Instanzgerichte – zunächst das LAG Berlin-Brandenburg[75] und in der Folge das LAG München[76] und das LAG

---

69 Grundlegend BAG, Urt. v. 13.05.1982 – 6 AZR 360/80, BeckRS 2012, 65204; vgl. auch BAG, Urt. v. 26.06.1969 – 5 AZR 393/68, NJW 1969, 1981 unter 1.; *Kiel*, Jahrbuch d. Arbeitsrechts (Band 57) 2020, 95, 101.

70 Nach Beendigung des Arbeitsverhältnisses bestand ein Anspruch auf Abgeltung von Ersatzurlaub nach § 7 Abs. 4 BUrlG, vgl. BAG, Urt. v. 16.05.2017 – 9 AZR 572/16, NZA 2017, 1056 Rn. 11; noch auf § 251 Abs. 1 BGB abstellend hingegen in BAG, Urt. v. 06.08.2013 – 9 AZR 956/11, NZA 2014, 545 Rn. 20.

71 Bei Urlaub, der im gesetzlich vorgesehenen Zeitraum (Kalenderjahr bzw. Übertragungszeitraum) nicht nachholbar ist, handelt es sich um einen Fall der Unmöglichkeit, vgl. *Kiel*, Jahrbuch d. Arbeitsrechts (Band 57) 2020, 95, 101 Fn. 40.

72 Vgl. nur BAG, Urt. v. 16.05.2017 – 9 AZR 572/16, NZA 2017, 1056 Rn. 12 f.; BAG, Urt. v. 19.01.2016 – 9 AZR 507/14, NZA-RR 2016, 235 Rn. 16, 21; BAG, Urt. v. 03.06.2014 – 9 AZR 944/12, NZA 2015, 123 Rn. 10; BAG, Urt. v. 06.08.2013 – 9 AZR 956/11, NZA 2014, 545 Rn. 13 ff.; BAG, Urt. v. 11.04.2006 – 9 AZR 523/05, NJOZ 2007, 115 Rn. 24.

73 Vgl. zu den Anforderungen an die Mahnung BAG, Urt. v. 17.05.2011 – 9 AZR 197/10, BeckRS 2011, 75611 Rn. 13; verzugsbegründend konnte ferner eine ernsthafte und endgültige Verweigerung der Urlaubsgewährung seitens des Arbeitgebers i.S.v. § 286 Abs. 2 Nr. 3 BGB sein; vgl. hierzu BAG, Urt. v. 19.01.2016 – 9 AZR 507/14, NZA-RR 2016, 235 Rn. 16, 21.

74 BAG, Urt. v. 11.04.2006 – 9 AZR 523/06, NJOZ 2007, 115 Rn. 37; *Gooren*, NZA 2016, 1374, 1375; *Leinemann/Linck*, § 7 BUrlG, Rn. 231.

75 LAG Berlin-Brandenburg, Urt. v. 12.06.2014 – 21 Sa 221/14, NZA-RR 2014, 631, 633 f.; LAG Berlin-Brandenburg, Urt. v. 07.05.2015 – 10 Sa 86/15, 10 Sa 108/15, BeckRS 2015, 70307 Rn. 24 ff.

76 LAG München, Urt. v. 06.05.2015 – 8 Sa 982/14, BeckRS 2015, 72670 Rn. 56 ff.

Köln[77] – von einer (gesetzlichen) Verpflichtung des Arbeitgebers aus, den gesetzlichen Urlaubsanspruch von sich aus, d.h. ohne vorherige Aufforderung bzw. Beantragung seitens des Arbeitnehmers zu erfüllen.[78] Zur Begründung hierfür wurde zunächst der Wortlaut von § 7 Abs. 3 S. 1 und 3 BUrlG angeführt, wonach der Urlaub „zu gewähren und zu nehmen" ist. Diese Wortreihenfolge deute darauf hin, dass der Arbeitgeber von sich aus und ohne vorherige Aufforderung des Arbeitnehmers gehalten sei, den Urlaub zu gewähren.[79] Bei einem gegenteiligen Willen des Gesetzgebers wäre es insofern nahe gelegener gewesen, die umgekehrte Formulierung („zu nehmen und zu gewähren") zu wählen oder zu bestimmen, dass der Urlaub vom Arbeitnehmer so rechtzeitig zu beantragen ist, dass eine Urlaubsgewährung im genannten Zeitraum noch möglich ist.[80]

Für eine entsprechende Pflicht wurde ferner insbesondere der Zweck des Urlaubsanspruchs vorgebracht.[81] Da dieser sowohl nach nationalem als auch nach europarechtlichem Verständnis dem Gesundheitsschutz der Arbeitnehmer diene, gehöre er nach seiner Zielrichtung dem Arbeitsschutzrecht an.[82] Für das Arbeitsschutzrecht sei jedoch anerkannt, dass es dem Arbeitgeber obliege, seinen Pflichten zum Gesundheitsschutz der Beschäftigten auch ohne vorherige Aufforderung nachzukommen.[83] Eine Pflicht des Arbeitgebers zur einseitigen Erfüllung der Urlaubsansprüche seiner Arbeitnehmer entspreche letztlich seiner Pflicht, die Einhaltung der täglichen und wöchentlichen Ruhezeiten nach dem Arbeitszeitgesetz sicherzustellen.[84] Bei dem Urlaubsanspruch handele es sich

---

77 LAG Köln, Urt. v. 22.04.2016 – 4 Sa 1095/15, NZA-RR 2016, 466 Rn. 25.

78 An der bisherigen Rspr. des BAG im Hinblick auf Art. 7 Abs. 1 der Richtlinie 2003/88/EG zweifelnd schon LAG Hamm, Beschl. v. 14.02.2013 – 16 Sa 1511/12, NJOZ 2013, 897, 900; a.A. hingegen LAG Schleswig-Holstein, Urt. v. 09.02.2016 – 1 Sa 321/15, BeckRS 2016, 68977 Rn. 58 ff., welches sich wie das BAG gegen eine entsprechende Pflicht des Arbeitgebers aussprach.

79 LAG Berlin-Brandenburg, Urt. v. 12.06.2014 – 21 Sa 221/14, NZA-RR 2014, 631, 633; LAG München, Urt. v. 06.05.2015 – 8 Sa 982/14, BeckRS 2015, 72670 Rn. 59.

80 LAG Berlin-Brandenburg, Urt. v. 12.06.2014 – 21 Sa 221/14, NZA-RR 2014, 631, 633; LAG München, Urt. v. 06.05.2015 – 8 Sa 982/14, BeckRS 2015, 72670 Rn. 59.

81 LAG Berlin-Brandenburg, Urt. v. 12.06.2014 – 21 Sa 221/14, NZA-RR 2014, 631, 633; LAG München, Urt. v. 06.05.2015 – 8 Sa 982/14, BeckRS 2015, 72670 Rn. 60.

82 LAG Berlin-Brandenburg, Urt. v. 12.06.2014 – 21 Sa 221/14, NZA-RR 2014, 631, 633; LAG München, Urt. v. 06.05.2015 – 8 Sa 982/14, BeckRS 2015, 72670 Rn. 60.

83 LAG Berlin-Brandenburg, Urt. v. 12.06.2014 – 21 Sa 221/14, NZA-RR 2014, 631, 633; LAG München, Urt. v. 06.05.2015 – 8 Sa 982/14, BeckRS 2015, 72670 Rn. 60.

84 LAG Berlin-Brandenburg, Urt. v. 12.06.2014 – 21 Sa 221/14, NZA-RR 2014, 631, 634.

insofern um eine Art Jahresruhezeit, die anders als die täglich bzw. wöchentlich einzuhaltenden Ruhezeiten zu vergüten ist.[85]

Sei der Arbeitgeber also zur einseitigen Urlaubsgewährung verpflichtet, führe die Nichterfüllung dieser Pflicht stets, d.h. unabhängig davon, ob der Arbeitnehmer einen Urlaubsantrag gestellt und den Arbeitgeber damit gem. § 286 Abs. 1 S. 1 BGB in Verzug gesetzt hat, bei mangelndem Verschulden des Arbeitgebers zur Leistung von Schadensersatz in Form von Ersatzurlaub.[86] Mit dem Untergang des Urlaubsanspruchs nach Ablauf des Bezugs- bzw. Übertragungszeitraums (§ 7 Abs. 3 S. 1 und 3 BUrlG) werde dessen Erfüllung nach § 275 Abs. 1 BGB unmöglich, sodass der Arbeitnehmer nach §§ 280 Abs. 1 und Abs. 3, 283 S. 1 BGB Schadensersatz statt der Leistung bzw. nach Beendigung des Arbeitsverhältnisses Abgeltung nicht genommenen Urlaubs nach § 251 Abs. 1 BGB verlangen könne.[87]

D. Ansichten der Literatur

In der Literatur wurde die Frage, ob der Arbeitgeber Urlaub eigeninitiativ gewähren muss, unterschiedlich beurteilt.[88] Dabei beriefen sich sowohl die Vertreter,

---

85 LAG Berlin-Brandenburg, Urt. v. 12.06.2014 – 21 Sa 221/14, NZA-RR 2014, 631, 634 mit Verweis auf die st. Rspr. des EuGH zu Art. 7 der Arbeitszeitrichtlinie; so u.a. EuGH, Urt. v. 20.01.2009 – C-350/06 (Schultz-Hoff), NJW 2009, 495 Rn. 30, 39 und 59; EuGH, Urt. v. 22.11.2011 – C-214/10 (KHS), NZA 2011, 1333 Rn. 35 und 37.

86 LAG Berlin-Brandenburg, Urt. v. 12.06.2014 – 21 Sa 221/14, NZA-RR 2014, 631, 633; LAG München, Urt. v. 06.05.2015 – 8 Sa 982/14, BeckRS 2015, 72670 Rn. 56.

87 LAG Berlin-Brandenburg, Urt. v. 12.06.2014 – 21 Sa 221/14, NZA-RR 2014, 631, 633; LAG München, Urt. v. 06.05.2015 – 8 Sa 982/14, BeckRS 2015, 72670 Rn. 56; das LAG Köln lehnt den Schadensersatzanspruch hingegen im Ergebnis mit der Begründung ab, dass die jahrzehntelange gegenteilige Rechtsprechung des BAG zu einer Exkulpation des Arbeitgebers nach § 280 Abs. 1 S. 2 BGB führe, vgl. LAG Köln, Urt. v. 22.04.2016 – 4 Sa 1095/15, NZA-RR 2016, 466 Rn. 31 ff.

88 Eine entsprechende Verpflichtung des Arbeitgebers annehmend schon *Kohte*, FS Schwerdtner (2003), 99, 115; *Hlava*, jurisPR-ArbR 41/2014 Anm. 6 unter C.; wohl auch *Polzer/Kafka*, NJW 2015, 2289, 2293; eine Pflicht des Arbeitgebers zur einseitigen Urlaubsgewährung ablehnend hingegen *Ahrends*, Europäisiertes Urlaubsrecht, S. 255 ff.; *Bauckhage-Hoffer*, SAE 2019, 1, 3; *ders.* SAE 2017, 73, 78; *Bayreuther*, NZA 2018, 24, 26; *Ecklebe*, DB 2014, 1991, 1991 f.; *Gooren*, NZA 2016, 1374, 1376 ff.; Powietzka/Rolf/*Powietzka*, § 7 BUrlG, Rn. 24; Schlachter/Heinig/*Rudkowski*, § 12 Rn. 41; gegen eine Schadensersatzpflicht ohne Verzug des Arbeitgebers auch *Boemke*, jurisPR-ArbR 37/2015 Anm. 5 unter C.; offengelassen von *Hartmann*, EuZA 2017, 153, 183; *Schmidt*, ZESAR 2017, 125, 127 f.

die sich für eine entsprechende Verpflichtung des Arbeitgebers aussprachen, als auch diejenigen, die eine solche ablehnten, vornehmlich auf Aspekte des mit dem Urlaubsanspruch bezweckten Gesundheitsschutzes bzw. dessen Zuordnung zum Arbeitsschutzrecht.[89]

So bestehe eine arbeitgeberseitige Pflicht zur einseitigen Urlaubsgewährung aus Sicht der Befürworter deshalb, weil der Arbeitgeber die Verantwortung für die Gewährleistung des Gesundheitsschutzes trage und durch die tatsächliche Gewährung des gesetzlichen Urlaubs imstande sei, die Gesundheit der Arbeitnehmer zu schützen.[90] Den Arbeitgeber treffe insofern eine *„betriebliche Organisationspflicht“*[91], aus Gründen des Gesundheitsschutzes der Arbeitnehmer den Urlaub einseitig zu gewähren.[92]

Umgekehrt ist es auch aus Sicht der ablehnenden Stimmen gerade der Gesundheitsschutz, der gegen eine entsprechende Pflicht des Arbeitgebers spricht.[93] So bestünde bei der Annahme einer entsprechenden Initiativpflicht des Arbeitgebers – und der damit korrelierenden Schadensersatzpflicht im Falle der Nichtgewährung des Urlaubs – die Gefahr, dass unbegrenzt bzw. allenfalls in den Grenzen der §§ 194 ff. BGB Urlaubsansprüche angesammelt werden könnten.[94] Dies stehe jedoch in Widerspruch zu der gesetzlichen Konzeption des Urlaubs als grundsätzlich befristeter, an das Kalenderjahr gebundener Erholungszeitraum (§ 7 Abs. 3 BUrlG) und dem in § 7 Abs. 4 BUrlG zum Ausdruck kommenden grundsätzlichen Abgeltungsverbot.[95] Gegen eine entsprechende

---

89 Vgl. zur Einordnung des gesetzlichen Urlaubsanspruchs als Teil des Gesundheitsschutzes nach nationalrechtlichem und europäischem Verständnis auch die Ausführungen bei *Hackmann*, FS Kohte (2016), 293, 305 ff.

90 *Hlava*, jurisPR-ArbR 41/2014 Anm. 6 unter C.; vgl. auch *Kohte*, FS Schwerdtner (2003), 99, 115, der insoweit davon ausgeht, dass für das Urlaubsrecht *„keine andere Rollenverteilung als für das Arbeitszeitrecht gelten* […]“ kann.

91 *Hlava*, jurisPR-ArbR 41/2014 Anm. 6 unter C.

92 *Hlava*, jurisPR-ArbR 41/2014 Anm. 6 unter C.; *Kohte*, in: FS Schwerdtner (2003), 99, 115.

93 So etwa *Boemke*, jurisPR-ArbR 37/2015 Anm. 5 unter C.; *Ecklebe*, DB 2014, 1991, 1991; *Gooren*, NZA 2016, 1374, 1377 f.; ebenso LAG Schleswig-Holstein, Urt. v. 09.02.2016 – 1 Sa 321/15, BeckRS 2016, 68977 Rn. 61.

94 *Boemke*, jurisPR-ArbR 37/2015 Anm. 5 unter C.; *Ecklebe*, DB 2014, 1991, 1991; *Gooren*, NZA 2016, 1374, 1377 f.

95 *Ecklebe*, DB 2014, 1991, 1991; *Gooren*, NZA 2016, 1374, 1378; in diese Richtung auch *Boemke*, jurisPR-ArbR 37/2015 Anm. 5 unter C., der das Übertragungsverbot aus § 7 Abs. 3 BUrlG als ggü. den §§ 283 Satz 1, 275 Abs. 1, 249 Abs. 1 BGB speziellere Regelung ansieht.

Pflicht des Arbeitgebers spreche auch, dass § 1 BUrlG ausdrücklich von einem „Anspruch" auf Urlaub spreche und dessen Geltendmachung insofern Sache des Anspruchsgläubigers, d.h. hier des Arbeitnehmers sei.[96] Dass in § 7 Abs. 3 S. 1 BUrlG die Rede davon sei, dass der Urlaub „gewährt und genommen" werden müsse, dürfte darüber hinaus auch eher auf dem Umstand beruhen, dass die Inanspruchnahme des Urlaubs der Gewährung des Urlaubs zeitlich nachfolge.[97]

96 *Gooren*, NZA 2016, 1374, 1376 f.; Powietzka/Rolf/*Rolf*, § 1 BUrlG, Rn. 30.
97 *Gooren*, NZA 2016, 1374, 1377.

§ 3 Europäisches Recht

A. Normative Grundlagen

Auf europäischer Ebene bilden Art. 31 Abs. 2 GRCh und Art. 7 der RL 2003/88/EG die normativen Grundlagen für den Urlaubsanspruch.

I. Art. 31 Abs. 2 GRCh

Neben dem sogleich zu behandelnden Art. 7 der RL 2003/88/EG, der den Anspruch auf bezahlten Jahresurlaub auf Sekundärebene verbürgt, ist der Anspruch auf Erholungsurlaub seit 2009 durch Art. 31 Abs. 2 GRCh auch primärrechtlich verankert[98]:

> Jede Arbeitnehmerin und jeder Arbeitnehmer hat das Recht auf eine Begrenzung der Höchstarbeitszeit, auf tägliche und wöchentliche Ruhezeiten sowie auf bezahlten Jahresurlaub.

Im Unterschied zu Art. 7 der Arbeitszeitrichtlinie enthält Art. 31 Abs. 2 GRCh keine detaillierten Vorgaben in Bezug auf den Urlaubsanspruch, insbesondere keine zeitlichen Vorgaben hinsichtlich der Dauer des Urlaubs. Der Bedeutungsgehalt der Vorschrift liegt demnach vor allem darin, allen Arbeitnehmern einen Anspruch auf bezahlten Jahresurlaub als Menschenrecht einzuräumen, ohne nähere Vorgaben im Hinblick auf die konkrete Ausgestaltung des Urlaubsanspruchs zu machen.[99]

Während also das „Ob" des Urlaubsanspruchs grundrechtlich garantiert ist, muss das „Wie" des Urlaubsanspruchs, d.h. die nähere Ausgestaltung und insbesondere die Urlaubsdauer durch Union und Mitgliedstaaten erst konkretisiert werden.[100]

---

98 Vgl. *Ahrends*, Europäisiertes Urlaubsrecht, S. 25; Preis/Sagan/*Mehrens/Witschen*, Europäisches Arbeitsrecht, § 3 Rn. 3.4; § 8 Rn. 8.3.

99 *Ahrends*, Europäisiertes Urlaubsrecht, S. 28; vgl. auch *Höpfner*, RdA 2013, 16, 21: Art. 31 Abs. 2 GR-Charta habe die Bedeutung, „*den inhaltlichen Rahmen für die* [Arbeitszeit-]*Richtlinie vorzugeben.*"; vgl. auch Meyer/Hölscheidt/*Hüpers/Reese*, Art. 31 GRCh, Rn. 32 „*Mindestgehalt*"; *Schubert*, EuZA 2020, 302, 310: „*Mindestmaß an Schutz*".

100 *Ahrends*, Europäisiertes Urlaubsrecht, S. 28 f.; Jarass/*Jarass*, Art. 31 GRCh, Rn. 5; Franzen/Gallner/Oetker/*Schubert*, Art. 31 GRCh, Rn. 18 f.; *Schubert*, EuZA 2020, 302, 310.

II. Art. 7 RL 2003/88/EG

Für das Urlaubsrecht auf europäischer Ebene kommt ferner der Richtlinie 2003/88/EG vom 04.11.2003[101] wesentliche Bedeutung zu.[102] Diese sog. Arbeitszeitrichtlinie, die die identischen Vorgängerrichtlinien 93/104/EG[103] und 2000/34/EG[104] ablöst, regelt bestimmte Aspekte der Arbeitszeitgestaltung und enthält neben Vorgaben zum Jahresurlaub auch Mindestvorschriften im Hinblick auf erforderliche Ruhezeiten und -pausen, wöchentliche Höchstarbeitszeiten sowie Nacht- und Schichtarbeit (vgl. Erwägungsgrund 1 zur RL).[105] Sie zielt darauf ab, den Schutz der Sicherheit und der Gesundheit von Arbeitnehmern zu verbessern.[106]

Die für den Jahresurlaub maßgebliche Vorschrift des Art. 7 RL 2003/88/EG lautet:

(1) Die Mitgliedstaaten treffen die erforderlichen Maßnahmen, damit jeder Arbeitnehmer einen bezahlten Jahresurlaub von vier Wochen nach Maßgabe der Bedingungen für die Inanspruchnahme und die Gewährung erhält, die in den einzelstaatlichen Rechtsvorschriften und/oder nach den einzelstaatlichen Gepflogenheiten vorgesehen sind.
(2) Der bezahlte Jahresurlaub darf außer bei Beendigung des Arbeitsverhältnisses nicht durch eine finanzielle Vergütung ersetzt werden.

Anders als Art. 31 Abs. 2 GRCh enthält die Vorschrift zwar eine zeitliche Vorgabe (bezahlter Jahresurlaub von *vier Wochen*). Weitergehende inhaltliche Vorgaben macht aber auch Art. 7 der Arbeitszeitrichtlinie nicht, sondern räumt ausdrücklich den Mitgliedstaaten den näheren Ausgestaltungsspielraum ein.[107] Dennoch hat der EuGH auf der Grundlage von Art. 7 der RL 2003/88/EG bereits

---

101 Richtlinie 2003/88/EG des Europäisches Parlaments und des Rates vom 04. November 2003 über bestimmte Aspekte der Arbeitszeitgestaltung, ABl. EU L 299 v. 18.11.2003, S. 9–19.

102 *Ehlers*, Krank im Urlaub, S. 49; Preis/Sagan/*Mehrens/Witschen*, Europäisches Arbeitsrecht, § 8 Rn. 8.1.: Art. 7 Arbeitszeitrichtlinie 2003/88/EG als „*Herzstück des europäischen Urlaubsrechts*".

103 Richtlinie 93/104/EG des Rates vom 23. November 1993 über bestimmte Aspekte der Arbeitszeitgestaltung, ABl. EG L 307 v. 13.12.1993, S. 18–24.

104 Richtlinie 2000/34/EG des Europäischen Parlaments und des Rates vom 22. Juni 2000 zur Änderung der Richtlinie 93/104/EG, ABl. EG L 195 v. 01.08.2000, S. 41–45.

105 *Ahrends*, Europäisiertes Urlaubsrecht, S. 59; *Ehlers*, Krank im Urlaub, S. 49.

106 *Ahrends*, Europäisiertes Urlaubsrecht, S. 59.

107 Vgl. *Kiel*, FS Preis (2021), 599, 600.

mehrfach zu Fragen des europäischen Urlaubsrechts Stellung genommen und den Regelungsgehalt der Vorschriften hierdurch näher konkretisiert.[108]

III. Rechtsprechung des EuGH

1. *Rs.* Bollacke

Hinsichtlich der Frage, ob Art. 7 RL 2003/88/EG und Art. 31 Abs. 2 GRCh dem Arbeitnehmer die Verantwortung für die Realisierung des Urlaubsanspruchs auferlegen oder umgekehrt eine Pflicht des Arbeitgebers zur einseitigen Festsetzung des Erholungsurlaubs gebieten, bot sich dem EuGH erstmals in der Rs. *Bollacke*[109] Gelegenheit zur Stellungnahme.

a) Gegenstand des Verfahrens

Hauptgegenstand des Verfahrens in der Rs. *Bollacke* war die vom LAG Hamm mit Beschluss vom 14.02.2013[110] vorgelegte Frage, ob der Anspruch eines Arbeitnehmers auf bezahlten Jahresurlaub mit seinem Tod untergeht oder doch vererblich ist und damit von den Erben des verstorbenen Arbeitnehmers geltend gemacht werden kann.[111] Daneben legte das LAG Hamm dem EuGH aber auch die Frage vor, ob es die effektive Umsetzung der Richtlinie 2003/88/EG erfordere, dem Arbeitgeber – entgegen der bisherigen Rechtsprechung des BAG – die Verpflichtung (und nicht nur das Recht) zur einseitigen Festlegung

---

108 Vgl. hierzu die oben in Fn. 8 aufgeführten EuGH-Entscheidungen.

109 EuGH, Urt. v. 12.06.2014 – C-118/13 (Bollacke), NZA 2014, 651.

110 LAG Hamm, Beschl. v. 14.02.2013 – 16 Sa 1511/12, NJOZ 2013, 897.

111 Für ein automatisches Erlöschen des Urlaubs(-abgeltungs)anspruchs mit dem Tod des Arbeitnehmers noch BAG, Urt. v. 12.03.2013 – 9 AZR 532/11, NJW 2013, 1980 (2. Ls.); BAG, Urt. v. 20.09.2011 – 9 AZR 416/10, NJW 2012, 634 (Ls.); BAG, Urt. v. 23.06.1992 – 9 AZR 111/91, NZA 1992, 1088 (Ls.); BAG, Urt. v. 26.04.1990 – 8 AZR 517/89, NZA 1990, 940 (2. Ls.); in Umsetzung der Entscheidungen des EuGH v. 12.06.2014 – C-118/13 (Bollacke), NZA 2014, 651 und v. 06.11.2018 – C-569/16, C-570/16 (Bauer/Willmeroth), NZA 2018, 1467 geht nunmehr auch das BAG davon aus, dass der Anspruch auf bezahlten Mindestjahresurlaub infolge richtlinierkonformer Auslegung der §§ 1, 7 Abs. 4 BUrlG auch im Falle des Todes des Arbeitnehmers nicht untergeht, sondern Teil der Erbmasse wird und den Erben des verstorbenen Arbeitnehmers daher nach § 1922 Abs. 1 BGB i.V.m. § 7 Abs. 4 BUrlG ein Anspruch auf Abgeltung des von diesem nicht genommenen Jahresurlaub zusteht, so BAG, Urt. v. 22.01.2019 – 9 AZR 45/16, NZA 2019, 829 ff.; BAG, Urt. v. 22.01.2019 – 9 AZR 328/16, NZA 2019, 835, 836 ff.; BAG, Urt. v. 22.01.2019 – 9 AZR 149/17, NZA 2019, 985, 986 ff.; BAG, Urt. v. 22.01.2019 – 9 AZR 10/17, NZA 2019, 832 Rn. 10 ff.

des Urlaubs aufzuerlegen. Die Zweifel an der Rechtsprechung des BAG begründete das Gericht damit, dass es dem mit der Arbeitszeitrichtlinie verfolgten Arbeitsschutz entgegenstehen könnte, wenn die Verantwortung für die tatsächliche Inanspruchnahme des Urlaubs durch das Erfordernis eines Urlaubsantrages vollständig auf den Arbeitnehmer übertragen würde.[112] Aufgrund seiner Organisationsgewalt könne der Arbeitgeber dafür Sorge tragen, dass die Arbeitnehmer die ihnen zustehenden Erholungszeiten auch tatsächlich erhalten und mit der Urlaubserteilung die Arbeitnehmer insofern in die Lage versetzen, den Urlaub auch tatsächlich zu nehmen.[113] Das LAG Hamm legte dem EuGH daher u.a. folgende Frage zur Vorabentscheidung vor[114]:

> 3. Ist Art. 7 I der Richtlinie 2003/88/EG dahingehend auszulegen, dass der Arbeitgeber verpflichtet ist, dem Arbeitnehmer im Hinblick auf den Schutz der Sicherheit und der Gesundheit der Arbeitnehmer bei der Arbeitszeitgestaltung Urlaub bis zum Ablauf des Kalenderjahres oder spätestens bis zum Ablauf eines für das Arbeitsverhältnis maßgeblichen Übertragungszeitraums auch tatsächlich zu gewähren, ohne dass es darauf ankommt, ob der Arbeitnehmer einen Urlaubsantrag gestellt hat?

b) Entscheidungsgründe

In der Entscheidung erinnerte der EuGH zunächst wieder an seine st. Rspr.[115], wonach der Anspruch auf bezahlten Jahresurlaub als ein *„besonders bedeutsamer Grundsatz des Sozialrechts der Union“*[116] anzusehen ist, von dem nicht abgewichen werden dürfe.[117] Die Gewährung eines finanziellen Ausgleichs im Falle der Beendigung des Arbeitsverhältnisses durch den Tod des Arbeitnehmers sei unerlässlich, um die praktische Wirksamkeit des Anspruchs auf bezahlten Jahresurlaub sicherzustellen.[118] Andernfalls würde der Tod des Arbeitnehmers – als

---

112 LAG Hamm, Beschl. v. 14.02.2013 – 16 Sa 1511/12, NJOZ 2013, 897, 900.

113 LAG Hamm, Beschl. v. 14.02.2013 – 16 Sa 1511/12, NJOZ 2013, 897, 900.

114 LAG Hamm, Beschl. v. 14.02.2013 – 16 Sa 1511/12, NJOZ 2013, 897 (Ls.).

115 So in fast nahezu jeder Urlaubsentscheidung, vgl. etwa EuGH, Urt. v. 18.03.2004 – C-342/01 (Merino Gomez), NZA 2004, 535 Rn. 29: *„besonders bedeutsamer Grundsatz des Sozialrechts der Gemeinschaft“*; EuGH, Urt. v. 16.03.2006 – C-131/04 (Robinson-Steele), EuZW 2006, 244 Rn. 48: *„besonders bedeutsamer Grundsatz des Sozialrechts der Gemeinschaft“*; EuGH, Urt. v. 20.01.2009 – C-350/06 (Schultz-Hoff), NZA 2009, 135 Rn. 22 *besonders bedeutsamer Grundsatz des Sozialrechts der Gemeinschaft“*; EuGH, Urt. v. 24.01.2012 – C-282/11 (Dominguez), NZA 2012, 139 Rn. 16: *„besonders bedeutsamer Grundsatz des Sozialrechts der Union“*.

116 EuGH, Urt. v. 12.06.2014 – C-118/13 (Bollacke), NZA 2014, 651 Rn. 15.

117 EuGH, Urt. v. 12.06.2014 – C-118/13 (Bollacke), NZA 2014, 651 Rn. 15.

118 EuGH, Urt. v. 12.06.2014 – C-118/13 (Bollacke), NZA 2014, 651 Rn. 24.

ein unwägbares, dem Einfluss von Arbeitnehmer und Arbeitgeber entzogenes Vorkommnis – rückwirkend zum vollständigen Verlust des in Art. 7 der RL 2003/88/EG verankerten Anspruchs auf bezahlten Jahresurlaub führen.[119] Da Art. 7 Abs. 2 der Arbeitszeitrichtlinie für den Anspruch auf finanzielle Vergütung außer der Beendigung des Arbeitsverhältnisses zudem keine weitere Voraussetzung aufstelle, könne eine solche Vergütung auch nicht davon abhängig gemacht werden, dass im Vorfeld ein entsprechender Antrag gestellt wurde.[120] Der EuGH kam daher zu dem Ergebnis, dass der dem Arbeitnehmer zustehende Abgeltungsanspruch für nicht genommenen Urlaub weder durch den Tod des Arbeitnehmers erlischt noch dass dieser davon abhängig gemacht werden könne, ob der Arbeitnehmer im Vorfeld einen entsprechenden Antrag gestellt hat.[121]

c) Keine Pflicht zur Beantragung des Abgeltungsanspruchs

Der EuGH äußerte sich in der Rs. *Bollacke* nicht ausdrücklich zu der vom LAG Hamm vorgelegten Frage, ob der Arbeitgeber verpflichtet ist, von sich aus Urlaub zu gewähren, sondern bezog seine Antwort ausschließlich auf den Abgeltungsanspruch (Art. 7 Abs. 2 der Arbeitszeitrichtlinie).[122] Dennoch gab die Entscheidung vereinzelnd Anlass dazu, die bisherige Rechtsprechung des BAG anzuzweifeln und sich für eine Pflicht des Arbeitgebers zur einseitigen Urlaubsgewährung auszusprechen.[123] So wurde angenommen, dass die Ausführungen des EuGH, die sich zwar vornehmlich mit der Situation des Tods des Arbeitnehmers befassten, auch allgemeine Aussagen in Bezug auf den Abgeltungsanspruch enthielten.[124] Der EuGH habe in der *Bollacke*-Entscheidung klargestellt, dass der Abgeltungsanspruch keinerlei weitere Voraussetzungen als die Beendigung des Arbeitsverhältnisses und das Bestehen von Resturlaubsansprüchen aufstelle und mithin auch nicht von einem vorherigen Antrag des Arbeitnehmers abhängig

---

119 EuGH, Urt. v. 12.06.2014 – C-118/13 (Bollacke), NZA 2014, 651 Rn. 25.

120 EuGH, Urt. v. 12.06.2014 – C-118/13 (Bollacke), NZA 2014, 651 Rn. 23, 27.

121 EuGH, Urt. v. 12.06.2014 – C-118/13 (Bollacke), NZA 2014, 651 Rn. 30.

122 So auch LAG Köln, Urt. v. 22.04.2016 – 4 Sa 1095/15, NZA-RR 2016, 466 Rn. 22.

123 So ausdrücklich unter Verweis auf die *Bollacke*-Entscheidung LAG Köln, Urt. v. 22.04.2016 – 4 Sa 1095/15, NZA-RR 2016, 466 (1. Ls.); ferner *Polzer/Kafka*, NJW 2015, 2289, 2292, die der *Bollacke*-Entscheidung die Tendenz des EuGH entnehmen, dass der Arbeitgeber selbst aktiv werden müsse.

124 LAG Köln, Urt. v. 22.04.2016 – 4 Sa 1095/15, NZA-RR 2016, 466 Rn. 22.

gemacht werden könne.[125] Indem vom Arbeitnehmer insofern nicht verlangt werde, dass er seinen Urlaubsanspruch geltend mache, sprächen überzeugendere Gründe dafür, den Arbeitgeber als verpflichtet dafür anzusehen, den gesetzlichen Urlaubsanspruch von sich aus zu erfüllen.[126]

Vereinzelnd wurde die *Bollacke*-Entscheidung des EuGH aber auch als Einzelfallentscheidung für den Sonderfall des Todes des Arbeitnehmers eingestuft, aus der nicht unmittelbar Schlüsse auf den Urlaubsanspruch aus Art. 7 Abs. 1 der Arbeitszeitrichtlinie geschlossen werden könnten.[127] Dass der EuGH auf das Antragserfordernis des Arbeitnehmers verzichtet, resultiere aus dem Umstand, dass der Tod des Arbeitnehmers und die damit einhergehende Beendigung des Arbeitsverhältnisses unvorhersehbare Ereignisse darstellen.[128] Es sei daher fernliegend, den Abgeltungsanspruch von einer vorausgehenden Handlung des Arbeitnehmers abhängig zu machen.[129] Die vom EuGH getroffenen Feststellungen bezögen sich ausdrücklich und ausschließlich auf den Abgeltungsanspruch nach Art. 7 Abs. 2 der Arbeitszeitrichtlinie und könnten nicht ohne weiteres auf den Urlaubsanspruch gem. Art. 7 Abs. 1 der Arbeitszeitrichtlinie übertragen werden.[130] Dies ergebe sich einerseits daraus, dass Art. 7 Abs. 1 – anders als Art. 7 Abs. 2 – grundsätzlich den Mitgliedstaaten die Festlegung der konkreten Modalitäten im Hinblick auf Inanspruchnahme und Gewährung des Urlaubs überlasse und zu diesen Modalitäten auch die Frage zähle, unter welchen Umständen sich der nicht beantragte Urlaubsanspruch in einen Schadensersatzanspruch umwandele.[131] Andererseits handele es sich bei dem Ablauf des Kalenderjahres – im Unterschied zum Eintritt des Todes des Arbeitnehmers – auch nicht um ein unvorhersehbares und unabwägbares Ereignis.[132]

---

125 LAG Köln, Urt. v. 22.04.2016 – 4 Sa 1095/15, NZA-RR 2016, 466 Rn. 22 f. unter Bezugnahme auf EuGH, Urt. v. 12.06.2014 – C-118/13 (Bollacke), NZA 2014, 651 Rn. 23 und 27.

126 LAG Köln, Urt. v. 22.04.2016 – 4 Sa 1095/15, NZA-RR 2016, 466 Rn. 25.

127 So etwa von *Ahrends*, Europäisiertes Urlaubsrecht, S. 98; *Bauckhage-Hoffer*, SAE 2017, 73, 78 f.; *Gooren*, NZA 2016, 1374, 1378; *Schmidt*, ZESAR 2017, 125, 126 f.; wohl auch *Kloppenburg*, jurisPR-ArbR 29/2014 Anm. 1 unter E.

128 *Ahrends*, Europäisiertes Urlaubsrecht, S. 98; *Schmidt*, ZESAR 2017, 125, 126 f.

129 *Ahrends*, Europäisiertes Urlaubsrecht, S. 98.

130 Vgl. *Gooren*, NZA 2016, 1374, 1378; *Kloppenburg*, jurisPR-ArbR 29/2014 Anm. 1 unter E.

131 *Gooren*, NZA 2016, 1374, 1378 unter Verweis auf die Entscheidung des VG Berlin, Urt. v. 03.05.2013 – 5 K 158/11, BeckRS 2014, 46021.

132 *Gooren*, NZA 2016, 1374, 1378.

2. *Rs.* King

Neue Impuls brachte die Entscheidung des EuGH in der Rs. *King* vom 29.11.2017[133], in der sich der EuGH nun ausdrücklich zu dem Urlaubsantragserfordernis äußerte.

a) Sachverhalt

Herr King, der Kläger des Ausgangsverfahrens, war insgesamt mehr als 13 Jahre auf Grundlage eines „Selbstständigen-Vertrages" auf Provisionsbasis bei der Sash Window Workshop Limited (SWWL) tätig. Er erhielt weder eine zusätzliche bzw. provisionsunabhängige Bezahlung bei Inanspruchnahme von Urlaub noch sah sein Vertrag einen Anspruch auf bezahlten Jahresurlaub vor. Bei Beendigung des Vertragsverhältnisses verlangte Herr King Abgeltung für genommenen, aber nicht bezahlten, sowie für nicht genommenen Urlaub. Dem stand jedoch entgegen, dass nach nationalem (englischen) Recht ein Arbeitnehmer einen Verstoß gegen den Anspruch auf Erholungsurlaub nur dann erfolgreich geltend machen konnte, wenn der Arbeitgeber es dem Arbeitnehmer generell nicht gestattete, Urlaub zu nehmen – bezahlt oder unbezahlt.[134] Ferner musste der Arbeitnehmer stets zunächst (unbezahlt) Urlaub in Anspruch nehmen, um anschließend die entsprechende Urlaubsvergütung erhalten zu können.[135] Der zu entscheidende Court of Appeals wandte sich, nachdem die Arbeitnehmereigenschaft des Klägers festgestellt wurde, u.a. mit der Frage an den EuGH, ob Jahresurlaub, der infolge der Weigerung des Arbeitgebers, die Urlaubszeiten zu vergüten, nicht genommen wurde, ohne Einschränkung, d.h. auch unabhängig davon, ob der Arbeitnehmer den Urlaubsanspruch zwischenzeitlich überhaupt geltend gemacht hat, bis zum Zeitpunkt der Beendigung des Arbeitsverhältnisses zu übertragen und ggf. anzusammeln ist.[136]

b) Entscheidungsgründe

Der EuGH hielt es zunächst mit Art. 7 RL 2003/88/EG für unvereinbar, dass ein Arbeitnehmer, der seinen Anspruch auf bezahlten Erholungsurlaub geltend machen will, zunächst unbezahlt Urlaub in Anspruch nehmen müsse.[137]

---

133 EuGH, Urt. v. 29.11.2017 – C-214/16 (King), NZA 2017, 1591.
134 EuGH, Urt. v. 29.11.2017 – C-214/16 (King), NZA 2017, 1591 Rn. 43.
135 EuGH, Urt. v. 29.11.2017 – C-214/16 (King), NZA 2017, 1591 Rn. 43.
136 EuGH, Urt. v. 29.11.2017 – C-214/16 (King), NZA 2017, 1591 Rn. 48.
137 EuGH, Urt. v. 29.11.2017 – C-214/16 (King), NZA 2017, 1591 Rn. 47.

Es werde dem Arbeitnehmer hierdurch nämlich unmöglich gemacht, sich erst nach Beendigung seines Arbeitsverhältnisses auf einen Verstoß gegen Art. 7 der RL 2003/88/EG wegen geschuldeten, aber nicht genommenen bezahlten Urlaubs zu berufen.[138] Weil die Entstehung des Urlaubsanspruchs nicht von irgendeiner Voraussetzung abhängig gemacht werden könne, sei es auch ohne Bedeutung, ob der Arbeitnehmer während des Urlaubsjahres einen Urlaubsantrag gestellt hat.[139] Es obliege vielmehr dem Arbeitgeber, sich umfassend über eventuell bestehende Verpflichtungen im Bereich der Urlaubserteilung zu informieren.[140] Eine zeitliche Begrenzung des Übertragungszeitraums – wie etwa für den Fall langzeiterkrankter Arbeitnehmer angenommen – komme in der vorliegenden Fallkonstellation deshalb nicht Betracht, weil der Arbeitgeber von der ununterbrochenen Arbeitskraft des Arbeitnehmers bis zur Beendigung des Arbeitsverhältnisses profitiert habe.[141] Eine Ansammlung nicht genommenen Urlaubs sei in einer solchen Konstellation daher möglich.[142]

c) Keine Pflicht zur Beantragung von Urlaub

Die Entscheidung des EuGH in der Rs. *King* liefert neben der Frage, ob und unter welchen Voraussetzungen eine Übertragung von Urlaubsansprüchen zeitlich zu beschränken ist[143], auch Antworten auf die Frage, ob der Arbeitnehmer selbst aktiv werden muss, um die ihm zustehenden Urlaubsansprüche zu realisieren. Der EuGH beantwortet diese Frage zugunsten des Arbeitnehmers und hält es mit Europarecht unvereinbar, wenn der Arbeitnehmer erst gerichtliche oder auch außergerichtliche Maßnahmen ergreifen muss, um in den Genuss seines Anspruchs auf bezahlten Jahresurlaub zu kommen.[144] Er teilt damit die Ansicht von Generalanwalt *Tanchev*, der bereits in seinen Schlussanträgen anmerkte, dass das Recht auf bezahlten Jahresurlaub „*rechtswidrig unter eine Vorbedingung gestellt würde, wenn vom Arbeitnehmer und nicht vom Arbeitgeber verlangt würde, dass er etwas unternimmt, um eine entsprechende Möglichkeit für die Inanspruchnahme von bezahltem Jahresurlaub zu schaffen.*“[145]

---

138 EuGH, Urt. v. 29.11.2017 – C-214/16 (King), NZA 2017, 1591 Rn. 46.
139 EuGH, Urt. v. 29.11.2017 – C-214/16 (King), NZA 2017, 1591 Rn. 62.
140 EuGH, Urt. v. 29.11.2017 – C-214/16 (King), NZA 2017, 1591 Rn. 61.
141 EuGH, Urt. v. 29.11.2017 – C-214/16 (King), NZA 2017, 1591 Rn. 55, 60.
142 EuGH, Urt. v. 29.11.2017 – C-214/16 (King), NZA 2017, 1591 Rn. 65.
143 Hierzu eingehend in Teil 4 dieser Arbeit.
144 EuGH, Urt. v. 29.11.2017 – C-214/16 (King), NZA 2017, 1591 Rn. 44 f., 62.
145 GA *Tanchev*, Schlussanträge vom 08.06.2017 – Rs. C-214/16 (King), BeckRS 2017, 112268 Rn. 4.

Während der EuGH[146] in seiner Entscheidung zwar ausdrücklich erklärte, dass der Arbeitnehmer den Urlaub weder beantragen noch gerichtlich geltend machen oder unbezahlt in Anspruch nehmen und damit nicht selbst aktiv werden müsse, ging Generalanwalt *Tanchev* in seinen Schlussanträgen sogar noch einen Schritt weiter. Er versteht den Anspruch auf bezahlten Jahresurlaub nach Art. 7 der RL 2003/88/EG im Lichte von Art. 31 Abs. 2 GRCh dahin, dass der Arbeitgeber verpflichtet ist, *„eine entsprechende Möglichkeit für die Inanspruchnahme von bezahltem Jahresurlaub zu schaffen."*[147] Diesen Schritt, nicht nur den Arbeitnehmer von einer aktiven Handlungspflicht zu befreien, sondern eine solche dafür dem Arbeitgeber aufzuerlegen, ging der EuGH in der Rs. *King* hingegen (noch) nicht.

3. Rs. Max-Planck-Gesellschaft

Die Abkehr mehrerer Instanzgerichte von der langjährigen Rechtsprechung des BAG mündete schließlich in Vorabentscheidungsersuchen nach Art. 267 AEUV. Dieses Mal auf Initiative des BAG[148] im Anschluss an die Entscheidung des LAG München[149], in welcher dieses wie schon das LAG Berlin-Brandenburg[150] einen Schadensersatzanspruch des Arbeitgebers ebenfalls allein aus dem Grund annahm, dass der Arbeitgeber seiner Pflicht, Urlaub zu gewähren, nicht nachkam.

Kurz zuvor legte auch das OVG Berlin-Brandenburg[151] dem EuGH für den Bereich des öffentlichen Dienstes die Frage vor, ob der Abgeltungsanspruch ausgeschlossen ist, wenn der Arbeitnehmer keinen Antrag auf Gewährung bezahlten Jahresurlaubs gestellt hat (Rs. *Kreuzinger*[152]).[153]

---

146 EuGH, Urt. v. 29.11.2017 – C-214/16 (King), NZA 2017, 1591 Rn. 45 ff., Rn. 62.

147 GA *Tanchev*, Schlussanträge vom 08.06.2017 – C-214/16 (King), BeckRS 2017, 112268 Rn. 4.

148 BAG, Vorlagebeschl. v. 13.12.2016 – 9 AZR 541/15 (A), NZA 2017, 271.

149 LAG München, Urt. v. 06.05.2015 – 8 Sa 982/14, BeckRS 2015, 72670 Rn. 56 ff.

150 LAG Berlin-Brandenburg, Urt. v. 12.06.2014 – 21 Sa 221/14, NZA-RR 2014, 631.

151 OVG Berlin-Brandenburg, Beschl. v. 14.09.2016 – OVG 4 B 38/14, BeckRS 2016, 54983.

152 Die Entscheidung des EuGH erging mit Urt. v. 06.11.2018 – C-619/16, NJW 2019, 36.

153 Die nachstehenden Ausführungen beschränken sich auf die für das private Urlaubsrecht maßgebliche Rs. *Max-Planck-Gesellschaft.*

a) *Sachverhalt*[154]

Herr Shimizu, der auf der Grundlage mehrerer befristeter Arbeitsverhältnisse bis zum 31.12.2013 bei der Max-Planck-Gesellschaft zur Förderung der Wissenschaften e.V.[155] als Wissenschaftler beschäftigt war, verlangte Urlaubsabgeltung für den vor Beendigung des Arbeitsverhältnisses nicht genommenen Jahresurlaub aus den Jahren 2012 und 2013. Auf das Arbeitsverhältnis fand der Tarifvertrag für den öffentlichen Dienst Anwendung. Ende Oktober 2013 forderte die Max-Planck-Gesellschaft Herrn Shimizu schriftlich dazu auf, seinen Urlaub vor Ende des Arbeitsverhältnisses zu nehmen, woraufhin dieser jedoch nur zwei Urlaubstage in Anspruch nahm. Für die verbleibenden 51 Urlaubstage verlangte er Urlaubsabgeltung. Nachdem der Zahlungsklage – auf der Grundlage der §§ 280, 283, 249, 251 BGB – sowohl erst- als auch zweitinstanzlich stattgegeben wurde, weil der Arbeitgeber den Urlaub nicht von sich aus gewährte, legte die Max-Planck-Gesellschaft beim BAG[156] Revision ein.

b) *Vorlagebeschluss und Begründung*

Das BAG schloss sich der Ansicht der Vorinstanzen nicht an, sondern setzte das Verfahren aus und wandte sich im Wege des Vorabentscheidungsverfahrens nach Art. 267 AEUV an den EuGH.[157] Aus Sicht des BAG hatte der EuGH bislang noch nicht hinreichend und abschließend geklärt, ob aus Art. 7 Abs. 1 RL 2003/88/EG eine Pflicht des Arbeitgebers resultiere, den Erholungsurlaub von sich aus einseitig festzulegen.[158] Das BAG legte dem EuGH folgende Fragen vor[159]:

1. Steht Art. 7 I der Richtlinie 2003/88/EG des Europäischen Parlaments und des Rates vom 04.11.2003 über bestimmte Aspekte der Arbeitszeitgestaltung (RL 2003/88/EG) oder Art. 31 II der GRCh einer nationalen Regelung wie der in § 7 BUrlG entgegen, die als Modalität für die Wahrnehmung des Anspruchs auf Erholungsurlaub vorsieht, dass der Arbeitnehmer unter Angabe seiner Wünsche bezüglich der zeitlichen Festlegung des Urlaubs diesen beantragen muss, damit der Urlaubsanspruch am Ende des Bezugszeitraums nicht ersatzlos untergeht und die den Arbeitgeber damit nicht

154 Ausführlich zum Sachverhalt, ArbG München, Urt. v. 13.11.2014 – 13 Ca 7172/14, BeckRS 2014, 119065 Rn. 1 ff.

155 Nachfolgend „Max-Planck-Gesellschaft".

156 BAG, Vorlagebeschl. v. 13.12.2016 – 9 AZR 541/15 (A), NZA 2017, 271.

157 BAG, Vorlagebeschl. v. 13.12.2016 – 9 AZR 541/15 (A), NZA 2017, 271.

158 BAG, Vorlagebeschl. v. 13.12.2016 – 9 AZR 541/15 (A), NZA 2017, 271 Rn. 16.

159 BAG, Vorlagebeschl. v. 13.12.2016 – 9 AZR 541/15 (A), NZA 2017, 271 (Ls. 1 und 2).

verpflichtet, von sich aus einseitig und für den Arbeitnehmer verbindlich die zeitliche Lage des Urlaubs innerhalb des Bezugszeitraums festzulegen?

2. Falls die Frage zu 1 bejaht wird: Gilt dies auch dann, wenn das Arbeitsverhältnis zwischen Privatpersonen bestand?

c) Die Entscheidung des EuGH

Die Entscheidung des EuGH erging mit Urteil vom 06.11.2018.[160]

aa) Kein Urlaubsverlust bei mangelndem Urlaubsantrag

Auf die *erste Frage* des BAG antwortete der Gerichtshof, dass es mit Art. 7 der RL 2003/88 und Art. 31 Abs. 2 GRCh unvereinbar ist, wenn ein Arbeitnehmer, der im Bezugszeitraum keinen Urlaubsantrag gestellt hat, am Ende des Bezugszeitraums die ihm zustehenden Urlaubstage und entsprechend bei Beendigung seines Arbeitsverhältnisses seinen Abgeltungsanspruch für nicht genommenen Urlaub verliert und zwar automatisch und ohne dass vorher geprüft wird, ob der Arbeitgeber seinen Arbeitnehmer z.B. durch angemessene Aufklärung tatsächlich in die Lage versetzt hat, seinen Urlaubsanspruch wahrzunehmen.[161]

Zur Begründung seiner Antwort hob der EuGH unter Bezugnahme auf seine bisherige Rechtsprechung zunächst wieder hervor, dass das Recht auf bezahlten Jahresurlaub als „*besonders bedeutsamer Grundsatz des Sozialrechts der Union anzusehen ist, von dem nicht abgewichen werden darf*“[162] und welches nur den in der RL 2003/88/EG selbst ausdrücklich gezogenen Grenzen unterliege.[163] Darüber hinaus sei dieses Recht aufgrund von Art. 31 Abs. 2 GRCh auch primärrechtlich verbürgt.[164] Art. 7 Abs. 2 der Arbeitszeit-RL stelle für das Entstehen des Urlaubsabgeltungsanspruchs keine anderen Anforderungen auf, als die Beendigung des Arbeitsverhältnisses und den Umstand, dass der Arbeitnehmer nicht seinen ganzen Jahresurlaub in Anspruch genommen hat.[165] Könnte der

---

160 EuGH, Urt. v. 06.11.2018 – C-684/16 (Max-Planck-Gesellschaft), NZA 2018, 1474.

161 EuGH, Urt. v. 06.11.2018 – C-684/16 (Max-Planck-Gesellschaft), NZA 2018, 1474 Rn. 61.

162 EuGH, Urt. v. 06.11.2018 – C-684/16 (Max-Planck-Gesellschaft), NZA 2018, 1474 Rn. 19.

163 EuGH, Urt. v. 06.11.2018 – C-684/16 (Max-Planck-Gesellschaft), NZA 2018, 1474 Rn. 19.

164 EuGH, Urt. v. 06.11.2018 – C-684/16 (Max-Planck-Gesellschaft), NZA 2018, 1474 Rn. 20.

165 EuGH, Urt. v. 06.11.2018 – C-684/16 (Max-Planck-Gesellschaft), NZA 2018, 1474 Rn. 23 unter Verweis auf die Entscheidung des EuGH v. 20.07.2016 – C-341/15 (Maschek), NZA 2016, 1067, 1068 Rn. 27.

Urlaubsanspruch bzw. der Urlaubsabgeltungsanspruch entfallen, ohne dass der Arbeitnehmer die Möglichkeit hatte, ihn auszuüben, würde dies *„das Recht auf bezahlten Jahresurlaub in seinem Wesensgehalt antasten.“*[166] Dabei erkennt der Gerichtshof zwar an, dass der Anspruch auf den Jahresurlaub und der Urlaubsabgeltungsanspruch dem Arbeitnehmer nicht *„völlig unabhängig von den Umständen erhalten bleiben müssen, die dazu geführt haben, dass er den bezahlten Jahresurlaub nicht genommen hat.“*[167] Ausweislich des Wortlauts von Art. 7 Abs. 1 RL 2003/88/EG bleibe es Sache der Mitgliedstaaten, die Modalitäten für die Wahrnehmung und die Umsetzung des Urlaubsanspruchs festzulegen.[168] Diese dürften sogar den Verlust des Urlaubsanspruchs am Ende eines Bezugszeitraums oder eines Übergangszeitraums vorsehen.[169] Einschränkend müsse jedoch sichergestellt sein, dass der Arbeitnehmer *„tatsächlich die Möglichkeit hatte, den ihm mit der Richtlinie verliehenen Anspruch wahrzunehmen.“*[170] Von diesen Grundsätzen ausgehend stehe die vorgelegte nationale Modalität[171], wonach ein Arbeitnehmer seinen Urlaubsanspruch automatisch verliert, wenn er zuvor keinen Urlaubsantrag gestellt hat, mit Art. 7 Abs. 1 der Arbeitszeit-RL nicht in Einklang. Denn in diesem Fall sei der Arbeitnehmer vom Arbeitgeber nicht in die Lage versetzt worden, den ihm zustehenden Urlaub zu nehmen.[172]

Bei einem anderen Verständnis könnte der Arbeitnehmer, der als die *„schwächere Partei des Arbeitsvertrages“*[173] anzusehen sei, ansonsten u.U. *„davon abgeschreckt werden, seine Rechte gegenüber dem Arbeitgeber ausdrücklich geltend zu*

166 EuGH, Urt. v. 06.11.2018 – C-684/16 (Max-Planck-Gesellschaft), NZA 2018, 1474 Rn. 26.

167 EuGH, Urt. v. 06.11.2018 – C-684/16 (Max-Planck-Gesellschaft), NZA 2018, 1474 Rn. 30.

168 EuGH, Urt. v. 06.11.2018 – C-684/16 (Max-Planck-Gesellschaft), NZA 2018, 1474 Rn. 34.

169 EuGH, Urt. v. 06.11.2018 – C-684/16 (Max-Planck-Gesellschaft), NZA 2018, 1474 Rn. 35.

170 EuGH, Urt. v. 06.11.2018 – C-684/16 (Max-Planck-Gesellschaft), NZA 2018, 1474 Rn. 35.

171 Konkret die durch das BAG in ständiger Rspr. vorgenommene Auslegung von § 7 Abs. 1 und Abs. 3 BUrlG.

172 EuGH, Urt. v. 06.11.2018 – C-684/16 (Max-Planck-Gesellschaft), NZA 2018, 1474 Rn. 45 f.

173 EuGH, Urt. v. 06.11.2018 – C-684/16 (Max-Planck-Gesellschaft), NZA 2018, 1474 Rn. 41.

machen […].“[174] Der Zweck des Urlaubs bestehe darin, „*es dem Arbeitnehmer zu ermöglichen, sich von der Ausübung der ihm nach seinem Arbeitsvertrag obliegenden Aufgaben zu erholen und zum anderen über einen Zeitraum der Entspannung und Freizeit zu verfügen.*“[175] Darüber hinaus soll gewährleistet werden, dass der Arbeitnehmer über eine tatsächliche Ruhezeit verfügt.[176] Mit diesen Zielen wäre die „*Schaffung eines Anreizes, auf den Erholungsurlaub zu verzichten oder die Arbeitnehmer dazu anzuhalten, darauf zu verzichten*“[177], unvereinbar.[178] Insofern verstoße „*jede Praxis oder Unterlassung eines Arbeitgebers, die den Arbeitnehmer davon abhalten kann, seinen Jahresurlaub zu nehmen, gegen das mit dem Recht auf Jahresurlaub verfolgte Ziel.*“[179] Art. 7 Abs. 1 der RL 2003/88/EG verlange zwar nicht von dem Arbeitgeber, dass dieser seine Arbeitnehmer dazu zwingt, ihren Anspruch auf bezahlten Jahresurlaub tatsächlich wahrzunehmen.[180] Der Arbeitgeber sei aber dazu verpflichtet, „*konkret und in völliger Transparenz dafür zu sorgen, dass der Arbeitnehmer tatsächlich in der Lage ist, seinen Jahresurlaub zu nehmen, indem er ihn – erforderlichenfalls förmlich – auffordert, dies zu tun, und ihm, damit sichergestellt ist, dass der Urlaub ihm noch die Erholung und Entspannung bieten kann, zu denen er beitragen soll, klar und rechtzeitig mitteilt, dass der Urlaub, wenn er ihn nicht nimmt, am Ende des Bezugszeitraums oder eines zulässigen Übertragungszeitraums verfallen wird.*“[181]

Die Beweislast hierfür trage insoweit der Arbeitgeber.[182] Nur dann, wenn dem Arbeitgeber der Nachweis gelinge, dass er den Arbeitnehmer entsprechend

---

174 EuGH, Urt. v. 06.11.2018 – C-684/16 (Max-Planck-Gesellschaft), NZA 2018, 1474 Rn. 41.

175 EuGH, Urt. v. 06.11.2018 – C-684/16 (Max-Planck-Gesellschaft), NZA 2018, 1474 Rn. 32.

176 EuGH, Urt. v. 06.11.2018 – C-684/16 (Max-Planck-Gesellschaft), NZA 2018, 1474 Rn. 33.

177 EuGH, Urt. v. 06.11.2018 – C-684/16 (Max-Planck-Gesellschaft), NZA 2018, 1474 Rn. 42.

178 EuGH, Urt. v. 06.11.2018 – C-684/16 (Max-Planck-Gesellschaft), NZA 2018, 1474 Rn. 42.

179 EuGH, Urt. v. 06.11.2018 – C-684/16 (Max-Planck-Gesellschaft), NZA 2018, 1474 Rn. 42.

180 EuGH, Urt. v. 06.11.2018 – C-684/16 (Max-Planck-Gesellschaft), NZA 2018, 1474 Rn. 44.

181 EuGH, Urt. v. 06.11.2018 – C-684/16 (Max-Planck-Gesellschaft), NZA 2018, 1474 Rn. 45.

182 EuGH, Urt. v. 06.11.2018 – C-684/16 (Max-Planck-Gesellschaft), NZA 2018, 1474 Rn. 46.

informiert und zur Urlaubsnahme aufgefordert hat und sich insofern zeigt, dass der Arbeitnehmer „*aus freien Stücken und in voller Kenntnis der sich daraus ergebenden Konsequenzen*“[183] auf die Urlaubsnahme verzichtet hat, sei es mit Art. 7 RL 2003/88/EG vereinbar, dass der Urlaubsanspruch am Ende des Bezugs- oder Übertragungszeitraums verfällt.[184]

Die Obliegenheit des Arbeitgebers, den Arbeitnehmer tatsächlich in die Lage zu versetzen, seine Urlaubsansprüche wahrzunehmen, soll nach Ansicht des EuGH dabei nicht nur aus Art. 7 Abs. 1 der RL, sondern auch aus Art. 31 Abs. 2 GRCh folgen.[185] Nach den Erläuterungen zu Art. 31 GRCh, die gem. Art. 6 Abs. 1 Unterabs. 3 EUV und Art. 52 Abs. 7 GRCh bei der Auslegung zu berücksichtigen seien, orientiere sich Art. 31 Abs. 2 GRCh unter anderem an der Richtlinie 1993/104/EG.[186] Deren Art. 7 habe denselben Wortlaut wie Art. 7 Richtlinie 2003/88/EG.[187] Infolgedessen ist Art. 31 Abs. 2 GRCh nach Ansicht des EuGH genauso auszulegen wie Art. 7 Richtlinie 2003/88/EG, dass er also einem automatischen Verlust des Urlaubs- und Abgeltungsanspruchs entgegensteht, wenn zuvor keine Prüfung erfolgt ist, ob der Arbeitnehmer tatsächlich in die Lage versetzt wurde, seinen Urlaubsanspruch wahrzunehmen.[188]

bb) Unanwendbarkeit nationaler Vorschriften bei Verstoß gegen Art. 31 Abs. 2 GRCh

Auf die *zweite Frage* des BAG antwortete der EuGH, dass dann, wenn das nationale Recht nicht im Einklang mit Art. 7 RL 2003/88/EG und Art. 31 Abs. 2 GRCh ausgelegt werden könne, das jeweilige nationale Gericht die nationale Regelung gemäß Art. 31 Abs. 2 GRCh auch in einem Rechtsstreit zwischen

183 EuGH, Urt. v. 06.11.2018 – C-684/16 (Max-Planck-Gesellschaft), NZA 2018, 1474 Rn. 47.

184 EuGH, Urt. v. 06.11.2018 – C-684/16 (Max-Planck-Gesellschaft), NZA 2018, 1474 Rn. 46 f.

185 EuGH, Urt. v. 06.11.2018 – C-684/16 (Max-Planck-Gesellschaft), NZA 2018, 1474 Rn. 55.

186 EuGH, Urt. v. 06.11.2018 – C-684/16 (Max-Planck-Gesellschaft), NZA 2018, 1474 Rn. 52.

187 EuGH, Urt. v. 06.11.2018 – C-684/16 (Max-Planck-Gesellschaft), NZA 2018, 1474 Rn. 53.

188 EuGH, Urt. v. 06.11.2018 – C-684/16 (Max-Planck-Gesellschaft), NZA 2018, 1474 Rn. 55.

einem Arbeitnehmer und seinem privaten Arbeitgeber, d.h. zwischen Privaten unangewendet zu lassen habe.[189]

Unter Verweis auf seine bisherige Rechtsprechung legt der EuGH zunächst dar, dass Richtlinienbestimmungen selbst keine Verpflichtungen für Bürger begründeten und damit in einem Rechtsstreit ausschließlich zwischen Privaten grundsätzlich keine Anwendung fänden.[190] Demgegenüber handelt es sich aus Sicht des EuGH bei Art. 31 Abs. 2 GRCh um eine Bestimmung, die *„schon für sich allein den Arbeitnehmern ein Recht* [verleiht], *das sie in einem Rechtsstreit gegen ihren Arbeitgeber* [...] *als solches geltend machen können.*[191] Weil die Vorschrift „jede[r] Arbeitnehmerin und jede[m] Arbeitnehmer das ‚Recht' ‚auf bezahlten Jahresurlaub'" einräume, sei sie zugleich *„zwingend und nicht von Bedingungen abhängig* [...]."[192] Sie bedürfe keiner Konkretisierung durch unionsrechtliche oder nationale Bestimmungen.[193] Lediglich die genaue Dauer des Urlaubs und ggf. bestimmte Voraussetzungen für die Wahrnehmung des Urlaubs seien in unionsrechtlichen oder nationalrechtlichen Bestimmungen festzulegen.[194] Das Recht auf bezahlten Jahresurlaub gehe *„schon seinem Wesen nach mit einer entsprechenden Pflicht des Arbeitgebers"*[195] zur Gewährung bezahlten Jahresurlaubs bzw. Urlaubsabgeltung einher.[196] Könne das nationale Recht nicht im Einklang mit Art. 7 RL 2003/888/EG und Art. 31 Abs. 2 GRCh in der durch den Gerichtshof gefundenen Auslegung ausgelegt werden, müsse das nationale Gericht die entgegenstehende nationale Regelung in einem zwischen Arbeitnehmer und

---

189 EuGH, Urt. v. 06.11.2018 – C-684/16 (Max-Planck-Gesellschaft), NZA 2018, 1474 Rn. 81.

190 EuGH, Urt. v. 06.11.2018 – C-684/16 (Max-Planck-Gesellschaft), NZA 2018, 1474 Rn. 66 ff.

191 EuGH, Urt. v. 06.11.2018 – C-684/16 (Max-Planck-Gesellschaft), NZA 2018, 1474 Rn. 74.

192 EuGH, Urt. v. 06.11.2018 – C-684/16 (Max-Planck-Gesellschaft), NZA 2018, 1474 Rn. 74.

193 EuGH, Urt. v. 06.11.2018 – C-684/16 (Max-Planck-Gesellschaft), NZA 2018, 1474 Rn. 74.

194 EuGH, Urt. v. 06.11.2018 – C-684/16 (Max-Planck-Gesellschaft), NZA 2018, 1474 Rn. 74.

195 EuGH, Urt. v. 06.11.2018 – C-684/16 (Max-Planck-Gesellschaft), NZA 2018, 1474 Rn. 79.

196 EuGH, Urt. v. 06.11.2018 – C-684/16 (Max-Planck-Gesellschaft), NZA 2018, 1474 Rn. 79.

Arbeitgeber, d.h. zwischen Privatpersonen geführten Rechtsstreit unangewendet lassen.[197]

cc) Kernaussagen

aaa) Aktives „In-die-Lage-Versetzen“ als neue Verfallvoraussetzung

Der EuGH stellt mit seiner Entscheidung klar, dass es nicht (mehr) genügt, dass der Arbeitnehmer lediglich (von sich aus) in der Lage *ist*, seinen Urlaub zu nehmen.[198] Er verlangt vielmehr – als neue Voraussetzung für den Verfall des Urlaubsanspruchs[199] –, dass der Arbeitgeber den Arbeitnehmer aktiv *„in die Lage zu versetzen* [hat]“[200], den ihm zustehenden Urlaub zu nehmen.[201] Das Kriterium des tatsächlich „In-die-Lage-Versetzens“ hat der EuGH erstmals in der *King*-Entscheidung[202] genannt, dabei aber nicht näher dargelegt, auf welche Weise der Arbeitgeber den Arbeitnehmer in diesem Sinne tatsächlich in die Lage versetzen muss, den ihm zustehenden Urlaub zu nehmen.[203] Erst in der Rs. *Max-Planck-Gesellschaft* nimmt der EuGH nun eine Konkretisierung dieser Vorgabe vor: Der Arbeitgeber muss den Arbeitnehmer aktiv zur Urlaubsnahme auffordern und ihn ferner über die Konsequenzen bei Nichtinanspruchnahme des Urlaubs belehren.[204] Der EuGH postuliert damit zwar keine Pflicht zur *zwangsweisen* Urlaubsgewährung.[205] Gleichwohl etabliert er eine arbeitgeberseitige

---

197 EuGH, Urt. v. 06.11.2018 – C-684/16 (Max-Planck-Gesellschaft), NZA 2018, 1474 Rn. 81.

198 Zutreffend *Gooren*, NZA-RR 2019, 12, 13.

199 *Sagan*, NZA 2020, 350, 351; *Kiel*, Jahrbuch d. Arbeitsrechts (Band 57) 2020, 95, 103.

200 EuGH, Urt. v. 06.11.2018 – C-684/16 (Max-Planck-Gesellschaft), NZA 2018, 1474 Rn. 46.

201 EuGH, Urt. v. 06.11.2018 – C-684/16 (Max-Planck-Gesellschaft), NZA 2018, 1474 Rn. 47: Ein Verlust des Rechts auf bezahlten Jahresurlaubs könne nur eintreten, *„nachdem* [der Arbeitnehmer] *in die Lage versetzt worden war, seinen Urlaubsanspruch tatsächlich wahrzunehmen.*“; vgl. auch *Gooren*, NZA-RR 2019, 12, 13.

202 EuGH, Urt. v. 29.11.2017 – C-214/16 (King), NZA 2017, 1591.

203 EuGH, Urt. v. 29.11.2017 – C-214/16 (King), NZA 2017, 1591 Rn. 63.

204 EuGH, Urt. v. 06.11.2018 – C-684/16 (Max-Planck-Gesellschaft), NZA 2018, 1474 Rn. 45.

205 Vgl. EuGH, Urt. v. 06.11.2018 – C-684/16 (Max-Planck-Gesellschaft), NZA 2018, 1474 Rn. 44: Von dem Arbeitgeber könne nicht verlangt werden, *„dass er seine Arbeitnehmer zwingt, ihren Anspruch auf bezahlten Jahresurlaub tatsächlich wahrzunehmen.*“

Initiativpflicht bzw. eine Mitwirkungs*obliegenheit*[206] hinsichtlich der Urlaubsgewährung, für die der Arbeitgeber zusätzlich die Beweislast zu tragen hat.[207]

Ein Verfall des Urlaubsanspruchs mit Ablauf des Kalenderjahres bzw. Übertragungszeitraums kommt bei unterlassener Aufforderung zur Urlaubsnahme und Belehrung über die konkreten Verfallfristen nunmehr nur dann in Betracht, wenn der Arbeitgeber den vollen Beweis dafür erbringt, dass der Arbeitnehmer *„aus freien Stücken und in voller Kenntnis der sich daraus ergebenden Konsequenzen darauf verzichtet hat, seinen bezahlten Jahresurlaub zu nehmen* [...].“[208]

bbb) Nichtanwendung europarechtswidriger nationaler Normen

Aus der Entscheidung des EuGH, dass gegen Art. 31 Abs. 2 GRCh verstoßende nationale Vorschriften in einem Rechtsstreit zwischen Privaten unangewendet zu lassen seien, wurde geschlussfolgert, dass der EuGH Art. 31 Abs. 2 GRCh erstmals ausdrücklich[209] eine unmittelbare Horizontalwirkung[210], d.h. eine unmittelbare Grundrechtsbindung Privater zuerkennt.[211]

dd) Reaktionen der Literatur

Die Reaktionen der arbeitsrechtlichen Literatur im Anschluss an die Entscheidung des EuGH in der Rs. *Max-Planck-Gesellschaft* fielen unterschiedlich aus. Während zwar die Kernaussage des EuGH als solche, dass nämlich den Arbeitgeber eine Initiativpflicht bei der Urlaubsgewährung treffe, weitgehend

---

206 So zutreffend auch der vom BAG gewählte Terminus, vgl. BAG, Urt. v. 19.02.2019 – 9 AZR 423/16, NZA 2019, 977 Rn. 21; vgl. auch *Kiel*, Jahrbuch d. Arbeitsrechts (Band 57) 2020, 95, 103.

207 EuGH, Urt. v. 06.11.2018 – C-684/16 (Max-Planck-Gesellschaft), NZA 2018, 1474 Rn. 46.

208 EuGH, Urt. v. 06.11.2018 – C-684/16 (Max-Planck-Gesellschaft), NZA 2018, 1474 Rn. 47.

209 Die Frage nach einer unmittelbaren Horizontalwirkung von Art. 31 Abs. 2 GRCh mangels Eröffnung des zeitlichen Anwendungsbereichs der GRCh noch ausdrücklich offen gelassen in EuGH, Urt. v. 26.03.2015 – C-316/13 (Fenoll), NZA 2015, 1444 Rn. 44 f.

210 Der Begriff „Horizontalwirkung“ wird synonym zu den Begriffen „Drittwirkung“ oder „unmittelbare Wirkung“ verwendet, vgl. *Wank*, RdA 2020, 1, 2.

211 So etwa von *Münder*, jurisPR-ArbR 49/2018 Anm. 2 unter C. III.; ErfK/*Schlachter*, Vorb. zum AEUV, Rn. 22; *Schubert*, EuZA 2020, 302, 303; wohl auch *Gallner*, FS Preis (2021), 271, 284; *Riegger*, Zeitliche Wirkung, S. 530; *Waas*, FS Preis (2021), 1427, 1437.

kritiklos[212], zumindest aber unkommentiert blieb, geriet insbesondere die hierfür herangezogene Begründung des EuGH in Kritik.[213] Vorgeworfen wurde dem EuGH u.a. seine *„paternalistische Sichtweise auf das Arbeitsverhältnis"*[214]. Als Ausgleich für die schwächere Position des Arbeitnehmers, werde dem Arbeitgeber eine Informationspflicht in Bezug auf den Urlaub zugewiesen. Damit würde ihm aber zugleich die Pflicht auferlegt, bei der *„Anspruchsdurchsetzung gegen sich selbst mitzuwirken"*[215], was nicht überzeugen könne.[216] Selbiges gelte für die Herleitung einer Initiativpflicht aus Art. 7 Abs. 1 der RL 2003/88/EG. Weder im Wortlaut der Norm noch in ihren Erwägungsgründen sei eine entsprechende Mitwirkungsobliegenheit des Arbeitgebers angelegt.[217] Vielmehr weise die Norm die Befugnis, die erforderlichen Maßnahmen zu treffen, damit jeder Arbeitnehmer seinen ihm zustehenden Mindestjahresurlaub erhält, den einzelnen Mitgliedstaaten zu.[218] Die Rechtsprechung des EuGH löse sich insofern von ihrer normativen Grundlage.[219] Insbesondere aber die Annahme des EuGH, dass Art. 31 Abs. 2 GRCh unmittelbare Horizontalwirkung zukommen soll, wurde in der Literatur kritisch beurteilt.[220] So genüge Art. 31 Abs. 2 GRCh,

---

212 So hält etwa *Wutte*, EuZA 2019, 222, 227 eine Mitwirkungspflicht des Arbeitgebers für *„durchaus nachvollziehbar"*.

213 Vgl. etwa *Krebber*, ZfA 2020, 396, 424: *„nicht stromlinienförmigen und auch dogmatisch wenig überzeugenden Argumentation"*.

214 So ausdrücklich *Jacobs/Münder*, RdA 2020, 13, 14; in diese Richtung auch *Mehrens/Witschen*, EuZA 2019, 326, 344: Der EuGH zeichne ein *„düsteres Bild von ausbeuterischen Arbeitgebern, minderbemittelten Arbeitnehmern und Mitgliedstaaten, die unfähig oder ungewillt sind, vier Wochen bezahlten Jahresurlaub zu garantieren."*; ferner *Rudkowski*, NJW 2019, 476, 477: Der EuGH sehe *„den Arbeitnehmer als unfähig an, seine eigenen Interessen selbst zu erkennen und danach zu handeln."*; sowie *Glatzel*, NZA-RR 2021, 169, 174: Die Rechtsprechung des BAG und des EuGH sei schon deshalb kritikwürdig, weil sie *„von einem uninformierten und unmündigen Arbeitnehmer ausgeht."*

215 *Jacobs/Münder*, RdA 2020, 13, 14.

216 *Jacobs/Münder*, RdA 2020, 13, 14.

217 *Jacobs/Münder*, RdA 2020, 13, 14.

218 *Jacobs/Münder*, RdA 2020, 13, 14; vgl. auch *Mehrens/Witschen*, EuZA 2019, 326, 344: Das Vorgehen des EuGH beschneide *„den von Art. 7 Abs. 1 Richtlinie 2003/88/EG eingeräumten Gestaltungsspielraum der Mitgliedstaaten."*; so auch *Höpfner*, Jahrbuch d. Arbeitsrechts, Band 57 (2020), 69, 83: *„fortdauernde Kompetenzüberschreitung des Gerichtshofs zulasten der Mitgliedstaaten."*

219 *Jacobs/Münder*, RdA 2020, 13, 14.

220 Krit. etwa *Jacobs/Münder*, RdA 2020, 13, 14; *Münder*, jurisPR-ArbR 49/2018 Anm. 2 unter C. III.; *Rudkowski*, NJW 2019, 476, 480; *Wutte*, EuZA 2019, 222, 230 f.; krit. auch *Mehrens/Witschen*, EuZA 2019, 326, 330 f.; jedenfalls die Klarstellung der

der lediglich vorsieht, dass „Jede Arbeitnehmerin und jeder Arbeitnehmer das Recht […] auf bezahlten Jahresurlaub [hat]", nicht dem Bestimmtheitserfordernis.[221] Insbesondere könne eine normative Konkretisierung des Schutzgehalts von Art. 31 Abs. 2 GRCh nicht – mittelbar – unter Rückgriff auf die Auslegung von Art. 7 der RL 2003/88/EG erfolgen.[222] Denn dies habe die „Konstitutionalisierung" des europäischen Urlaubsrechts zur Folge und erhebe das Sekundärrecht faktisch in den Rang des Primärrechts.[223]

Darüber hinaus spreche Art. 51 Abs. 1 GRCh gegen die Annahme einer unmittelbaren Horizontalwirkung von Art. 31 Abs. 2 GRCh.[224] Denn wenn Art. 51 Abs. 1 GRCh schon eine Begrenzung des Anwendungsbereichs der Charta auf die Mitgliedstaaten ausschließlich bei der Durchführung von Unionsrecht vorsehe und damit zugleich die Wirkung der Charta schon für die Mitgliedstaaten begrenzt sein soll, müsse diese Wirkungsbegrenzung erst recht für die Bürger der Mitgliedstaaten gelten.[225]

ee) Bewertung

aaa) Erfordernis der arbeitgeberseitigen Mitwirkung an der Urlaubsverwirklichung

Mit der Entscheidung des EuGH in der Rs. *Max-Planck-Gesellschaft* setzte dieser dem langjährigen Streit zwischen dem BAG und den Instanzgerichten ein Ende.

Einbeziehung von Privaten begrüßend hingegen *Bauschke*, öAT 2018, 253; vgl. auch *Powietzka*, BB 2019, 52, 53, der es im Ergebnis für richtig hält, *„dass die in der GRC geregelten Grundrechte über den unmittelbaren Anwendungsbereich hinaus Bedeutung haben."*; krit. hinsichtlich der unmittelbaren Horizontalwirkung von Art. 31 Abs. 2 GRCh auch *Schlachter*, ZESAR 2019, 53, 56 ff. im Nachgang an die Entscheidung des EuGH in der Rs. *Bauer* und *Willmeroth* vom gleichen Tag, in der sich der EuGH wortgleich zum Regelungsgehalt von Art. 31 Abs. 2 GRCh äußerte, vgl. EuGH, Urt. v. 06.11.2018 – C-569/16 und C-570/16, NZA 2018, 1467 Rn. 84 ff.

221 *Wutte*, EuZA 2019, 222, 230; *Rudkowski*, NJW 2019, 476, 480; ähnlich *Münder*, jurisPR-ArbR 49/2018 Anm. 2 unter C. III., der bezweifelt, dass *„ein Grundrecht solch detaillierte Vorgaben macht* […]".

222 *Wutte*, EuZA 2019, 222, 230; *Münder*, jurisPR-ArbR 49/2018 Anm. 2 unter C. III.

223 *Münder*, jurisPR-ArbR 49/2018 Anm. 2 unter C. III.

224 *Rudkowski*, NJW 2019, 476, 480.

225 *Rudkowski*, NJW 2019, 476, 480; krit. auch *Powietzka*, BB 2019, 52, 53, der darauf hinweist, dass mit *„der Festlegung eines – begrenzten – Anwendungsbereichs* […] *der Gesetzgeber üblicherweise zum Ausdruck* [bringt], *dass außerhalb dieses Anwendungsbereichs die entsprechende Regelung nicht anwendbar ist."*

Er wählt dabei einen Mittelweg[226], indem er dem Arbeitgeber zwar keine Pflicht zur Zwangsbeurlaubung, dafür aber die Obliegenheit auferlegt, durch Aufforderungs- und Belehrungshandlungen an der Urlaubsverwirklichung mitzuwirken – den Arbeitnehmer gewissermaßen zur tatsächlichen Urlaubsnahme zu „verhelfen“[227]. Dem Gerichtshof geht es darum, eine Situation zu vermeiden, in der die Aufgabe *„für die tatsächliche Wahrnehmung des Anspruchs auf bezahlten Jahresurlaub zu sorgen“*[228], vollständig auf den Arbeitnehmer übertragen wird, während sich der Arbeitgeber unter Verweis auf den fehlenden Urlaubsantrag seinen eigenen Pflichten entzieht.[229]

Auf den ersten Blick scheint sich dieses Ergebnis in die bisherige Rechtsprechung des EuGH einzufügen. So hat der EuGH mit seiner ersten grundlegenden Entscheidung zum Urlaubsrecht in der Rs. *Schultz-Hoff*[230] klargestellt, dass ein Arbeitnehmer die Möglichkeit gehabt haben muss, seinen Urlaubsanspruch tatsächlich auszuüben, ehe der Urlaubsanspruch dem Verfall unterliegen kann.[231] Wollte der EuGH dem Arbeitgeber eine einseitige Pflicht zur Urlaubsgewährung auferlegen, hätte er insofern bereits in der Rs. *Schultz-Hoff* anordnen können, dass dem Arbeitnehmer der Urlaub tatsächlich eingeräumt werden *muss*.[232] Die bloße Möglichkeit der Urlaubsnahme geht aber mit einer entsprechenden Entscheidungsfreiheit des Arbeitnehmers einher und schließt damit gleichzeitig eine Arbeitgeberpflicht aus.[233]

Umgekehrt hat der EuGH bereits in der Rs. *King*[234] gefordert, dass der Arbeitgeber den Arbeitnehmer in die Lage versetzen muss, seinen Urlaubsanspruch auszuüben und ihm insofern eine aktive Rolle im Hinblick auf die

---

226 Vgl. *Mehrens/Witschen*, EuZA 2019, 326, 343: *„Geteilte Verantwortung für die Inanspruchnahme des Urlaubs“*.

227 Vgl. EuGH, Urt. v. 06.11.2018 – C-684/16 (Max-Planck-Gesellschaft), NZA 2018, 1474 Rn. 41: Arbeitnehmer als die *„schwächere Partei des Arbeitsvertrages“*.

228 EuGH, Urt. v. 06.11.2018 – C-684/16 (Max-Planck-Gesellschaft), NZA 2018, 1474 Rn. 43.

229 EuGH, Urt. v. 06.11.2018 – C-684/16 (Max-Planck-Gesellschaft), NZA 2018, 1474 Rn. 43; vgl. auch *Kiel*, FS Preis (2021), 599, 602 f.; *ders.*, Jahrbuch d. Arbeitsrechts (Band 57) 2020, 95, 102.

230 EuGH, Urt. v. 20.01.2009 – C-350/06 (Schultz-Hoff), NZA 2009, 135; ausführlich zu dieser Entscheidung unten unter § 13 A. II. 1. a) aa).

231 EuGH, Urt. v. 20.01.2009 – C-350/06 (Schultz-Hoff), NZA 2009, 135 Rn. 43.

232 Darauf weist zutreffend *Ahrends*, Europäisiertes Urlaubsrecht, S. 100 hin.

233 *Ahrends*, Europäisiertes Urlaubsrecht, S. 100.

234 EuGH, Urt. v. 29.11.2017 – C-214/16 (King), NZA 2017, 1591.

Urlaubsgewährung zugeschrieben.[235] Dass der Arbeitnehmer aufgrund seiner vermeintlich „*schwächeren Position*"[236] vom Arbeitgeber durch entsprechende Mitwirkungshandlungen tatsächlich in die Lage versetzt werden muss, seinen Urlaub zu nehmen, weil dieser andernfalls von einer Urlaubsnahme abgehalten werden könnte, kann dabei zweifelsohne kritisch hinterfragt werden.[237] Allerdings kommt es hierauf nicht entscheidend an. Maßgeblich ist vielmehr, ob die vom EuGH postulierten Mitwirkungshandlungen von der Zielrichtung der europäischen Bestimmungen gedeckt sind. Weil weder Art. 7 Arbeitszeitrichtlinie noch Art. 31 Abs. 2 GRCh klaren inhaltlichen Konturen unterliegen, ist es Aufgabe des EuGH, über deren konkreten Regelungsgehalt im Wege der Auslegung zu entscheiden.[238]

bbb) Auslegungsergebnis innerhalb der europäischen Auslegungsgrenzen

Ob sich der EuGH mit seinem Auslegungsergebnis zulässigerweise innerhalb der europäischen Auslegungsgrenzen[239] bewegt, ist angesichts der Tatsache, dass Art. 7 Abs. 1 RL 2003/88/EG die Regelung der Bedingungen für die Inanspruchnahme und die Gewährung von Urlaub ausdrücklich dem einzelstaatlichen Recht überlässt, zwar mehr als fraglich.[240] Weil die Auslegungsergebnisse des

---

235 Vgl. EuGH, Urt. v. 29.11.2017 – C-214/16 (King), NZA 2017, 1591 Rn. 63.

236 EuGH, Urt. v. 06.11.2018 – C-684/16 (Max-Planck-Gesellschaft), NZA 2018, 1474 Rn. 41.

237 Krit. etwa *Glatzel*, NZA-RR 2021, 169, 174; *Jacobs/Münder*, RdA 2020, 13, 14; *Mehrens/Witschen*, EuZA 2019, 326, 344; *Rudkowski*, NJW 2019, 476, 477; zweifelnd auch *Arnold/Zeh*, NZA 2019, 1, 3, die anmerken, dass die „*Verfallregeln* […] *in den deutschen Arbeitsverhältnissen in der Regel Allgemeinwissen* [sind]."

238 Zu der Auslegung europäischen Rechts sind im Rahmen ihrer Zuständigkeit zwar auch die mitgliedstaatlichen Gerichte berufen, die letztverbindliche Auslegung und Anwendung des Unionsrechts obliegt jedoch dem EuGH, vgl. Preis/Sagan/*Sagan*, Europäisches Arbeitsrecht, § 1 Rn. 1.78 f.; *Rodríges Iglesias*, NJW 2000, 1889, 1890.

239 Der EuGH greift zur Auslegung von Unionsrecht auf die auch im nationalen Recht gängigen Auslegungsmethoden (grammatikalische, systematische, historische und teleologische Auslegung) zurück; vgl. etwa EuGH, Urt. v. 07.07.2008 – T-99/04 (AC Treuhand), BeckRS 2008, 70741 Rn. 114 ff.; EuGH, Urt. v. 19.11.2009 – C-402/07 u. C-432/07 (Sturgeon u.a.), NJW 2010, 43 Rn. 41 f.; EuGH, Urt. v. 12.09.2019 – C-347/17, BeckRS 2019, 20741 Rn. 38 f.; zu den Auslegungsmethoden im Einzelnen auch *Höpfner*, Jahrbuch d. Arbeitsrechts (Band 57) 2020, 69, 84 ff.; Riesenhuber/*Riesenhuber*, Europäische Methodenlehre, § 10 Rn. 1 ff.

240 vgl. auch *Franzen*, NZA 2011, 1403, 1404: Es bleibe „*nach wie vor befremdlich, wie der EuGH derartige Einzelfragen auf der dünnen normativen Grundlage des Art. 7 I Richtlinie 2003/88/EG begründen will.*"; ferner *Mehrens/Witschen*, EuZA 2019, 326,

EuGH aber für das deutsche Recht bindend sind[241], soll dieser Frage an dieser Stelle nicht näher nachgegangen, sondern der Fokus auf der Umsetzung der Vorgaben in das nationale Recht (hierzu ausführlich in Teil 2 dieser Arbeit) liegen.

Von Bedeutung ist im hiesigen Kontext aber die Frage, ob der EuGH in seiner Entscheidung Art. 31 Abs. 2 GRCh tatsächlich eine unmittelbare Horizontalwirkung zuerkennen wollte und falls ja, ob dies zulässig und möglich ist.

ccc) Unmittelbare Horizontalwirkung von Art. 31 Abs. 2 GRCh

Es war nur eine Frage der Zeit, bis sich der EuGH mit dem konkreten Regelungsgehalt von Art. 31 Abs. 2 GRCh sowie dessen Auswirkungen auf das nationale Recht zu befassen hatte.[242] Die Frage, ob Art. 31 Abs. 2 GRCh auch im Verhältnis zwischen Privaten unmittelbar wirkt, d.h. auch Private unmittelbar bindet (sog. unmittelbare Horizontalwirkung) und welche Rechtsfolgen sich im Hinblick auf das nationale Recht bei einem Verstoß gegen Art. 31 Abs. 2 GRCh ergeben, war dabei bereits vor Erlass der Entscheidung in der Rs. *Max-Planck-Gesellschaft* umstritten.[243] Eine endgültige Beilegung dieses Streits vermochte nun auch die *Max-Planck*-Entscheidung nicht herbeizuführen. Vielmehr wird die Entscheidung des EuGH zu Art. 31 Abs. 2 GRCh zurecht kritisch gesehen.[244]

326: „*die normative Basis ist dünn.*"; *Höpfner*, Jahrbuch d. Arbeitsrechts (Band 57) 2020, 69, 83 sieht in der „*ausdifferenzierte Rechtsprechung zu Art. 7 der Richtlinie 2003/88/EG* […] *eine fortdauernde Kompetenzüberschreitung des Gerichtshofs zulasten der Mitgliedstaaten.*"; kritisch im Hinblick auf die umfassende Rechtsprechung des EuGH auch *Fenski*, NZA 2014, 1381 ff.

241 ErfK/*Schlachter*, Art. 267 AEUV, Rn. 44 f.; Grabitz/Hilf/Nettesheim/*Karpenstein*, Art. 267 AEUV, Rn. 102.

242 Die Frage, ob Art. 31 Abs. 2 GRCh auch in einem Rechtsstreit zwischen Privaten unmittelbar geltend gemacht werden kann, wurde dem EuGH bereits in der Rs. *Fenoll*, EuGH, Urt. v. 26.03.2015 – C-316/13 (Fenoll), NZA 2015, 1444 zur Entscheidung vorgelegt, blieb aber mangels Eröffnung des zeitlichen Anwendungsbereichs der Grundrechtecharta vom EuGH unbeantwortet (Rn. 44 f.).

243 Eine unmittelbare Horizontalwirkung ablehnend etwa schon *Seifert*, EuZA 2015, 500, 506 f.; Preis/Sagan/*Mehrens/Witschen*, Europäisches Arbeitsrecht, § 8 Rn. 8.3; *Höpfner*, RdA 2013, 16, 21; a.A. wohl *Tettinger*, NJW 2001, 1010, 1011.

244 Krit. etwa *Jacobs/Münder*, RdA 2020, 13, 14; *Mehrens/Witschen*, EuZA 2019, 326, 330 f.; *Münder*, jurisPR-ArbR 49/2018 Anm. 2 unter C. III.; *Rudkowski*, NJW 2019, 476, 480; *Wank*, FS Preis (2021), 1463, 1470 ff.; *ders.*, RdA 2020, 1, 7 ff.; *Wutte*, EuZA 2019, 222, 230 f.; im Kontext mit der CCOO-Entscheidung des EuGH v. 14.05.2019 – C-55/18, NZA 2019, 683 ferner *Bayreuther*, NZA 2020, 1, 3; *Höpfner/Daum*, RdA 2019, 270, 275; vgl. auch *Schlachter*, ZESAR 2019, 53, 56 ff.; *Sura*, EuZA 2019, 350, 359 f. im Anschluss an die Entscheidung des EuGH in der Rs. *Bauer/Willmeroth*

Um die nachfolgend dargestellte Kritik (unter (4)) besser nachvollziehen zu können, ist es zunächst erforderlich, sich allgemein mit der Geltung (unter (2)) und der Wirkung (unter (3)) europarechtlicher Bestimmungen auf das innerstaatliche Recht vertraut zu machen. Erst wenn die Grundprinzipien für eine (unmittelbare) Anwendbarkeit europarechtlicher Vorschriften herausgebildet wurden, kann auf deren Grundlage sachgemäß beurteilt werden, ob Art. 31 Abs. 2 GRCh tatsächlich imstande ist, unmittelbare Horizontalwirkung zu entfalten. Dabei ist zunächst terminologisch zwischen der unmittelbaren Geltung und der unmittelbaren Wirkung von Unionsrecht zu differenzieren (unter (1)).

(1) Notwendige Unterscheidung zwischen unmittelbarer Geltung und unmittelbarer Wirkung von Unionsrecht

Während es bei der unmittelbaren *Geltung* von Unionsrecht darum geht, dass die unionale Bestimmung ohne weiteren Umsetzungsakt Bestandteil des nationalen Rechts geworden ist, geht es bei der Frage nach der unmittelbaren *Wirkung* (oder der unmittelbaren Anwendbarkeit oder Direktwirkung[245]) von Unionsrecht darum, wer innerhalb des Mitgliedstaates inwiefern an das unmittelbar geltende Unionsrecht gebunden ist – ausschließlich der Mitgliedstaat (sog. vertikale Wirkung) oder auch Privatpersonen untereinander (sog. Horizontalwirkung oder Drittwirkung[246]).[247] Bei der Frage nach der unmittelbaren Wirkung von Unionsrecht steht dabei die Frage im Vordergrund, ob sich die entsprechende sekundärrechtliche oder primärrechtliche Unionsvorschrift für eine unmittelbare Anwendbarkeit inhaltlich eignet.[248] Dies hängt wiederum davon ab, ob die jeweilige Vorschrift „*inhaltlich als unbedingt und hinreichend genau*"[249] erscheint.[250]

---

v. 06.11.2018 – C-569/16 und C-570/16 (Bauer/Willmeroth), NZA 2018, 1467, in der sich der EuGH wortgleich zu Art. 31 Abs. 2 GRCh äußerte.

245 Diese Begriffe werden synonym verwendet, vgl. Preis/Sagan/*Pötters*, Europäisches Arbeitsrecht, § 3 Rn. 3.25.

246 Vgl. *Wank*, RdA 2020, 1, 2; *ders.*, FS Bepler (2012), 585, 585.

247 Streinz/*W. Schroeder*, Art. 288 AEUV, Rn. 89; *Wank*, RdA 2020, 1, 2.

248 *Ahrends*, Europäisiertes Urlaubsrecht, S. 33 f.; Streinz/*W. Schroeder*, Art. 288 AEUV, Rn. 89.

249 EuGH, Urt. v. 19.01.1982 – 8/81 (Becker), NJW 1982, 499, 500; EuGH, Urt. v. 19.11.1991 – C-6/90 (Francovich), NJW 1992, 165 Rn. 11; *Höpfner*, Die systemkonforme Auslegung, S. 284; Streinz/*W. Schroeder*, Art. 288 AEUV, Rn. 93 m.w.N.

250 *Ahrends*, Europäisiertes Urlaubsrecht, S. 33 f.; *Möllers*, Jur. Methodenlehre, § 12 Rn. 7; Streinz/*W. Schroeder*, Art. 288 AEUV, Rn. 89.

Entfaltet eine unionale Vorschrift unmittelbare Wirkung, wird auf Rechtsfolgenseite ein Rechtsanspruch für den einzelnen Unionsbürger begründet, sich unmittelbar, d.h. ohne Rückgriff auf ein nationales Gesetz oder – bei unmittelbarer Wirkung einer Primärrechtsnorm – auch ohne Rückgriff auf eine Sekundärrechtsnorm entweder gegenüber dem Staat oder gegenüber einem anderen (privaten) Unionsbürger auf die betreffende Unionsvorschrift zu berufen.[251]

(2) Innerstaatliche Geltung unionaler Vorschriften

Hinsichtlich der *Geltung* von Unionsrecht ist weiter zwischen der Geltung von – im hiesigen Kontext relevanten – Richtlinienbestimmungen und der Geltung von Charta-Grundrechten zu differenzieren.

(a) Richtlinienbestimmungen

Richtlinien gelten – trotz ihrer Umsetzungsbedürftigkeit[252] – ab dem Zeitpunkt ihres Inkrafttretens aufgrund der Veröffentlichung im Amtsblatt gem. Art. 297 AEUV unmittelbar in den Mitgliedstaaten.[253] Ab diesem Zeitpunkt sind sie von allen nationalen Organen zu beachten.[254]

(b) Charta-Grundrechte

Charta-Grundrechte kommen erst bei Eröffnung ihres Anwendungsbereichs zur Geltung.[255] Art. 51 Abs. 1 S. 1 Hs. 1 GRCh bestimmt insoweit, dass die Charta für die Organe[256], Einrichtungen und sonstigen Stellen[257] der Union gelten.

---

251 *Schubert*, EuZA 2020, 302, 312: „*Inpflichtnahme Privater aus dem Grundrecht*“; v. *Danwitz*, JZ 2007, 697, 699.

252 Vgl. Art. 288 Art. 3 AEUV; hierzu unten unter § 3 A. III. 3. c) ee) ccc) (3) (a) (aa).

253 *Möllers*, Jur. Methodenlehre, § 12 Rn. 36; Streinz/*W. Schroeder*, Art. 288 AEUV, Rn. 90; vgl. auch *Höpfner*, Die systemkonforme Auslegung, S. 284.

254 Streinz/*W. Schroeder*, Art. 288 AEUV, Rn. 90.

255 *Höpfner*, RdA 2013, 16, 21; *Linsenmaier*, RdA 2012, 193, 197: Erfordernis eines „*unionsrechtliche*[n] *Bezuges*“.

256 Zu den Organen der EU zählen gem. Art. 13 Abs. 1 Unterabs. 2 EUV das Europäische Parlament, der Europäische Rat, der Rat, die Europäische Kommission, der Gerichtshof der Europäischen Union, die Europäische Zentralbank und der Europäische Rechnungshof.

257 Zu den Einrichtungen und sonstigen Stellen der Union zählen etwa der Wirtschafts- und Sozialausschuss, der Ausschuss der Regionen und die Europäische Investitionsbank, die Agenturen und Ämter, vgl. Meyer/Hölscheidt/*A. Schwerdtfeger*, Art. 51 GRCh, Rn. 29.

Demgegenüber sind die einzelnen Mitgliedstaaten gem. Art. 51 Abs. 1 S. 1 Hs. 2 GRCh „ausschließlich bei der Durchführung des Rechts der Union" an die Grundrechtecharta gebunden. Wann von einer „Durchführung des Rechts der Union" in diesem Sinne ausgegangen werden kann, ist noch nicht abschließend geklärt.[258] Im hiesigen Kontext kann die Frage nach der Eröffnung des Anwendungsbereichs der Charta aber dahingestellt bleiben, weil nach hier vertretener Auffassung – dies sei vorweggenommen – die hier schwerpunktmäßig zu behandelnde Frage der unmittelbaren Horizontalwirkung von Art. 31 Abs. 2 GRCh nur in ganz seltenen Fällen überhaupt praktisch relevant wird. Für die folgenden Ausführungen soll die Eröffnung des Anwendungsbereichs der Grundrechte-Charta daher unterstellt werden.

(3) Innerstaatliche Wirkung unionaler Vorschriften

Hinsichtlich der *Wirkung* unionaler Vorschriften muss ebenfalls zwischen Richtlinienbestimmungen und Charta-Grundrechten differenziert werden.

(a) Richtlinienbestimmungen

(aa) Erfordernis der Umsetzung

Richtlinien bedürfen zu ihrer Wirksamkeit eines mitgliedstaatlichen Umsetzungsaktes.[259] Dies ergibt sich aus Art. 288 Abs. 3 AEUV, der bestimmt, dass Richtlinien (nur) hinsichtlich des zu erreichenden Ziels für die Mitgliedstaaten verbindlich sind, während die konkrete Ausgestaltung, d.h. die Wahl und die Form der Mittel zur Erreichung dieses Ziels den innerstaatlichen Stellen, d.h. insbesondere den nationalen Parlamenten überlassen ist.[260] Die Mitgliedstaaten sind gehalten, die Zielvorgaben der Richtlinie innerhalb der Umsetzungsfrist in das nationale Recht umzusetzen.[261] Dabei haben sie nach dem sog. Gebot

---

258 Ausführlich hierzu *Ohler*, NVwZ 2013, 1433 ff.; *Starke*, EU-Grundrechte und Vertragsrecht, S. 90 ff.; vgl. auch *Kebber*, ZfA 2018, 323, 326 ff.; Meyer/Hölscheidt/*A. Schwerdtfeger*, Art. 51 GRCh, Rn. 36 ff.

259 *Höpfner*, ZfA 2010, 449, 469; Callies/Ruffert/*Ruffert*, Art. 288 AEUV, Rn. 24; Vedder/Heintschel von Heinegg/*Vedder*, Art. 288 AEUV, Rn. 25; *Wank*, RdA 2020, 1, 2; vgl. zu den Anforderungen an die Richtlinienumsetzung Preis/Sagan/*Sagan*, Europäisches Arbeitsrecht, § 1 Rn. 1.118 ff.

260 Vgl. *Höpfner*, ZfA 2010, 449, 469; Preis/Sagan/*Sagan*, Europäisches Arbeitsrecht, § 1 Rn. 1.119; Callies/Ruffert/*Ruffert*, Art. 288 AEUV, Rn. 24.

261 Pechstein/Nowak/Häde/*Gundel*, Art. 288 AEUV, Rn. 27; Callies/Ruffert/*Ruffert*, Art. 288 AEUV, Rn. 25.

effektiver Umsetzung dafür Sorge zu tragen, dass dem Regelungsgehalt der Richtlinien nach Ablauf der Umsetzungsfrist verbindliche Wirkung zukommt.[262] Diesem Gebot wird regelmäßig dadurch Rechnung getragen, dass entweder neue Gesetze erlassen oder bereits bestehende Gesetze geändert und an die Richtlinienvorgaben angepasst werden.[263] Bleibt der Gesetzgeber untätig und bestehen anpassungsbedürftige gesetzliche Vorschriften, die in den Anwendungsbereich einer Richtlinie fallen, kann Europarechtskonformität aber auch dadurch hergestellt werden, dass die innerstaatlichen Gerichte das nationale Recht im Einklang mit den Richtlinienvorgaben, d.h. richtlinienkonform auslegen und ggf. fortbilden.[264]

Aufgrund der grundsätzlichen Umsetzungsbedürftigkeit von Richtlinien kommt ihnen in den nationalen Rechtsordnungen in der Regel auch keine unmittelbare Wirkung zu.[265] Die innerstaatliche Wirkung von Richtlinien erschöpft sich – zumindest im Idealfall – vielmehr in der Anwendung des ihrer Umsetzung dienenden (nationalen) Gesetzes bzw. in den von den Mitgliedstaaten sonst ergriffenen Umsetzungsmaßnahmen.[266]

(bb) Unmittelbare Wirkung im Vertikalverhältnis

Der EuGH bejaht allerdings für den Fall, dass die Richtlinie innerhalb der Umsetzungsfrist nicht ordnungsgemäß umgesetzt wird und die jeweilige

---

262 Pechstein/Nowak/Häde/*Gundel*, Art. 288 AEUV, Rn. 27; Oppermann/Classen/Nettesheim/*Classen/Nettesheim*, § 9 Rn. 95; Grabitz/Hilf/Nettesheim/*Nettesheim*, Art. 288 AEUV, Rn. 115.

263 Vgl. Preis/Sagan/*Sagan*, Europäisches Arbeitsrecht, § 1 Rn. 1.119; Callies/Ruffert/*Ruffert*, Art. 288 AEUV, Rn. 33; Vedder/Heintschel von Heinegg/*Vedder*, Art. 288 AEUV, Rn. 31.

264 Zur richtlinienkonformen Auslegung und Rechtsfortbildung ausführlich unten unter § 5 D. III.; bei nicht oder nicht ordnungsgemäßer Umsetzung durch die Mitgliedstaaten kann dies u.U. zu einem Vertragsverletzungsverfahren gem. Art. 258 AEUV oder einem Staatshaftungsanspruch, d.h. einem Entschädigungsanspruch des einzelnen EU-Bürgers gegen den Mitgliedstaat führen, vgl. zum Grundsatz und den Voraussetzungen der Staatshaftung EuGH, Urt. v. 19.11.1991 – C-6/90 (Francovich), NJW 1992, 165 Rn. 33 ff.; EuGH, Urt. v. 30.09.2009 – C-224/01 (Köbler), EuR 2004, 71 Rn. 30 ff.; EuGH, Urt. v. 25.01.2007 – C-278/05 (Robins), EuZW 2007,182 Rn. 69 ff.; vgl. auch Preis/Sagan/*Sagan*, Europäisches Arbeitsrecht, § 1 Rn. 1.162.

265 *Brenncke*, EuR 2015, 440, 444; Streinz/*W. Schroeder*, Art. 288 AEUV, Rn. 86.

266 EuGH, Urt. v. 15.07.1982 – 270/81, BeckRS 2004, 72825 Rn. 24; Preis/Sagan/*Sagan*, Europäisches Arbeitsrecht, § 1 Rn. 1.124; Streinz/*W.Schroeder*, Art. 288 AEUV, Rn. 86; vgl. auch ErfK/*Schlachter*, Vorb. zum AEUV, Rn. 24.

Richtlinienbestimmung inhaltlich unbedingt und hinreichend genau formuliert ist, eine unmittelbare Wirkung einzelner Richtlinienbestimmungen[267] zumindest im Verhältnis zu den jeweiligen Mitgliedstaaten, d.h. gegenüber dem Staat.[268] Dem einzelnen Bürger sollen keine Nachteile daraus resultieren, dass der Mitgliedstaat untätig geblieben und seinen eigenen Verpflichtungen nicht nachgekommen ist.[269] Dabei ist dem Begriff „Staat" ein weites Verständnis zugrunde zu legen.[270] Eine unmittelbare vertikale Wirkung einer Richtlinienbestimmung kommt damit nicht nur gegenüber einem staatlichen Arbeitgeber[271], sondern z.B. auch gegenüber einem im Alleineigentum des Staates stehenden privaten Unternehmen[272] in Betracht.[273]

Die Voraussetzung der Unbedingtheit und Bestimmtheit der Richtlinienbestimmung sieht der EuGH seit der Entscheidung in der Rs. *Dominguenz*[274] auch in Bezug auf Art. 7 der RL 2003/88/EG als erfüllt an. Die Vorschrift ist aus Sicht des EuGH inhaltlich unbedingt und hinreichend genau, weil sie „*den Mitgliedstaaten unmissverständlich eine Verpflichtung zur Erreichung eines bestimmten Ergebnisses auferlegt, die im Hinblick auf die Anwendung der dort aufgestellten Regel an keine Bedingung geknüpft ist und die dahin geht, jedem Arbeitnehmer einen bezahlten Mindestjahresurlaub von vier Wochen zu gewähren.*"[275]

Verstößt eine nationale Bestimmung gegen eine unmittelbar wirkende Richtlinienbestimmung, führt dies auf Rechtsfolgenseite dazu, dass die

---

267 Nur einzelne Richtlinienbestimmungen, nicht aber die Richtlinie als solche können nach der Rechtsprechung des EuGH eine unmittelbare Wirkung entfalten, vgl. Streinz/ *W. Schroeder*, Art. 288 AEUV, Rn. 91 mit Verweis auf EuGH, Urt. v. 19.01.1982 – 8/ 81 (Becker), NJW 1982, 499 Rn. 29.

268 St. Rspr., vgl. nur EuGH, Urt. v. 11.07.2002 – C-62/00 (Marks & Spencer), BeckRS 2004, 77628 Rn. 25; EuGH, Urt. v. 05.10.2004 – C-397/01 bis C-403/01 (Pfeiffer u.a.), NJW 2004, 3547 Rn. 103; EuGH, Urt. v. 24.01.2012 – C-282/10 (Dominguez), NZA 2012, 139 Rn. 33; EuGH, Urt. v. 06.11.2018 – C-684/16 (Max-Planck-Gesellschaft), NZA 2018, 1474 Rn. 63; vgl. zu den einzelnen Voraussetzungen Streinz/*W. Schroeder*, Art. 288 AEUV, Rn. 91 ff.

269 EuGH, Urt. v. 19.01.1982 – C-8/81 (Becker), NJW 1982, 499, 500; Grabitz/Hilf/Nettesheim/*Nettesheim*, Art. 288 AEUV, Rn. 140; Streinz/*W. Schroeder*, Art. 288 AEUV, Rn. 88; *v. Danwitz*, JZ 2007, 697, 699.

270 *Ehlers*, Krank im Urlaub, S. 44 Fn. 68; *Preis/Temming*, NZA 2010, 185, 189.

271 Vgl. EuGH, Urt. v. 12.07.1990 – C-188/89 (Foster), NJW 1991, 3086 Rn. 20.

272 Vgl. EuGH, Urt. v. 26.05.2005 – C-297/93 (Rohrbach), BeckRS 2005, 70425 Rn. 28.

273 *Ehlers*, Krank im Urlaub, S. 44 Fn. 68.

274 EuGH, Urt. v. 24.01.2012 – C-282/10 (Dominguez), NZA 2012, 139 Rn. 33 ff.

275 EuGH, Urt. v. 24.01.2012 – C-282/10 (Dominguez), NZA 2012, 139 Rn. 34.

richtlinienwidrige nationale Bestimmung durch die Richtlinienbestimmung dergestalt verdrängt wird, dass anstelle der nationalen Vorschrift die Richtlinienbestimmung auf das streitige Rechtsverhältnis Anwendung findet.[276]

(cc) (Nur) Mittelbare Wirkung im Horizontalverhältnis

Eine unmittelbare Wirkung zwischen Privaten (Horizontalverhältnis) lehnt der EuGH aufgrund von Art. 288 Abs. 3 AEUV, der sich allein an die Mitgliedstaaten richtet und insofern nur für diese bindend sind, hingegen ab.[277] Im Verhältnis zwischen Privaten kommen Richtlinienbestimmungen nur mittelbar zur Anwendung, indem nationales Recht, das nicht im Einklang mit den Richtlinienvorgaben steht, richtlinienkonform auszulegen bzw. fortzubilden ist.[278] Das Gebot der richtlinienkonformen Auslegung bzw. Rechtsfortbildung bildet insofern das Vehikel für eine (mittelbare) Einwirkung von Richtlinienbestimmungen auf das innerstaatliche Recht und sorgt so gewissermaßen für eine Kompensation der fehlenden unmittelbaren Horizontalwirkung von Richtlinien.[279] Ist nationales Recht einer richtlinienkonformen Auslegung nicht zugänglich, ist dieses – auch unter Privaten – allerdings weiterhin anwendbar.[280] Anders als ein Verstoß gegen eine Verordnung oder europäisches Primärrecht, führt ein Verstoß gegen die Richtlinie nicht zur Unanwendbarkeit nationalen Rechts.[281] Bei

---

276 BAG, Beschl. v. 18.02.2003 – 1 ABR 2/02, NZA 2003, 742, 749: „*Ist eine Norm des nationalen Rechts mit dem Gemeinschaftsrecht unvereinbar, führt dies nicht zur Nichtigkeit, sondern nur zu ihrer Unanwendbarkeit.*" m.w.N.; Grabitz/Hilf/Nettesheim/*Nettesheim*, Art. 288 AEUV, Rn. 165; Streinz/*W. Schroeder*, Art. 288 AEUV, Rn. 104.

277 St. Rspr., vgl. bereits EuGH, Urt. v. 26.02.1986 – 152/84 (Marshall), BeckRS 2004, 71770 Rn. 48; EuGH, Urt. v. 14.07.1994 – C-91/92 (Faccini Dori), NJW 1994, 2473 Rn. 20; EuGH, Urt. v. 05.10.2004 – C-397/01 bis C-403/1 (Pfeiffer u.a.), NJW 2004, 3547 Rn. 108 f.; EuGH, Urt. v. 06.11.2018 – C-684/16 (Max-Planck-Gesellschaft), NZA 2018, 1474 Rn. 66.

278 Vgl. nur EuGH, Urt. v. 06.11.2018 – C-684/16 (Max-Planck-Gesellschaft), NZA 2018, 1474 Rn. 57 ff.; EuGH, Urt. v. 17.04.2018 – C-414/16 (Egenberger), NZA 2018, 569 Rn. 72 f.; vgl. auch Streinz/*W. Schroeder*, Art. 288 AEUV, Rn. 110: Jeder Richtlinie komme eine „*Maßstabsfunktion für die Auslegung des nationalen Rechts*" zu.

279 Vgl. Preis/Sagan/*Sagan*, Europäisches Arbeitsrecht, § 1 Rn. 1.142; ferner v. *Danwitz*, JZ 2007, 697, 700: Richtlinienkonforme Auslegung als „*Ersatzfunktion für das Fehlen der unmittelbaren Wirkung im Verhältnis zwischen Privaten.*"

280 *Höpfner*, RdA 2013, 16, 19; *Rüthers/Fischer/Birk*, Rechtstheorie, Rn. 912d; *Wank*, RdA 2020, 1, 10.

281 BAG, Beschl. v. 18.02.2003 – 1 ABR 2/02, NZA 2003, 742, 750; *Höpfner*, RdA 2013, 16, 19; *ders.*, ZfA 2010, 449, 475 f.; *Wank*, RdA 2020, 1, 10.

der Richtlinie handelt es sich insofern nicht um eine *„allgemeine Maßstabsnorm, auf Grund derer die innerstaatlichen Gerichte gehalten wären, alle ihr widersprechenden nationalen Normen unabhängig von einer unmittelbaren Wirkung der Richtlinie unangewendet zu lassen (‚legal review')."*[282]

(b) Charta-Grundrechte

(aa) (Dritt-)Wirkung von Charta-Grundrechten

Sind in der Grundrechtecharta normierte Bestimmungen als echte Grundrechte und nicht lediglich als Grundsätze i.S.v. Art. 52 Abs. 5 GRCh ausgestaltet, vermittelt das Charta-Grundrecht dem einzelnen EU-Bürger als Individuum unmittelbar und individuell einklagbare Rechte.[283] Weil Adressaten der Grundrechtecharta aber in erster Linie die Organe der EU und die einzelnen Mitgliedstaaten sind, sollen grundsätzlich auch nur in diesem Verhältnis Verpflichtungen begründet werden.[284] Bei Verstößen eines Mitgliedstaates gegen ein Charta-Grundrecht steht dem einzelnen EU-Bürger unter bestimmten Voraussetzungen daher grundsätzlich auch (nur) ein Staatshaftungsanspruch zu.[285]

Vor diesem Hintergrund gewinnt die Frage an Bedeutung, ob auch Privatpersonen unmittelbar an die Charta-Grundrechte gebunden sein können. Bejahte man eine solche unmittelbare Drittwirkung von Charta-Grundrechten, würde dies für das Arbeitsverhältnis bedeuten, dass sich der Arbeitnehmer gegenüber seinem (privaten) Arbeitgeber unmittelbar, d.h. ohne Rückgriff auf eine nationale Vorschrift oder eine Richtlinienbestimmung zur Durchsetzung seiner Rechte auf das Charta-Grundrecht berufen könnte.[286]

---

282 BAG, Beschl. v. 18.02.2003 – 1 ABR 2/02, NZA 2003, 742, 750.

283 *Jarass/Kment*, EU-Grundrechte, § 3 Rn. 3, § 7 Rn. 1; Grundsätze i.S.v. Art. 52 Abs. 5 GRCh vermitteln keine subjektiv-öffentlichen Rechte, sondern können gem. Art. 52 Abs. 5 S. 2 GRCh vor Gericht nur bei der Auslegung sie konkretisierender Akte und bei Entscheidungen über deren Rechtmäßigkeit herangezogen werden, vgl. Jarass/*Jarass*, Charta-Grundrechte, Art. 52 GRCh, Rn. 71; Preis/Sagan/*Pötters*, Europäisches Arbeitsrecht, § 3 Rn. 3.27; *Schubert*, RdA 2013, 370, 374 f.

284 Vgl. *Ehlers*, Krank im Urlaub, S. 282; *Willemsen/Sagan*, NZA 2011, 258, 258.

285 Vgl. zu den Haftungsvoraussetzungen EuGH, Urt. v. 19.11.1991 – C-6/90 (Francovich), NJW 1992, 165 Rn. 39 ff.; im Einzelnen *Dörr*, EuZW 2012, 86, 87 ff.

286 Vgl. Jarass/*Jarass*, Charta-Grundrechte, Art. 51 GRCh, Rn. 41; ferner *Schubert*, EuZA 2020, 302, 312: *„Es entstehen subjektive Rechte zwischen Privaten unmittelbar aus den Grundrechten."*

(bb) Mittelbare Drittwirkung durch primärrechtskonforme Auslegung

Unabhängig von der Frage der unmittelbaren Drittwirkung wirken Charta-Grundrechte (bei Eröffnung des Anwendungsbereichs der Grundrechte-Charta) – wie Richtlinien – zunächst jedenfalls mittelbar auf das innerstaatliche Recht ein. Als Teil des Primärrechts stehen Charta-Grundrechte im Rang über den Richtlinien, sodass Richtlinien ihrerseits primärrechtskonform auszulegen sind und daher insbesondere den Charta-Grundrechten Rechnung tragen müssen.[287] Über die richtlinienkonforme Auslegung und Rechtsfortbildung nationalen Rechts in Übereinstimmung mit der zuvor grundrechtskonform ausgelegten Richtlinie wirken Charta-Grundrechte in das innerstaatliche Recht ein.[288] Ein unüberwindbarer Verstoß einer Richtlinienbestimmung gegen ein Charta-Grundrecht, der auch durch eine grundrechtskonforme Auslegung nicht beseitigt werden kann, kann wegen des Vorrangs des Primärrechts sogar dazu führen, dass die Sekundärrechtsnorm für unwirksam zu erklären ist.[289]

(cc) Mittelbare (negative) Drittwirkung infolge der Unanwendbarkeit europarechtswidriger nationaler Bestimmungen

Ob auch für das nationale Recht die Rechtsfolge der Unanwendbarkeit greift, sodass nationale Vorschriften, die in Konflikt nicht nur mit Richtlinienbestimmungen, sondern auch mit Charta-Grundrechten stehen, ebenfalls unangewendet[290] bleiben müssen, scheint noch nicht abschließend und einheitlich für alle Charta-Grundrechte geklärt.[291] Angesprochen ist damit die Frage nach der sog.

---

287 EuGH, Urt. v. 18.07.2013 – C-426/11 (Alemo-Herron), NZA 2013, 835 Rn. 30; *Herresthal*, ZEuP 2014, 238, 259; Franzen/Gallner/Oetker/*Schubert*, Art. 51 GRCh, Rn. 45; *Willemsen/Sagan*, NZA 2011, 258, 260.

288 Vgl. *Herresthal*, ZEuP 2014, 238, 276; *Willemsen/Sagan*, NZA 2011, 258, 260.

289 Vgl. EuGH, Urt. v. 08.08.2014 – C-293/12, C-594/12, NJW 2014, 2169 Rn. 31 ff., Rn. 71; *Jarass*, Charta-Grundrechte, Art. 51 GRCh, Rn. 40; *ders.* ZEuP 2017, 310, 317; *ders.*, EuR 2013, 29, 33; Preis/Sagan/*Pötters*, Europäisches Arbeitsrecht, § 3 Rn. 3.28.

290 Nationale Vorschriften, die gegen unmittelbar wirkende Charta-Grundrechte verstoßen, sind aufgrund des Anwendungsvorrangs des Primärrechts unanwendbar, vgl. *Jarass*, Charta-Grundrechte, Art. 51 GRCh, Rn. 40; *ders.* ZEuP 2017, 310, 317 f.; Preis/Sagan/*Pötters*, Europäisches Arbeitsrecht, § 3 Rn. 3.28; *Möllers*, Jur. Methodenlehre, § 12 Rn. 9; vgl. auch BAG, Beschl. v. 18.02.2003 – 1 ABR 2/02, NZA 2003, 742, 749 f.

291 Der EuGH bejaht die Unanwendbarkeit nationaler Vorschriften jedenfalls im Bereich der Altersdiskriminierung (nunmehr Art. 21 GRCh), vgl. nur EuGH, Urt. v. 22.11.2005 – C-144/04 (Mangold), NZA 2005, 1345 Rn. 75 ff. und EuGH, Urt. v. 19.01.2010 – C-555/07 (Kücükdeveci), NZA 2010, 85 Rn. 27 ff.; für eine

negativen Drittwirkung von Charta-Grundrechten[292] bzw. nach der „*negative*[n] *Ausschlusswirkung*“[293] im Sinne der Unanwendbarkeit unionsrechtswidriger nationaler Regelungen, die Folge des normenhierarchischen Anwendungsvorrangs des Primärrechts ist und ebenfalls eine (nur) mittelbare Drittwirkung bewirkt.[294] Entfaltet ein Charta-Grundrecht negative Drittwirkung, besteht die gegen das Charta-Grundrecht verstoßende nationale Vorschrift zwar weiterhin, d.h. sie wird nicht (positiv) durch das Charta-Grundrecht *ersetzt*[295], ihre Anwendung wird jedoch durch die vorrangige Anwendung des Charta-Grundrechts (negativ) *ausgeschlossen*[296] (Anwendungsvorrang).[297]

(i) Rs. Mangold, Kücükdeveci *und* Dansk Industri

Der EuGH hat eine solche negative Drittwirkung im Sinne der Unanwendbarkeit europarechtswidriger nationaler Bestimmungen jedenfalls in Bezug auf das – früher ungeschriebene, nunmehr in Art. 21 GRCh

---

Unanwendbarkeit nationaler Vorschriften, die gegen Charta-Grundrechte verstoßen, plädieren etwa auch *Höpfner*, ZfA 2010, 449, 478; Jarass/*Jarass*, Charta-Grundrechte, Art. 51 GRCh, Rn. 40; *ders.* EuR 2013, 29, 36; *Preis/Temming*, NZA 2010, 185, 189 f.; *Stiebert/Pötters*, EuZW 2011, 958, 961; *Thüsing/Pötters/Stiebert*, RdA 2012, 281, 287; nach Ansicht von *Bauer/v. Medem*, NZA 2012, 113,115 f. führt jedenfalls nationales Recht, das gegen Art. 31 Abs. 2 GRCh verstößt, nicht zu dessen Unanwendbarkeit; die Folge der Unanwendbarkeit generell ablehnend *Wank*, RdA 2020, 1, 11; nach einzelnen Grundrechten differenzierend *Ehlers*, Krank im Urlaub, S. 281 ff.

292 Vgl. Preis/Sagan/*Pötters*, Europäisches Arbeitsrecht, § 3 Rn. 3.29; ErfK/*Schlachter*, Vorb. zum AEUV, Rn. 22.

293 *Mörsdorf*, JZ 2019, 1066, 1072; vgl. auch *Thüsing/Pötters/Stiebert*, RdA 2012, 281, 287.

294 Jarass/*Jarass*, Charta-Grundrechte, Art. 51 GRCh, Rn. 36; Preis/Sagan/*Pötters*, Europäisches Arbeitsrecht, § 3 Rn. 3.29; *Höpfner*, ZfA 2010, 449, 466; Franzen/Gallner/Oetker/*Schubert*, Art. 51 GRCh, Rn. 36, 45; Meyer/Hölscheidt/*Schwerdtfeger*, Art. 51 GRCh, Rn. 58.

295 *v. Kielmansegg*, EuR 2014, 30, 41: „*Ersetzungswirkung bedeutet, dass die Unionsrechtsnorm nationales Recht nicht bloß verdrängt, sondern substituiert, also auch selbst an seine Stelle tritt und somit für das nationale Gericht zur Entscheidungsgrundlage wird.*“

296 *v. Kielmansegg*, EuR 2014, 30, 41: „*Die bloße Ausschlusswirkung hingegen verhindert nur die Anwendbarkeit der nationalen Norm, springt aber nicht für sie ein.*“

297 Vgl. *Höpfner*, ZfA 2010, 449, 465 f.; *Schubert*, EuZA 2020, 302, 308, 314; *Wank*, RdA 2020, 1, 3; die Unterscheidung zwischen Ersetzungs- und Ausschlussfunktion bzw. negativer und positiver Drittwirkung einer Unionsrechtsnorm findet ihre Parallele im Richtlinienrecht, vgl. hierzu Franzen/Gallner/Oetker/*Höpfner*, Art. 288 AEUV, Rn. 25; Streinz/*W. Schroeder*, Art. 288 AEUV, Rn. 109; *v. Danwitz*, JZ 2007, 697, 703 jeweils m.w.N.

verankerte – Diskriminierungsverbot wegen Alters bejaht.[298] Ausgangspunkt dieser Rechtsprechung bildet das *Mangold*[299]-Urteil aus dem Jahr 2005, in welchem der EuGH eine nach Altersstufen gestaffelte nationale Regelung (konkret § 14 Abs. 3 TzBfG i.d.F. vom 23.12.2002[300]) nicht nur wegen Verstoßes gegen die RL 2000/78/EG als mit dieser unvereinbar erklärte, sondern die deutsche Vorschrift zugleich wegen Verstoßes gegen das primärrechtliche Verbot der Altersdiskriminierung für unanwendbar hielt.[301] Der EuGH bestätigte diese Rechtsprechung in der Folgezeit durch die Urteile in der Rs. *Kücükdeveci*[302] und *Dansk Industri (DI)*[303].[304] In den genannten Entscheidungen folgte der EuGH – vereinfacht gesagt – folgendem Muster: Weil das Charta-Grundrecht durch eine Richtlinie „*konkretisiert*“[305] wird und damit inhaltlich mit dieser übereinstimmt, führt ein Verstoß gegen eine Richtlinienbestimmung zugleich zu einem Primärrechtsverstoß, mit der weiteren Folge, dass entgegenstehendes nationales Recht unangewendet bleiben muss.[306]

(ii) Differenzierung zwischen unmittelbarer (positiver) und mittelbarer (negativer) (Dritt-)Wirkung

Aus der Schlussfolgerung des EuGH, dass die nationalen Gerichte die jeweiligen entgegenstehenden nationalen Bestimmungen ggf. auch in einem Rechtsstreit zwischen Privaten unangewendet zu lassen haben, wurde in der Literatur zum

298 Vgl. EuGH, Urt. v. 22.11.2005 – C-144/04 (Mangold), NZA 2005, 1345 Rn. 77; EuGH, Urt. v. 19.01.2010 – C-555/07 (Kücükdeveci), NZA 2010, 85 Rn. 56; EuGH, Urt. v. 16.04.2016 – C-441/14 (DI), NZA 2016, 537 Rn. 43.

299 EuGH, Urt. v. 22.11.2005 – C-144/04 (Mangold), NZA 2005, 1345.

300 Vgl. Art. 7 des Ersten Gesetzes für moderne Dienstleistungen am Arbeitsmarkt v. 23.12.2002 (BGBl. I S. 4607, 4619).

301 EuGH, Urt. v. 22.11.2005 – C-144/04 (Mangold), NZA 2005, 1345 Rn. 74 ff.

302 EuGH, Urt. v. 19.01.2010 – C-555/07 (Kücükdeveci), NZA 2010, 85.

303 EuGH, Urt. v. 16.04.2016 – C-441/14 (DI), NZA 2016, 537.

304 EuGH, Urt. v. 19.01.2010 – C-555/07 (Kücükdeveci), NZA 2010, 85 Rn. 19 ff., 56; EuGH, Urt. v. 16.04.2016 – C-441/14 (DI), NZA 2016, 537 Rn. 22 ff., 43.

305 So ausdrücklich in EuGH, Urt. v. 19.01.2010 – C-555/07 (Kücükdeveci), NZA 2010, 85 Rn. 26: Ob das Unionsrecht einer nationalen Regelung entgegenstehe, sei „*auf der Grundlage des jede Diskriminierung wegen des Alters verbietenden allgemeinen Grundsatzes des Unionsrechts, wie er in der Richtlinie 2000/78/EG konkretisiert ist, zu prüfen.*“; EuGH, Urt. v. 16.04.2016 – C-441/14 (DI), NZA 2016, 537 Rn. 22: Das „*in der RL 20000/78 konkretisierte allgemeine Verbot der Diskriminierung wegen des Alters* […].“

306 Vgl. *Ahrends*, Europäisiertes Urlaubsrecht, S. 32.

Teil gefolgert, dass Art. 21 GRCh unmittelbare (positive) Wirkung auch im Verhältnis Privater zueinander entfaltet.[307] Übersehen wurde dabei, dass es in den Urteilen *Mangold* und *Kücükdeveci* nicht um die grundrechtliche Wirkung im Verhältnis zwischen Privaten untereinander (Horizontalverhältnis), sondern um die grundrechtliche Wirkung im Verhältnis Bürger-Staat (Vertikalverhältnis) ging.[308] Die Diskriminierungen gingen nicht etwa von einer Privatperson aus, sondern von dem deutschen Staat, der bei dem Erlass nationaler Vorschriften[309] diskriminierende Differenzierungen vorgenommen hatte.[310] Die vom EuGH postulierte Rechtsfolge der Unanwendbarkeit der europarechtswidrigen nationalen Regelungen wirkte sich aufgrund des privatrechtlichen Charakters der streitgegenständlichen nationalen Normen zwar auch auf den (privaten) Arbeitgeber aus.[311] Diese reflexartige Wirkung stellt jedoch eine nur *mittelbare* (Dritt-) Wirkung dar und darf nicht mit einer *unmittelbaren* Grundrechtsbindung Privater gleichgesetzt werden.[312] Die Unanwendbarkeit des nationalen Rechts folgt

---

307 Etwa *Gas*, EuZW 2005, 737; *Münder*, jurisPR-ArbR 49/2018 Anm. 2 unter C. III.

308 Zutreffend *Mörsdorf*, JZ 2019, 1066, 1071 f.; vgl. auch Stern/Sachs/*Ladenburger/Vondung*, Art. 51 GRCh, Rn. 14, die zutreffend darauf hinweisen, dass „*der EuGH eigentlich das Handeln des mitgliedstaatlichen Gesetzgebers an der Charta misst und daraus die übliche Konsequenz der Nichtanwendbarkeit zieht.*"; ferner *Kuras*, RdA 2007, 169, 172, der „*zwischen der horizontalen unmittelbaren Wirkung von Richtlinien zwischen Privaten als solcher und der unmittelbaren Wirkung von Verletzungen der ‚stand still' Verpflichtung während der Umsetzungszeit*" differenziert, wobei nur letztere aus der Mangold-Entscheidung abgeleitet werden könne.

309 § 14 Abs. 3 TzBfG a.F. (*Mangold*) und § 622 Abs. 2 S. 2 BGB a.F. (*Kücükdeveci*).

310 Hierauf bereits im Anschluss an *Mangold* hinweisend *Thüsing*, ZIP 2005, 2149, 2150; sowie *Starke*, EU-Grundrechte und Vertragsrecht, S. 201; im Nachgang an *Kücükdeveci* ferner *Mörsdorf*, JZ 2019, 1066, 1071 f.

311 Dieser profitierte zuvor von der Anwendbarkeit der nationalen Vorschriften, vgl. *Mörsdorf*, JZ 2019, 1066, 1072.

312 *Mörsdorf*, JZ 2019, 1066, 1072: „*bloße Reflexwirkung*"; vgl. auch Jarass/*Jarass*, Charta-Grundrechte, Art. 51 GRCh, Rn. 36: „*mittelbare Bindungswirkung durch die* [...] *Nichtanwendbarkeit auch von privatrechtlichen Normen*"; Meyer/Hölscheidt/*Schwerdtfeger*, Art. 51 GRCh, Rn. 58: „*mittelbare Wirkung*"; in diesem Sinne unterscheidend ferner *Hartmann*, EuZA 2019, 24, 36; Franzen/Gallner/Oetker/*Schubert*, Art. 51 GRCh, Rn. 36, 47; *Kois*, DB 2010, 1704, 1706 f.; vgl. auch *Möllers*, Jur. Methodenlehre, § 12 Rn. 12; ausführlich zu der Unterscheidung zwischen unmittelbarer (positiver) und mittelbarer (negativer) Drittwirkung auch *Jarass*, ZEuP 2017, 310, 330 ff.; kritisch im Hinblick auf die Unterscheidung zwischen „positiver" und „negativer" Anwendung von Richtlinienbestimmungen Pechstein/Nowak/Häde/*Gundel*, Art. 288 AEUV, Rn. 61; *v. Danwitz*, JZ 2007, 697, 703.

in diesem Fall allein aus dem Anwendungsvorrang des Primärrechts.[313] Die Charta-Grundrechte, die als Teil des Primärrechts am Anwendungsvorrang des Unionsrechts teilnehmen, wirken lediglich *negativ* auf das innerstaatliche Recht ein.[314] Es geht nicht um eine positive Bindung an das Charta-Abwehr- oder Leistungsrecht und damit um keine unmittelbare Drittwirkung im engeren Sinne.[315] Es geht vielmehr um die Möglichkeit der nationalen Gerichte, den durch die Grundrechtecharta vermittelten Schutz im Rahmen privatrechtlicher Streitigkeiten selbst zu verwirklichen, „*ohne dass das in Frage stehende Grundrecht zunächst einer Konkretisierung und Ausgestaltung durch den Gesetzgeber – sei es auf nationaler oder supranationaler Ebene – bedarf.*"[316] Dies stand insoweit auch in der Rs. *DI* im Vordergrund, bei der die Diskriminierung zwar von einer Privatperson ausging, der Gerichtshof aber ganz allgemein danach gefragt wurde, ob eine nationale Regelung, die gegen Art. 21 GRCh verstößt, dazu führt, dass die nationale Regelung auch in einem Privatrechtsstreit nicht zur Anwendung kommt.[317]

(iii) Unmittelbare (positive) Drittwirkung

Im Unterschied zu dieser soeben erläuterten mittelbaren (negativen) Drittwirkung aufgrund der Unanwendbarkeit europarechtswidriger nationaler Bestimmungen, wird eine unmittelbare (positive) Drittwirkung von Charta-Grundrechten überwiegend abgelehnt.[318] Verweisen wird dabei einerseits auf

---

313 Vgl. Jarass/*Jarass*, Charta-Grundrechte, Art. 51 GRCh, Rn. 40; Franzen/Gallner/Oetker/*Schubert*, Art. 51 GRCh, Rn. 36, 47.

314 Franzen/Gallner/Oetker/*Schubert*, Art. 51 GRCh, Rn. 36; vgl. auch *Fuhlrott/Garden*, ArbRAktuell 2019, 263, 264, die die Unanwendbarkeit grundrechtswidriger nationaler Normen aus der Abwehrfunktion der Grundrechte ableiten.

315 *Krois*, DB 2010, 1704, 1706; Franzen/Gallner/Oetker/*Schubert*, Art. 51 GRCh, Rn. 36, 47; vgl. auch *Preis/Temming*, NZA 2010, 185, 191 f.; *Schubert*, EuZA 2020, 302, 313; *Thüsing/Pötters/Stiebert*, RdA 2012, 281, 287.

316 *Fornasier*, GPR 2019, 141, 148; kritisch zu dieser negativen Drittwirkung von Charta-Grundrechten *Wank*, RdA 2020, 1, 11.

317 Vgl. EuGH, Urt. v. 16.04.2016 – C-441/14 (DI), NZA 2016, 537 Rn. 21, 27.

318 Ablehnend Vedder/Heintschel von Heinegg/*Folz*, Art. 51 GRCh, Rn. 16; *Herresthal*, ZEuP 2014, 238, 254, 276; *Höpfner*, ZfA 2010, 449, 465 f.; *Huber*, NJW 2011, 2385, 2389 f.; Pechstein/Nowak/Häde/*Pache*, Art. 51 GRCh, Rn. 38; krit. auch *Kahl/Schwind*, EuR 2014, 170, 177 f.; *Pache*, EuR 2001, 475, 483; *Wank*, RdA 2020, 1, 9 ff., 12; in Bezug auf einzelne Charta-Grundrechte differenzierend Stern/Sachs/*Ladenburger/Vondung*, Art. 51 GRCh, Rn. 13; *Seifert*, EuZW 2011, 696, 700 f.; sowie Heselhaus/Nowak/*Nowak*, Europäische Grundrechte, § 9 Rn. 43, der ebenfalls dafür plädiert, „*die*

Art. 51 Abs. 1 S. 1 und 2 GRCh, der Private als Adressaten der Grundrechtsbindung gerade nicht nennt und andererseits auf den in Art. 52 Abs. 1 S. 1 GRCh verankerten Gesetzesvorbehalt, der auf Privatpersonen keine Anwendung findet.[319]

Darauf, dass der EuGH künftig möglicherweise einen anderen Weg einschlagen und eine unmittelbare Drittwirkung zumindest für einzelne Charta-Grundrechte anerkennen will, könnte hingegen die jüngst ergangene Entscheidung in der Rs. *Egenberger*[320] hindeuten.[321] Der EuGH stellte dort fest, dass das in Art. 21 GRCh niedergelegte Verbot der Diskriminierung wegen der Religion oder der Weltanschauung „*schon für sich allein dem Einzelnen ein Recht* [verleiht], *das er in einem Rechtsstreit, der einen vom Unionsrecht erfassten Bereich betrifft, als solches geltend machen kann.*“[322] Der EuGH rekurriert dabei nicht auf seine *Mangold*- und *Kücükdeveci*-Rechtsprechung, sondern verweist auf seine Entscheidung in der Rs. *Association de médiation sociale*[323], in der er ausdrücklich eine Abgrenzung zu den der Rs. *Mangold* zugrundeliegenden

---

Frage, ob die Charta-Grundrechte eine mittelbare oder sogar unmittelbare Dritt-, Privat- bzw. Horizontalwirkung entfalten, für jedes einzelne der in der EU-Grundrechtecharta niedergelegten Unionsgrundrechte gesondert zu klären bzw. zu beantworten“; eine „*vollumfängliche Drittwirkung des Art. 31 Abs. 2 GRCh*“ annehmend aber etwa *Epiney*, NVwZ 2019, 767, 771.

319 Vedder/Heintschel von Heinegg/*Folz*, Art. 51 GRCh, Rn. 16; *Herresthal*, ZEuP 2014, 238, 254; Pechstein/Nowak/Häde/*Pache*, Art. 51 GRCh, Rn. 38.

320 EuGH, Urt. v. 17.04.2018 – C-414/16 (Egenberger), NJW 2018, 1869.

321 Vgl. *Kainer*, NZA 2018, 894, 897: Der EuGH formuliere „*in seiner Begründung erstmals Elemente einer europäischen Drittwirkungslehre, die Private und nicht nur die Mitgliedstaaten adressiert.*“; in diese Richtung auch *Hartmann*, EuZA 2019, 24, 36: „*Es deutet sich eine unmittelbare Horizontalwirkung an, die jedenfalls nicht nur die Unanwendbarkeit nationaler Vorschriften nach sich zieht, sondern sich als direkte Bindung Privater manifestiert.*“; dafür, dass der EuGH Art. 21 GRCh unmittelbare Horizontalwirkung zuerkennt auch *Münder*, jurisPR-ArbR 49/2018 Anm. 2 unter C. III; zweifelnd hingegen *Mörsdorf*, JZ 2019, 1066, 1073; sowie Heselhaus/Nowak/*Nowak*, Europäische Grundrechte, § 9 Rn. 44, der es für zumindest nicht ausgeschlossen hält, dass der EuGH in der Entscheidung (nur) „*mit der auch die judikative Durchführung des Unionsrechts einschließenden Bindung der Mitgliedstaaten an die Unionsgrundrechte operiert hat.*“; auch *Payandeh*, JuS 2018, 593, 596, sieht die „*eher apodiktischen Ausführungen des EuGH* […] *nicht als abschließende Antwort auf dieses kontrovers diskutierte Problem*“ an.

322 EuGH, Urt. v. 17.04.2018 – C-414/16 (Egenberger), NJW 2018, 1869 Rn. 76.

323 EuGH, Urt. v. 15.01.2014 – C-176/12 (Association de médiation sociale), NZA 2014, 193.

Umstände vorgenommen und in diesem Zusammenhang betont hat, dass das in Art. 21 Abs. 1 GRCh niedergelegten Verbot (dort wegen Alters) „*schon für sich allein dem Einzelnen ein subjektives Recht verleiht, das er als solches geltend machen kann.*"[324] Diese Formulierung kann dahin verstanden werden, dass Art. 21 GRCh aus Sicht des EuGH imstande ist, „für sich allein" und damit ohne Rückgriff auf Sekundärrecht Rechte für den einzelnen EU-Bürger zu begründen, die er „als solche geltend machen kann".[325] Dieser Eindruck wird dadurch verstärkt, dass der EuGH seine Rspr. zu der Bindung Privater an bestimmte Grundfreiheiten heranzieht[326] und diesbezüglich ausführt, dass sich Art. 21 GRCh „*in seiner Bindungswirkung grundsätzlich nicht von den verschiedenen Bestimmungen der Gründungsverträge* [unterscheidet], *die verschiedene Formen der Diskriminierung auch dann verbieten, wenn sie aus Verträgen zwischen Privatpersonen resultieren.*"[327]

(dd) Zusammenfassung

Richtlinienbestimmungen entfalten grundsätzlich keine unmittelbare Wirkung, sondern wirken nur mittelbar in Form der von den Mitgliedstaaten ergriffenen Umsetzungsmaßnahmen bzw. über eine richtlinienkonforme Auslegung oder Rechtsfortbildung auf das nationale Recht ein.[328] Eine unmittelbare (positive) Wirkung dergestalt, dass eine richtlinienwidrige nationale Vorschrift von der unmittelbar wirkenden Richtlinienbestimmung ersetzt wird[329], kommt nur unter bestimmten Voraussetzungen und auch nur im Verhältnis Bürger-Staat

---

324 EuGH, Urt. v. 15.01.2014 – C-176/12 (Association de médiation sociale), NZA 2014, 193 Rn. 47.

325 In diese Richtung auch *Mörsdorf*, JZ 2019, 1066, 1073; von einer Horizontalwirkung des Art. 21 GRCh ausgehend ferner *Sagan*, EuZW 2018, 381, 386 f.; *Wienbracke*, NZA-RR 2018, 349, 350.

326 Vgl. EuGH, Urt. v. 17.04.2018 – C-414/16 (Egenberger), NJW 2018, 1869 Rn. 77 mit Verweis auf die Urteile in den Rs. *Defrenne II* (EuGH, Urt. v. 08.04.1976 – C-43/75, BeckRS 2004, 71181), *Angonese* (EuGH, Urt. v. 06.06.2000 – C-281/98, NZA-RR 2001, 20), *Ferlini* (EuGH, Urt. v. 03.10.2000 – C-411/98, EuZW 2001, 26) und *Viking* (EuGH, Urt. v. 11.12.2007 – C-438/05, NZA 2008, 124).

327 EuGH, Urt. v. 17.04.2018 – C-414/16 (Egenberger), NJW 2018, 1869 Rn. 77.

328 Franzen/Gallner/Oetker/*Höpfner*, Art. 288 AEUV, Rn. 24; Streinz/*W. Schroeder*, Art. 288 AEUV, Rn. 86, 110.

329 Vgl. Grabitz/Hilf/Nettesheim/*Nettesheim*, Art. 288 AEUV, Rn. 165; Streinz/*W. Schroeder*, Art. 288 AEUV, Rn. 104.

in Betracht.[330] In allen übrigen Fällen, d.h. auch im Verhältnis zwischen Privaten untereinander führt ein – auch nicht durch richtlinienkonforme Auslegung oder Rechtsfortbildung zu beseitigender – Verstoß nationalen Rechts gegen Richtlinienbestimmungen hingegen nicht zur (positiven) unmittelbaren Anwendbarkeit der Richtlinienbestimmung.[331] Vielmehr bleibt die (richtlinienwidrige) nationale Vorschrift weiterhin anwendbar.[332] Dies folgt daraus, dass Richtlinienbestimmungen im Unterschied zum europäischen Primärrecht nicht am Anwendungsvorrang des Unionsrechts teilnehmen.[333] Ihnen kommt nach zutreffender Ansicht damit grundsätzlich auch keine negative unmittelbare Wirkung dergestalt zu, dass sie die Anwendung entgegenstehenden nationalen Rechts ausschließen.[334]

Ob auch Charta-Grundrechte unmittelbare (positive) Drittwirkung entfalten mit der Folge, dass sich auch Private unmittelbar (anspruchsbegründend) auf die Grundrechte berufen können, ist bislang noch nicht für alle Charta-Grundrechte eindeutig geklärt.

---

330 Vgl. EuGH, Urt. v. 06.11.2018 – C-684/16 (Max-Planck-Gesellschaft), NZA 2018, 1474 Rn. 63 f.

331 Vgl. EuGH, Urt. v. 14.07.1994 – C-91/92 (Faccini Dori), NJW 1994, 2473 Rn. 20; BAG, Beschl. v. 18.02.2003 – 1 ABR 2/02, NZA 2003, 742, 749 f.; *Brenncke*, EuR 2015, 440, 444; *Höpfner*, RdA 2013, 16, 19; *ders.*, ZfA 2010, 449, 475 f.; *Wank*, RdA 2020, 1, 10.

332 Vgl. EuGH, Urt. v. 26.09.1999 – C-168/95 (Arcaro), BeckRS 2004, 74624 Rn. 43; BAG, Beschl. v. 18.02.2003 – 1 ABR 2/02, NZA 2003, 742, 749 f.; *Brenncke*, EuR 2015, 440, 444; *Höpfner*, RdA 2013, 16, 19; *ders.*, ZfA 2010, 449, 475 f.; ErfK/*Schlachter*, Vorb. zum AEUV, Rn. 25; *Schubert*, EuZA 2020, 302, 308; *Rüthers/Fischer/Birk*, Rechtstheorie, Rn. 912d; *Wank*, RdA 2020, 1, 11.

333 Franzen/Gallner/Oetker/*Höpfner*, Art. 288 AEUV, Rn. 22; vgl. auch *Mörsdorf*, EuR 2009, 219, 234.

334 BAG, Beschl. v. 18.02.2003 – 1 ABR 2/02, NZA 2003, 742, 750: „*Liegen die Voraussetzungen für eine unmittelbare Wirkung der Richtlinie – wie stets im Verhältnis privater Personen – nicht vor, kommt ein Anwendungsvorrang der Richtlinie und die damit verbundene Unanwendbarkeit der entgegenstehenden nationalen Vorschriften nicht in Betracht.*“; Franzen/Gallner/Oetker/*Höpfner*, Art. 288 AEUV, Rn. 25; *ders.*, ZfA 2010, 449, 476; v. *Danwitz*, JZ 2007, 697, 703; *Thüsing*, ZIP 2010, 196, 200; *Konzen*, ZfA 2005, 189, 202; *Schürnbrand*, JZ 2007, 910, 911; ErfK/*Schlachter*, Vorb. zum AEUV, Rn. 26.

(4) *Einordnung und Bewertung der* Max-Planck-*Entscheidung in Bezug auf Art. 31 Abs. 2 GRCh*

(a) *Art. 31 Abs. 2 GRCh als echtes Grundrecht*

Der EuGH hebt ausdrücklich hervor, dass Art. 31 Abs. 2 GRCh *„schon seinem Wesen nach“*[335] mit einer arbeitgeberseitigen Pflicht zur bezahlten Urlaubsgewährung einhergeht und erkennt damit zu Recht den Grundrechtscharakter der Vorschrift an.[336] Er untermauert dieses Ergebnis, indem er selbst darlegt, dass das in Art. 31 Abs. 2 GRCh verankerte Recht auf bezahlten Jahresurlaub *„was sein Bestehen selbst anbelangt“*[337] (ergo das „Ob“ des Rechts auf bezahlten Jahresurlaubs) zwingend und nicht von Bedingungen abhängig ist und daher bereits primärrechtlich durch Art. 31 Abs. 2 GRCh verbürgt ist.[338] Ob der EuGH der Vorschrift hingegen auch unmittelbare Horizontalwirkung zuerkennen wollte, lässt sich den Ausführungen des EuGH nicht zweifelsohne entnehmen.[339]

(b) *Unmittelbare oder bloß mittelbare Drittwirkung?*

Fest steht zunächst jedenfalls, dass allein aus dem Umstand, dass der EuGH die nationalen Gerichte verpflichtet, nationale Regelungen – im hiesigen Kontext die Regelung des § 7 Abs. 3 BUrlG – auch in einem Rechtsstreit zwischen Privaten unangewendet zu lassen, wenn diese nicht im Einklang mit Art. 31 Abs. 2

---

335 EuGH, Urt. v. 06.11.2018 – C-684/16 (Max-Planck-Gesellschaft), NZA 2018, 1474 Rn. 79.

336 So ausdrücklich auch in EuGH, Urt. v. 22.09.2022 – C-120/21 (LB/TO), NZA 2022, 1326 Rn. 32: „[…] *das in Art. 31 II GRCh verankerte Grundrecht auf bezahlten Jahresurlaub.*“; a.A. hingegen *Rudkowski*, NJW 2019, 476, 480, die Art. 31 Abs. 2 GRCh lediglich für einen Grundsatz hält.

337 EuGH, Urt. v. 06.11.2018 – C-684/16 (Max-Planck-Gesellschaft), NZA 2018, 1474 Rn. 74.

338 Vgl. EuGH, Urt. v. 06.11.2018 – C-684/16 (Max-Planck-Gesellschaft), NZA 2018, 1474 Rn. 74; zustimmend *Schlachter*, ZESAR 2019, 53, 58.

339 A.A. hingegen Heselhaus/Nowak/*Nowak*, Europäische Grundrechte, § 9 Rn. 44, der davon ausgeht, dass sich der EuGH zweifelsohne für eine unmittelbare Horizontalwirkung von Art. 31 Abs. 2 GRCh ausspricht; in diese Richtung auch *Brors*, NZA 2019, 1176, 1179; *Heuschmid*, NJW 2019, 1853, 1854; *Sura*, EuZA 2019, 350, 359 f.; *Ulber*, NZA 2019, 677, 680 im Nachgang an die Entscheidung des EuGH in der Rs. *Bauer* und *Willmeroth* vom gleichen Tag, in der sich der EuGH wortgleich zum Regelungsgehalt von Art. 31 Abs. 2 GRCh äußerte, vgl. EuGH, Urt. v. 06.11.2018 – C-569/16 und C-570/16, NZA 2018, 1467 Rn. 84 ff.

GRCh ausgelegt werden können, nicht pauschal geschlussfolgert werden kann, dass Art. 31 Abs. 2 GRCh nunmehr unmittelbare (positive) Horizontalwirkung zukommt. Denn wie oben dargelegt, muss die Unanwendbarkeit nationaler Vorschriften nicht zwingend aus einer unmittelbaren Grundrechtsbindung Privater resultieren, sondern kann sich auch aus dem Anwendungsvorrang des Primärrechts oder den durch das Charta-Grundrecht vermittelten und an den Staat gerichteten Schutzauftrag[340] ergeben.[341] Diese bloß faktische bzw. mittelbare Drittwirkung ist dogmatisch von der unmittelbaren Drittwirkung im Sinne der unmittelbaren (positiven) Grundrechtsbindung Privater zu unterscheiden.[342]

Dass der EuGH einer „echten" unmittelbaren Drittwirkung von Art. 31 Abs. 2 GRCh zugeneigt zu sein scheint, zeigt sich aber darin, dass er sich auch verbal ausdrücklich mit der *„Wirkung, die Art. 31 II der Charta gegenüber privaten Arbeitgebern entfaltet"*[343] befasst. Er stellt in diesem Zusammenhang fest, dass Art. 51 Abs. 1 GRCh eine unmittelbare Grundrechtsbindung Privater nicht kategorisch ausschließe.[344] Auf die Anerkennung einer unmittelbaren Horizontalwirkung i.e.S. deuten auch die gewählten Formulierungen hin, wonach das in Art. 31 Abs. 2 GRCh verankerte Recht auf bezahlten Jahresurlaub *„schon seinem Wesen nach mit einer entsprechenden Pflicht des Arbeitgebers* [zur Gewährung bezahlten Jahresurlaubs] *einhergeht."*[345] Die Vorschrift verleihe schon *„für sich allein den Arbeitnehmern ein Recht, das sie* [...] *als solches geltend machen*

340 Auch aus Art. 31 Abs. 2 GRCh resultieren insofern Schutzpflichten, vgl. *Herresthal*, ZEuP 2014, 238, 275.

341 Vgl. *Jarass*, ZEuP 2017, 310, 330 f.; Franzen/Gallner/Oetker/*Schubert*, Art. 51 GRCh, Rn. 36, 46; Meyer/Hölscheidt/*Schwerdtfeger*, Art. 51 GRCh, Rn. 58; *Starke*, EU-Grundrechte und Vertragsrecht, S. 203; vgl. auch Schwarze/Becker/Hatje/Schoo/*Hatje*, Art. 51 GRCh, Rn. 22; ferner Stern/Sachs/*Ladenburger/Vondung*, Art. 51 GRCh, Rn. 18.

342 Zutreffend Franzen/Gallner/Oetker/*Schubert*, Art. 51 GRCh Rn. 36, 46 f.; vgl. insoweit auch *Schlachter*, ZESAR 2019, 53, 57, die zutreffend darlegt, dass die Charta-Grundrechte *„erhebliche Auswirkungen im Privatrechtsverhältnis"* entfalten und lediglich ungeklärt ist, ob dieser Einfluss *„nur mittelbar über die positiven Schutzpflichten der direkt angesprochenen Grundrechtsverpflichteten oder doch auch unmittelbar durch die Grundrechte selbst"* erreicht wird.

343 EuGH, Urt. v. 06.11.2018– C-684/16 (Max-Planck-Gesellschaft), NZA 2018, 1474 Rn. 76.

344 EuGH, Urt. v. 06.11.2018– C-684/16 (Max-Planck-Gesellschaft), NZA 2018, 1474 Rn. 76.

345 EuGH, Urt. v. 06.11.2018– C-684/16 (Max-Planck-Gesellschaft), NZA 2018, 1474 Rn. 79.

können.“[346] Die Formulierungen „*seinem Wesen nach*“, „*für sich allein*“ und „*als solches*“, legen nahe, dass zur erfolgreichen Geltendmachung des subjektiven Rechts auf bezahlten Jahresurlaub kein Rückgriff auf andere, rangniedrigere Normen notwendig ist, sondern eine Berufung direkt, d.h. unmittelbar auf Art. 31 Abs. 2 GRCh möglich sein soll.[347] Hierauf deutet auch der Verweis auf die Rs. *Egenberger* hin[348], in der sich entsprechende Formulierungen finden und in der der EuGH nicht auf die Rs. *Mangold*, *Kücükdeveci* und *Dansk Industri (DI)*, sondern auf seine Rspr. zu der Bindung Privater an bestimmte Grundfreiheiten abstellt.[349]

Andererseits richtet sich der EuGH mit dem aus Art. 31 Abs. 2 GRCh resultierenden Schutzauftrag primär an die mitgliedstaatlichen Gerichte und nicht an den einzelnen (privaten) Arbeitgeber, wenn er davon spricht, dass die nationalen Gerichte dafür Sorge zu tragen haben, dass der aus Art. 31 Abs. 2 GRCh erwachsene Rechtsschutz und die volle Wirksamkeit der Bestimmungen gewährleistet wird.[350] Die nationalen Gerichte müssten die nationale Regelung „*erforderlichenfalls* […] *unangewendet* [lassen].“[351] Im Fokus der Grundrechtskontrolle steht damit die mitgliedstaatliche Normsetzung und insofern ein hoheitliches und kein privates Handeln.[352] Durch die Nichtanwendbarkeit der unionsrechtswidrigen nationalen Regelung strahlt die Schutzwirkung des Art. 31 Abs. 2 GRCh zwar auf Privatrechtsverhältnisse ein. Diese Grundrechts(aus)wirkung auf Privatrechtsverhältnisse ist jedoch eine bloß reflexartige, mittelbare Wirkung[353],

---

346 EuGH, Urt. v. 06.11.2018 – C-684/16 (Max-Planck-Gesellschaft), NZA 2018, 1474 Rn. 74.

347 So auch *Fornasier*, GPR 2019, 141, 148.

348 EuGH, Urt. v. 06.11.2018– C-684/16 (Max-Planck-Gesellschaft), NZA 2018, 1474 Rn. 74.

349 Vgl. EuGH. Urt. v. 17.04.2018 – C-414/16 (Egenberger), NJW 2018, 1869 Rn. 77 mit Verweis auf die Urteile *Defrenne II* (EuGH, Urt. v. 08.04.1976 – C-43/75, BeckRS 2004, 71181 Rn. 39), *Angonese* (EuGH, Urt. v. 06.06.2000 – C-281/98, NZA-RR 2001, 20 Rn. 33–36), *Ferlini* (EuGH, Urt. v. 03.10.2000 – C-411/98, EuZW 2001, 26 Rn. 57–61) und *Viking* (EuGH, Urt. v. 11. 12. 2007 – C-438/05, NZA 2008, 124).

350 EuGH, Urt. v. 06.11.2018– C-684/16 (Max-Planck-Gesellschaft), NZA 2018, 1474 Rn. 80: Es obliege dem vorlegenden Gericht, „*im Rahmen seiner Befugnisse den aus dieser Bestimmung erwachsenden Rechtsschutz zu gewährleisten und für die volle Wirksamkeit der Bestimmung zu sorgen* […].“

351 EuGH, Urt. v. 06.11.2018– C-684/16 (Max-Planck-Gesellschaft), NZA 2018, 1474 Rn. 80.

352 Zutreffend *Fornasier*, GPR 2019, 141, 148.

353 In diese Richtung auch *Fornasier*, GPR 2019, 141, 148.

wenngleich sie im Ergebnis einer unmittelbaren Wirkung Privater gleichkommen mag.[354]

(c) Mangelnde Unterscheidung zwischen „Ob" und „Wie" des Rechts auf bezahlten Jahresurlaub

So oder so, d.h. unabhängig davon, ob der EuGH die – für beide Konstellationen identische – Rechtsfolge der Unanwendbarkeit von § 7 Abs. 3 BUrlG aus einer unmittelbaren Horizontalwirkung von Art. 31 Abs. 2 GRCh ableitet oder dies zur Gewährleistung des grundrechtlich vermittelten Schutzes durch die nationalen Gerichte für geboten hält, hätte er nicht zu dem Ergebnis kommen dürfen, dass § 7 Abs. 3 BUrlG unangewendet bleiben muss, weil der Arbeitgeber in dem zugrundeliegenden Rechtsstreit seine ihm obliegenden Mitwirkungshandlungen nicht vorgenommen hat. Nach hier vertretener Ansicht liegt bei Nichterfüllung der Mitwirkungsobliegenheiten bereits kein Eingriff in den Schutzbereich von Art. 31 Abs. 2 GRCh vor.

(aa) „Ob" des Rechts auf bezahlten Jahresurlaub

Art. 31 Abs. 2 GRCh garantiert jedem Arbeitnehmer und jeder Arbeitnehmerin ein Recht auf bezahlten Jahresurlaub, mithin (lediglich) das „Ob" des Urlaubsanspruchs, während insbesondere die Dauer und die einzelnen Urlaubsmodalitäten, d.h. das „Wie" des Urlaubsanspruchs erst näher konkretisiert werden müssen.[355] Selbst der EuGH sieht das so, wenn er ausführt, dass *„die genaue Dauer des Jahresurlaubs und gegebenenfalls bestimmte Voraussetzungen für die Wahrnehmung des Rechts* [durch unionsrechtliche oder nationalrechtliche Bestimmungen] *festzulegen* [sind]."[356] Ein Verstoß gegen das von Art. 31 Abs. 2 GRCh geschützten „Ob" des Rechts auf bezahlten Jahresurlaub läge insofern (erst) dann vor, wenn dem einzelnen Arbeitnehmer überhaupt kein Recht auf Urlaub eingeräumt, dieser also überhaupt nicht in den Genuss bezahlten Jahresurlaubs käme.[357] *In concreto* bedeutet dies, dass der grundrechtlich geschützte

---

354 Vgl. *Sprenger*, ZTR 2020, 63, 68; *Winzer/Baeck/Schaaf*, NZG 2021, 450, 451.

355 Vgl. *Herresthal*, ZEuP 2014, 238, 260; *Schubert*, RdA 2014, 9, 10; Franzen/Gallner/Oetker/*Schubert*, Art. 31 GRCh, Rn. 18 f.; *dies.*, EuZA 2020, 302, 310; *Wank*, FS Preis (2021), 1463, 1469, 1472; *ders.*, RdA 2020, 1, 8.

356 EuGH, Urt. v. 06.11.2018 (Max-Planck-Gesellschaft) – C-684/16, NZA 2018, 1474 Rn. 74.

357 Vgl. *Ahrens*, Europäisiertes Urlaubsrecht, S. 49; Franzen/Gallner/Oetker/*Schubert*, Art. 31 GRCh, Rn. 34.

Kernbereich von Art. 31 Abs. 2 GRCh erst dann tangiert wird, wenn (nationale) gesetzliche Urlaubsregelungen gänzlich fehlen[358], oder solche zwar bestehen, das Entstehen des Urlaubsanspruchs aber von bestimmten Voraussetzungen[359] abhängig gemacht wird.[360]

(bb) „Wie" des Rechts auf bezahlten Jahresurlaub

Hiervon ausgehend wird die Frage nach dem „Ob" des Urlaubsanspruchs von der Erfüllung bzw. Nichterfüllung der arbeitgeberseitigen Mitwirkungsobliegenheiten nicht berührt. Diese verlangen vom Arbeitgeber, den Arbeitnehmer zur Urlaubsnahme aufzufordern und ihn über die möglichen Konsequenzen bei Nichtinanspruchnahme des Urlaubs zu belehren.[361] Sie machen das Entstehen bzw. den Bestand des Urlaubsanspruchs hingegen nicht von ihrer Erfüllung abhängig. Vielmehr ist der Arbeitnehmer auch dann berechtigt, den Urlaub anzutreten, wenn der Arbeitgeber ihn nicht zuvor entsprechend aufgefordert und belehrt hat.

Dass die entsprechenden Mitwirkungshandlungen nach ihrer Zweckrichtung zwar darauf gerichtet sind, den Arbeitnehmer *„in die Lage zu versetzen"*[362], den Urlaubsanspruch tatsächlich auszuüben, führt zu keiner anderen Bewertung. Nur weil der Arbeitnehmer zu Urlaubsrealisierungszwecken durch entsprechende arbeitgeberseitigen Mitwirkungshandlungen in die Lage versetzt werden *soll*, den Urlaub zu nehmen, bedeutet dies nicht zwangsläufig und ausnahmslos, dass er hierzu nicht schon (selbst) in der Lage *ist*. Insofern hätte der EuGH verlangen müssen, dass der Arbeitnehmer in die Lage versetzt werden *muss*, den Urlaub zu nehmen. Wie dargelegt, hat der EuGH den Arbeitgeber jedoch von der Pflicht zur (Zwangs-)Beurlaubung freigesprochen.[363] Der Arbeitgeber *muss*

---

358 Vgl. *Ahrens*, Europäisiertes Urlaubsrecht, S. 49 f.; Franzen/Gallner/Oetker/*Schubert*, Art. 31 GRCh, Rn. 34, 37.

359 Vgl. EuGH, Urt. v. 04.10.2018 – C-12/17 (Dicu), NZA 2018, 1323 Rn. 26 m.w.N.

360 Vgl. *Kamanabrou*, SAE 2009, 121, 124: *„Unzulässig beschnitten wird der Urlaubsanspruch durch eine Regelung zum Erlöschen nur, wenn sie anspruchsvereitelnd wirkt."*; darüber hinaus wird der Kernbereich von Art. 31 Abs. 2 GRCh dann tangiert, wenn es an der Entgeltlichkeit des Urlaubs fehlt oder der Urlaubsabgeltungsanspruch ausgeschlossen wird, vgl. Franzen/Gallner/Oetker/*Schubert*, Art. 31 GRCh, Rn. 35 f. m.w.N.

361 EuGH, Urt. v. 06.11.2018 (Max-Planck-Gesellschaft) – C-684/16, NZA 2018, 1474 Rn. 45.

362 EuGH, Urt. v. 06.11.2018 (Max-Planck-Gesellschaft) – C-684/16, NZA 2018, 1474 Rn. 46.

363 EuGH, Urt. v. 06.11.2018 (Max-Planck-Gesellschaft) – C-684/16, NZA 2018, 1474 Rn. 44.

den Urlaub nicht von sich aus gewähren und *muss* an sich auch die Mitwirkungshandlungen nicht vornehmen. Unterlässt er aber ihre Vornahme, führt dies auf Rechtsfolgenseite zur Aufrechterhaltung des Urlaubsanspruchs bzw. zu dessen Nichtverfall.[364] Die Erfüllung der Mitwirkungsobliegenheiten ist damit nicht Voraussetzung für die *Entstehung* des Urlaubsanspruchs, sondern für dessen *Verfall*.[365]

Die in der Rs. *Max-Planck-Gesellschaft* getroffenen Rechtsprechungsgrundsätze unterscheiden sich insofern auch von denen aus der Rs. *Schultz-Hoff*. Dort hatte der EuGH entschieden, dass ein Arbeitnehmer seinen Urlaubsanspruch nicht verlieren darf, wenn es ihm krankheitsbedingt nicht möglich war, den Urlaub zu nehmen.[366] Der EuGH urteilte, dass solche nationalen Regelungen einem Nichtentstehen des Urlaubsanspruchs gleichkämen (mithin das „Ob" des Urlaubsanspruchs betreffen).[367] Es macht aber – wie dargelegt – einen Unterschied, ob der Arbeitnehmer (z.B. infolge einer Langzeiterkrankung) überhaupt nicht in der Lage ist, den Urlaub zu nehmen oder ob er (aufgrund unterlassener Mitwirkungsobliegenheiten) nur nicht (aktiv) vom Arbeitgeber dazu in die Lage versetzt worden ist.

Die arbeitgeberseitigen Mitwirkungsobliegenheiten betreffen nicht das Recht auf bezahlten Jahresurlaub *als solches*, sondern lediglich die Modalitäten im Hinblick auf die Urlaubsgewährung.[368] Sie betreffen mithin das nicht unmittelbar durch Art. 31 Abs. 2 GRCh geschützte „Wie" des Urlaubsanspruchs.[369] Diese Grenze zwischen „Ob" und „Wie" des Rechts auf bezahlten Jahresurlaub wird vom EuGH ohne hinreichenden Grund missachtet, wenn er davon ausgeht, dass auch die lediglich die Durchführungsmodalitäten des Urlaubsanspruchs

---

364 Vgl. EuGH, Urt. v. 06.11.2018 (Max-Planck-Gesellschaft) – C-684/16, NZA 2018, 1474 Rn. 46 f.; insofern handelt es sich bei den vom EuGH postulierten Mitwirkungshandlungen auch nicht um Mitwirkungs*pflichten*, sondern lediglich um Mitwirkungs*obliegenheiten*, zu dieser Unterscheidung unten unter § 6 A.

365 Vgl. EuGH, Urt. v. 06.11.2018 (Max-Planck-Gesellschaft) – C-684/16, NZA 2018, 1474 Rn. 46: *„Erlöschen des Urlaubsanspruchs am Ende des Bezugs- oder zulässigen Übertragungszeitraums"*.

366 EuGH, Urt. v. 20.01.2009 – C-350/06 (Schultz-Hoff), NZA 2009, 135 Rn. 43.

367 Vgl. EuGH, Urt. v. 20.01.2009 – C-350/06 (Schultz-Hoff), NZA 2009, 135 Rn. 48.

368 Wohl auch *Schubert*, EuZA 2020, 302, 311: „[...] *die Entscheidung über die Anforderungen an den Verfall* [betrifft] *indes die Durchführungsmodalitäten.*"

369 Vgl. *Wank*, FS Preis (2021), 1463, 1469: *„Da aber die Grundrechtecharta außer dem Ob eines bezahlten Urlaubs nichts vorgibt, können daraus auch keine Einzelheiten abgeleitet werden."*

betreffenden Mitwirkungsobliegenheiten im Falle ihrer Nichterfüllung einen Verstoß gegen Art. 31 Abs. 2 GRCh nach sich ziehen können.

(cc) Verstoß gegen das Bestimmtheitsgebot

Dass der EuGH gleichwohl einen Verstoß gegen Art. 31 Abs. 2 GRCh annimmt, folgt daraus, dass er Art. 31 Abs. 2 GRCh inhaltlich den gleichen Regelungsgehalt zuweist wie Art. 7 RL 2003/88/EG. Beide Unionsvorschriften sind nach dem Gerichtshof dahin auszulegen, dass sie einer nationalen Regelung entgegenstehen, wonach der Umstand, dass der Arbeitnehmer keinen Urlaubsantrag gestellt hat, automatisch und ohne dass er zuvor zur Urlaubsnahme in die Lage versetzt worden ist, zum Verlust des Urlaubsanspruchs führt.[370] Dass der EuGH bei Art. 31 Abs. 2 GRCh zu demselben Auslegungsergebnis kommt wie bei Art. 7 der RL 2003/88/EG, liegt daran, dass er auf die Vorgängerrichtlinie 1993/104/EG abstellt, die nach Art. 6 Abs. 1 Unterabs. 3 EUV und Art. 52 Abs. 7 GRCh i.V.m. den Erläuterungen zur Grundrechtecharta[371] bei der Auslegung der Charta zu berücksichtigen ist und deren Art. 7 den gleichen Wortlaut wie Art. 7 der RL 2003/88/EG hat.[372] Der EuGH rekurriert damit zwar nicht ausdrücklich auf Art. 7 der RL 2003/88/EG und seine hierzu ergangene Rechtsprechung[373] und spricht – anders als in den Rechtssachen *Mangold*[374], *Kücükdeveci*[375] und *DI*[376] – auch nicht ausdrücklich davon, dass Art. 7 der RL 2003/88/EG das primärrechtliche Grundrecht in Art. 31 Abs. 2 GRCh konkretisiert.[377] Er kommt aber unter

370 EuGH, Urt. v. 06.11.2018 – C-684/16 (Max-Planck-Gesellschaft), NZA 2018, 1474 Rn. 55.

371 Erläuterungen zur Charta der Grundrechte, ABl. EU C 303 v. 14.12.2007, S. 17.

372 EuGH, Urt. v. 06.11.2018 – C-684/16 (Max-Planck-Gesellschaft), NZA 2018, 1474 Rn. 52 f.

373 A.A. wohl *Sura*, EuZA 2019, 350, 360, der davon ausgeht, dass der EuGH „*die Vorgaben in Art. 7 Richtlinie 2003/88/EG als sekundärrechtliche Ausprägung des primärrechtlich durch Art. 31 Abs. 2 GRCh gewährleisteten allgemeinen Urlaubsrechts*" versteht.

374 Vgl. EuGH, Urt. v. 22.11.2005 – C-144/04 (Mangold), NZA 2005, 1345 Rn. 75, 77.

375 EuGH, Urt. v. 19.01.2010 – C-555/07 (Kücükdeveci), NZA 2010, 85 Rn. 32, 43.

376 EuGH, Urt. v. 16.04.2016 – C-441/14 (DI), NZA 2016, 537 Rn. 22 f.

377 Vgl. auch *Mehrens/Witschen*, EuZA 2019, 326, 331: „*Einen ausdrücklichen Rückgriff auf Art. 7 Richtlinie 2003/88/EG und die dazu ergangene Rechtsprechung vermeidet der EuGH* […]."; erst in der *LB/TO*-Entscheidung spricht der EuGH dann ausdrücklich davon, „*dass Art. 7 RL 2003/88 das in Art. 31 II GRCh verankerte Grundrecht auf bezahlten Jahresurlaub widerspiegelt und konkretisiert.*", EuGH, Urt. v. 22.09.2022 – C-120/21 (LB/TO), NZA 2022, 1326 Rn. 32; näher zu der *LB/TO*-Entscheidung unten unter § 17 A.

Rückgriff auf den (inhaltsgleichen) Art. 7 der Vorgängerrichtlinie 1993/104/EG und damit durch einen „*beherzte*[n] *Griff in die juristische Trickkiste*“[378] dennoch zu demselben Ergebnis.

Durch die vorgenommene (autonome) Auslegung von Art. 31 Abs. 2 GRCh entzieht er sich damit zwar der – berechtigten – Kritik, die sich stellen würde, wenn er zur Normkonkretisierung von Art. 31 Abs. 2 GRCh (unmittelbar) auf Art. 7 der RL 2003/88/EG und der hierzu ergangenen Rechtsprechung abgestellt hätte.[379] Er fängt sich dafür aber den Vorwurf der mangelnden Bestimmtheit ein.[380]

Zu den Anforderungen des Rechtsstaatsprinzips, das auch auf europäischer Ebene zum Tragen kommt, gehören die Erkennbarkeit, Verlässlichkeit und Berechenbarkeit des Rechts.[381] Unionsvorschriften müssen klar und deutlich formuliert sein, damit der einzelne Unionsbürger seine sich aus der Unionsvorschrift ergebenden Rechte und Pflichten unzweideutig erkennen und sich darauf einstellen kann.[382] Diese Anforderungen sind aber nicht mehr gewährleistet, wenn der EuGH die inhaltlichen Vorgaben des Art. 31 Abs. 2 GRCh aus einer (obsoleten) Richtlinienbestimmung (Art. 7 RL 1993/104/EG) herleitet, deren Inhalt er wiederum anhand der aktuellen Richtlinienbestimmung (Art. 7 RL 2003/88/EG) auslegt.[383]

---

378 So treffend *Wutte*, EuZA 2019, 222, 230.

379 Ein solches Vorgehen verbietet sich insbesondere aus Gründen der Normenhierarchie, vgl. hierzu treffend und ausführlich *Ehlers*, Krank im Urlaub, S. 267 ff.; *Höpfner*, RdA 2013, 16, 20 f.; vgl. auch *Ahrends*, Europäisiertes Urlaubsrecht, S. 47 ff.; *Herresthal*, ZEuP 2014, 238, 260 f., 272; *Kainer*, NZA 2018, 894, 895 f.; *Willemsen/Sagan*, NZA 2011, 258, 261; *Wank*, RdA 2020, 1, 11; *ders.*, FS Bepler (2012), 585, 587; *ders.* SAE 2010, 123, 123 hält ein Rückgriff auf Primärrecht generell für ausgeschlossen, sofern ein bestimmter Sachverhalt bereits durch eine Richtlinie geregelt ist (sog. Grundsatz der Normanwendung auf unterster Stufe).

380 Zutreffend *Wutte*, EuZA 2019, 222, 230; vgl. ferner etwa *Rudkowski*, NJW 2019, 476, 480; *Gooren/Rudkowski*, NJW 2017, 1149, 1151; ferner *Schubert*, EuZA 2020, 302, 318, die Art. 31 Abs. 2 GRCh ebenfalls für zu unbestimmt halten.

381 *Payandeh*, JuS 2021, 481, 484; vgl. auch *Latzel*, EuR 2015, 415, 422: „*Oberste Maxime der Rechtssicherheit ist die Rechtsklarheit.*“

382 St. Rspr., vgl. nur EuGH, Urt. v. 15.02.1996 – C-63/93 (Duff), BeckRS 2004, 77646 Rn. 20; EuGH, Urt. v. 09.07.1981 – 169/80, BeckRS 2004, 71922 Rn. 17; EuGH, Urt. v. 07.06.2005 – C-17/03 (VEMW), EuZW 2005, 695 Rn. 80; EuGH, Urt. v. 14.09.2010 – C-550/07 P (Akzo), EuZW 2010, 778 Rn. 100; EuGH, Urt. v. 01.07.2014 – C-573/12 (Ålands Vindkraft), EuZW 2014, 620 Rn. 127 f.; EuGH, Urt. v. 12.02.2015 – C-48/14 (Parlament/Rat), EuZW 2015, 230 Rn. 45.

383 Vgl. *Wutte*, EuZA 2019, 222, 230.

Es ist dabei nicht nur dieser Umweg, den der EuGH geht, um den Regelungsgehalt von Art. 31 Abs. 2 GRCh mit Leben zu füllen, welcher dem Bestimmtheitsgebot zuwiderläuft. Es ist bereits der Umstand, dass die vom EuGH postulierten Mitwirkungsobliegenheiten des Arbeitgebers weder im Wortlaut von Art. 31 Abs. 2 GRCh, noch im Wortlaut des für die Auslegung herangezogenen Art. 7 der RL 1993/104/EG noch in demjenigen des Art. 7 der aktuellen Arbeitszeitrichtlinie 2003/88/EG angelegt sind.[384] Der Wortlaut von Art. 31 Abs. 2 GRCh ist für sich genommen schon viel zu unbestimmt[385], als dass hieraus bestimmte bei der Urlaubsgewährung zu beachtende Modalitäten wie die arbeitgeberseitigen Aufforderungs- und Belehrungshandlungen abgeleitet werden könnten.[386] Zu Recht wird dem EuGH damit vorgeworfen, dass sich seine Rechtsprechung *„von ihrer normativen Grundlage gelöst hat.“*[387]

(5) Zusammenfassung

Ob der EuGH Art. 31 Abs. 2 GRCh in der *Max-Planck*-Entscheidung tatsächlich (positive) unmittelbare Horizontalwirkung zuerkennen wollte, kann nicht mit abschließender Sicherheit festgestellt werden. Doch selbst bei Annahme einer solchen positiven unmittelbaren Horizontalwirkung von Art. 31 Abs. 2 GRCh wäre ein Verstoß hiergegen mit der Rechtsfolge der Unanwendbarkeit entgegenstehenden nationalen Rechts (erst) dann anzunehmen, wenn das „Ob“ des Urlaubsanspruchs tangiert würde.[388] Weil die arbeitgeberseitigen Mitwirkungsobliegenheiten jedoch nicht das „Ob“ des Urlaubsanspruchs, sondern

---

384 Vgl. auch *Jacobs/Münder*, RdA 2020, 13, 14: *„Entkopplung der Rechtsprechung des EuGH von Richtlinie und Charta“*.

385 Vgl. *Seifert*, EuZA 2015, 500, 506; so auch *Gooren/Rudkowski*, NJW 2017, 1149, 1151; *Kamanabrou*, RdA 2017, 162, 165 f.; *Mehrens/Witschen*, EuZA 2019, 326, 331; *Rudkowski*, NJW 2019, 476, 480; *Schubert*, RdA 2014, 9, 10; *dies.*, EuZA 2020, 302, 318; *Sura*, EuZA 2019, 350, 360; *Wank*, FS Preis (2021), 1463, 1470; *ders.*, RdA 2020, 1, 8; *Wutte*, EuZA 2019, 222, 230, die Art. 31 Abs. 2 GRCh ebenfalls für zu unbestimmt halten, als dass hieraus konkrete subjektive Rechte abgeleitet werden könnten; a.A. wohl *Wienbracke*, NZA-RR 2019, 121, 124 f.

386 Vgl. auch *Münder*, jurisPR-ArbR 49/2018 Anm. 2 unter C. III: *„Dass ein Grundrecht solch detaillierte Vorgaben macht, während die Charta lediglich formuliert ‚Jede Arbeitnehmerin und jeder Arbeitnehmer hat das Recht* […] *auf bezahlten Jahresurlaub‘, darf bezweifelt werden.“*

387 So *Jacobs/Münder*, RdA 2020, 13, 14.

388 Vgl. *Ahrends*, Europäisiertes Urlaubsrecht, S. 29; Franzen/Gallner/Oetker/*Schubert*, Art. 31 GRCh, Rn. 34.

ausschließlich die Durchführungsmodalitäten, mithin das „Wie" des Urlaubsanspruchs betreffen, deren Ausgestaltung allein dem Sekundärrecht obliegt, kann die Nichterfüllung der Mitwirkungsobliegenheiten durch den Arbeitgeber mangels Verstoß gegen Art. 31 Abs. 2 GRCh nicht dazu führen, dass § 7 Abs. 3 BUrlG in der vom BAG bislang vorgenommenen Auslegung (auch) in einem zwischen Privaten geführten Rechtsstreit unangewendet bleiben muss. Mangels Verstoß gegen Art. 31 Abs. 2 GRCh gilt dies insofern auch unabhängig davon, ob Art. 31 Abs. 2 GRCh unmittelbare (positive) oder nur mittelbare (negative) Drittwirkung entfaltet.

B. Zusammenfassung und Ergebnis

Mit der *Max-Planck*-Entscheidung verteilt der EuGH die Rollen zwischen Arbeitnehmer und Arbeitgeber bei der Urlaubsverwirklichung neu. Er weist nicht dem Arbeitnehmer, sondern dem Arbeitgeber die Initiativlast für die Urlaubsgewährung zu. Dieser hat nun durch Aufforderungs- und Belehrungshandlungen aktiv dafür zu sorgen, dass seine Arbeitnehmer in der Lage sind, ihren Anspruch auf bezahlten Jahresurlaub tatsächlich wahrzunehmen.[389] Die Obliegenheit des Arbeitgebers, an der Urlaubsverwirklichung aktiv mitzuwirken, folgt nach Ansicht des EuGH sowohl aus Art. 7 Abs. 1 der RL 2003/88/EG als auch aus Art. 31 Abs. 2 GRCh.[390] Nationale Vorschriften wie die des § 7 Abs. 3 S. 1 und S. 3 BUrlG, die nicht im Einklang mit den so verstandenen europäischen Vorschriften ausgelegt werden können, sind von den nationalen Gerichten auch in einem zwischen Privaten geführten Rechtsstreit unangewendet zu lassen.[391] Die Unanwendbarkeit der nationalen bundesurlaubsrechtlichen Vorschriften folgt zwar noch nicht aus dem Verstoß gegen Art. 7 Abs. 1 der Arbeitszeitrichtlinie. Im Verhältnis zwischen Privaten entfalten Richtlinienbestimmungen keine unmittelbare Wirkung.[392] Die Unanwendbarkeit folgt aus Sicht des EuGH aber aus dem Verstoß gegen Art. 31 Abs. 2 GRCh.[393]

389 EuGH, Urt. v. 06.11.2018 – C-684/16 (Max-Planck-Gesellschaft), NZA 2018, 1474 Rn. 45.

390 EuGH, Urt. v. 06.11.2018 – C-684/16 (Max-Planck-Gesellschaft), NZA 2018, 1474 Rn. 55.

391 EuGH, Urt. v. 06.11.2018 – C-684/16 (Max-Planck-Gesellschaft), NZA 2018, 1474 Rn. 81.

392 EuGH, Urt. v. 06.11.2018 – C-684/16 (Max-Planck-Gesellschaft), NZA 2018, 1474 Rn. 66 ff.

393 EuGH, Urt. v. 06.11.2018 – C-684/16 (Max-Planck-Gesellschaft), NZA 2018, 1474 Rn. 80 f.

Ob der EuGH Art. 31 Abs. 2 GRCh in der *Max-Planck*-Entscheidung tatsächlich eine unmittelbare positive, d.h. anspruchsbegründende Horizontalwirkung zuerkennen wollte, lässt sich nicht mit abschließender Sicherheit beantworten. Nach hier vertretener Ansicht sind die Mitwirkungsobliegenheiten jedenfalls nicht vom Schutzgehalt des Art. 31 Abs. 2 GRCh umfasst, sodass nationale Vorschriften, die den Verfall des Urlaubsanspruchs nicht an die vorherige Erfüllung solcher arbeitgeberseitigen Mitwirkungsobliegenheiten knüpfen, auch nicht zu einem Verstoß gegen Art. 31 Abs. 2 GRCh führen und dementsprechend auch nicht die Unanwendbarkeit der nationalen Vorschriften zur Folge haben können. Dies gilt insoweit unabhängig davon, ob Art. 31 Abs. 2 GRCh tatsächlich eine positive oder lediglich eine negative Drittwirkung entfaltet.

2. Teil: Umsetzung der *Max-Planck*-Entscheidung in das nationale Recht

Indem der EuGH in seinem *Max-Planck*-Urteil die bisherige Rechtsprechung des BAG zu dem Urlaubsantragserfordernis des Arbeitnehmers als mit Art. 7 Abs. 1 der RL 2003/88/EG und Art. 31 Abs. 2 GRCh unvereinbar deklarierte, löste er zugleich einen Umsetzungs- bzw. Anpassungsauftrag nationalen Rechts aus, welchem der 9. Senat des BAG mit Urteilen vom 19.02.2019[394] durch eine richtlinienkonforme Auslegung von § 7 Abs. 1 S. 1 und Abs. 3 S. 1, 3 BUrlG nachkam.[395]

Diese Umsetzungsentscheidung soll den wesentlichen Untersuchungsgegenstand in Teil 2 dieser Arbeit bilden. In einem ersten Schritt soll dabei dargelegt werden, warum es einer Umsetzung der europäischen Vorgaben in das deutsche Recht überhaupt bedarf (§ 4). Sodann soll die Umsetzungsentscheidung des 9. Senats des BAG näher in den Blick genommen werden (§ 5). Hierbei wird zunächst auf die richtlinienkonforme Auslegung und die richtlinienkonforme Rechtsfortbildung eingegangen, welche den nationalen Gerichten als methodische Instrumente zur Umsetzung europäischer Vorgaben zur Verfügung stehen. Sodann soll die Umsetzungsentscheidung des 9. Senats des BAG darauf hin überprüft werden, ob die vom Senat vorgenommene richtlinienkonforme Auslegung methodisch zulässig war.

---

394 Urteile des BAG v. 19.02.2019 – 9 AZR 541/15, NZA 2019, 982; 9 AZR 423/16, NZA 2019, 977; 9 AZR 321/16, NZA 2019, 1043; 9 AZR 278/16, BeckRS 2019, 12128; im Anschluss daran etwa BAG, Urt. v. 19.03.2019 – 9 AZR 881/16, NZA 2019, 1046; BAG, Urt. v. 23.06.2019 – 9 AZR 546/17, NZA 2019, 1577; BAG, Urt. v. 22.10.2019 – 9 AZR 98/19, NJW 2020, 705.

395 Vgl. nur BAG, Urt. v. 19.02.2019 – 9 AZR 423/16, NZA 2019, 977 Rn. 21 ff.; BAG, Urt. v. 19.02.2019 – 9 AZR 541/15, NZA 2019, 982 Rn. 26 ff.; BAG, Urt. v. 19.02.2019 – 9 AZR 321/16, NZA 2019, 1043 Rn. 37 ff.; BAG, Urt. v. 19.02.2019 – 9 AZR 278/16, BeckRS 2019, 12128 Rn. 30 ff.; die Ausführungen des BAG zur richtlinienkonformen Auslegung der bundesurlaubsrechtlichen Bestimmungen sind in den genannten Entscheidungen identisch.

§ 4 Notwendigkeit der Umsetzung

Art. 288 Abs. 3 AEUV ordnet an, dass eine Richtlinie „für jeden Mitgliedsstaat, an den sie gerichtet ist, hinsichtlich des zu erreichenden Ziels verbindlich" ist. Der Begriff des „Ziels" wird dabei im Sinne eines von der Richtlinie vorgegebenen Ergebnisses verstanden[396]: Die Mitgliedstaaten sind innerhalb der Umsetzungsfrist[397] zur Herbeiführung des von der Richtlinie gewünschten Rechtszustandes verpflichtet.[398] Adressaten dieser Umsetzungsverpflichtung sind dabei alle Träger hoheitlicher Gewalt im Mitgliedstaat und damit auch die Judikative.[399] Auch der Rechtsprechung kommt – im Rahmen ihrer (Rechtsanwendungs-)Funktionen[400] – die Aufgabe zu, nationales Recht ggf. europarechtskonform auszulegen, um hierdurch die volle Wirksamkeit von Richtlinien als Teil des Gemeinschaftsrechts zu gewährleisten.[401] Haben die nationalen Gerichte Zweifel bzgl. der Auslegung einer Norm, können sie den EuGH gem. Art. 267 AEUV um Vorabentscheidung ersuchen.[402] Die Auslegungsergebnisse des EuGH sind für die nationalen Gerichte verbindlich.[403] Dies folgt aus Sinn

396 Schwarze/Becker/Hatje/Schoo/*Biervert*, Art. 288 AEUV, Rn. 25; v. der Groeben/Schwarze/Hatje/*Geismann*, Art. 288 AEUV, Rn. 41; Oppermann/Classen/Nettesheim/*Classen/Nettesheim*, § 9 Rn. 90; Streinz/*W. Schroeder*, Art. 288 AEUV, Rn. 61; Calliess/Ruffert/*Ruffert*, Art. 288 AEUV, Rn. 24.

397 Bereits ab Inkrafttreten der Richtlinie sind die nationalen Gerichte gehalten, jede Auslegung nationalen Rechts zu unterlassen, *„die die Erreichung des mit dieser Richtlinie verfolgten Ziels nach Ablauf der Umsetzungsfrist ernsthaft gefährden würde."*, so EuGH, Urt. v. 04.07.2006 – C-212/04 (Adeneler), NZA 2006, 909 Rn. 123.

398 v. der Groeben/Schwarze/Hatje/*Geismann*, Art. 288 AEUV, Rn. 41; Grabitz/Hilf/Nettesheim/*Karpenstein*, Art. 288 AEUV, Rn. 116; Streinz/*W. Schroeder*, Art. 288 AEUV, Rn. 61.

399 *Herresthal*, JuS 2014, 289, 289 f.; Pechstein/Nowak/Häde/*Pechstein/Görlitz*, Art. 288 AEUV, Rn. 62; *Rosenkranz*, Die Beschränkung der Rückwirkung, S. 479; Calliess/Ruffert/*Ruffert*, Art. 288 AEUV, Rn. 78; vgl. auch Streinz/*W. Schroeder*, Art. 288 AEUV, Rn. 58.

400 Pechstein/Nowak/Häde/*Pechstein/Görlitz*, Art. 288 AEUV, Rn. 62.

401 *Herresthal*, JuS 2014, 289, 290; Calliess/Ruffert/*Ruffert*, Art. 288 AEUV, Rn. 78.

402 U.U. sind die nationalen Gerichte auch zur Vorlage verpflichtet, hierzu Preis/Sagan/*Roloff*, Europäisches Arbeitsrecht, § 2 Rn. 2.39.

403 Grabitz/Hilf/Nettesheim/*Karpenstein*, Art. 267 AEUV, Rn. 102; ErfK/*Schlachter*, Art. 267 AEUV, Rn. 44 f.

und Zweck des Vorabentscheidungsverfahrens: die Sicherung der einheitlichen Anwendung und Auslegung des Unionsrechts.[404]

A. „inter-partes“ und „erga-omnes“-Wirkung der EuGH-Urteile

In inhaltlicher Hinsicht bedeutet dies zunächst, dass das Auslegungsurteil des EuGH sowohl für das vorlegende Gericht als auch alle anderen mit dem gleichen Verfahrensgegenstand befassten nationalen Gerichte bindend ist (Wirkung inter-partes[405]).[406] Die Bindungswirkung erstreckt sich dabei allein auf die vom Gerichtshof vorgenommene Auslegung des *Unionsrechts*.[407] Denn dem EuGH kommt zwar die Befugnis zur letztverbindlichen Auslegung des Unionsrechts zu (Art. 19 Abs. 1 S. 2 EUV). Sie erstreckt sich hingegen nicht auf die Beurteilung, ob eine *nationale* Vorschrift mit Unionsrecht vereinbar ist.[408] Dies obliegt allein dem nationalen Gericht, das – auf der Grundlage der vom EuGH getroffenen Auslegungsergebnisse – die innerstaatlichen Normen u.U. wiederrum seinerseits (europarechtskonform) auszulegen hat.[409]

---

404 EuGH, Urt. v. 06.03.2018 – C-284/16, BeckRS 2018, 2315 Rn. 37; ErfK/*Schlachter*, Art. 267 AEUV, Rn. 1.

405 Zu der Unterscheidung zwischen der Urteilswirkung „inter partes“ und der Urteilswirkung „inter omnes“ s. Pechstein/Nowak/Häde/*Pechstein/Görlitz*, Art. 267 AEUV, Rn. 91; s. auch *Ehrike*, Bindungswirkung von Urteilen des EuGH, S. 37, der zurecht einwendet, besser von einer *ad-rem-* und *ultra-rem* Wirkung zu sprechen, weil es nicht um die (Bindungs-)Wirkung des Urteils auf bestimmte Parteien, sondern für bestimmte spätere Verfahren geht.

406 EuGH, Urt. v. 03.02.1977 – 52/76, BeckRS 2004, 73265 Rn. 26/27; Streinz/*Ehricke*, Art. 267 AEUV, Rn. 68; Franzen/Gallner/Oetker/*Höpfner*, Art. 267 AEUV, Rn. 93; Grabitz/Hilf/Nettesheim/*Karpenstein*, Art. 267 AEUV, Rn. 102; Dauses/Ludwigs/*Kaufmann*, EU-Wirtschaftsrecht, P.II. Rn. 266; Geiger/Khan/Kotzur/Kirchmair/*Kotzur*, Art. 267 AEUV, Rn. 37; Pechstein/Nowak/Häde/*Pechstein/Görlitz*, Art. 267 AEUV, Rn. 93; Schwarze/Becker/Hatje/Schoo/*Schwarze/Wunderlich*, Art. 267 AEUV, Rn. 69; Preis/Sagan/*Roloff*, Europäisches Arbeitsrecht, § 2 Rn. 2.114.

407 Franzen/Gallner/Oetker/*Höpfner*, Art. 267 AEUV, Rn. 93; *Pechstein*, EU-ProzessR, Rn. 860; ErfK/*Schlachter*, Art. 267 AEUV, Rn. 4; Preis/Sagan/*Roloff*, Europäisches Arbeitsrecht, § 2 Rn. 2.115.

408 EuGH, Urt. v. 26.07.2017 – C-560/15, BeckRS 2017, 118341 Rn. 35 f.; BVerfG, Beschl. v. 17.11.2017 – 2 BvR 1131/16, NJW-RR 2018, 305 Rn. 36; ErfK/*Schlachter*, Art. 267 AEUV, Rn. 5, 43.

409 Vgl. Franzen/Gallner/Oetker/*Höpfner*, Art. 267 AEUV, Rn. 93; ErfK/*Schlachter*, Art. 267 AEUV, Rn. 5.

Als vorlegendes Gericht ist damit zwar zunächst (allein) das BAG[410] an die in der Rs. *Max-Planck-Gesellschaft* getroffenen Auslegungsergebnisse gebunden. Den Auslegungsurteilen kommt nach h.M.[411] allerdings auch eine – zumindest eingeschränkte bzw. gelockerte – *erga-omnes*-Bindungswirkung dergestalt zu, dass die nationalen Gerichte die europarechtlichen Vorschriften in der vom EuGH gefundenen Auslegung grds. auch außerhalb des ursprünglichen Ausgangsverfahrens auf andere Rechtsverhältnisse und Rechtsstreitigkeiten anzuwenden haben, dem Gerichtshof aber bei Zweifeln erneut vorlegen können.[412] Sind die nationalen Gerichte also der Annahme, dass die Auffassung des EuGH nicht oder nicht mehr korrekt ist, sind sie zwar befugt, diesem die Rechtsfrage erneut vorzulegen. Ansonsten ist es ihnen aber verwehrt, ihrer Entscheidung ein vom Auslegungsurteil abweichendes Verständnis des Unionsrechts zugrunde zu legen.[413]

B. Erfordernis der europarechtskonformen Auslegung

Eröffnet die jeweilige nationale Norm einen Auslegungsspielraum, so haben die nationalen Gerichte grds. alle ihnen nach nationalem Recht zur Verfügung stehenden Auslegungsmethoden auszuschöpfen.[414] Sie müssen „*alles tun, was in ihrer Zuständigkeit liegt, um die volle Wirksamkeit der fraglichen Richtlinie zu gewährleisten und zu einem* [Auslegungs-]*Ergebnis zu gelangen, das mit dem von*

410 Sowie das LAG München als Instanzgericht, das nach Aufhebung und Zurückweisung durch das BAG zu entscheiden hatte; vgl. hierzu BAG, Urt. v. 19.02.2019 – 9 AZR 541/15, NZA 2019, 982 Rn. 14, 40.

411 So etwa *Ehrike*, Bindungswirkung von Urteilen des EuGH, S. 42 ff.; Streinz/*Ehricke*, Art. 267 AEUV, Rn. 69, 72; Grabitz/Hilf/Nettesheim/*Karpenstein*, Art. 267 AEUV, Rn. 104; *Pechstein*, EU-ProzessR, Rn. 868; statt einer materiellen, eine jedenfalls faktische Bindungswirkung annehmend Schwarze/Becker/Hatje/Schoo/*Schwarze/Wunderlich*, Art. 267 AEUV, Rn. 72; in diesem Sinne ferner v. der Groeben/Schwarze/Hatje/*Gaitanides*, Art. 267 AEUV, Rn. 93; eine „faktische" Bindungswirkung nur für letztinstanzlich entscheidende Gerichte, nicht jedoch für Instanzgerichte annehmend ferner Franzen/Gallner/Oetker/*Höpfner*, Art. 267 AEUV, Rn. 94.

412 Pechstein/Nowak/Häde/*Pechstein/Görlitz*, Art. 267 AEUV, Rn. 96; *Pechstein*, EU-ProzessR, Rn. 868.

413 Vgl. *Ehrike*, Bindungswirkung von Urteilen des EuGH, S. 43; Streinz/*Ehricke*, Art. 267 AEUV, Rn. 72; Pechstein/Nowak/Häde/*Pechstein/Görlitz*, Art. 267 AEUV, Rn. 96.

414 Vgl. BAG, Urt. v. 19.02.2019 – 9 AZR 423/16, NZA 2019, 977 Rn. 19.

der Richtlinie verfolgten Ziel im Einklang steht."[415] Diese so gebotene europarechtskonforme Auslegung nationalen Rechts, die sich nicht nur auf die Auslegung i.e.S. bezieht, sondern die Rechtsfortbildung als Auslegungsmethode i.w.S. miteinschließt[416], findet ihre normative Grundlage nach zutreffender Ansicht in dem aus Art. 288 Abs. 3 AEUV folgenden Umsetzungsgebot und dem in Art. 4 Abs. 3 EUV niedergelegtem Grundsatz der Gemeinschaftstreue.[417] Die Grenze dieser Pflicht zur europarechtskonformen[418] Auslegung wird durch das nach nationalem Recht methodisch Erlaubten gezogen.[419]

---

415 EuGH, Urt. v. 24.01.2012 – C-282/10 (Dominguez), NJW 2012, 509 Rn. 27; vgl. auch EuGH, Urt. v. 04.07.2006 – C-212/04 (Adeneler), NZA 2006, 909 Rn. 111; EuGH, Urt. v. 05.09.2012 – C-42/11 (Lopes Da Silva Jorge), NJW 2013, 141 Rn. 56.

416 Vgl. *Herresthal*, JuS 2014, 289, 290; Franzen/Gallner/Oetker/*Höpfner*, Art. 288 AEUV, Rn. 76; *Kamanabrou*, Richtlinienkonforme Auslegung, S. 126; *Michael/Payandeh*, NJW 2015, 2392, 2395; Grabitz/Hilf/Nettesheim/*Nettesheim*, Art. 288 AEUV, Rn. 134; *Schlachter*, EuZA 2015, 1, 7; *Rosenkranz*, Die Beschränkung der Rückwirkung, S. 479; *Riegger*, Zeitliche Wirkung, S. 519; *Weber*, Grenzen, S. 132 f.; *Wietfeld*, JZ 2020, 485, 489.

417 BVerfG, Beschl. v. 17.11.2017 – 2 BvR 1131/16, NJW-RR 2018, 305 Rn. 36; Callies/Ruffert/*Ruffert*, Art. 288 AEUV, Rn. 80; *Ahrends*, Europäisiertes Urlaubsrecht, S. 316; *Herresthal*, JuS 2014, 289, 290; *Schäfers*, JuS 2015, 875, 879 f.; *Reimer*, Methodenlehre, Rn. 657; *Rosenkranz*, Die Beschränkung der Rückwirkung, S. 479; allein auf Art. 288 Abs. 3 AEUV abstellend *Ehlers*, Krank im Urlaub, S. 192 f.; Franzen/Gallner/Oetker/*Höpfner*, Art. 288 AEUV, Rn. 42; Riesenhuber/*Roth/Jopen*, Europäische Methodenlehre, § 13 Rn. 4; ausführlich zu den einzelnen Begründungsansätzen *Höpfner*, Die systemkonforme Auslegung, S. 253 ff.

418 Mit dem Begriff „europarechtskonforme Auslegung" soll im hiesigen Kontext die Konformauslegung in einem weiteren Sinne gemeint sein, die sowohl die richtlinienkonforme Auslegung i.e.S. als auch die richtlinienkonforme Rechtsfortbildung i.w.S. umfasst, vgl. zu der Unterscheidung beider Interpretationsstufen die Ausführungen unter § 5 D. III. 2.

419 BAG, Urt. v. 22.01.2019 – 9 AZR 45/16, NZA 2019, 829 Rn. 18; BVerfG, Beschl. v. 17.11.2017 – 2 BvR 1131/16, NJW-RR 2018, 305 Rn. 37; BVerfG, Beschl. v. 23.05.2016 – 1 BvR 2230/15, 1 BvR 2231/15, NJW-RR 2016, 1366 Rn. 41.

§ 5 Umsetzung durch das BAG

Der 9. Senat des BAG setzte die Vorgaben des EuGH mit Urteilen vom 19.02.2019[420] um. Zur Inkorporation der europarechtlichen Vorgaben wählte er dabei den Weg über eine richtlinienkonforme Auslegung von § 7 Abs. 1 S. 1, Abs. 3 S. 1 BUrlG.[421] Er entschied, dass der Anspruch auf den gesetzlichen Mindesturlaub (§§ 1, 3 Abs. 1 BUrlG) nur dann am Ende des Kalenderjahres (§ 7 Abs. 3 S. 1 BUrlG) oder eines zulässigen Übertragungszeitraums (§ 7 Abs. 3 S. 3 BUrlG) erlischt, wenn der Arbeitgeber den Arbeitnehmer zuvor durch die Erfüllung der aus richtlinienkonformer Auslegung des § 7 Abs. 1 S. 1 BUrlG folgenden Mitwirkungsobliegenheiten in die Lage versetzt hat, seinen Urlaubsanspruch wahrzunehmen und der Arbeitnehmer dennoch aus freien Stücken von der Urlaubsnahme abgesehen hat.[422]

A. Erfüllung der Mitwirkungsobliegenheiten als Verfallvoraussetzung

Der 9. Senat des BAG leitet die arbeitgeberseitigen Mitwirkungsobliegenheiten zunächst aus der Vorschrift des § 7 Abs. 1 S. 1 BUrlG ab.[423] Bei der dem Arbeitgeber hiernach zugewiesenen Festlegung des Urlaubs habe der Arbeitgeber nunmehr die vom EuGH aus Art. 7 der RL 2003/88/EG abgeleiteten Mitwirkungsobliegenheiten zu beachten.[424] Diesen könne der Arbeitgeber regelmäßig dadurch ordnungsgemäß nachkommen, *„dass er dem Arbeitnehmer zu Beginn des Kalenderjahres in Textform mitteilt, wie viele Arbeitstage Urlaub ihm im Kalenderjahr zustehen, ihn auffordert, seinen Jahresurlaub so rechtzeitig zu beantragen, dass er innerhalb des laufenden Urlaubsjahres genommen werden kann,*

420 Urteile des BAG v. 19.02.2019 – 9 AZR 541/15, NZA 2019, 982; 9 AZR 423/16, NZA 2019, 977; 9 AZR 321/16, NZA 2019, 1043; 9 AZR 278/16, BeckRS 2019, 12128.

421 Vgl. nur BAG, Urt. v. 19.02.2019 – 9 AZR 423/16, NZA 2019, 977 Rn. 21 ff. Im Rahmen der nachfolgenden Ausführungen wird allein auf die Entscheidung des BAG v. 19.02.2019 – 9 AZR 423/16, NZA 2019, 977 verwiesen. Inhaltlich ergeben sich keine Unterschiede zu den übrigen Umsetzungsentscheidungen des BAG v. 19.02.2019.

422 BAG, Urt. v. 19.02.2019 – 9 AZR 423/16, NZA 2019, 977 Rn. 21 f.

423 BAG, Urt. v. 19.02.2019 – 9 AZR 423/16, NZA 2019, 977 Rn. 22.

424 BAG, Urt. v. 19.02.2019 – 9 AZR 423/16, NZA 2019, 977 Rn. 22.

und ihn über die Konsequenzen belehrt, die eintreten, wenn dieser den Urlaub nicht entsprechend der Aufforderung beantragt."[425]

Nur wenn der Arbeitgeber diesen so verstandenen Mitwirkungsobliegenheiten ordnungsgemäß nachgekommen ist, habe er den Urlaubsanspruch wirksam an das Kalenderjahr gebunden und nicht genommener Urlaub könne am Ende des Kalenderjahres bzw. eines zulässigen Übertragungszeitraums verfallen.[426] Bei richtlinienkonformen Verständnis von § 7 Abs. 3 BUrlG sei die Erfüllung der Mitwirkungsobliegenheiten „*grundsätzlich Voraussetzung für das Eingreifen des urlaubsrechtlichen Fristenregimes.*"[427]

B. Rechtsfolgen bei unterlassenen Mitwirkungsobliegenheiten

Komme der Arbeitgeber seinen Mitwirkungsobliegenheiten nicht nach, habe dies zur Folge, dass nicht genommener Urlaub unabhängig vom Vorliegen eines Übertragungsgrundes i.S.v. § 7 Abs. 3 S. 2 BUrlG nicht an das Kalenderjahr gebunden ist, sondern zu dem Urlaubsanspruch hinzutritt, der am 01.01. des Folgejahres (neu) entsteht.[428] Dieser (übertragene) Teil des Urlaubsanspruchs sei gegenüber dem im Folgejahr neu entstehenden Urlaubsanspruch nicht privilegiert.[429] Vielmehr unterliege dieser – ebenso wie der zu Beginn des aktuellen Urlaubsjahres neu entstandene Urlaubsanspruch – (erneut) den Regelungen des § 7 Abs. 1 S. 1 und Abs. 3 BUrlG.[430] Ein uneingeschränktes Kumulieren von Urlaubsansprüchen könne der Arbeitgeber daher dadurch vermeiden, „*dass er seine Mitwirkungsobliegenheiten für den Urlaub aus zurückliegenden Jahren im aktuellen Urlaubsjahr nachholt.*"[431] Holt der Arbeitgeber seine Mitwirkungsobliegenheiten nach und nimmt der Arbeitnehmer seinen Urlaub gleichwohl nicht, obwohl ihm dies möglich gewesen wäre, verfalle der Urlaub dann mit Ablauf des aktuellen Urlaubsjahres bzw. eines zulässigen Übertragungszeitraums.[432]

---

425 BAG, Urt. v. 19.02.2019 – 9 AZR 423/16, NZA 2019, 977 Rn. 41.
426 BAG, Urt. v. 19.02.2019 – 9 AZR 423/16, NZA 2019, 977 Rn. 43.
427 BAG, Urt. v. 19.02.2019 – 9 AZR 423/16, NZA 2019, 977 Rn. 22.
428 BAG, Urt. v. 19.02.2019 – 9 AZR 423/16, NZA 2019, 977 Rn. 44.
429 BAG, Urt. v. 19.02.2019 – 9 AZR 423/16, NZA 2019, 977 Rn. 44.
430 BAG, Urt. v. 19.02.2019 – 9 AZR 423/16, NZA 2019, 977 Rn. 44.
431 BAG, Urt. v. 19.02.2019 – 9 AZR 423/16, NZA 2019, 977 Rn. 44.
432 BAG, Urt. v. 19.02.2019 – 9 AZR 423/16, NZA 2019, 977 Rn. 44.

C. Richtlinienkonforme Auslegung von § 7 Abs. 1 S. 1, Abs. 3 S. 1 BUrlG

Aus Sicht des 9. Senats lässt das BUrlG eine richtlinienkonforme Auslegung von § 7 BUrlG zu, weil dieses weder Regelungen zu den Mitwirkungsobliegenheiten noch zu den Folgen im Falle ihrer Nichtbeachtung enthalte.[433] Generell lege das BUrlG – konkret weder § 7 Abs. 1 S. 1 BUrlG noch § 7 Abs. 3 S. 1 BUrlG – die Modalitäten für die Inanspruchnahme, die Gewährung oder die Voraussetzungen für den Verfall des Urlaubsanspruchs ausdrücklich und abschließend fest.[434] Aus diesem Grunde sei es möglich, § 7 Abs. 1 S. 1 BUrlG dahingehend richtlinienkonform auszulegen, dass der Arbeitgeber bei der zeitlichen Festlegung des Urlaubs die vom EuGH verlangten Mitwirkungsobliegenheiten zu beachten hat.[435]

Die unionsrechtlich gebotenen arbeitgeberseitigen Mitwirkungshandlungen förderten zudem auch den mit der Befristungsregelung des § 7 Abs. 3 BUrlG bezweckten Gesundheitsschutz, „*wenn der Arbeitgeber den Arbeitnehmer über den Umfang des noch bestehenden Urlaubs informiert, ihn auf die für die Urlaubsnahme maßgeblichen Fristen hinweist und ihn zudem auffordert, den Urlaub tatsächlich in Anspruch zu nehmen.*"[436] Dass § 7 Abs. 3 BUrlG zwar grds. auch dem Interesse des Arbeitgebers diene, ein unbegrenztes Ansammeln von Urlaubsansprüchen durch den Arbeitnehmer zu verhindern, stehe dem nicht entgegen. Denn dieses Interesse sei nur dann schützenswert, wenn es im Einklang mit Art. 7 der RL 2003/88/EG stehe, was wiederrum voraussetze, dass der Arbeitgeber seine Mitwirkungsobliegenheiten erfüllt hat.[437]

D. Bewertung

I. Ergänzung um Mitteilungsobliegenheit

In seiner Umsetzungsentscheidung legt der 9. Senat des BAG beispielhaft dar, wie Arbeitgeber ihren Mitwirkungsobliegenheiten regelmäßig ordnungsgemäß nachkommen können.[438] Was sich auf den ersten Blick als bloße Konkretisierung

---

433 BAG, Urt. v. 19.02.2019 – 9 AZR 423/16, NZA 2019, 977 Rn. 22.
434 BAG, Urt. v. 19.02.2019 – 9 AZR 423/16, NZA 2019, 977 Rn. 22 ff.
435 BAG, Urt. v. 19.02.2019 – 9 AZR 423/16, NZA 2019, 977 Rn. 22.
436 BAG, Urt. v. 19.02.2019 – 9 AZR 423/16, NZA 2019, 977 Rn. 25.
437 BAG, Urt. v. 19.02.2019 – 9 AZR 423/16, NZA 2019, 977 Rn. 25.
438 BAG, Urt. v. 19.02.2019 – 9 AZR 423/16, NZA 2019, 977 Rn. 41.

der vom EuGH in der *Max-Planck*-Entscheidung geforderten Aufforderungs- und Belehrungsobliegenheiten darstellt, erweist sich bei näherem Hinsehen als Ergänzung bzw. Erweiterung der entsprechenden europarechtlichen Vorgaben.[439] So verlangt der 9. Senat für eine ordnungsgemäße Erfüllung der Mitwirkungsobliegenheiten nicht nur, dass der Arbeitgeber den Arbeitnehmer – erforderlichenfalls förmlich – zur Urlaubsnahme auffordert und ihn darüber belehrt, dass der Urlaub, wird er nicht in Anspruch genommen, am Ende des Bezugs- oder eines zulässigen Übertragungszeitraums verfallen wird.[440] Neben der Aufforderung zur Urlaubsnahme und der Belehrung über die Konsequenzen bei Nichtinanspruchnahme des Urlaubs verlangt der 9. Senat zusätzlich, dass sich der Arbeitgeber auf einen „*konkret bezeichneten Urlaubsanspruchs eines bestimmten Jahres beziehen*“[441] und dem Arbeitnehmer mitteilen muss, „*wie viele Arbeitstage Urlaub ihm im Kalenderjahr zustehen* […].“[442] Er ergänzt die vom EuGH geforderten Aufforderungs- und Belehrungsobliegenheiten mithin um eine Mitteilungsobliegenheit bzgl. der dem Arbeitnehmer jeweils (konkret) zustehenden Urlaubstage.

Diese Obliegenheit des Arbeitgebers zur Bezifferung der Urlaubstage leitet der 9. Senat des BAG aus den Ausführungen des EuGH ab, dass der Arbeitgeber „*konkret und in völliger Transparenz*“[443] dafür zu sorgen hat, dass der Arbeitnehmer zur Urlaubsnahme tatsächlich in der Lage ist.[444] Ob die vom EuGH geforderte „Konkretheit“ aber tatsächlich dahin zu verstehen ist, dass der Arbeitgeber dem Arbeitnehmer (auch) die konkrete Anzahl der offenen Urlaubstage mitteilen muss, kann bezweifelt werden. Ausdrücklich verlangt der EuGH eben nur, dass der Arbeitgeber den Arbeitnehmer zur Urlaubsnahme auffordert und ihm

---

439 Vgl. auch *Daum*, RdA 2020, 179, 182: Die „*Informationsobliegenheiten, die das BAG statuiert* [gehen] *teilweise über die Vorgaben des EuGH hinaus* […]“; *Mehrens/Witschen*, EuZA 2019, 326, 343 f., sprechen sich für eine entsprechende Vorlage an den EuGH aus; vgl. auch *Fischinger*, JA 2020, 502, 504, der davon ausgeht, dass den Arbeitgeber infolge des *Max-Planck*-Urteils „*zwei Mitwirkungsobliegenheiten*“ treffen (Aufforderung zur Urlaubsnahme und Information über Verfall).

440 So die Vorgaben des EuGH, vgl. EuGH, Urt. v. 06.11.2018 – C-684/16 (Max-Planck-Gesellschaft), NZA 2018, 1474 Rn. 45.

441 BAG, Urt. v. 19.02.2019 – 9 AZR 423/16, NZA 2019, 977 Rn. 41.

442 BAG, Urt. v. 19.02.2019 – 9 AZR 423/16, NZA 2019, 977 Rn. 41.

443 EuGH, Urt. v. 06.11.2018 (Max-Planck-Gesellschaft) – C-684/16, NZA 2018, 1474 Rn. 45.

444 Vgl. BAG, Urt. v. 19.02.2019 – 9 AZR 423/16, NZA 2019, 977 Rn. 41.

rechtzeitig mitteilt, dass *„der Urlaub“*[445] verfällt, wenn er ihn nicht rechtzeitig in Anspruch nimmt.[446] Hielte es der EuGH für erforderlich, dem Arbeitnehmer auch die exakte Anzahl der Urlaubstage mitzuteilen, hätte er dies insoweit ausdrücklich so formulieren können, anstatt pauschal von „dem Urlaub“ zu sprechen. Neben der Aufforderung zur Urlaubsnahme verlangt der Gerichtshof eben nur die Mitteilung über die Konsequenzen bei Nichtinanspruchnahme, nicht aber auch die Mitteilung der genauen Anzahl der verbrauchbaren Urlaubstage. Gegen die Interpretation des 9. Senats spricht auch, dass der EuGH für einen freiwilligen Urlaubsverzicht „nur“ *„volle […] Kenntnis der sich daraus ergebenden Konsequenzen“*[447] und eben nicht explizit auch die volle Kenntnis über die genaue Anspruchshöhe verlangt.[448]

Nimmt man ferner die Regelungsintention in den Blick, die den EuGH zur Etablierung der Aufforderungs- und Belehrungsobliegenheiten veranlasst hat, ist die Mitteilung der genauen Anzahl der dem Arbeitnehmer zustehenden Urlaubstage zur Erreichung ihres Zwecks auch nicht erforderlich.[449] Dem EuGH geht es primär darum, das Durchsetzungsrisiko von Urlaubsansprüchen zu minimieren.[450] Als die *„schwächere Partei des Arbeitsvertrages“*[451] könne der Arbeitnehmer aus Furcht vor nachteiligen Konsequenzen davon abgeschreckt werden, seine Rechte aktiv gegenüber dem Arbeitgeber einzufordern.[452] Dieser Angst wird nach dem Verständnis des EuGH begegnet, wenn der Arbeitgeber den Arbeitnehmer aktiv zur Ausübung seiner Rechte auffordert. Weil der Arbeitnehmer in diesem Fall keine nachteiligen Konsequenzen befürchten muss, ist es ihm im Sinne der EuGH-Rspr. tatsächlich möglich, den Urlaubsanspruch

445 EuGH, Urt. v. 06.11.2018 (Max-Planck-Gesellschaft) – C-684/16, NZA 2018, 1474 Rn. 45.
446 EuGH, Urt. v. 06.11.2018 (Max-Planck-Gesellschaft) – C-684/16, NZA 2018, 1474 Rn. 45.
447 EuGH, Urt. v. 06.11.2018 (Max-Planck-Gesellschaft) – C-684/16, NZA 2018, 1474 Rn. 47.
448 Zutreffend *Daum*, RdA 2020, 179, 182.
449 So auch *Daum*, RdA 2020, 179, 182; *Mehrens*, RdA 2020, 187, 188; *Powietzka*, BB 2019, 52, 56.
450 Ausführlich zu Sinn und Zweck der Mitwirkungsobliegenheiten nach Ansicht des EuGH unten unter § 6 B.
451 EuGH, Urt. v. 06.11.2018 (Max-Planck-Gesellschaft) – C-684/16, NZA 2018, 1474 Rn. 41.
452 EuGH, Urt. v. 06.11.2018 (Max-Planck-Gesellschaft) – C-684/16, NZA 2018, 1474 Rn. 41.

auszuüben.[453] Im Vordergrund der Ausführungen steht insofern die „Ermutigung“[454] zur Urlaubsnahme durch den Arbeitgeber.

Der Arbeitnehmer wird aber auch dann zur Urlaubsnahme „ermutigt“, wenn der Arbeitgeber ihn lediglich dazu auffordert, „Urlaub“ zu nehmen. Eine Bezifferung der dem Arbeitnehmer exakt zustehenden Urlaubstage bedarf es hierfür nicht zwingend.[455] Dies gilt umso mehr vor dem Hintergrund, als der Umfang des jährlichen Erholungsurlaubs als wesentliche Vertragsbedingung ohnehin gem. § 2 Abs. 1 S. 1 und S. 2 Nr. 11 NachwG[456] schriftlich niederzulegen und dem Arbeitnehmer auszuhändigen ist, sodass sich der Arbeitnehmer über die Höhe seines Urlaubsanspruchs regemäßig selbst Kenntnis verschaffen kann.[457]

Im Ergebnis geht der 9. Senat also jedenfalls über die Vorgaben des EuGH hinaus.[458] Dies ist nicht nur deshalb kritisch zu sehen, weil die Anforderungen an eine ordnungsgemäße Erfüllung der Mitwirkungsobliegenheiten hierdurch nochmals deutlich erhöht werden. Die Kritikwürdigkeit ergibt sich vielmehr auch daraus, dass mit dieser Mitteilungsobliegenheit – wie im Verlauf der Arbeit zu zeigen sein wird – auch einige (Folge-)Probleme einhergehen.[459]

---

453 EuGH, Urt. v. 06.11.2018 (Max-Planck-Gesellschaft) – C-684/16, NZA 2018, 1474 Rn. 35, 40 f.

454 Vgl. *Daum*, RdA 2020, 179, 181 f.: „*Ermutigungsobliegenheit*“.

455 So auch *Daum*, RdA 2020, 179, 182.

456 Nachweisgesetz vom 20. Juli 1995 (BGBl. I S. 946), zuletzt geändert durch Art. 1 des Gesetzes vom 20. Juli 2022 (BGBl. I S. 1174).

457 Vgl. *Daum*, RdA 2020, 179, 182, der eine Information über den für ein bestimmtes Kalenderjahr zustehenden Urlaubsanspruch aber dann für „*rechtlich geboten*“ hält, wenn Urlaubsansprüche aus Vorjahren auf das aktuelle Kalenderjahr übertragen wurden.

458 *Daum*, RdA 2020, 179, 182; vgl. auch *Mehrens*, RdA 2020, 187, 188; *Mehrens/Witschen*, EuZA 2019, 326, 343 f. und *Powietzka*, BB 2019, 52, 56, die ebenfalls darauf hinweisen, dass sich den Ausführungen des EuGH keine Auskunftspflicht über individuelle Urlaubsansprüche entnehmen lässt.

459 Zutreffend insoweit *Mehrens*, RdA 2020, 187, 188: „*Die technischen Einzelheiten der so verstandenen Mitwirkungsobliegenheit stellen die Praxis vor erhebliche Probleme. Diese resultieren nicht nur, aber insbesondere auch aus der Ansicht des Senats, der Arbeitgeber müsse mit der Aufforderung, Urlaub zu nehmen, zugleich Auskunft über individuelle Urlaubsansprüche geben.*“

II. Nachholbarkeit der Mitwirkungsobliegenheiten

Zu begrüßen ist demgegenüber, dass der 9. Senat dem Arbeitgeber ausdrücklich die Möglichkeit einräumt, die Vornahme der Mitwirkungsobliegenheiten im Folgejahr nachzuholen. Denn hierdurch schafft er ein erstes[460] (zeitliches) Korrektiv gegen die Möglichkeit der (unbegrenzten) Ansammlung von Urlaubsansprüchen, die sich diametral zu dem Zweck des Urlaubsanspruchs verhalten würde.[461]

III. Methodische Vorgehensweise des 9. Senats des BAG

Ungeachtet etwaiger inhaltlicher Kritikpunkte stellt sich die Frage, wie die methodische Umsetzung der europäischen Vorgaben durch den 9. Senat des BAG rechtlich zu bewerten ist. Hierfür sind zunächst die Voraussetzungen bzw. Grenzen der richtlinienkonformen Auslegung näher in den Blick zu nehmen. Darüber hinaus muss zwischen der richtlinienkonformen Auslegung i.e.S. und der richtlinienkonformen Rechtsfortbildung i.w.S. differenzieren werden, weil zwar der EuGH[462] auf eine begriffliche Unterscheidung der beiden Interpretationsstufen verzichtet, diese aber nach nationalen Gesichtspunkten unterschiedlichen methodischen Regeln unterliegen.[463] Auf der Grundlage der so gewonnenen Erkenntnisse kann sodann überprüft werden, ob sich der 9. Senat mit seiner Entscheidung innerhalb der Grenzen richtlinienkonformer Auslegung i.e.S. bewegt oder er nicht vielmehr eine richtlinienkonforme Rechtsfortbildung als Auslegungsmethode i.w.S. hätte betreiben müssen.[464]

---

460 Zu der Frage der Verjährung unten in Teil 5 dieser Arbeit.

461 Vgl. *Daum*, RdA 2020, 179, 183; *Mehrens*, RdA 2020, 187, 189.

462 Vgl. BGH, Urt. v. 07.05.2014 – IV ZR 76/11, NJW 2014, 2646 Rn. 20; *Höpfner*, RdA 2013, 16, 22; *Mörsdorf*, ZIP 2008, 1409, 1415; *Schlachter*, EuZA 2015, 1, 7; *Riegger*, Zeitliche Wirkung, S. 519, 523; Riesenhuber/*Riesenhuber*, Europäische Methodenlehre, § 10 Rn. 2 m.w.N.

463 *Franzen*, Privatrechtsangleichung, S. 359; *Kamanabrou*, Richtlinienkonforme Auslegung, S. 126, 145; vgl. auch *Wank*, Methodenlehre, § 15 Rn. 1 ff., Rn. 11.

464 *Jacobs/Münder*, RdA 2020, 13, 17; *Münder*, jurisPR-ArbR 49/2018 Anm. 2 unter C. II. 1 und 2. lehnen sowohl die Möglichkeit einer richtlinienkonformen Auslegung als auch eine richtlinienkonforme Rechtsfortbildung der bundesurlaubsrechtlichen Vorschriften ab und sprechen sich für eine schadenersatzrechtliche Lösung über § 241 Abs. 2 BGB als „*methodengerechte Umsetzung*“ aus; ebenfalls auf §§ 280 Abs. 1, 241 Abs. 2 BGB abstellend *Wutte*, EuZA 2019, 222, 231; *Dullinger/Zöllner*, SAE 2020, 93, 95 befürworten den Weg über „*die unmittelbare Anwendung des Art. 31 Abs. 2 GRCh und die dadurch bewirkte Nichtanwendung des § 7 Abs. 3 BUrlG*“.

1. *Voraussetzungen richtlinienkonformer Auslegung*

Im Ausgangspunkt gilt, dass die richtlinienkonforme Auslegung i.e.S. immer dann zum Zuge kommt, wenn die nationale Vorschrift[465] einen Auslegungsspielraum aufweist und der Wortlaut der nationalen Vorschrift mindestens eine Auslegungsvariante zulässt, die im Einklang mit den Richtlinienvorgaben steht.[466] Lässt die nationale Norm mehrere Auslegungsergebnisse zu, gebührt grds. demjenigen Auslegungsergebnis der Vorrang, das dem Zweck der Richtlinie am ehesten Rechnung trägt (richtlinienkonforme Auslegung als *„interpretatorische Vorrangregelung“*[467]).[468]

2. *Grenzen richtlinienkonformer Auslegung i.e.S. und Abgrenzung zur richtlinienkonformen Rechtsfortbildung i.w.S.*

Hinsichtlich der Grenzen richtlinienkonformer Auslegung wird sowohl von Seiten der Rechtsprechung[469] als auch von Seiten der Literatur[470] häufig die *contra-legem*-Grenze als maßgebliche Auslegungsschranke herangezogen.[471]

---

465 Der richtlinienkonformen Auslegung unterliegen nicht nur nationale Normen, die speziell zur Umsetzung einer Richtlinie erlassen wurden, sondern auch nationale Normen, die bereits vor Erlass der Richtlinie bestanden haben; vgl. EuGH, Urt. v. 05.10.2004 – C-397/01 bis C-403/01 (Pfeiffer u.a.), NJW 2004, 3547 Rn. 112; *Brenncke*, EuR 2015, 440, 448.

466 *Höpfner*, Die systemkonforme Auslegung, S. 272; *Reimer*, Methodenlehre, Rn. 659.

467 Hierzu *Canaris*, FS Bydlinski (2002), 47, 66, 68 ff.; *Schürnbrand*, JZ 2007, 910, 911; vgl. auch *Wietfeld*, JZ 2020, 485, 486 ff.

468 Vgl. EuGH, Urt. v. 04.07.2006 – C-212/04 (Adeneler), NJW 2006, 2465 Rn. 124; EuGH, Urt. v. 22.12.2008 – C-414/07 (Magoora), BeckRS 2009, 70008 Rn. 44; *Brenncke*, EuR 2015, 440, 446 f.; *Herresthal*, JuS 2014, 289, 291; *Höpfner*, Die systemkonforme Auslegung, S. 282 f.; *Kainer*, GPR 2016, 262, 263; *Reimer*, Methodenlehre, Rn. 659; *Schürnbrand*, JZ 2007, 910, 911; *Weber*, Grenzen, S. 124 ff.

469 BVerfG, Beschl. v. 17.11.2017 – 2 BvR 1131/16, NJW-RR 2018, 305 Rn. 37; BVerfG, Beschl. v. 23.05.2016 – 1 BvR 2230/15, 1 BvR 2231/15, NJW-RR 2016, 1366 Rn. 41; BVerfG, Beschl. v. 26.09.2011 – 2 BvR 2216/06 u.a., NJW 2012, 669 Rn. 47; BGH, Urt. v. 26.03.2019 – II ZR 244/17, NJW 2019, 2086 Rn. 21; BGH, Urt. v. 03.07.2018 – XI ZR 702/16, NJW-RR 2018, 1204 Rn. 13; BGH, Urt. v. 26.11.2008 – VIII ZR 200/05, NJW 2009, 427 Rn. 21.

470 Etwa *Brenncke*, EuR 2015, 440, 442; *Canaris*, FS Bydlinski (2002), 47, 91 ff.; *Höpfner*, Die systemkonforme Auslegung, S. 273.

471 Auch der EuGH hat in der *Adeneler*-Entscheidung, Urt. v. 04.07.2006 – C-212/04, NZA 2006, 909 Rn. 110 festgestellt, dass die richtlinienkonforme Auslegung *„nicht als Grundlage für eine Auslegung contra legem des nationalen Rechts dienen“* dürfe.

Nicht immer deutlich wird dabei aber, anhand welcher Kriterien die *contra-legem*-Grenze konkret definiert wird.[472] Häufig finden sich Formulierungen, wonach die Grenze richtlinienkonformer Auslegung dann überschritten sein soll, wenn die Auslegung zu einem Ergebnis führt, das mit dem Wortlaut *und* dem Zweck der Norm nicht vereinbar ist.[473] Unklar bleibt dabei aber oft, ob sich das Auslegungsergebnis – um als richtlinienkonform eingestuft werden zu können – sowohl innerhalb der Grenzen des möglichen Wortsinns der Vorschrift bewegen als auch vom Zweck der Norm getragen sein muss (was im Umkehrschluss bedeutet, dass die Grenze richtlinienkonformer Auslegung in diesem Fall bereits dann überschritten ist, wenn der Wortsinn der Vorschrift ein dahingehendes Auslegungsergebnis nicht zulässt[474]) oder eine richtlinienkonforme Auslegung vielmehr auch dann noch möglich ist, wenn zwar der Wortlaut der Vorschrift dem (richtlinienkonformen) Auslegungsergebnis entgegensteht, dieses aber gleichwohl mit dem Normzweck[475] in Einklang steht.[476]

Diese Unklarheiten im Hinblick auf die Bestimmung der Grenzen richtlinienkonformer Auslegung dürften dabei in erster Linie darin begründet liegen, dass bei der Schrankenbestimmung häufig nicht hinreichend zwischen der richtlinienkonformen Auslegung i.e.S. und der richtlinienkonformen Rechtsfortbildung i.w.S. unterschieden wird.[477] Einigkeit besteht jedenfalls insoweit, als sich

---

472 Vgl. *Kainer*, GPR 2016, 262, 263 f.; *Riegger*, Zeitliche Wirkung, S. 504; ferner *Suhr*, Richtlinienkonforme Auslegung, S. 293: der Begriff „contra legem" sei von „*besonderer Unklarheit*"; zu den unterschiedlichen Interpretationen der Literatur ausführlich *Kamanabrou*, Richtlinienkonforme Auslegung, S. 145 ff.

473 *Auer*, NJW 2007, 1106, 1108; *Canaris*, FS Bydlinski (2002), 47, 92; *Franzen*, Privatrechtsangleichung, S. 381; *Gebauer*, GPR 2009, 82, 83; *Herdegen*, WM 2005, 1921, 1929; *Weber*, Grenzen, S. 127; vgl. auch *Herresthal*, JuS 2014, 289, 291 f.; *Schürnbrand*, JZ 2007, 910, 916.

474 So *Canaris*, FS Bydlinski (2002), 47, 94 f.; *Franzen*, Privatrechtsangleichung, S. 381 f.; in diese Richtung auch BGH, Urt. v. 07.05.2014 – IV ZR 76/11, NJW 2014, 2646 Rn. 21; BGH, Urt. v. 26.11.2008 – VIII ZR 200/05, NJW 2009, 427 Rn. 20.

475 Auch diesbezüglich werden unterschiedliche Meinungen vertreten und entweder auf den subjektiven oder den objektiven Normzweck oder zum Teil auch auf den Umsetzungszweck abgestellt, vgl. hierzu *Kamanabrou*, Richtlinienkonforme Auslegung, S. 146 ff. und *Piekenbrock/Schulze*, WM 2002, 521, 524 f. jeweils m.w.N.

476 So liegt nach *Canaris*, FS Bydlinski (2002), 47, 91 ff. unzulässiges „contra-legem-Judizieren" etwa erst bei kumulierten Verstoß gegen Wortlaut und Gesetzeszweck vor.

477 Vgl. *Kamanabrou*, Richtlinienkonforme Auslegung, S. 145.

die Grenzen richtlinienkonformer Auslegung nach dem nach nationalem Recht methodisch Erlaubten richten.[478]

a) Wortlaut der Norm als (nationale) Auslegungsgrenze

Auch bei der richtlinienkonformen Auslegung geht es um die Auslegung nationalen Rechts, sodass hierfür die nach nationalen Maßstäben geltenden Auslegungskriterien heranzuziehen sind.[479] Dabei entspricht es der überwiegenden Auffassung[480], dass die Grenze der Auslegung (i.e.S.) durch den möglichen Wortsinn der nationalen Norm gezogen wird.[481] Gilt der mögliche Wortsinn als Auslegungsgrenze nationalen Rechts, kann auch die richtlinienkonforme Auslegung i.e.S. dementsprechend nur so weit gehen, wie der Wortlaut der nationalen Vorschrift dem – durch die Richtlinie vorgegebenen – Auslegungsergebnis nicht entgegensteht. Wird die Wortlautgrenze überschritten, kommt nur noch

---

478 BGH, Urt. v. 26.03.2019 – II ZR 244/17, NJW 2019, 2086 Rn. 21; BGH, Urt. v. 07.05.2014 – IV ZR 76/11, NJW 2014, 2646 Rn. 20; vgl. auch *Rosenkranz*, Die Beschränkung der Rückwirkung, S. 482.

479 Vgl. *Rosenkranz*, Die Beschränkung der Rückwirkung, S. 482: „*Als Untergrenze fungiert stets die Pflicht, dieselben Methoden wie in einem rein nationalen Sachverhalt zu ergreifen* […]".

480 Etwa *Bydlinski*, Methodenlehre, S. 467 f.; *Engisch*, Einführung in das jur. Denken, S. 143; *Geserich*, DStR-Beih 2011, 59, 60; *Larenz/Canaris*, Methodenlehre, S. 163 f., 187; *Mörsdorf*, ZIP 2008, 1409, 1414; *Neuner*, Contra legem, S. 90 f., 102; Riesenhuber/*Riesenhuber*, Europäische Methodenlehre, § 10 Rn. 2; *Zippelius*, Methodenlehre, S. 39; vgl. aus der Rspr. etwa BVerfG, Beschl. v. 02.05.2016 – 2 BvR 1137/14, BeckRS 2016, 46681 Rn. 30; BVerfG, Beschl. v. 04.11.2015 – 2 BvR 282/13, 2 BvQ 56/12, NJW 2016, 1436 Rn. 10; in BVerfG, Beschl. v. 26.09.2011 – 2 BvR 2216/06, NJW 2012, 669 Rn. 57 heißt es zwar „*Der Wortlaut des Gesetzes zieht im Regelfall keine starre Auslegungsgrenze.*", allerdings legt das BVerfG in diesem Zusammenhang ein weites Auslegungsverständnis zugrunde, welches die Rechtsfortbildung (im Sinne einer teleologischen Reduktion) miteinschließt, vgl. in diesem Sinne auch die Entscheidung des BVerfG v. 23.05.2016 – 1 BvR 2230/15 u.a., NJW-RR 2016, 1366 Rn. 50 sowie die Entscheidung des BGH v. 26.11.2008 – VIII ZR 200/05, NJW 2009, 427 Rn. 20, in der der BGH (nur) die „*Gesetzesauslegung im engeren Sinne*" als „*Rechtsfortbildung innerhalb des Gesetzeswortlauts*" versteht; ferner BAG, Urt. v. 29.09.2004 – 1 AZR 473/03, NJOZ 2005, 4150, 4153: „*Die Grenzen* [der Auslegung] *zieht der eindeutige Wortsinn. Über ihn kann sich die Auslegung des Gesetzes nicht hinwegsetzen.*"; vgl. auch schon BGH, Urt. v. 04.05.1988 – VIII ZR 196/87, NJW 1988, 2109, 2109; BGH, Urt. v. 13.06.1966 – KZR 5/65, NJW 1967, 343, 345.

481 Kritik an der Wortlautgrenze hegen *Reimer*, Methodenlehre, Rn. 310, 553; *Wank*, Methodenlehre, § 7 Rn. 61 ff.

eine richtlinienkonforme Rechtsfortbildung als Auslegungsmethode i.w.S. in Betracht, um Richtlinienkonformität nationalen Rechts herzustellen.[482] Die häufig erwähnte Wortlautgrenze bildet damit zwar keine absolute Grenze der Rechtsanwendung, dafür aber das maßgebliche Kriterium für die Abgrenzung zwischen Auslegung und Rechtsfortbildung.[483] Mit anderen Worten kennzeichnet sich die Auslegung i.e.S. dadurch, „*dass der Auslegende dem Gesetz nichts hinzuzufügen, sondern es lediglich so zu verstehen sucht, wie es sich jedem Kundigen darbietet*“[484], während eine Rechtsfortbildung (erst) dann im Raum steht, wenn es um Sachverhalte geht, auf die die sprachliche Fassung des Gesetzes keine Antwort zu liefern vermag.[485]

Auf den hiesigen Kontext übertragen bedeutet dies, dass eine richtlinienkonforme Auslegung i.e.S. wie vom 9. Senat vorgenommen, nur dann möglich ist, wenn sich die arbeitgeberseitigen Mitwirkungsobliegenheiten innerhalb des möglichen Wortsinns der maßgeblichen bundesurlaubsrechtlichen Vorschriften bewegen. Werden diese vom möglichen Wortsinn nicht getragen, ist zu untersuchen, ob die bundesurlaubsrechtlichen Vorschriften in diesem Sinne möglicherweise hätten fortgebildet werden müssen (und können).[486]

---

482 Vgl. *Bydlinski/Bydlinski*, Grundzüge jur. Methodenlehre, S. 80 ff.; *Weber*, Grenzen, S. 132.

483 *Bydlinksi*, Methodenlehre, S. 441, 467 ff.; *Pötters/Christensen*, JZ 2011, 387, 388; ferner *Höpfner*, RdA 2018, 321, 325; krit. zur Wortlautgrenze allerdings noch in *Höpfner*, Die systemkonforme Auslegung, S. 281: Der Normtext „[...] *taugt daher nicht als Instrument zur Abgrenzung von Auslegung und Rechtsfortbildung. Diese richtet sich vielmehr nach den Regelungsabsichten der Normgeber. Erst wenn das richtlinienkonforme Ergebnis nicht mehr vom ursprünglichen Normzweck gedeckt ist, scheidet eine (richtlinienkonforme) Auslegung aus. Dann sind jedoch die Voraussetzungen einer (richtlinienkonformen) Rechtsfortbildung zu prüfen.*“; auf den Punkt *Kamanabrou*, Richtlinienkonforme Auslegung, S. 79: „*Die Frage nach der Grenzfunktion des Wortsinns ist nicht mit der nach den Grenzen der Interpretation gleichzusetzen.*“; ebenso *Reimer*, Methodenlehre, Rn. 310, 553; krit. hinsichtlich dieser Abgrenzung *Wank*, Methodenlehre, § 15 Rn. 12.

484 *Geserich*, DStR-Beih 2011, 59, 59.

485 *Geserich*, DStR-Beih 2011, 59, 59; vgl. auch *Reimer*, Methodenlehre, Rn. 548: Rechtsfortbildung als „*Ergänzung oder Änderung* [des Rechts] *durch die Rechtsanwender.*“

486 Vgl. *Bydlinski/Bydlinski*, Grundzüge jur. Methodenlehre, S. 80 f.: „*Methodische Ergebnisse, die sich noch im Rahmen des möglichen Wortsinns bewegen, gehören zur Auslegung. Wird dieser mögliche Wortsinn überschritten* [...], *kann nur noch ergänzende Rechtsfortbildung vorliegen.*“; vgl. auch *Geserich*, DStR-Beih. 2011, 59, 60; *Larenz/Canaris*, Methodenlehre, S. 163 f., 187.

b) Wortlaut(-grenze) des § 7 Abs. 1 S. 1, Abs. 3 S. 1 und S. 3 BUrlG

Wie nachfolgend zu zeigen sein wird, ist eine richtlinienkonforme Auslegung der bundesurlaubsrechtlichen Vorschriften (konkret § 7 Abs. 1 S. 1, Abs. 3 S. 1 und S. 3 BUrlG) dahingehend, dass Urlaubsansprüche nur dann dem Verfall unterliegen, wenn der Arbeitgeber den Arbeitnehmer zuvor über die Zahl der ihm zustehenden Urlaubstage informiert, er ihn zur Urlaubsnahme aufgefordert und über die Konsequenzen bei Nichtinanspruchnahme belehrt hat, nicht möglich.[487]

Zur besseren Nachvollziehbarkeit sei hier noch einmal der Wortlaut der bundesurlaubsrechtlichen Vorschriften angeführt:

> § 7
>
> (1) [1]Bei der zeitlichen Festlegung des Urlaubs sind die Urlaubswünsche des Arbeitnehmers zu berücksichtigen, es sei denn, dass ihrer Berücksichtigung dringende betriebliche Belange oder Urlaubswünsche anderer Arbeitnehmer, die unter sozialen Gesichtspunkten den Vorrang verdienen, entgegenstehen.
>
> (…)
>
> (3) [1]Der Urlaub muss im laufenden Kalenderjahr gewährt und genommen werden. [2]Eine Übertragung des Urlaubs auf das nächste Kalenderjahr ist nur statthaft, wenn dringende betriebliche oder in der Person des Arbeitnehmers liegende Gründe dies rechtfertigen. [3]Im Fall der Übertragung muss der Urlaub in den ersten drei Monaten des folgenden Kalenderjahrs gewährt und genommen werden.
>
> (…)

aa) § 7 Abs. 1 S. 1 BUrlG

Der 9. Senat knüpft die Mitwirkungsobliegenheiten zunächst an § 7 Abs. 1 S. 1 BUrlG an.[488] Unmittelbar lassen sich dem Wortlaut der Vorschrift keine Aufforderungs- und Hinweisobliegenheiten des Arbeitgebers entnehmen. Die Vorschrift spricht lediglich davon, dass „bei der zeitlichen Festlegung des Urlaubs […] die Urlaubswünsche des Arbeitnehmers zu berücksichtigen [sind]“. Der Begriff „Festlegung“ meint in diesem Zusammenhang aber einen einseitigen Akt des *Arbeitgebers*, wohingegen die arbeitgeberseitigen Mitwirkungsobliegenheiten darauf abzielen, den *Arbeitnehmer* zur Urlaubsnahme anzuregen und damit selbst aktiv zu werden.[489] „Festlegen“ i.S.v. „verbindlich beschließen“,

---

487 So auch *Dullinger/Zöllner*, SAE 2020, 93, 95; *Jacobs/Münder*, RdA 2020, 13, 16 f.; *Münder*, jurisPR-ArbR 49/2018 Anm. 2 unter C. II. 1.

488 BAG, Urt. v. 19.02.2019 – 9 AZR 423/16, NZA 2019, 977 Rn. 22.

489 Zutreffend *Jacobs/Münder*, RdA 2020, 13, 16.

„bestimmen" oder „vorschreiben"[490] kann schon begrifflich nicht mit „informieren", „auffordern" oder „belehren" gleichgesetzt werden.[491]

Etwas anderes ergibt sich auch nicht aus dem Bedeutungszusammenhang der Norm. Mit der Vorschrift des § 7 Abs. 1 S. 1 BUrlG sollte sichergestellt werden, dass der Arbeitnehmer durch die Äußerung konkreter Urlaubswünsche auf die Festlegung des Urlaubszeitpunktes Einfluss nehmen kann.[492] Die arbeitgeberseitigen Mitwirkungsobliegenheiten zielen aber nicht primär darauf ab, dem Arbeitnehmer eine Einflussmöglichkeit im Hinblick auf die zeitliche Lage des Urlaubs zu eröffnen. Sie zielen vielmehr darauf ab, den Arbeitnehmer überhaupt erst in die Lage zu versetzen, von seinem Urlaubsrecht Gebrauch zu machen. Während die Mitwirkungsobliegenheiten also an die Ermöglichung des „Ob" des Urlaubsanspruchs bzw. an dessen tatsächliche Realisierung anknüpfen, geht es im Rahmen von § 7 Abs. 1 S. 1 BUrlG darum, dem bereits „in die Lage versetzten" Arbeitnehmer ein Mitspracherecht hinsichtlich des konkreten Zeitpunkts sowie der Länge des Urlaubs, mithin des „Wann" des Urlaubs einzuräumen. Dass der Arbeitgeber nach § 7 Abs. 1 S. 1 BUrlG bei der zeitlichen Festlegung des Urlaubs die Urlaubswünsche des Arbeitnehmers zu berücksichtigen hat, schließt zwar naturgemäß mit ein, dass er die Urlaubswünsche des Arbeitnehmers – *passiv* – zur Kenntnis nimmt, weil berücksichtigungsfähig eben nur das sein kann, von dem der Arbeitgeber weiß. Darüberhinausgehende – *aktive* – Mitwirkungshandlungen des Arbeitgebers in Form der Mitteilung der dem Arbeitnehmer konkret zustehenden Urlaubstage, der Aufforderung zur Urlaubsnahme und der Belehrung über die Konsequenzen bei Nichtinanspruchnahme lassen sich aus dem Wortlaut der Vorschrift hingegen nicht ableiten.

bb) § 7 Abs. 3 S. 1 und S. 3 BUrlG

Auch dem Wortlaut von § 7 Abs. 3 S. 1 und S. 3 BUrlG kann nicht entnommen werden, dass nicht genommener Urlaub nur dann mit Ablauf des Kalenderjahres bzw. des Übertragungszeitraums verfällt, wenn der Arbeitgeber gegenüber dem Arbeitnehmer zuvor entsprechende Aufforderungs- und Hinweisobliegenheiten erfüllt hat.[493]

---

490 So die Wortbeschreibungen für „festlegen" im Duden online, abrufbar unter https://www.duden.de/rechtschreibung/festlegen (zuletzt abgerufen am 04.07.2023).

491 So auch *Jacobs/Münder*, RdA 2020, 13, 16.

492 Vgl. BT-Drs. IV/207, S. 6; BT-Drs. IV/785, S. 3.

493 So auch *Heukenkamp/Jellen*, SAE 2022, 23, 31; *Sprenger*, ZTR 2020, 63, 68.

Die Vorschrift des § 7 Abs. 3 BUrlG gibt lediglich vor, innerhalb welchen zeitlichen Rahmens der Urlaub gewährt und genommen werden muss. Satz 1 erhebt dabei das Kalenderjahr als den im Grundsatz maßgeblichen Zeitrahmen, der nach S. 3 bei Vorliegen bestimmter, in S. 2 genannter Umstände um drei Monate verlängert wird. Selbst wenn man § 7 Abs. 3 S. 1 und 3 BUrlG insofern als Befristungsregelung[494] begreift, kann dem Wortlaut der Vorschrift gleichwohl keine Aussage dahin entnommen werden, ob der Urlaubsanspruch bei Ablauf der genannten Fristen *stets* oder nur unter bestimmten Voraussetzungen, namentlich der Erfüllung bestimmter arbeitgeberseitiger Mitwirkungsobliegenheiten eintritt.

Zwar müssen die Regelungsabsichten des Gesetzgebers im Wortlaut weder eindeutig zu Tage treten noch dort angedeutet sein.[495] Es geht allein darum, ob sich das Auslegungsergebnis im Rahmen des *„möglichen Wortsinns"*[496] der Vorschriften hält. Dies ist im Hinblick auf die Mitwirkungsobliegenheiten aber klar zu verneinen. § 7 Abs. 3 BUrlG legt nur fest, dass „der Urlaub im laufenden Kalenderjahr gewährt und genommen werden [muss]" (S. 1) und „eine Übertragung des Urlaubs auf das nächste Kalenderjahr nur statthaft ist, wenn dringende betriebliche oder in der Person des Arbeitnehmers liegende Gründe dies rechtfertigen" (S. 2). Aus dem Wortlaut lässt sich insofern zwar ableiten, dass der Arbeitgeber zur Urlaubsgewährung innerhalb des Kalenderjahres verpflichtet ist („gewähren"), nicht aber, dass er den Arbeitnehmer zugleich über die Anzahl der ihm zustehenden Urlaubstage informieren, ihn ausdrücklich zur Urlaubsnahme auffordern und über die Konsequenzen bei Nichtinanspruchnahme belehren muss.

Bestimmt das Gesetz in § 7 Abs. 3 S. 2 BUrlG ferner ausdrücklich, dass eine Übertragung des Urlaubs „nur" unter den dort genannten Voraussetzungen statthaft ist, überschreitet man die Grenzen des möglichen Wortsinns, wenn man weitere Übertragungsgründe (= Nichterfüllung der Mitwirkungsobliegenheiten) in die Vorschrift hineinlesen würde. Dass eine Übertragung eben „nur" unter den ausdrücklich genannten Voraussetzungen möglich ist, schließt die

494 St. Rspr. des BAG, vgl. nur BAG, Urt. v. 26.06.1969 – 5 AZR 393/68, NJW 1969, 1981 unter 1.); BAG, Urt. v. 13.05.1982 – 6 AZR 360/80, BeckRS 2012, 65204 unter II. 4. a); BAG, Urt. v. 19.02.2019, NZA 2019, 977 Rn. 12 m.w.N.; a.A. hingegen *Ahrends*, Europäisiertes Urlaubsrecht, S. 318, der ein *„solches strenges Verständnis* [zumindest] *von § 7 Abs. 3 S. 2 und 3 BUrlG im Sinne einer Verfallfrist* [für] *keinesfalls zwingend"* hält.

495 Diese sog. Eindeutigkeitslehre wird heute nahezu einhellig abgelehnt, vgl. *Höpfner*, RdA 2018, 321, 324 f.; *Rüthers/Fischer/Birk*, Rechtstheorie, Rn. 732 jeweils m.w.N.

496 *Höpfner*, RdA 2018, 321, 325.

Annahme weiterer Übertragungsgründe (hier die Nichterfüllung der Mitwirkungsobliegenheiten) explizit aus.[497] Die arbeitgeberseitigen Mitwirkungsobliegenheiten lassen sich inhaltlich weder unter die „dringenden betrieblichen Gründe“ noch unter die „in der Person des Arbeitnehmers liegende Gründe“ subsumieren. Unter letztere auch schon deshalb nicht, weil die Vornahme der Mitwirkungsobliegenheiten in die Sphäre des Arbeitgebers und nicht in die des Arbeitnehmers fällt.

Bei Geltung der Mitwirkungsobliegenheiten ist der mögliche sprachliche Sinn der Regelungen überschritten.[498]

3. *Richtlinienkonforme Rechtsfortbildung*

Scheidet eine Inkorporation der europäischen Vorgaben im Wege der richtlinienkonformen Auslegung hiernach aus, ist zu fragen, ob das deutsche Recht möglicherweise entsprechend fortgebildet werden kann. Für die Beantwortung dieser Frage ist es wiederum erforderlich, die Voraussetzungen und die Grenzen der Rechtsfortbildung abzustecken.

a) Voraussetzungen

Voraussetzung einer Rechtsfortbildung ist zunächst, dass das zugrundeliegende Gesetz lückenhaft unvollständig[499], d.h. außerstande ist, auf eine konkrete Rechtsfrage eine Antwort zu liefern.[500] Im Kontext der richtlinienkonformen Rechtsfortbildung ergibt sich die Unvollständigkeit des Gesetzes[501] dabei aus dem Umstand, dass keine richtlinienkonforme Regelung vorliegt, etwa weil der

---

497 So auch *Dullinger/Zöllner*, SAE 2020, 93, 95.

498 So auch *Dullinger/Zöllner*, SAE 2020, 93, 95; *Jacobs/Münder*, RdA 2020, 13, 16 f.; *Münder*, jurisPR-ArbR 49/2018 Anm. 2 unter C. II. 1; vgl. aber *Bayreuther*, NZA 2018, 24, 26, der bereits im Nachgang an die *King*-Entscheidung des EuGH davon ausging, dass § 7 Abs. 3 BUrlG so ausgelegt werden könne, *„dass die dort vorgesehenen Verfallsfristen nicht greifen, wenn der Arbeitgeber es dem Arbeitnehmer nicht ermöglicht hat, rechtzeitig Urlaub zu nehmen* […].“

499 st. Rspr. vgl. nur BGH, Beschl. v. 12.01.2016 – XI ZR 366/15, NJW 2016, 2428 Rn. 20; BGH, Urt. v. 26.11.2008 – VIII ZR 200/05, NJW 2009, 427 Rn. 22; BGH, Urt. v. 04.05.1988 – VIII ZR 196/87, NJW 1988, 2109, 2100; BGH, Urt. v. 05.02.1981 – III ZR 66/80, NJW 1981, 1726, 1727.

500 *Ahrends*, Europäisiertes Urlaubsrecht, S. 314.

501 Nicht aber zugleich auch die Planwidrigkeit des Gesetzes, vgl. *Canaris*, FS Bydlinski (2002), 47, 85; *Franzen*, Privatrechtsangleichung, S. 419.

Wortlaut der nationalen Norm nur ein richtlinienwidriges Ergebnis zulässt.[502] Die so festgestellte Unvollständigkeit des Gesetzes muss ferner „*planwidrig*“[503] sein, wobei als Beurteilungsmaßstab für die Planwidrigkeit entweder auf den ursprünglichen „Plan des Gesetzes“[504] oder aber – in einem weiteren Sinne – auf den „Plan der Gesamtrechtsordnung“[505] abgestellt werden kann.[506]

Geht man von einem engen Lückenverständnis aus und legt als Beurteilungsmaßstab nur den „Plan des Gesetzes“ zugrunde, muss sich die Anpassungsbedürftigkeit des Gesetzes aus diesem selbst ergeben. Maßgeblich ist insoweit der konkrete Regelungswille des Gesetzgebers.[507] Es ist danach zu fragen, was den Gesetzgeber dazu veranlasst hat, diese Regelung mit dem Inhalt zu treffen, der sich durch ihre Auslegung ergibt.[508] Richtlinienvorgaben können hierdurch nur dann berücksichtigt werden, wenn sie in den gesetzgeberischen Willen integriert wurden, was regelmäßig wiederum nur dann der Fall sein wird, wenn der Gesetzgeber die betreffende Gesetzesvorschrift zur Umsetzung einer Richtlinie erlassen oder geändert und insofern in sein Regelungskonzept mitaufgenommen hat.[509] Das Abstellen allein auf den (ursprünglichen) Plan des Gesetzes hätte insofern zur Folge, dass eine Rechtsfortbildung insbesondere bei älteren

502 *Canaris*, FS Bydlinski (2002), 47, 85; *Suhr*, Richtlinienkonforme Auslegung, S. 301; a.A. hingegen *Herdegen*, WM 2005, 1921, 1929; *Kamanabrou*, Richtlinienkonforme Auslegung, S. 111 f.; 139 ff., die einen engen Lückenbegriff zugrunde legen.

503 st. Rspr. vgl. nur BGH, Beschl. v. 12.01.2016 – XI ZR 366/15, NJW 2016, 2428 Rn. 20; BGH, Urt. v. 26.11.2008 – VIII ZR 200/05, NJW 2009, 427 Rn. 22; BGH, Urt. v. 04.05.1988 – VIII ZR 196/87, NJW 1988, 2109, 2100; BGH, Urt. v. 05.02.1981 – III ZR 66/80, NJW 1981, 1726, 1727; BVerfG, Beschl. v. 23.05.2016 – 1 BvR 2230/15 u.a., NJW-RR 2016, 1366 Rn. 39: „*planwidrige Regelungslücke*“.

504 In diese Richtung *Gsell*, JZ 2009, 522, 524 f.; *Kamanabrou*, Richtlinienkonforme Auslegung, S. 111 f., 139; *Larenz,/Canaris*, Methodenlehre, S. 194; *Schürnbrand*, JZ 2007, 910, 914; *Rüthers/Fischer/Birk*, Rechtstheorie, Rn. 912e; *Weber*, Grenzen, S. 135 f.

505 So *Canaris*, FS Bydlinski (2002), 47, 84; *Gebauer*, GPR 2009, 82, 86; *Herresthal*, JuS 2014, 289, 292; *ders.*, EuZW 2007, 396, 398 f.; *Michael/Payadeh*, NJW 2015, 2392, 2396; Preis/Sagan/*Sagan*, Europäisches Arbeitsrecht, § 1 Rn. 1.154; *Suhr*, Richtlinienkonforme Auslegung, S. 286 ff.; Riesenhuber/*Roth/Jopen*, Europäische Methodenlehre, § 13 Rn. 55 ff.; wohl auch *Bydlinski*, Methodenlehre, S. 473, nachdem „*Maßstab für die Gesetzeslücke* [...] *nur das gesamte Recht*“ sein kann.

506 Vgl. *Kamanabrou*, FS Preis (2021), 549, 555.

507 Vgl. *Ahrends*, Europäisiertes Urlaubsrecht, S. 315; *Kamanabrou*, FS Preis (2021), 549, 555 ff.; *dies.*, Richtlinienkonforme Auslegung, S. 111 f.

508 *Kamanabrou*, Richtlinienkonforme Auslegung, S. 112.

509 Vgl. *Canaris*, FS Bydlinski (2002), 47, 85; *Ehlers*, Krank im Urlaub, S. 200.

Gesetzen, die nicht auf der Umsetzung einer Richtlinie beruhen, von vornherein ausscheiden müsste.[510] Vorzugswürdig ist es daher, den Lückenbegriff weiter zu fassen und nicht allein auf die Absichten und Entscheidungen des Gesetzgebers abzustellen, sondern die Gesamtrechtsordnung in den Blick zu nehmen. Dies gilt insbesondere vor dem Hintergrund des Art. 20 Abs. 3 GG, der die Judikative nicht nur an das Gesetz, sondern an „Gesetz und *Recht*" und insofern an die gesamte Rechtsordnung bindet.[511] Darüber hinaus hat sich Deutschland gem. Art. 23 Abs. 1 GG zur Mitwirkung an der Verwirklichung eines vereinbarten Europas verpflichtet. Sollen mithin nicht (mehr) ausschließlich nationale, sondern auch unionsrechtliche Wertungen Einfluss auf das innerstaatliche Recht nehmen, scheint es sachgerecht, diese Wertungen auch in die Beurteilung der Planwidrigkeit miteinfließen zu lassen.[512]

Die Zugrundelegung dieses weiten Bewertungsmaßstabes ermöglicht es, auch Richtlinien nach Ablauf der Umsetzungsfrist[513] als Teil der Gesamtrechtsordnung anzusehen und deren Vorgaben zur Lückenfeststellung heranzuziehen.[514] Dies gilt insofern auch unabhängig davon, ob die in Rede stehende nationale Norm auf der Umsetzung der jeweiligen Richtlinie beruht oder nicht.[515] Auf einem anderen Blatt steht hingegen die Frage, ob die so festgestellte planwidrige Lücke im Wege der Rechtsfortbildung auch zulässigerweise geschlossen werden kann.[516]

---

510 Zutreffend *Ahrends*, Europäisiertes Urlaubsrecht, S. 315: Die Lücke wäre dann „*nicht planwidrig, sondern schlicht der Entstehungszeit geschuldet.*"

511 *Canaris*, FS Bydlinski (2002), 47, 84 f.; *Ehlers*, Krank im Urlaub, S. 199.

512 So auch *Ehlers*, Krank im Urlaub, S. 199 f.

513 Weil der aus Art. 288 Abs. 3 AEUV folgende Umsetzungsbefehl erst nach Ablauf der Umsetzungsfrist greift, ist eine Richtlinie vor Ablauf der Umsetzungsfrist noch nicht als Teil der Rechtsordnung zu sehen, vgl. *Canaris*, FS Bydlinski (2002), 47, 85; *Ehlers*, Krank im Urlaub, S. 200.

514 A.A. *Gsell*, JZ 2009, 522, 525, die verlangt, dass „*das nationale Recht isoliert aus sich heraus eine planwidrige Regelungslücke aufweist und deshalb korrekturbedürftig erscheint.*"

515 *Ehlers*, Krank im Urlaub, S. 200 f.

516 Zutreffend *Suhr*, Richtlinienkonforme Auslegung, S. 287: Mit der Annahme der Lückenhaftigkeit der Rechtsordnung sei nur deren „*Ergänzungsbedürftigkeit*" festgestellt, „[…] *ob diese gleichzeitig ergänzungsfähig ist, ist eine davon zu trennende Frage, die ausschließlich anhand der Beschaffenheiten der nationalen lex lata zu klären ist.*"

b) Grenzen

Im Grundsatz besteht Einigkeit darüber, dass nationales Recht nicht schrankenlos fortgebildet werden darf.[517] Nationales Recht kann sich damit zwar als fortbildungs*bedürftig* erweisen, gleichwohl aber nicht fortbildungs*fähig* sein.[518]

Als maßgebliche Grenze der Rechtsfortbildungsfähigkeit wird in diesem Zusammenhang häufig die Kompetenzgrenze zwischen Judikative und Legislative herangezogen.[519] So obliegt es grundsätzlich dem Gesetzgeber, den Inhalt von Rechtsnormen zu bestimmen. Die Gerichte dürfen das Recht nur insoweit fortbilden, wie sie ihre eigenen materiellen Gerechtigkeitsvorstellungen nicht an die Stelle des erkennbaren gesetzgeberischen Willens setzen.[520] An die maßgeblichen gesetzgeberischen Grundentscheidungen des nationalen Gesetzgebers sind die Gerichte gebunden.[521] Ebenso aus dem Gewaltenteilungsprinzip folgt, dass die Rechtsfortbildung nicht zu einer Veränderung der Normstruktur führen darf.[522] Im Sinne einer teleologischen

---

517 Zu den „*unsicheren Grenzen zulässiger Rechtsfortbildung*" ausführlich *Möllers*, Jur. Methodenlehre, § 13 Rn. 4 ff.

518 Vgl. zu dieser Unterscheidung auch *Ehlers*, Krank im Urlaub, S. 202; *Schürnbrand*, JZ 2007, 910, 913 ff.; *Suhr*, Richtlinienkonforme Auslegung, S. 287; vgl. auch *Wank*, Methodenlehre, § 15 Rn. 78: „*Hat man einen Regelungsbedarf festgestellt, so ist zu prüfen, ob die Gerichte zur Lückenschließung anstelle des Gesetzgebers berechtigt sind.*"

519 *Drexler*, Richtlinienkonforme Interpretation, S. 208; *Herdegen*, WM 2005, 1921, 1928; *Herresthal*, JuS 2014, 289, 293; Franzen/Gallner/Oetker/*Höpfner*, Art. 288 AEUV, Rn. 87; *ders.*, Jahrbuch d. Arbeitsrechts (Band 57) 2020, 69, 71 ff.; *Kainer*, GPR 2016, 262, 264; *Schlachter*, EuZA 2015, 1, 9, 12 f.; *Schürnbrand*, JZ 2007, 910, 916 f.; *Riegger*, Zeitliche Wirkung, S. 522; Riesenhuber/*Roth/Jopen*, Europäische Methodenlehre, § 13 Rn. 53; *Rüthers/Fischer/Birk*, Rechtstheorie, Rn. 912a–912e; *Wank*, Methodenlehre, § 15 Rn. 85 ff.; vgl. auch BVerfG, Beschl. v. 25.01.2011 – 1 BvR 918/10, NJW 2011, 836 Rn. 52: „*Art. 20 II GG […] schließt es doch aus, dass die Gerichte Befugnisse beanspruchen, die von der Verfassung dem Gesetzgeber übertragen worden sind, indem sie sich aus der Rolle des Normanwenders in die einer normsetzenden Instanz begeben und damit der Bindung an Recht und Gesetz entziehen.*"; ebenso in BVerfG, Beschl. v. 26.09.2011 – 2 BvR 2216/06 u.a., NJW 2012, 669 Rn. 44.

520 BVerfG, Beschl. v. 06.06.2018 – 1 BvL 7/14 und 1 BvR 1375/14, NZA 2018, 774 Rn. 73, 75; Riesenhuber/*Roth/Jopen*, Europäische Methodenlehre, § 13 Rn. 53.

521 Vgl. BVerfG, Beschl. v. 26.09.2011 – 2 BvR 2216/06 u.a., NJW 2012, 669 Rn. 51; Franzen/Gallner/Oetker/*Höpfner*, Art. 288 AEUV, Rn. 87; Riesenhuber/*Roth/Jopen*, Europäische Methodenlehre, § 13 Rn. 53.

522 Vgl. *Ehlers*, Krank im Urlaub, S. 206; *Herresthal*, JuS 2014, 289, 293.

Reduktion[523] bzw. Extension[524] kann der Anwendungsbereich der Norm – unter Aufrechterhaltung ihrer Struktur – zwar eingeschränkt bzw. erweitert werden.[525] Die Rechtsfortbildung darf jedoch nicht zu einer grundlegenden Umgestaltung („Derogation"[526]) der Norm führen.[527] Denn dies käme einer rechtsgestaltenden Tätigkeit gleich, zu der nur die Legislative, nicht aber die Judikative befugt ist.[528]

4. *Rechtsfortbildung von § 7 Abs. 1 S. 1, Abs. 3 S. 1 und S. 3 BUrlG*

Ob sich § 7 Abs. 1 S. 1, Abs. 3 S. 1 und S. 3 BUrlG sowohl als fortbildungs*bedürftig* auch als fortbildungs*fähig* erweist, soll Gegenstand nachfolgender Erörterungen sein.

a) Fortbildungsbedürftigkeit

Nach bisheriger Rspr. des BAG unterlag nicht genommener Urlaub grds. unabhängig davon dem Verfall, ob der Arbeitgeber den Arbeitnehmer durch Erfüllung bestimmter Mitwirkungsobliegenheiten in die Lage versetzt hat, seinen Urlaub zu nehmen. Damit verstoßen die bundesurlaubsrechtlichen Vorschriften (konkret § 7 Abs. 1 S. 1, Abs. 3 BUrlG) in dieser bislang vom BAG vorgenommenen Auslegung gegen Art. 7 Abs. 1 der RL 2003/88/EG.[529]

---

523 Vgl. *Reimer*, Methodenlehre, Rn. 614: Teleologische Reduktion als die *„auf Sinn und Zweck der Vorschrift gestützte einengende Auslegung ihres geschriebenen Tatbestandes"*; hierzu auch *Rüthers/Fischer/Birk*, Rechtstheorie, Rn. 904.

524 Vgl. *Reimer*, Methodenlehre, Rn. 623: Teleologische Extension als *„erweiternde Auslegung eines Normmerkmals"*; hierzu auch *Rüthers/Fischer/Birk*, Rechtstheorie, Rn. 904.

525 Hierzu *Suhr*, Richtlinienkonforme Auslegung, S. 290 ff.

526 Vgl. Riesenhuber/*Neuner*, Europäische Methodenlehre, § 12 Rn. 49: *„Mit dem Gebot richterlicher Gesetzesbindung korrespondiert ein grundsätzliches Verbot richterlicher Gesetzesderogation."*

527 Vgl. *Schürnbrand*, JZ 2007, 910, 916; *Suhr*, Richtlinienkonforme Auslegung, S. 298: Auch eine teleologische Reduktion dürfe keinen *„vollständigen Funktionsverlust"* der Norm zur Folge haben; ferner *Herresthal*, JuS 2014, 289, 293: Es sei unzulässig, *„die nationale Norm im Wege der richtlinienkonformen Reduktion in ihr Gegenteil zu verkehren oder sie wesentlich umzugestalten."*; so auch Preis/Sagan/*Sagan*, Europäisches Arbeitsrecht, § 1 Rn. 1.154: *„Unzulässig ist ferner die Fortbildung einer nationalen Norm, die ihr jeglichen Anwendungsbereich entzieht."*; vgl. hierzu auch *Reimer*, Methodenlehre, Rn. 615.

528 *Suhr*, Richtlinienkonforme Auslegung, S. 299; Preis/Sagan/*Sagan*, Europäisches Arbeitsrecht, § 1 Rn. 1.154.

529 Zumindest gegen Art. 7 Abs. 1 RL 2003/88/EG in der vom EuGH vorgenommenen Auslegung, vgl. EuGH, Urt. v. 06.11.2018 – C-684/16 (Max-Planck-Gesellschaft), NZA 2018, 1474 Rn. 18 ff.

Weil nach hier vertretener Ansicht Richtlinienkonformität auch nicht über eine richtlinienkonforme Auslegung i.e.S. erreicht werden kann, weil die Mitwirkungsobliegenheiten nicht vom möglichen Wortsinn der bundesurlaubsrechtlichen Vorschriften gedeckt sind, die Arbeitszeitrichtlinie aber Teil der Gesamtrechtsordnung ist, ist § 7 Abs. 1 S. 1, Abs. 3 BUrlG planwidrig unvollständig und damit jedenfalls fortbildungs*bedürftig*.

b) Fortbildungsfähigkeit

Für die Frage der Fortbildungsfähigkeit der bundesurlaubsrechtlichen Vorschriften kommt es maßgeblich darauf an, ob die bundesurlaubsrechtlichen Vorschriften unzulässig umgestaltet (aa)) und/oder die Geltung der Mitwirkungsobliegenheiten der Regelungsintention der Vorschriften zuwiderlaufen würde (bb)).

aa) Keine unzulässige Umgestaltung der Normen

Nach hier vertretener Ansicht würden die nationalen Normen bei Geltung der Mitwirkungsobliegenheiten nicht grundlegend umgestaltet. Auch bei Geltung der Mitwirkungsobliegenheiten bliebe es bei dem Grundsatz, dass der Arbeitgeber gem. § 7 Abs. 1 S. 1 BUrlG zur zeitlichen Festlegung des Urlaubs berufen und nicht genommener Urlaub innerhalb der in § 7 Abs. 3 S. 1 und S. 3 BUrlG angeordneten Fristen genommen werden muss, weil er andernfalls verfällt. Die gesetzlich angeordnete Rechtsfolge des Verfalls würde – im Sinne einer teleologischen Reduktion[530] – lediglich dahingehend modifiziert, dass sie nur noch unter der Voraussetzung eintritt, dass der Arbeitgeber den Arbeitnehmer durch Erfüllung bestimmter Mitwirkungsobliegenheiten in die Lage versetzt hat, den Urlaub zu nehmen. Wird die grundsätzliche kalendermäßige Befristung also nicht gänzlich aufgehoben, sondern „nur“ an zusätzliche Voraussetzungen geknüpft, würde sich die Geltung der Mitwirkungsobliegenheiten im Wege der Rechtsfortbildung nach hier vertretener Ansicht daher nicht als methodisch unzulässige, ausschließlich dem Gesetzgeber vorbehaltene Rechtsgestaltung darstellen.

530 Der Tatbestand des § 7 Abs. 3 BUrlG würde unter Berücksichtigung des Sinn und Zwecks der Vorschrift insofern „eingeengt“, als ein Verfall nicht genommenen Urlaubs nicht mehr per se, sondern nur unter bestimmten Voraussetzungen, namentlich der Nichterfüllung der arbeitgeberseitigen Mitwirkungsobliegenheiten, eintreten kann.

bb) Missachtung des gesetzgeberischen Willens

Bei Geltung der Mitwirkungsobliegenheiten würde aber möglicherweise der vom Gesetzgeber mit den bundesurlaubsrechtlichen Vorschriften beabsichtigte Zweck missachtet. Im Rahmen der Beurteilung, ob ein der Geltung der Mitwirkungsobliegenheiten entgegenstehender Gesetzeszweck besteht, ist dabei auf den jeweiligen Normzweck nach autonom-nationalem Verständnis abzustellen.[531] Die Vorgaben der Richtlinien sind, auch wenn die Richtlinie nach hier vertretener Ansicht als Teil der Gesamtrechtsordnung[532] anzusehen ist, bei der Bestimmung des Zwecks der mitgliedstaatlichen Norm unberücksichtigt zu lassen.[533] Dies folgt im hiesigen Kontext bereits daraus, dass es sich bei dem BUrlG nicht um ein Umsetzungsgesetz handelt.[534] Darüber hinaus würde man dann,

---

531 So auch *Ehlers,* Krank im Urlaub, S. 203 ff.; *Grosche/Höft*, NJOZ 2009, 2294, 2306; *Kamanabrou*, FS Preis (2021), 549, 556 f.; *Schürnbrand*, JZ 2007, 910, 916; *Rüthers/Fischer/Birk,* Rechtstheorie, Rn. 912e; f.

532 A.A. *Kamanabrou*, Richtlinienkonforme Auslegung, S. 132, 139 f.; *dies.*, FS Preis (2021), 549, 555.

533 Bei Umsetzungsrecht wird zum Teil vertreten, dass der erklärte oder generelle Umsetzungswille des nationalen Gesetzgebers Vorrang gegenüber dessen konkreten Regelungswillen habe, so etwa von *Möllers*, Juristische Methodenlehre, § 12 Rn. 68; *Möllers/Möhring*, JZ 2008, 919, 922 ff.; krit. hierzu *Piekenbrock/Schulze*, WM 2002, 521, 525; auch der BGH bestimmt den Normzweck mitunter anhand des – gegenüber dem konkreten Regelungswillen vorrangigen – Umsetzungswillens des Gesetzgebers, der außer in Fällen der ausdrücklichen Umsetzungsverweigerung regelmäßig unterstellt werden könne, vgl. BGH, Urt. v. 26.07.2018 – I ZR 64/17, NJW 2018, 3779 Rn. 49; BGH, Urt. v. 07.05.2014 – IV ZR 76/11, NJW 2014, 2646 Rn. 22 f.; BGH, Urt. v. 26.11.2008 – VIIIZR 200/05, NJW 2009, 427 Rn. 25; dass dem Gesetzgeber ein genereller Umsetzungswille unterstellt werden kann, entspricht der überwiegenden Auffassung in der Literatur, vgl. nur *Brenncke*, EuR 2015, 440, 447 f.; *Franzen*, Privatrechtsangleichung, S. 303; Preis/Sagan/*Sagan*, Europäisches Arbeitsrecht, § 1 Rn. 1.154; *Schlachter*, EuZA 2015, 1, 12; allerdings folgt hieraus nicht zwangsläufig, dass dem Umsetzungswillen zwingend auch Vorrang gegenüber dem konkreten Regelungswillen des Gesetzgebers zukommt, so zutreffend *Kamanabrou*, FS Preis (2021), 549, 556.

534 Das BUrlG ist weder in Umsetzung der Arbeitszeitrichtlinie 2003/88/EG bzw. der entsprechenden Vorgängerrichtlinien erlassen worden noch hat der Gesetzgeber bislang Änderungen vorgenommen, um die RL 2003/88/EG umzusetzen. Ist das BUrlG kein Umsetzungsgesetz, kann der Gesetzgeber keinen Umsetzungswillen gehabt haben, der im Rahmen der (europarechtskonformen) Auslegung herangezogen werden könnte; vgl. *Münder*, jurisPR-ArbR 49/2018 Anm. 2 unter C. II. 1.; ferner *Kamanabrou*, FS Preis (2021), 549, 552, die in Fn. 19 auch zurecht einwendet, dass aus dem Untätigbleiben des Gesetzgebers nach Inkrafttreten der Arbeitszeitrichtlinie auch nicht einfach

wenn man bei der Bestimmung des Normzwecks die Vorgaben der Richtlinien heranzöge, Gefahr laufen, über einen „*Zirkelschluss*“[535] stets zur Zulässigkeit einer richtlinienkonformen Rechtsfortbildung zu gelangen und der Richtlinie im Ergebnis zur unmittelbaren Anwendbarkeit zu verhelfen.[536] Die Vorgaben und Wertungen einer Richtlinie sind insofern zwar im Rahmen der Auslegung nationaler Vorschriften zu berücksichtigen.[537] Hierdurch darf der nationalen Norm aber kein Zweck verliehen werden, der dem Normzweck nach nationalem Verständnis zuwiderläuft.[538]

aaa) Normzweck des § 7 Abs. 1 S. 1 BUrlG

Wie gesehen soll die Vorschrift des § 7 Abs. 1 S. 1 BUrlG gewährleisten, dass der Arbeitnehmer aufgrund der „*starken persönlichen Bedeutung, die die Festlegung des Urlaubszeitpunktes für den Arbeitnehmer hat*“[539], durch die Äußerung konkreter Urlaubswünsche auf den Urlaubszeitpunkt Einfluss nehmen kann.[540] Die zeitliche Festlegung des Urlaubs obliegt zwar grds. dem Arbeitgeber, dem Arbeitnehmer wird jedoch die Möglichkeit eröffnet, konkrete Urlaubswünsche zu äußern und insofern auf das „Wann“ der Urlaubsnahme einzuwirken. Durch die Erfüllung der Mitwirkungsobliegenheiten soll der Arbeitnehmer nach Ansicht des EuGH demgegenüber in die Lage versetzt werden, den ihm zustehenden Erholungsurlaub tatsächlich zu realisieren.[541] Übergeordneter Zweck der Mitwirkungsobliegenheiten ist es, zu gewährleisten, dass der Arbeitnehmer tatsächlich über Zeiten der Entspannung und Erholung verfügt und seiner Gesundheit damit hinreichend Rechnung getragen wird.[542]

Während die Mitwirkungsobliegenheiten also bereits an die Ermöglichung des „Ob“, nämlich an die Ermöglichung der Urlaubsnahme an sich anknüpfen,

---

auf einen Umsetzungswille geschlossen werden kann, wenn es an entsprechenden Anhaltspunkten fehlt.

535 Treffend *Ehlers,* Krank im Urlaub, S. 203.

536 Vgl. *Ehlers,* Krank im Urlaub, S. 203 f.; *Schürnbrand*, JZ 2007, 910, 916; *Rüthers/Fischer/Birk*, Rechtstheorie, Rn. 912e.

537 *Ehlers,* Krank im Urlaub, S. 204.

538 *Ehlers,* Krank im Urlaub, S. 204; vgl. auch *Schürnbrand*, JZ 2007, 910, 916 f.

539 BT-Drs. IV/207, S. 6.

540 Vgl. BT-Drs. IV/207, S. 6; BT-Drs. IV/785, S. 3.

541 EuGH, Urt. v. 06.11.2018 – C-684/14 (Max-Planck-Gesellschaft), NZA 2018, 1474 Rn. 45 f., 55.

542 Vgl. EuGH, Urt. v. 06.11.2018 – C-684/14 (Max-Planck-Gesellschaft), NZA 2018, 1474 Rn. 42, 45 f., 55.

geht es im Rahmen von § 7 Abs. 1 S. 1 BUrlG um die sich erst anschließende Frage des „Wann" des Urlaubsantritts. Der Normzweck des § 7 Abs. 1 S. 1 BUrlG (Verschaffung eines „Mitspracherechts" in Bezug auf den Urlaubszeitpunkt) ist mit dem Normzweck der Mitwirkungsobliegenheiten (Ermöglichung der tatsächlichen Urlaubsnahme und Realisierung des Gesundheitsschutzes) damit zwar nicht deckungsgleich, er verhält sich indes aber auch nicht konträr zu ihm.

Eine Rechtsfortbildung scheidet nicht bereits dann aus, wenn mit dem gewünschten Ergebnis und den nationalen Regelungen nicht *dieselben* Zwecke verfolgt werden, sondern erst dann, wenn das gewünschten Ergebnis dem Regelungszweck *zuwiderläuft*. Bei Geltung der Mitwirkungsobliegenheiten würde der Normzweck des § 7 Abs. 1 S. 1 BGB insofern nicht missachtet.

bbb) Normzweck der § 7 Abs. 3 S. 1 und S. 3 BUrlG

Eine Missachtung des gesetzgeberischen Willens könnte aber u.U. hinsichtlich § 7 Abs. 3 S. 1 und S. 3 BUrlG anzunehmen sein.

Aus der Gesetzesbegründung ergibt sich zunächst ganz allgemein, dass Urlaub „*der Erhaltung und Wiederauffrischung der Arbeitskraft*"[543], d.h. hauptsächlich Erholungszwecken dienen soll (vgl. § 1 BUrlG: „Erholungsurlaub").[544] Auf Zeiten geleisteter Arbeit sollen arbeitsfreie Zeiten folgen, damit sich der Arbeitnehmer erholen und die ihm hierzu eingeräumte Freizeit selbstbestimmt nutzen kann.[545] Um diesen Erholungszweck zu verwirklichen, ist der Urlaubsanspruch gem. § 7 Abs. 3 S. 1 BUrlG grundsätzlich auf das Kalenderjahr befristet.[546] Durch diese kalendermäßige Befristung soll erreicht werden, „*daß jeder Arbeitnehmer in einem einigermaßen regelmäßigen Rhythmus eine gewisse Zeit der Erholung auch tatsächlich erhält.*"[547]

Ob dieser mit § 7 Abs. 3 BUrlG verfolgte Zweck bei Geltung der Mitwirkungsobliegenheiten konterkariert würde, hängt – wie nachfolgend zu zeigen sein wird – davon ab, ob die Mitwirkungsobliegenheiten ordnungsgemäß erfüllt wurden und ob der Arbeitgeber, nachdem er die Vornahme der

---

543 BT-Drs. IV/785, S. 1.

544 BAG, Urt. v. 20.06.2000 – 9 AZR 405/99, NZA 2001, 100, 101; HWK/*Schinz*, § 1 BUrlG, Rn. 5; *Ehlers*, Krank im Urlaub, S. 132; ErfK/*Gallner*, § 1 BUrlG, Rn. 4.

545 Vgl. BAG, Urt. v. 20.06.2000 – 9 AZR 405/99, NZA 2001, 100, 101; ErfK/*Gallner*, § 1 BUrlG, Rn. 4; HWK/*Schinz*, § 1 BUrlG, Rn. 5; MüHdb.-ArbR/*Klose*, § 86 Rn. 6.

546 Vgl. BAG, Urt. v. 26.06.1969 – 5 AZR 393/68, NJW 1969, 1981, 1982 unter 1.; BAG, Vorlagebeschl. v. 13.12.2016 – 9 AZR 541/15 (A), NZA 2017, 271 Rn. 13; Arnold/Tillmanns/*Arnold*, § 7 BUrlG, Rn. 122 f.

547 BAG, Urt. v. 26.06.1969 – 5 AZR 393/68, NJW 1969, 1981, 1982 unter 1.

Mitwirkungsobliegenheiten im Urlaubsjahr unterlassen hat, diese dann im Folgejahr nachholt.

(a) Vornahme der Mitwirkungsobliegenheiten

Hat der Arbeitgeber seine Mitwirkungsobliegenheiten im Urlaubsjahr erfüllt, hat er den Urlaubsanspruch wirksam der Befristungsregel des § 7 Abs. 3 BUrlG unterworfen.[548] In diesem Fall bleibt es bei der durch die Norm – mittelbar – angeordneten Rechtsfolge, dass nicht genommener Urlaub mit Ablauf des Kalenderjahres (S. 1) bzw. mit Ablauf des Übertragungszeitraums (S. 3) verfällt.[549] Bei Erfüllung der Mitwirkungsobliegenheiten bliebe der Regelungsgehalt der Norm und damit auch der mit der Norm verfolgte Zweck insofern unberührt. Der gesetzgeberische Willen würde in diesem Fall nicht missachtet. Im Gegenteil würde der mit der Vorschrift des § 7 Abs. 3 BUrlG verfolgte Zweck im Falle der Erfüllung der Mitwirkungsobliegenheiten sogar noch gefördert.[550] Denn die Mitwirkungsobliegenheiten zielen gerade darauf ab, den Arbeitnehmer anzuregen, seinen Urlaubsanspruch tatsächlich auszuüben und damit über (regelmäßige) Zeiträume der Erholung und Freiheit zu verfügen.[551]

(b) Nachholung im Folgejahr

Hat der Arbeitgeber die Vornahme der Mitwirkungsobliegenheiten im Urlaubsjahr unterlassen, hat dies nunmehr zur Folge, dass der Urlaubsanspruch nicht wirksam auf das Kalenderjahr befristet ist, sondern (zunächst) auf das Folgejahr übertragen wird.[552] Der Arbeitgeber hat dann die Möglichkeit, die Mitwirkungsobliegenheiten im Folgejahr nachzuholen. Holt er sie nach, löst er für den übertragenen Urlaubsanspruch wieder das bundesurlaubsrechtliche Fristenregime des § 7 Abs. 3 BUrlG aus.[553] Der Urlaubsanspruch wird in diesem Fall also zwar (noch) nicht gänzlich entfristet. Der grds. einjährige Befristungsrahmen (Kalenderjahr) wird aber gewissermaßen auf zwei (Kalender-)Jahre „ausgedehnt". Ob in diesem Fall, in dem der Urlaubsanspruch einem von § 7 Abs. 3 S. 1 und 3

548 BAG, Urt. v. 19.02.2019 – 9 AZR 423/16, NZA 2019, 977 Rn. 43.

549 Vgl. BAG, Urt. v. 19.02.2019 – 9 AZR 423/16, NZA 2019, 977 Rn. 43.

550 So auch die Begründung des BAG, Urt. v. 19.02.2019 – 9 AZR 423/16, NZA 2019, 977 Rn. 25.

551 Vgl. EuGH, Urt. v. 06.11.2018 – C-684/14 (Max-Planck-Gesellschaft), NZA 2018, 1474 Rn. 45.

552 BAG, Urt. v. 19.02.2019 – 9 AZR 423/16, NZA 2019, 977 Rn. 44.

553 BAG, Urt. v. 19.02.2019 – 9 AZR 423/16, NZA 2019, 977 Rn. 44.

BUrlG abweichendem Befristungsrahmen unterliegt, von einer Missachtung des gesetzgeberischen Willens auszugehen wäre, erscheint fraglich. Fest steht jedenfalls, dass je weiter sich der Urlaubsanspruch vom Kalenderjahr als Bezugszeitraums entfernt, umso mehr von einer Missachtung des gesetzgeberischen Willens ausgegangen werden muss.[554]

(c) Dauerhafte Nichtvornahme

Zu einer gänzlichen Entfristung des Urlaubsanspruchs käme es dann, wenn der Arbeitgeber seinen Mitwirkungsobliegenheiten wiederholt nicht nachkommt. In diesem Fall unterläge der Urlaubsanspruch generell nicht den Befristungsregelungen der § 7 Abs. 3 S. 1 und S. 3 BUrlG und würde – u.U. unbegrenzt – erhalten bleiben. Eine solche unbegrenzte Ansammlung widerspräche dem Normzweck des § 7 Abs. 3 BUrlG, weil die Gewährleistung eines in regelmäßigen zeitlichen Abständen wiederkehrenden Erholungszeitraums dann nicht mehr sichergestellt wäre.

(d) Missachtung des Normzwecks abhängig von Arbeitgeberverhalten

Ob der Normzweck des § 7 Abs. 3 BUrlG bei Geltung der Mitwirkungsobliegenheiten missachtet würde, hängt damit letztlich von einem bestimmten Arbeitgeberverhalten ab. Bei Vornahme der Mitwirkungsobliegenheiten würde der Normzweck des § 7 Abs. 3 BUrlG gefördert, bei im Urlaubsjahr unterlassenen und im Folgejahr nachgeholten Mitwirkungsobliegenheiten würde er zwar nicht gänzlich aufgehoben, durch die Erweiterung des Befristungsrahmens aber zumindest eingeschränkt, während er bei wiederholter Nichtvornahme der Mitwirkungsobliegenheiten u.U. gänzlich ausgehebelt würde.

Insofern drängt sich die Frage auf, ob von einer Missachtung des gesetzgeberischen Willens *insgesamt* ausgegangen werden muss, weil das im Wege der Rechtsfortbildung angestrebte Ergebnis dem Regelungszweck zwar nicht *per se*, aber zumindest in bestimmten Konstellationen, nämlich im Falle (dauerhaft) unterlassener Mitwirkungsobliegenheiten zuwiderlaufen könnte oder man eine Missachtung des gesetzgeberischen Willens umgekehrt aus dem Grund verneinen muss, weil der Normzweck des § 7 Abs. 3 BUrlG jedenfalls insofern gewahrt würde, als an der engen Bindung des Urlaubsanspruchs an das Kalenderjahr *im Grundsatz* festgehalten und nur eine *Ausnahme* für den Fall geschaffen würde, dass der Arbeitgeber den Mitwirkungsobliegenheiten nicht nachgekommen ist.

---

554 Vgl. *Düwell*, NZA-Beil. 2011, 133, 138; *Ehlers*, Krank im Urlaub, S. 132 ff.

Von einer endgültige Klärung dieser Frage kann an dieser Stelle aber deshalb abgesehen werden, weil die Implementierung der europäischen Vorgaben im Wege der Rechtsfortbildung jedenfalls daran scheitert, dass hierdurch gegen das Gebot der Normenklarheit verstoßen werden würde.

cc) Verstoß gegen das Gebot der Normenklarheit

Die europarechtskonforme Auslegung dient der Umsetzung von Richtlinienvorgaben in das nationale Recht.[555] Hierdurch soll u.a. sichergestellt werden, dass Richtlinienbestimmungen, die dem Einzelnen subjektive Rechte vermitteln, auch im nationalen Recht Geltung beanspruchen.[556] Der von der Richtlinie Begünstigte muss seine Rechte dann nicht etwa mittels – i.d.R. wenig erfolgsversprechenden – Schadensersatzklagen gegenüber dem Mitgliedstaaten geltend machen, sondern kann sie durch das Vehikel der europarechtskonformen Auslegung auch in einem Privatrechtsstreit einfordern.[557] Allerdings verlangt der EuGH in st. Rspr.[558], dass die Umsetzung insbesondere dann, wenn die Richtlinienvorgaben primär darauf abzielen, individuelle Rechtspositionen im innerstaatlichen Recht festzusetzen, klar und bestimmt sein muss.[559]

aaa) Transparenzgebot als Ausfluss des Gebots der Rechtssicherheit

Dieses Gebot der Normenklarheit bzw. Umsetzungstransparenz folgt aus dem Gebot der Rechtssicherheit.[560] Rechtsvorschriften müssen *„klar und bestimmt*

555 Vgl. *Franzen*, Privatrechtsangleichung, S. 366: *„Implementierung von Gemeinschaftsrecht in innerstaatliches Recht"*.

556 *Franzen*, Privatrechtsangleichung, S. 366 f.

557 Vgl. *Ehlers*, Krank im Urlaub, S. 231.

558 Vgl. etwa EuGH, Urt. v. 28.02.1991 – C-360/87 (Kommission/Italien), BeckRS 2004, 70985 Rn. 11 f.; EuGH, Urt. v. 28.02.1991 – C-131/88 (Kommission/Deutschland), NVwZ 1991, 973 Rn. 6; EuGH, Urt. v. 30.05.1991 – C-361/88, Kommission/Deutschland), NVwZ 1991, 866 Rn. 15; EuGH, Urt. v. 30.05.1991 – C-59/89 (Kommission/Deutschland), NVwZ 1991, 868 Rn. 19; EuGH, Urt. v. 20.05.1992 – C-190/90 (Kommission/Niederlande), BeckRS 2004, 74821 Rn. 17; EuGH, Urt. v. 11.08.1995 – C-433/93 (Kommission/Deutschland), NVwZ 1996, 367 Rn. 18.

559 Callies/Ruffert/*Ruffert*, Art. 288 AEUV, Rn. 30; vgl. auch Pechstein/Nowak/Häde/*Gundel*, Art. 288 AEUV, Rn. 26.

560 Vgl. EuGH, Urt. v. 15.02.1996 – C-63/93 (Duff), BeckRS 2004, 77646 Rn. 20; EuGH, Urt. v. 14.09.2010 – C-550/07 P (Akzo), EuZW 2010, 778 Rn. 100; EuGH, Urt. v. 01.07.2014 – C-573/12 (Ålands Vindkraft), EuZW 2014, 620 Rn. 127; EuGH, Urt. v. 12.02.2015 – C-48/14 (Parlament/Rat), EuZW 2015, 230 Rn. 45; *Herdegen*, WM 2005, 1921, 1930 f.; *Latzel*, EuR 2015, 415, 422.

und ihre Anwendung für die Einzelnen voraussehbar sein […].“[561] Einerseits muss der von der nationalen Norm Begünstigte imstande sein, die ihm vermittelten Rechtspositionen zu erkennen und ggf. vor den nationalen Gerichten geltend zu machen.[562] Andererseits muss auch derjenige, dem von der nationalen Norm bestimmte Verpflichtungen auferlegt werden, genau wissen, welche Verpflichtungen ihn treffen.[563] Nicht zwingend erforderlich ist zwar, dass die Richtlinienbestimmungen „*förmlich und wörtlich in einer ausdrücklichen besonderen Gesetzesvorschrift wiedergegeben werden* […].“[564] Vielmehr reicht ein allgemeiner rechtlicher Rahmen, soweit er „*die vollständige Anwendung der Richtlinien in hinreichend bestimmter und klarer Weise gewährleistet* […].“[565] Richtlinien kann daher auch durch einen „*allgemeinen rechtlichen Kontext genüge Getan sein*“[566], sofern auch dieser sicherstellt, dass der Einzelne seine Rechte erkennen und dementsprechend auch durchsetzen kann.[567]

Gerade im Bereich der Richtlinienumsetzung durch Richterrecht, zumal im Rahmen der richterlichen Rechtsfortbildung, die sich außerhalb des möglichen Wortsinns einer Norm bewegt, besteht insofern die Gefahr, dass diesen Transparenzanforderungen nicht hinreichend Rechnung getragen wird.[568] Es ist zwar,

---

561 EuGH, Urt. v. 07.06.2005 – C-17/03 (VEMW), EuZW 2005, 695 Rn. 80; EuGH, Urt. v. 14.09.2010 – C-550/07 P (Akzo), EuZW 2010, 778 Rn. 100.

562 EuGH, Urt. v. 28.02.1991 – C-131/88 (Kommission/Deutschland), NVwZ 1991, 973 Rn. 6; EuGH, Urt. v. 30.05.1991 – C-361/88, Kommission/Deutschland), NVwZ 1991, 866 Rn. 15; EuGH, Urt. v. 20.05.1992 – C-190/90 (Kommission/Niederlande), BeckRS 2004, 74821 Rn. 17; EuGH, Urt. v. 11.08.1995 – C-433/93 (Kommission/Deutschland), NVwZ 1996, 367 Rn. 18.

563 Vgl. EuGH, Urt. v. 30.05.1991 – C-59/89 (Kommission/Deutschland), NVwZ 1991, 868 Rn. 19.

564 EuGH, Urt. v. 28.02.1991 – C-131/88 (Kommission/Deutschland), NVwZ 1991, 973 Rn. 6; EuGH, Urt. v. 30.05.1991 – C-361/88, Kommission/Deutschland), NVwZ 1991, 866 Rn. 15; EuGH, Urt. v. 20.05.1992 – C-190/90 (Kommission/Niederlande), BeckRS 2004, 74821 Rn. 17; EuGH, Urt. v. 11.08.1995 – C-433/93 (Kommission/Deutschland), NVwZ 1996, 367 Rn. 18.

565 EuGH, Urt. v. 28.02.1991 – C-131/88 (Kommission/Deutschland), NVwZ 1991, 973 Rn. 6.

566 EuGH, Urt. v. 26.06.2003 – C-233/00 (Kommission/Frankreich), BeckRS 2004, 75283 Rn. 76.

567 EuGH, Urt. v. 26.06.2003 – C-233/00 (Kommission/Frankreich), BeckRS 2004, 75283 Rn. 76; *Latzel*, EuR 2015, 415, 423.

568 Vgl. *Ehlers*, Krank im Urlaub, S. 231 f.; nach Pechstein/Nowak/Häde/*Grundel*, Art. 288 AEUV, Rn. 25; *Höpfner*, RdA 2013, 16, 25; *Kamanabrou*, Richtlinienkonforme Auslegung, S. 143 f.; *Latzel*, EuR 2015, 415, 424; Grabitz/Hilf/Nettesheim/*Nettesheim*,

wie oben dargelegt, möglich, bestimmte Sachverhalte aufgrund teleologischer Erwägungen auch außerhalb des möglichen Wortsinns zu erfassen bzw. auszuschließen. Allerdings entbehrt dies nicht von der Gewährleistung der Rechtssicherheit und der Einhaltung der Anforderungen an die Konkretheit und Bestimmtheit der auf der Richtlinienumsetzung beruhenden nationalen Normen. Sind Rechtsfragen nur rudimentär oder überhaupt nicht gesetzlich geregelt, müssen diese im Wege der Richtlinienumsetzung zumindest ansatzweise, d.h. in Grundzügen gesetzlich verankert werden.[569] Nur so ist gewährleistet, dass den nationalen Gerichten ein abgesteckter Auslegungs- und den Normunterworfenen ein ebensolcher Verständnisrahmen zur Verfügung steht.[570]

bbb) Notwendigkeit einer Neugestaltung der bundesurlaubsrechtlichen Vorschriften

Nach hier vertretener Ansicht würden die bundesurlaubsrechtlichen Vorschriften durch eine richterliche Rechtsfortbildung zwar (noch) nicht unzulässig umgestaltet, sie genügten aber nicht mehr den Anforderungen an die Konkretheit und Bestimmtheit der Normen. Weder § 7 Abs. 1 S. 1 BUrlG noch § 7 Abs. 3 S. 1 und S. 3 BUrlG lassen sich entsprechende Mitwirkungsobliegenheiten des Arbeitgebers auch nur ansatzweise entnehmen. Sie basieren vielmehr auf einer vom EuGH vorgenommenen Interpretation von Art. 7 Abs. 1 RL 2003/88/EG, aus dem weder für den Arbeitnehmer noch für den Arbeitgeber erkennbar wird, welche Rechte und Pflichten bzw. Obliegenheiten sich hieraus für sie ergeben.

Art. 288 AEUV, Rn. 121; Streinz/*Schroeder*, Art. 288 AEUV, Rn. 80 genügt jedenfalls eine richtlinienkonforme Rechtsfortbildung nicht dem Gebot der Umsetzungstransparenz; vgl. auch EuGH, Urt. v. 03.03.2011 – C-50/09 (Kommission/Irland), NVwZ 2011, 929 Rn. 47: „*Nach ständiger Rechtsprechung des Gerichtshofs kann allerdings eine solche richtlinienkonforme Auslegung des nationalen Rechts für sich allein nicht die Klarheit und Bestimmtheit aufweisen, die notwendig sind, um dem Erfordernis der Rechtssicherheit zu genügen.*"; ebenso EuGH, Urt. v. 10.05.2007 – C-508/04, BeckRS 2007, 70312 Rn. 79 m.w.N.

569 So zutreffend *Latzel*, EuR 2015, 415, 424; vgl. auch *Höpfner*, RdA 2013, 16, 25: Der Bürger müsse „*die Rechtslage zumindest in ihren Grundzügen der lex scripta entnehmen können* […]."; ferner *Kamanabrou*, Richtlinienkonforme Auslegung, S. 143: Es entspreche „*kaum rechtsstaatlichen Anforderungen an eine gesetzliche Regelung, wenn sich in der Rechtsanwendung die Rechte und Pflichten der betroffenen Vertragsparteien ohne Rückbindung an den konkreten Regelungswillen des Gesetzgebers ganz anders darstellen, als es der Normtext vermuten lässt.*"

570 *Latzel*, EuR 2015, 415, 424.

Auch dem Wortlaut von Art. 7 Abs. 1 RL 2003/88/EG lassen sich die Mitwirkungsobliegenheiten und/oder die Rechtsfolgen, die sich im Falle ihrer Vornahme bzw. ihrer Unterlassung ergeben, nicht ableiten.

Weil eine richterliche Rechtsfortbildung nicht der Pflicht zu einer transparenten und deutlich erkennbaren Umsetzung genügen würde, obliegt es insofern dem Gesetzgeber, dem Umsetzungsauftrag nachzukommen und die vom EuGH postulierten Mitwirkungsobliegenheiten durch eine Änderung der bundesurlaubsrechtlichen Vorschriften in das deutsche Recht zu implementieren.[571] Tut er dies nicht, besteht die Gefahr eines Vertragsverletzungsverfahrens wegen fehlender bzw. mangelhafter Richtlinienumsetzung.[572] Denkbar sind ferner Schadensersatzansprüche der Arbeitgeber, die sich auf die mangelnde Bestimmtheit der Normen berufen können.[573]

5. *Zusammenfassung und Formulierungsvorschlag einer gesetzlichen Neuregelung*

Zusammenfassend lässt sich festhalten, dass die vom EuGH vorgegebenen Aufforderungs- und Belehrungsobliegenheiten weder im Wege der richtlinienkonformen Auslegung der bundesurlaubsrechtlichen Bestimmungen noch im Wege einer richtlinienkonforme Rechtsfortbildung in das deutsche Recht implementierbar sind. Hier ist deshalb der Gesetzgeber am Zug, dem Umsetzungsauftrag durch Änderung bzw. Anpassung der Vorschriften des BUrlG nachzukommen.[574] Als Neufassung böte sich folgende Formulierung[575] von § 7 Abs. 3 BUrlG an[576]:

§ 7 Zeitpunkt, Übertragbarkeit und Abgeltung des Urlaubs

---

571 Vgl. *Reimer*, Methodenlehre, Rn. 661: Eine richtlinienwidrige Nichtregelung rufe „*den mitgliedstaatlichen Gesetzgeber auf den Plan.*“; ferner *Canaris*, FS Bydlinski (2002), 47, 102: „[…] *als Ausweg* [bleibt] *nur die Korrektur durch den Eingriff des Gesetzgebers* […].“, sowie Pechstein/Nowak/Häde/*Grundel*, Art. 288 AEUV, Rn. 25: „*Die Erreichung der Richtlinien-Vorgaben durch richtlinienkonforme Interpretation kann damit nur die Folgen der unterbliebenen Umsetzung abmildern, jedoch im Regelfall nicht die förmliche Umsetzung durch den zuständigen Normgeber ersetzen.*“

572 Hierzu EuGH, Urt. v. 19.11.1991, C-6/90 und 9/90 (Francovich), NJW 1992, 165 Rn. 29 ff.; ausführlich zum unionsrechtlichen Staatshaftungsanspruch auch *Dörr*, EuZW 2012, 86 ff.

573 Vgl. *Ehlers*, Krank im Urlaub, S. 232 f.; ErfK/*Schlachter*, Vorb. zum AEUV, Rn. 32.

574 Vgl. auch *Kiel*, FS Preis (2021), 599, 613: Es sei an der Zeit, dass „*der Gesetzgeber mit klarstellenden und konkretisierenden Regelungen zur Rechtssicherheit beiträgt.*“

575 Vgl. etwa auch die Gesetzesformulierung bei *Sprenger*, ZTR 2020, 63, 70.

576 Änderungen bzw. Ergänzungen in *kursiv*.

(1) Bei der zeitlichen Festlegung des Urlaubs sind die Urlaubswünsche des Arbeitnehmers zu berücksichtigen, es sei denn, dass ihre Berücksichtigung dringende betriebliche Belange oder Urlaubswünsche anderer Arbeitnehmer, die unter sozialen Gesichtspunkten den Vorrang verdienen, entgegenstehen. Der Urlaub ist zu gewähren, wenn der Arbeitnehmer dies im Anschluss an eine Maßnahme der medizinischen Vorsorge oder Rehabilitation verlangt.

(2) Der Urlaub ist zusammenhängend zu gewähren, es sei denn, dass dringende betriebliche oder in der Person des Arbeitnehmers liegende Gründe eine Teilung des Urlaubs erforderlich machen. Kann der Urlaub aus diesen Gründen nicht zusammenhängend gewährt werden, und hat der Arbeitnehmer Anspruch auf Urlaub von mehr als zwölf Werktagen, so muss einer der Urlaubsteile mindestens zwölf aufeinanderfolgende Werktage umfassen.

(3) [1]Der Urlaub muss im laufenden Kalenderjahr *(Urlaubsjahr)* gewährt und genommen werden. [2]Eine Übertragung des Urlaubs auf das nächste Kalenderjahr ist nur statthaft, wenn dringende betriebliche oder in der Person des Arbeitnehmers liegende Gründe dies rechtfertigen *oder der Arbeitgeber den Arbeitnehmer nicht rechtzeitig und ernstlich zur Urlaubsnahme aufgefordert und darüber informiert* hat, dass der Urlaub bei Nichtinanspruchnahme mit Ablauf des Kalenderjahres, spätestens nach Ablauf des in Satz 3 genannten Zeitraums ersatzlos verfällt.* [3]Im Fall der Übertragung *aus dringenden betrieblichen oder in der Person des Arbeitnehmers liegenden Gründen* muss der Urlaub in den ersten drei Monaten des folgenden Kalenderjahrs gewährt und genommen werden. [4]*Eine weitere Übertragung über den 31.03. des Folgejahres hinaus ist nur statthaft, wenn der Urlaub infolge einer arbeitsunfähigen Erkrankung nicht genommen werden konnte.* [5]*In diesem Fall verfällt der Urlaub spätestens 15 Monate** nach Ablauf des Urlaubsjahres.* [6]Auf Verlangen des Arbeitnehmers ist ein nach § 5 Abs. 1 Buchstabe a entstehender Teilurlaub ~~jedoch~~ auf das nächste Kalenderjahr zu übertragen.

(4) Kann der Urlaub wegen Beendigung des Arbeitsverhältnisses ganz oder teilweise nicht mehr gewährt werden, so ist er abzugelten.

*Weil der EuGH – anders als die Interpretation des 9. Senats des BAG – ausdrücklich nur die Mitteilung der genauen Verfallfristen, nicht auch die Anzahl der dem Arbeitnehmer konkret zustehenden Urlaubstage verlangt, muss letztere auf nationaler Ebene nicht gesetzlich verankert werden.
**Vgl. zu der Geltung der 15-Monatsfrist im Falle einer Langzeiterkrankung des Arbeitnehmers die Ausführungen unten unter § 13 A. II. 1. bb).

3. Teil: Die Mitwirkungsobliegenheiten des Arbeitgebers

Wesentlicher Untersuchungsgegenstand dieser Arbeit bildet die Frage, wann Urlaubsansprüche unter Berücksichtigung der (neueren) Rspr. von EuGH und BAG verfallen (hierzu unten in Teil 4) und ob sie, unterliegen sie nicht dem Verfall, dafür dem Anwendungsbereich der zivilrechtlichen Verjährungsregeln nach den §§ 194 ff. BGB unterliegen (hierzu unten in Teil 5). Weil sich die Frage nach dem Verfall von Urlaubsansprüchen aber nur stellt, wenn der Arbeitgeber seinen Mitwirkungsobliegenheiten ordnungsgemäß nachgekommen ist, die Frage nach der Verjährbarkeit von Urlaubsansprüchen umgekehrt erst dann, wenn der Arbeitgeber diese nicht oder jedenfalls nicht ordnungsgemäß erfüllt hat, muss geklärt werden, wann von einer ordnungsgemäßen Erfüllung der Mitwirkungsobliegenheiten ausgegangen werden kann. Der 3. Teil dieser Arbeit soll sich daher der Frage widmen, was Arbeitgeber bei der Vornahme der Mitwirkungshandlungen konkret zu beachten haben, um das bundesurlaubsrechtliche Fristenregime in § 7 Abs. 3 S. 1 und S. 3 BUrlG auszulösen und den Urlaubsanspruch an das Kalenderjahr zu binden.

Nachdem zunächst die Rechtsnatur der Mitwirkungsobliegenheiten sowie deren Sinn und Zweck nach dem Verständnis von EuGH und BAG dargelegt werden soll (§ 6), soll im Anschluss näher untersucht werden, wann die Mitwirkungsobliegenheiten überhaupt zum Tragen kommen (§ 7), d.h. auf welche Urlaubsansprüche sie sich konkret beziehen (Gegenständlicher Anwendungsbereich unter A.), gegenüber welchen Personen sie vorgenommen werden müssen (persönlicher Anwendungsbereich unter B.) und ob sie nur für inländische oder auch für ausländische Arbeitsverhältnisse gelten (Räumlicher Anwendungsbereich unter C.). Anschließend soll auf Fragen ihres notwendigen Inhalts (§ 8), ihre Form (§ 9) und ihres maßgeblichen Zeitpunktes (§ 10) eingegangen werden. Zuletzt soll geklärt werden, ob der Arbeitgeber die Mitwirkungsobliegenheiten auch im gekündigten Arbeitsverhältnis, bei einer Langzeiterkrankung des Arbeitnehmers oder bei Unkenntnis von der Schwerbehinderung des Arbeitnehmers nachkommen muss. Diese Konstellationen stellen Sonderfälle dar (§ 11).

§ 6 Rechtsnatur und Sinn und Zweck

A. Rechtsnatur

In der *Max-Planck*-Entscheidung spricht der EuGH zwar von einer „*Verpflichtung*“[577] zur Vornahme der Mitwirkungshandlungen, es handelt sich bei diesen nach nationalen Maßstäben aber nicht um echte Rechtspflichten, sondern „nur“ um „*Obliegenheiten*“[578] des Arbeitgebers.[579] Den Arbeitnehmern soll kein selbständiger und einklagbarer Anspruch auf Unterrichtung und Belehrung eingeräumt werden.[580] Auch folgen auf die Nichterfüllung der Mitwirkungsobliegenheiten keine „echten“ Sanktionen für den Arbeitgeber.[581] Er muss aber, will er sich auf die für ihn günstige Rechtsfolge des Urlaubsverfalls berufen, nachweisen, dass er die Mitwirkungsobliegenheiten ordnungsgemäß erfüllt hat.[582]

B. Sinn und Zweck

Nicht nur der genaue Inhalt[583], die Form[584] und der Zeitpunkt[585] der Vornahme der Mitwirkungsobliegenheiten wird maßgeblich von deren Sinn und Zweck bestimmt. Er spielt auch im Zusammenhang mit anderen, im Verlauf der Arbeit zu behandelnden Fragestellungen eine wesentliche Rolle. Dabei ist das

---

577 EuGH, Urt. v. 06.11.2018 – C-684/16 (Max-Planck-Gesellschaft), NZA 2018, 1474 Rn. 45: „*der Arbeitgeber* [ist] *u.a. verpflichtet* […].“

578 Das BAG spricht daher auch zutreffend von „*Mitwirkungsobliegenheiten*“, vgl. etwa BAG, Urt. v. 19.02.2019 – 9 AZR 423/16, NZA 2019, 977 Rn. 21; Obliegenheiten begründen keine einforderbare Pflicht, sondern führen zu rechtlichen Nachteilen bei Nichteinhaltung der Obliegenheiten, vgl. Erman/*Schmidt-Räntsch*, § 194 BGB, Rn. 15.

579 *Kiel*, Jahrbuch d. Arbeitsrechts (Band 57) 2020, 95, 103; *Sagan*, NZA 2020, 350, 351; *Schlachter/Schneider*, RdA 2021, 240, 243; für die Einordnung als echte Rechtspflicht hingegen *Heukenkamp/Jellen*, SAE 2022, 23, 24, 29.

580 *Kiel*, Jahrbuch d. Arbeitsrechts (Band 57) 2020, 95, 103; *Schlachter/Schneider*, RdA 2021, 240, 243.

581 *Schlachter/Schneider*, RdA 2021, 240, 243.

582 EuGH, Urt. v. 06.11.2018 – C-684/16 (Max-Planck-Gesellschaft), NZA 2018, 1474 Rn. 46; *Schlachter/Schneider*, RdA 2021, 240, 243.

583 Vgl. BAG, Vorlagebeschl. v. 07.07.2020 – 9 AZR 401/19 (A), NZA 2020, 1541 Rn. 24; näher zu dem Inhalt der Mitwirkungsobliegenheiten unten unter § 8.

584 Unten unter § 9.

585 Unten unter § 10.

Verständnis von EuGH und BAG von Sinn und Zweck der Mitwirkungsobliegenheiten nicht gänzlich deckungsgleich.

I. Verständnis des EuGH

Ausgangspunkt der Rspr. des EuGH zu den Mitwirkungsobliegenheiten ist dessen Bild von dem Arbeitnehmer als die *„schwächere Partei des Arbeitsvertrages* […].“[586] Der EuGH befürchtet, dass der Arbeitnehmer aufgrund seiner im Vergleich zum Arbeitgeber *„schwächeren Position*“[587] davon abgeschreckt werden könnte, seine ihm zustehenden Rechte gegenüber dem Arbeitgeber geltend zu machen.[588] So ist aus Sicht des EuGH nicht auszuschließen, dass der Arbeitgeber, fordere der Arbeitnehmer seine Rechte ein, Maßnahmen ergreife, die sich zulasten des Arbeitnehmers auf das Arbeitsverhältnis auswirken könnten.[589] Um zu verhindern, dass der Arbeitnehmer aus Angst vor negativen Konsequenzen von einer Urlaubsnahme absieht, dürfe die Aufgabe, für die tatsächliche Wahrnehmung des Urlaubs zu sorgen, nicht allein dem Arbeitnehmer obliegen.[590] Vielmehr müsse der Arbeitgeber den Arbeitnehmer ausdrücklich zur Urlaubsnahme auffordern und ihn über die Konsequenzen belehren, die im Falle einer Nichtinanspruchnahme des Urlaubs eintreten.[591] Hat der Arbeitgeber den Arbeitnehmer in dieser Weise zur Urlaubsnahme „ermutigt“[592] und signalisiert, dass er eine Urlaubsnahme des Arbeitnehmers nicht „sanktionieren“, sondern mit dieser einverstanden sein wird, soll der Arbeitnehmer eher zur Urlaubsnahme angeregt werden. Nach dem Verständnis des EuGH habe der

---

586 EuGH, Urt. v. 06.11.2018 – C-684/16 (Max-Planck-Gesellschaft), NZA 2018, 1474 Rn. 41.

587 EuGH, Urt. v. 06.11.2018 – C-684/16 (Max-Planck-Gesellschaft), NZA 2018, 1474 Rn. 41.

588 EuGH, Urt. v. 06.11.2018 – C-684/16 (Max-Planck-Gesellschaft), NZA 2018, 1474 Rn. 41.

589 EuGH, Urt. v. 06.11.2018 – C-684/16 (Max-Planck-Gesellschaft), NZA 2018, 1474 Rn. 41; so auch schon EuGH, Urt. v. 25.11.2010 – C-429/09, NZA 2011, 53 Rn. 80 f.

590 EuGH, Urt. v. 06.11.2018 – C-684/16 (Max-Planck-Gesellschaft), NZA 2018, 1474 Rn. 41 ff.

591 EuGH, Urt. v. 06.11.2018 – C-684/16 (Max-Planck-Gesellschaft), NZA 2018, 1474 Rn. 45.

592 Vgl. *Daum*, RdA 2020, 179, 180 f., der von einer *„Ermutigungsobliegenheit*“ spricht.

Arbeitnehmer dann „*tatsächlich die Möglichkeit*“[593], sein Recht auf bezahlten Jahresurlaub auszuüben.[594]

Der Sinn und Zweck der Mitwirkungsobliegenheiten besteht nach dem Verständnis des EuGH also in erster Linie darin, die (vermeintlich) bestehende „*Durchsetzungsschwäche*“[595] des Arbeitnehmers auszugleichen und damit zugleich das Durchsetzungsrisiko von Urlaubsansprüchen zu verringern, wodurch wiederum das mit dem Recht auf bezahlten Jahresurlaub verfolgte Ziel – die Gewährleistung einer tatsächlichen Ruhezeit zum Schutze der Sicherheit und Gesundheit des Arbeitnehmers[596] – gewährleisten wird.[597] Dieses Verständnis zeigt sich auch in der Betonung des EuGH, dass keine Anreize dafür geschaffen werden dürften, dass der Arbeitnehmer auf den Urlaubsanspruch verzichtet.[598] Der Arbeitgeber habe jedes Verhalten oder Unterlassen zu unterbinden, welches den Arbeitnehmer potenziell von einer Urlaubsnahme abhalten könnte.[599] Insofern könne der Urlaubsanspruch auch nur dann dem Verfall unterliegen, wenn feststehe, dass der Arbeitnehmer „*aus freien Stücken*“[600], d.h. ohne Angst vor nachteiligen Maßnahmen des Arbeitgebers und „*in voller Kenntnis der sich daraus ergebenen Konsequenzen*“[601] von der Inanspruchnahme seines Urlaubs abgesehen hat.[602]

---

593 EuGH, Urt. v. 06.11.2018 – C-684/16 (Max-Planck-Gesellschaft), NZA 2018, 1474 Rn. 35 mit Verweis auf EuGH, Urt. v. 20.01.2009 – C-350/06 u.a. (Schultz-Hoff), NZA 2009, 135 Rn. 43.

594 EuGH, Urt. v. 06.11.2018 – C-684/16 (Max-Planck-Gesellschaft), NZA 2018, 1474 Rn. 38, 46 f.

595 *Daum*, RdA 2020, 170, 178.

596 EuGH, Urt. v. 06.11.2018 – C-684/16 (Max-Planck-Gesellschaft), NZA 2018, 1474 Rn. 42 m.w.N.

597 Vgl. BAG, Urt. v. 19.02.2019 – 9 AZR 423/16, NZA 2019, 977 Rn. 40; EuGH, Urt. v. 06.11.2018 – C-684/16 (Max-Planck-Gesellschaft), NZA 2018, 1474 Rn. 41 ff.

598 EuGH, Urt. v. 06.11.2018 – C-684/16 (Max-Planck-Gesellschaft), NZA 2018, 1474 Rn. 42.

599 EuGH, Urt. v. 06.11.2018 – C-684/16 (Max-Planck-Gesellschaft), NZA 2018, 1474 Rn. 42.

600 EuGH, Urt. v. 06.11.2018 – C-684/16 (Max-Planck-Gesellschaft), NZA 2018, 1474 Rn. 47.

601 EuGH, Urt. v. 06.11.2018 – C-684/16 (Max-Planck-Gesellschaft), NZA 2018, 1474 Rn. 47.

602 EuGH, Urt. v. 06.11.2018 – C-684/16 (Max-Planck-Gesellschaft), NZA 2018, 1474 Rn. 47.

II. Verständnis des BAG

Der 9. Senat des BAG scheint das begründende Element für die Geltung der Mitwirkungsobliegenheiten demgegenüber weniger in der Durchsetzungsschwäche des Arbeitnehmers, sondern vielmehr in der potenziell fehlenden Kenntnis des Arbeitnehmers von den konkreten Verfalldaten des Urlaubs zu sehen. Der (uninformierte) Arbeitnehmer soll seinen Urlaubsanspruch nicht deshalb verlieren können, weil er *„ihn in Unkenntnis der Befristung und des damit einhergehenden Risikos des Erlöschens nicht rechtzeitig gegenüber dem Arbeitgeber geltend macht.*“[603]

Der 9. Senat des BAG stellt die Hypothese[604] auf, dass ein verständiger Arbeitnehmer, der von seinem Arbeitgeber über die Anzahl der ihm zustehenden Urlaubstage informiert, auf die maßgeblichen Verfallfristen hingewiesen und zugleich ausdrücklich aufgefordert wird, den Urlaub rechtzeitig vor dem Verfall zu nehmen, den Urlaub dann typischerweise auch rechtzeitig vor dem Urlaubsverfall beantragen wird.[605] Beantragt und nimmt der Arbeitnehmer seinen Urlaub, werde damit wiederum der durch das BUrlG intendierte Gesundheitsschutz verwirklicht.[606] Denn dann sei gewährleistet, dass dem Arbeitnehmer in jedenfalls einigermaßen regelmäßigen zeitlichen Abständen tatsächlich (Urlaubs-)Zeiten für Erholung und Entspannung zukommen.[607]

III. Bewertung

Während der EuGH aufgrund der (vermeintlichen) Durchsetzungsschwäche des Arbeitnehmers sogar von einer *Notwendigkeit* der arbeitsgeberseitigen Mitwirkungsobliegenheiten auszugehen scheint, legt das BAG den Fokus treffender auf deren *Förderlichkeit* für die Verwirklichung des Urlaubsanspruchs. So wird man in der Tat davon ausgehen können, dass entsprechende Informationen und Hinweise und einen an den Arbeitnehmer gerichteten Apell zur Urlaubsnahme zumindest dazu beitragen dürften, dass der Arbeitnehmer seinen Urlaub dann auch tatsächlich nimmt.[608] Zugleich dürfte in diesem Fall die vom EuGH

---

603 BAG, Vorlagebeschl. v. 07.07.2020 – 9 AZR 401/19 (A), NZA 2020, 1541 Rn. 24.

604 *Kiel*, Jahrbuch d. Arbeitsrechts (Band 57) 2020, 95, 104 spricht von *„Erfahrungssatz“*.

605 BAG, Urt. v. 19.02.2019 – 9 AZR 423/16, NZA 2019, 977 Rn. 25.

606 BAG, Urt. v. 19.02.2019 – 9 AZR 423/16, NZA 2019, 977 Rn. 25.

607 BAG, Urt. v. 19.02.2019 – 9 AZR 423/16, NZA 2019, 977 Rn. 25.

608 A.A. hingegen *Sagan*, EWiR 2022, 376, 377, nach dem für die Mitwirkungsobliegenheiten *„kein praktisches Bedürfnis“* bestehe.

geäußerte Befürchtung wegfallen, dass der Arbeitnehmer aus Sorge vor nachteiligen Folgen von einer Geltendmachung seiner Rechte, d.h. von einer Urlaubsbeantragung, abgeschreckt werden könnte.[609] Ein Arbeitnehmer, der von seinem Arbeitgeber ausdrücklich dazu aufgefordert wird, Urlaub zu nehmen, wird davon ausgehen (dürfen), dass der Arbeitgeber es zumindest billigen wird, wenn er der arbeitgeberseitigen Aufforderung dann nachkommt und Urlaub in Anspruch nimmt. Er wird hingegen nicht damit rechnen (müssen), dass der Arbeitgeber, „befolgt" er seine Anweisung, gleichwohl zu für ihn nachteilhaften Maßnahmen greift. Die paternalistische Sichtweise des EuGH kann zwar durchaus kritisch gesehen werden.[610] Dennoch sind die Mitwirkungsobliegenheiten der Urlaubsrealisierung und damit der Gewährleistung der Sicherheit und Gesundheit des Arbeitnehmers durch die Inanspruchnahme regelmäßiger tatsächlicher Ruhezeiten zumindest zuträglich.

Ob die Erfüllung der Mitwirkungsobliegenheiten tatsächlich *jeden* Arbeitnehmer zur Urlaubsnahme veranlassen wird, ist gerade mit Blick auf die Vielfalt an Beweggründen für eine Nichtinanspruchnahme des Urlaubs zumindest fraglich.[611] Nach dem Verständnis des EuGH scheint es aber gerade nicht auf eine individuelle Sichtweise, sondern vielmehr darauf anzukommen, ob die Mitwirkungsobliegenheiten im Grundsatz, d.h. von einzelnen Ausnahmen abgesehen und damit *generell* Einfluss auf die Urlaubsrealisierung der Arbeitnehmer haben können.[612] Dies wird zu bejahen sein.

---

609 Vgl. EuGH, Urt. v. 06.11.2018 – C-684/16 (Max-Planck-Gesellschaft), NZA 2018, 1474 Rn. 41.

610 Kritik an diesem Arbeitnehmerbild äußern auch *Daum*, RdA 2020, 179, 182; *Glatzel*, NZA-RR 2021, 169, 174; *Jacobs/Münder*, RdA 2020, 13, 14; *Mehrens/Witschen*, EuZA 2019, 326, 344; *Rudkowski*, NJW 2019, 476, 477.

611 Vgl. zu den möglichen Gründen für einen Urlaubsverzicht DGB-Index Kompakt Ausgabe 03/2016, abrufbar unter https://index-gute-arbeit.dgb.de/++co++1abb4c34-36f9-11e6-9c99-525400e5a74a (zuletzt abgerufen am 04.07.2023).

612 Der EuGH differenziert nicht zwischen einzelnen Arbeitnehmern, sondern verlangt die Erfüllung der Mitwirkungsobliegenheiten einschränkungslos gegenüber allen Arbeitnehmern; vgl. EuGH, Urt. v. 06.11.2018 – C-684/16 (Max-Planck-Gesellschaft), NZA 2018, 1474 Rn. 45 ff., 55 f.

§ 7 Anwendungsbereich

Bevor näher auf Inhalt, Zeitpunkt und Form der Mitwirkungsobliegenheiten eingegangen wird, soll zunächst ihr gegenständlicher (unter A.), persönlicher (unter B.) und räumlicher (unter C.) Anwendungsbereich abgesteckt werden.

Der *gegenständliche* Anwendungsbereich betrifft die Frage, auf welche Urlaubsansprüche (gesetzliche und/oder übergesetzliche Urlaubsansprüche) sich die Mitwirkungsobliegenheiten unter welchen Voraussetzungen erstrecken müssen, während es im Rahmen des *persönlichen* Anwendungsbereichs um die Frage geht, gegenüber welchen Personen sie vorzunehmen sind. Der *räumliche* Anwendungsbereich betrifft schließlich die Frage, ob und unter welchen Voraussetzungen die Mitwirkungsobliegenheiten auch gegenüber ausländischen Arbeitnehmern oder deutschen Arbeitnehmern, die im Ausland beschäftigt sind, vorzunehmen sind.

A. Gegenständlicher Anwendungsbereich

I. Gesetzlicher Mindestjahresurlaub

Weil die Mitwirkungsobliegenheiten aus einer richtlinienkonformen Auslegung von § 7 Abs. 1 S. 1, Abs. 3 BUrlG folgen, betreffen sie im Grundsatz auch nur den gesetzlichen Mindestjahresurlaub von vier Wochen.[613] Dies folgt aus dem Anwendungsbereich der Arbeitszeitrichtlinie 2003/88/EG, deren Gegenstand gem. Art. 1 Abs. 2 „nur“ der Mindestjahresurlaub ist.[614] Die europarechtlichen Vorgaben beziehen sich insofern nur auf den vierwöchigen Mindestjahresurlaub (vgl. Art. 7 Abs. 1 der RL 2003/88/EG), der dem Mindestjahresurlaub nach §§ 1, 3 BUrlG entspricht.[615]

---

613 BAG, Urt. v. 26.05.2020 – 9 AZR 259/19, NZA 2020, 1416 Rn. 22; BAG, Urt. v. 19.02.2019 – 9 AZR 541/15, NZA 2019, 982 Rn. 35.

614 Neben dem Mindestjahresurlaub sind Gegenstand der Arbeitszeitrichtlinie auch die täglichen und wöchentlichen Mindestruhezeiten, die Ruhepausen und die wöchentliche Höchstarbeitszeit (Art. 1 Abs. 2 a)) sowie bestimmte Aspekte der Nacht- und der Schichtarbeit sowie des Arbeitsrhythmus (Art. 1 Abs. 2 b)).

615 Vgl. EuGH, Urt. v. 19.11.2019 – C-609/17, C-610/17, BeckRS 2019, 28250 Rn. 33 f.; BAG, Urt. v. 26.05.2020 – 9 AZR 259/19, NZA 2020, 1416 Rn. 22; BAG, Urt. v. 19.02.2019 – 9 AZR 541/15, NZA 2019, 982 Rn. 35; vgl. auch BAG, Urt. v. 23.03.2010 – 9 AZR 128/09, NZA 2010, 810 Rn. 19 ff.

Auch Art. 31 Abs. 2 GRCh gebietet insofern nichts anderes.[616] Dieser spricht zwar allein von dem „Recht auf bezahlten Jahresurlaub", ohne einen zeitlichen Mindestumfang des Urlaubsanspruchs vorzusehen. Allerdings kann hieraus nicht geschlussfolgert werden, dass die Mitwirkungsobliegenheiten für sämtliche Urlaubsansprüche, d.h. auch für Mehrurlaubsansprüche gelten sollen.[617] Dies insbesondere vor dem Hintergrund, dass der EuGH die zu Art. 7 der RL 2003/88/EG entwickelten Grundsätze gleichermaßen im Rahmen von Art. 31 Abs. 2 GRCh anwendet, zwischen Art. 7 RL 2003/88/EG und Art. 31 Abs. 2 GRCh insofern ein – inhaltlicher – Gleichlauf herrscht.[618] Aus diesem Grund ist davon auszugehen, dass auch Art. 31 Abs. 2 GRCh die Erfüllung der Mitwirkungsobliegenheiten nur hinsichtlich des vierwöchigen Mindestjahresurlaubs gebietet.[619]

II. Gesetzlicher Zusatzurlaub

Zu den gesetzlichen Urlaubsansprüchen zählt neben dem 4-wöchigen Mindesturlaub nach den §§ 1, 3 Abs. 1 BUrlG auch der Zusatzurlaub für schwerbehinderte und ihnen gleichgestellte Menschen gem. § 208 Abs. 1 S. 1, § 151 Abs. 1, Abs. 2 SGB IX[620] in Höhe von fünf Arbeitstagen sowie der Zusatzurlaub für jugendliche Arbeitnehmer gem. § 19 Abs. 1 JArbSchG[621], dessen Höhe sich nach dem jeweiligen Alter des Jugendlichen richtet (Abs. 2). Besondere Urlaubsregelungen gelten darüber hinaus auch für Seeleute (§§ 56–64 SeeArbG[622]) und für Pflegebetriebe (§ 4 S.

---

616 BeckOK-ArbR/*Lampe*, § 7 BUrlG, Rn. 19 f.

617 *Jacobs/Münder*, RdA 2020, 13, 20; a.A. hingegen *Wutte*, EuZA 2019, 222, 232, der es angesichts der direkten Herleitung aus Art. 31 Abs. 2 GRCh, der keine konkrete Urlaubsdauer enthält, zumindest für nicht nachvollziehbar hält, „*warum die strenge Urlaubssorgepflicht des Arbeitgebers auf vier Wochen Mindesturlaub begrenzt sein sollte.*"

618 Vgl. *Jacobs/Münder*, RdA 2020, 13, 20.

619 *Jacobs/Münder*, RdA 2020, 13, 20.

620 Neuntes Buch Sozialgesetzbuch – Rehabilitation und Teilhabe von Menschen mit Behinderungen vom 23.12.2016 (BGBl. I S. 3234), zuletzt geändert durch Art. 2 des Gesetzes vom 06.06.2023 (BGBl. 2023 I Nr. 146).

621 Gesetz zum Schutze der arbeitenden Jugend (Jugendarbeitsschutzgesetz) vom 12.04.1976 (BGBl. I S. 965), zuletzt geändert durch Art. 2 des Gesetzes vom 16.07.2021 (BGBl. I S. 2970).

622 Seearbeitsgesetz v. 20.04.2013 (BGBl. I S. 868), zuletzt geändert durch Art. 3 des Gesetzes v. 14.03.2023 (BGBl. 2023 I Nr. 73).

PflegeArbbV[623]).

Das BAG wendet die Vorschriften über Entstehung, Übertragung, Kürzung und Abgeltung des gesetzlichen Mindesturlaubs grds. auch auf diese gesetzlichen Zusatzurlaubsansprüche an, sofern einzel- oder tarifvertraglich keine diesbezüglichen, für den Arbeitnehmer günstigeren Regelungen getroffen wurden.[624] Aufgrund dieser *„urlaubsrechtlichen Akzessorietät“*[625] unterwirft das BAG die gesetzlichen Zusatzurlaubsansprüche grds. auch den aus richtlinienkonformer Auslegung des § 7 Abs. 1 S. 1, Abs. 3 BUrlG folgenden Mitwirkungsobliegenheiten.[626]

Europarechtlich ist dies nicht zwingend geboten, weil die den 4-wöchigen Mindestjahresurlaub übersteigenden gesetzlichen Zusatzurlaubsansprüche gem. § 208 Abs. 1 SGB IX, § 19 Abs. 1 JArbSchG, §§ 56–64 SeeArbG nicht dem Anwendungsbereich der Arbeitszeitrichtlinie 2003/88/EG unterfallen und dementsprechend auch nicht richtlinienkonform auszulegen sind.[627] Die rechtliche Gleichbehandlung aller gesetzlichen Urlaubsansprüche überzeugt jedoch, weil hierdurch eine gespaltene Auslegung vermieden wird, was wiederrum zur Rechtssicherheit beiträgt.[628]

---

623 Fünfte Verordnung über zwingende Arbeitsbedingungen in der Pflegebranche (Fünfte Pflegearbeitsbedingungenverordnung) v. 20.04.2022 (BAnz AT 26.04.2022 VI).

624 St. Rspr., vgl. nur BAG, Urt. v. 30.11.2021 – 9 AZR 143/21, BeckRS 2021, 48632 Rn. 17; BAG, Urt. v. 10.03.2020 – 9 AZR 109/19, NZA 2020, 1255 Rn. 11; BAG, Urt. v. 22.01.2019 – 9 AZR 45/16, NJW 2019, 2046 Rn. 24; BAG, Urt. v. 13.12.2011 – 9 AZR 399/10, NZA 2012, 514 Rn. 40; BAG, Urt. v. 23.03.2010 – 9 AZR 128/09, NZA 2010, 810 Rn. 69.

625 BAG, Urt. v. 30.11.2021 – 9 AZR 143/21, BeckRS 2021, 48632 Rn. 17; BAG, Urt. v. 10.03.2020 – 9 AZR 109/19, NZA 2020, 1255 Rn. 11; BAG, Urt. v. 23.03.2010 – 9 AZR 128/09, NZA 2010, 810 Rn. 66.

626 So nun ausdrücklich für den Zusatzurlaub gem. § 208 Abs. 1 SGB IX BAG, Urt. v. 26.04.2022 – 9 AZR 367/21, BeckRS 2022, 18063 Rn. 13 ff.; BAG, Urt. v. 30.11.2021 – 9 AZR 143/21, BeckRS 2021, 48632 Rn. 16 f.; LAG Rheinland-Pfalz, Urt. v. 14.01.2021 – 5 Sa 267/19, NZA-RR 2021, 175 Rn. 14 f.; für eine Geltung der Mitwirkungsobliegenheiten auch in Bezug auf den gesetzlichen Zusatzurlaub ferner *Daum*, RdA 2020, 179, 183; Conze/Karb//Wölk/Reidel/*Karb*, Zusatzurlaub für schwerbehinderte Menschen, Rn. 3569.

627 Vgl. BAG, Urt. v. 26.04.2022 – 9 AZR 367/21, BeckRS 2022, 18063 Rn. 14; BAG, Urt. v. 30.11.2021 – 9 AZR 143/21, BeckRS 2021, 48632 Rn. 17.

628 So zutreffend *Ehlers*, Krank im Urlaub, S. 249; für eine rechtliche Gleichbehandlung aller gesetzlicher Urlaubsansprüche auch *Daum*, RdA 2020, 179, 183.

III. Arbeits- und tarifvertraglicher Mehrurlaub

Arbeits- oder tarifvertraglicher Mehrurlaub, der über den europarechtlich gewährleisteten und von §§ 1, 3 Abs. 1 BUrlG begründeten 4-wöchigen Mindestjahresurlaub hinausgeht, unterliegt hingegen nicht *per se* den Mitwirkungsobliegenheiten.[629]

1. Zulässigkeit abweichender Regelungen

Den Arbeits- sowie Tarifvertragsparteien kommt vielmehr die grundsätzliche Befugnis zu, den – den Mindestjahresurlaub übersteigenden – Mehrurlaub eigenständigen Regelungen zu unterwerfen.[630] Weil die Arbeitszeitrichtlinie nur Regelungen über den vierwöchigen Mindesturlaub enthält, ist ihre Regelungsmacht nicht durch die für den gesetzlichen Mindestjahresurlaub erforderliche unionsrechtskonforme Auslegung der §§ 1, 7 BUrlG beschränkt.[631]

Auf nationaler Ebene ergibt sich die Zulässigkeit abweichender Regelungen zudem aus § 13 BUrlG. Die Vorschrift ist Ausdruck der durch Art. 9 Abs. 3 GG gewährleisteten Tarifautonomie, die den Tarifvertragsparteien grundsätzlich auch die Normsetzungsbefugnis auf dem Gebiet des Urlaubsrechts zuweist.[632] Sie erklärt in Absatz 1 S. 1 nur solche Regelungen für tariffest, die den gesetzlichen (Mindest-)Urlaubsanspruch selbst, den persönlichen Geltungsbereich und die Mindestdauer des Urlaubs in §§ 1, 2 und 3 Abs. 1 BUrlG betreffen.[633] *E contrario* sind sonstige abweichende Regelungen, insbesondere *zugunsten* der

---

629 Vgl. hierzu ausführlich *Kiel*, NZA 2021, 1293 ff.

630 Vgl. zu tarifvertraglichem Mehrurlaub etwa BAG, Urt. v. 31.01.2023 – 9 AZR 10/20, BeckRS 2023, 8405 Rn. 22; BAG, Urt. v. 28.08.2020 – 9 AZR 214/19, NZA 2021, 217 Rn. 19; BAG, Urt. v. 26.05.2020 – 9 AZR 259/19, NZA 2020, 1416 Rn. 22; BAG, Urt. v. 19.02.2019 – 9 AZR 541/15, NZA 2019, 982 Rn. 35; zu arbeitsvertraglichem Mehrurlaub BAG, Urt. v. 21.05.2019 – 9 AZR 579/16, NZA 2019, 1571 Rn. 20; BAG, Urt. v. 19.02.2019 – 9 AZR 321/16, NZA 2019, 1043 Rn. 51 f.; BAG, Urt. v. 19.06.2018 – 9 AZR 615/17, NZA 2018, 1480 Rn. 39.

631 BAG, Urt. v. 31.01.2023 – 9 AZR 10/20, BeckRS 2023, 8405 Rn. 22; BAG, Urt. v. 28.08.2020 – 9 AZR 214/19, NZA 2021, 217 Rn. 19; BAG, Urt. v. 26.05.2020 – 9 AZR 259/19, NZA 2020, 1416 Rn. 22; BAG, Urt. v. 25.06.2019 – 9 AZR 546/17, NZA 2019, 1577 Rn. 21; BAG, Urt. v. 19.02.2019 – 9 AZR 541/15, NZA 2019, 982 Rn. 35; *Kiel*, NZA 2021, 1293, 1293.

632 ErfK/*Gallner*, § 13 BUrlG, Rn. 3; BeckOK-ArbR/*Lampe*, § 13 BUrlG, Rn. 1; HWK/*Schinz*, § 13 BUrlG, Rn. 5.

633 ErfK/*Gallner*, § 13 BUrlG, Rn. 1; HWK/*Schinz*, § 13 BUrlG, Rn. 1.

Arbeitnehmer wie die Gewährung von Mehrurlaub, zulässig.[634] Für arbeitsvertraglichen Mehrurlaub folgt die Zulässigkeit abweichender Regelungen aus § 13 Abs. 1 S. 2 BUrlG, wonach von den Bestimmungen des BUrlG – mit Ausnahme von § 7 Abs. 2 S. 2 BUrlG – nur nicht *zuungunsten* der Arbeitnehmer abgewichen werden darf.[635]

Sowohl arbeits- als auch tarifvertraglich ist es insofern zulässig, nicht nur eine bestimmte Anzahl zusätzlicher Urlaubstage festzulegen, sondern auch Voraussetzungen, Inhalt und nähere Ausgestaltung des Mehrurlaubs frei zu regeln, sowie diesen eigenständigen Befristungs- und Verfallregelungen zu unterwerfen.[636] Zulässig ist es damit auch, den Mehrurlaub unabhängig davon dem Verfall zu unterwerfen, ob der Arbeitgeber zuvor seine Mitwirkungsobliegenheiten erfüllt hat oder nicht.[637]

2. *Anforderungen an den abweichenden Regelungswillen*

Von der grundsätzlichen Zulässigkeit abweichender Regelungen ist die Frage zu trennen, welche Voraussetzungen dafür erfüllt sein müssen, dass die vertraglichen Mehrurlaubsansprüche wirksam eigenständigen, vom BUrlG abweichenden Regelungen unterliegen, konkret, welche Anforderungen an den abweichenden Regelungswillen der Arbeits- und Tarifvertragsparteien zu stellen sind.

a) *Grundsätze des BAG*

Nach Ansicht des BAG müssen für den von den gesetzlichen Regelungen abweichenden Regelungswillen der Arbeits- bzw. Tarifvertragsparteien deutliche Anhaltspunkte vorliegen.[638] Fehlen solche oder treten diese nicht hinreichend

---

634 Hohmeister/Oppermann/*Hohmeister*, § 13 BUrlG, Rn. 1; HWK/*Schinz*, § 13 BUrlG, Rn. 3.

635 Hohmeister/Oppermann/*Hohmeister*, § 13 BUrlG, Rn. 1; HWK/*Schinz*, § 13 BUrlG, Rn. 20 f.

636 Vgl. *Kiel*, NZA 2021, 1293, 1293; *ders.*, Jahrbuch d. Arbeitsrechts, Band 57 (2020), 95, 97; HWK/*Schinz*, § 13 BUrlG, Rn. 21.

637 So ausdrücklich BAG, Urt. v. 09.03.2021 – 9 AZR 310/20, NZA 2021, 1202 Rn. 20; BAG, Urt. v. 25.08.2020 – 9 AZR 214/19, NZA 2021, 217 Rn. 26; BAG, Urt. v. 25.06.2019 – 9 AZR 546/17, NZA 2019, 1577 Rn. 21.

638 Zu tarifvertraglichem Mehrurlaub etwa BAG, Urt. v. 31.01.2023 – 9 AZR 10/20, BeckRS 2023, 8405 Rn. 23; BAG, Urt. v. 29.09.2020 – 9 AZR 113/19, NZA 2021, 279 Rn. 12; BAG, Urt. v. 28.08.2020 – 9 AZR 214/19, NZA 2021, 217 Rn. 19; BAG, Urt. v. 26.05.2020 – 9 AZR 259/19, NZA 2020, 1416 Rn. 22; BAG, Urt. v. 28.08.2020 – 9 AZR 214/19, NZA 2021, 217 Rn. 19; zu arbeitsvertraglichem Mehrurlaub etwa BAG,

deutlich hervor, soll von einem Gleichlauf von gesetzlichem Mindesturlaub und arbeits- bzw. tarifvertraglichem Mehrurlaub auszugehen sein.[639] Der vertragliche Mehrurlaub unterliegt nach der Rspr. des BAG in diesem Fall denselben Regelungen, die auch für den gesetzlichen Mindesturlaubsanspruch gelten.[640]

aa) Ausdrückliche Unterscheidung oder eigenständige Regelung

Einen hinreichend deutlichen Regelungs- bzw. Abweichungswillen erkennt das BAG an, wenn im Arbeits- bzw. Tarifvertrag entweder hinsichtlich Befristung und Übertragung bzw. Verfall des Urlaubs zwischen Mindest- und Mehrurlaub unterschieden wird (die Regelungen über den Mehrurlaub insofern erkennbar von der gesetzlichen Regelung „abgekoppelt"[641] werden) oder – losgelöst vom gesetzlichen Fristenregime – eigenständige Regelungen zu Befristung und Übertragung bzw. Verfall des Urlaubsanspruchs getroffen wurden.[642]

So hat das BAG ein eigenständiges Fristenregime z.B. angenommen, wenn ein Tarifvertrag – entgegen § 7 Abs. 3 S. 2 BUrlG – keine Übertragungsanordnung vorsieht, sondern der Urlaub stets, d.h. ohne Vorliegen besonderer Gründe und ohne die Notwendigkeit einer Übertragung bis zum 31.03. des Folgejahres geltend gemacht werden kann.[643] Selbiges soll gelten, wenn im Tarifvertrag zwar nicht auf die Übertragung an sich, aber auf das Vorliegen von Übertragungsgründen verzichtet wird[644] oder diese in Abweichung von den in § 7 Abs. 3 S. 2 BUrlG genannten Übertragungsgründen modifiziert werden.[645]

Urt. v. 19.02.2019 – 9 AZR 321/16, NZA 2019, 1043 Rn. 52; BAG, Urt. v. 21.05.2019 – 9 AZR 579/16, NZA 2019, 1571 Rn. 20.

639 Vgl. etwa BAG, Urt. v. 31.01.2023 – 9 AZR 10/20, BeckRS 2023, 8405 Rn. 23; BAG, Urt. v. 29.09.2020 – 9 AZR 113/19, NZA 2021, 279 Rn. 12; BAG, Urt. v. 19.02.2019 – 9 AZR 541/15, NZA 2019, 982 Rn. 36.

640 Vgl. BAG, Urt. v. 25.06.2019 – 9 AZR 546/17, NZA 2019, 1577 Rn. 21; *Kiel*, NZA 2021, 1293, 1294.

641 So die Formulierung in LAG München, Urt. v. 29.07.2010 – 3 Sa 280/10, BeckRS 2010, 74589 Rn. 22: *„Abkoppelung des tarifvertraglichen Mehrurlaubs vom gesetzlichen Mindesturlaub"*.

642 St. Rspr. vgl. nur BAG, Urt. v. 29.09.2020 – 9 AZR 113/19, NZA 2021, 279 Rn. 12 m.w.N.

643 BAG, Urt. v. 14.02.2017 – 9 AZR 386/16, NJW 2017, 2221 Rn. 15 m.w.N.

644 Weil ein Verzicht auf die Übertragungsvoraussetzungen dieselben Auswirkungen habe wie ein Verzicht auf die Übertragungsnotwendigkeit an sich, so BAG, Urt. v. 14.02.2017 – 9 AZR 386/16, NJW 2017, 2221 Rn. 15; a.A. hingegen noch in BAG, Urt. v. 12.04.2011 – 9 AZR 80/10, NZA 2011, 1050 Rn. 29 ff.

645 BAG, Urt. v. 14.02.2017 – 9 AZR 386/16, NJW 2017, 2221 Rn. 15.

bb) Ausdrückliche Abweichung von den Mitwirkungsobliegenheiten

Aber selbst bei Feststellung eines eigenständigen Fristenregimes muss nach Ansicht des 9. Senats des BAG im Arbeits- oder Tarifvertrag ein Abweichungswille auch speziell in Bezug auf die Mitwirkungsobliegenheiten Niederschlag finden, wenn die Arbeits- bzw. Tarifvertragsparteien deren Geltung in Bezug auf Mehrurlaubsansprüche wirksam abbedingen wollen.[646] Unzureichend sei es insofern, wenn in einem Arbeits- oder Tarifvertrag zwar von Regelungen des BUrlG abgewichen wird, diese aber in keinerlei innerem Zusammenhang mit der konkret in Streit stehenden Regelung (im hiesigen Kontext der Geltung der Mitwirkungsobliegenheiten) stehen.[647] Der Abweichungswille müsse sich auf den jeweils in Rede stehenden Regelungsgegenstand beziehen.[648] Verhält sich die vertragliche Regelung nicht zu den arbeitgeberseitigen Mitwirkungsobliegenheiten und auch nicht dazu, ob deren Erfüllung Voraussetzung für das Erlöschen des gesetzlichen und tariflichen Urlaubsanspruchs mit Ablauf des Bezugs- bzw. Übertragungszeitraum ist, soll auch insofern von einem Gleichlauf von Mindest- und Mehrurlaub auszugehen sein.[649] Begründet wird dies damit, dass die Arbeits- und Tarifvertragsparteien nur berechtigt, nicht aber verpflichtet sind, den arbeits- bzw. tarifvertraglichen Mehrurlaub vom BUrlG abweichenden Regelungen zu unterwerfen. Machen sie von ihrer (abweichenden) Regelungsbefugnis keinen Gebrauch, würden die gesetzlichen (Befristungs-)Vorschriften daher auch für den vertraglichen Mehrurlaub gelten.[650]

Eine wirksame Abbedingung der Mitwirkungsobliegenheiten ist laut BAG aber anzunehmen, wenn neben der Aufstellung eines eigenständigen Fristenregimes im Arbeits- bzw. Tarifvertrag vorgesehen ist, dass der Arbeitnehmer den Mehrurlaub, will er seinen Verfall verhindern, vor einem bestimmten Termin

646 Vgl. etwa BAG, Urt. v. 09.03.2021 – 9 AZR 310/20, NZA 2021, 1202 Rn. 20; BAG, Urt. v. 25.08.2020 – 9 AZR 214/19, NZA 2021, 217 Rn. 26; BAG, Urt. v. 26.05.2020 – 9 AZR 259/19, NZA 2020, 1416 Rn. 22 ff.; BAG, Urt. v. 25.06.2019 – 9 AZR 546/17, NZA 2019, 1577 Rn. 21; BAG, Urt. v. 19.02.2019 – 9 AZR 541/15, NZA 2019, 982 Rn. 37; vgl. hierzu auch *Kiel*, NZA 2021, 1293, 1295.

647 BAG, Urt. v. 25.08.2020 – 9 AZR 214/19 – NZA 2021, 217 Rn. 19.

648 BAG, Urt. v. 25.08.2020 – 9 AZR 214/19 – NZA 2021, 217 Rn. 19.

649 Vgl. BAG, Urt. v. 26.05.2020 – 9 AZR 259/19, NZA 2020, 1416 Rn. 25 ff.; BAG, Urt. v. 25.06.2019 – 9 AZR 546/17, NZA 2019, 1577 Rn. 21.

650 BAG, Urt. v. 29.09.2020 – 9 ZR 113/19, NZA 2021, 279 Rn. 14; BAG, Urt. v. 26.05.2020 – 9 AZR 259/19, NZA 2020, 1416 Rn. 22; vgl. auch bereits BAG, Urt. v. 28.04.1998 – 9 AZR 314/97, NZA 1999, 156, 157 unter I. 4.

geltend machen muss.[651] Durch eine solche Regelung komme zum Ausdruck, dass – anders als bezüglich des gesetzlichen Mindesturlaubsanspruchs – dem Arbeitnehmer und nicht dem Arbeitgeber die Initiativlast für die Verwirklichung des Mehrurlaubsanspruchs auferlegt wird.[652]

b) Bewertung

Ausgehend von der Prämisse, dass den Arbeits- und Tarifvertragsparteien nur das Recht, nicht aber die Pflicht zukommt, Mehrurlaub vom BUrlG abweichenden Regelungen zu unterwerfen, verlangt das BAG, dass die Abweichungen ausdrücklich, d.h. *positiv* im Arbeits- bzw. Tarifvertrag geregelt werden müssen, die gesetzlichen Regelungen anderenfalls auch für den Mehrurlaub greifen.[653] Dies ist insofern überzeugend, als der abweichende Regelungswille der Vertragsparteien (als ein rein subjektives Element) ohne das Vorliegen objektiver Anhaltspunkte andernfalls nicht oder jedenfalls nur schwer feststellbar wäre. Ist ein abweichender Wille der Vertragsparteien nicht feststellbar, weil er im Vertragswerk keine „Andeutung“[654] findet, geht das BAG von einer Geltung der gesetzlichen Urlaubsregelungen auch für den vertraglichen Mehrurlaub aus.[655]

Im Kern fußt diese BAG-Rechtsprechung also auf der These, dass die Arbeits- und Tarifvertragsparteien, die keine eigenständigen, von den gesetzlichen Regelungen abweichenden Regelungen getroffen haben, den vertraglichen Mehrurlaub denselben Regelungen unterwerfen *wollen*, die auch für den gesetzlichen Mindesturlaub gelten, weshalb sie dann, wenn sie eine solche Synchronisation zwischen Mindest- und Mehrurlaub *nicht wollen*, ihrem Abweichungswillen deutlich Ausdruck verschaffen, ergo die abweichenden Regelungen *positiv* normieren müssen.[656] Nach der Rspr. des BAG gelten die gesetzlichen Vorschriften bei fehlender abweichender Normierung also so lange auch für den vertraglichen

---

651 BAG, Urt. v. 09.03.2021 – 9 AZR 310/20, NZA 2021, 1202 Rn. 20; BAG, Urt. v. 25.08.2020 – 9 AZR 214/19, NZA 2021, 217 Rn. 26.

652 BAG, Urt. v. 09.03.2021 – 9 AZR 310/20, NZA 2021, 1202 Rn. 20; BAG, Urt. v. 25.08.2020 – 9 AZR 214/19, NZA 2021, 217 Rn. 26.

653 Vgl. nur BAG, Urt. v. 29.09.2020 – 9 ZR 113/19, NZA 2021, 279 Rn. 14.

654 Vgl. zu der für Tarifverträge geltenden „Andeutungstheorie“ ErfK/*Franzen*, § 1 TVG, Rn. 93; Löwisch/Rieble/*Löwisch/Rieble*, § 1 TVG, Rn. 1675 f.; kritisch hierzu *Wank*, DB 2017, 2290 ff.

655 Vgl. BAG, Urt. v. 26.05.2020 – 9 AZR 259/19, NZA 2020, 1416 Rn. 23 ff.

656 Vgl. *Kiel*, NZA 2021, 1293, 1294: *„Nur eine erkennbar eigenständige Regelung des Mehrurlaubs steht der Annahme dieses Gleichlaufs entgegen.“*

Mehrurlaub, wie nicht ausdrücklich von diesen abgewichen und eine anderslautende Regelung getroffen wird.

Diese Rspr. kann dabei aber auch nur so lange überzeugen, wie sich der Inhalt und die Rechtsfolgen der gesetzlichen Regelungen nicht ändern. Ändert sich der Regelungsinhalt der gesetzlichen Bestimmungen nach Abschluss des Arbeits- oder Tarifvertrages bzw. wird ihnen nachträglich ein von dem ursprünglichen Regelungsinhalt abweichender Regelungsinhalt beigemessen, ist die Annahme des BAG, dass auch in diesem Fall die gesetzlichen Regelungen (mit geändertem Inhalt) auf den Mehrurlaub Anwendung finden sollen, unter mehreren Gesichtspunkten Bedenken ausgesetzt[657]:

aa) Dynamischer Gleichlauf = dynamischer Wille?

Dass das BAG von einem Gleichlauf von gesetzlichem und vertraglichen Urlaub auch für den Fall ausgeht, dass sich die gesetzlichen Regelungen nach Vertragsschluss wesentlich ändern bzw. ihnen nachträglich ein von dem ursprünglichen Gesetzesverständnis abweichendes Gesetzesverständnis zugrunde gelegt wird, folgt zunächst aus dem Umstand, dass es den Gleichlauf in einem *„dynamischen“*[658] Sinne versteht. Aus Sicht des BAG soll sich der Gleichlauf *„an der jeweiligen Auslegung der gesetzlichen Bestimmungen“*[659] orientieren. Verlange etwa das Unionsrecht eine grundlegende Neuinterpretation des BUrlG, gelte diese Neuinterpretation selbst dann ebenso für den tarifvertraglichen Mehrurlaub, *„wenn die Tarifvertragsparteien den Mehrurlaub auf der Grundlage eines Gesetzesverständnisses vereinbart hatten, das vormals nach ständiger Rechtsprechung als „gesichert“ gelten durfte.“*[660]

Geht das BAG von einem solchen dynamischen Gleichlauf aus, geht es im Grunde davon aus, dass die Arbeits- und Tarifvertragsparteien den Willen haben, dass die gesetzlichen Regelungen nicht lediglich „statisch“ mit dem Inhalt zur Anwendung kommen sollen, der ihnen zum Zeitpunkt des Vertragsschlusses zukommt. Es geht vielmehr von einem „dynamischen“, jedwede (spätere) Gesetzes- bzw. Rechtssprechungsänderung umfassenden Regelungswillen der Arbeits- bzw. Tarifvertragsparteien aus: Bei fehlender abweichender Regelung sollen die gesetzlichen Regelungen nicht mit einem bestimmten, zum Zeitpunkt

---

657 Kritisch auch *Bayreuther*, NZA 2022, 1381, 1383; dieser Rechtsprechungslinie des BAG zustimmend hingegen *Daum*, RdA 2020, 179, 183 f.

658 *Kiel*, NZA 2021, 1293, 1294.

659 *Kiel*, NZA 2021, 1293, 1294.

660 *Kiel*, NZA 2021, 1293, 1294.

des Vertragsschlusses maßgeblichen Inhalt (Regelung mit gleichbleibendem Inhalt *A*), sondern mit immer dem Inhalt und den Rechtsfolgen Anwendung finden, der ihnen der Gesetzgeber oder die Rechtsprechung im Wege der Auslegung – aktuell – zuweist (Regelung mit variablem Inhalt *x*).

aaa) Beschränkung der Tarif- und Privatautonomie

Die Annahme eines solch „dynamischen", jedwede spätere Änderungen einschließenden Regelungswillen ist vor dem Hintergrund der verfassungsrechtlich garantierten Privat- bzw. Tarifautonomie jedenfalls dann nicht ganz unbedenklich, wenn es an entsprechenden (objektiven) Anhaltspunkten[661] für einen solchen antizipierten Regelungswillen fehlt.

Die aus Art. 9 Abs. 3 GG folgende Tarifautonomie räumt den Tarifvertragsparteien eine umfassende Gestaltungsfreiheit ein.[662] Sie umfasst nicht nur die Freiheit, aktiv Regelungen zu treffen, sondern auch die Freiheit, bestimmte Regelungen nicht zu treffen.[663] Dies gilt ebenso für die aus Art. 2 Abs. 1 GG folgende Privatautonomie.[664] Haben die Arbeits- und Tarifvertragsparteien zum Zeitpunkt des Vertragsschlusses davon abgesehen, eine von der gesetzlichen Regelung mit dem Inhalt *A* abweichende Regelung zu treffen, ist die Schlussfolgerung auf den Willen zur Geltung dieser gesetzlichen Regelung mit Inhalt *A* gerechtfertigt, weil in diesem Fall davon ausgegangen werden kann, dass die Vertragsparteien, hätten sie eine andere Regelung gewollt, diese eben ausdrücklich

---

661 Auf einen solch dynamischen Regelungswillen könnte allenfalls geschlossen werden, wenn die Vertragsparteien im Vertrag den Passus aufnehmen, dass *„die gesetzlichen Vorschriften in ihrer jeweils geltenden Fassung bzw. Auslegung"* gelten sollen oder auch nur, dass *„die gesetzlichen Regelungen entsprechend für den vertraglichen Urlaub gelten"* oder auf den vertraglichen Mehrurlaub *„im Übrigen die Vorschriften des BUrlG zur Anwendung kommen"*; so plädiert auch *Bayreuther*, NZA 2022, 1381, 1383 dafür, das Regel-/Ausnahmeverhältnis, mit dem das BAG arbeitet, in die umgekehrte Richtung zu justieren: *„Im – unionsrechtlich nicht gebundenen – Bereich des Mehrurlaubs ist es alleine Sache der Vertragsparteien, zu bestimmen, wann und unter welchen Voraussetzungen dieser wegfallen soll. Haben die Parteien den Verfall des Urlaubs nicht an das Vorliegen bestimmter Tatbestandsmerkmale gebunden, so gibt es diese auch nicht und folglich müssen diese auch nicht erfüllt werden."*

662 Vgl. ErfK/*Franzen*, § 1 TVG, Rn. 3; ErfK/*Linsenmaier*, Art. 9 GG, Rn. 51; Löwisch/Rieble/*Löwisch/Rieble*, § 1 TVG, Rn. 1 f.

663 Vgl. MüHdb.-ArbR/*Klumpp*, § 243 Rn. 52; Löwisch/Rieble/*Löwisch/Rieble*, § 1 TVG, Rn. 1736.

664 Vgl. ErfK/*Schmidt*, Art. 2 GG, Rn. 2; vgl. auch MüKo-BGB/*Säcker*, Einl. BGB, Rn. 172 f.

(abweichend) geregelt hätten. Mit anderen Worten haben die Vertragsparteien von ihrer Gestaltungsfreiheit (passiv) Gebrauch gemacht, indem sie – zum Zeitpunkt des Vertragsschlusses – davon abgesehen haben, von einer bestimmten gesetzlichen Regelung mit einem bestimmten Inhalt (Inhalt *A*) abzuweichen.

Ändert sich diese Regelung nun aber in der Folgezeit dahingehend, dass ihr – etwa infolge einer Gesetzesänderung oder aufgrund einer von den Gerichten vorgenommenen Neuinterpretation – nunmehr ein ganz anderer Regelungsgehalt (Inhalt *B*) zukommt und nimmt man sodann an, dass der Wille der Vertragsparteien auch auf die Geltung der Regelung mit dem Inhalt *B* gerichtet ist, übergeht man gewissermaßen die vormals getroffene Entscheidung der Vertragsparteien, von der Geltung einer bestimmten gesetzlichen Regelung mit dem Inhalt *A nicht* abzuweichen.[665] Zugleich beschränkt man das Recht der Arbeits- und Tarifvertragsparteien, selbst (aktiv) darüber zu entscheiden, ob sie die Regelung mit dem geänderten Inhalt *B* nun auch für den vertraglichen Urlaub gelten lassen wollen.[666]

bbb) Differenzierung zwischen Alt- und Neuverträgen

Sehen Arbeits- oder Tarifverträge (ausdrücklich) eine Regelung vor, die inhaltlich derjenigen des § 7 Abs. 3 S. 1 und S. 3 BUrlG entspricht[667], scheidet eine Auslegung[668] dahingehend, dass Verfall des vertraglich gewährten Mehrurlaubs erst nach vorheriger Erfüllung bestimmter arbeitgeberseitiger Mitwirkungsobliegenheiten eintritt, ferner auch schon nach allgemeinen Auslegungsgrundsätzen aus. Das gilt jedenfalls in Bezug auf Altverträge, die vor Erlass der Entscheidung des

665 Vgl. auch Powietzka/Rolf/*Powietzka*, § 7 BUrlG, Rn. 102: „*reine Fiktion*".

666 Vgl. auch *Bayreuther*, NZA 2022, 1381, 1383.

667 So lag der Entscheidung des BAG, Urt. v. 26.05.2020 – 9 AZR 259/19, NZA 2020, 1416, in der das BAG von einem entsprechenden Gleichlauf von gesetzlichem und tarifvertraglichem Urlaub ausging, etwa folgende tarifliche Regelung (§ 15 Ziff. 2.3. des Tarifvertrages) zugrunde: „*Der Urlaub ist im laufenden Kalenderjahr zu gewähren und zu nehmen. Eine Übertragung des Urlaubs auf das nächste Urlaubsjahr ist nur statthaft, wenn dringende betriebliche oder in der Person des/der Beschäftigten liegende Gründe dies rechtfertigen.*"

668 Das BAG weist selbst darauf hin, dass die Frage, welcher Regelungsgehalt einer bestimmten Regelung zukommt, aufgrund einer Gesamtbetrachtung der vertraglichen Regelungen durch Auslegung zu ermitteln ist, vgl. BAG, Urt. v. 09.03.2021 – 9 AZR 310720, NZA 2021, 1202 Rn. 20.

EuGH in der Rs. *Max-Planck-Gesellschaft,* d.h. vor dem 06.11.2018[669] geschlossen wurden.[670]

(1) Neuverträge

Sehen Arbeits- und/oder Tarifverträge, die nach Erlass der *Max-Planck*-Entscheidung, d.h. nach dem 06.11.2018 geschlossen wurden (Neuverträge), keine von den bundesurlaubsrechtlichen Vorschriften abweichende Regelung vor und verhalten sie sich auch nicht ausdrücklich zu der Frage der Geltung der Mitwirkungsobliegenheiten, kann davon ausgegangen werden, dass die Vertragsparteien in Kenntnis der – europarechtlich veranlassten – Neuinterpretation von § 7 Abs. 1 S. 1, Abs. 3 BUrlG bewusst darauf verzichtet haben, eine hiervon abweichende Regelung zu treffen und dementsprechend die gesetzlichen Regelungen einschließlich der arbeitgeberseitigen Mitwirkungsobliegenheiten auch für den vertraglichen Mehrurlaub gelten lassen wollten.

(2) Altverträge

Bei Altverträgen wird eine dahingehende Auslegung hingegen regelmäßig ausscheiden.

---

669 Erst mit Ergehen der *Max-Planck*-Entscheidung am 06.11.2018 stand insoweit fest, welchen Inhalt der EuGH Art. 7 Abs. 1 der RL 2003/88/EG und Art. 31 Abs. 2 GRCh beimisst und dass dieses Auslegungsergebnis nicht in Einklang mit der bis dahin bestehenden höchstrichterlichen Rspr. des 9. Senats zum Urlaubsantragserfordernis des Arbeitnehmers steht; vgl. auch BAG, Urt. v. 31.01.2023 – 9 AZR 244/20, BeckRS 2023, 2253, Rn. 38: „*Eine Änderung der Rechtslage zeichnete sich hinreichend konkret erst mit Verkündigung der Entscheidung des Gerichtshofs vom 6. November 2018* […] *ab.*“; vgl. zu der Wahl des Stichtages auch die zutreffenden Ausführungen von *Höpfner*, RdA 2013, 16, 28 – dort im Zusammenhang mit der Gewährung von Vertrauensschutz.

670 Eine unterschiedliche Behandlung von Alt- und Neuverträgen wurde auch im Nachgang an die *Schultz-Hoff* Entscheidung des EuGH teilweise gefordert, so etwa von *Bauer/Arnold,* NJW 2009, 631, 634; *Krieger/Arnold*, NZA 2009, 530, 532; *Picker*, ZTR 2009, 230, 238; *Kamanabrou,* SAE 2009, 233, 237; *Polzer*, Die Befristung des Urlaubsanspruchs auf das Kalenderjahr, S. 116 f.; kritisch auch *Ehlers*, Krank im Urlaub, S. 250 f.; nochmals zwischen Altarbeitsverträgen und Alttarifverträgen differenzierend *Höpfner*, RdA 2013, 65, 73.

(a) Alttarifverträge

(aa) Auslegungsgrundsätze

Die Auslegung des normativen Teils eines Tarifvertrages folgt nach st. Rspr. des BAG[671] den für die Auslegung von Gesetzen geltenden Regeln. Im Grundsatz sind Tarifverträge daher objektiv auszulegen.[672] Ausgangspunkt der Auslegung ist der Wortlaut der Tarifnorm, wobei – ohne am Buchstaben zu haften – der maßgebliche Sinn der Erklärung zu erforschen ist.[673] Mit zu berücksichtigen soll nach Ansicht des BAG aber auch der wirkliche Wille der Tarifvertragsparteien und damit der von ihnen beabsichtigte Sinn und Zweck der Tarifnorm sein.[674] Voraussetzung ist nur, dass der gewollte Inhalt einer Tarifnorm im Wortlaut erkennbar Ausdruck gefunden hat.[675] Wenn auch nach Abstellen auf den Gesamtzusammenhang noch Zweifel verbleiben, können aus Sicht des BAG weitere Kriterien berücksichtigt werden.[676] Im Zweifelsfalle sei diejenige Auslegung zu wählen, „*die zu einer vernünftigen, sachgerechten, zweckorientierten und praktisch brauchbaren Lösung führt.*“[677]

(bb) Folgerungen

Wie dargelegt[678], ist eine Auslegung, wonach Verfall des Urlaubsanspruchs erst nach vorheriger Erfüllung bestimmter arbeitgeberseitiger Mitwirkungsobliegenheiten verfällt, vom Wortlaut einer der Vorschrift des § 7 Abs. 3 S. 1 und S. 3 BUrlG entsprechenden Regelung nicht gedeckt. Die bedingungsfeindlichen Formulierungen „muss […] gewährt und genommen“ und „Eine Übertragung […] ist nur statthaft, wenn […]“ bringen eindeutig zum Ausdruck, dass andere

671 St. Rspr. vgl. nur BAG, Urt. v. 20.06.2018 – 4 AZR 339/17, NZA 2019, 264 Rn. 19 m.w.N.

672 ErfK/*Franzen*, § 1 TVG, Rn. 92; *Höpfner*, RdA 2013, 65, 73.

673 BAG, Urt. v. 20.06.2018 – 4 AZR 339/17, NZA 2019, 264 Rn. 19; BeckOK-ArbR/*Waas*, § 1 TVG, Rn. 49.

674 BAG, Urt. v. 20.06.2018 – 4 AZR 339/17, NZA 2019, 264 Rn. 19.

675 BAG, Urt. v. 20.06.2018 – 4 AZR 339/17, NZA 2019, 264 Rn. 19; vgl. schon BAG, Urt. v. 30.09.1971 – 5 AZR 123/71, AP TVG § 1 Auslegung Nr. 121 unter 1.; BAG, Urt. v. 31.10.1990 – 4 AZR 114/90, NZA 1991, 201, 201; ErfK/*Franzen*, § 1 TVG, Rn. 93; Löwisch/Rieble/*Löwisch/Rieble*, § 1 TVG, Rn. 1675 f.; BeckOK-ArbR/*Waas*, § 1 TVG, Rn. 49.

676 BAG, Urt. v. 20.06.2018 – 4 AZR 339/17, NZA 2019, 264 Rn. 19 m.w.N.

677 BAG, Urt. v. 20.06.2018 – 4 AZR 339/17, NZA 2019, 264 Rn. 19; vgl. auch BeckOK-ArbR/*Waas*, § 1 TVG, Rn. 51.

678 Oben unter § 5 A. D. III. 2. b).

als die ausdrücklich genannten Gründe keine Übertragung rechtfertigen und insofern auch keinen Verfall verhindern können sollen.[679] Sieht der Tarifvertrag auch sonst keine Bestimmung vor, nach der den Arbeitgeber bestimmte Mitwirkungshandlungen im Hinblick auf die Urlaubsverwirklichung auferlegt werden sollen, wird sich auch aus der Systematik regelmäßig kein entsprechendes Auslegungsergebnis herleiten lassen. Der Wille zur Geltung etwaiger arbeitgeberseitiger Mitwirkungsobliegenheiten – wie sie das BAG in Umsetzung der europarechtlichen Vorgaben für den gesetzlichen Urlaub nun verlangt – werden in Alttarifverträgen schlicht keinen Niederschlag gefunden haben. Dies folgt schon aus dem Umstand, dass weder der EuGH noch das BAG etwaige Mitwirkungsobliegenheiten zum Zeitpunkt des Abschlusses des Tarifvertrages statuierten, die Vertragsparteien also auch (noch) gar keine Kenntnis von diesen hatten bzw. haben konnten.[680] Bis zu der *Max-Planck*-Entscheidung des EuGH entsprach es vielmehr ständiger Rechtsprechung des BAG, dass dem Arbeitnehmer und nicht dem Arbeitgeber die Initiativlast hinsichtlich der Urlaubsgewährung zukommt.[681] Hatten die Vertragsparteien zum damaligen Zeitpunkt also keine Kenntnis von den Mitwirkungsobliegenheiten, konnten sie auch keinen Willen in Bezug auf deren Geltung bilden.[682] Ist aber ein Wille (noch) gar nicht vorhanden, kann auf einen solchen nicht – auch nicht im Wege der Auslegung – geschlossen werden. Ein bestimmter Wille in Bezug auf eine bestimmte Regelungsmaterie setzt denknotwenig Kenntnis von dieser voraus.

Letztlich werden die Tarifvertragsparteien zum Zeitpunkt des Vertragsschlusses mit einer solchen Regelung das Ziel verfolgt haben, dass Urlaubsansprüche – im Einklang mit der damaligen höchstrichterlichen Rechtsprechung – unabhängig davon dem Verfall unterliegen, ob der Arbeitgeber bestimmte Mitwirkungsobliegenheiten vorgenommen hat.

---

679 Vgl. auch *Dullinger/Zöllner*, SAE 2020, 93, 95.

680 Vgl. hierzu oben unter § 1 B. I.

681 Vgl. hierzu oben unter § 2 B.

682 Unerheblich ist in diesem Zusammenhang auch, dass die Mitwirkungsobliegenheiten aufgrund der *ex-tunc*-Wirkung des EuGH-Urteils auf den Zeitpunkt des Inkrafttretens der (ersten) Arbeitszeitrichtlinie am 23.11.1996 zurückwirken und damit grds. auch schon ab diesem Zeitpunkt Geltung beanspruchten. Bei der Rückwirkung handelt es sich um eine Rückwirkung im Rechtssinne. Sie hat zur Folge, dass eine Unionsvorschrift in der vom EuGH ausgelegten Weise in eben dieser Weise bereits seit ihrem Inkrafttreten zu verstehen ist. Demgegenüber handelt es sich bei der Kenntnis der Vertragsparteien um einen tatsächlichen, inneren Vorgang, der von einer rechtlichen Rückwirkung unberührt bleibt.

(cc) Keine ergänzende Vertragsauslegung

Dass die Mitwirkungsobliegenheiten nach dem Willen der Tarifvertragsparteien auch für den tariflichen Mehrurlaub gelten sollen, kann auch nicht aus einer ergänzenden Vertragsauslegung folgen.

Zweifelhaft ist schon das Vorliegen einer durch ergänzende Vertragsauslegung zu füllenden „planwidrigen Lücke“[683]. So ist – wie dargelegt – davon auszugehen, dass die Tarifparteien zum Zeitpunkt des Vertragsschlusses der Annahme waren, dass es sich bei der gesetzlichen Regelung in § 7 Abs. 3 S. 1 und S. 3 BUrlG – von der sie nicht ausdrücklich abgewichen und deren Geltung sie daher beabsichtigten – angesichts ihres Wortlauts und der hierzu bestehenden höchstrichterlichen Rspr. des BAG um eine abschließende Regelung handelt, die den Verfall nicht realisierter Urlaubsansprüche verschuldensunabhängig und auch unabhängig vom Vorliegen bestimmter sonstiger Voraussetzungen mit Ablauf des Kalenderjahres bzw. Übertragungszeitraums vorsieht. War der Wille der Vertragsparteien also darauf gerichtet, eine abschließende Regelung zu treffen, kommt eine ergänzende Vertragsauslegung nicht mehr in Betracht.[684]

Aber selbst wenn man eine planwidrige Regelungslücke annähme, wäre eine Lückenfüllung im genannten Sinne (Geltung der Mitwirkungsobliegenheiten auch in Bezug auf den tariflichen Mehrurlaub) wegen des damit verbundenen Eingriffs in die durch Art. 9 Abs. 3 GG geschützte Tarifautonomie nicht möglich.[685] Eine ergänzende Auslegung von Tarifverträgen kommt nur in Betracht, wenn sich unter Berücksichtigung von Treu und Glauben ausreichende Anhaltspunkte für einen mutmaßlichen Willen der Tarifvertragsparteien ergeben.[686] Sie scheidet wegen der verfassungsrechtlich geschützten Tarifautonomie hingegen aus, wenn den Tarifvertragsparteien ein ausreichender Spielraum für die Lückenschließung verbleibt.[687]

---

683 Vgl. zu den Anforderungen an das Vorliegen einer planwidrigen Lücke etwa MüKo-BGB/*Finkenauer*, § 313 BGB, Rn. 41; Jauernig/*Mansel*, § 157 BGB, Rn. 2 m.w.N.

684 Vgl. BGH, Versäumnisurt. v. 09.01.2009 – V ZR 168/07, NJW 2009, 1348 Rn. 12; Jauernig/*Mansel*, § 157 BGB, Rn. 2.

685 BAG, Urt. v. 14.09.2016 – 4 AZR 1006/13, NZA-RR 2017, 199 Rn. 21; BAG, Beschl. v. 18.11.2015 – 4 ABR 24/14, NZA-RR 2016, 197 Rn. 30 ff.

686 BAG, Urt. v. 14.09.2016 – 4 AZR 1006/13, NZA-RR 2017, 199 Rn. 21; *Löwisch/Riebele*, § 1 TVG, Rn. 1738; MüHdb.-ArbR/*Klumpp*, § 243 Rn. 52; BeckOK-ArbR/*Waas*, § 1 TVG, Rn. 54.

687 BAG, Urt. v. 14.09.2016 – 4 AZR 1006/13, NZA-RR 2017, 199 Rn. 21 m.w.N.; vgl. auch MüHdb.-ArbR/*Klumpp*, § 243 Rn. 52: „*Jede staatliche Ersatzregelung steht in einer problematischen Spannung zur Tarifautonomie.*“

Ob die Tarifvertragsparteien die Geltung der Mitwirkungsobliegenheiten (mutmaßlich) auch für den tariflichen Mehrurlaub gewollt hätten, wenn sie gewusst hätten, dass der EuGH einen Verfall von (gesetzlichen) Urlaubsansprüchen nach Ablauf des Kalenderjahres bzw. Übertragungszeitraums gem. § 7 Abs. 3 S. 1 und S. 3 BUrlG nur dann als europarechtskonform ansähe, wenn der Arbeitgeber zuvor bestimmte Mitwirkungsobliegenheiten erfüllt hat, kann aber nicht mit Sicherheit festgestellt werden. Hierzu fehlt es in diesem Fall schlicht an entsprechenden Anhaltspunkten.

(dd) Keine richtlinienkonforme Auslegung der tariflichen Regelungen

Gegen eine Auslegung, wie sie das BAG auch bei Altverträgen vornimmt, greift schließlich auch nicht der Einwand durch, dass Tarifverträge richtlinienkonform auszulegen seien mit der Folge, dass die Mitwirkungsobliegenheiten angesichts der *ex-tunc*-Wirkung der EuGH-Urteile auch für in Alttarifverträgen vorgesehenen Mehrurlaub gelten. Denn unabhängig davon, ob man eine Pflicht zur richtlinienkonformen Auslegung von Tarifverträgen überhaupt anerkennt[688], scheidet eine solche bereits deshalb aus, weil Mehrurlaubsansprüche vom Anwendungsbereich der Arbeitszeitrichtlinie 2003/88/EG nicht erfasst werden und insofern auch nicht zu ihr in Widerspruch stehen können, was die Pflicht zur richtlinienkonformen Auslegung erst voraussetzt.[689]

(ee) Zwischenergebnis

Bei vor Ergehen der *Max-Planck*-Entscheidung am 06.11.2018 geschlossenen Alttarifverträgen, die eine der Regelung des § 7 Abs. 3 BUrlG entsprechende bzw. vergleichbare Regelung enthalten, kann entgegen der Rspr. des BAG nicht von einem Gleichlauf zwischen gesetzlichem Mindest- und tariflichem Mehrurlaub und dementsprechend auch nicht von der Geltung der

---

688 Ob generell eine Pflicht zur richtlinienkonformen Auslegung von Tarifverträgen besteht, ist umstritten. Für eine solche Pflicht etwa H/W/K/*Henssler*, § 1 TVG, Rn. 81; Franzen/Gallner/Oetker/*Höpfner*, Art. 288 AEUV, Rn. 67; *ders.* RdA 2013, 65, 72; NK-ArbR/*Maul-Sartori*, Art. 153 AEUV, Rn. 59; MüKo-BGB/*Spinner*, § 611 a BGB, Rn. 279; gegen eine solche Pflicht hingegen Löwisch/Rieble/*Löwisch/Rieble*, § 1 TVG, Rn. 1716 ff. mit Ausnahme von Tarifverträgen des öffentlichen Dienstes; ferner ErfK/*Schlachter*, Vorbemerkung zum AEUV Rn. 42; Preis/Sagan/*Sagan*, Europäisches Arbeitsrecht, § 1 Rn. 1.145; *Wißmann*, FS Bepler (2012), 649, 658 f.; *Thüsing*, ZIP 2004, 2301, 2303 f.

689 Hierauf im Nachgang an die *Schultz-Hoff*-Entscheidung schon zutreffend hinweisend *Polzer*, Die Befristung des Urlaubsanspruchs auf das Kalenderjahr, S. 117.

Mitwirkungsobliegenheiten für den tariflichen Mehrurlaub ausgegangen werden. Die Geltung der Mitwirkungsobliegenheiten folgt auch nicht aus einer ergänzenden Vertragsauslegung. Eine solche scheidet mangels planwidriger Regelungslücke aus. Aber auch bei Annahme einer (nachträglich entstandenen) planwidrigen Regelungslücke kann diese nicht ergänzend geschlossen werden. Hierfür fehlt es an sicheren Anhaltspunkten für einen Regelungswillen der Tarifvertragsparteien dahingehend, dass Mehrurlaubsansprüche erst nach vorheriger Erfüllung bestimmter arbeitgeberseitiger Mitwirkungsobliegenheiten dem Verfall unterliegen sollen.

In der Folge gelten die Mitwirkungsobliegenheiten nach hier vertretener Ansicht daher nur dann für tarifliche Mehrurlaubsansprüche, wenn die Tarifvertragsparteien dies z.B. durch tarifliche Regelung in einem Änderungstarifvertrag oder durch eine den Formerfordernissen des § 1 Abs. 2 TVG genügende Erklärung der Tarifvertragsparteien (nachträglich) ausdrücklich vereinbart haben.[690]

(b) Altarbeitsverträge

In Bezug auf Altarbeitsverträge, die eine dem § 7 Abs. 3 S. 1 und S. 3 BUrlG entsprechende Vertragsklausel enthalten, gelten die obigen Ausführungen entsprechend.

(aa) Auslegungsgrundsätze

Arbeitsvertragsklauseln stellen regelmäßig Allgemeine Geschäftsbedingungen (AGB) dar, sodass hier die für AGB geltenden besonderen Auslegungsgrundsätze zu beachten sind.[691] Nach der Rechtsprechung[692] und der überwiegenden Ansicht in der Literatur[693] gilt insofern der Grundsatz der objektiven Auslegung.[694] Anders als bei Individualverträgen, bei denen es nach den §§ 133, 157

---

690 Vgl. BeckOK-ArbR/*Waas*, § 1 TVG, Rn. 54; MüHdb.ArbR/*Klumpp*, § 243 Rn. 47.

691 Vgl. C/K/K/*Clemenz*, § 305 BGB, Rn. 1.

692 Vgl. nur BGH, Urt. v. 19.04.2018 – III ZR 255/17, NJW 2018, 2117 Rn. 18; BGH, Urt. v. 05.10.2016 – VIII ZR 222/15, NJW 2017, 1596 Rn. 40; BGH, Urt. v. 16.06.2009 – XI ZR 539/07, NJW 2009, 2671 Rn. 23 und schon BGH, Urt. v. 29.10.1956 – II ZR 64/56, NJW 1956, 1915 unter 2.

693 MüKo-BGB/*Busche*, § 133 BGB, Rn. 25; MüKoBGB/*Fornaiser*, § 305 c BGB, Rn. 34; NK-ArbR/*Peterhänse*/*T.R. König*, § 305 c BGB, Rn. 12; U/B/H/*Schäfer*, § 305 c BGB, Rn. 73, 80; Erman/*Roloff*/*Looschelders*, § 305 c BGB, Rn. 20; a.A. hingegen etwa *Böhle*, JuS 2019, 523, 525; BeckOK-GK/*Bonin*, § 305 c BGB (Stand 01.06.2023), Rn. 91; W/L/P/*Lindacher*/*Hau*, § 305 c BGB, Rn. 106 f.; BeckOK-BGB/*H.Schmidt*, § 305 c BGB, Rn. 49.

694 BGH, Urt. v. 10.06.2020 – VIII ZR 289/19, BeckRS 2020, 16797 Rn. 26 ff.

BGB maßgeblich darauf ankommt, wie der konkrete Erklärungsempfänger die Erklärung nach Treu und Glauben unter Berücksichtigung der Verkehrssitte verstehen durfte[695], ist bei der Auslegung von AGB nicht auf die Sicht des konkreten Vertragspartners, sondern auf diejenige eines durchschnittlichen, verständigen und redlichen Vertragspartners unter Abwägung der Interessen der normalerweise beteiligten Verkehrskreise abzustellen.[696] Die besonderen, den Vertragsschluss begleitenden Umstände des Einzelfalles sind damit grundsätzlich nicht zu berücksichtigen.[697] Der Grund hierfür liegt darin, dass der Vertragspartner des AGB-Verwenders auf den Inhalt der AGB, die gerade unabhängig von den Besonderheiten des Einzelfalles zur Anwendung kommen sollen, anders als bei einem Individualvertrag grds. keinen Einfluss nehmen kann.[698]

Ausgangspunkt der objektiven, nicht am Willen der konkreten Vertragspartner orientierten Auslegung ist – wie auch bei Tarifverträgen – der Wortlaut der Vertragsklausel.[699] Allerdings ist der (objektiven) Auslegung einer AGB-Klausel im Unterschied zu Tarifverträgen die Prüfung vorangestellt, ob die jeweilige Klausel von den Vertragspartnern übereinstimmend in einem bestimmten Sinn verstanden worden ist.[700] Ist dies der Fall, genießt der übereinstimmende Wille Vorrang gegenüber der objektiven Auslegung.[701]

---

695 Vgl. BeckOK-GK/*Bonin*, § 305 c BGB (Stand 01.06.2023), Rn. 89; C/K/K/*Hoefs*, § 305 c BGB, Rn. 55.

696 St. Rspr. vgl. nur BGH, Urt. v. 10.06.2020 – VIII ZR 289/19, BeckRS 2020, 16797 Rn. 26; BGH, Beschl. v. 02.07.2019 – VIII ZR 74/18, NJW-RR 2019, 1202 Rn. 20; BGH, Urt. v. 20.07.2017 – VII ZR 259/16, NJW 2017, 2762 Rn. 19; BGH, Urt. v. 17.02.2011 – III ZR 35/10, NJW 2011, 2122 Rn. 10; BAG, Urt. v. 13.06.2007 – 5 AZR 564/06, NZA 2007, 974 Rn. 29.

697 DHSW/*Boemke*, § 305 c BGB, Rn. 13; BeckOK-GK/*Bonin*, § 305 c BGB (Stand 01.06.2023), Rn. 89; C/K/K/*Hoefs*, § 305 c BGB, Rn. 57; Erman/*Roloff/Looschelders*, § 305 c BGB, Rn. 20.

698 BAG, Urt. v. 19.03.2009 – 6 AZR 557/07, NZA 2009, 896 Rn. 21; BeckOK-GK/*Bonin*, § 305 c BGB (Stand 01.06.2023), Rn. 89; C/K/K/*Hoefs*, § 305 c BGB, Rn. 55; Erman/*Roloff/Looschelders*, § 305 c BGB, Rn. 20; U/B/H/*Schäfer*, § 305 c BGB, Rn. 75.

699 BGH, Urt. v. 10.06.2020 – VIII ZR 289/19, BeckRS 2020, 16797 Rn. 29; BeckOK-GK/*Bonin*, § 305 c BGB (Stand 01.06.2023), Rn. 89; C/K/K/*Hoefs*, § 305 c BGB, Rn. 56.

700 BGH, Beschl. v. 02.07.2019 – VIII ZR 74/18, NJW-RR 2019, 1202 Rn. 20; BGH, Urt. v. 29.05.2009 – V ZR 201/08, NJW-RR 2010, 63 Rn. 10 m.w.N.; DHSW/*Boemke*, § 305 c BGB, Rn. 14; NK-ArbR/*Peterhänsel/T. R. König*, § 305 c BGB, Rn. 13.

701 BGH, Urt. v. 29.05.2009 – V ZR 201/08, NJW-RR 2010, 63 Rn. 10; BGH, Urt. v. 22.03.2002 – V ZR 405/00, NJW 2002, 2102, 2103; DHSW/*Boemke*, § 305 c BGB, Rn. 14; DDW/*Däubler*, § 305 c BGB, Rn. 30; NK-ArbR/*Peterhänsel/T.R. König*, § 305 c BGB, Rn. 13.

(bb) Folgerungen

Der – vorrangige – übereinstimmende Wille der Vertragsparteien wird bei Abschluss eines vor dem 06.11.2018 geschlossenen (Alt-)Arbeitsvertrages darauf gerichtet gewesen sein, dass Urlaubsansprüche – entsprechend der damaligen höchstrichterlichen Rspr. des BAG – unabhängig davon dem Verfall unterliegen, ob der Arbeitgeber bestimmte Mitwirkungsobliegenheiten vorgenommen hat oder nicht.[702] Mangels Kenntnis von den Mitwirkungsobliegenheiten vor Erlass des *Max-Planck*-Urteils wird selbst ein durchschnittlicher, verständiger und redlicher Arbeitnehmer eine entsprechende Klausel nicht anders verstanden haben werden. Sowohl eine objektive, am Maßstab eines durchschnittlichen Arbeitnehmers orientierte Auslegung als auch das Abstellen auf das übereinstimmende Klauselverständnis der Vertragsparteien lässt kein anderes Auslegungsergebnis zu.

Eine ergänzende Vertragsauslegung dahingehend, dass auch arbeitsvertraglicher Mehrurlaub nur dann dem Verfall unterliegen soll, wenn der Arbeitgeber bestimmte Mitwirkungsobliegenheiten erfüllt hat, kommt angesichts des abschließenden Charakters einer der § 7 Abs. 3 S. 1 und S. 2 BUrlG vergleichbaren Regelung und dem Umstand, dass ein mutmaßliche Parteiwille auch nicht zweifelsfrei feststellbar wäre, nicht in Betracht.

(cc) Zwischenergebnis

Auch hinsichtlich in Altarbeitsverträgen geregelten Mehrurlaubsansprüche gelten die Mitwirkungsobliegenheiten nach hier vertretener Ansicht nur dann, wenn die Arbeitsvertragsparteien dies z.B. in einer Ergänzungsvereinbarung zum Arbeitsvertrag (nachträglich) ausdrücklich vereinbart haben.

3. Zusammenfassung und Ergebnis

Von einem Gleichlauf von vertraglichem Mehrurlaub und gesetzlichem Mindesturlaub und dementsprechend von der Geltung der Mitwirkungsobliegenheiten auch in Bezug auf den vertraglichen Mehrurlaub kann nur bei Neuverträgen, die nach Erlass der Entscheidung des EuGH in der Rs. *Max-Planck-Gesellschaft*,

---

702 Dies gilt grds. für alle Altverträge, d.h. auch für solche, die im Zeitraum zwischen Inkrafttreten der (ersten) Arbeitszeitrichtlinie 93/104/EG am 23.11.1996 und dem 31.12.2001 geschlossen wurden, weil die §§ 305 ff. BGB und damit auch die hierfür geltenden Auslegungsgrundsätze gem. Art. 223 § 5 EGBGB seit dem 01.01.2003 auch für solche Altverträge gelten.

d.h. nach dem 06.11.2018 geschlossen wurden, ausgegangen werden. Bei Altverträgen wird eine solche Auslegung nach allgemeinen Auslegungsgrundsätzen hingegen regelmäßig ausscheiden müssen. *Rechtlich* gesehen zählen die Mitwirkungsobliegenheiten zwar bereits seit Inkrafttreten der Arbeitszeitrichtlinie zum Gesetzesinhalt von Art. 7 Abs. 1 der RL 2033/88/EG und aufgrund der richtlinienkonformen Auslegung von § 7 Abs. 1 S. 1, Abs. 3 BUrlG zählen sie seit diesem Zeitpunkt auch zum Gesetzesinhalt der bundesurlaubsrechtlichen Vorschriften.[703] Zumindest *faktisch* hat der EuGH in der Rs. *Max-Planck-Gesellschaft* aber neue, vor Erlass der Entscheidung noch nicht bestehende Mitwirkungsobliegenheiten etabliert.[704] Wenn die Arbeits- oder Tarifvertragsparteien vor Erlass der *Max-Planck*-Entscheidung also vertraglich nicht ausdrücklich von der Geltung der Mitwirkungsobliegenheiten auch in Bezug auf den Mehrurlaub abgewichen haben, dann nur deshalb nicht, weil sie zu diesem Zeitpunkt noch gar nicht wussten bzw. wissen konnten, dass sie solche bei der Urlaubsverwirklichung nach den gesetzlichen Vorschriften treffen. Bei Altverträgen kann nach hier vertretener Ansicht daher nicht von einem Gleichlauf von Mindest- und Mehrurlaub ausgegangen werden. Andernfalls würde man den Arbeits- oder Tarifvertragsparteien einen Regelungswillen in Bezug auf eine bestimmte Regelungsmaterie unterstellen, von der sie gar keine Kenntnis haben konnten.

IV. Zusammenfassung

Der sachliche Anwendungsbereich der Mitwirkungsobliegenheiten erstreckt sich auf alle gesetzlichen Urlaubsansprüche. Hierzu zählen neben dem durch das BUrlG gewährleisteten Mindestjahresurlaub von 4 Wochen (§§ 1, 3 BUrlG) auch der Zusatzurlaub für schwerbehinderte und ihnen gleichgestellte Menschen gem. § 208 Abs. 1 S. 1, § 151 Abs. 1, Abs. 2 SGB IX sowie der Zusatzurlaub für jugendliche Arbeitnehmer gem. § 19 Abs. 1 JArbSchG. Der Arbeitgeber muss daher nicht nur die Anzahl der dem Arbeitnehmer nach dem BUrlG zustehenden gesetzlichen Urlaubstage, sondern auch die Anzahl etwaiger Zusatzurlaubsansprüche mitteilen.

---

703 Vgl. *Bayreuther*, NZA 2022, 1381, 1382; *Sagan*, NZA 2020, 350, 351.

704 Vgl. BAG, Urt. v. 31.01.2023 – 9 AZR 244/20, BeckRS 2023, 2253, Rn. 38: Mit Verkündung der Max-Planck-Entscheidung *„erkannte der Gerichtshof erstmals, dass Art. 7 der Richtlinie 2003/88/EG und Art. 31 Abs. 2 GRC nationalen Regelungen wie § 7 Abs. 3 Satz 1 und Satz 3 BUrlG entgegenstehen, nach denen der dem Arbeitnehmer zustehende Mindesturlaub* […] *am Ende des Bezugszeitraums automatisch verfällt* […]", ohne dass der Arbeitgeber seinen Mitwirkungsobliegenheiten nachgekommen ist.

Für sowohl in Alt- als auch in Neuverträgen vereinbarten arbeits- oder tarifvertraglichen Mehrurlaub gelten die Mitwirkungsobliegenheiten nach – kritikwürdiger – Rspr. des BAG dann, wenn die Arbeits- oder Tarifvertragsparteien von der Geltung der Mitwirkungsobliegenheiten nicht ausdrücklich vertraglich abgewichen haben. In diesem Fall soll ein Gleichlauf zwischen gesetzlichem und vertraglichem Urlaub gelten, sodass auch vertraglicher Mehrurlaub nur dann dem Verfall unterliegt, wenn der Arbeitgeber zuvor seine Mitwirkungsobliegenheiten erfüllt hat.

B. Persönlicher Anwendungsbereich

I. Persönlicher Anwendungsbereich des BUrlG

Das BAG hat die Vorgaben des EuGH im Wege der richtlinienkonformen Auslegung der § 7 Abs. 1 S. 1, Abs. 3 BUrlG umgesetzt. Die Mitwirkungsobliegenheiten sind dementsprechend gegenüber allen Personen zu erfüllen, die auch dem persönlichen Anwendungsbereich des BUrlG unterliegen (vgl. § 1, 2 BUrlG).

1. Arbeitnehmer

Der persönliche Anwendungsbereich des BUrlG erstreckt sich gem. § 2 S. 1 BUrlG zunächst auf Arbeiter und Angestellte, mithin auf alle Arbeitnehmer.[705]

a) Begriff des Arbeitnehmers i.S.v. § 2 S. 1 BUrlG

aa) Nationalrechtlicher Arbeitnehmerbegriff

Das BUrlG selbst enthält keine eigenständige Definition des Begriffs Arbeitnehmer i.S.v. § 2 S. 1 BUrlG. Insofern wurde bislang überwiegend auf die von der Rechtsprechung entwickelte allgemeine Arbeitnehmerdefinition abgestellt.[706] Danach ist Arbeitnehmer, „*wer aufgrund eines privatrechtlichen Vertrages im Dienste eines anderen zur Leistung weisungsgebundener, fremdbestimmter Arbeit in persönlicher Abhängigkeit verpflichtet ist.*“[707]

---

705 Hohmeister/Oppermann/*Hohmeister*, § 2 BUrlG, Rn. 5; HWK/*Schinz*, § 2 BUrlG, Rn. 2.

706 Vgl. ErfK/*Gallner*, § 2 BUrlG, Rn. 1; Hohmeister/Oppermann/*Hohmeister*, § 2 BUrlG, Rn. 6; BeckOK-ArbR/*Lampe*, § 2 BUrlG, Rn. 1; *Leinemann/Linck*, § 2 BUrlG, Rn. 2; HWK/*Schinz*, § 2 BUrlG, Rn. 3; Powietzka/Rolf/*Rolf*, § 2 BUrlG Rn. 2; vgl. auch BAG, Urt. v. 21.10.1965 – 5 AZR 146/65, NJW 1966, 367, 367: „*Das BUrlG verwendet keinen besonderen, vom sonstigen Arbeitsrecht abweichenden Arbeitnehmerbegriff* […].“

707 BAG, Urt. v. 01.12.2020 – 9 AZR 102/20, NZA 2021, 552 Rn. 31; vgl. aus älterer Zeit auch etwa BAG, Urt. v. 15.03.1978 – 5 AZR 819/76, AP BGB § 611 Abhängigkeit Nr. 26 unter B. II. 1.; BAG, Urt. v. 09.09.1981 – 5 AZR 477/79, AP BGB § 611 Abhängigkeit

Diese von der Rechtsprechung entwickelte Definition wurde im Zuge der AÜG-Novelle mit der zum 01.04.2017 neu eingefügten Vorschrift des § 611 a BGB gesetzlich verankert.[708] Sie kodifiziert die vom BAG in jahrzehntelanger Rechtsprechung entwickelten Abgrenzungskriterien zur Feststellung der Arbeitnehmereigenschaft[709] und bildet auf nationaler Ebene nunmehr die Grundsatznorm für die Bestimmung des Arbeitnehmerbegriffs.[710]

aaa) Legaldefinition in § 611 a BGB als Ausgangspunkt

§ 611 a BGB legaldefiniert den Arbeitsvertrag und damit – zumindest mittelbar[711] – auch den Begriff des Arbeitnehmers.[712] S. 1 der Vorschrift bestimmt, dass „durch den Arbeitsvertrag […] der Arbeitnehmer im Dienste eines anderen zur Leistung weisungsgebundener, fremdbestimmter Arbeit in persönlicher Abhängigkeit verpflichtet [wird]". Die gesetzliche Definition entspricht damit inhaltlich der vom BAG entwickelten Arbeitnehmerdefinition.[713] Auch die übrigen Ausführungen zum Weisungsrecht (S. 2 und 3), der Bedeutung der eigentlichen Tätigkeit für den Grad der persönlichen Abhängigkeit (S. 4), sowie dem Erfordernis einer Gesamtbetrachtung (S. 5) und dem Vorrang der tatsächlichen Vertragsdurchführung gegenüber der Vertragsbezeichnung (S. 6) finden sich

---

Nr. 38 unter II.; BAG, Urt. v. 19.11.1997 – 5 AZR 653/96, NZA 1998, 364, 365; vgl. auch Hohmeister/Oppermann/*Hohmeister*, § 2 BUrlG, Rn. 6.

708 Vgl. Art. 7 des Gesetzes zur Änderung des Arbeitnehmerüberlassungsgesetzes und anderer Gesetze v. 21.02.2017 (BGBl. I S. 258, 261 f.); vgl. zum Arbeitnehmerbegriff vor Einführung des § 611 a BGB die Ausführungen bei *Wank*, EuZA 2016, 143 ff.

709 Vgl. BT-Drs. 18/9232, S. 31 : *„Dazu legt die Vorschrift des § 611 a BGB unter wörtlicher Wiedergabe der Leitsätze der höchstrichterlichen Rechtsprechung fest, wer Arbeitnehmer ist."*; vgl. auch BT-Drs. 18/9232, S. 4 und S. 18: *„1:1-Kodifizierung einer gefestigten höchstrichterlichen Rechtsprechung"*; vgl. zu den Hintergründen der gesetzlichen Kodifikation des § 611 a BGB *Preis*, NZA 2018, 817 f.

710 Vgl. ErfK/*Preis*, § 611 a BGB, Rn. 8: *„Ges. Ausgangspunkt für die Anwendbarkeit arbeitsrechtl. Regelungen ist § 611 a* […]."

711 *Henssler*, RdA 2017, 83, 84; HWK/*Thüsing*, § 611 a BGB, Rn. 25.

712 ErfK/*Preis*, § 611 a BGB, Rn. 8.

713 Vgl. nur BAG, Beschl. v. 21.02.2017 – 1 ABR 62/12, NZA 2017, 662 Rn. 26; BAG, Urt. v. 11.08.2015 – 9 AZR 98/14, NZA-RR 2016, 288 Rn. 16; BAG, Urt. v. 17.04.2013 – 10 AZR 272/12, NZA 2013, 903 Rn. 15; BAG, Urt. v. 15.02.2012 – 10 AZR 111/11, NZA 2012, 733 Rn. 14; vgl. aber *Wank*, AuR 2017, 140, 142, der davon ausgeht, dass der Gesetzgeber die *„Rspr. nicht zutreffend wiedergegeben* [hat]."

nahezu wortidentisch[714] in den BAG-Entscheidungen wieder.[715] Aufgrund der weitgehenden Übernahme bzw. bloßen Wiedergabe[716] der anerkannten Leitsätze der Rechtsprechung wurde in der Literatur nicht nur die gesetzliche Konzeption des § 611 a BGB kritisiert[717], sondern der Ertrag der Vorschrift insgesamt als eher gering angesehen.[718] Ein eigenständiger, inhaltlich über die bisherigen Rechtsprechungsgrundsätze hinausgehender Regelungsgehalt ist der Vorschrift des § 611 a BGB nicht beizumessen[719], weil der Gesetzgeber ausweislich der Gesetzesmaterialien selbst nur die Leitsätze der höchstrichterlichen Rechtsprechung (gesetzlich) festschreiben und *„die Rechtslage in Deutschland unverändert lasse*[n]*"*[720] wollte.[721]

bbb) Anlehnung an die bisherigen Grundsätze des BAG

Zentrales Kriterium für die Feststellung der Arbeitnehmereigenschaft ist damit nach wie vor die persönliche Abhängigkeit des Arbeitnehmers, bzgl. derer sich

---

714 Vgl. etwa BAG, Urt. v. 17.01.2017 – 9 AZR 76/16, NZA 2017, 572 Rn. 14: *„Das Weisungsrecht kann Inhalt, Durchführung, Zeit, Dauer und Ort der Tätigkeit betreffen."*; so auch BAG, Beschl. v. 17.09.2014 – 10 AZB 43/15, NZA 2014, 1295 Rn. 18; BAG, Urt. v. 17.04.2013 – 10 AZR 272/12, NZA 2013, 903 Rn. 15.

715 HWK/*Thüsing*, § 611 a BGB, Rn. 4.

716 *Henssler*, RdA 2017, 83, 85 spricht von bloßem *„Restatement"* der Rechtsprechung.

717 So etwa *Henssler*, RdA 2016, 18, 18: *„vollständig missglückte Regelung"*; Staudinger/*Richardi/Fischinger* (2020), § 611 a BGB, Rn. 5: *„Die in Abs. 1 genannte Legaldefinition ist gesetzestechnisch völlig missglück."*; ferner *Richardi*, NZA 2017, 36, 39: Die Vorschrift des § 611 a BGB sei *„überflüssig, weil sie fehlerhaft konzipiert ist."*; *ders.*, NZA 2018, 974, 975: *„§ 611 BGB hätte genügt"*; zurückhaltender *Hromadka*, NZA 2018, 1583, 1583: Die Vorschrift sei *„handwerklich kein Glanzstück"*.

718 Den praktischen Nutzen der Vorschrift anzweifelnd etwa *Becker/Tuengerthal*, BB 2016, 2229, 2232; DHSW/*Däubler*, Vorb. zu §§ 611, 611 a BGB, Rn. 3; *Schiefer/Köster*, DB 2016, 169, 174; *Schüren*, DB 2016, 234, 236; *Wank*, AuR 2017, 140, 153; die Streichung der Vorschrift fordern *Bissels/Falter*, DB 2016, 534, 534 sowie *Gaul/Hahne*, BB 2016, 58, 63.

719 Vgl. auch *Rinck*, RdA 2019, 127, 127: *„Der Gesetzgeber hat das ‚bewährte Alte' in Gesetzesform gegossen und nicht die Gelegenheit ergriffen, darüber hinaus gestaltend tätig zu werden."*; a.A. hingegen *Roloff*, FS Preis (2021), 1087, 1087, 1097; vgl. auch *Weigert*, ArbRAktuell 2017, 557, 559, der davon ausgeht, dass § 611 a Abs. 1 BGB *„in mehrfacher Hinsicht von der Rechtsprechung des BAG ab*[weicht]."

720 BT-Drs. 18/10064, S. 4.

721 Vgl. BT-Drs. 18/9232, S. 31: *„Dazu legt die Vorschrift des § 611 a BGB unter wörtlicher Wiedergabe der Leitsätze der höchstrichterlichen Rechtsprechung fest, wer Arbeitnehmer ist."*

der Gesetzgeber – in Anlehnung an die Rspr. des BAG[722] – wiederum maßgeblich an dem Kriterium der Weisungsgebundenheit in Bezug auf Inhalt, Durchführung, Zeit, Dauer und Ort der Tätigkeit orientiert.[723] Im Hinblick auf die Regelung in § 106 S. 1 GewO, wonach der Arbeitgeber zur Erteilung von Weisungen bezüglich Inhalt, Ort und Zeit der Arbeitsleistung gegenüber dem Arbeitnehmer nur befugt ist, soweit die Arbeitsbedingungen nicht durch Arbeitsvertrag oder sonstige Bestimmungen festgelegt sind, ergibt sich jedoch einerseits, dass allein aus der Festlegung bestimmter arbeitsvertraglicher Regelungen und der damit einhergehenden Einschränkung des Weisungsrechts nicht stets zugleich eine weitergehende Unabhängigkeit des Dienstnehmers folgt.[724] Denn in einem solchen Fall resultiert die Einschränkung des Weisungsrechts lediglich aus dem Umstand, dass bereits aufgrund arbeitsvertraglicher oder anderer kollektivvertraglicher Bestimmungen verbindliche Vorgaben hinsichtlich Arbeitszeit, -ort, und -inhalt bestehen.[725] Abgrenzungsmerkmal ist damit nicht das Weisungsrecht an sich, sondern vielmehr die Frage, inwieweit dem Arbeitnehmer arbeitsvertraglich oder durch einseitige Leistungsbestimmung Vorgaben hinsichtlich Arbeitszeit, -ort, und -inhalt gemacht werden.[726]

Wegen ihrer starken Autonomiebeschränkung bildet dabei vor allem die Weisungsgebundenheit in zeitlicher Hinsicht (Lage und Dauer der Arbeitszeit[727]) einen zentralen Aspekt für die Beurteilung der Arbeitnehmerstellung.[728] So regelt nunmehr auch § 611 a Abs. 1 S. 3 BGB, dass weisungsgebunden ist, wer nicht im Wesentlichen frei seine Tätigkeit gestalten und seine Arbeitszeit bestimmen kann.[729] Regelmäßig Arbeitnehmer ist auch, wer seine Arbeit an

---

722 BAG, Urt. v. 17.01.2017 – 9 AZR 76/16, NZA 2017, 572 Rn. 14; BAG, Beschl. v. 17.09.2014 – 10 AZB 43/14, NZA 2014, 1293 Rn. 18; BAG, Urt. v. 17.04.2013 – 10 AZR 272/12, NZA 2013, 903 Rn. 15; BAG, Urt. v. 15.02.2012 – 10 AZR 111/11, NZA 2012, 733 Rn. 14.

723 Erman-BGB/*Edenfeld*, § 611 BGB, Rn. 56; ErfK/*Preis*, § 611 a BGB, Rn. 34; Schaub/*Vogelsang*, § 8 Rn. 23.

724 Schaub/*Vogelsang*, § 8 Rn. 23.

725 Schaub/*Vogelsang*, § 8 Rn. 23.

726 Schaub/*Vogelsang*, § 8 Rn. 23; vgl. auch Erman-BGB/*Edenfeld*, § 611 BGB, Rn. 59 a: Weisungsgebundenheit bedeute *„die Unterwerfung unter das einseitige Leistungsbestimmungsrecht des AG.“*

727 Erman-BGB/*Edenfeld*, § 611 BGB, Rn. 59.

728 Erman-BGB/*Edenfeld*, § 611 BGB, Rn. 59; ErfK/*Preis*, § 611 a BGB, Rn. 37; HWK/*Thüsing*, § 611 a BGB, Rn. 50.

729 Dieser Kerngedanke folgte vor Einführung von § 611 a BGB aus einem Umkehrschluss aus § 84 Abs. 1 S. 2 HGB, der bestimmt, dass selbständig ist, wer im Wesentlichen

einem Ort verrichten muss, der von ihm nicht selbst bestimmt werden kann.[730] Das Weisungsrecht bezüglich Inhalt und Durchführung der Tätigkeit (§ 611 a Abs. 1 S. 2 BGB) ist ebenfalls charakteristisch für eine abhängige Beschäftigung.[731] Im Unterschied zu Anweisungen gegenüber einem Selbständigen, die typischerweise sachbezogen und ergebnisorientiert, d.h. im Kern auf die zu erbringende Dienst- oder Werkleistung gerichtet sind, umfasst das arbeitsvertragliche Weisungsrecht Anleitungen zur Vorgehensweise und zur Motivation des Mitarbeiters.[732] Arbeitsvertragliche Weisungen beziehen sich nicht auf die Werks- bzw. Dienstleistung an sich, sondern sind personenbezogen, ablauf- und verfahrensorientiert.[733]

Das nunmehr in § 611 a Abs. 1 BGB ausdrücklich genannte[734] Kriterium der Fremdbestimmung wird häufig als Eingliederung in eine fremde Arbeitsorganisation aufgefasst.[735] Es ermöglicht es, von Normaltyp des Arbeitsvertrages abweichende Vertragsgestaltungen zu erfassen.[736]

Ob ein Arbeitsverhältnis vorliegt, ist stets anhand einer Gesamtbetrachtung aller maßgeblichen Umstände des Einzelfalls zu beurteilen (vgl. § 611 a Abs. 1 S. 5 BGB).[737]

---

frei seine Tätigkeit gestalten und seine Arbeitszeit bestimmen kann; vgl. ErfK/*Preis*, § 611 a BGB, Rn. 35.

730 ErfK/*Preis*, § 611 a BGB, Rn. 39; vgl. auch Erman-BGB/*Edenfeld*, § 611 BGB, Rn. 64: Örtliche Weisungsbindung als die *„nach dem Arbeitsvertrag bestehende Befugnis des AG, dem AN einen bestimmten Einsatzort zuzuweisen.“*

731 Vgl. ErfK/*Preis*, § 611 a BGB, Rn. 40.

732 BAG, Urt. v. 01.12.2020 – 9 AZR 102/20, NZA 2021, 552 Rn. 35.

733 BAG, Urt. v. 01.12.2020 – 9 AZR 102/20, NZA 2021, 552 Rn. 35.

734 Vgl. *Preis*, NZA 2018, 817, 820: *„Mit § 611 a I 1 BGB hat das Kriterium der Fremdbestimmung die Aufwertung zu einem eigenständigen Tatbestandsmerkmal erfahren.“*

735 BAG, Urt. v. 01.12.2020 – 9 AZR 102/20, NZA 2021, 552 Rn. 31 m.w.N.; MüHdb.-ArbR/*Temming*, § 18 Rn. 32, 36; vgl. auch ErfK/*Preis*, § 611 a BGB, Rn. 43: *„Das Merkmal der Fremdbestimmung gewinnt in einer diversifizierten Arbeitswelt als Schlüsselbegriff Bedeutung zur sachgerechten Erfassung neuer Abhängigkeiten.“*

736 BAG, Urt. v. 01.12.2020 – 9 AZR 102/20, NZA 2021, 552 Rn. 31; ErfK/*Preis*, § 611 a BGB, Rn. 43; vgl. auch *Rinck*, RdA 2019, 127, 129 die richtigerweise darauf hinweist, dass das Kriterium der Eingliederung angesichts der zunehmenden Digitalisierung der Arbeitswelt nicht im „klassischen“ Sinne verstanden werden kann; in diese Richtung auch *Uffmann*, NZA 2016, 977, 979.

737 Vgl. BAG, Urt. v. 29.08.2012 – 10 AZR 499/11, NZA 2012, 1433 Rn. 15; ErfK/*Preis*, § 611 a BGB, Rn. 48.

bb) Europarechtlicher Arbeitnehmerbegriff

Es fragt sich jedoch, ob bei der Beurteilung des Arbeitnehmerbegriffs i.S.v. § 2 S. 1 BUrlG ausschließlich auf nationale Grundsätze abgestellt werden kann oder nicht vielmehr der europarechtliche Arbeitnehmerbegriff maßgeblich ist, der mit dem deutschen Arbeitnehmerbegriff nicht deckungsgleich[738] ist. Der Klärung dieser Frage sei vorangestellt, dass eine einheitliche Definition des Arbeitnehmerbegriffs auf unionaler Ebene bislang nicht existiert.[739] Der EuGH nimmt vielmehr bei jeder Unionsvorschrift unter Berücksichtigung ihres Sinn-und-Zwecks und ihrer systematischen Stellung eine autonome Begriffsbestimmung vor.[740]

Nachdem in einem ersten Schritt geklärt werden soll, in welchen Fällen der europarechtliche Arbeitnehmerbegriff konkret zur Anwendung kommt, soll in einem zweiten Schritt geklärt werden, anhand welcher Kriterien sich dieser im Einzelnen definiert.

aaa) Maßgeblichkeit im Allgemeinen

Im Grundsatz gilt, dass auf den europarechtlichen Arbeitnehmerbegriff immer dann abzustellen ist, wenn EU-Recht entweder *unmittelbar* zur Anwendung gelangt (Primärrecht sowie EU-Verordnungen, die gem. Art. 288 Abs. 2 AEUV unmittelbar in den Mitgliedstaaten gelten) oder EU-Recht im Wege der europarechts- bzw. richtlinienkonformen Auslegung *mittelbar* in das nationale Recht transformiert wird.[741] Dies folgt nicht zuletzt aus dem Anwendungsvorrang des Unionsrechts und dem Gebot der einheitlichen Anwendung der Unionsvorschriften innerhalb der Mitgliedstaaten.[742] Nur dann, wenn keinerlei

---

738 *Lunk/Rodenbusch*, GmbHR 2012, 188, 189 f.; ErfK/*Preis*, § 611 a BGB, Rn. 18.

739 EuGH, Urt. v. 12.05.1998 – C-85/96 (María Martínez Sala), EuZW 1998, 372 Rn. 31: „[...] *im Gemeinschaftsrecht* [gibt es] *keinen einheitlichen Arbeitnehmerbegriff* [...]"; vgl. auch *Preis/Sagan*, ZGR 2013, 26, 45 f.

740 Vgl. EuGH, Urt. v. 12.05.1998 – C-85/96 (María Martínez Sala), EuZW 1998, 372 Rn. 31 ff.; EuGH, Urt. v. 11.11.2010 – C-232/09 (Danosa), NJW 2011, 2343 Rn. 38 ff.; EuGH, Urt. v. 10.09.2014 – C-270/13 (Haralambidis), EuZW 2014, 946 Rn. 27; BeckOK-BGB/*Baumgärtner*, § 611 a BGB, Rn. 22.

741 BeckOK-BGB/*Baumgärtner*, § 611 a BGB, Rn. 22; *Junker*, EuZA 2016, 184, 186; BeckOK-GK/*Maties*, § 611 a BGB (Stand 01.06.2023), Rn. 64; ErfK/*Preis*, § 611 a BGB, Rn. 21; *Wank*, EuZA 2018, 327, 330.

742 Vgl. EuGH, Urt. v. 13.09.2007 – C-307/05 (Alonso), NZA 2007, 1223 Rn. 29; *Boemke*, RdA 2018, 1, 7; BeckOK-GK/*Maties*, § 611 a BGB (Stand 01.06.2023), Rn. 64.

unionsrechtliche Vorgaben in Bezug auf eine bestimmte Regelungsmaterie bestehen, ist ausschließlich der nationale Arbeitnehmerbegriff maßgeblich.[743]

bbb) Maßgeblichkeit im Bereich des BUrlG

In Bezug auf den Arbeitnehmerbegriff i.S.d. § 2 S. 1 BUrlG gilt daher, dass grundsätzlich europäische Vorgaben zu berücksichtigen sind.[744] Es gilt der unionsrechtliche Arbeitnehmerbegriff.[745] Dies folgt aus dem Umstand, dass die Vorschriften des BUrlG von den unionsrechtlichen Urlaubsbestimmungen, insbesondere also Art. 7 Abs. 1 RL 2003/88/EG, aber auch Art. 31 Abs. 2 GRCh, „überlagert" werden.[746]

ccc) Begriffsmerkmale

Hinsichtlich der Frage, anhand welcher konkreten Kriterien die Arbeitnehmereigenschaft zu beurteilen ist, ist zwischen drei Konstellationen zu unterscheiden[747]:

> 1. Konstellation: Die Unionsvorschrift enthält eine eigenständige Definition des Begriffs des Arbeitnehmers.

In dieser Konstellation ist allein auf die in der Unionsvorschrift genannte Definition und mithin darauf abzustellen, ob die betreffende Person unter die jeweilige Definition subsumiert werden kann. Ein Rückgriff auf die nationalen Begriffsmerkmale scheidet aus.

> 2. Konstellation: Die Unionsvorschrift verweist für die Bestimmung des Arbeitnehmerbegriffs ausdrücklich auf das nationale Recht oder es lässt sich jedenfalls im Wege der Auslegung ermitteln, dass die Unionsvorschrift einen entsprechenden Verweis auf das Recht der Mitgliedstaaten vorsieht.

---

743 Vgl. BAG, Urt. v. 18.11.2020 – 5 AZR 103/20, NZA 2021, 562 Rn. 17; BeckOK-BGB/*Baumgärtner*, § 611 a BGB, Rn. 22.

744 Nach HWK/*Schinz*, § 2 BUrlG, Rn. 3 ist § 2 BUrlG *„richtlinienkonform auszulegen."*

745 *Boemke*, RdA 2018, 1, 10; ErfK/*Gallner*, § 1 BUrlG, Rn. 15; *Jacobs/Münder*, RdA 2019, 332, 333; *Kuhn*, EuZA 2023, 292, 300; Preis/Temming/*Preis*, § 47 Rn. 2198; *Preis/Sagan*, ZGR 2013, 26, 57; HWK/*Schinz*, § 2 BUrlG, Rn. 3, 7.

746 HWK/*Schinz*, § 1 BUrlG, Rn. 3; vgl. auch ErfK/*Preis*, § 611 a BGB, Rn. 21.

747 Zu diesen Konstellationen im Einzelnen *Boemke*, RdA 2018, 1, 5; vgl. auch *Forst*, GmbHR 2012, 821, 823 f.; *Henssler*, FS Preis (2021), 433, 434; *Henssler/Pant*, RdA 2019, 321, 325 ff.; *Kuhn*, EuZA 2023, 292, 296; BeckOK-GK/*Maties*, § 611 a BGB (Stand 01.06.2023), Rn. 67.

In dieser zweiten Konstellation kommen allein die nationalen Begriffsmerkmale zum Zuge. Europarechtliche Vorgaben bleiben außer Acht.

> 3. Konstellation: Der Regelungsbereich beruht zwar auf unionsrechtlichen Vorschriften, jedoch liegt weder Konstellation 1 noch Konstellation 2 vor.

In dieser dritten Konstellation ist der Arbeitnehmerbegriff zwar im Grundsatz durch eine unionsrechtlich autonome Gesetzesauslegung zu ermitteln.[748] Der EuGH greift aber gleichwohl vermehrt auf den Arbeitnehmerbegriff i.S.v. Art. 45 AEUV bzw. auf die hierzu entwickelten Kriterien zurück, wenn der Unionsakt weder einen Verweis noch eine eigenständige Begriffsbestimmung enthält.[749] Nach der bereits in der Rs. *Lawrie-Blum*[750] entwickelten Definition ist Arbeitnehmer danach derjenige, der „*während einer bestimmten Zeit für eine andere nach deren Weisung Leistungen erbringt, für die sie als Gegenleistung eine Vergütung erhält.*“[751] Unerheblich ist, ob die Begriffsmerkmale des nationalen Arbeitnehmerbegriffs erfüllt sind.[752] Dem Weisungsverhältnis muss demnach nicht zwingend ein Arbeitsvertrag nach nationalem Recht zugrunde liegen, sondern kann auch auf einer einem Arbeitsvertrag ähnlichen Verpflichtung[753] oder einem einseitigen öffentlichen-rechtlichen Ernennungsakt[754] beruhen.[755] Ob ein Unterordnungsverhältnis vorliegt, ist „*in jedem Einzelfall nach Maßgabe aller Gesichtspunkte und aller Umstände zu beantworten, die die Beziehungen zwischen*

---

748 EuGH, Urt. v. 14.10.2010 – C-428/09, BeckRS 2010, 91197 Rn. 27 f.; *Henssler/Pant*, RdA 2019, 321, 325; *Wank*, EuZA 2018, 327, 331 f.

749 Vgl. etwa EuGH, Beschl. v. 07.04.2011 – C-519/09, BeckRS 2013, 87054 Rn. 22; EuGH, Urt. v. 11.11.2010 – C-232/09 (Danosa), NJW 2011, 2343 Rn. 39; ErfK/*Preis*, § 611 a BGB Rn. 18.

750 EuGH, Urt. v. 03.07.1986 – 66/85 (Lawrie-Blum), NVwZ 1987, 41.

751 EuGH, Urt. v. 03.07.1986 – 66/85 (Lawrie-Blum), NVwZ 1987, 41, 41; vgl. ferner EuGH, Urt. v. 27.06.1996 – C-107/94, NJW 1996, 2921 Rn. 25; EuGH, Urt. v. 11.11.2010 – C-232/09 (Danosa), NJW 2011, 2343 Rn. 39; EuGH, Urt. v. 09.07.2015 – C-229/14 (Balkaya), NJW 2015, 2481 Rn. 34; EuGH, Urt. v. 21.02.2018 – C-518/15 (Matzak), NJW 2018, 1073 Rn. 28.

752 EuGH, Urt. v. 11.11.2010 – C-232/09 (Danosa), NJW 2011, 2343 Rn. 40 f.; EuGH, Urt. v. 09.07.2015 – C-229/14 (Balkaya), NJW 2015, 2481 Rn. 35 f.

753 EuGH, Urt. v. 26.02.1992 – C-357/89, NJW 1992, 1493 Rn. 10; EuGH, Urt. v. 26.11.1998 – C-1/97, NVwZ 1999, 1099 Rn. 28.

754 EuGH, Urt. v. 03.07.1986 – 66/85 (Lawrie-Blum), NVwZ 1987, 41, 41.

755 Streinz/*Franzen*, Art. 45 AEUV, Rn. 17.

den Beteiligten kennzeichnen.“[756] Wie auch im nationalen Recht spielt für die Feststellung der Arbeitnehmereigenschaft aber ebenfalls die Weisungsbindung hinsichtlich der Art der auszuführenden Arbeiten und Aufgaben, der Arbeitszeit und des Arbeitsortes eine entscheidende, wenn auch nicht die alleinige Rolle.[757] Von dem Begriff „Leistungen“ i.S.d. oben genannten Definition werden sämtliche Tätigkeiten erfasst, die für den Arbeitgeber von gewissem wirtschaftlichen Wert sind; nur solche Tätigkeiten fallen nicht hierunter, die von so geringem Umfang sind, dass sie als völlig untergeordnet und unwesentlich einzustufen sind.[758]

b) Zusammenfassung

Bei der Beurteilung des Arbeitnehmerbegriffs i.S.v. § 2 S. 1 Hs. 1 BUrlG sind unionsrechtliche Vorgaben zu berücksichtigen. Liegt damit zwar kein Arbeitsverhältnis nach nationalen Gesichtspunkten vor, kann sich die Arbeitnehmereigenschaft gleichwohl noch aus europarechtlichen Gesichtspunkten ergeben. Hierbei ist auf die zu Art. 45 AEUV entwickelten Kriterien zurückzugreifen, weil die Arbeitszeitrichtlinie 2003/88/EG weder eine eigene Definition des Arbeitnehmers noch einen Verweis auf den mitgliedstaatlichen Arbeitnehmerbegriff enthält.[759]

2. Auszubildende

Neben Arbeitern und Angestellten ordnet § 2 S. 1 Hs. 2 BUrlG auch die zu ihrer Berufsausbildung Beschäftigten als Arbeitnehmer ein.[760] Ein Auszubildender ist

---

756 EuGH, Urt. v. 11.11.2010 – C-232/09 (Danosa), NJW 2011, 2343 Rn. 46; ferner EuGH, Urt. v. 09.07.2015 – C-229/14 (Balkaya), NJW 2015, 2481 Rn. 37; EuGH, Urt. v. 10.09.2015 – C-47/14 (Holtermann), NZA 2016, 183 Rn. 46.

757 EuGH, Urt. v. 10.09.2014 – C-270/13 (Haralambidis), EuZW 2014, 946 Rn. 33; *Wank*, EuZA 2018, 327, 333.

758 Vgl. nur EuGH, Urt. v. 23.03.1982 – 53/81 (Levin), NJW 1983, 1249, 1250; EuGH, Urt. v. 03.07.1986 – 66/85 (Lawrie-Blum), NVwZ 1987, 41, 41; Callies/Ruffert/*Brechmann*, Art. 45 AEUV, Rn. 16.

759 Vgl. EuGH. Urt. v. 14.10.2010 – C-428/09 (Union syndicale Solidaires Isère), BeckRS 2010, 91197 Rn. 28.

760 Diese ausdrückliche Ausweitung des persönlichen Anwendungsbereichs auf Auszubildende war erforderlich, weil Ausbildungsverhältnisse keine Arbeitsverhältnisse darstellen; vgl. BeckOK-ArbR/*Lampe*, § 2 BUrlG, Rn. 2; vgl. auch ErfK/*Schlachter*, § 10 BBiG, Rn. 4; Schaub/*Vogelsang*, § 15 Rn. 5; BAG, Urt. v. 21.09.2011 – 7 AZR 375/10, NZA 2012, 255 Rn. 15.

gem. § 1 Abs. 3 BBiG[761], wer aufgrund eines Berufsausbildungsvertrages (§ 10 Abs. 1 BBiG) in einem geordneten Ausbildungsgang die für die Ausübung einer qualifizierten beruflichen Tätigkeit in einer sich wandelnden Arbeitswelt notwendigen beruflichen Fähigkeiten (berufliche Handlungsfähigkeit) vermittelt erhält.[762] Erfasst werden neben Auszubildenden auch Umschüler, Volontäre und Praktikanten[763], nicht aber Studierende dualer Studiengänge[764] (vgl. § 3 Abs. 2 Nr. 1 BBiG), Schüler oder sog. Gastvolontäre[765].

3. *Arbeitnehmerähnliche Personen*

Gem. § 2 S. 2 BUrlG gelten als Arbeitnehmer ferner Personen, die wegen ihrer wirtschaftlichen Unselbständigkeit als arbeitnehmerähnliche Personen anzusehen sind. Erfasst werden alle Personen, die wegen ihrer regelmäßig fehlenden oder gegenüber Arbeitnehmer geringeren Weisungsgebundenheit und der oft auch fehlenden oder geringeren Eingliederung in die betriebliche Organisation zwar nicht persönlich, aber wirtschaftlich abhängig und damit ebenfalls als sozial schutzbedürftig einzustufen sind.[766] Nach der Rspr. ist wirtschaftliche Abhängigkeit dabei gegeben, wenn der Selbständige auf die Verwertung seiner Arbeitskraft und die Einkünfte aus der Tätigkeit für den jeweiligen Vertragspartner angewiesen ist, um seine Existenzgrundlage zu sichern.[767] Soziale Schutzbedürftigkeit liegt nach der Rspr. des BAG vor, „*wenn unter Berücksichtigung der gesamten Umstände des Einzelfalles und der Verkehrsanschauung das Maß der Abhängigkeit einen solchen Grad erreicht, wie er im Allgemeinen nur in einem*

---

761 Berufsausbildungsgesetz in der Fassung vom 4. Mai 2020 (BGBI. I S. 920), das durch Artikel 2 des Gesetzes vom 20.07.2022 (BGBI. I S. 1174) geändert worden ist.

762 Schaub/*Vogelsang*, § 15 Rn. 4.

763 Schaub/*Linck*, § 104 Rn. 16; vgl. auch ErfK/*Schlachter*, § 26 BBiG, Rn. 2 f.; MüHdb.-ArbR/*Temming*, § 19 Rn. 37; keine Anwendung findet das BUrlG hingegen auf Praktikanten, die den Betrieb lediglich kennenlernen wollen und aus Gefälligkeit tätig werden (freiwillige Praktikanten), vgl. HWK/*Schinz*, § 2 BUrlG, Rn. 4.

764 Schaub/*Vogelsang*, § 15 Rn. 4; weitere Ausnahmen sind in § 3 Abs. 2 Nr. 2 BBiG (Berufsausbildung in einem öffentlich-rechtlichen Dienstverhältnis) und in § 3 Abs. 2 Nr. 3 BBiG (Berufsausbildung auf Kauffahrteischiffen) geregelt.

765 Schaub/*Linck*, § 104 Rn. 16; HWK/*Schinz*, § 2 BUrlG, Rn. 5.

766 BAG, Beschl. v. 21.01.2019 – 9 AZB 23/18, NZA 2019, 490 Rn. 31 m.w.N.; MüHdb.-ArbR/*Jacobsen*, § 27 Rn. 4; BeckOK-ArbR/*Lampe*, § 2 BUrlG, Rn. 3; Schaub/*Vogelsang*, § 10 Rn. 1.

767 BAG, Beschl. v. 21.01.2019 – 9 AZB 23/18, NZA 2019, 490 Rn. 34; HWK/*Schinz*, § 2 BUrlG, Rn. 6.

Arbeitsverhältnis vorkommt, und die geleisteten Dienste nach ihrer sozialen Typik mit denen eines Arbeitnehmers vergleichbar sind.“[768]

Als arbeitnehmerähnliche Personen sind damit regelmäßig Handelsvertreter i.S.v. § 92 a HGB und freie Mitarbeiter anzusehen.[769] Die Abgrenzung erfolgt jedoch stets nach den allgemeinen Merkmalen.[770] Als Auslegungshilfe können zudem die in § 12 a Abs. 1 Nr. 1 a und b TVG genannten Zeit- und Verdienstrelationen herangezogen werden.[771] Demnach ist es möglich, aber nicht zwingend[772], dass die arbeitnehmerähnliche Person trotz ihrer Selbständigkeit überwiegend nur für eine Person tätig ist oder ihr von einer Person im Durchschnitt mehr als die Hälfte des Entgelts zusteht, das sie für ihre Erwerbstätigkeit insgesamt verlangen kann.[773] Ist der Selbständige lediglich für einen Auftraggeber tätig, ist regelmäßig von wirtschaftlicher Abhängigkeit auszugehen.[774] Wird weder mehr als die Hälfte der geleisteten Arbeitszeit für eine Person geleistet noch die Gesamtvergütung überwiegend von einer Person erzielt, ist die wirtschaftliche Abhängigkeit hingegen zu verneinen.[775]

4. *Heimarbeiter*

Arbeitnehmerähnliche Personen sind wegen ihrer wirtschaftlichen Abhängigkeit auch Heimarbeiter i.S.v. § 1 Abs. 1 Heimarbeitsgesetzes (HAG)[776], also Heimarbeiter (§ 2 Abs. 1 HAG), Hausgewerbetreibende (§ 2 Abs. 2 HAG) sowie ihnen nach § 1 Abs. 2 lit. a) bis d) HAG Gleichgestellte.[777] Für sie gilt die besondere Regelung des § 12 BUrlG (vgl. § 2 S. 2 Hs. 2 BUrlG).

---

768 St. Rspr. vgl. nur BAG, Beschl. v. 21.01.2019 – 9 AZB 23/18, NZA 2019, 490 Rn. 36; BAG, Urt. v. 17.01.2006 – 9 AZR 61/05, NJOZ 2006, 3821 Rn. 14 m.w.N.

769 MüHdb.-ArbR/*Jacobsen*, § 27 Rn. 4.

770 BAG, Urt. v. 17.01.2006 – 9 AZR 61/05, NJOZ 2006, 3821 Rn. 13.

771 BAG, Urt. v. 17.01.2006 – 9 AZR 61/05, NJOZ 2006, 3821 Rn. 13; ErfK/*Gallner*, § 2 BUrlG, Rn. 2; BeckOK-ArbR/*Lampe*, § 2 BUrlG, Rn. 3; HWK/*Schinz*, § 2 BUrlG, Rn. 6.

772 *Friese*, Urlaubsrecht, Rn. 26.

773 ErfK/*Gallner*, § 2 BUrlG, Rn. 2; für Journalisten gilt gem. § 12 a Abs. 3 TVG die Verdienstgrenze eines Drittels.

774 BeckOK-ArbR/*Lampe*, § 2 BUrlG, Rn. 4; HWK/*Schinz*, § 2 BUrlG, Rn. 6.

775 Vgl. BAG, Urt. v. 17.10.1990 – 5 AZR 639/89, NZA 1991, 402, 402 f.; *Boemke*, Studienbuch ArbR, S. 29; *ders.*, RdA 2018, 1, 4.

776 Heimarbeitsgesetz in der im Bundesgesetzblatt Teil III, Gliederungsnummer 804-1 veröffentlichten bereinigten Fassung, zuletzt geändert durch Artikel 6i des Gesetzes vom 16.09.2022 (BGBl. I S. 1454).

777 ErfK/*Gallner*, § 12 BUrlG, Rn. 2 ff.; MüHdb.-ArbR/*Jacobsen*, § 27 Rn. 216 f.

Ob die Mitwirkungsobliegenheiten auch ihnen gegenüber zu erfüllen sind, war – soweit ersichtlich – noch nicht Gegenstand gerichtlicher Entscheidungen. Zweifelhaft erscheint dies zunächst deshalb, weil die Mitwirkungsobliegenheiten aus richtlinienkonformer Auslegung der bundesurlaubsrechtlichen Vorschriften, konkret aus § 7 Abs. 1 S. 1 BUrlG und § 7 Abs. 3 S. 1 BUrlG folgen[778], § 12 BUrlG jedoch lediglich die Vorschrift des § 7 Abs. 1 S. 1 BUrlG, nicht jedoch die des § 7 Abs. 3 BUrlG für die in Heimarbeit Beschäftigten und die ihnen nach § 1 Abs. 2 lit. a) bis c) HAG gleichgestellten Personen für anwendbar erklärt. Heimarbeitern steht damit wie Arbeitnehmern zwar ein Anspruch auf Erholungsurlaub zu, die Übertragungs- bzw. Verfallregelung des § 7 Abs. 3 BUrlG, aus der das BAG – neben § 7 Abs. 1 S. 1 BUrlG – die Mitwirkungsobliegenheiten ableitet, soll laut Gesetz jedoch keine Anwendung finden. Findet eine gesetzliche Vorschrift in Bezug auf eine bestimmte Personengruppe keine Anwendung, können auch keine Regelungen zur Anwendung kommen, die aufgrund richtlinienkonformer Auslegung und damit nur mittelbar aus der Vorschrift folgen.

Dafür, dass die Mitwirkungsobliegenheiten auch gegenüber Heimarbeitern zu erfüllen sind, spricht jedoch, dass das BAG den Grundsatz, dass der Urlaubsanspruch auf das Kalenderjahr befristet ist, nicht lediglich der Regelung des § 7 Abs. 3 S. 1 BUrlG, sondern zugleich der Regelung des § 1 BUrlG entnimmt.[779] Insofern wird zu Recht geschlussfolgert, dass für die in Heimarbeit Beschäftigten nur die Übertragungsmöglichkeit gem. § 7 Abs. 3 S. 2 BUrlG ausgeschlossen ist, während § 7 Abs. 3 S. 1 BUrlG zur Anwendung kommt und die Heimarbeiter demzufolge ebenfalls nur einen befristeten Urlaubsanspruch erhalten.[780] Gelten also sowohl § 7 Abs. 1 S. 1 BUrlG als auch § 7 Abs. 3 S. 1 BUrlG für in Heimarbeit Beschäftigte, müssen für diese folglich auch die aus richtlinienkonformer Auslegung der §§ 7 Abs. 1 S. 1, Abs. 3 S. 1 BUrlG folgenden Mitwirkungsobliegenheiten gelten. Auch ihnen gegenüber sind daher die Mitwirkungsobliegenheiten zu erfüllen.

---

778 Hierzu oben unter § 5 C.

779 Vgl. nur BAG, Urt. v. 28.11.1990 – 8 AZR 570/89, NZA 1991, 423 unter II. 3. a).

780 So etwa MüHdb.-ArbR/*Jacobsen*, § 27 Rn. 222; *Leinemann/Linck*, § 12 BUrlG, Rn. 23.

5. *Weitere Personengruppen*

a) *Beamte, Richter und Soldaten*

Für den europäischen Arbeitnehmerbegriff ist die Natur des Rechtsverhältnisses, in dem die Beschäftigung erfolgt, unerheblich.[781] Er umfasst daher auch Beamte bzw. Beschäftigte des öffentlichen Dienstes[782], Richter und Staatsanwälte[783] sowie Soldaten.[784] Weil auch diese Personengruppen unionsrechtlich als Arbeitnehmer einzustufen sind, kommt der von Art. 7 der RL 2003/88/EG verbürgte Urlaubsanspruch bzw. die dort verankerten Rechte auch diesen Personen zu.[785] Auch ihnen gegenüber sind die Mitwirkungsobliegenheiten zu erfüllen.

b) *GmbH-Geschäftsführer*

Ob GmbH-Geschäftsführer nach nationalem Recht als Arbeitnehmer einzustufen sind, sodass arbeitsrechtliche Vorschriften auf diese Anwendung finden, ist umstritten.[786] Der BGH[787] verneint die Arbeitnehmerstellung eines GmbH-Geschäftsführers ausnahmslos, das BAG[788] zumindest überwiegend. Auch in der

---

781 EuGH, Urt. v. 22.06.2017 – C-20/16, DStRE 2018, 7 Rn. 33; EuGH, Urt. v. 03.05.2012 – C-337/10 (Neidel), NVwZ 2012, 688 Rn. 25; ErfK/*Schlachter*, Art. 45 AEUV, Rn. 10.

782 EuGH, Urt. v. 22.06.2017 – C-20/16, DStRE 2018, 7 Rn. 33 ff.; EuGH, Urt. v. 03.05.2012 – C-337/10 (Neidel), NvwZ 2012, 688 Rn. 25; EuGH, Beschl. v. 10.03.2005 – C-178/04 (Marhold), BeckRS 2005, 154396 Rn. 19; EuGH, Urt. v. 03.07.1986 – 66/85 (Lawrie-Blum), NVwZ 1987, 41, 41.

783 EuGH, Urt. v. 05.11.2019 – C-192/18, NJW 2020, 527 Rn. 60 f.

784 Callies/Ruffert/*Brechmann,* Art. 45 AEUV, Rn. 13; HWK/*Tillmanns*, Art. 45 AEUV, Rn. 15; *Wank*, EuZA 2018, 327, 337 f.

785 Vgl. ErfK/*Gallner*, § 2 BUrlG, Rn. 1; vgl. auch BVerwG, Urt. v. 31.01.2013 – 2 C 10/12, NVwZ 2013, 1295 Rn. 32.

786 Ausführlich hierzu *Boemke*, RdA 2018, 1 ff.; *Preis/Sagan*, ZGR 2013, 26, 27 ff. m.w.N.; die Anwendbarkeit des BUrlG auf GmbH-Geschäftsführer generell ablehnend BFH, Beschl. v. 06.10.2006 – I B 28/06, BeckRS 2006, 25011694 unter II. 2. a); OLG Düsseldorf, Urt. v. 23.12.1999 – 6 U 119/99, NJW-RR 2000, 768, 769; Altmeppen/*Altmeppen*, § 6 GmbHG, Rn. 84; *Haase*, GmbHR 2005, 265, 267; MHLS/*Tebben/Kämper*, § 6 GmbHG, Rn. 125.

787 Vgl. etwa BGH, Urt. v. 11.07.1953 – II ZR 126/52, NJW 1953, 1465, 1465; BGH, Urt. v. 09.02.1978 – II ZR 189/76, NJW 1978, 1435, 1437; BGH, Urt. v. 26.03.1984 – II ZR 120/83, NJW 1984, 2528, 2528; BGH, Urt. v. 10.05.2010 – II ZR 70/09, NJW 2010, 2343 Rn. 7.

788 Nach der Rspr. des BAG kann der GmbH-Geschäftsführer nur in *„extremen Ausnahmefällen"* Arbeitnehmer sein, vgl. BAG, Urt. v. 11.06.2020 – 2 AZR 374/19, NZA 2020, 1179 Rn. 25 m.w.N.; die Arbeitnehmereigenschaft ablehnend etwa in BAG,

Literatur[789] wird die Streitfrage unterschiedlich beurteilt. Wegen der Fülle der hierzu bestehenden unterschiedlichen Auffassung in Rspr. und Literatur und dem Umstand, dass für den Bereich des BUrlG ohnehin der europäische Arbeitnehmerbegriff maßgeblich ist[790], soll auf die einzelnen Ansichten hier nicht näher eingegangen, sondern die Untersuchung darauf beschränkt werden, ob und wenn ja, unter welchen Voraussetzungen der GmbH-Geschäftsführer als Arbeitnehmer im Sinne des Unionsrechts einzustufen ist. Erfüllt der GmbH-Geschäftsführer die Begriffsmerkmale des unionsrechtlichen Arbeitnehmerbegriffs, kommt es auf die Einordnung anhand nationalrechtlicher Kriterien nicht mehr an.

Um überprüfen zu können, ob der GmbH-Geschäftsführer als Arbeitnehmer im Sinne des Unionsrechts eingestuft werden kann, muss man sich zunächst jedoch dessen rechtliche Stellung im nationalen Recht vergegenwärtigen (aa)). Von Einfluss für die Beurteilung der Arbeitnehmereigenschaft nach den vom EuGH aufgestellten Kriterien (cc)) ist dabei auch der jeweilige Beteiligungsgrad des Gesellschafter-Geschäftsführers am Stammkapital der Gesellschaft[791] (bb)).

aa) Doppelstellung des GmbH-Geschäftsführers

Der GmbH-Geschäftsführer hat eine Doppelstellung inne: Einerseits ist er Organ der Gesellschaft und damit berechtigt, diese nach außen hin und gegenüber ihren

---

Urt. v. 26.05.1999 – 5 AZR 664/98, NZA 1999, 987, 988 f.; BAG, Urt. v. 13.05.1992 – 5 AZR 344/91, BeckRS 1992, 30741275 unter II. 2.; die Arbeitnehmereigenschaft annehmend in BAG, Urt. v. 17.09.2014 – 10 AZB 43/14, NJW 2015, 572 Rn. 19 ff.; den Status als arbeitnehmerähnliche Personen lehnt das BAG ebenfalls ab, vgl. BAG, Beschl. v. 21.01.2019 – 9 AZB 23/18, NZA 2019, 490 Os. 3: „*Der Fremdgeschäftsführer einer GmbH ist keine arbeitnehmerähnliche, sondern eine arbeitgeberähnliche Person*“; zustimmend *Mohr/Bourazeri*, NZA 2019, 595, 601.

789 Die Arbeitnehmerstellung unter bestimmten, unterschiedlichen Voraussetzungen bejahend etwa *Diller*, Gesellschaftsorgane, S. 137 ff.; *Holthausen/Steinkraus*, NZA-RR 2002, 281, 282; *Jaeger*, NZA 1998, 961, 963; *Kamanabrou*, DB 2002, 146, 147; *Wank*, FS Wiedemann, 2002, 587, 601 f.; *Wank/Maties*, NZA 2007, 353, 354; die Arbeitnehmerstellung verneinend etwa: Altmeppen/*Altmeppen*, § 6 GmbHG, Rn. 83 f.; *Goette*, FS Wiedemann (2002), 873 ff., 888; *Hueck*, ZfA 1985, 25, 31 f.; Schaub/*Vogelsang*, § 14 Rn. 3; die Arbeitnehmerstellung zumindest für den Regelfall verneinend ErfK/*Preis*, § 611 a BGB, Rn. 94; HWK/*Thüsing*, § 611 a BGB, Rn. 105.

790 Hierzu oben unter § 7 B. I. 1. bb) bbb); die Frage wegen mangelnder praktischer Bedeutung offen gelassen von MüKo-GmbHG/*Jaeger/Steinbrück*, § 35 GmbHG, Rn. 284.

791 Vgl. auch *Boemke*, RdA 2018, 1, 6.

Mitarbeitern zu vertreten.[792] Andererseits steht er in einem Anstellungsverhältnis zu der Gesellschaft, welches die schuldrechtlichen Beziehungen zwischen der Gesellschaft und dem Organmitglied regelt und trotz vielerlei Verknüpfungen streng von der organschaftlichen Bestellung zum Geschäftsführer zu trennen ist.[793] Während die Rechte und Pflichten des GmbH-Geschäftsführers als Organ der Gesellschaft überwiegend gesetzlich normiert sind (insbesondere in den §§ 35 ff. GmbHG), bestehen im Hinblick auf seine arbeits-, wettbewerbs- und sozialrechtliche Einordnung nur vereinzelt gesetzliche Vorschriften.[794]

bb) Beteiligungsgrad des Gesellschafter-Geschäftsführers

GmbH-Geschäftsführer sind grundsätzlich am Stammkapital der Gesellschaft beteiligt. Hält der Gesellschafter-Geschäftsführer mehr als 50 v.H. der Anteile am Stammkapital, spricht man von einem Mehrheits-Gesellschafter-Geschäftsführer[795], hält er weniger als 50 v.H. der Anteile, von einem Minderheits-Gesellschafter-Geschäftsführer[796]. Ist der Geschäftsführer am Stammkapital nicht beteiligt, spricht man von einem Fremdgeschäftsführer.[797]

cc) Kriterien anhand der Entscheidungen Danosa, Balkaya *und* Holtermann

Der EuGH hat bereits in der *Danosa*-Entscheidung[798] einige Kriterien festgelegt, anhand derer die Arbeitnehmereigenschaft eines Geschäftsführers einer Kapitalgesellschaft zu beurteilen sein soll. Nach Ansicht des EuGH deutet demnach einiges auf die Arbeitnehmereigenschaft hin, wenn ein Mitglied der Unternehmensleitung entgeltliche Leistungen gegenüber einer Gesellschaft erbringt, von dieser bestellt wurde und auch in diese eingegliedert ist, weisungsgebunden oder jedenfalls der Aufsicht eines anderen Organs unterstellt ist und jederzeit

---

792 MüHdb.-ArbR/*Reiserer/Lachmann*, § 6 Rn. 81.

793 Vgl. BAG, Urt. v. 26.05.1999 – 5 AZR 664/98, NZA 1999, 987 unter III. 1; *Holthausen/Steinkraus*, NZA-RR 2002, 281, 281; MHLS/*Lenz*, § 35 GmbHG, Rn. 118; MüKo-GmbHG/*Jaeger/Steinbrück*, § 35 GmbHG, Rn. 248. HWK/*Thüsing*, § 611 a BGB, Rn. 104.

794 Altmeppen/*Altmeppen*, § 6 GmbHG, Rn. 81; MüHdb.-ArbR/*Reiserer/Lachmann*, § 6 Rn. 81 f.

795 KassKomm/*Zieglmeier*, § 7 SGB IV, Rn. 170.

796 KassKomm/*Zieglmeier*, § 7 SGB IV, Rn. 172.

797 *Schlegel*, NZA 2021, 310, 312; KassKomm/*Zieglmeier*, § 7 SGB IV, Rn. 165.

798 EuGH, Urt. v. 11.11.2010 – C-232/09 (Danosa), NJW 2011, 2343.

abberufen werden kann.[799] Das Kriterium der jederzeitigen Abberufungsmöglichkeit hat der EuGH auch nochmals in der Rs. *Balkaya*[800] aufgegriffen, in der er ferner ausgeführt hat, dass auch der Umstand, dass eine Leitungsperson keine Anteile an der Gesellschaft trägt, für das Vorliegen eines Unterordnungsverhältnisses sprechen kann.[801] In der *Holtermann*[802]-Entscheidung hat der EuGH das Vorliegen eines Unterordnungsverhältnisses schließlich für den Fall verneint, dass ein Geschäftsführer in seiner Eigenschaft als Anteilseigner der Gesellschaft in der Lage ist, in nicht geringem Umfang auf die Willensbildung des Verwaltungsorgans der Gesellschaft Einfluss zu nehmen.[803]

dd) Übertragung auf das nationale Recht

In Übertragung dieser Grundsätze werden jedenfalls Fremdgeschäftsführer und Minderheitsgesellschafter regelmäßig als Arbeitnehmer i.S.d. Unionsrechts anzusehen sein.[804] Für die Leistungen, die sie für die Gesellschaft erbringen, erhalten sie im Regelfall ein Entgelt und unterliegen gem. § 37 Abs. 1 GmbHG auch den Weisungen der Gesellschafterversammlung.[805] Eine Abberufung durch die Gesellschafterversammlung ist nach §§ 38 Abs. 1, 46 Nr. 5 GmbHG zu jeder Zeit möglich.[806]

Hingegen wird die Arbeitnehmereigenschaft bei Alleingesellschafter-Geschäftsführern[807], Mehrheits-Gesellschafter-Geschäftsführern und Minderheiten-

---

799 EuGH, Urt. v. 11.11.2010 – C-232/09 (Danosa), NJW 2011, 2343 Rn. 51.

800 EuGH, Urt. v. 09.07.2015 – C-229/14 (Balkaya), NJW 2015, 2481.

801 EuGH, Urt. v. 09.07.2015 – C-229/14 (Balkaya), NJW 2015, 2481 Rn. 40 wobei dieser Gesichtspunkt in der Entscheidung nicht ausschlaggebend war.

802 EuGH, Urt. v. 10.09.2015 – C-47/14 (Holtermann), NZA 2016, 183.

803 EuGH, Urt. v. 10.09.2015 – C-47/14 (Holtermann), NZA 2016, 183 Rn. 47 f.

804 Die (unionsrechtliche) Arbeitnehmereigenschaft bejahend auch *Bauer/Arnold*, ZIP 2012, 597, 598 f.; *Boemke*, RdA 2018, 1, 6, 10; *Forst*, GmbHR 2012, 821, 825; *Kuhn*, EuZA 2023, 292, 302; *Lunk*, FS Preis (2021), 811, 814; *ders.*, NZA 2015, 917, 918; *Lunk/Rodenbusch*, GmbHR 2012, 188, 190; Henssler/Strohn/*Oetker*, § 35 GmbHG, Rn. 148; *Preis/Sagan*, ZGR 2013, 26, 58; *Reinhard/Bitsch*, ArbRB 2011, 241, 242; *Reufels/Molle*, NZA-RR 2011, 281, 282 f.; *Schubert*, ZESAR 2013, 5, 8, 13; *Thüsing*, ZESAR 2009, 486, 486 f.

805 *Ahrends*, Europäisiertes Urlaubsrecht, S. 162; *Forst*, GmbHR 2012, 821, 825; *Lunk*, NZA 2015, 917, 919.

806 *Ahrends*, Europäisiertes Urlaubsrecht, S. 162; *Forst*, GmbHR 2012, 821, 825.

807 In der Rs. *Asscher* hat der EuGH entschieden, dass Alleingesellschafter-Geschäftsführer keine Arbeitnehmer i.S.d. (heutigen) Art. 45 AEUV sind, vgl. EuGH, Urt. v. 27.06.1996 – C-107/94 (Asscher), NJW 1996, 2921 Rn. 26.

Gesellschafter-Geschäftsführern mit Sperrminorität[808] nicht nur nach nationalen[809], sondern auch nach europäischen Maßstäben mangels Weisungsabhängigkeit regelmäßig verneint werden müssen.[810] Durch die entsprechenden Beteiligungsgrade ist es ihnen möglich, auf die durch die Gesellschafterversammlung erteilten Weisungen und auch ihre eigene Abberufung durch Ausübung des Stimmrechts maßgeblich Einfluss zu nehmen.[811] Denn die Stimmrechte sind vom Grad der Beteiligung am Stammkapital der Gesellschaft abhängig.[812] Je mehr Anteile der Gesellschafter-Geschäftsführer also am Stammkapital der Gesellschaft hat, umso mehr kann er nicht nur auf die unternehmerischen Entscheidungen, sondern auch seine eigene Geschäftsführertätigkeit einschließlich seiner Abberufung Einfluss nehmen.[813] Ihm kommt letztlich eine so große Leitungsmacht zu, dass das Vorliegen eines Unterordnungsverhältnisses zu verneinen ist.[814]

ee) Folgerungen in Bezug auf die Erfüllung der Mitwirkungsobliegenheiten

Sind nicht-beherrschende GmbH-Geschäftsführer regelmäßig als Arbeitnehmer i.S.d. Unionsrechts anzusehen, sind die Mitwirkungsobliegenheiten im Grundsatz auch ihnen gegenüber zu erfüllen.[815] Als vertraglicher Gegenspieler des GmbH-Geschäftsführers kommt diese Aufgabe dabei im Grundsatz der Gesellschafterversammlung zu.[816] Möglich ist aber auch, dass die Gesellschafter mit

---

808 Hierzu im Allgemeinen KassKomm/*Zieglmeier*, § 7 SGB IV, Rn. 173.

809 BAG, Beschl. v. 17.09.2014 – 10 AZB 43/14, NJW 2015, 572 Rn. 22; vgl. hierzu auch BAG, Urt. v. 26.05.1999 – 5 AZR 664/98, NZA 1999, 987 unter III. 1.

810 So auch *Boemke*, RdA 2018, 1, 6, 10; *Lunk*, NZA 2015, 917, 919; *Preis/Sagan*, ZGR 2013, 26, 58; vgl. auch *Forst*, GmbHR 2012, 821, 825; *Reinhard/Bitsch*, ArbRB 2011, 241, 242.

811 *Boemke*, RdA 2018, 1, 6; vgl. auch *Forst*, GmbHR 2012, 821, 825.

812 *Boemke*, RdA 2018, 1, 3.

813 Vgl. BAG, Beschl. v. 17.09.2014 – 10 AZB 43/14, NJW 2015, 572 Rn. 22; vgl. auch BAG, Urt. v. 06.05.1998 – 5 AZR 612/97, NZA 1998, 939, 940; *Boemke*, RdA 2018, 1, 3; *Lunk*, NZA 2015, 917, 919.

814 Vgl. BAG, Beschl. v. 17.09.2014 – 10 AZB 43/14, NJW 2015, 572 Rn. 22.

815 Vgl. Henssler/Strohn/*Oetker*, § 35 GmbHG, Rn. 149; ausführlich hierzu *Lunk*, FS Preis (2021), 811, 814 ff.

816 Henssler/Strohn/*Oetker*, § 35 GmbHG, Rn. 149; vgl. auch *Lunk*, FS Preis (2021), 811, 818: „[…] *die Ausübung der Mitwirkungsobliegenheit* [wird] *eines korrespondierenden Gesellschafterbeschlusses bedürfen, da die Gesellschafterversammlung für Abschluss und Änderung des Anstellungsvertrages und damit auch die Urlaubsgewährung zuständig ist.*“

Zustimmung der übrigen Gesellschafter die Mitwirkungsobliegenheiten auf Dritte, etwa auf Mitgeschäftsführer oder die Personalleitung, übertragen.[817]

Vor dem Hintergrund, dass es für die Geltung der Mitwirkungsobliegenheiten nach Ansicht des BAG[818] allein auf die objektive Rechtslage ankommt, ist von der grundsätzlichen Geltung der Aufforderungs- und Hinweisobliegenheiten gegenüber GmbH-Geschäftsführern auch nicht in Einzelfällen abzusehen.[819] Weil GmbH-Geschäftsführer nicht in gleichem Maße schutzbedürftig sind wie „reguläre" Arbeitnehmer, ist eine Einschränkung aber ggf. auf Rechtsfolgenseite vorzunehmen: Ist der GmbH-Geschäftsführer auch ohne vorherige Zustimmung der Gesellschafter zur Urlaubsnahme berechtigt, erscheint es gerechtfertigt, Urlaub, den der GmbH-Geschäftsführer nicht innerhalb des Kalenderjahres bzw. Übertragungszeitraums nimmt, auch im Falle der Nichterfüllung der Mitwirkungsobliegenheiten dem Verfall zu unterwerfen. Ungeachtet seiner „formalen" Stellung als Arbeitnehmer i.S.d. Unionsrechts hat der GmbH-Geschäftsführer – rein tatsächlich – eine arbeitgeberähnliche Stellung inne.[820] Er ist daher auch nicht als *„schwächere Partei des Arbeitsvertrages"*[821] anzusehen. Die Befürchtung, er könnte aus Angst vor nachteiligen Konsequenzen von einer Geltendmachung seines Urlaubsanspruchs absehen, besteht nicht oder jedenfalls nicht in gleichem Umfang wie bei „normalen" Arbeitnehmern, zumal dann nicht, wenn der GmbH-Geschäftsführer ohnehin zur selbständigen Urlaubsnahme berechtigt ist. Bei GmbH-Geschäftsführern

---

817 *Kuhn*, EuZA 2023, 292, 395; *Lunk*, FS Preis (2021), 811, 818.

818 Vgl. BAG, Urt. v. 30.11.2021 – 9 AZR 143/21, BeckRS 2021, 48632 Rn. 19; BAG, Urt. v. 22.10.2019 – 9 AZR 98/19, NJW 2020, 705 Rn. 20; BAG, Urt. v. 21.05.2019 – 9 AZR 579/19, NZA 2019, 1571 Rn. 48; BAG, Urt. v. 19.02.2019 – 9 AZR 321/16, NZA 2019, 1043 Rn. 55.

819 A.A. *Lunk*, FS Preis (2021), 811, 821, der eine gesonderte Mitteilung jedenfalls dann für nicht erforderlich hält, wenn der GmbH-Geschäftsführer ohne weitere Zustimmung der Gesellschafter zur Urlaubsnahme berechtigt ist; demgegenüber hat das BAG mit Urt. v. 22.10.2019 – 9 AZR 98/19, NJW 2020, 705 Rn. 19 zumindest in Bezug auf einen „Geschäftsführer/Leiter der Geschäftsstelle" eines eingetragenen Vereins (e.V.) entschieden, dass dem Vorstand (§ 26 Abs. 1 BGB) auch dann die Initiativlast für die Verwirklichung des Urlaubsanspruchs zukommt, er zur Vornahme der Mitwirkungsobliegenheiten also auch dann verpflichtet ist, wenn der Geschäftsführer aufgrund der ihm vertraglich eingeräumten Befugnisse berechtigt ist, Urlaub auch ohne vorherige Genehmigung des Vorstands zu nehmen.

820 Vgl. BAG, Beschl. v. 21.01.2019 – 9 AZB 23/18, NZA 2019, 490 Os. 3; OLG Düsseldorf, Urt. v. 16.09.2014 – I-21 U 38/14, NZI 2015, 517, 518.

821 EuGH, Urt. v. 06.11.2018 – C-684/16 (Max-Planck-Gesellschaft), NZA 2018, 1474 Rn. 41.

besteht auch nicht gleichermaßen die Besorgnis, dass sie den Urlaubsanspruch „*in Unkenntnis der Befristung und des damit einhergehenden Risikos des Erlöschens nicht rechtzeitig* […] *geltend mach*[en]."[822] Weil sie selbst zur Vornahme der Mitwirkungsobliegenheiten gegenüber den Arbeitnehmern verpflichtet sind, werden sie regelmäßig ohnehin „*volle Kenntnis*"[823] von dem Umfang des Urlaubsanspruchs und den jeweiligen Verfallfristen haben.[824] GmbH-Geschäftsführer sind im Normalfall daher weder informationsbedürftig, noch müssen sie von der Gesellschafterversammlung ausdrücklich zur Urlaubsnahme „ermutigt" werden, weil andernfalls die Gefahr besteht, dass sie – aus Angst vor nachteiligen Konsequenzen – von ihrem Recht auf bezahlten Jahresurlaub absehen.[825] Die Aufrechterhaltung des Urlaubsanspruchs eines GmbH-Geschäftsführers über die Zeitgrenzen der § 7 Abs. 3 S. 1 und S. 3 BUrlG hinaus, erscheint angesichts dieser (Wertungs-)Unterschiede – auch unionsrechtlich – jedenfalls dann nicht geboten, wenn dieser den Urlaub frei nehmen und nicht erst die Zustimmung der Gesellschafterversammlung einholen muss.[826]

II. Zusammenfassung

Die Mitwirkungsobliegenheiten sind grundsätzlich gegenüber allen Personen zu erfüllen, die vom Geltungsbereich des BUrlG erfasst sind. Hierzu zählen zunächst alle Arbeitnehmer sowie Auszubildende, arbeitnehmerähnliche Personen[827] und Heimarbeiter. Weil im Bereich des BUrlG der europäische Arbeitnehmerbegriff maßgeblich ist, werden aber – über den eigentlichen Anwendungsbereich des BUrlG hinaus – auch Beamte, Richter, Soldaten sowie Fremdgeschäftsführer und Minderheits-Gesellschafter-Geschäftsführer einer GmbH erfasst. Auch ihnen gegenüber sind daher die Mitwirkungsobliegenheiten zu erfüllen.

---

822 BAG, Vorlagebeschl. v. 07.07.2020 – 9 AZR 401/19 (A), NZA 2020, 1541 Rn. 24.

823 EuGH, Urt. v. 06.11.2018 – C-684/16 (Max-Planck-Gesellschaft), NZA 2018, 1474 Rn. 47.

824 Zutreffend *Kuhn*, EuZA 2023, 292, 305; *Lunk*, FS Preis (2021) 811, 819, 821.

825 Zu den mit den Mitwirkungsobliegenheiten verfolgten Zwecken nach dem Verständnis des EuGH und des BAG oben unter § 6 B.

826 Im Ergebnis ebenso *Lunk*, FS Preis (2021) 811, 821; für ein Entfallen der Mitwirkungsobliegenheiten zumindest im Falle eines Fremdgeschäftsführers auch *Kuhn*, EuZA 2023, 292, 305.

827 BeckOK-ArbR/*Lampe*, § 2 BUrlG, Rn. 5 hegt hingegen Zweifel, ob der Vertragspartner einer arbeitnehmerähnlichen Person die Mitwirkungsobliegenheiten zu erfüllen hat.

C. Räumlicher Anwendungsbereich

In räumlicher Hinsicht gilt das BUrlG und damit die Mitwirkungsobliegenheiten für inländische Arbeitsverhältnisse.[828] Werden deutsche Arbeitnehmer im Ausland beschäftigt, findet das BUrlG Anwendung, wenn das Arbeitsverhältnis deutschem Arbeitsrecht unterfällt.[829] Dies hängt wiederum davon ab, ob die Parteien deutsches Arbeitsrecht als für das Arbeitsverhältnis maßgebliches Recht gewählt haben.[830] Es gilt der Grundsatz der freien Rechtswahl.[831] Die Rechtswahl muss dabei nicht ausdrücklich getroffen werden, sondern kann auch konkludent erfolgen.[832] Voraussetzung einer konkludent getroffenen Rechtswahl ist jedoch, dass sie sich eindeutig aus den Arbeitsvertragsbestimmungen (etwa durch Gerichtsstandsvereinbarungen[833]) oder den Umständen des Falles ergibt.[834] Bei fehlender Rechtswahl unterliegt das Arbeitsverhältnis dem Recht des Staates[835], in welchem oder von welchem aus der Arbeitnehmer für gewöhnlich seine Arbeit verrichtet.[836] Der gewöhnliche Arbeitsort bleibt auch dann maßgeblich, wenn der Arbeitnehmer seine Arbeit vorübergehend in einem anderen Staat verrichtet.[837]

Werden ausländische Arbeitnehmer in Deutschland beschäftigt, kommen die bundesurlaubsrechtlichen Vorschriften ebenfalls zur Anwendung, wenn auf das Arbeitsverhältnis deutsches Recht anwendbar ist.[838] Für Arbeitnehmer eines EU-Mitgliedstaates ist zudem das in Art. 7 EG-VO Nr. 1612/68 verankerte Diskriminierungsverbot zu beachten, wonach Arbeitnehmer eines EU-Mitgliedstaates nicht anderes behandelt werden dürfen als inländische Arbeitnehmer. Für sie ist das deutsche Urlaubsrecht daher grundsätzlich ebenfalls anzuwenden.[839]

---

828 Hohmeister/Oppermann/*Hohmeister*, § 2 BUrlG, Rn. 2; Schaub/*Linck*, § 104 Rn. 19.

829 Hohmeister/Oppermann/*Hohmeister*, § 2 BUrlG, Rn. 2; Schaub/*Linck*, § 104 Rn. 19.

830 Hohmeister/Oppermann/*Hohmeister*, § 2 BUrlG, Rn. 2.

831 Art. 3 Abs. 1 S. 1 der Verordnung (EG) Nr. 593/2008 des Europäischen Parlaments und des Rates vom 17. Juni 2008 über das auf vertragliche Schuldverhältnisse anzuwendende Recht (Rom I), ABl. EU L 177 vom 04.07.2008, S. 6–16; Schaub/*Linck*, § 7 Rn. 5; BAG, Urt. v. 15.12.2016 – 6 AZR 430/15, NZA 2017, 502 Rn. 40.

832 Schaub/*Linck*, § 7 Rn. 7; ErfK/*Schlachter*, Art. 3–9 Rom-I-VO, Rn. 6.

833 ErfK/*Schlachter*, Art. 3 – 9 Rom-I-VO, Rn. 6.

834 BAG, Urt. v. 15.12.2016 – 6 AZR 430/15, NZA 2017, 502 Rn. 40.

835 Unabhängig davon, ob es sich um ein EU-Staat oder einen Drittstaat handelt, vgl. BAG, Urt. v. 15.12.2016 – 6 AZR 430/15, NZA 2017, 502 Rn. 39.

836 Hohmeister/Oppermann/*Hohmeister*, § 2 BUrlG, Rn. 2; Schaub/*Linck*, § 7 Rn. 14 jeweils unter Verweis auf Art. 8 Abs. 2 S. 1 Rom-I-VO.

837 Schaub/*Linck*, § 7 Rn. 14; vgl. Art. 8 Abs. 2 S. 2 Rom-I-VO.

838 Hohmeister/Oppermann/*Hohmeister*, § 2 BUrlG, Rn. 3.

839 Hohmeister/Oppermann/*Hohmeister*, § 2 BUrlG, Rn. 3.

§ 8 Inhalt

Voraussetzung für den Verfall des Urlaubsanspruchs mit Ablauf des Kalenderjahres und/oder eines zulässigen Übertragungszeitraums ist nunmehr, dass der Arbeitgeber an der Verwirklichung des Urlaubs mitgewirkt hat.[840] Die vom EuGH aufgestellten Anforderungen an diese Mitwirkung hat das BAG nicht bloß übernommen, sondern um eine Mitteilungsobliegenheit über die Anzahl der dem Arbeitnehmer konkret zustehenden Urlaubstage ergänzt.[841]

Auf der Grundlage der vom EuGH und BAG aufgestellten Mindestanforderungen (unter A.), soll im Folgenden untersucht werden, welche Bestandteile die Mitteilung im Einzelnen aufweisen muss (unter B.), um insgesamt von einer ordnungsgemäßen Erfüllung der Mitwirkungsobliegenheiten ausgehen zu können. In diesem Zusammenhang soll auch auf die möglichen Konsequenzen eingegangen werden, die sich ergeben, wenn der Arbeitgeber zu viel oder zu wenig Urlaubstage ausweist (unter C.). Abschließend soll ein Formulierungsvorschlag gegeben werden (unter D.).

A. Mindestanforderungen

Wie dargelegt sieht der EuGH den Arbeitgeber in der Pflicht, dafür zu sorgen, *„dass der Arbeitnehmer tatsächlich in der Lage ist, seinen bezahlten Jahresurlaub zu nehmen."*[842] Hierfür müsse er *„ihn – erforderlichenfalls förmlich – aufforder*[n], *dies zu tun und ihm [...] klar und rechtzeitig mitteil*[en], *dass der Urlaub, wenn er ihn nicht nimmt, am Ende des Bezugszeitraums oder eines zulässigen Übertragungszeitraums verfallen wird."*[843]

---

840 EuGH, Urt. v. 06.11.2018 – C-684/16 (Max-Planck-Gesellschaft), NZA 2018, 1474 Rn. 45 ff.; BAG, Urt. v. 19.02.2019 – 9 AZR 423/16, NZA 2019, 977 Rn. 21.

841 Hierzu oben unter § 5 D. I.

842 EuGH, Urt. v. 06.11.2018 – C-684/16 (Max-Planck-Gesellschaft), NZA 2018, 1474 Rn. 45.

843 EuGH, Urt. v. 06.11.2018 – C-684/16 (Max-Planck-Gesellschaft), NZA 2018, 1474 Rn. 45.

In Umsetzung dieser Vorgaben hat das BAG inhaltliche Anforderungen entwickelt bzw. „*allgemeine*[…] *Grundsätze*“[844] aufgestellt.[845] Aus den Vorgaben des EuGH leitet das BAG ab, dass sich der Arbeitgeber „*auf einen „konkret“ bezeichneten Urlaubsanspruch eines bestimmten Jahres beziehen*“[846] und den Anforderungen an eine „*völlige Transparenz*“[847] genügen muss.[848]

Sodann gibt das BAG einen „konkreten Praxishinweis“[849], wie Arbeitgeber ihren Mitwirkungsobliegenheiten nachkommen können: Von einer ordnungsgemäßen Erfüllung der Mitwirkungsobliegenheiten sei regelmäßig auszugehen, wenn der Arbeitgeber dem Arbeitnehmer „*zu Beginn des Kalenderjahres in Textform* ***mitteilt****, wie viele Arbeitstage Urlaub ihm im Kalenderjahr zustehen, ihn* ***auffordert****, seinen Jahresurlaub so rechtzeitig zu beantragen, dass er innerhalb des laufenden Urlaubsjahres genommen werden kann, und ihn über die Konsequenzen* ***belehrt****, die eintreten, wenn dieser den Urlaub nicht entsprechend der Aufforderung beantragt.*“[850] Für letzteres reiche dabei regelmäßig der Hinweis, „*dass der Urlaub grundsätzlich am Ende des Kalenderjahres verfällt, wenn der Arbeitnehmer in der Lage war, seinen Urlaub im Kalenderjahr zu nehmen, er ihn aber nicht beantragt.*“[851]

Aus den Vorgaben des EuGH leitet das BAG insofern drei Komponenten[852] ab, die eine ordnungsgemäße Mitwirkung an der Urlaubsverwirklichung enthalten muss:

(1) die **Mitteilung** über die Anzahl der dem Arbeitnehmer zustehenden Urlaubstage
(2) die **Aufforderung** zur rechtzeitigen Inanspruchnahme des Urlaubs und
(3) die **Belehrung** über den Verfall bei Nichtinanspruchnahme des Urlaubs

---

844 BAG, Urt. v. 19.02.2019 – 9 AZR 541/15, NZA 2019, 982 Rn. 40.
845 Vgl. nur BAG, Urt. v. 19.02.2019 – 9 AZR 541/15, NZA 2019, 982 Rn. 40 ff.; BAG, Urt. v. 19.02.2019 – 9 AZR 423/16, NZA 2019, 977 Rn. 41 f.; BAG, Urt. v. 19.02.2019 – 9 AZR 278/16, BeckRS 2019, 12128 Rn. 38 ff.
846 BAG, Urt. v. 19.02.2019 – 9 AZR 423/16, NZA 2019, 977 Rn. 41.
847 So EuGH, Urt. v. 06.11.2018 – C-684/16 (Max-Planck-Gesellschaft), NZA 2018, 1474 Rn. 45.
848 BAG, Urt. v. 19.02.2019 – 9 AZR 423/16, NZA 2019, 977 Rn. 41.
849 *Dullinger/Zöllner*, SAE 2020, 93, 94.
850 BAG, Urt. v. 19.02.2019 – 9 AZR 423/16, NZA 2019, 977 Rn. 41
851 BAG, Urt. v. 19.02.2019 – 9 AZR 423/16, NZA 2019, 977 Rn. 41.
852 Vgl. *Daum*, RdA 2020, 179, 181 f.: „*Informations- und Ermutigungsobliegenheiten*“.

Wie dargelegt[853], verlangt der EuGH nicht explizit, dass der Arbeitgeber dem Arbeitnehmer auch die konkrete Anzahl der ihm zustehenden Urlaubstage mitteilt. Europarechtlich ist die Erfüllung der 1. Komponente (Mitteilung) daher nicht erforderlich. Weil aber der 9. Senat des BAG[854] diese Mitteilung für eine ordnungsgemäße Erfüllung der Mitwirkungsobliegenheiten ausdrücklich verlangt, ist diese auf nationaler Ebene maßgebend.

B. Konkretisierung

Die Vorgaben des BAG umschreiben den Inhalt der Mitwirkungsobliegenheiten nur beispielhaft.[855] Insbesondere bzgl. der 1. Komponente (Mitteilung) spricht das BAG lediglich von den dem Arbeitnehmer zustehenden „*Arbeitstage*[n] *Urlaub*“[856] im Allgemeinen, ohne diese näher zu spezifizieren. Insofern rückt die Frage in den Vordergrund, welche konkreten Urlaubsansprüche dem Arbeitnehmer tatsächlich mitgeteilt werden müssen.

I. Einbeziehung übertragener Urlaubsansprüche

Dass der Arbeitgeber dem Arbeitnehmer mitteilen muss, „*wie viele Arbeitstage Urlaub ihm im Kalenderjahr zustehen*“[857] kann zunächst dahin verstanden werden, dass der Arbeitgeber dem Arbeitnehmer lediglich mitteilen muss, wie viele Urlaubstage ihm *im* jeweiligen Kalenderjahr zustehen (z.B. nur diejenigen Urlaubstage, die im Jahr 2023 neu entstehen).[858] Man könnte dies jedoch auch in einem umfassenderen Sinne dahin verstehen, dass sich die Unterrichtungspflicht auf sämtliche dem Arbeitnehmer zustehende Urlaubstage erstreckt, d.h. auch auf solche aus Vorjahren, die auf das jeweilige Kalenderjahr übertragen wurden.[859] In letzterem Fall würde sich die Mitteilungspflicht insofern auf sämtliche dem

---

853 Oben unter § 5 D. I.

854 Vgl. BAG, Urt. v. 19.02.2019 – 9 AZR 423/16, NZA 2019, 977 Rn. 41.

855 Vgl. BAG, Urt. v. 19.02.2019 – 9 AZR 423/16, NZA 2019, 977 Rn. 41: Der Arbeitgeber könne seine Mitwirkungsobliegenheiten „*zum Beispiel dadurch erfüllen* […].“; vgl. auch *Kiel*, Jahrbuch d. Arbeitsrechts (Band 57) 2020, 95, 105: „[…] *in den Gründen der Urteile vom 19. Februar 2019* [wird] *ein Beispiel für eine von vielen denkbaren regelmäßigen Vorgehensweisen aufgezeigt.*“

856 BAG, Urt. v. 19.02.2019 – 9 AZR 423/16, NZA 2019, 977 Rn. 41.

857 BAG, Urt. v. 19.02.2019 – 9 AZR 423/16, NZA 2019, 977 Rn. 41.

858 Vgl. *Sagan*, NZA 2020, 350, 351.

859 Vgl. *Sagan*, NZA 2020, 350, 351; für die Mitteilung von aus vergangenen Bezugszeiträumen stammenden Urlaubstagen auch *Rudkowski*, NJW 2019, 476, 478.

Arbeitnehmer aktuell zustehenden Urlaubsansprüche beziehen mit der Folge, dass im Falle des Verschweigens bestehender Resturlaubsansprüche (insgesamt) keine ordnungsgemäße Erfüllung der Mitwirkungsobliegenheiten vorläge und ein Verfall der (noch offenen) Urlaubstage (insgesamt) nicht eintreten könnte.[860]

1. *Möglichkeit der Befristung eines Teilurlaubsanspruchs*

Die Frage, ob dem Arbeitnehmer nur die Urlaubstage für den laufenden Bezugszeitraum oder auch diejenigen für vergangene Bezugszeiträume mitgeteilt werden müssen, hängt von der Frage ab, ob es möglich ist, auch nur für einen Teil des Urlaubsanspruchs das Fristenregime des § 7 Abs. 3 BUrlG auszulösen.[861] Ließe man die Möglichkeit der Befristung eines Teilurlaubsanspruchs zu und würde der Arbeitgeber den Arbeitnehmer z.B. nur über den für das Jahr 2023 (neu) entstehenden Urlaubsanspruch, nicht jedoch über bestehende Resturlaubsansprüche aus dem Vorjahr belehren, wäre zwar der Urlaubsanspruch aus dem Jahr 2023 wirksam nach § 7 Abs. 3 BUrlG befristet, nicht jedoch die Resturlaubsansprüche aus den Vorjahren. Denn auch für diese gelten die aus richtlinienkonformer Auslegung der §§ 7 Abs. 1 S. 1, Abs. 3 S. 1 BUrlG folgenden Mitwirkungsobliegenheiten, sodass diese Resturlaubsansprüche ebenfalls so lange nicht verfallen, wie der Arbeitgeber seinen Mitwirkungsobliegenheiten nicht auch in Bezug auf die Resturlaubsansprüche aus vergangenen Jahren nachgekommen ist.[862]

Für die Möglichkeit der Befristung nur eines Teils des Urlaubs spricht insbesondere der Sinn und Zweck der Mitwirkungsobliegenheiten.[863] Dieser besteht nach Ansicht des 9. Senats des BAG darin, einen Anspruchsverlust des Arbeitnehmers zu verhindern, weil der – insoweit uninformierte – Arbeitnehmer *„ihn in Unkenntnis der Befristung und des damit einhergehenden Risikos des Erlöschens nicht rechtzeitig gegenüber dem Arbeitgeber geltend macht.“*[864] Dieser Zweck wird auch erreicht, wenn der Arbeitnehmer nur hinsichtlich eines Teilanspruchs ordnungsgemäß belehrt wird.[865] Denn

---

860 Vgl. *Sagan*, NZA 2020, 350, 351.

861 Die Möglichkeit der Befristung eines Teilurlaubsanspruchs bejahend *Jacobs/Münder*, RdA 2020, 13, 21.

862 Vgl. LAG Köln, Urt. v. 09.04.2019 – 4 Sa 242/18, BeckRS 2019, 9979 Rn. 33; *Jacobs/Münder*, RdA 2020, 13, 21; *Sagan*, NZA 2020, 350, 351.

863 Zu Sinn und Zweck der Mitwirkungsobliegenheiten ausführlich oben unter § 6 B.

864 BAG, Vorlagebeschl. v. 07.07.2020 – 9 AZR 401/19 (A), NZA 2020, 1541 Rn. 24.

865 Zutreffend *Jacobs/Münder*, RdA 2020, 13, 21.

dann wird er zumindest hinsichtlich dieses Teilurlaubsanspruchs *„in die Lage versetzt“*[866], diesen zu nehmen.[867]

2. *Folgerungen*

Wie sich aus den vorstehenden Überlegungen ergibt, ist es möglich, auch nur einen Teil des Urlaubsanspruchs zu befristen. Damit muss die Mitteilung des Arbeitgebers nicht *zwingend* sämtliche dem Arbeitnehmer zustehenden Urlaubsansprüche, d.h. nicht *auch* ggf. bestehende Resturlaubsansprüche aus Vorjahren umfassen. Der Arbeitgeber kann vielmehr auch nur den Umfang des Urlaubsanspruchs mitteilen, der für das aktuelle Kalenderjahr neu entsteht. Teilt er dem Arbeitnehmer die Anzahl dieser Urlaubstage mit, löst er aber nur im Umfang dieses mitgeteilten Urlaubsanspruchs das bundesurlaubsrechtliche Fristenregime aus. Weil auch für nicht verfallene Urlaubsansprüche aus Vorjahren das bundesurlaubsrechtliche Fristenregime nur dann eingreift, wenn deren Umfang dem Arbeitnehmer konkret mitgeteilt wurde, empfiehlt es sich, stets auch ggf. bestehende Resturlaubsansprüche in die Mitteilung aufzunehmen.[868] Teilt der Arbeitgeber dem Arbeitnehmer sämtliche dem Arbeitnehmer (noch) zustehenden Urlaubstage mit, wird zugleich auch dem von EuGH und BAG geforderten Erfordernis *„völliger Transparenz“*[869] Genüge getan.

II. Einbeziehung arbeits- oder tarifvertraglichen Mehrurlaubs

Wie dargelegt[870] gelten die Mitwirkungsobliegenheiten grundsätzlich nur für den gesetzlichen Mindesturlaub von vier Wochen, sowie für den gesetzlichen Zusatzurlaub. Dementsprechend muss der Arbeitgeber dem Arbeitnehmer im Grundsatz auch nur die Anzahl der ihm zustehenden *gesetzlichen* Urlaubsansprüche, nicht zugleich auch die Anzahl der ihm ggf. zustehenden Mehrurlaubsansprüche mitteilen.

Die Mitteilungsobliegenheit erstreckt sich aber dann (auch) auf vertragliche Mehrurlaubsansprüche, wenn der jeweilige Arbeits- oder Tarifvertrag nicht

---

866 Vgl. EuGH, Urt. v. 06.11.2018 – C-684/16 (Max-Planck-Gesellschaft), NZA 2018, 1474 Rn. 45 f.

867 *Jacobs/Münder*, RdA 2020, 13, 21.

868 Für eine vorsorgliche Einbeziehung übertragender Urlaubsansprüche aus Vorjahren auch *Arnold*, ArbRAktuell 2019, 390, 390; *Rudkowski*, NJW 2019, 476, 478.

869 EuGH, Urt. v. 06.11.2018 – C-684/16 (Max-Planck-Gesellschaft), NZA 2018, 1474 Rn. 45.

870 Oben unter § 7 A. I. und II.

ausdrücklich von der Geltung der Mitwirkungsobliegenheiten abweicht.[871] In diesem Fall gelten die Mitwirkungsobliegenheiten auch in Bezug auf den vertraglichen Mehrurlaub, sodass neben der Anzahl der gesetzlichen Urlaubstage auch die Anzahl der Mehrurlaubstage konkret beziffert werden muss. Haben die Arbeits- oder Tarifvertragsparteien die Geltung der Mitwirkungsobliegenheiten für den vertraglichen Mehrurlaub hingegen wirksam ausgeschlossen, sind die Mitwirkungsobliegenheiten nur in Bezug auf den gesetzlichen Mindesturlaub zu erfüllen, weshalb grds. auch nur der Umfang des gesetzlichen Mindesturlaubs mitgeteilt werden muss.

III. Tilgungsreihenfolge

Praxisrelevant ist im hiesigen Kontext auch die Klärung der Frage, auf welchen Urlaub der Arbeitgeber zuerst leistet, wenn dem Arbeitnehmer neben dem gesetzlichen Mindesturlaub auch vertraglicher Mehrurlaub zusteht, der Arbeitgeber bei der Leistung, d.h. bei der Urlaubsgewährung jedoch keine Tilgungsbestimmung gesetzt hat.[872]

1. Notwendigkeit einer Tilgungsbestimmung

Die Klärung der Frage ist insofern relevant, als sich infolge der neuen Rspr. von EuGH und BAG u.U. unterschiedlich lange Übertragungszeiten von Urlaubsansprüchen ergeben können. Für gesetzliche Urlaubsansprüche gilt nunmehr, dass sich diese von Jahr zu Jahr fortschreiben, wenn der Arbeitgeber seinen Mitwirkungsobliegenheiten nicht nur im Urlaubsjahr, sondern auch in den Folgejahren nicht nachkommt.[873] Hingegen kann Mehrurlaub eigenständigen, vom BUrlG abweichenden Verfallregelungen unterworfen und die Geltung der Mitwirkungsobliegenheiten in Bezug auf den Mehrurlaub ausgeschlossen werden.[874] Wurde eine solche Ausschlussregelung wirksam getroffen, führt dies dazu, dass bei Nichterfüllung der Mitwirkungsobliegenheiten zwar der vertragliche Mehrurlaub, nicht aber der gesetzliche Mindesturlaub verfällt.

---

871 BAG, Urt. v. 31.01.2023 – 9 AZR 107/20, BeckRS 2023, 8405 Rn. 23; BAG, Urt. v. 09.03.2021 – 9 AZR 310/20, NZA 2021, 1202 Rn. 20; BAG, Urt. v. 25.06.2019 – 9 AZR 546/17, NZA 2019, 1577 Rn. 21 jeweils m.w.N.

872 Vgl. hierzu auch Powietzka/Rolf/*Powietzka,* § 7 BUrlG, Rn. 104 ff.

873 Vgl. BAG, Urt. v. 19.02.2019 – 9 AZR 423/16, NZA 2019, 977 Rn. 44.

874 Vgl. nur BAG, Urt. v. 09.03.2021 – 9 AZR 310/20, NZA 2021, 1202 Rn. 20; BAG, Urt. v. 25.06.2019 – 9 AZR 546/17, NZA 2019, 1577 Rn. 21 jeweils m.w.N.

Beispiel 1: Arbeitnehmer AN hat bei einer 5-Tage-Woche einen Urlaubsanspruch i.H.v. insgesamt 30 Tagen (20 Tage gesetzlicher Urlaub und zusätzlich 10 Tage tarifvertraglicher Urlaub). Der Tarifvertrag enthält eine wirksame Regelung, wonach tarifvertragliche Urlaubsansprüche auch bei Nichterfüllung der Mitwirkungsobliegenheiten mit Ablauf des Kalenderjahres erlöschen. Arbeitgeber AG kommt seinen Mitwirkungsobliegenheiten im Urlaubsjahr (2022) nicht nach. Er gewährt AN im Urlaubsjahr (2022) 15 Tage Urlaub.

Im Beispiel hängt die Beantwortung der Frage, wie viel Urlaubstage AN im Folgejahr (2023) zustehen, von der Beantwortung der Frage ab, ob AG im Urlaubsjahr (2022) zunächst auf den gesetzlichen oder den tarifvertraglichen Urlaub geleistet hat. Hat AG auf den tarifvertraglichen Urlaub geleistet, stünden AN im Folgejahr noch 15 Tage Urlaub zu. Von den insgesamt 30 Urlaubstagen wären 15 (nämlich „zuerst“ 10 tarifvertragliche und dann 5 gesetzliche) Urlaubstage gewährt und damit gem. § 362 Abs. 1 BGB erfüllt worden. Die übrigen 15 (gesetzlichen) Urlaubstage stünden AN auch noch im Folgejahr zu, da diese aufgrund der unterlassenen Vornahme der Mitwirkungsobliegenheiten seitens AG nicht dem Verfall unterlägen. Hätte AG demgegenüber zunächst auf den gesetzlichen Urlaubsanspruch geleistet, stünden AN im Folgejahr (2023) nur noch 5 (gesetzliche) Urlaubstage zu. Von den insgesamt 20 gesetzlichen Urlaubstagen wären 15 durch die Urlaubsnahme erloschen. Die übrigen 5 gesetzlichen Urlaubstage stünden AN weiterhin, d.h. auch im Folgejahr zu, weil AG im Urlaubsjahr (2022) seine Mitwirkungsobliegenheiten nicht erfüllt hat und ein Verfall mit Ablauf des Urlaubsjahres daher nicht eintreten konnte. Demgegenüber wären die 10 tariflichen Urlaubstage, bezüglich derer die Mitwirkungsobliegenheiten wirksam ausgeschlossen wurden, durch die Nichtinanspruchnahme am Ende des Kalenderjahres, d.h. mit Ablauf des 31.12.2022 verfallen.

Fehlt es an einer Leistungsbestimmung, ist die Klärung der Frage, in welcher Reihenfolge der Arbeitgeber die Urlaubsansprüche erfüllt, zugleich auch relevant dafür, in Bezug auf welche (Rest-)Urlaubsansprüche sich die Mitteilungspflicht des Arbeitgebers dann zu Beginn des Folgejahres (2023) beziehen muss. Wie dargelegt[875] empfiehlt es sich für den Arbeitgeber, in die Mitteilung sämtliche dem Arbeitnehmer zustehende Urlaubstage, d.h. auch solche aus Vorjahren einzubeziehen. Hierfür muss der Arbeitgeber aber wissen, welche Urlaubsansprüche übertragen wurden und welche ggf. verfallen sind. Leistet AG im oben genannten Beispiel zuerst auf den tariflichen Urlaubsanspruch, muss er in der Mitteilung zu Beginn des Folgejahres zusätzlich noch über die 15 verbleibenden

875 Oben unter § 8 B. I. und II.

gesetzlichen Urlaubsansprüche informieren. Leistet er hingegen zuerst auf den gesetzlichen Urlaubsanspruch, sind in der Mitteilung lediglich noch die übertragenen 5 (gesetzlichen) Resturlaubstage auszuweisen.

2. Tilgungsreihenfolge bei fehlender Tilgungsbestimmung

Hat der Arbeitgeber keine ausdrückliche Tilgungsbestimmung gesetzt, muss daher geklärt werden, in welcher Reihenfolge die Urlaubsansprüche erfüllt werden. Hierzu wurde sowohl vom BAG[876] als auch von der arbeitsrechtlichen Literatur[877] bisweilen die gesetzliche Auslegungsregelung des § 366 Abs. 2 BGB herangezogen.

a) Tilgungsreihenfolge nach § 366 Abs. 2 BGB

Die gesetzliche Tilgungsreihenfolge nach § 366 Abs. 2 BGB greift immer dann, wenn der Schuldner weder eine Leistungsbestimmung gesetzt hat noch zwischen den Parteien eine Tilgungsvereinbarung getroffen wurde.[878] Die Vorschrift stellt eine fünffach abgestufte Anrechnungsreihenfolge auf.[879] Nach dieser wird zunächst die fällige Forderung (1), bei mehreren fälligen Forderungen diejenige, die dem Gläubiger die geringere Sicherheit bietet (2), bei gleich sicheren Forderungen die dem Schuldner lästigere (3), bei mehreren gleich lästigen Forderungen die ältere Schuld (4) und bei gleichem Alter jede Forderung verhältnismäßig (5) getilgt.[880] Von den insgesamt fünf Anrechnungsstufen kommt die jeweils nächste immer erst dann zum Zuge, wenn die vorherige Stufe noch keine Entscheidung herbeiführen konnte.[881]

aa) Mindesturlaub als „lästigere" Schuld

In einem Urteil aus 2002[882] leitete das BAG aus § 366 Abs. 2 BGB – allerdings ohne nähere Begründung – die Rechtsfolge ab, dass der Arbeitgeber

---

876 Vgl. BAG, Urt. v. 05.09.2002 – 9 AZR 244/01, NZA 2003, 726, 730.

877 Etwa *Gaul/Bonanni/Ludwig*, DB 2009, 1013, 1016; *Geyer*, ZTR 2009, 346, 349; *Kamanabrou*, SAE 2009, 233, 238; *Kothe/Beetz*, jurisPR-ArbR 25/2009 Anm. 1. unter C.; BeckOK-ArbR/*Lampe*, § 7 BUrlG, Rn. 2b.

878 BGH, Urt. v. 02.03.2000 – IX ZR 328/98, NJW 2000, 1566, 1569; MüKo-BGB/*Fetzer*, § 366 BGB, Rn. 14; BeckOK/*Dennhardt*, § 366 BGB, Rn. 11.

879 BeckOK/*Dennhardt*, § 366 BGB, Rn. 12; MüKo-BGB/*Fetzer*, § 366 BGB, Rn. 15.

880 Vgl. hierzu im Einzelnen MüKo-BGB/*Fetzer*, § 366 BGB, Rn. 15 ff.

881 *Gernhuber*, Erfüllung, § 7 I, 6; jurisPK-BGB/*Kerwer*, § 366 BGB, Rn. 17.

882 BAG, Urt. v. 05.09.2002 – 9 AZR 244/01, NZA 2003, 726.

bei mangelnder Leistungsbestimmung immer zunächst auf den gesetzlichen Urlaubsanspruch leiste.[883] Auch ein Teil der arbeitsrechtlichen Literatur[884] folgte diesem Ansatz: Aufgrund der Unabdingbarkeit des gesetzlichen Urlaubsanspruchs handele es sich bei diesem um die für den Arbeitgeber „lästigere" Forderung.[885]

bb) Mehrurlaub als „geringere Sicherheit"

Ein anderer Teil der Literatur[886] und ein Teil der Instanzgerichte[887] leiten aus § 366 Abs. 2 BGB hingegen die Rechtsfolge ab, dass zunächst auf den vertraglichen Urlaub geleistet werde. Dieser könnte unter gegenüber dem gesetzlichen Mindesturlaub erleichterten Bedingungen verfallen und biete dem Arbeitnehmer als Gläubiger des Urlaubsanspruchs insofern die „geringere Sicherheit" im Sinne des § 366 Abs. 2 BGB.[888]

cc) Keine direkte oder analoge Anwendbarkeit von § 366 Abs. 2 BGB

Zwischenzeitlich differenzierte das BAG[889] sowie ein Teil der Literatur[890] dann danach, ob hinsichtlich des Umfangs des Urlaubsanspruchs zwischen gesetzlichem Mindest- und vertraglichem Mehrurlaub hinreichend unterschieden wird, wobei bei mangelnder Unterscheidung eine direkte oder analoge Anwendung von § 366 Abs. 2 BGB ausscheiden sollte.[891] Begründet wurde dies damit,

---

883 BAG, Urt. v. 05.09.2002 – 9 AZR 244/01, NZA 2003, 726, 730.

884 *Gaul/Bonanni/Ludwig*, DB 2009, 1013, 1016; *Geyer*, ZTR 2009, 346, 349; *Kamanabrou*, SAE 2009, 233, 238; *Krieger/Arnold*, NZA 2009, 530, 533.

885 *Kamanabrou*, SAE 2009, 233, 238; vgl. auch *Leinemann/Linck*, § 7 BUrlG, Rn. 15.

886 *Kothe/Beetz*, jurisPR-ArbR 25/2009 Anm. 1 unter C.

887 LAG Düsseldorf, Urt. v. 30.09.2010 – 5 Sa 353/10, BeckRS 2010, 75799 unter II. 1.2.; ArbG Berlin, Urt. v. 06.03.2009 – 28 Ca 21976/08, BeckRS 2010, 68276 unter II. 2. b. bb.

888 Vgl. LAG Düsseldorf, Urt. v. 30.09.2010 – 5 Sa 353/10, BeckRS 2010, 75799 unter II. 1.2.; ArbG Berlin, Urt. v. 06.03.2009 – 28 Ca 21976/08, BeckRS 2010, 68276 unter II. 2. b. bb.

889 BAG, Urt. v. 19.01.2016 – 9 AZR 507/14, NZA-RR 2016, 235 Rn. 10; BAG, Urt. v. 17.11.2015 – 9 AZR 275/14, BeckRS 2016, 66947 Rn. 18; BAG, Urt. v. 07.08.2012 – 9 AZR 760/10, NZA 2013, 104 Rn. 11 ff.

890 BeckOK-ArbR/*Lampe*, § 7 BUrlG, Rn. 2b; Powietzka/Rolf/*Powietzka*, § 7 BUrlG, Rn. 107; HWK/*Schinz*, § 7 BUrlG, Rn. 14; so auch noch jurisPK-BGB/*Kerwer*, § 366 BGB, Rn. 6 in der 9. Auflage.

891 BAG, Urt. v. 19.01.2016 – 9 AZR 507/14, NZA-RR 2016, 235 Rn. 10; BAG, Urt. v. 17.11.2015 – 9 AZR 275/14, BeckRS 2016, 66947 Rn. 18; BAG, Urt. v. 07.08.2012 – 9

dass die Anwendung von § 366 Abs. 2 BGB mehrere Leistungspflichten voraussetzt, es sich bei dem gesetzlichen und dem vertraglichen Urlaubsansprüchen aber jedenfalls dann, wenn nicht hinreichend zwischen ihnen differenziert wird, nicht um selbständige Urlaubsansprüche, sondern um einen einheitlichen Urlaubsanspruch handele, der lediglich auf verschiedenen Anspruchsgrundlagen beruht.[892] Konsequenz dieser Einheitlichkeit sei, dass der Arbeitgeber stets zugleich auf beide Ansprüche leistet.[893]

dd) Analoge Anwendbarkeit von § 366 Abs. 2 BGB

Mit Urteil vom 01.03.2022[894] vollzog der für das Urlaubsrecht zuständige 9. Senat des BAG sodann eine erneute Kehrwende[895]: Unterliege der vertragliche Urlaub eigenständigen Regelungen, sei § 366 Abs. 2 BGB zwar nicht unmittelbar anzuwenden, weil zwischen gesetzlichen Mindest- und vertraglichen Mehrurlaubsansprüchen, soweit sie sich decken, teilweise Anspruchskonkurrenz bestehe.[896] Die Vorschrift sei jedoch analog anzuwenden, wobei die hiernach vorgegebene Tilgungsreihenfolge wiederum durch den hypothetischen Parteiwillen ersetzt werde, der darauf gerichtet sei, gewährte Urlaubstage zunächst auf die gesetzlichen Urlaubsansprüche anzurechnen.[897] Die analoge Anwendbarkeit von § 366 Abs. 2 BGB für den Fall, dass Urlaubsansprüche auf unterschiedlichen Anspruchsgrundlagen beruhen und für die unterschiedliche Regelungen gelten, begründet der 9. Senat damit, dass gesetzliche und arbeits- oder tarifvertragliche Urlaubsansprüche (nur) insoweit keine selbständigen Urlaubsansprüche darstellten, als sie sich deckten, woraus im Umkehrschluss folge, dass der nicht deckungsgleiche, den gesetzlichen Mindesturlaub übersteigende Teil des

---

AZR 760/10, NZA 2013, 104 Rn. 11 ff.; so auch LAG Hessen, Urt. v. 26.04.2010 – 17 Sa 1772/09, BeckRS 2010, 74805; LAG Berlin-Brandenburg, 02.12.2009 – 17 Sa 621/09, BeckRS 2010, 69820 unter II. 1.

892 BAG, Urt. v. 19.01.2016 – 9 AZR 507/14, NZA-RR 2016, 235 Rn. 10; BAG, Urt. v. 07.08.2012 – 9 AZR 760/10, NZA 2013, 104 Rn. 12; ebenso *Natzel*, NZA 2011, 77, 78 f.; *Leinmann/Linck*, § 7 BUrlG Rn. 15; HWK/*Schinz*, § 7 BUrlG, Rn. 14; gegen eine Anwendbarkeit von § 366 Abs. 2 BGB auch *Stuntz*, jurisPR-ArbR 25/2010 Anm. 5 unter C.

893 BAG, Urt. v. 07.08.2012 – 9 AZR 760/10, NZA 2013, 104 Rn. 12, 17.

894 BAG, Urt. v. 01.03.2022 – 9 AZR 353/21, NZA 2022, 911.

895 jurisPK-BGB/*Kerwer*, § 366 BGB, Rn. 8.

896 BAG, Urt. v. 01.03.2022 – 9 AZR 353/21, NZA 2022, 911 Rn. 27.

897 BAG, Urt. v. 01.03.2022 – 9 AZR 353/21, NZA 2022, 911 Rn. 18, 34 f.; bestätigt durch BAG, Urt. v. 28.03.2023 – 9 AZR 488/21, NZA 2023, 826 Rn. 21 f.

vertraglichen Mehrurlaubs als verselbständigter Forderungsbestandteil zu qualifizieren sei.[898] Auf rechtlich verselbständigte Forderungsteile finde 366 Abs. 2 BGB nach der Rspr. zwar entsprechend Anwendung.[899] Die dort vorgegebene Tilgungsreihenfolge sei *„unter Berücksichtigung der Besonderheiten des gesetzlichen Mindesturlaubs und zur Vermeidung systemwidriger Ergebnisse* [...]"[900] jedoch dahin zu modifizieren, dass *„zuerst die gesetzlichen Urlaubsansprüche getilgt* [werden]."[901] Dies entspreche insoweit dem hypothetischen Parteiwillen, welcher gegenüber der in § 366 Abs. 2 BGB gesetzlich vorgesehenen Tilgungsreihenfolge Vorrang habe.[902]

b) Stellungnahme

Dem 9. Senat des BAG kann zunächst darin zugestimmt werden, dass es sich bei mangelnder Differenzierung zwischen gesetzlichen Mindest- und vertraglichen Mehrurlaubsansprüchen – soweit sie sich decken – um einen einheitlichen Anspruch auf Gewährung von Erholungsurlaub handelt.[903] Sowohl der gesetzliche als auch der vertragliche Urlaub sind darauf gerichtet, den Arbeitnehmer unter Fortzahlung des Arbeitsentgelts für eine bestimmte Zeit von der Arbeit freizustellen.[904] Für die Erfüllung dieser Leistungsplicht ist nur *eine* Erfüllungshandlung des Arbeitgebers notwendig.[905] Darüber hinaus greifen für den vertraglichen Mehrurlaub nach der Rspr. des BAG grundsätzlich dieselben Regelungen, die auch für den gesetzlichen Urlaubsanspruch greifen, wenn und soweit die Arbeits- oder Tarifvertragsparteien den Mehrurlaub nicht ausdrücklich eigenständigen und vom BUrlG abweichenden Regelungen unterworfen

---

898 BAG, Urt. v. 01.03.2022 – 9 AZR 353/21, NZA 2022, 911 Rn. 28.

899 BAG, Urt. v. 01.03.2022 – 9 AZR 353/21, NZA 2022, 911 Rn. 24 ff. unter Verweis auf u.a. BGH, Urt. v. 21.03.2018 – VIII ZR 68/17, NJW 2018, 3448 Rn. 44.

900 BAG, Urt. v. 01.03.2022 – 9 AZR 353/21, NZA 2022, 911 Rn. 33.

901 BAG, Urt. v. 01.03.2022 – 9 AZR 353/21, NZA 2022, 911 Rn. 33.

902 BAG, Urt. v. 01.03.2022 – 9 AZR 353/21, NZA 2022, 911 Rn. 34 f.; BAG, Urt. v. 28.03.2023 – 9 AZR 488/21, NZA 2023, 826 Rn. 22.

903 So auch *Ehlers*, Krank im Urlaub, S. 253; Powietzka/Rolf/*Powietzka*, § 7 BUrlG, Rn. 107.

904 Vgl. ErfK/*Gallner*, § 7 BUrlG, Rn. 4; *Polzer*, Die Befristung des Urlaubsanspruchs auf das Kalenderjahr, S. 184.

905 Erfüllungshandlung in Form der Abgabe der Freistellungserklärung, vgl. hierzu BAG, Urt. v. 17.05.2011 – 9 AZR 189/10, NZA 2011, 1032 Rn. 19; ErfK/*Gallner*, § 7 BUrlG, Rn. 4.

haben.[906] Die Einheitlichkeit folgt insofern aus der Identität des Leistungsinhalts sowie aus der grundsätzlichen Gleichbehandlung beider Anspruchsteile.[907] Mangels Forderungs*mehrheit* ist damit – zumindest soweit sich gesetzlicher Mindest- und vertraglicher Mehrurlaub decken – zwar bereits der Anwendungsbereich des § 366 Abs. 2 BGB nicht eröffnet.[908] Andererseits besteht in diesem Fall aber auch kein Bedürfnis, auf die Regelung in § 366 Abs. 2 BGB zurückzugreifen. Denn unterliegen beide Teile desselben Anspruchs auch denselben Verfallregelungen, entfällt zugleich das praktische Bedürfnis nach der Klärung der Frage, auf welchen Anspruch der Arbeitgeber zuerst leistet.[909]

Einer Klärung der aufgeworfenen Frage bedarf es insofern nur dann, wenn der Arbeits- oder Tarifvertrag hinsichtlich der Verfallmodalitäten ausdrücklich zwischen vertraglichem und gesetzlichem Urlaub unterscheidet und der vertragliche Urlaub den gesetzlichen Urlaub übersteigt. Für diesen Fall stellt das BAG in seinem Urteil vom 01.03.2022 zurecht nicht auf die in § 366 Abs. 2 BGB vorgesehene Tilgungsreihenfolge, sondern auf den – insoweit vorrangigen[910] – mutmaßlichen Parteiwillen ab, der auf Seiten des Arbeitgebers im hiesigen Kontext vernünftigerweise darauf gerichtet sein wird, stets auf ggf. bestehende *gesetzliche* (Rest-)Urlaubsansprüche zu leisten.[911] Denn während der gesetzliche Urlaub nach dem BUrlG einen Mindesturlaubsanspruch für den Arbeitnehmer begründet, zu dessen Erfüllung der Arbeitgeber verpflichtet ist und von dem er

---

906 Vgl. nur BAG, Urt. v. 09.03.2021 – 9 AZR 310/20, NZA 2021, 1202 Rn. 15; BAG, Urt. v. 25.06.2019 – 9 AZR 546/17, NZA 2019, 1577 Rn. 21.

907 a.A. hingegen *Polzer*, Die Befristung des Urlaubsanspruchs auf das Kalenderjahr, S. 184 ff.

908 Vgl. jurisPK-BGB/*Kerwer*, § 366 BGB, Rn. 4.

909 Zutreffend *Ehlers*, Krank im Urlaub, S. 254.

910 Vgl. zu dem Vorrang des mutmaßlichen Parteiwillens BGH, Urt. v. 14.11.2000 – XI ZR 248/99, NJW 2001, 815, 818; OLG Düsseldorf, Urt. v. 24.04.2001 – 22 U 164/00, NJW-RR 2001, 1595, 1596; OLG Nürnberg, Urt. v. 21.09.2010 – 14 U 892/09, NJW-RR 2011, 265, 269; Erman/*Buck-Heeb*, § 366 BGB, Rn. 4b; BeckOK-BGB/*Dennhardt*, § 366 BGB, Rn. 11; MüKo-BGB/*Fetzer*, § 366 BGB, Rn. 14.

911 Der Entscheidung des BAG zustimmend auch *Arnold*, ArbRAktuell 2022, 341; *Darm-Tobaben*, DB 2022, 2161; so vor der Entscheidung auch schon *Ehlers*, Krank im Urlaub, S. 252 f.; *Gaul/Bonanni/Ludwig*, DB 2009, 1013, 1016; *Kamanabrou*, SAE 2009, 233, 238; *Krieger/Arnold*, NZA 2009, 530, 533; Powietzka/Rolf/*Powietzka*, § 7 BUrlG, Rn. 107; vgl. auch *Powietzka/Fallenstein*, NZA 2010, 673, 674 f. die raten, eine Urlaubsregelung in den Arbeitsvertrag aufzunehmen, nach der ausdrücklich „*zuerst der gesetzliche Mindesturlaubsanspruch erfüllt wird, bis dieser vollständig aufgebraucht ist.*“

auch nicht zuungunsten des Arbeitnehmers abweichen darf (vgl. § 13 Abs. 1 S. 1 BUrlG), besteht auf die Einräumung eines vertraglichen Mehrurlaubs grundsätzlich kein Rechtsanspruch des Arbeitnehmers. Ob dem Arbeitnehmer über den gesetzlichen Urlaub hinaus vertraglicher Urlaub gewährt werden soll, können die Arbeits- oder Tarifvertragsparteien im Grundsatz frei entscheiden.[912] Entscheiden sie sich für die Gewährung zusätzlichen, über den gesetzlichen Urlaub hinausgehenden vertraglichen Urlaub, ist anzunehmen, dass der Arbeitgeber im Zweifel zuerst seinen gesetzlichen Pflichten nachkommen und daher den unabdingbaren gesetzlichen Urlaub und erst danach den freiwillig eingeräumten (Mehr-)Urlaub erfüllen will.[913]

Dieser mutmaßliche Parteiwille des Arbeitgebers steht dabei in Widerspruch zu der in § 366 Abs. 2 BGB festgelegten Tilgungsreihenfolge.[914] Die Anwendung der Vorschrift hätte zur Folge, dass der Arbeitgeber immer zunächst auf den Anspruchsteil leistet, der einer kürzeren Verfallfrist[915] unterliegt bzw. unter geringeren Voraussetzungen erlischt[916] und für den Arbeitnehmer als Gläubiger damit „geringere Sicherheit bietet".[917] Weil die Arbeits- und Tarifvertragsparteien nur für den vertraglich eingeräumten Mehrurlaub kürzere als die gesetzlichen Fristen vorsehen können, würde der Arbeitgeber dementsprechend immer zuerst auf den vertraglichen Urlaubsanspruch leisten. Dies widerspricht

---

912 BAG, Urt. v. 01.03.2022 – 9 AZR 353/21, NZA 2022, 911 Rn. 30; BAG, Urt. v. 09.03.2021 – 9 AZR 310/20, NZA 2021, 1202 Rn. 15; BAG, Urt. v. 25.06.2019 – 9 AZR 546/17, NZA 2019, 1577 Rn. 21.

913 BAG, Urt. v. 01.03.2022 – 9 AZR 353/21, NZA 2022, 911 Rn. 35: Der hypothetische Parteiwille gehe dahin, *„dass mit den ersten gewährten Urlaubstagen dem unabdingbaren Grunderholungsbedürfnis des Arbeitnehmers und den Mindestanforderungen an den Gesundheitsschutz bei der Arbeitszeitgestaltung nachgekommen werden soll, bevor der durch Arbeits- oder Tarifvertrag zusätzlich eingeräumte Urlaub gewährt wird."*

914 BAG, Urt. v. 01.03.2022 – 9 AZR 353/21, NZA 2022, 911 Rn. 35.

915 So hat der BGH z.B. auch eine Forderung, die später verjährt als „sicherer" eingestuft, vgl. BGH, Urt. v. 19.11.2008 – XII ZR 123/07, NJW 2009, 1071 Rn. 20; Staudinger/*Kern* (2022), § 366 BGB, Rn. 46.

916 BAG, Urt. v. 01.03.2022 – 9 AZR 353/21, NZA 2022, 911 Rn. 35.

917 BAG, Urt. v. 01.03.2022 – 9 AZR 353/21, NZA 2022, 911 Rn. 35; LAG Düsseldorf, Urt. v. 30.09.2010 – 5 Sa 353/10, BeckRS 2010, 75799 unter II. 1.2.3; *Ehlers*, Krank im Urlaub, S. 253; *Kothe/Beetz*, jurisPR-ArbR 25/2009 Anm. 1 unter C.; die „Fälligkeit" des Anspruchs, die auf erster Stufe steht, führt zu keinem Ergebnis, weil sowohl der gesetzliche als auch der vertragliche Urlaub in der hier maßgeblichen Fallkonstellation jeweils gleichermaßen fällig sind; vgl. *Kamanabrou*, SAE 2009, 233, 238; *Polzer*, Die Befristung des Urlaubsanspruchs auf das Kalenderjahr, S. 188.

aber – wie das BAG zutreffend darlegt – offensichtlich dem mutmaßlichen Parteiwillen, sodass die in § 366 Abs. 2 BGB vorgesehene Tilgungsreihenfolge trotz entsprechender Anwendbarkeit der Vorschrift nicht zum Tragen kommt.[918]

Im obigen Beispielsfall verbleiben AN im Folgejahr (2023) insofern nur noch 5 (gesetzliche) Urlaubstage. Diese 5 Urlaubstage muss AG dann zu Beginn des Folgejahres ausdrücklich und zusätzlich zu dem Urlaubsanspruch ausweisen, der im Folgejahr neu entsteht.

3. *Zusammenfassung*

Die Frage, ob teilweise gewährter Urlaub zunächst auf den gesetzlichen Mindest- oder den vertraglichen Mehrurlaub anzurechnen ist, stellt sich nur dann, wenn für den Mehrurlaub wirksame, vom BUrlG abweichende (Verfall-)Regelungen getroffen wurden. In diesen Fällen bedarf es entgegen der Ansicht eines Teils der arbeitsrechtlichen Literatur aber keines Rückgriffs auf die gesetzliche Auslegungsregel des § 366 Abs. 2 BGB. Vielmehr entspricht es dem – insoweit vorrangigen[919] – mutmaßlichen Parteiwillen, dass der Arbeitgeber als Schuldner immer zuerst den gesetzlichen Urlaubsanspruch und erst danach etwaig gewährten vertraglichen Urlaub erfüllen will.

IV. Zusammenfassung der Ergebnisse

- Inhaltlich muss sich die Mitteilung des Arbeitsgebers auf einen konkreten Urlaubsanspruch des Arbeitnehmers beziehen. Mitzuteilen sind in jedem Fall die dem Arbeitnehmer zustehenden **gesetzlichen Urlaubstage**, sowie etwaig bestehende **gesetzliche Zusatzurlaubstage**, die im aktuellen Urlaubsjahr **neu entstehen**.
- Eine Mitteilung auch solcher Urlaubstage, die aus vergangenen Jahren auf das aktuelle Urlaubsjahr übertragen wurden, bedarf es für eine ordnungsgemäße Erfüllung der Mitwirkungsobliegenheiten nicht zwingend. Eine Ausweisung auch der aus Vorjahren stammenden **(Rest-)Urlaubstage** empfiehlt sich aber, weil der Arbeitgeber nur auf diese Weise das bundesurlaubsrechtliche Fristenregime (auch) für den übertragenen Urlaub auslöst.

---

918 BAG, Urt. v. 01.03.2022 – 9 AZR 353/21, NZA 2022, 911 Rn. 18; BAG, Urt. v. 28.03.2023 – 9 AZR 488/21, NZA 2023, 826 Rn. 21 f.

919 Zu diesem Vorrang BGH, Urt. v. 14.11.2000 – XI ZR 248/99, NJW 2001, 815, 818; Erman/*Buck-Heeb*, § 366 BGB, Rn. 4b; BeckOK BGB/*Dennhardt*, § 366 BGB, Rn. 11; MüKo-BGB/*Fetzer*, § 366 BGB, Rn. 14.

- Neben dem gesetzlichen Urlaub ist (zwingend) auch der Umfang eines ggf. bestehenden arbeits- oder tarifvertraglichen **Mehrurlaubs** mitzuteilen, sofern die Arbeits- oder Tarifvertragsparteien die Geltung der Mitwirkungsobliegenheiten in Bezug auf den Mehrurlaub nicht wirksam vertraglich ausgeschlossen haben. Haben die Vertragsparteien die Geltung der Mitwirkungsobliegenheiten für den Mehrurlaub ausgeschlossen, ist in der Mitteilung klarzustellen, dass es sich bei den mitgeteilten Urlaubstagen ausschließlich um den gesetzlichen Mindesturlaub handelt.
- Hat der Arbeitgeber bei der Urlaubsgewährung **keine Tilgungsbestimmung** gesetzt, ist davon auszugehen, dass er **zuerst** auf den **gesetzlichen Urlaub** und erst anschließend auf einen etwaig bestehenden vertraglichen Mehrurlaub leistet. Wegen des Vorrangs dieses mutmaßlichen Parteiwillens kommt die Vorschrift des § 366 Abs. 2 BGB nicht zur Anwendung.

C. Falschbezifferung der Urlaubstage

Probleme können sich ferner ergeben, wenn der Arbeitgeber entweder zu viel (unter I.) oder zu wenig (unter II.) Urlaubstage mitteilt. Dann stellt sich die Frage, welche Konsequenzen eine solche Falschbezifferung hinsichtlich Befristung bzw. Verfall der Urlaubsansprüche nach sich zieht.

I. Zu wenig Urlaub

Verlangt der 9. Senat des BAG für eine ordnungsgemäße Erfüllung der Mitwirkungsobliegenheiten, dass der Arbeitgeber dem Arbeitnehmer die ihm im Kalenderjahr individuell zustehenden Urlaubstage mitteilt, spricht viel dafür, dass insgesamt keine ordnungsgemäße Erfüllung der Mitwirkungsobliegenheiten angenommen werden kann, wenn der Arbeitgeber zu wenig Urlaubstage mitteilt.[920] Denn weist der Arbeitgeber fälschlich zu wenig Urlaubstage aus, ist

---

920 In diese Richtung auch LAG Berlin-Brandenburg, Urt. v. 16.03.2018 – 9 Sa 1504/17, BeckRS 2018, 11059 Rn. 40 f., das davon ausgeht, dass sich ein Arbeitgeber, der unzutreffende Angaben zu bestehenden Urlaubsansprüchen macht und hierdurch eine rechtzeitige Beantragung zustehenden Urlaubs zumindest erschwert, nicht auf den Verfall der Urlaubsansprüche berufen dürfe; krit. hierzu hingegen *Mehrens*, RdA 2020, 187, 189; *Mehrens/Witschen*, EuZA 2019, 326, 344; vgl. auch *Daum*, RdA 2020, 179, 184, nach dem in diesem Fall nur die Differenz zwischen tatsächlichem und angegebenen Urlaub auf das Folgejahr übertragen werden soll; in diese Richtung wohl auch *Dullinger/Zöllner*, SAE 2020, 93, 99, nach denen „*zumindest die zu wenig benannten Urlaubstage nicht dem Verfall unterliegen.*“

nicht auszuschließen, dass der Arbeitnehmer – trotz Aufforderung zur Urlaubsnahme und Belehrung über den möglichen Verfall – dann von einer Urlaubsnahme in dem ihm zustehenden Umfang abgehalten werden könnte. So ist es z.B. durchaus denkbar, dass der Arbeitnehmer, dem fälschlich 10 statt der ihm eigentlich zustehenden 20 Urlaubstage mitgeteilt wurden, (zunächst) davon absieht, Urlaub zu nehmen, weil er sein vermeintlich geringes Urlaubskontingent von 10 Urlaubstagen „aufsparen“ und den Urlaub erst zu einem späteren Zeitpunkt im Jahr in Anspruch nehmen will. In diesem Fall steigt aber zugleich das Risiko, dass eine Urlaubsnahme zu dem vom Arbeitnehmer vorgesehenen Zeitpunkt im Urlaubsjahr dann nicht mehr realisiert werden kann, etwa weil der Arbeitnehmer dann zum Zeitpunkt der geplanten Urlaubsnahme erkrankt.[921]

Ist insofern zumindest nicht auszuschließen, dass der Arbeitnehmer durch die Angabe von zu wenig Urlaub von einer (rechtzeitigen und vollständigen) Urlaubsnahme abgehalten worden sein könnte, weil er fälschlich davon ausging, dass ihm nur eine (geringe) Anzahl an Urlaubstagen zustand, scheint es vor dem Hintergrund der Rspr. des EuGH gerechtfertigt, den (gesamten) Urlaubsanspruch auch in dieser Konstellation über den Ablauf des Kalenderjahres bzw. Übertragungszeitraums hinaus aufrechtzuerhalten. Denn wie der EuGH betont, darf der Arbeitgeber keinerlei Anreize dafür schaffen, dass der Arbeitnehmer von einer (vollständigen) Urlaubsnahme absieht und damit zumindest faktisch auf den Urlaubsanspruch verzichtet.[922]

Es kann in diesem Zusammenhang auch weder einen Unterschied machen, ob der Arbeitgeber die Anzahl der Urlaubstage versehentlich oder willentlich falsch ausweist, noch ob der Arbeitnehmer tatsächlich infolge der Falschbezifferung von der (vollständigen) Urlaubsnahme abgehalten wurde. Nach der Rspr. des EuGH reicht die bloße Möglichkeit, dass der Arbeitnehmer von der Inanspruchnahme seines Rechts auf bezahlten Urlaub abgesehen hat, aus, um den Urlaubsanspruch von dem Verfall auszuschließen.[923]

---

921 Vgl. zu dem Problem, dass im Verlauf des Urlaubsjahres unvorhersehbare, einer Urlaubsnahme dann entgegenstehende Ereignisse wie z.B. eine Erkrankung eintreten können, auch die Ausführungen unten unter § 10 A. und unter § 13 A. II. 3.

922 EuGH, Urt. v. 06.11.2018 – C-684/16 (Max-Planck-Gesellschaft), NZA 2018, 1474 Rn. 41 mit Verweis auf EuGH, Urt. v. 06.04.2006 – C-124/05 (Federatie Niederlandse Vakbeweging) NZA 2006, 719 Rn. 32.

923 Vgl. EuGH, Urt. v. 06.11.2018 – C-684/16 (Max-Planck-Gesellschaft), NZA 2018, 1474 Rn. 42: „[…] *jede Praxis oder Unterlassung eines Arbeitgebers, die den Arbeitnehmer davon abhalten kann, den Jahresurlaub zu nehmen,* [verstößt] *gegen das mit Recht auf*

Nicht von der Hand zu weisen ist zwar, dass die Gefahr einer arbeitgeberseitigen „Urlaubsvereitelung" umso geringer sein wird, je geringer auch die ausgewiesene Anzahl an Urlaubstagen von der dem Arbeitnehmer tatsächlich zustehenden Anzahl an Urlaubstagen abweicht. So wird eine Abweichung von nur einem Tag regelmäßig keinen Einfluss auf die Entscheidung des Arbeitnehmers haben, ob, in welchem Umfang und zu welchem Zeitpunkt er seinen Urlaub in Anspruch nehmen wird. Weil sich eine sichere Grenze, ab wann von einer so wesentlichen Abweichung und damit von einer realen Gefahr der „Urlaubserschwerung" ausgegangen werden kann, jedoch nur schwer festmachen lassen wird, ist im Interesse der Rechtssicherheit und zum Schutze des Arbeitnehmers davon auszugehen, dass jedwede Angabe von „zu wenig" Urlaub dazu führt, dass die Mitwirkungsobliegenheiten insgesamt als nicht ordnungsgemäß erfüllt anzusehen sind und ein Verfall nicht genommenen Urlaubs mit Ablauf des Kalenderjahres bzw. Übertragungszeitraums insgesamt nicht eintreten kann. Diese für den Arbeitgeber einschneidende Rechtsfolge wird dadurch abgemildert, dass er die Mitwirkungsobliegenheiten ordnungsgemäß nachholen und damit (nachträglich) die Voraussetzungen für eine Befristung des Urlaubsanspruchs schaffen kann.

II. Zu viel Urlaub

Weist der Arbeitgeber hingegen zu viel Urlaub aus, hängt die Frage, ob die Mitwirkungsobliegenheiten ordnungsgemäß erfüllt wurden und die Urlaubsansprüche damit dem Verfall unterliegen, zunächst davon ab, ob in Bezug auf die zu viel angegebenen Urlaubstage ein neuer, diesbezüglicher (Urlaubs-)Anspruch begründet wurde. Ist dies der Fall, ist die Mitteilung des „zu viel" ausgewiesenen Urlaubs zutreffend, die Information an den Arbeitnehmer damit nicht fehlerhaft. Die Mitwirkungsobliegenheiten wären dann ordnungsgemäß erfüllt und nicht genommener Urlaub würde mit Ablauf des Bezugs- bzw. Übertragungszeitraums dem Verfall unterliegen.

Ob ein Anspruch auf den ausgewiesenen „Mehrurlaub" begründet wird, hängt davon ab, ob der Ausweis dieses „Mehrurlaubs" als Willens- oder als bloße Wissenserklärung des Arbeitgebers zu qualifizieren ist.[924]

Jahresurlaub verfolgte Ziel."; so auch schon in EuGH, Urt. v. 29.11.2017 – C-214/16 (King), NZA 2017, 1591 Rn. 39.

924 Vgl. *Kiel*, Jahrbuch d. Arbeitsrechts (Band 57) 2020, 95, 108.

1. *Willens- oder Wissenserklärung*

Während einer Willenserklärung vertraglich bindender Charakter zukommt, kommt einer Wissenserklärung lediglich deklaratorische Wirkung zu.[925] Im Unterschied zu einer Willenserklärung ist sie nicht auf die Herbeiführung einer Rechtsfolge gerichtet, sondern will nur ein bestimmtes Wissen mitteilen.[926]

2. *Abgrenzungskriterien*

Ob eine Handlung oder ein bestimmtes Verhalten als Willenserklärung oder lediglich als Wissenserklärung zu verstehen ist, ist durch Auslegung (§ 133, 157 BGB) zu ermitteln.[927] Nach den §§ 133, 157 BGB sind Verträge und Willenserklärungen so auszulegen, wie die Parteien sie nach Treu und Glauben unter Berücksichtigung der Verkehrssitte verstehen mussten.[928] Ausgangspunkt der Auslegung ist dabei der Wortlaut der Erklärung.[929] Zur Ermittlung des wirklichen Willens der Parteien sind aber auch außerhalb der Erklärung liegende Umstände einzubeziehen, soweit sie Rückschlüsse auf den Sinngehalt der Erklärung zulassen.[930] Von besonderer Bedeutung sind ferner die bestehende Interessenlage und der mit dem Rechtsgeschäft verfolgte Zweck.[931]

a) *Rspr. des BAG*

Das BAG geht davon aus, dass der Mitteilung einer bestimmten Anzahl an Urlaubstage – etwa in Entgeltabrechnungen[932], Genehmigungsformularen[933]

---

925 MüKo-BGB/*Armbrüster,* Vorb. vor § 116 BGB, Rn. 16.

926 MüKo-BGB/*Armbrüster,* Vorb. vor § 116 BGB, Rn. 16; vgl. auch BAG, Urt. v. 15.03.2011 – 1 AZR 808/09, NJOZ 2011, 1420 Rn. 16.

927 BGH, Urt. v. 22.01.2014 – VIII ZR 391/12, NJW 2014, 1951 Rn. 14; BAG, Urt. v. 19.03.2019 – 9 AZR 881/16, NZA 2019, 1046 Rn. 16; BAG, Urt. v. 21.05.2019 – 9 AZR 579/16, NZA 2019, 1571 Rn. 34; Erman/*Arnold*, § 133 BGB Rn. 2, 11.

928 BGH, Urt. v. 22.01.2014 – VIII ZR 391/12, NJW 2014, 1951 Rn. 14; BAG, Urt. v. 19.03.2019 – 9 AZR 881/16, NZA 2019, 1046 Rn. 16; jurisPK-BGB/*Reichold*, § 133 BGB, Rn. 8, 20; Staudinger/*Singer* (2021), § 133 BGB, Rn. 18, 44.

929 BGH, Urt. v. 13.04.2016 – VIII ZR 198/15NJW-RR 2016, 1032 Rn. 21; Erman/*Arnold*, § 133 BGB, Rn. 24.

930 BAG, Urt. v. 19.03.2019 – 9 AZR 881/16, NZA 2019, 1046 Rn. 16; Erman/*Arnold*, § 133 BGB, Rn. 25; jurisPK-BGB/*Reichold*, § 133 BGB, Rn. 23.

931 BAG, Urt. v. 19.03.2019 – 9 AZR 881/16, NZA 2019, 1046 Rn. 16; Erman/*Arnold*, § 133 BGB, Rn. 26, 27.

932 BAG, Urt. v. 26.04.2022 – 9 AZR 367/21, BeckRS 2022, 18063 Rn. 30; BAG, Urt. v. 19.03.2019 – 9 AZR 881/16, NZA 2019, 1046 Rn. 16.

933 BAG, Urt. v. 21.05.2019 – 9 AZR 579/16, NZA 2019, 1571 Rn. 42.

oder Urlaubslisten[934] – grundsätzlich nicht der Bedeutungsgehalt zukommt, der Arbeitgeber wolle ausgewiesenen Urlaub auch dann gewähren, wenn er ihn nicht schuldet.[935] Solche Informationen stellen nach Ansicht des BAG reine Wissens- und keine Willenserklärungen dar.[936] Selbst dann, wenn z.B. in einem Formular zur Genehmigung des Urlaubs die Zahl der „vorhandenen" oder „verbleibenden" Urlaubstage falsch angegeben wurde, der Arbeitgeber den Urlaubsantrag aber gleichwohl widerspruchslos unterzeichnet und damit genehmigt, soll hierdurch kein Anspruch auf die (zu viel) angegebenen Urlaubstage begründet werden.[937] Aus Sicht des BAG kommt solchen Angaben zu den „vorhandenen" und „verbleibenden" Urlaubstagen regelmäßig allein eine Hinweis- und Dokumentationsfunktion zu.[938] Daran ändere sich auch nichts, wenn mit solchen Angaben ein einem Arbeitszeitkonto vergleichbares Urlaubskonto geführt werde. Auch dann könne der Arbeitnehmer regelmäßig nicht davon ausgehen, es handele sich um eine auf Bestätigung oder Veränderung der Rechtslage gerichtete Willenserklärung im Sinne eines deklaratorischen oder konstitutiven Schuldanerkenntnisses.[939]

---

934 BAG, Urt. v. 25.06.2019 – 9 AZR 546/17, NZA 2019, 1577 Rn. 28.

935 BAG, Urt. v. 19.03.2019 – 9 AZR 881/16, NZA 2019, 1046 Rn. 16 f.; *Kiel*, Jahrbuch d. Arbeitsrechts (Band 57) 2020, 95, 106; so auch schon LAG Rheinland-Pfalz, Urt. v. 19.04.2018 – 4 Sa 317/17, BeckRS 2018, 28502 Rn. 27.

936 BAG, Urt. v. 26.04.2022 – 9 AZR 367/21, BeckRS 2022, 18063 Rn. 30; BAG, Urt. v. 19.03.2019 – 9 AZR 881/16, NZA 2019, 1046 Rn. 16; BAG, Urt. v. 21.05.2019 – 9 AZR 579/16, NZA 2019, 1571 Rn. 42; BAG, Urt. v. 25.06.2019 – 9 AZR 546/17, NZA 2019, 1577 Rn. 28.

937 BAG, Urt. v. 21.05.2019 – 9 AZR 579/16, NZA 2019, 1571 Rn. 39 ff.; dasselbe gilt für in Entgeltabrechnungen oder Urlaubslisten ausgewiesenen Urlaub, vgl. hierzu BAG, Urt. v. 19.03.2019 – 9 AZR 881/16, NZA 2019, 1046 Rn. 16 f. (Entgeltabrechnung); BAG, Urt. v. 25.06.2019 – 9 AZR 546/17, NZA 2019, 1577 Rn. 28 (Urlaubslisten).

938 BAG, Urt. v. 21.05.2019 – 9 AZR 579/16, NZA 2019, 1571 Rn. 42.

939 BAG, Urt. v. 21.05.2019 – 9 AZR 579/16, NZA 2019, 1571 Rn. 42; vgl. auch schon BAG, Urt. v. 10.03.1987 – 8 AZR 610/84, NZA 1987, 557, 558: *„Die Lohnabrechnung hat nicht den Zweck, streitig gewordene Ansprüche endgültig festzulegen."*; vgl. zum Arbeitszeitkonto BAG, Urt. v. 23.09.2015 – 5 AZR 767/13, NZA 2016, 295 Rn. 23: *„Die regelmäßigen Buchungen auf dem Arbeitszeitkonto stellen nicht rechtsgeschäftliche Erklärungen, sondern tatsächliche Handlungen im Sinne so genannter Wissenserklärungen dar."*

b) Bewertung

aa) Objektive Sicht des Arbeitnehmers

Ob Ausweis von „Mehrurlaub" eine Willens- oder eine bloße Wissensmitteilung darstellt, hängt gemäß den allgemeinen Auslegungsgrundsätzen davon ab, wie ein verständiger Arbeitnehmer das Verhalten des Arbeitgebers objektiv werten durfte. Die Aussage des BAG, einer Mitteilung über eine bestimmte Anzahl an Urlaubstagen komme grds. nicht der Bedeutungsgehalt zu, der Arbeitgeber wolle ausgewiesenen Urlaub auch dann gewähren, wenn er ihn nicht schuldet, greift dabei zu kurz. Es kommt vielmehr auf die Umstände des Einzelfalles an. Ferner muss zwischen der Annahme der „Richtigkeit der Angaben" und dem Schluss auf einen „Willen zur Begründung neuer Ansprüche" unterschieden werden.

So wird es zunächst einen Unterschied machen, ob der Arbeitnehmer selbst (falsche) Angaben zu der Anzahl seiner Urlaubstage macht und der Arbeitgeber diese lediglich „abzeichnet", oder aber die Angaben vom Arbeitgeber stammen. In letzterem Fall wird der Arbeitnehmer eher davon ausgehen (dürfen), dass auch der Arbeitgeber der Annahme ist, dem Arbeitnehmer stehe der ausgewiesene Urlaub tatsächlich zu, rührt die Mitteilung doch gerade „aus seiner Feder". Bei eigenhändiger Angabe der Urlaubstage wird der Arbeitnehmer demgegenüber eher davon ausgehen müssen, dass der Arbeitgeber die angegebene Höhe der Urlaubstage nur unter dem Vorbehalt ihrer Richtigkeit billigt.

Die Frage, ob der Arbeitgeber die Angaben für korrekt hält, darf dabei aber nicht mit der Frage gleichgesetzt werden, ob der Arbeitnehmer auch davon ausgehen darf, der Arbeitgeber sei bereit, ihm u.U. zugleich mehr Urlaub zu gewähren, als ihm eigentlich zusteht. Mit anderen Worten kann der Arbeitnehmer, der zwar vernünftigerweise davon ausgehen darf, der Arbeitgeber halte die Anzahl des ausgewiesenen Urlaubs für korrekt, nicht zugleich davon ausgehen, der Arbeitgeber wolle ihm die ausgewiesenen, aber in Wahrheit nicht bestehenden Urlaubsansprüche zugleich auch zusätzlich einräumen. Ein Arbeitgeber wird mit einer solchen Mitteilung oder Gegenzeichnung regelmäßig nicht bezwecken, die Höhe des Urlaubsanspruchs dem Streit oder der Ungewissheit der Parteien zu entziehen und ihn insofern im Sinne eines deklaratorischen Schuldanerkenntnisses anzuerkennen.[940] Umso weniger wird er durch den Ausweis von Mehrurlaub eine neue Schuld im Sinne eines abstrakten Schuldanerkenntnisses

---

940 Vgl. zu Inhalt und Voraussetzungen des sog. deklaratorischen oder auch kausalen Schuldanerkenntnisses Jauernig/*Stadler*, §§ 780, 781 BGB, Rn. 15 ff.; BAG, Urt. v. 21.04.2016 – 8 AZR 474/14, NZA 2016, 1409 Rn. 26.

begründen wollen.[941] Für ein solches „Mehr" müssen vielmehr zusätzliche Anhaltspunkte vorliegen.[942]

bb) Urlaubsnahme als tatsächlicher Erfolg

Zu beachten ist ferner, dass dann, wenn die Mitteilung der Anzahl der dem Arbeitnehmer zustehenden Urlaubstage nicht gesondert erfolgt, sondern – entsprechend der Mitwirkungstrias[943] – mit der Aufforderung zur Urlaubsnahme und dem Hinweis auf den möglichen Verfall verbunden wird, der Arbeitgeber hiermit regelmäßig bezwecken wird, dass der Arbeitnehmer seinen ihm zustehenden Urlaub tatsächlich in Anspruch nimmt. Eine solche Mitteilung dient dann zwar nicht (allein) Hinweis- und Dokumentationszwecken, weil sie zugleich einen Appell gegenüber dem Arbeitnehmer enthält, er möge den ihm zustehenden *Rechts*anspruch auf Urlaub realisieren. Schon aufgrund ihrer Zielrichtung ist eine solche Mitteilung des Arbeitgebers dann aber nicht auf die Herbeiführung eines *rechtlichen* Erfolges in Form der Einräumung zusätzlicher Urlaubsansprüche, sondern vielmehr auf die Herbeiführung eines *tatsächlichen* Erfolges in Form der tatsächlichen und bezahlten[944] Freistellung des Arbeitnehmers von der Arbeitspflicht[945] gerichtet. Davon, dass es dem Arbeitgeber primär um die Erfüllung der ihm obliegenden Mitwirkungshandlungen und insofern darum geht, den Arbeitnehmer zur Urlaubsnahme „anzuregen", wird auch der Arbeitnehmer ausgehen müssen. Wird die Mitteilung einer bestimmten Anzahl an Urlaubstagen mit der Aufforderung und der Belehrung verbunden, wird es

---

941 Vgl. zu Inhalt und Voraussetzungen des sog. konstitutiven oder auch abstrakten Schuldanerkenntnisses Jauernig/*Stadler*, §§ 780, 781 BGB, Rn. 4 ff.; BAG, Urt. v. 21.04.2016 – 8 AZR 474/14 NZA 2016, 1409 Rn. 25.

942 So auch BAG, Urt. v. 10.03.1987 – 8 AZR 610/84, NZA 1987, 557, 558; LAG Rheinland-Pfalz, Urt. v. 19.04.2018 – 4 Sa 317/17, BeckRS 2018, 28502 Rn. 27.

943 Mitteilung, Aufforderung, Belehrung, s. oben unter § 8. A.

944 Das BUrlG gewährt dem einzelnen Arbeitnehmer einen Anspruch auf „bezahlten Erholungsurlaub" (vgl. § 1 BUrlG); vgl. auch BAG, Urt. v. 20.08.2019 – 9 AZR 468/18, NZA 2019, 1581 Rn. 11: „*Die mit der Freistellung verknüpfte Verpflichtung zur Zahlung von Urlaubsvergütung ist vielmehr integraler Bestandteil des Anspruchs auf bezahlten Urlaub.*"

945 Die tatsächliche Befreiung des Arbeitnehmers von der Arbeitspflicht infolge der arbeitgeberseitigen Freistellungserklärung stellt insofern den Leistungserfolg der wirksamen Urlaubsgewährung dar, ErfK/*Gallner*, § 7 BUrlG, Rn. 4; HWK/*Schinz*, § 7 BUrlG, Rn. 15.

sich regelmäßig daher schon tatbestandlich nicht um eine Willenserklärung handeln.

cc) Folgerungen

Stellt die Mitteilung einer bestimmten Anzahl von Urlaubstagen keine Willenserklärung dar, wird durch den Ausweis von zu viel Urlaub auch kein diesbezüglicher zusätzlicher Urlaubsanspruch begründet. Streng genommen ist die Mitteilung dann zwar auch in diesem Fall falsch. Im Unterschied zu der Ausweisung von zu wenig Urlaub besteht bei der Angabe von zu viel Urlaub aber nicht die Gefahr, dass der Arbeitnehmer davon abgehalten wird, Urlaub zu beantragen und zu nehmen. Im Gegenteil dürfte davon auszugehen sein, dass der Arbeitnehmer umso großzügiger mit der Urlaubsnahme „verfahren" wird, je mehr Urlaubstage ihm (vermeintlich) zustehen. Darüber hinaus sind bei einer Ausweisung von zu viel Urlaubstagen auch stets die dem Arbeitnehmer (tatsächlich) zustehenden Urlaubstage ausgewiesen. Stehen dem Arbeitnehmer beispielsweise 30 Urlaubstage zu, sind in der Mitteilung aber fälschlich 32 Urlaubstage ausgewiesen, so wurde der Arbeitnehmer gleichwohl über seine ihm zustehenden 30 Urlaubstage in Kenntnis gesetzt. Die 30 tatsächlich bestehenden Urlaubstage sind in den 32 mitgeteilten Urlaubstagen „mitenthalten". Ausgehend von Sinn und Zweck der Mitwirkungsobliegenheiten ist in der Konstellation „Mitteilung von zu viel Urlaub" damit gleichwohl von einer ordnungsgemäßen Erfüllung der Mitwirkungsobliegenheiten auszugehen mit der Konsequenz, dass die Urlaubsansprüche wirksam an das Kalenderjahr gebunden werden und Verfall bei Nichtinanspruchnahme des Urlaubs eintreten kann.[946]

dd) Übertragung der Grundsätze zu Arbeitszeitkonten

Die vorgenannte Rechtsprechung des BAG zum Ausweis von Urlaub auf Urlaubsantragsformularen, Entgeltabrechnungen und Urlaubslisten (unter bb)) knüpft an die Rechtsprechung zu Arbeitszeitkonten an. Auch in Bezug auf regelmäßige Buchungen auf Arbeitszeitkonten hat das BAG entschieden, dass diese lediglich Wissens- und keine rechtsgeschäftlichen Willenserklärungen darstellen.[947]

---

946 Kritisch *Dullinger/Zöllner*, SAE 2020, 93, 99, die hier Umgehungspotenzial sehen.
947 BAG, Urt. v. 23.09.2015 – 5 AZR 767/13, NZA 2016, 295 Rn. 23; BAG, Urt. v. 19.03.2008 – 5 AZR 328/07, NZA 2008, 1135 Rn. 26.

aaa) Streitlosstellung ausgewiesener Arbeitsstunden

In Bezug auf Arbeitszeitkonten vertritt das BAG die Ansicht, dass der Arbeitgeber, wenn er Guthabenstunden in einem für den einzelnen Arbeitnehmer geführten Arbeitszeitskonto vorbehaltlos ausweist, dessen Saldo streitlos stellt.[948] Begründet wird dies damit, dass der Arbeitgeber durch die vorbehaltslose Ausweisung der Arbeitsstunden zum Ausdruck bringe, dass sie tatsächlich und mit seiner Billigung geleistet wurden.[949] Hiervon ausgehend verlangt das BAG daher vom Arbeitgeber, dass dieser – im Sinne einer gestuften Darlegungslast – die Gründe dafür darlegen muss, warum der Saldo unzutreffend ist, wenn er den zugunsten des Arbeitnehmers ausgewiesenen Saldo später erheblich bestreiten will.[950] Erst wenn er dies getan hat, sei der Arbeitnehmer am Zug, vorzutragen, zu welchen Zeiten er Arbeit verrichtet oder einer der Tatbestände vorgelegen habe, die eine Vergütungspflicht auch ohne Arbeitsleistung anordnen.[951] Ohne entsprechenden Vortrag des Arbeitgebers gelte der im Arbeitszeitkonto vorbehaltlos ausgewiesene Saldo also als zugestanden.[952]

bbb) Streitlosstellung ausgewiesener Urlaubstage

Diese vom BAG entwickelten Grundsätze zur Darlegungs- und Beweislast lassen sich auf die (vorbehaltslose) Ausweisung von Urlaubstagen übertragen.

Weist der Arbeitgeber gegenüber dem Arbeitnehmer etwa in Entgeltabrechnungen eine bestimmte Anzahl an Urlaubstagen aus oder macht er sich entsprechende Angaben des Arbeitnehmers zu eigen, indem er diese auf dem Formular zur Genehmigung des Urlaubs widerspruchslos abzeichnet, ist diese Situation mit der vorbehaltslosen Ausweisung von Arbeitsstunden vergleichbar. Auch in diesem Fall bringt der Arbeitgeber zum Ausdruck, dass er den Umfang des selbst mitgeteilten bzw. widerspruchslos hingenommenen Urlaubs nicht anzweifelt

---

948 BAG, Urt. v. 23.09.2015 – 5 AZR 767/13, NZA 2016, 295 Rn. 23; BAG, Urt. v. 28.07.2010 – 5 AZR 521/09, NZA 2010, 1241 Rn. 19.

949 BAG, Urt. v. 23.09.2015 – 5 AZR 767/13, NZA 2016, 295 Rn. 23.

950 BAG, Urt. v. 23.09.2015 – 5 AZR 767/13, NZA 2016, 295 Rn. 23.

951 BAG, Urt. v. 23.09.2015 – 5 AZR 767/13, NZA 2016, 295 Rn. 23; hat hingegen nicht der Arbeitgeber, sondern der Arbeitnehmer die Arbeitszeitaufstellung selbst gefertigt, gilt die gestufte Darlegungslast umgekehrt: Erst wenn der Arbeitnehmer die den behaupteten Saldo begründenden Tatsachen im Einzelnen dargelegt hat, ist der Arbeitgeber an der Reihe, sich zu erklären, vgl. BAG, Urt. v. 23.09.2015 – 5 AZR 767/13, NZA 2016, 295 Rn. 40.

952 BAG, Urt. v. 23.09.2015 – 5 AZR 767/13, NZA 2016, 295 Rn. 23.

und damit zugleich streitlos stellt. Er erkennt die ausgewiesenen Urlaubstage zwar nicht im Sinne eines deklaratorischen oder konstitutiven Schuldanerkenntnisses an, aber ihn muss dann – wie auch bei Arbeitszeitkonten – im Prozess eine gestufte Darlegungslast treffen.

Steht in einem zwischen Arbeitnehmer und Arbeitgeber geführten Rechtsstreit insofern der Umfang des Urlaubsanspruchs des Arbeitnehmers in Streit und hat der Arbeitgeber eine bestimmte Anzahl an Urlaubstagen eigenständig ausgewiesen oder jedenfalls widerspruchslos abgezeichnet, hat er diese mitgeteilten Urlaubstage streitlos gestellt. Will der Arbeitgeber den zugunsten des Arbeitnehmers ausgewiesenen Umfang nachträglich erheblich bestreiten, muss er im Einzelnen darlegen, aufgrund welcher Umstände dieser Urlaubsumfang unzutreffend ist.[953] Fehlt es an einem entsprechenden und substantiierten Vortrag des Arbeitgebers, gilt der ausgewiesene Urlaubsumfang als zugestanden.[954]

III. Zusammenfassung der Ergebnisse

Bei einer Falschbezifferung der Urlaubstage ist die Mitteilung nicht korrekt. Dennoch ist nur bei der Ausweisung von zu wenig Urlaub insgesamt von einer nicht ordnungsgemäßen Erfüllung der Mitwirkungsobliegenheiten auszugehen, mit der Folge, dass die betreffenden Urlaubsansprüche nicht wirksam an das Kalenderjahr gebunden sind.

Die Ausweisung von zu viel Urlaub führt demgegenüber – auch wenn hierdurch keine neuen, zusätzlichen Urlaubsansprüche begründet werden und die Mitteilung auch in diesem Fall streng genommen falsch ist – nicht zu der Annahme, dass die Mitwirkungsobliegenheiten nicht ordnungsgemäß erfüllt wurden. Dies folgt aus Sinn und Zweck der Mitwirkungsobliegenheiten. In diesem Fall greift das bundesurlaubsrechtliche Fristenregime und Verfall nicht genommenen Urlaubs kann mit Ablauf des Kalenderjahres bzw. Übertragungszeitraums eintreten.

953 Vgl. BAG, Urt. v. 23.09.2015 – 5 AZR 767/13, NZA 2016, 295 Rn. 23 zur gestuften Darlegungslast bei Buchungen auf Arbeitszeitkonten.

954 Vgl. BAG, Urt. v. 23.09.2015 – 5 AZR 767/13, NZA 2016, 295 Rn. 23 zur gestuften Darlegungslast bei Buchungen auf Arbeitszeitkonten.

D. Formulierungsvorschlag

Die vorgenannten Ergebnisse sollen nun in einer Musterformulierung[955] zusammengeführt werden[956]:

> *„Liebe/r Frau/Herr …,*
>
> *hiermit möchten wir Sie über Ihren (Rest-)Urlaub für das Kalenderjahr 2023 informieren und Sie bitten, diesen rechtzeitig einzuplanen und spätestens zum Jahresende zu nehmen.*
>
> *Ihr Urlaubsanspruch für das Kalenderjahr 2023 beträgt aktuell xx Urlaubstage*[957] *und setzt sich aus xx gesetzlichen*[958] *und xx zusätzlich gewährten arbeitsvertraglichen/tarifvertraglichen*[959] *Urlaubstagen für das Kalenderjahr 2023 [und xx Resturlaubstagen aus dem Jahr xxxx]*[960] *zusammen.*

---

955 Vgl. etwa auch die Musterformulierung von *Heukenkamp/Jellen*, SAE 2022, 23, 31 f.; ferner *Oberthür*, ArbRB 2019, 13, 14 f.

956 Zu der Frage der Form sogleich unter § 9.

957 In Unternehmen mit digitalen Zeiterfassungssystemen, auf die die Arbeitnehmer Zugriff haben und in denen die Anzahl genommener und verbleibender Urlaubstage jeweils vermerkt ist, kann die Angabe der dem Arbeitnehmer konkret zustehenden Urlaubstage nach hier vertretener Ansicht durch den Hinweis ersetzt werden, dass diese im Zeiterfassungssystem einsehbar sind, z.B.: „*Die konkrete Anzahl der Ihnen aktuell zustehenden (Rest-)Urlaubstage können Sie in dem Zeiterfassungssystem* [ggf. Link] *einsehen.*“

958 Die Anzahl der dem Arbeitnehmer zustehenden gesetzlichen Urlaubstage sind zwingend anzugeben. Gleiches gilt für etwaig bestehende gesetzliche Zusatzurlaubstage nach den §§ 208 Abs. 1 S. 1, § 151 Abs. 1 und 2 SGB IX, § 19 Abs. 1 JArbSchG.

959 Die Anzahl der dem Arbeitnehmer ggf. zustehenden arbeits- oder tarifvertraglicher Mehrurlaubstage müssen zwar nur dann zwingend angegeben werden, wenn die Arbeits- oder Tarifvertragsparteien die Geltung der Mitwirkungsobliegenheiten für vertraglichen Mehrurlaub vertraglich nicht wirksam ausgeschlossen haben. Um Missverständnissen vorzubeugen, empfiehlt sich aber, stets auch diese Urlaubstage anzugeben oder – bei vertraglich wirksamer Abbedingung der Mitwirkungsobliegenheiten – jedenfalls den Hinweis aufzunehmen, dass sich darüberhinausgehender Urlaub aus dem Arbeitsvertrag oder einem anwendbaren Tarifvertrag ergeben kann.

960 Neben der Angabe der dem Arbeitnehmer für das aktuelle Urlaubsjahr zustehenden Urlaubstage ist es ratsam, auch aus Vorjahren stammende (Rest-)Urlaubstage anzugeben, um auch diese wirksam auf das aktuelle Urlaubsjahr zu befristen (ausführlich hierzu unter § 8 B. I.). Wurden Urlaubsansprüche aus Vorjahr(en) auf das aktuelle Urlaubsjahr übertragen, müssen zusätzlich die für die Resturlaubsansprüche ggf. bestehenden gesonderten Verfalldaten angegeben werden.

Für den Fall, dass Sie Ihren Urlaub nicht innerhalb des Kalenderjahres 2023 in Anspruch nehmen, weisen wir Sie darauf hin, dass dieser zum Ende des Jahres, d.h. mit Ablauf des 31.12.2023[961] *ersatzlos verfällt. Sollte es persönliche (z.B. Erkrankung) oder betriebliche Gründe (z.B. Überlastung ihrer Abteilung) für einen Übertrag auf das Folgejahr geben, ist der Urlaub zeitnah, spätestens jedoch bis zum 31.03.2024*[962] *zu nehmen. Wird der Urlaub dann nicht genommen, verfällt er grundsätzlich mit Ablauf des 31.03.2024. Eine Ausnahme*[963] *gilt nur für den Fall, dass Sie dauerhaft arbeitsunfähig erkrankt sind und Ihren (Rest-)Urlaub aus diesem Grunde auch bis zum 31.03.2025 nicht nehmen konnten. In diesem Fall verfällt Ihr Urlaub spätestens 15 Monate nach Ablauf des aktuellen Urlaubsjahres, d.h. spätestens zum 31.03.2025.*[964]
Auf diese gesonderten Verfallfristen werden wir Sie in diesem Fall nochmals gesondert hinweisen.[965]

Wenn Sie Urlaub in Anspruch nehmen, wird zunächst der gesetzliche und erst anschließend ggf. bestehender arbeits- und/oder tarifvertraglicher Mehrurlaub erfüllt.[966]"

---

961 Sieht der Arbeitsvertrag oder ein auf das Arbeitsverhältnis anwendbarer Tarifvertrag eine abweichende, längere Verfallfrist vor, ist diese anzugeben.

962 Sieht der Arbeitsvertrag oder ein auf das Arbeitsverhältnis anwendbarer Tarifvertrag eine abweichende, längere Verfallfrist vor, ist diese anzugeben.

963 Zu dieser Ausnahme ausführlich unten unter § 13 A. II. 1. a) bb).

964 Vgl. hierzu auch die Empfehlung von *Eckert*, DStR 2020, 1807, 1810: „*Vorsorglich sollten* [Arbeitgeber] *auch darauf hinweisen, dass der Urlaub, der wegen Krankheit nicht genommen wird, drei bzw. 15 Monate nach Ende des Urlaubsjahres verfallen wird.*"

965 Im Falle der Übertragung von Urlaubsansprüchen sind die abweichenden Verfalldaten dann zusätzlich in das zu Beginn des (folgenden) Kalenderjahres vorzunehmenden Hinweisschreibens aufzunehmen.

966 Eine solche Tilgungsbestimmung empfiehlt sich zu Klarstellungszwecken. Zur Erfüllung von Urlaubsansprüchen bei mangelnder Tilgungsbestimmung unten unter § 8 B. III.

§ 9 Form

Ob die Mitwirkungsobliegenheiten in Form eines Schreibens ergehen müssen, am schwarzen Brett ausgehängt werden oder gar mündlich erfolgen können, betreffen allesamt Fragen der Form. Weder der EuGH noch das BAG haben in ihren Entscheidungen diesbezüglich bestimmte, zwingend einzuhaltende Vorgaben gemacht. Aus den entsprechenden Ausführungen lässt sich lediglich ein grober Rahmen ableiten.

Im Folgenden soll der Versuch unternommen werden, diesen Rahmen näher abzustecken und eine Empfehlung dafür zu geben, welche Form die Mitwirkungsobliegenheiten mindestens aufweisen sollten.

A. Grundsätze

Der EuGH macht bezüglich der Form keine strikten Vorgaben. Er verlangt zwar, dass die Belehrung „*konkret*“[967] und „*in völliger Transparenz*“[968], aber nur „*erforderlichenfalls förmlich*“[969] erfolgen muss. Unter welchen Voraussetzungen er das Kriterium der Erforderlichkeit in diesem Sinne als erfüllt ansieht, lässt er offen.

Auch das BAG schreibt keine zwingenden Formerfordernisse vor. Weil konkrete gesetzliche Vorgaben fehlten, könne der Arbeitgeber die Mittel, derer er sich zur Erfüllung seiner Mitwirkungsobliegenheiten bedient, aus Sicht des BAG vielmehr frei wählen.[970] Einzige Voraussetzung sei, dass die Mittel zweckentsprechend, d.h. insbesondere geeignet sind, den Arbeitnehmer in die Lage zu versetzen, in Kenntnis aller relevanten Umstände frei darüber zu entscheiden, ob er seinen Urlaub in Anspruch nimmt oder nicht.[971] In seinem Praxisbeispiel für eine ordnungsgemäße Erfüllung der Mitwirkungsobliegenheiten stellt das BAG auf die Textform ab.[972] Auch der überwiegende Teil der Literatur hält die

---

967 EuGH, Urt. v. 06.11.2018 – C-684/16 (Max-Planck-Gesellschaft), NZA 2018, 1474 Rn. 45.

968 EuGH, Urt. v. 06.11.2018 – C-684/16 (Max-Planck-Gesellschaft), NZA 2018, 1474 Rn. 45.

969 EuGH, Urt. v. 06.11.2018 – C-684/16 (Max-Planck-Gesellschaft), NZA 2018, 1474 Rn. 45.

970 BAG, Urt. v. 19.02.2019 – 9 AZR 423/16, NZA 2019, 977 Rn. 40.

971 BAG, Urt. v. 19.02.2019 – 9 AZR 423/16, NZA 2019, 977 Rn. 40; vgl. auch *Kiel*, Jahrbuch d. Arbeitsrechts (Band 57) 2020, 95, 105.

972 BAG, Urt. v. 19.02.2019 – 9 AZR 423/16, NZA 2019, 977 Rn. 41.

Einhaltung der Textform für ausreichend, vor allem aus Gründen der Beweisbarkeit aber auch für erforderlich.[973]

Klargestellt hat das BAG ferner, dass abstrakte Angaben in einem Arbeitsvertrag, in einem Merkblatt oder in einer Kollektivvereinbarung für eine ordnungsgemäße Unterrichtung nicht ausreichend sind, weil diese nicht dem Erfordernis der „konkreten" und „transparenten" Unterrichtung genügten.[974]

B. Konkretisierung

Die vorgenannten Grundsätze sollen im Folgenden näher konkretisiert werden.

I. Risiken bei mündlichem Hinweis

Einzig vom BAG aufgestellte Anforderung an die „Form" der Mitwirkungsobliegenheiten ist die „Geeignetheit". Die Mittel, derer sich der Arbeitgeber zur Erfüllung seiner Mitwirkungsobliegenheiten bedient, müssen geeignet sein, den Arbeitnehmer dazu in die Lage zu versetzen, den Urlaub auch tatsächlich zu nehmen.[975] Das so zu verstehende Kriterium der Geeignetheit dürfte dabei auch dann erfüllt sein, wenn der Arbeitgeber dem Arbeitnehmer mündlich „zuruft", er möge seinen Urlaub im Umfang von *x* Tagen doch bitte nehmen, eher er verfällt.[976] Dies gilt umso mehr, wenn ein solcher mündlicher Hinweis mehrmals erfolgt. Auch durch einen mündlichen Hinweis wird der Arbeitnehmer informiert und dementsprechend in die Lage versetzt, selbstbestimmt darüber zu entscheiden, ob und wann er seinen Urlaub in Anspruch nehmen will.

Andererseits birgt ein bloß mündlicher Hinweis naturgemäß die Gefahr, dass er falsch verstanden oder unvollständig aufgenommen wird. Die Information stünde bei bloß mündlicher Überlieferung auch nicht dauerhaft zur Verfügung, was wiederum die Gefahr begünstigt, dass die Erinnerung an sie – insbesondere

---

973 Für Textform etwa *Andrä*, BB 2020, 2432; *Bayreuther*, NZA 2019, 945, 945; *Benkert*, NJW-Spezial 2022, 690, 691; *Bonanni/Niklas*, ArbRB 2019, 208, 210; *Dullinger/Zöllner*, SAE 2020, 93, 96; *Fuhlrott*, NZA-RR 2019, 511; *Grimm*, ZTR 2019, 651, 655; *Jacobs/Münder*, RdA 2020, 13, 21; *Junker*, öAT 2019, 5, 6; *Oehlschläger*, jurisPR-ArbR 46/2021 Anm. 5 unter D.; *Rudkowski*, NJW 2019, 476, 478; *Wittek*, DB 2019, 2080 unter III.; *Wypch*, EWiR 2019, 603, 604; *Lachmann*, BB 2022, 820, 826 verlangt hingegen einen „*schriftlichen*" Hinweis.

974 BAG, Urt. v. 19.02.2019 – 9 AZR 423/16, NZA 2019, 977 Rn. 42.

975 BAG, Urt. v. 19.02.2019 – 9 AZR 423/16, NZA 2019, 977 Rn. 40; vgl. auch *Kiel*, Jahrbuch d. Arbeitsrechts (Band 57) 2020, 95, 105.

976 Vgl. *Bayreuther*, NZA 2019, 945, 945.

mit Blick auf die mitgeteilte Anzahl der Urlaubstage – mit fortschreitendem Zeitablauf zumindest verblasst.

II. Vorteile der Verkörperung

Angesichts der mit einem mündlichen Hinweis verbundenen Risiken und dem Umstand, dass die Information für den Arbeitnehmer klar und verständlich sein muss, empfiehlt sich eine „verkörperte" Information, gleich ob in elektronischer Form oder in Papierform. Die Verkörperung reduziert das Risiko, dass bei der Angabe der Anzahl an Urlaubstagen Fehler unterlaufen. Die angegebene Zahl kann z.B. mit der im internen (Zeiterfassungs-)System hinterlegten Urlaubszahl nochmals abgeglichen und so u.U. korrigiert werden, bevor die Information dann an den Arbeitnehmer weitergetragen wird. Zudem werden durch die Verkörperung der Information nicht nur sprachbedingte Missverständnisse vermieden. Sie ermöglicht es dem Arbeitnehmer auch, sich die Information sorgfältig durchzulesen und ggf. auch zu einem späteren Zeitpunkt nochmals abzurufen.

III. Textform vs. Schriftform

Weil das Erfordernis der „Verkörperung" der Information aber sowohl bei der Textform (§ 126 b BGB) als auch bei der Schriftform (§ 126 BGB) gewährleistet ist, ist eine Abgrenzung vorzunehmen.

Textform setzt nach § 126 b BGB eine lesbare, die Person des Erklärenden nennende Erklärung auf einem dauerhaften Datenträger (insbesondere Urkunden und elektronische Speichermedien[977]) voraus.[978] Im Unterschied zur – strengeren – Schriftform nach § 126 BGB bedarf sie weder einer eigenhändigen Namensunterschrift noch eines notariell beglaubigtes Handzeichens. Damit wird sie beispielsweise auch dann gewahrt, wenn die Übermittlung der Erklärung per Telefax oder E-Mail erfolgt.[979] Ihr Anwendungsbereich erstreckt sich im Wesentlichen auf Fälle, in denen es weniger auf den Beweiswert der Form ankommt, sondern vielmehr die durch die schriftliche Niederlegung der Erklärung bedingten Informations- und Dokumentationswirkungen im Vordergrund

---

977 Schulze/*Dörner*, § 126 b BGB, Rn. 4; MüKo-BGB/*Einsele*, § 126 b BGB, Rn. 4.

978 Schulze/*Dörner*, § 126 b BGB, Rn. 4.

979 BGH, Urt. v. 27.04.2016 – VIII ZR 46/15, NJW 2016, 3713 Rn. 28; BAG, Urt. v. 16.12.2009 – 5 AZR 888/08, NZA 2010, 401 Rn. 36; BT-Drs. 14/4987, S. 20; Erman/*Arnold*, § 126 b BGB, Rn. 1; Schulze/*Dörner*, § 126 b BGB, Rn. 4; Jauernig/*Mansel*, § 126 b BGB, Rn. 2.

stehen.[980] Wesentliche Funktion der Textform ist damit die Informations- und Dokumentationsfunktion.[981] Die Verwendung der Textform ist für Fälle gedacht, in denen ein der strengen Schriftform (§ 126 BGB) vergleichbarer Sicherheitsstandard zwar nicht erforderlich ist, der Erklärungsempfänger über bestimmte Sachverhalte aber auch nicht lediglich flüchtig (durch das gesprochene Wort), sondern durch ein Medium informiert werden soll, welches die jeweilige Information dauerhaft abbildet und es dem Erklärungsempfänger dadurch ermöglicht, sie wiederholt abzurufen und auch zu einem späteren Zeitpunkt nochmals nachlesen zu können.[982] Sie steht insofern zwischen der strengen Schriftform und der Formlosigkeit (Mündlichkeit).[983] Mit anderen Worten soll sie immer dann zum Tragen kommen, wenn die Informations- und Dokumentationsfunktion im Verhältnis zur Beweisfunktion überwiegt und die Warnfunktion für den Erklärenden keine oder eine nur untergeordnete Rolle spielt.[984]

a) *Informationsfunktion der Mitwirkungsobliegenheiten*

Nach Ansicht des 9. Senats des BAG steht bei den Mitwirkungsobliegenheiten die Informationsfunktion im Vordergrund.[985] Indem dem Arbeitnehmer mitgeteilt wird, wie viele Urlaubstage ihm zustehen, er aufgefordert wird, den Urlaub zu nehmen und ihm darüber hinaus verdeutlicht wird, dass der Urlaub bei Nichtinanspruchnahme mit Ablauf des Kalenderjahres verfallen wird, soll er in der Lage sein, seinen Urlaubsanspruch auch tatsächlich auszuüben.[986] Ist der Arbeitnehmer ausreichend informiert, kann er in Kenntnis aller relevanten Umstände frei darüber entscheiden, ob er den ihm zustehenden Urlaubsanspruch ausübt oder nicht.[987] Ein Verlust des Urlaubsanspruchs aufgrund fehlender Informationen des Arbeitnehmers soll dann nicht (mehr) zu befürchten sein.

---

980 Schulze/*Dörner*, § 126 b BGB, Rn. 1; vgl. auch BT-Drs. 14/4987, S. 19.

981 BT-Drs. 14/4987, S. 19; Erman/*Arnold*, § 126 b BGB, Rn. 1; MüKo-BGB/*Einsele*, § 126 b BGB, Rn. 9; BeckOK-GK/*Primaczenko/Frohn*, § 126 b BGB (Stand 01.05.2020), Rn. 5.

982 BT-Drs. 14/4987, S. 19; MüKo-BGB/*Einsele*, § 126 b BGB, Rn. 9; BeckOK-GK/*Primaczenko/Frohn*, § 126 b BGB (Stand 01.05.2020), Rn. 5; Jauernig/*Mansel*, § 126 b BGB, Rn. 2.

983 Vgl. Jauernig/*Mansel*, § 126 b BGB, Rn. 1.

984 BT-Drs. 14/4987, S. 19.

985 Vgl. BAG, Urt. v. 31.01.2023 – 9 AZR 107/20, BeckRS 2023, 8405 Rn. 17; BAG, Urt. v. 19.02.2019 – 9 AZR 423/16, NZA 2019, 977 Rn. 40; hierzu auch bereits unten unter § 6 B. II.

986 Vgl. BAG, Urt. v. 20.12.2022 – 9 AZR 266/20, NZA 2023, 683 Rn. 47; BAG, Urt. v. 19.02.2019 – 9 AZR 423/16, NZA 2019, 977 Rn. 40.

987 Vgl. BAG, Urt. v. 19.02.2019 – 9 AZR 423/16, NZA 2019, 977 Rn. 40.

Steht bei den Mitwirkungsobliegenheiten folglich nicht die Gewährleistung der Echtheit[988] der Information, sondern die Information selbst im Vordergrund, scheint eine eigenhändige Unterschrift oder ein notariell beglaubigtes Handzeichen, d.h. Schriftform gem. § 126 BGB auf den ersten Blick nicht erforderlich. Ob der Arbeitgeber seine Unterschrift unter Mitteilung, Aufforderung und Belehrung gesetzt hat oder diese unter Verzicht auf eine eigenhändige Unterschrift lediglich per E-Mail übermittelt, ist mit Blick auf Sinn und Zweck der Mitwirkungsobliegenheiten nicht von ausschlaggebender Bedeutung. Diese zielen ausschließlich darauf ab, den Arbeitnehmer Kenntnis über all diejenigen Umstände zu verschaffen, die für eine Urlaubsnahme „erforderlich" sind. Die Urheberschaft des Ausstellers der entsprechenden Erklärung ist hierfür zweitrangig.

b) *Prozessuale Beweisbarkeit der Authentizität*

Zu bedenken ist allerdings, dass eine eigenhändige Unterschrift und damit Schriftform gem. § 126 BGB beweisrechtlich den Vorteil hat, dass durch sie zugleich die Authentizität des Urkundenausstellers (d.h. hier des Arbeitgebers) gewährleistet wird.[989] Immerhin obliegt gerade dem Arbeitgeber als Schuldner des Urlaubsanspruchs die ordnungsgemäße Erfüllung der Mitwirkungsobliegenheiten, für die er zudem beweisbelastet ist.[990] Bei Verwendung der Textform gem. § 126 b BGB kann der Beweis dafür, dass die Erklärung vom Arbeitgeber stammt, nicht unmittelbar erbracht werden. Sie setzt lediglich voraus, dass die Erklärungsperson ihren Namen nennt, ohne sich jedoch mittels eigenhändiger Unterschrift oder elektronischer Signatur dazu zu bekennen.[991] Beweisrechtlich kann damit weder § 371 a ZPO (bei Abgabe der Erklärung in elektronischer Form) noch § 416 ZPO (bei Abgabe der Erklärung in Papierform) zur Anwendung gelangen.[992] Bei Verwendung der Textform i.S.v. § 126 b BGB verbleibt für

---

988 Echtheit in diesem Sinne meint nicht, dass der Inhalt der Information richtig und wahr ist, sondern dass der in der Urkunde verkörperte Inhalt tatsächlich von ihrem Aussteller stammt, vgl. BeckOK-GK/*Hecht*, § 125 BGB (Stand 01.04.2023), Rn. 31.

989 BeckOK-GK/*Hecht*, § 125 BGB (Stand 01.04.2023), Rn. 37.

990 EuGH, Urt. v. 06.11.2018 – C-684/16 (Max-Planck-Gesellschaft), NZA 2018, 1474 Rn. 46.

991 Vgl. MüKo-BGB/*Einsele*, § 126 b BGB, Rn. 9.

992 § 371 a ZPO verlangt insoweit, dass das private elektronische Dokument eine qualifizierte elektronischen Signatur aufweist und auch § 416 ZPO kommt nur zum Tragen, wenn die Privaturkunde vom Aussteller entweder unterschrieben oder mittels notariell beglaubigten Handzeichens unterzeichnet ist; Musielak/Voit/*Huber*, § 371 a ZPO, Rn. 2 ff., § 416 ZPO, Rn. 2.

den Arbeitgeber also insoweit ein Restrisiko, als das nicht eigenhändig unterschriebene Hinweisschreiben bzw. die ohne qualifizierte elektronische Signatur versehene Hinweis-E-Mail dann auch hinsichtlich der Authentizität des Ausstellers gem. § 286 ZPO allein der richterlichen Beweiswürdigung unterliegt.[993]

Will der Arbeitgeber „auf Nummer sicher" gehen, sollte er das Mitteilungsschreiben daher entweder eigenhändig unterschreiben oder die E-Mail mit einer qualifizierten elektronischen Signatur versehen. Erst hierdurch wird die Beweisqualität einer Privaturkunde gem. § 416 BGB (ggf. i.V.m. § 371 a Abs. 1 S. 1 ZPO) erreicht.[994]

c) *Prozessuale Beweisbarkeit des Zugangs*

In beweisrechtlicher Hinsicht ist ferner der Zugang der Information an den Arbeitnehmer von Bedeutung.[995] Die Mitwirkungsobliegenheiten erfüllen ihre Funktion nur dann, wenn die Informationen dem Arbeitnehmer tatsächlich zugehen. Erfolgt die Information per E-Mail an den Mitarbeiter, empfiehlt es sich daher, eine Lese-/Empfangsbestätigung anzufordern oder die E-Mail in Kopie zusätzlich an eine zweite E-Mail-Adresse zu versenden.[996] Erfolgt die Information mittels eines Schreibens, kann der Zugang beim Arbeitnehmer auch mittels eines Empfangsbekenntnisses nachgewiesen werden.[997]

IV. Keine abstrakten Angaben

Dass es das BAG[998] für eine ordnungsgemäße Unterrichtung nicht ausreichen lässt, Angaben in einem Arbeitsvertrag, einem Merkblatt oder einer Kollektivvereinbarung zu machen, weil hierdurch das Erfordernis der „konkreten und

---

993 Vgl. *Wagner*, JuS 2016, 29, 31; vgl. auch *Roßnagel/Pfitzmann*, NJW 2003, 1209, 1211 ff., die zutreffend anführen, dass einer einfachen E-Mail auch kein Anscheinsbeweis zukommt.

994 Vgl. *Al-Deb'i/Weidt*, JA 2017, 618, 618; Musielak/Voit/*Huber*, § 371 a ZPO, Rn. 5, § 416 ZPO, Rn. 3.

995 Vgl. auch *Junker*, öAT 2019, 5, 6; *Marquardt/Radina*, ArbRB 2018, 220, 222 und *Powietzka*, BB 2019, 52, 56, die zu einer Dokumentation des Zugangs der Information raten.

996 *Benkert*, NJW-Spezial 2022, 690, 691; *Dullinger/Zöllner*, SAE 2020, 93, 96; *Grimm*, ZTR 2019, 651, 655; *Powietzka*, BB 2019, 52, 56; *Risse/Kurth*, NJW-Spezial 2023, 114, 115.

997 *Grimm*, ZTR 2019, 651, 655.

998 Vgl. BAG, Urt. v. 19.02.2019 – 9 AZR 423/16, NZA 2019, 977 Rn. 42.

transparenten" Unterrichtung nicht sichergestellt ist, ist folgerichtig.[999] Insbesondere Kollektivverträge (Tarifverträge und Betriebsvereinbarungen) weisen die Höhe der dem Arbeitnehmer zustehenden Urlaubstage nur abstrakt, weil pauschal für alle Arbeitnehmer aus. Dasselbe gilt im Normalfall auch für Aushänge am schwarzen Brett, allgemeine Merkblätter oder entsprechende im Intranet veröffentlichte Informationen. Auch hier wird dem Erfordernis der „Konkretheit" durch eine individualisierte, auf den einzelnen Arbeitnehmer bezogene Ausweisung der ihm konkret zustehenden Urlaubsansprüche regelmäßig nicht Rechnung getragen werden können.[1000]

1. *Möglichkeit der (räumlichen) Trennung von Mitteilung (1), Aufforderung (2) und Belehrung (3)*

Genau genommen betrifft das Kriterium der „konkreten" Unterrichtung jedoch nur die erste Komponente der Mitwirkungsobliegenheiten, d.h. die Mitteilung über die dem Arbeitnehmer jeweils zustehenden Urlaubstage (1). Weil der Umfang des Urlaubsanspruchs von Arbeitnehmer zu Arbeitnehmer divergieren kann und der Umfang des Urlaubsanspruchs innerhalb des Kalenderjahres naturgemäß Schwankungen unterliegt, unterliegt auch die auf ihn bezogene Mitteilung einer gewissen Variabilität.[1001] Bei den beiden übrigen Komponenten – Aufforderung (2) und Belehrung (3) – handelt es sich demgegenüber um „starre", weil inhaltlich immer gleichbleibende und inhaltlich gleichsam für alle Arbeitnehmer geltende Komponenten. Bezieht sich das Erfordernis der „konkreten" Unterrichtung also allein auf die erste Komponente der Mitwirkungsobliegenheiten, stellt sich die Frage, ob eine ordnungsgemäßen Erfüllung der Mitwirkungsobliegenheiten gleichwohl (insgesamt) zu verneinen ist, wenn zwar die Anzahl der dem Arbeitnehmer „konkret" zustehenden Urlaubstage z.B. in einem gesonderten Schreiben mitgeteilt wird, Aufforderung und Belehrung hingegen (abstrakt) im Arbeitsvertrag, einem Merkblatt oder einer Kollektivvereinbarung

---

999 Zustimmend auch *Bayreuther*, NZA 2019, 945, 946; *Bonanni/Niklas*, ArbRB 2019, 209, 210; *Dullinger/Zöllner*, SAE 2020, 93, 97; *Oehlschläger*, jurisPR-ArbR 46/2021 Anm. 5 unter D.; *Oberthür*, ArbRB 2019, 13, 14, hält es hingegen für ausreichend, wenn die Hinweise in den Anstellungsvertrag aufgenommen werden oder in einer Rund-E-Mail erfolgen.

1000 Vgl. BAG, Urt. v. 19.02.2019 – 9 AZR 423/16, NZA 2019, 977 Rn. 41; vgl. auch *Bayreuther*, NZA 2019, 945, 946.

1001 Man denke hier nur an das individuelle Urlaubsverhalten, mögliche (gesetzliche) Zusatzurlaubsansprüche einzelner Arbeitnehmer etc.

erfolgen. Im Kern stellt sich also die Frage, ob die einzelnen Komponenten stets zusammengefasst (z.B. in einem einheitlichen Schreiben) erfolgen müssen, oder auch eine „Aufspaltung" möglich ist, solange der Arbeitgeber dem Arbeitnehmer nur überhaupt die Anzahl der ihm zustehenden Urlaubstage mitteilt, ihn zur Urlaubsnahme auffordert und über die Folgen bei Nichtinanspruchnahme des Urlaubs belehrt.

Für die Möglichkeit einer „Aufspaltung" der drei „Mitwirkungskomponenten" spricht zunächst, wie gezeigt, dass das Erfordernis der „Konkretheit" allein auf die Mitteilungspflicht der Urlaubstage bezogen ist. Allerdings fordert der EuGH und ihm folgend das BAG neben einer „konkreten" Unterrichtung auch eine „transparente" Unterrichtung.[1002] Im Unterschied zum Erfordernis der „konkreten" Unterrichtung ist das Erfordernis der „Transparenz" auch nicht auf einzelne Komponenten beschränkt. Mitteilung, Aufforderung und Belehrung müssen vielmehr insgesamt für den Arbeitnehmer verständlich sein. Laut EuGH und BAG gilt es, eine Situation zu vermeiden, *„in der ein Arbeitnehmer auf Veranlassung des Arbeitgebers davon abgehalten werden kann, seine Rechte gegenüber dem Arbeitgeber geltend zu machen."*[1003] Die Gefahr, eine solche Situation zu schaffen, wird aber umso größer, je weiter entfernt bzw. an unterschiedlicher Stelle Mitteilung, Aufforderung und Belehrung erfolgen. Kurz gesagt: Mit zunehmender „Zerstückelung" der Komponenten steigt auch das Risiko einer Intransparenz.[1004] Dies gilt umso mehr, als die drei Komponenten nicht völlig losgelöst zueinanderstehen: Der Arbeitnehmer soll von seinem Arbeitgeber dazu aufgefordert werden (= Aufforderung zur Urlaubsnahme), den ihm zustehenden Urlaub i.H.v. *x* Tagen (= Mitteilung der Anzahl der Urlaubstage) zu nehmen, weil er andernfalls verfällt (= Belehrung über Verfallfristen).

2. *Zwischenergebnis*

Angesichts des Zusammenhangs zwischen den einzelnen Komponenten und im Sinne der Transparenz sollte davon abgesehen werden, die einzelnen Komponenten „aufzuteilen".[1005]

1002 EuGH, Urt. v. 06.11.2018 – 684/16 (Max-Planck-Gesellschaf), NZA 2018, 1474 Rn. 45; BAG, Urt. v. 19.02.2019 – 9 AZR 423/16, NZA 2019, 977 Rn. 41.

1003 BAG, Urt. v. 19.02.2019 – 9 AZR 541/15, NZA 2019, 982 Rn. 42; vgl. auch EuGH Urt. v. 06.11.2018 – 684/16 (Max-Planck-Gesellschaf), NZA 2018, 1474 Rn. 41.

1004 Zutreffend *Bayreuther*, NZA 2019, 945, 946, 950; ferner *Dullinger/Zöllner*, SAE 2020, 93, 96: *„Mitteilung, Aufforderung und Belehrung sollten Hand in Hand gehen, um dem* [Erfordernis der Transparenz] *gerecht zu werden."*

1005 So auch *Dullinger/Zöllner*, SAE 2020, 93, 96.

V. Sonderfall: Angabe auf Gehaltsabrechnungen

Ob der Hinweis in Form der Mitteilung, Aufforderung und Belehrung auch auf einer Gehaltsabrechnung erfolgen kann, ist höchstrichterlich bislang noch nicht entschieden. Die Literatur[1006] hält dies vereinzelnd für denkbar, sofern der Hinweis „drucktechnisch hervorgehoben"[1007] wird. Hiergegen wird allerdings zurecht eingewandt, dass gerade bei wiederkehrenden Gehaltsabrechnungen die Gefahr besteht, dass der Arbeitnehmer diese nicht mit der gebotenen Sorgfalt liest, zumal dann, wenn das Gehalt keinen wesentlichen Schwankungen unterliegt und der Arbeitnehmer die genaue Höhe der Gutschrift auf seinem Konto entnehmen kann.[1008] Soll der Hinweis auf der Gehaltsabrechnung erfolgen, sollte daher jedenfalls sichergestellt werden, dass der Zugang der Gehaltsabrechnung beim Arbeitnehmer nachgewiesen werden kann.

C. Zusammenfassung und Empfehlung

Welcher Mittel sich der Arbeitgeber zur Erfüllung seiner Mitwirkungsobliegenheiten bedient, ist grundsätzlich ihm überlassen. Die Mittel müssen nur geeignet sein, den Arbeitnehmer dazu in die Lage zu versetzen, seinen Urlaub in Anspruch nehmen zu können. Grundsätzlich möglich ist daher auch ein individualisierter, mündlicher Hinweis. Angesichts der mit einem mündlichen Hinweis verbundenen Risiken empfiehlt sich jedoch eine verkörperte Information in Form eines eigenhändig unterschriebenen Schreibens oder einer mit einer elektronischen Signatur versehenen E-Mail, weil damit beweisrechtlich zugleich die Authentizität des Arbeitgebers nachgewiesen werden kann.

Erfolgt die Information per E-Mail, sollte eine Lese-/Empfangsbestätigung angefordert oder die E-Mail in Kopie zusätzlich an eine zweite E-Mail-Adresse versendet werden, um den Nachweis des Zugangs beim Arbeitnehmer erbringen zu können. Erfolgt die Information in Form eines Schreibens, kann der Zugang mittels Empfangsbekenntnis nachgewiesen werden. In jedem Fall muss die

---

1006 *Bayreuther*, NZA 2019, 945, 946; *Eckert*, DStR 2022, 314, 317; *Fuhlrott*, EWiR 2018, 725, 726; *Oberthür*, ArbRB 2019, 13, 14.

1007 *Bayreuther*, NZA 2019, 945, 946: *„drucktechnische Hervorhebung"* unter Verweis auf die Rechtsprechung zu § 305 c BGB; eine *„Hervorhebung der den Urlaub betreffenden Textstellen"* verlangt auch *Grimm*, ZTR 2019, 651, 655, sofern *„die Unterrichtung mit der Mitteilung anderer Sachverhalte verbunden* [wird]."

1008 Zutreffend insoweit *Dullinger/Zöllner*, SAE 2020, 93, 96; mit Blick auf das Transparenz-Erfordernis ebenfalls kritisch *Bonanni/Niklas*, ArbRB 2019, 209, 210.

Information individualisiert erfolgen. Nicht ausreichend sind abstrakte Angaben in einem Arbeitsvertrag, einem Merkblatt, einer Kollektivvereinbarung oder im Intranet. Um sich nicht dem Vorwurf der Intransparenz auszusetzen, sollten Mitteilung, Aufforderung und Belehrung auch stets zusammen erfolgen und nicht aufgeteilt werden.

§ 10 Zeitpunkt

Neben Inhalt und Form der Mitwirkungsobliegenheiten ist auch der Zeitpunkt ihrer Vornahme von wesentlicher Bedeutung. Dies gilt nicht nur in Bezug auf die Frage, zu welchem Zeitpunkt sie erstmals vorgenommen werden müssen (unter A.), sondern auch in Bezug auf die Frage, ob und unter welchen Voraussetzungen sie ggf. erneut vorgenommen werden müssen (unter B.). In der Literatur reicht das Spektrum der Empfehlungen von einer erstmaligen Mitteilung zu Beginn des Kalenderjahres[1009] und einer zusätzlichen Mitteilung zu Beginn[1010] oder jedenfalls in der zweiten Jahreshälfte[1011] über eine Mitteilung zu Beginn eines jeden Quartals[1012] bis hin zu einer monatlichen Mitteilung[1013].[1014]

Auf der Grundlage der Rspr. von EuGH und BAG sollen die bisherigen Vorgaben nachfolgend näher konkretisiert werden.

1009 *Eckert*, DStR 2020, 1807, 1809 f.; *Fuhlrott*, NZA-RR 2019, 511; *ders.*, EWiR 2018, 725, 726; *Heukenkamp/Jellen*, SAE 2022, 23, 31; *Oberthür*, ArbRB 2019, 13, 14; *Schewiola*, ArbRB 2019, 67, 67; für eine Mitteilung spätestens im dritten Quartal *Juncker*, öAT 2019, 5, 6.

1010 *Bayreuther*, NZA 2019, 945, 946 (zu Beginn des dritten Quartals); *Dullinger/Zöllner*, SAE 2020, 93, 97 (zu Beginn des 3. Quartals); für eine erneute Mitteilung zu Beginn des dritten Quartals, wenn über den Urlaub im Jahresverlauf nicht disponiert wurde *Grimm*, ZTR 2019, 651, 656.

1011 *Arnold*, ArbRAktuell 2019, 119, 119 (in der zweiten Jahreshälfte); *Eckert*, DStR 2022, 314, 317 (im dritten Quartal); *Fuhlrott*, NZA-RR 2019, 511 (Mitte des Jahres); *ders.*, EWiR 2018, 725, 726 (im dritten Quartal bei hohen Urlaubskonten); *Gooren*, NZA-RR 2019, 12, 13 (drittes Quartal); *Powietzka*, BB 2019, 52, 56 (Mittelung im September); *Schewiola*, ArbRB 2019, 67, 67 (im dritten Quartal); *Wypch*, EWiR 2019, 603, 604 (während des dritten Quartals); *Zimmermann/Völkerding*, DB 2019, 2023, 2023 (im dritten Quartal); für eine erneute Mitteilung *„rechtzeitig vor Ablauf des Urlaubsjahres“* *Oberthür*, ArbRB 2019, 13, 14.

1012 *Hund/Miesen*, DB 2020, 734 unter IV.

1013 So hält es *Wutte*, EuZA 2019, 222, 232 für zulässig, die Informationsschreiben mit den (monatlichen) Gehaltsabrechnungen zu verbinden.

1014 Demgegenüber hält *Daum*, RdA 2020, 179, 182 selbst eine jährliche Hinweispflicht für nicht geboten.

A. Erstmalige Vornahme

In zeitlicher Hinsicht hat der EuGH lediglich vorgegeben, dass der Arbeitgeber dem Arbeitnehmer „*rechtzeitig*“[1015] mitteilen muss, dass der Urlaub bei Nichtinanspruchnahme am Ende des Bezugs- oder eines zulässigen Übertragungszeitraums verfallen wird.[1016] Einen genauen Zeitpunkt nennt der EuGH nicht. Das BAG hat zunächst beispielhaft auf den Beginn des Kalenderjahres abgestellt[1017], den genauen Zeitpunkt später dann dahingehend präzisiert, dass die Vornahme der Mitwirkungsobliegenheiten im Regelfall innerhalb einer (Urlaubs-)Woche nach Urlaubsentstehung zu erfolgen hat.[1018]

I. Grundvoraussetzung: Möglichkeit der Urlaubsnahme

Die Frage nach dem richtigen Zeitpunkt der erstmaligen Vornahme der Mitwirkungsobliegenheiten lässt sich anhand folgenden Gedankengangs beantworten: Die Mitwirkungsobliegenheiten sollen den Arbeitnehmer dazu veranlassen, den ihm zustehenden Urlaub tatsächlich zu nehmen.[1019] Eine Urlaubsnahme ist aber nur möglich, wenn hierfür (noch) ausreichend Zeit verbleibt, wobei das Kalenderjahr als Urlaubsjahr den Referenzzeitraum bildet.[1020] Der Arbeitnehmer ist grundsätzlich befugt, seinen Urlaubsanspruch während des gesamten Kalenderjahres auszuüben.[1021] Mit Blick auf Sinn und Zweck der Mitwirkungsobliegenheiten und die für die Urlaubsnahme grundsätzlich zur Verfügung stehende Zeitspanne (12 Monate) ergibt sich daher, dass je länger der Arbeitgeber mit der Vornahme der Mitwirkungsobliegenheiten wartet, desto weniger Zeit

---

1015 EuGH, Urt. v. 06.11.2018 – C-684/16 (Max-Planck-Gesellschaft), NZA 2018, 1474 Rn. 45.

1016 EuGH, Urt. v. 06.11.2018 – C-684/16 (Max-Planck-Gesellschaft), NZA 2018, 1474 Rn. 45.

1017 BAG, Urt. v. 19.02.2019 – 9 AZR 423/16, NZA 2019, 977 Rn. 41.

1018 BAG, Urt. v. 31.01.2023 – 9 AZR 107/20, BeckRS 2023, 8405 Rn. 18 f.

1019 Vgl. EuGH, Urt. v. 06.11.2018 – C-684/16 (Max-Planck-Gesellschaft), NZA 2018, 1474 Rn. 45 f.; vgl. auch BAG, Urt. v. 19.02.2019 – 9 AZR 423/16, NZA 2019, 977 Rn. 41: Der Arbeitgeber muss den Arbeitnehmer auffordern, „*seinen Jahresurlaub so rechtzeitig zu beantragen, dass er innerhalb des laufenden Urlaubsjahres genommen werden kann* […].“

1020 Vgl. § 7 Abs. 3 S. 1 BUrlG, wonach der Urlaub grundsätzlich im Kalenderjahr gewährt und genommen werden muss.

1021 Vgl. Arnold/Tillmanns/*Arnold*, § 7 BUrlG, Rn. 21 f.; vgl. auch § 1 BUrlG: „*in jedem Kalenderjahr*“.

für eine Inanspruchnahme des Urlaubs verbleibt und die Erreichung des mit den Mitwirkungsobliegenheiten verfolgten Ziels gefährdet wird. Umgekehrt bedeutet dies, dass je früher der Arbeitgeber die Mitwirkungsobliegenheiten erfüllt, umso eher der Urlaubsanspruch noch verwirklicht werden kann. Um nicht Gefahr zu laufen, dass eine Urlaubsrealisierung nicht mehr möglich ist, sollten Arbeitgeber die Mitwirkungsobliegenheiten daher im Grundsatz möglichst früh im Kalenderjahr, bestenfalls bereits zu Beginn des Kalenderjahres vornehmen.[1022]

II. Risikominimierung durch frühe Vornahme

Eine zeitlich möglichst frühe Vornahme der Mitwirkungsobliegenheiten ist ferner auch deshalb geboten, weil mit zunehmendem Zeitablauf zugleich das Risiko steigt, dass bestimmte Ereignisse eintreten, die eine Urlaubsnahme aus anderen als zeitlichen Gründen unmöglich machen. So wird eine Urlaubsnahme und damit korrelierend eine Urlaubsgewährung z.B. objektiv unmöglich, wenn der Arbeitnehmer arbeitsunfähig erkrankt.[1023] Dass, wann und für wie lange der Arbeitnehmer arbeitsunfähig erkrankt, lässt sich für den Arbeitgeber nur schwer vorhersehen. Erfüllt der Arbeitgeber seine Mitwirkungsobliegenheiten also erst zu einem (späteren) Zeitpunkt im Urlaubsjahr, zu dem die arbeitsunfähige Erkrankung des Arbeitnehmers bereits eingetreten und eine Urlaubsnahme für den Rest des Urlaubsjahres bzw. des Übertragungszeitraums daher nicht (mehr) möglich ist, erweist sich die Vornahme der Mitwirkungsobliegenheiten (nachträglich) als „zu spät".[1024] Kann in diesem Fall auch nicht ausgeschlossen werden, dass der Arbeitnehmer den Urlaub bis zum Eintritt der arbeitsunfähigen Erkrankung und der damit einhergehenden Unmöglichkeit der Urlaubsnahme genommen hätte, wenn der Arbeitgeber die Mitwirkungsobliegenheiten zuvor, d.h. rechtzeitig vorgenommen hätte, greift als Rechtsfolge – wie im Falle der gänzlichen Unterlassung der Mitwirkungsobliegenheiten – ebenfalls die Nichtverfallbarkeit des Urlaubsanspruchs, sodass der Urlaubsanspruch nicht mit Ablauf des Kalenderjahres bzw. Übertragungszeitraums erlischt, sondern auf das Folgejahr übertragen wird.[1025]

1022 So etwa auch *Arnold*, ArbRAktuell 2023, 267; *Eckert*, DStR 2020, 1807, 1809 f.; *Fuhlrott*, NZA-RR 2019, 511; *ders.*, EWiR 2018, 725, 726; *Heukenkamp/Jellen*, SAE 2022, 23, 31; *Oberthür*, ArbRB 2019, 13, 14; *Schewiola*, ArbRB 2019, 67, 67.

1023 Vgl. BAG, Urt. v. 18.03.2014 – 9 AZR 669/12, BeckRS 2014, 70342 Rn. 16; Powietzka/Rolf/*Powietzka*, § 7 BUrlG, Rn. 54.

1024 Vgl. BAG, Vorlagebeschl. v. 07.07.2020 – 9 AZR 401/19 (A), NZA 2020, 1541 Rn. 37.

1025 Vgl. BAG, Urt. v. 31.01.2023 – 9 AZR 107/20, BeckRS 2023, 8405 Rn. 13 ff.; BAG, Vorlagebeschl. v. 07.07.2020 – 9 AZR 401/19 (A), NZA 2020, 1541 Rn. 37; vgl. zu

Den Eintritt dieser möglichen Konsequenz kann der Arbeitgeber insofern nur dadurch vermeiden, dass er seinen Mitwirkungsobliegenheiten bereits zu Beginn des Kalenderjahres nachkommt.[1026] Tut er dies nicht, läuft er stets Gefahr, dass sich die Vornahme der Mitwirkungsobliegenheiten wegen eintretender Unmöglichkeit der Urlaubsnahme als „zu spät" erweist.[1027]

III. Kein schuldhaftes Zögern i.S.v. § 121 BGB

Auf diesen Risikogedanken stellt auch das BAG hinsichtlich der Frage des Zeitpunkts der Vornahme der Mitwirkungsobliegenheiten ab: Um nicht das Risiko zu tragen, dass Urlaub wegen einer im Verlauf des Urlaubsjahres eintretenden arbeitsunfähigen Erkrankung des Arbeitnehmers nicht erlischt, müsse der Arbeitgeber seinen Mitwirkungsobliegenheiten grds. mit Entstehung des Urlaubsanspruchs, d.h. nach Ablauf der 6-monatigen Wartezeit gem. § 4 BUrlG jeweils am 1. Januar eines Kalenderjahres unverzüglich i.S.v. § 121 BGB nachkommen.[1028] Aufforderung und Hinweis müssten dementsprechend zwar nicht sofort nach Urlaubsentstehung, d.h. nicht unmittelbar am 01.01. eines Kalenderjahres, gem. § 121 Abs. 1 S. 1 BGB jedoch ohne schuldhaftes Zögern erfolgen, was ohne Vorliegen besonderer Umstände (z.B. Betriebsferien direkt zu Jahresbeginn) regelmäßig anzunehmen sei, wenn der Arbeitgeber den Mitwirkungsobliegenheiten innerhalb einer Woche nach Urlaubsentstehung nachkomme.[1029] Komme der Arbeitgeber den Mitwirkungsobliegenheiten – ohne dass besondere Umstände vorliegen – erst später als eine Woche nach Urlaubsentstehung nach, handele der Arbeitgeber regelmäßig nicht (mehr) unverzüglich, mit der Folge, dass er das Risiko des Nichtverfalls von Urlaub z.B. aufgrund des Eintritts einer arbeitsunfähigen Erkrankung des Arbeitnehmers trage.[1030]

---

diesem Kausalzusammenhang zwischen mangelnder Urlaubsnahme und unterlassenen bzw. „zu spät" vorgenommenen Mitwirkungsobliegenheiten und den sich daraus ergebenden Rechtsfolgen die Ausführungen unten unter § 13 A. II. 3.

1026 So auch BAG, Vorlagebeschl. v. 07.07.2020 – 9 AZR 401/19 (A), NZA 2020, 1541 Rn. 37; vgl. auch BAG, Urt. v. 31.01.2023 – 9 AZR 107/20, BeckRS 2023, 8405 Rn. 16 ff.

1027 BAG, Vorlagebeschl. v. 07.07.2020 – 9 AZR 401/19 (A), NZA 2020, 1541 Rn. 37.

1028 BAG, Urt. v. 31.01.2023 – 9 AZR 107/20, BeckRS 2023, 8405 Rn. 18.

1029 BAG, Urt. v. 31.01.2023 – 9 AZR 107/20, BeckRS 2023, 8405 Rn. 19.

1030 BAG, Urt. v. 31.01.2023 – 9 AZR 107/20, BeckRS 2023, 8405 Rn. 19.

IV. Zusammenfassung und Ergebnis

Im Grundsatz ist die Erfüllung der Mitwirkungsobliegenheiten dann (noch) rechtzeitig, wenn die entsprechende Information dem Arbeitnehmer als Informationsempfänger zu einem Zeitpunkt zugeht, zu dem eine Verwirklichung des Urlaubsanspruchs noch möglich ist.[1031] Damit ist der Arbeitgeber in der Wahl des Zeitpunkts zwar grds. frei, er muss aber die Nachteile in Kauf nehmen, die daraus resultieren, dass eine Urlaubsverwirklichung zu dem von ihm gewählten Zeitpunkt nicht mehr möglich ist.[1032] Dieses Risiko wechselt nur bzw. erst dann auf den Arbeitnehmer, wenn der Arbeitgeber seinen Mitwirkungsobliegenheiten unverzüglich i.S.v. § 121 BGB mit der Entstehung des Urlaubsanspruchs nachkommt, d.h. grds. spätestens bis Ende der ersten Arbeitswoche eines Kalenderjahres.[1033]

B. Aktualisierung

Neben der erstmaligen Information zu Beginn bzw. spätestens zum Ende der ersten (Urlaubs-)Woche eines Kalenderjahres empfiehlt es sich, einen zweiten Hinweis zu Beginn bzw. innerhalb des dritten Quartals vorzunehmen.[1034] Ist laut BAG[1035] zwar keine ständige Aktualisierung in dem Sinne erforderlich, dass eine erneute Mitteilung bei *jeder* Änderung des Umfangs des Urlaubsanspruchs vorgenommen werden muss, kommt hierdurch doch zum Ausdruck, dass auch das BAG eine Aktualisierung zumindest in gewissen zeitlichen Abständen unter Umständen für angezeigt hält. Es bedarf zwar keiner „ständigen", aber unter bestimmten Umständen eben doch einer Aktualisierung und damit einer erneuten Mitteilung. Eine erneute Mitteilung zu einem späteren Zeitpunkt im Laufe des Urlaubsjahres ist auch zweckdienlich. Hat der Arbeitnehmer – auf den Hinweis zu Beginn bzw. spätestens zum Ende der ersten Woche des Kalenderjahres hin – in der Folgezeit keinen Urlaub genommen, kann ein weiterer Hinweis dazu

---

1031 *Rudkowski*, NJW 2019, 476, 478; *Schlachter/Schneider*, RdA 2021, 240, 245.

1032 Vgl. BAG, Urt. v. 31.01.2023 – 9 AZR 107/20, BeckRS 2023, 8405 Rn. 16 ff.; ferner EuGH, Urt. v. 29.11.2017 – C-214/16 (King), NZA 2017, 1591 Rn. 63; EuGH, Urt. v. 25.06.2020 – C-762/18 u.a., (Varhoven kasatsionen), NZA 2020, 1001 Rn. 77; *Schlachter/Schneider*, RdA 2021, 240, 245.

1033 BAG, Urt. v. 31.01.2023 – 9 AZR 107/20, BeckRS 2023, 8405, Rn. 18 f.; *Arnold*, ArbRAktuell 2023, 267.

1034 So etwa auch *Dullinger/Zöllner*, SAE 2020, 93, 97; *Wypch*, EWiR 2019, 603, 604.

1035 BAG, Urt. v. 19.02.2019 – 9 AZR 423/16, NZA 2019, 977 Rn. 42.

beitragen, dass dieser (zumindest zum Teil) später noch genommen wird.[1036] Mit Blick auf Sinn und Zweck der Mitwirkungsobliegenheiten ist ein weiterer Hinweis insofern auch unabhängig davon ratsam, ob sich der Urlaubsumfang infolge teilweiser Urlaubsnahme innerhalb des Urlaubsjahres verändert hat oder infolge Nichtinanspruchnahme über das Urlaubsjahr unverändert geblieben ist. In beiden Fällen wird der Arbeitnehmer entsprechend dem Zweck der Mitwirkungsobliegenheiten auf den ihm zustehenden Urlaub aufmerksam gemacht und damit zur Urlaubsnahme angeregt. Erfolgt der zweite Hinweis zu Beginn des dritten Quartals, besteht auch noch ausreichend Zeit für den Arbeitnehmer, seinen Urlaub nicht nur zu planen[1037], sondern diesen (zumindest zum Teil) auch noch innerhalb des Urlaubsjahres zu nehmen.[1038]

C. Neuvornahme im Falle der Übertragung von Urlaubsansprüchen

I. Übertragung nach § 7 Abs. 3 S. 2 BUrlG[1039]

Urlaub, der wirksam befristet wurde, für den aber die Übertragungsvoraussetzungen nach § 7 Abs. 3 S. 2 BUrlG vorliegen, wird *ipso iure* auf die ersten drei Monate des Folgejahres übertragen.[1040] Dieser übertragene Anspruchsteil verfällt nach der Rspr. des BAG aber nur dann nach Ablauf des Übertragungszeitraums, wenn der Arbeitgeber den Arbeitnehmer im Folgejahr (erneut) ausdrücklich dazu auffordert, den Urlaubsanspruch innerhalb dieser drei Monate zu nehmen und ihn darauf hinweist, dass er andernfalls erlischt.[1041] In Bezug auf den nach § 7 Abs. 3 S. 2 BUrlG übertragenen Urlaub besteht also nach Auffassung des BAG

1036 Vgl. auch *Bayreuther*, NZA 2022, 1381, 1384: „[…] *ein zielgerichtetes Zugehen auf ‚urlaubssäumige' Arbeitnehmer im dritten oder vierten Quartal* [wäre] *dem eigentlichen Ziel viel dienlicher* […], *nämlich dem, dass Urlaub auch tatsächlich genommen wird.*"

1037 Für die Einkalkulierung einer Bedenkzeit des Arbeitnehmers bzgl. der Urlaubsplanung auch *Dullinger/Zöllner*, SAE 2020, 93, 97; *Rudkowski*, NJW 2019, 476, 478.

1038 Vgl. BAG, Urt. v. 19.02.2019 – 9 AZR 423/16, NZA 2019, 977 Rn. 41.

1039 Die nachfolgenden Ausführungen dürften ebenso für eine Übertragung bei Mutterschutz (§ 17 MuSchG), Elternzeit (§ 17 Abs. 2 BEEG) und Wehrdienst (§ 4 Abs. 2 ArbPISchG) gelten; so auch *Dullinger/Zöllner*, SAE 2020, 93, 100.

1040 ErfK/*Gallner*, § 7 BUrlG, Rn. 60; Powietzka/Rolf/*Powietzka*, § 7 BUrlG, Rn. 87.

1041 BAG, Urt. v. 20.12.2022 – 9 AZR 401/19, BeckRS 2022, 46689 Rn. 14; BAG, Urt. v. 19.02.2019 – 9 AZR 514/15, NZA 2019, 982 Rn. 45; zustimmend *Bayreuther*, NZA 2019, 945, 946.

im Folgejahr eine erneute Obliegenheit zur Aufforderung und (modifizierten) Belehrung.[1042]

> Beispiel 2: Arbeitnehmer AN steht für das Jahr 2022 bei einer 5-Tage-Woche der gesetzliche Urlaubsanspruch i.H.v. 20 Tagen zu. Er erkrankt im November 2021 bis Ende Dezember 2022, ohne zuvor Urlaub genommen zu haben.

Aus Sicht des BAG müsste AN von AG zu Beginn des Jahres 2023 hier nicht nur über die Zahl der AN für das Jahr 2023 neu zustehenden 20 Urlaubstage unterrichtet, zur Urlaubsnahme aufgefordert und über den möglichen Verfall mit Ablauf des Urlaubsjahres belehrt werden. AG müsste AN vielmehr zusätzlich dazu auffordern, dass er den aus 2022 übertragenen Urlaubsanspruch i.H.v. 20 Tagen bis zum 31.03.2023 nehmen muss, weil er andernfalls verfallen wird. Erst wenn AG seine Mitwirkungsobliegenheit insofern sowohl in Bezug auf den Urlaub aus 2023 als auch in Bezug auf den übertragenen Urlaub aus 2022 erfüllt hat, kann für beide Anspruchsteile, d.h. sowohl für den für 2023 neu entstandenen Urlaubsanspruch als auch für den übertragenen Urlaubsanspruch aus 2022 Verfall eintreten – für den aus 2022 übertragenen Resturlaub zum 31.03.2023 und für den aus 2023 neu entstehenden Urlaub zum 31.12.2023.[1043]

Gegen diese Auffassung des BAG wird eingewandt, dass es dem Arbeitgeber, der die Befristung des Urlaubsanspruchs durch Erfüllung der Mitwirkungsobliegenheiten zu Beginn des Kalenderjahres herbeiführen könne, dann auch möglich sein müsse, bereits zu diesem Zeitpunkt auf die (erweiterte) Verfallmöglichkeit im Falle der Übertragung hinzuweisen.[1044] So würden auch die Vorgaben des EuGH lediglich dahin lauten, dass der Arbeitgeber dem Arbeitnehmer „*klar und rechtzeitig mitteilt, dass der Urlaub, wenn er ihn nicht nimmt, am Ende des Bezugs- oder eines zulässigen Übertragungszeitraums verfallen wird.*"[1045] Insofern verlange auch der EuGH nicht, dass der Arbeitgeber in Bezug auf übertragenen Urlaub erneut und gesondert informieren und belehren muss.[1046]

Zwar ist richtig, dass der EuGH die erneute Vornahme der Mitwirkungsobliegenheiten zu Beginn des Folgejahres nicht ausdrücklich verlangt. Im Falle der

1042 Kritisch hierzu *Jacobs/Münder*, RdA 2020, 13, 19.

1043 Vgl. BAG, Urt. v. 19.02.2019 – 9 AZR 514/15, NZA 2019, 982 Rn. 45; BAG, Urt. v. 20.12.2022 – 9 AZR 401/19, BeckRS 2022, 46689 Rn. 14.

1044 *Jacobs/Münder*, RdA 2020, 13, 19.

1045 EuGH, Urt. v. 06.11.2018 – C-684/16 (Max-Planck-Gesellschaft), NZA 2018, 1474 Rn. 45.

1046 *Jacobs/Münder*, RdA 2020, 13, 19 mit dem Hinweis, dass dem EuGH die Frage vorgelegt werden sollte, sofern sie einmal entscheidungserheblich wird.

Übertragung gem. § 7 Abs. 3 S. 2 BUrlG folgt die Notwendigkeit der gesonderten Belehrung aber aus der vom EuGH geforderten „*völlige*[n] *Transparenz*“[1047]. Dies zumindest dann, wenn der Arbeitgeber den Arbeitnehmer zu Beginn des Folgejahres nicht nur über die Anzahl der ihm im Folgejahr zustehenden Urlaubstage informiert, sondern ihm auch mitteilt, dass ihm noch eine bestimmte Anzahl an aus dem (vorherigen) Urlaubsjahr stammenden Urlaubstagen zustehen. Gelten für diese übertragenen Urlaubsansprüche gegenüber den neu entstandenen Urlaubsansprüchen kürzere Verfallfristen (Verfall zum 31.03. statt zum 31.12. des Folgejahres), muss auf diese kürzeren Verfallfristen im Sinne der Transparenz ausdrücklich hingewiesen werden. Andernfalls bestünde die Gefahr, dass der Arbeitnehmer der irrigen Annahme unterliegt, der übertragene Anspruchsteil verfalle wie der neu entstandene Urlaubsanspruch frühestens zum 31.12. des Folgejahres. Der unterlassene Hinweis auf die verkürzte Verfallfrist könnte den Arbeitnehmer insofern davon abhalten, den übertragenen Anspruchsteil innerhalb des 3-monatigen Übertragungszeitraums zu nehmen, was nach dem Verständnis des EuGH in Widerspruch zu dem mit dem Recht auf bezahlten Jahresurlaub verfolgten Ziel stünde.[1048]

Im obigen Beispiel muss der zu Beginn des Jahres 2023 erteilte Hinweis insofern einen (gesonderten) Hinweis darauf enthalten, dass der unter den Voraussetzungen des § 7 Abs. 3 S. 2 BUrlG übertragene Anspruchsteil innerhalb der ersten drei Monate genommen werden muss, weil er andernfalls zum 31.03. verfällt.

II. Übertragung infolge unterlassener oder nicht ordnungsgemäß erfüllter Mitwirkungsobliegenheiten

Hat der Arbeitgeber seine Mitwirkungsobliegenheiten in Bezug auf einen bestimmten Urlaubsanspruch zu Beginn des Kalenderjahres nicht oder nicht ordnungsgemäß erfüllt, greift das bundesurlaubsrechtliche Fristenregime für diesen Urlaubsanspruch nicht ein.[1049] Dies kann zur Folge haben, dass sich Urlaubsansprüche über mehrere Jahre ansammeln.[1050] Will der Arbeitgeber diese übertragenen Urlaubsansprüche dem Verfall unterwerfen, muss er (mindestens) zu

1047 EuGH, Urt. v. 06.11.2018 – C-684/16 (Max-Planck-Gesellschaft), NZA 2018, 1474 Rn. 45.

1048 Vgl. EuGH, Urt. v. 06.11.2018 – C-684/16 (Max-Planck-Gesellschaft), NZA 2018, 1474 Rn. 42.

1049 Vgl. BAG, Urt. v. 19.02.2019 – 9 AZR 423/16, NZA 2019, 977 Rn. 44.

1050 Vgl. BAG, Urt. v. 19.02.2019 – 9 AZR 423/16, NZA 2019, 977 Rn. 44.

Beginn des Kalenderjahres nicht nur über die für das jeweilige Kalenderjahr neu entstehenden Urlaubsansprüche, sondern auch über die übertragenen Vorjahresansprüche informieren.[1051] Der Arbeitgeber muss seine Mitwirkungsobliegenheiten für den Urlaub aus vergangenen Jahren also im aktuellen Urlaubsjahr nachholen.[1052] Im Sinne einer „klaren“ und „transparenten“ Unterrichtung sollte die Anzahl der Alturlaubsansprüche dabei gesondert ausgewiesen werden.[1053]

D. Neuvornahme im Falle der Urlaubsablehnung aus anderen als in § 7 Abs. 1 S. 1 BUrlG genannten Gründen

Eine erneute Vornahme der Mitwirkungshandlungen wird schließlich erforderlich, wenn sich der Arbeitgeber widersprüchlich verhält.[1054] Dies ist etwa der Fall, wenn er seinen Mitwirkungsobliegenheiten i.S.v. Mitteilung, Aufforderung und Belehrung zunächst nachkommt, einen vom Arbeitnehmer gestellten Urlaubsantrag dann aber aus anderen als den in § 7 Abs. 1 S. 1 BUrlG genannten Gründen ablehnt[1055], der Urlaubsgewährung also weder dringende betriebliche Belange oder Urlaubswünsche anderer Arbeitnehmer entgegenstehen. Generell bedarf es einer erneuten Vornahme der Mitwirkungsobliegenheiten immer dann, wenn der Arbeitgeber eine Situation erzeugt, die geeignet ist, den Arbeitnehmer von der Inanspruchnahme seines Urlaubs abzuhalten.[1056]

E. Zusammenfassung und Empfehlung

Die Mitwirkungsobliegenheiten sollten im Regelfall, d.h. ohne Vorliegen besonderer Umstände spätestens bis zum Ende der ersten (Urlaubs-)Woche eines jeden Kalenderjahres vorgenommen werden. Werden sie erst zu einem späteren Zeitpunkt im Kalenderjahr vorgenommen, trägt der Arbeitgeber nach der Rspr. des BAG das Risiko, dass Urlaub wegen im Verlauf des Urlaubsjahres eintretender Umstände, die eine Urlaubsnahme unmöglich machen, nicht verfällt.[1057] Nicht erforderlich ist es, dass die Mitteilung ständig, d.h. bei jeder Änderung des Umfangs des Urlaubsanspruchs aktualisiert wird.[1058] Es ist zwar

---

1051 Vgl. hierzu bereits oben unter § 8 B. I. und II.
1052 Vgl. BAG, Urt. v. 19.02.2019 – 9 AZR 423/16, NZA 2019, 977 Rn. 44.
1053 Vgl. die Musterformulierung unter § 8 D.
1054 Vgl. BAG, Urt. v. 19.02.2019 – 9 AZR 423/16, NZA 2019, 977 Rn. 42.
1055 BAG, Urt. v. 19.02.2019 – 9 AZR 423/16, NZA 2019, 977 Rn. 42.
1056 BAG, Urt. v. 19.02.2019 – 9 AZR 423/16, NZA 2019, 977 Rn. 42.
1057 Vgl. BAG, Urt. v. 31.01.2023 – 9 AZR 107/20, BeckRS 2023, 8405 Rn. 18.
1058 BAG, Urt. v. 19.02.2019 – 9 AZR 423/16, NZA 2019, 977 Rn. 42.

nicht auszuschließen, dass das BAG einen Hinweis zu Beginn bzw. innerhalb der ersten Woche eines Kalenderjahres als ausreichend ansehen wird, wenn das Arbeitsverhältnis arbeitszeittechnisch klaren Konturen unterliegt (z.B. umfassende Urlaubspläne, strikte Arbeitszeiterfassung etc.).[1059] Aber auch in diesem Fall empfiehlt sich nach hier vertretener Ansicht ein erneuter Hinweis zu Beginn bzw. jedenfalls innerhalb des dritten Quartals (im Zeitraum zwischen Juli und September). Denn dann besteht noch ausreichend Zeit, zumindest einen Teil des Urlaubs noch im laufenden Urlaubsjahr zu nehmen.

Besonderes Augenmerk ist auf den Hinweis zu legen, wenn Urlaub auf das Folgejahr übertragen wurde. In diesem Fall sollte der aus Vorjahren stammende Urlaubsanspruch gesondert ausgewiesen werden. Ist die Übertragung unter den Voraussetzungen des § 7 Abs. 3 S. 2 oder S. 4 BUrlG erfolgt, kann nicht genommener Urlaub nur dann nach Ablauf des 3-monatigen Übertragungszeitraums verfallen, wenn der Arbeitgeber im Folgejahr nochmals ausdrücklich auf die gesonderte Verfallfrist nach § 7 Abs. 3 S. 3 BUrlG hingewiesen hat.[1060]

1059 Vgl. *Bayreuther*, NZA 2019, 945, 946.

1060 BAG, Urt. v. 20.12.2022 – 9 AZR 401/19, BeckRS 2022, 46689 Rn. 14; BAG, Urt. v. 19.02.2019 – 9 AZR 514/15, NZA 2019, 982 Rn. 45.

§ 11 Sonderfälle

Die Mitwirkungsobliegenheiten dienen dazu, den Arbeitnehmer zur Urlaubsnahme zu veranlassen.[1061] Urlaub kann aber nur gewährt[1062] und genommen werden, wenn der Arbeitnehmer hierzu in der Lage ist bzw. im Freistellungszeitraum überhaupt eine Arbeitspflicht des Arbeitnehmers besteht, von der durch die Gewährung von Urlaub befreit werden kann.[1063] Insofern stellt sich die Frage, ob die Mitwirkungsobliegenheiten in bestimmten Fällen, in denen der Urlaubsanspruch mangels Arbeitspflicht nicht erfüllbar ist, überhaupt vorgenommen werden müssen oder in diesem Fall gar auf sie verzichtet werden kann.

Konkret stellt sich diese Frage im Falle einer Langzeiterkrankung des Arbeitnehmers (unter A.) sowie während der Dauer eines Kündigungsschutzverfahrens (unter B.), während dessen das Bestehen einer Arbeitspflicht ungewiss ist. Weil der Arbeitgeber den Arbeitnehmer nur dann im Wege der Urlaubsgewährung von der Arbeit freistellen kann, wenn er von seinen diesbezüglichen Verpflichtung weiß, stellt sich die Frage, ob auf die Vornahme der Mitwirkungsobliegenheiten verzichtet werden kann, darüber hinaus im Zusammenhang mit

---

1061 Zu Sinn und Zweck der Mitwirkungsobliegenheiten oben unter § 6 B.

1062 Der Arbeitgeber gewährt Urlaub im Wege einer (atypischen) Willenserklärung, die auf Freistellung des Arbeitnehmers von der Arbeit für einen bestimmten Zeitraum gerichtet ist (sog. Freistellungserklärung), vgl. BAG, Urt. v. 20.08.2019 – 9 AZR 468/18, NZA 2019, 1581 Rn. 13, 15; ErfK/*Gallner*, § 7 BUrlG, Rn. 4; weil der Urlaubsanspruch nach dem BUrlG ebenso wie nach Art. 7 Abs. 1 der RL 2003/88/EG nicht allein auf die Freistellung von der Arbeitsleistung gerichtet ist, sondern voraussetzt, dass die Zeit der Freistellung von der Arbeit „bezahlt" ist, muss der Arbeitgeber neben der Abgabe dieser Freistellungserklärung dem Arbeitnehmer die Urlaubsvergütung vor Antritt des Urlaubs entweder auszahlen oder sie zumindest vorbehaltlos zusagen, st. Rspr. vgl. nur BAG, Urt. v. 28.08.2020 – 9 AZR 612/19, NZA 2020, 1633 Rn. 15; BAG, Urt. v. 20.08.2019 – 9 AZR 468/18, NZA 2019, 1581 Rn. 22; BAG, Urt. v. 19.02.2019 – 9 AZR 321/16, NZA 2019, 1043 Rn. 56; BAG, Urt. v. 19.01.2016 – 2 AZR 449/15, NZA 2016, 1144 Rn. 68; BAG, Urt. v. 10.02.2015 – 9 AZR 455/13, NZA 2015, 998 Rn. 23.

1063 St. Rspr. vgl. nur BAG, Urt. v. 25.08.2020 – 9 AZR 612/19, NZA 2020, 1633 Rn. 17; BAG, Urt. v. 09.08.2016 – 9 AZR 575/15, NZA 2016, 1392 Rn. 11; BAG, Urt. v. 10.02.2015 – 9 AZR 455/13, NZA 2015, 998 Rn. 19; BAG, Urt. v. 18.03.2014 – 9 AZR 669/12, BeckRS 2014, 70342 Rn. 16; vgl. ferner ErfK/*Gallner*, § 7 BUrlG, Rn. 21; Preis/Temming/*Preis*, § 47 Rn. 2220; MüKo-BGB/*Spinner*, § 611 a BGB, Rn. 838.

gesetzlichem Zusatzurlaub für schwerbehinderte Menschen gem. § 208 Abs. 1 S. 1 SGB IX, wenn der Arbeitgeber keine Kenntnis von der Schwerbehinderung des Arbeitnehmers hat (unter C.).

A. Geltung der Mitwirkungsobliegenheiten bei Langzeiterkrankung

Ist der Arbeitnehmer arbeitsunfähig erkrankt, ist er nicht zur Arbeitsleistung verpflichtet.[1064] Mangels Arbeitspflicht kann auch kein Urlaub gewährt und genommen werden.[1065] Kann Urlaub aber nicht gewährt und genommen werden, scheint es auf den ersten Blick wenig sinnig, dem Arbeitgeber gleichwohl eine Obliegenheit zur Mitwirkung an einer (unmöglichen) Urlaubsnahme des Arbeitnehmers aufzuerlegen.

I. Ansicht einiger Instanzgerichte und Teile der Literatur

Unter Verweis darauf, dass im Falle einer Langzeiterkrankung weder eine Beantragung noch eine Erteilung des Urlaubs objektiv möglich ist, verneinen zum Teil auch die Instanzgerichte[1066] und ein Teil der arbeitsrechtlichen Literatur[1067] die Geltung der Mitwirkungsobliegenheiten für den Fall einer Langzeiterkrankung des Arbeitnehmers. Diese lebten vielmehr erst ab Wiedergenesung des Arbeitnehmers wieder auf und bezögen sich dann auch (nur) noch auf bestehende,

---

1064 BAG, Urt. v. 10.02.1987 – 8 AZR 529/84, NZA 1987, 675, 675 f.; BAG, Urt. v. 18.03.2014 – 9 AZR 669/12, BeckRS 2014, 70342 Rn. 16; ErfK/*Gallner*, § 7 BUrlG, Rn. 21; Powietzka/Rolf/*Rolf*, § 7 BUrlG, Rn. 54.

1065 BAG, Urt. v. 18.03.2014 – 9 AZR 669/12, BeckRS 2014, 70342 Rn. 16; Powietzka/Rolf/*Powietzka*, § 7 BUrlG, Rn. 54.

1066 So etwa LAG Rheinland-Pfalz, Urt. v. 15.01.2020 – 7 Sa 284/19, NZA-RR 2020, 240 Rn. 30 ff.; ArbG Köln, Urt. v. 30.09.2021 – 8 Ca 2545/21, BeckRS 2021, 33400 Rn. 28 ff.; so zunächst auch das LAG Hamm, Urt. v. 24.07.2019 – 5 Sa 676/19, NZA-RR 2019, 584 Rn. 27 ff., welches seine Auffassung zwischenzeitlich aber wieder revidiert hat, vgl. LAG Hamm, Urt. v. 17.02.2022 – 5 Sa 872/21, NZA-RR 2022, 291 Rn. 39.

1067 *Daum*, RdA 2020, 179, 184; *Grimm*, ZTR 2019, 651, 657; *Heukenkamp/Jellen*, SAE 2022, 23, 29 ff.; *Mehrens*, RdA 2020, 187, 188; wohl auch *Lützeler*, öAT 2019, 215; *Hoppe*, ArbRAktuell 2019, 467 hält die Entscheidung des LAG Hamm v. 27.07.2019 – 5 Sa 676/19, NZA-RR 2019, 584 für „*konsequent*“; *Bruck*, DB 2020, 562 hält einen Hinweis im Fall der krankheitsbedingten Arbeitsunfähigkeit für „*nicht zielführend, wenn ohnehin kein Urlaub genommen werden kann.*“; ebenso *Eckert*, DStR 2020, 1807, 1809.

nicht verfallene Urlaubsansprüche.[1068] Der Vornahme der Mitwirkungsobliegenheiten auch während einer andauernden Arbeitsunfähigkeit des Arbeitnehmers stehe nicht nur entgegen, dass eine Inanspruchnahme des Urlaubs für diese Zeit nicht möglich ist.[1069] Vielmehr sei eine entsprechende Belehrung in einem solchen Fall auch unzutreffend.[1070] Lautet diese auch im Falle einer Langzeiterkrankung dahin, dass Urlaubsansprüche erlöschen, wenn sie nicht bis zum 31.12. des Kalenderjahres in Anspruch genommen werden, sei die Belehrung angesichts des Umstandes, dass im Falle einer Arbeitsunfähigkeit die Urlaubsansprüche erst 15 Monate nach Ablauf des Urlaubsjahres erlöschen, schlicht falsch.[1071]

II. Ansicht des BAG und Teile der Literatur

Das BAG[1072] und andere Teile der arbeitsrechtlichen Literatur[1073] fordern die Erfüllung der Mitwirkungsobliegenheiten hingegen grundsätzlich auch im Falle einer Langzeiterkrankung des Arbeitnehmers.[1074] Weil die Dauer der Erkrankung nicht von vornherein absehbar sei, könnten die Mitwirkungsobliegenheiten ihren Zweck aus Sicht des BAG auch in diesem Fall erfüllen.[1075] So könne

1068 ArbG Köln, Urt. v. 30.09.2021 – 8 Ca 2545/21, BeckRS 2021, 33400 Rn. 34, 36; *Heukenkamp/Jellen*, SAE 2022, 23, 30; so auch noch LAG Hamm, Urt. v. 24.07.2019 – 5 Sa 676/19, NZA-RR 2019, 584 Rn. 28; *Grimm*, ZTR 2019, 651, 657.

1069 LAG Rheinland-Pfalz, Urt. v. 15.01.2020 – 7 Sa 284/19, NZA-RR 2020, 240 Rn. 32; ArbG Köln, Urt. v. 30.09.2021 – 8 Ca 2545/21, BeckRS 2021, 33400 Rn. 29 ff.; *Heukenkamp/Jellen*, SAE 2022, 23, 31; so auch noch LAG Hamm, Urt. v. 24.07.2019 – 5 Sa 676/19, NZA-RR 2019, 584 Rn. 27.

1070 LAG Rheinland-Pfalz, Urt. v. 15.01.2020 – 7 Sa 284/19, NZA-RR 2020, 240 Rn. 33 mit Verweis auf LAG Hamm, Urt. v. 24.07.2019 – 5 Sa 676/19, NZA-RR 2019, 584 Rn. 28; vgl. auch *Grimm*, ZTR 2019, 651, 657.

1071 So noch LAG Hamm, Urt. v. 24.07.2019 – 5 Sa 676/19, NZA-RR 2019, 584 Rn. 28.

1072 BAG, Vorlagebeschl. v. 07.07.2020 – 9 AZR 401/19 (A), NZA 2020, 1541 Rn. 20 ff.; ebenso LAG Nürnberg, Urt. v. 15.04.2021 – 3 Sa 401/20, BeckRS 2021, 44844 Rn. 23.

1073 *Groeger*, ArbRB 2020, 331, 332; *Hund/Miesen*, DB 2019, 734 unter IV; *Lachmann*, BB 2022, 820, 826; BeckOK/*Lampe*, § 7 BUrlG, Rn. 19d; *Neumair*, jurisPR-ArbR 8/2022 Anm. 2 unter C.

1074 Dasselbe soll im Fall einer Erwerbsunfähigkeit des Arbeitnehmers (Bezug einer Rente wegen voller Erwerbsminderung) gelten, vgl. BAG, Vorlagebeschl. v. 07.07.2020 – 9 AZR 245/19 (A), NZA 2020, 1547 Rn. 21 ff.

1075 BAG, Vorlagebeschl. v. 07.07.2020 – 9 AZR 401/19 (A), NZA 2020, 1541 Rn. 20; ebenso LAG Nürnberg, Urt. v. 15.04.2021 – 3 Sa 401/20, BeckRS 2021, 44844 Rn. 23.

die Arbeitsunfähigkeit etwa im Übertragungszeitraum enden und der Urlaubsanspruch im Referenzzeitraum noch erfüllt werden.[1076]

III. Stellungnahme

Vor dem Hintergrund, dass sich die Dauer der arbeitsunfähigen Erkrankung des Arbeitnehmers nicht sicher voraussehen lässt, ist mit dem BAG davon auszugehen, dass der Arbeitgeber die Mitwirkungsobliegenheiten grundsätzlich auch im Falle einer Langzeiterkrankung des Arbeitnehmers zu erfüllen hat. Auf diese Weise wird sichergestellt, dass der Arbeitnehmer ab dem Tag der Wiedergenesung in der Lage ist, den ihm zustehenden Urlaubsanspruch auszuüben.[1077]

Weil der Übertragungszeitraum im Falle einer Langzeiterkrankung des Arbeitnehmers u.U. um 15 Monate[1078] erweitertet ist, muss der Arbeitgeber den Arbeitnehmer nach hier vertretener Ansicht dann aber (zusätzlich) auf diese erweiterte Verfallfrist hinweisen. Teilt der Arbeitgeber dem Arbeitnehmer nämlich nur die „normalen" Verfallfristen (31.12. bzw. 31.03.) mit, ist die Mitteilung nicht nur unzutreffend, sie begünstigt zugleich die Gefahr, dass der Arbeitnehmer in der irrigen Annahme, sein Urlaubsanspruch sei bereits verfallen, nach Wiedergenesung von einer Beanspruchung seines (Rest-)Urlaubs absieht. Im Falle einer arbeitsunfähigen Erkrankung gelten insofern „modifizierte" Mitwirkungsobliegenheiten dergestalt, dass der Arbeitgeber zusätzlich darauf hinweisen muss, dass Urlaub, den der Arbeitnehmer infolge einer arbeitsunfähigen Erkrankung weder innerhalb des Urlaubsjahres noch bis zum 31.03. des zweiten auf das Urlaubsjahr folgenden Jahres nehmen kann, erst 15 Monate nach Ablauf des Urlaubsjahres verfällt.[1079] Weist der Arbeitgeber nicht zusätzlich auch auf diese erweiterte 15-monatige Verfallfrist hin, hat der Arbeitgeber, der den Arbeitnehmer infolge dieses Unterlassens möglicherweise von einer Inanspruchnahme seines Urlaubs abgehalten haben könnte, „*die sich daraus ergebenen Folgen zu tragen.*"[1080] Der Urlaubsanspruch verfällt in diesem Fall dann nicht nach Ablauf der 15 Monate, sondern bleibt so lange erhalten, bis der Arbeitgeber den

---

1076 Vgl. BAG, Vorlagebeschl. v. 07.07.2020 – 9 AZR 401/19 (A), NZA 2020, 1541 Rn. 21; BAG, Vorlagebeschl. v. 07.07.2020 – 9 AZR 245/19 (A), NZA 2020, 1547 Rn. 21.

1077 BAG, Vorlagebeschl. v. 07.07.2020 – 9 AZR 401/19 (A), NZA 2020, 1541 Rn. 22; *Kiel*, FS Preis (2021), 599, 603 f.; so auch *Neumair*, jurisPR-ArbR 8/2022 Anm. 2 unter C.

1078 Ausführlich zu der 15-Monatsfrist unten unter § 13 A. II. 1. a) bb).

1079 Vgl. hierzu die Musterformulierung oben unter § 8 D.

1080 EuGH, Urt. v. 25.06.2020 – C-762/18 u.a. (Varhoven kasatsionen), NZA 2020, 1001 Rn. 77; EuGH, Urt. v. 29.11.2017 – C-214/16 (King), NZA 2017, 1591 Rn. 63.

Arbeitnehmer tatsächlich in die Lage versetzt hat, den Urlaub zu nehmen, indem er die Mitwirkungsobliegenheiten ordnungsgemäß vorgenommen, d.h. über die genauen Verfallfristen informiert hat.[1081]

B. Geltung der Mitwirkungsobliegenheiten im gekündigten Arbeitsverhältnis

Während der Dauer eines Kündigungsschutzstreits ist der Bestand des Arbeitsverhältnisses und damit das Bestehen einer Arbeitspflicht, von der im Wege der Urlaubsgewährung befreit werden könnte, ungewiss.[1082] Insofern scheint sich zunächst auch hier die Frage zu stellen, ob von der Vornahme der Mitwirkungsobliegenheiten in diesem Fall abgesehen werden kann.

I. Ansicht des BAG

Das BAG hat bereits mehrfach betont, dass es für das Bestehen der arbeitgeberseitigen Mitwirkungsobliegenheiten allein auf die objektive Rechtslage ankommt.[1083] Subjektive Umstände, wie etwa die bestehende Ungewissheit der Parteien über den Fortbestand des Arbeitsverhältnisses stehen der Geltung der Mitwirkungsobliegenheiten daher grds. nicht entgegen.[1084] Werde der Kündigungsschutzklage stattgegeben, werde hierdurch für die Zeit nach dem Kündigungstermin nicht nachträglich ein (neues) Arbeitsverhältnis geschaffen, sondern lediglich dessen Fortbestehen festgestellt.[1085] Dementsprechend sei der Arbeitgeber auch nicht rechtlich daran gehindert, noch während des Kündigungsschutzprozesses Urlaub zu gewähren.[1086] Um die Mitwirkungsobliegenheiten in diesem Fall ordnungsgemäß zu erfüllen, müsse der Arbeitgeber aber ausdrücklich erklären, dass er trotz Ungewissheit über den Bestand des

---

1081 Hierzu ausführlich unten unter § 13 A. II. 3.

1082 Vgl. BAG, Urt. v. 25.08.2020 – 9 AZR 612/19, NZA 2020, 1633 Rn. 19; BAG, Urt. v. 10.02.2015 – 9 AZR 455/13, NZA 2015, 998 Rn. 20.

1083 Vgl. etwa BAG, Urt. v. 30.11.2021 – 9 AZR 143/21, BeckRS 2021, 48632 Rn. 19; BAG, Urt. v. 22.10.2019 – 9 AZR 98/19, NJW 2020, 705 Rn. 20; BAG, Urt. v. 21.05.2019 – 9 AZR 579/19, NZA 2019, 1571 Rn. 48; BAG, Urt. v. 19.02.2019 – 9 AZR 321/16, NZA 2019, 1043 Rn. 55.

1084 BAG, Urt. v. 22.10.2019 – 9 AZR 98/19, NJW 2020, 705 Rn. 20; BAG, Urt. v. 21.05.2019 – 9 AZR 579/19, NZA 2019, 1571 Rn. 48; BAG, Urt. v. 19.02.2019 – 9 AZR 321/16, NZA 2019, 1043 Rn. 55.

1085 BAG, Urt. v. 19.02.2019 – 9 AZR 321/16, NZA 2019, 1043 Rn. 55.

1086 BAG, Urt. v. 19.02.2019 – 9 AZR 321/16, NZA 2019, 1043 Rn. 55.

Arbeitsverhältnisses bereit ist, Urlaub zu gewähren und er die Urlaubsvergütung entweder vor Antritt des Urlaubs auszahlt oder die Zahlung der Urlaubsvergütung zumindest vorbehaltslos zusagt.[1087]

II. Bewertung

Der Auffassung des BAG ist zuzustimmen.[1088] Ein Verzicht auf die Vornahme der Mitwirkungsobliegenheiten ist nur in Fällen denkbar, in denen ihr Zweck unzweifelhaft nicht erreicht werden kann. Während der Dauer eines Kündigungsschutzprozesses ist es dem Arbeitgeber aber weiterhin möglich, Urlaub zu gewähren. Kann der Arbeitnehmer noch in den Genuss von Urlaub kommen, ist der Arbeitgeber von seiner Obliegenheit, an der Urlaubsverwirklichung mitzuwirken, nicht entbunden. Dies gilt insbesondere auch vor dem Hintergrund, dass es für die Erfüllung des Urlaubsanspruchs und die Realisierung des Urlaubszwecks nicht darauf ankommt, ob der Arbeitnehmer Kenntnis vom Bestehen oder Nichtbestehen seiner Arbeitspflicht hat.[1089] Maßgeblich ist allein, dass er durch die Urlaubserteilung Gewissheit darüber hat, für eine bestimmte Zeit nicht zur Arbeit herangezogen zu werden, sondern über einen Zeitraum der Freiheit verfügen zu können.[1090] Wie das BAG zu Recht verlangt, bedarf es während der Dauer eines Kündigungsschutzprozesses angesichts der Ungewissheit über den Bestand des Arbeitsverhältnisses dann aber einer ausdrücklichen Erklärung des Arbeitgebers, dass er bereit ist, Urlaub zu gewähren und das Urlaubsentgelt vor Antritt des Urlaubs entweder auszahlt oder die Zahlung zumindest vorbehaltslos zusagt.[1091] So wird vermieden, dass der Arbeitnehmer in seiner Urlaubsgestaltung unzumutbar eingeschränkt wird, weil er bei Urlaubsantritt nicht sicher weiß, ob der Urlaub vergütet wird.[1092]

1087 BAG, Urt. v. 22.10.2019 – 9 AZR 98/19, NJW 2020, 705 Rn. 28; BAG, Urt. v. 21.05.2019 – 9 AZR 579/19, NZA 2019, 1571 Rn. 51; BAG, Urt. v. 19.02.2019 – 9 AZR 321/16, NZA 2019, 1043 Rn. 56; vgl. hierzu auch *Winzer/Baeck/Schaaf*, NZG 2021, 450, 452.

1088 Ebenso *Lachmann*, BB 2022, 820, 826.

1089 Vgl. BAG, Urt. v. 25.08.2020 – 9 AZR 612/19, NZA 2020, 1633 Rn. 22.

1090 Vgl. BAG, Urt. v. 25.08.2020 – 9 AZR 612/19, NZA 2020, 1633 Rn. 22.

1091 *Mehrens*, RdA 2020, 187, 188 sieht die vorbehaltslose Zahlungszusage in diesem Fall als Bestandteil der Mitwirkungsobliegenheit.

1092 Zutreffend insoweit BAG, Urt. v. 19.01.2016 – 2 AZR 449/15, NZA 2016, 1144 Rn. 70; BAG, Urt. v. 10.02.2015 – 9 AZR 455/13, NJW 2015, 2520 Rn. 23.

C. Geltung der Mitwirkungsobliegenheiten bei Unkenntnis von der Schwerbehinderung des Arbeitnehmers

Wie dargelegt[1093] teilt der gesetzliche Zusatzurlaub aufgrund der urlaubsrechtlichen Akzessorietät grundsätzlich das rechtliche Schicksal des gesetzlichen Mindesturlaubs.[1094] Die Mitwirkungsobliegenheiten des Arbeitgebers bestehen daher im Grundsatz auch bei der Verwirklichung des gesetzlichen Zusatzurlaubs.[1095] Hat der Arbeitgeber aber keine Kenntnis von den den gesetzlichen Zusatzurlaub begründenden Umständen, d.h. der Schwerbehinderung des Arbeitnehmers, ist fraglich, ob die Mitwirkungsobliegenheiten erfüllt werden müssen bzw. deren Nichterfüllung dann dem Verfall des gesetzlichen Zusatzurlaubs entgegensteht.

I. Möglichkeit des Verfalls bei Unkenntnis

Weil es für das Bestehen der Mitwirkungsobliegenheiten allein auf die objektive Rechtslage ankommt, sind diese nach Ansicht des BAG grundsätzlich auch in Bezug auf den gesetzlichen Zusatzurlaub vorzunehmen, sofern die Tatbestandsvoraussetzungen, d.h. die Schwerbehinderteneigenschaft des Arbeitnehmers (objektiv) vorliegt.[1096] Ist dem Arbeitgeber die Schwerbehinderung des Arbeitnehmers aber nicht bekannt und tritt diese auch nicht offenkundig zu Tage, tritt nach Ansicht des BAG auf Rechtsfolgenseite gleichwohl Verfall nicht genommenen Zusatzurlaubs mit Ablauf des Kalenderjahres bzw. Übertragungszeitraums ein, auch wenn der Arbeitgeber seinen Mitwirkungsobliegenheiten nicht nachgekommen ist.[1097] Weil der Arbeitgeber ohne Kenntnis von der Schwerbehinderung des Arbeitnehmers diesen nicht rechtzeitig und zutreffend über Umfang und Befristung des Urlaubsanspruchs unter Berücksichtigung der Schwerbehinderung unterrichten könne, ihm eine ordnungsgemäße Erfüllung

---

1093 Oben unter § 7 A. II.

1094 St. Rspr., vgl. nur BAG, Urt. v. 26.04.2022 – 9 AZR 367/21, BeckRS 2022, 18063 Rn. 14; BAG, Urt. v. 30.11.2021 – 9 AZR 143/21, BeckRS 2021, 48632 Rn. 17; BAG. Urt. v. 10.03.2020 – 9 AZR 109/19, NZA 2020, 1255 Rn. 11; BAG, Urt. v. 22.01.2019 – 9 AZR 149/17, NZA 2019, 985 Rn. 26 jeweils m.w.N.

1095 BAG, Urt. v. 26.04.2022 – 9 AZR 367/21, BeckRS 2022, 18063 Rn. 13 ff.; BAG, Urt. v. 30.11.2021 – 9 AZR 143/21, BeckRS 2021, 48632 Rn. 18 f.

1096 BAG, Urt. v. 26.04.2022 – 9 AZR 367/21, BeckRS 2022, 18063 Rn. 15; BAG, Urt. v. 30.11.2021 – 9 AZR 143/21, BeckRS 2021, 48632 Rn. 19, 26; zustimmend *Arnold*, ArbRAktuell 2022, 204; *Darm-Tobaben*, DB 2022, 1262; *Eufinger*, GWR 2022, 166.

1097 BAG, Urt. v. 26.04.2022 – 9 AZR 367/21, BeckRS 2022, 18063 Rn. 16; BAG, Urt. v. 30.11.2021 – 9 AZR 143/21, BeckRS 2021, 48632 Rn. 20, 22.

der Mitwirkungsobliegenheiten insofern nicht möglich sei, werde der Arbeitnehmer auch nicht auf Veranlassung des Arbeitgebers von der Geltendmachung seiner Rechte abgehalten.[1098] Eine Aufrechterhaltung des gesetzlichen Zusatzurlaubs über die Fristen des § 7 Abs. 3 S. 1 und S. 3 BUrlG hinaus sei deshalb nicht geboten.[1099] Wolle der Arbeitnehmer gesetzlichen Zusatzurlaub wahrnehmen, müsse er dem Arbeitgeber seine Eigenschaft als schwerbehinderter Mensch mitteilen.[1100] Der Arbeitgeber sei weder verpflichtet, das Vorliegen einer Schwerbehinderung beim Arbeitnehmer zu erfragen, noch vorsorglich auf etwaigen Zusatzurlaub hinzuweisen.[1101]

II. Abgestufte Darlegungs- und Beweislast

Weil es sich bei der fehlenden Kenntnis von der Schwerbehinderung des Arbeitnehmers um eine für den Arbeitgeber günstige Tatsache[1102] handelt, hat der Arbeitgeber seine Unkenntnis im Prozess darzulegen und gegebenenfalls zu beweisen.[1103] Für den Nachweis der Unkenntnis gelten aus Sicht des BAG dabei die Grundsätze einer abgestuften Darlegungs- und Beweislast.[1104] Ausreichend sei zunächst, dass der Arbeitgeber behauptet, dass ihm die Erfüllung der Mitwirkungsobliegenheiten nicht möglich gewesen sei, weil er keine Kenntnis von der Schwerbehinderung des Arbeitnehmers gehabt habe.[1105] Sodann obliege es dem Arbeitnehmer, konkret darzulegen, auf welche Weiser er den Arbeitgeber entsprechend in Kenntnis gesetzt hat bzw. aufgrund welcher Umstände auf eine entsprechende Kenntnis des Arbeitgebers geschlossen werden könne.[1106] Erst

---

1098 BAG, Urt. v. 30.11.2021 – 9 AZR 143/21, BeckRS 2021, 48632 Rn. 22, 24.

1099 Vgl. BAG, Urt. v. 30.11.2021 – 9 AZR 143/21, BeckRS 2021, 48632 Rn. 24.

1100 Oder mitteilen, dass er einen Antrag auf Anerkennung der Eigenschaft als schwerbehinderter Mensch gestellt hat, vgl. BAG, Urt. v. 26.04.2022 – 9 AZR 367/21, BeckRS 2022, 18063 Rn. 18.

1101 BAG, Urt. v. 30.11.2021 – 9 AZR 143/21, BeckRS 2021, 48632 Rn. 24.

1102 BAG, Urt. v. 30.11.2021 – 9 AZR 143/21, BeckRS 2021, 48632 Rn. 27: „*Die Unkenntnis ist eine für den Arbeitgeber günstige Tatsache, weil das Eingreifen des Ausnahmetatbestands der Befristung des Urlaubsanspruchs trotz Nichterfüllung der Aufforderungs- und Hinweisobliegenheiten Voraussetzung für den Verfall des Zusatzurlaubs ist.*“

1103 BAG, Urt. v. 30.11.2021 – 9 AZR 143/21, BeckRS 2021, 48632 Rn. 27.

1104 BAG, Urt. v. 30.11.2021 – 9 AZR 143/21, BeckRS 2021, 48632 Rn. 28.

1105 BAG, Urt. v. 30.11.2021 – 9 AZR 143/21, BeckRS 2021, 48632 Rn. 29.

1106 BAG, Urt. v. 30.11.2021 – 9 AZR 143/21, BeckRS 2021, 48632 Rn. 30.

wenn der Arbeitnehmer dieser sekundären Darlegungslast genügt habe, müsse der Arbeitgeber seine Unkenntnis im Einzelnen darlegen und ggf. beweisen.[1107]

D. Zusammenfassung

Nach der Rspr. des BAG ist für das Bestehen der arbeitgeberseitigen Mitwirkungsobliegenheiten allein die objektive Rechtslage maßgeblich.[1108] Sie bestehen daher auch, wenn und solange der Arbeitnehmer arbeits-[1109] oder erwerbsunfähig[1110] ist oder der Bestand des Arbeitsverhältnisses während eines Rechtsstreits über die Wirksamkeit einer Kündigung[1111] oder einer Befristung[1112] ungewiss ist. Auch in Bezug auf gesetzlichen Zusatzurlaub nach § 208 Abs. 1 S. 1 SGB IX sind die Mitwirkungsobliegenheiten vorzunehmen, sofern die tatbestandlichen Voraussetzungen vorliegen.[1113] Hat der Arbeitgeber aber weder Kenntnis von der Schwerbehinderung des Arbeitnehmers noch ist diese für ihn offenkundig, kann – im Falle unterlassener Mitwirkungsobliegenheiten – gleichwohl Verfall des gesetzlichen Zusatzurlaubs mit Ablauf des Kalenderjahres bzw. Übertragungszeitraums eintreten.[1114] Eine Einschränkung ist insofern auf Rechtsfolgenseite vorzunehmen.[1115]

1107 BAG, Urt. v. 30.11.2021 – 9 AZR 143/21, BeckRS 2021, 48632 Rn. 31, im Einzelnen hierzu Rn. 32 f.

1108 BAG, Urt. v. 30.11.2021 – 9 AZR 143/21, BeckRS 2021, 48632 Rn. 19; BAG, Urt. v. 22.10.2019 – 9 AZR 98/19, NJW 2020, 705 Rn. 20; BAG, Urt. v. 21.05.2019 – 9 AZR 579/19, NZA 2019, 1571 Rn. 48; BAG, Urt. v. 19.02.2019 – 9 AZR 321/16, NZA 2019, 1043 Rn. 55.

1109 BAG, Vorlagebeschl. v. 07.07.2020 – 9 AZR 401/19 (A), NZA 2020, 1541 Rn. 20 ff.

1110 BAG, Vorlagebeschl. v. 07.07.2020 – 9 AZR 245/19 (A), NZA 2020, 1547 Rn. 21 ff.

1111 BAG, Urt. v. 21.05.2019 – 9 AZR 579/19, NZA 2019, 1571 Rn. 48; BAG, Urt. v. 19.02.2019 – 9 AZR 321/16, NZA 2019, 1043 Rn. 55.

1112 BAG, Urt. v. 22.10.2019 – 9 AZR 98/19, NJW 2020, 705 Rn. 20.

1113 BAG, Urt. v. 30.11.2021 – 9 AZR 143/21, BeckRS 2021, 48632 Rn. 16 ff.

1114 BAG, Urt. v. 30.11.2021 – 9 AZR 143/21, BeckRS 2021, 48632 Rn. 20 ff.

1115 Vgl. zu den auf Rechtsfolgenseite ggf. vorzunehmenden Einschränkungen im Falle einer Langzeiterkrankung des Arbeitnehmers die Ausführungen unten unter § 13 A. II. 3.

4. Teil: Verfall

Die neue Rspr. des EuGH und des BAG zu den Mitwirkungsobliegenheiten hat Einfluss auf die Frage, wann Urlaubsansprüche nach nationalem Recht dem Verfall unterliegen. Nunmehr gilt, dass nicht genommener Urlaub nur noch dann mit Ablauf des Kalenderjahres (§ 7 Abs. 3 S. 1 BUrlG) oder des 3-monatigen-Übertragungszeitraums (§ 7 Abs. 3 S. 3 BUrlG) verfällt, wenn der Arbeitgeber zuvor seinen Mitwirkungsobliegenheiten ordnungsgemäß nachgekommen ist.[1116] Dabei hat der EuGH bereits vor der Entscheidung in der Rs. *Max-Planck-Gesellschaft* zu Fragen der Verfallbarkeit von Urlaubsansprüchen Stellung genommen und diesbezüglich konkrete, für das nationale Recht verbindliche Vorgaben gemacht.[1117] Klärungsbedürftig ist daher, in welcher Beziehung die neuen Rechtsprechungsgrundsätze zu den bisherigen Rechtsprechungsgrundsätzen des EuGH stehen, ob sie sich lediglich als Ergänzung bzw. Konkretisierung der bisherigen Grundsätze darstellen oder vielmehr eine „*Neuausrichtung*“[1118] des deutschen Urlaubsrechts bedingen.

Wesentlicher Untersuchungsgegenstand in Teil 4 dieser Arbeit soll daher die Frage bilden, unter welchen Voraussetzungen ein Verfall von Urlaubsansprüchen unter Berücksichtigung der bisherigen und der neueren Rspr. des EuGH nunmehr eintreten kann. Die Untersuchung soll sich dabei nicht nur auf Fragen in Bezug auf den gesetzlich angeordneten Verfall nach dem BUrlG beschränken, sondern die Untersuchung miteinschließen, ob und inwiefern Urlaubsansprüche auch kraft vertraglicher Vereinbarung verfallen können.

Nachdem zunächst auf Begriff, Rechtswirkungen und Sinn und Zweck des Verfalls im Allgemeinen eingegangen wird (unter § 12), soll insofern zwischen dem Verfall kraft Gesetzes (unter § 13) und dem Verfall kraft Vereinbarung (unter § 14) unterschieden werden. Innerhalb der beiden letztgenannten Kapitel wird wiederum zwischen gesetzlichen und vertraglichen Urlaubsansprüchen differenziert.

1116 EuGH, Urt. v. 06.11.2018 – C-684/16 (Max-Planck-Gesellschaft), NZA 2018, 1474 Rn. 45 ff.; BAG, Urt. v. 19.02.2019 – 9 AZR 423/16, NZA 2019, 977 Rn. 43 f.

1117 Vgl. etwa die Entscheidungen des EuGH v. 20.01.2009 – C-350/06 (Schultz-Hoff), NZA 2009, 135; v. 22.11.2011 – C-240/10 (KHS), NZA 2011, 1333; v. 29.11.2017 – C-214/16 (King), NZA 2017, 1591.

1118 *von Steinau-Steinrück*, NJW-Spezial 2020, 722, 723.

§ 12 Grundlagen

A. Begriff und Rechtswirkungen des Verfalls

I. Begriff

Auf dem Gebiet des Arbeitsrechts findet sich der Begriff „Verfall" häufig im Zusammenhang mit sog. arbeits- oder tarifvertraglichen Verfallfristen (auch Ausschussfristen, Ausschluss- oder Verfallklauseln[1119] genannt). Solche Klauseln sehen vor, dass ein bestimmtes Recht bzw. ein bestimmter Anspruch innerhalb einer bestimmten Frist geltend gemacht werden muss, weil es andernfalls „verfällt", d.h. – untechnisch – „*in Wegfall gerät*"[1120].[1121] Die erfolgreiche Geltendmachung eines Rechts wird insofern an die Einhaltung bestimmter, i.d.R. relativ kurzer Fristen gekoppelt.[1122] Mit dem Begriff „Verfall" ist die Rechtsfolge angesprochen, die auf die Nichtgeltendmachung des Rechts innerhalb der vorgegebenen Frist folgt. Er ist gleichbedeutend mit den (Rechts-)Begriffen „Erlöschen" oder „Untergang" eines Rechts i.S.v. § 275 Abs. 1 BGB.[1123] Während vertragliche Verfallfristen vertraglich vereinbart werden und insofern auf einem Willensakt der Parteien beruhen, kann auch das Gesetz den Verfall eines Rechts nach Ablauf einer bestimmten Frist vorsehen.[1124] Im Bereich des Urlaubsrechts bilden § 7 Abs. 3 S. 1 und S. 3 BUrlG die normative Grundlage für den Verfall des Urlaubsanspruchs.[1125] Danach muss der Urlaub grundsätzlich im laufenden Kalenderjahr gewährt und genommen werden (S. 1), wobei dieser einjährige Bezugszeitraum grds. nur bei Vorliegen von Übertragungsgründen i.S.v. § 7 Abs. 3 S. 2 BUrlG um drei Monate (S. 3) verlängert wird.[1126] Welche Rechtsfolgen sich bei nicht rechtzeitiger Geltendmachung ergeben, regelt das BUrlG

1119 Vgl. zu den unterschiedlichen Termini *Matthiessen*, Ausschlussfrist, S. 20 m.w.N.

1120 BAG, Urt. v. 13.03.2013 – 5 AZR 954/11, NZA 2013, 680 Rn. 49.

1121 HWK/*Henssler*, § 1 TVG, Rn. 98, § 4 TVG, Rn. 60; Küttner-Personalbuch/*Schmidt*, Ausschlussfrist, Rn. 1; *Husemann*, NZA-RR 2011, 337, 337.

1122 HWK/*Henssler*, § 1 TVG, Rn. 98, § 4 TVG, Rn. 60; *Husemann*, NZA-RR 2011, 337, 337.

1123 Vgl. *Bauer*, NZA 1987, 440, 441; *Matthiessen*. Ausschlussfrist, S. 19; ErfK/*Preis*, § 218 BGB, Rn. 33.

1124 Vgl. z.B. die gesetzlichen Ausschlussfristen in § 5 5. PflegeArbbV und in § 15 Abs. 4 AGG.

1125 Vgl. BAG, Urt. v. 19.02.2019 – 9 AZR 423/16, NZA 2019, 977 Rn. 12 m.w.N.

1126 Vgl. BAG, Urt. v. 13.05.1982 – 6 AZR 360/80, BeckRS 2012, 65204 unter II. 4. b).

zwar nicht ausdrücklich. Jedoch entspricht es st. Rspr. des BAG[1127] und der herrschenden Meinung der Literatur[1128], dass der Arbeitnehmer, wenn er sein Recht auf Urlaub nicht innerhalb dieser gesetzlichen Fristen wahrnimmt, seinen Urlaubsanspruch nach Ablauf des 12- bzw. 15-Monatszeitraums kraft Gesetzes verliert – der Urlaubsanspruch „verfällt."[1129]

II. Rechtswirkungen[1130]

Tritt Verfall ein, führt dies unabhängig davon, ob dieser kraft gesetzlicher Anordnung oder vertraglicher Vereinbarung eintritt, zum Erlöschen des Anspruchs *ipso iure*.[1131] Das Recht ist – im Unterschied zur Verjährung[1132] – nicht lediglich einrede behaftet, sondern erlischt selbst für die Vergangenheit.[1133] Die Nichteinhaltung der

1127 St. Rspr., vgl. BAG, Urt. v. 19.02.2019 – 9 AZR 423/16, NZA 2019, 977 Rn. 12 m.w.N.; grundlegend BAG, Urt. v. 13.05.1982 – 6 AZR 360/80, AP BUrlG § 7 Übertragung Nr. 4 unter II. 4. a) und b); vgl. auch schon BAG, Urt. v. 26.06.1969 – 5 AZR 393/68, NJW 1969, 1981 Ls. a): *„Gesetzliche Urlaubsansprüche verfallen grundsätzlich mit dem Ablauf des Kalenderjahres* [...]."

1128 ErfK/*Gallner*, § 7 BUrlG, Rn. 34, 39; Hohmeister/Oppermann/*Hohmeister*, § 7 BUrlG, Rn. 34; MüHdb-ArbR/*Klose*, § 86 Rn. 14.

1129 BAG, Urt. v. 13.05.1982 – 6 AZR 360/80, BeckRS 2012, 65204 unter II. 4. a) und b).

1130 Während hinsichtlich der Rechtwirkungen von Ausschlussfristen weitgehend Einigkeit besteht, wird die Frage nach ihrer Rechtsnatur uneinheitlich beantwortet: Der BGH (BGH, Urt. v. 15.11.2006 – VIII ZR 3/06, NJW 2007, 674 Rn. 19) und Teile der Literatur (etwa *Krause*, RdA 2004, 36, 41; ErfK/*Preis*, § 218 BGB, Rn. 33; *Richardi*, RdA 1962, 62, 62; *Ulber*, DB 2011, 1808, 1809) verstehen Ausschlussfristen als Begrenzung des Anspruchsinhalts, weil in jeder zeitlichen Begrenzung eines Rechts zugleich ein Eingriff in das Recht selbst liege; demgegenüber versteht das BAG eine Ausschlussfrist lediglich als Befristung der Möglichkeit zur Geltendmachung eines Rechts, die den Inhalt eines Rechts unberührt lässt (so schon in BAG, Urt. v. 30.06.1962 – 2 AZR 101/61, NJW 1962, 1460, 1461; ferner BAG, Urt. v. 16.01.2001 – 5 AZR 430/00, NZA 2002, 746, 747; BAG, Urt. v. 25.05.2005 – 5 AZR 572/04, NJW 2005, 3305, 3306; BAG, Urt. v. 09.08.2011 – 9 AZR 365/10, NZA 2011, 1421 Rn. 29; zuletzt in BAG, Urt. v. 27.10.2020 – 9 AZR 531/19, NZA 2021, 504 Rn. 22; so auch *Salamon*, BB 2020, 2100, 2100); ausführlich zum Streitstand *Matthiessen*, Ausschlussfrist, S. 46 ff.

1131 Zu Ausschlussfristen vgl. *Husemann*, NZA-RR 2011, 337, 339; *Krause*, RdA 2004, 36, 38; vgl. im Hinblick auf den Urlaubsanspruch HWK/*Schinz*, § 1 BUrlG, Rn. 24.

1132 Zu den Rechtswirkungen der Verjährung siehe unten unter § 15 B.

1133 BAG, Urt. v. 11.07.1990 – 5 AZR 609/89, NZA 1991, 70 unter III. 2. a); *Bayer/Roncato*, ArbRAktuell 2021, 92, 92; BeckOK-BGB/*Henrich*, § 194 Rn. 5; *Krause*, RdA 2004, 36,

gesetzlich oder vertraglich vorgegebenen Fristen führt insofern zu einer *rechtsvernichtenden* Einwendung des Schuldners, die von Amts wegen zu prüfen ist.[1134]

B. Sinn und Zweck

I. Verfall kraft Gesetzes

Der in § 7 Abs. 3 S. 1 und S. 3 BUrlG (mittelbar) angeordnete Anspruchsverfall folgt aus Sicht des BAG aus dem Erfordernis, dass *„jeder Arbeitnehmer in einem einigermaßen regelmäßigen Rhythmus eine gewisse Zeit der Erholung auch tatsächlich erhält."*[1135] Auf Zeiten geleisteter Arbeit sollen arbeitsfreie Zeiten folgen, damit sich der Arbeitnehmer erholen und die ihm hierzu eingeräumte Freizeit selbstbestimmt nutzen kann.[1136] Weil diesem Erholungszweck (vgl. § 1 BUrlG: „Erholungsurlaub") und damit der Gesundheit[1137] des Arbeitnehmers aber nur dann ausreichend Rechnung getragen wird, wenn der Urlaubsanspruch tatsächlich in regelmäßigen Abständen verwirklicht wird, ist er grds. – auf das Kalenderjahr – befristet.[1138] Die Befristung des Urlaubsanspruchs ist ein Mittel, welches der deutsche Gesetzgeber gewählt hat, *„um den Arbeitnehmer anzuhalten, den Urlaubsanspruch zeitnah zum Urlaubsjahr geltend zu machen."*[1139] Ein unbegrenztes Ansammeln von Urlaubsansprüchen soll sowohl im Interesse des Arbeitnehmers als auch im Interesse des

38; *Litschen*, öAT 2020, 92, 92; ErfK/*Preis*, § 218 BGB, Rn. 33; *Sura*, NZA-RR 2021, 57, 57.

1134 Vgl. zu Ausschlussfristen BAG, Urt. v. 27.06.2012 – 5 AZR 51/11, NJOZ 2012, 2076 Rn. 27; BAG, Urt. v. 11.07.1990 – 5 AZR 609/89, NZA 1991, 70 unter III. 2. a); ErfK/*Preis*, § 218 BGB, Rn. 33; Küttner-Personalbuch/*Schmidt*, Ausschlussfrist, Rn. 1; *Köhler/Schürgers*, GWR 2021, 41, 41.

1135 BAG, Urt. v. 26.06.1969 – 5 AZR 393/68, NJW 1969, 1981, 1982 unter 1.; vgl. auch BAG, Urt. v. 07.08.2012 – 9 AZR 353/10, NZA 2012, 1216 Rn. 24, 39.

1136 Vgl. BAG, Urt. v. 20.06.2000 – 9 AZR 405/99, NZA 2001, 100, 101; ErfK/*Gallner*, § 1 BUrlG, Rn. 4; MüHdb.-ArbR/*Klose*, § 86 Rn. 6; HWK/*Schinz*, § 1 BUrlG, Rn. 5.

1137 Vgl. BAG, Urt. v. 19.02.2019 – 9 AZR 423/16, NZA 2019, 977 Rn. 25: Die Vorschrift des § 7 Abs. 3 BUrlG diene *„in erster Linie dem Gesundheitsschutz."*

1138 Vgl. BAG, Urt. v. 26.06.1969 – 5 AZR 393/68, NJW 1969, 1981, 1982 unter 1.; vgl. auch BAG, Urt. v. 07.08.2012 – 9 AZR 353/10, NZA 2012, 1216 Rn. 24, 39, vgl. auch *Ehlers*, Krank im Urlaub, S. 132 ff.; hingegen hält *Ahrends*, Europäisiertes Urlaubsrecht, S. 318 ff. das Verständnis von § 7 Abs. 3 S. 2 und 3 BUrlG im Sinne einer Verfallfrist für nicht zwingend.

1139 So BAG, Urt. v. 19.02.2019 – 9 AZR 423/16, NZA 2019, 977 Rn. 25; so auch schon in BAG, Urt. v. 07.08.2012 – 9 AZR 353/10, NZA 2012, 1216 Rn. 39.

Arbeitgebers verhindert werden.[1140] So soll einerseits verhindert werden, dass Arbeitnehmer rückständige Urlaubsansprüche erst nach Jahren geltend machen.[1141] Andererseits sollen Arbeitgeber auch vor umfangreichen Abgeltungsansprüchen bei späterer Beendigung des Arbeitsverhältnisses geschützt werden.[1142]

II. Verfall kraft Vereinbarung

Vertragliche Verfallfristen dienen im Arbeitsverhältnis dazu, den Arbeitsvertragsparteien schnell Klarheit über ggf. noch bestehende Ansprüche zu verschaffen und so eine eindeutige Klärung der zwischen den Parteien bestehenden Rechtsbeziehungen herbeizuführen.[1143] Die Vertragsfortführung soll nicht über einen längeren Zeitraum – wie etwa bei Eingreifen der regelmäßigen dreijährigen Verjährungsfrist (§ 195 BGB) – belastet werden.[1144] Einerseits soll der Nichtschuldner vor einem Beweisnotstand nach Ablauf längerer Fristen bewahrt und andererseits der Gläubiger dazu angehalten werden, zügig zu prüfen, ob die Geltendmachung seiner Ansprüche erfolgsversprechend ist.[1145] Vertragliche Ausschlussfristen verfolgen daher in erster Linie den Zweck, Rechtsfrieden und Rechtssicherheit herzustellen.[1146] Diesem Zweck dienen auch zweistufige Ausschlussfristen, die vorsehen, dass der Anspruch, der zuvor erfolglos gegenüber dem Schuldner geltend gemacht wurde (erste Stufe), auf zweiter Stufe gerichtlich geltend zu machen ist.[1147] Während die erste Stufe ganz allgemein dazu dient, den Schuldner über etwaige offene Ansprüche aus dem Arbeitsverhältnis in Kenntnis zu setzen, dient die zweite Stufe dazu, den Gläubiger dazu zu bewegen, durch rechtzeitige Klageerhebung endgültig Klarheit über das Bestehen oder Nichtbestehen eines Anspruchs zu schaffen.[1148]

1140 Vgl. BAG, Urt. v. 26.06.1969 – 5 AZR 393/68, NJW 1969, 1981, 1982.

1141 Vgl. BAG, Urt. v. 26.06.1969 – 5 AZR 393/68, NJW 1969, 1981, 1982.

1142 *Schlachter/Schneider*, RdA 2021, 240, 242.

1143 *Köhler/Schürgers*, GWR 2021, 41, 41; *Krause*, RdA 2004, 36, 36; *Sura*, NZA-RR 2021, 57, 57.

1144 *Köhler/Schürgers*, GWR 2021, 41, 41; *Stenslik*, DStR 2017, 938, 938.

1145 BAG, Urt. v. 08.08.1979 – 5 AZR 660/77, NJW 1980, 359 unter II. 3. a); *Krause*, RdA 2004, 36, 37.

1146 BAG, Urt. v. 11.07.1990 – 5 AZR 609/89, NZA 1991, 70 unter III. 2. a); BAG, Urt. v. 08.08.1979 – 5 AZR 660/77, NJW 1980, 359 unter II. 3. a); *Husemann*, NZA-RR 2011, 337, 337; *Krause*, RdA 2004, 36, 37; Küttner-Personalbuch/*Schmidt*, Ausschlussfrist, Rn. 1.

1147 *Köhler/Schürgers*, GWR 2021, 41, 41; *Salamon*, BB 2020, 2100, 2101; Küttner-Personalbuch/*Schmidt*, Ausschlussfrist, Rn. 11.

1148 BAG, Urt. v. 13.02.2003 – 8 AZR 236/02, NJOZ 2003, 3174, 3177; BAG, Urt. v. 26.09.2001 – 5 AZR 699/00, NZA 2002, 1218, 1219; *Krause*, RdA 2004, 36, 37 f.

§ 13 Verfall kraft Gesetzes

Gesetzlich ist der Verfall von Urlaubsansprüchen – zumindest mittelbar – in § 7 Abs. 3 S. 1 und S. 3 BUrlG angeordnet.[1149] Die bundesurlaubsrechtlichen Vorschriften wurden infolge mehrerer Entscheidungen des EuGH allerdings modifiziert.[1150] Vor diesem Hintergrund soll – nachdem zunächst die Verfallgrundsätze nach nationalem Recht dargelegt werden – auf der Grundlage der Rechtsprechung des EuGH erläutert werden, inwiefern sich Anpassungsbedarf ergeben und wie das BAG den Vorgaben des EuGH Rechnung getragen hat.

Weil sowohl § 7 Abs. 3 BUrlG als auch Art. 7 Abs. 1 der RL 2003/88/EG und Art. 31 Abs. 2 GRCh im Ausgangspunkt nur den 4-wöchigen Mindesturlaubsanspruch betreffen, sollen sich die nachfolgenden Ausführungen zunächst ebenfalls nur auf den gesetzlichen Mindesturlaub beschränken (unter A.), bevor anschließend auf den gesetzlichen Zusatzurlaub (unter B.) und sodann auf den vertraglichen Mehrurlaub (unter C.) eingegangen wird.

A. Gesetzlicher Mindesturlaub

I. Grundsätze nach nationalem Recht

1. Verfall mit Ablauf des Kalenderjahres

Das deutsche Urlaubsrecht ist von dem Grundgedanken geprägt, dass Urlaubsansprüche in jedem Kalenderjahr neu entstehen.[1151] Während der gesamten Dauer des Kalenderjahres ist der Arbeitnehmer berechtigt, seinen Urlaub in Anspruch zu nehmen und insofern unter Fortzahlung des Entgelts von der Arbeit freigestellt zu werden.[1152] Nimmt der Arbeitnehmer seinen Urlaub innerhalb dieses Bezugszeitraums nicht, führt dies mit Ablauf des Kalenderjahres – vorbehaltlich etwaiger gesetzlicher Übertragungsgründe – nach nationalem Recht grundsätzlich zum Erlöschen des Urlaubsanspruchs.[1153] Wie erläutert, dient diese Bindung

---

1149 Vgl. BAG, Urt. v. 19.02.2019 – 9 AZR 423/16, NZA 2019, 977 Rn. 12.

1150 Vgl. etwa die Entscheidungen des EuGH v. 20.01.2009 – C-350/06 (Schultz-Hoff), NZA 2009, 135 und v. 22.11.2011 – C-240/10 (KHS), NZA 2011, 1333.

1151 MüHdb.-ArbR/*Jacobsen*, § 27 Rn. 9; Schaub/*Linck*, § 104 Rn. 29; *Schlachter/Schneider*, RdA 2021, 240, 242; Tschöpe/*Zerbe*, C. Urlaub Rn. 2.

1152 Vgl. ErfK/*Gallner*, § 1 BUrlG, Rn. 7; Tschöpe/*Zerbe*, C. Urlaub Rn. 1.

1153 St. Rspr. des BAG, vgl. BAG, Urt. v. 19.02.2019 – 9 AZR 423/16, NZA 2019, 977 Rn. 12; grundlegend BAG, Urt. v. 26.06.1969 – 5 AZR 393/68, NJW 1969, 1981 Ls. a);

des Urlaubsanspruchs an das Kalenderjahr nach deutschem Verständnis dazu, dem Erholungsbedürfnis und damit zugleich der Gesundheit des Arbeitnehmers Rechnung zu tragen.[1154]

2. Übertragungsmöglichkeiten

Der Grundsatz, dass nicht genommener Urlaub mit Ablauf des Kalenderjahres verfällt, wird nur bei Vorliegen bestimmter Gründe durchbrochen, die eine Übertragung des Urlaubsanspruchs auf das Folgejahr rechtfertigen.

a) Nach dem BUrlG

Als Rechtfertigungsgründe nennt das BUrlG in § 7 Abs. 3 S. 2 BUrlG das Vorliegen dringender betrieblicher oder in der Person des Arbeitnehmers liegender Gründe. Liegen solche vor, ist eine Übertragung des Urlaubsanspruchs auf das Folgejahr möglich. Die Übertragung erfolgt dabei automatisch, ohne dass es einer besonderen Vereinbarung zwischen Arbeitnehmer und Arbeitgeber, einer entsprechenden einseitigen Erklärung des Arbeitsgebers oder eines Antrags des Arbeitnehmers bedarf.[1155] Allerdings bestimmt S. 3 der Vorschrift, dass der Urlaub auch in diesem Fall spätestens bis zum 31.03. des Folgejahres genommen werden muss.[1156] Nimmt der Arbeitnehmer den Urlaub auch innerhalb dieses 3-monatigen-Übertragungszeitraums nicht, hat dies nach Maßgabe des § 7 Abs. 3 S. 3 BUrlG wiederum den Verfall des Urlaubsanspruchs zur Folge.[1157]

aa) Dringende betriebliche Gründe

Dringende betriebliche Gründe liegen vor, wenn das Interesse des Arbeitgebers, Urlaub erst im Übertragungszeitraum zu gewähren, gegenüber dem Interesse des Arbeitnehmers, den Urlaub fristgerecht, d.h. innerhalb des Kalenderjahres

---

BAG, Urt. v. 13.05.1982 – 6 AZR 360/80, BeckRS 2012, 65204 unter II. 4. a) und b).; ferner BAG, Urt, v. 28.11.1990 – 8 AZR 570/89, NZA 1991, 423; zustimmend etwa *Ehlers*, Krank im Urlaub, S. 125, S. 128 ff.; ErfK/*Gallner*, § 7 BUrlG, Rn. 39; *Leinemann/Linck*, § 7 BUrlG, Rn. 109, 112; Schaub/*Linck*, § 104 Rn. 83.

1154 Vgl. BAG, Urt. v. 19.02.2019 – 9 AZR 423/16, NZA 2019, 977 Rn. 25.

1155 BAG, Urt. v. 25.08.1987, NZA 1988, 245 unter 2. a); BAG, Urt. v. 19.02.2019 – 9 AZR 423/16, NZA 2019, 977 Rn. 43: *„von selbst“*; Schaub/*Linck*, § 104 Rn. 89; Neumann/Fenski/*Neumann*, § 7 BUrlG, Rn. 87; HWK/*Schinz*, § 7 BUrlG, Rn. 93.

1156 Vgl. § 7 Abs. 3 S. 3 BUrlG: Der übertragene Urlaub muss „in den ersten drei Monaten des folgenden Kalenderjahres gewährt und genommen werden.“

1157 BAG, Urt. v. 19.02.2019 – 9 AZR 423/16, NZA 2019, 977 Rn. 12; BAG, Urt. v. 13.05.1982 – 6 AZR 360/80, BeckRS 2012, 65204 unter II. 4. a) und b).

in Anspruch zu nehmen, überwiegt.[1158] Die betrieblichen Gründe müssen nicht zwingend, d.h. nicht unumgänglich notwendig, aber zumindest dringend, d.h. zur Gewährleistung eines ordnungsgemäßen Betriebsablaufs notwendig sein.[1159] Sie können etwa bei Abschlussarbeiten, erhöhtem Arbeitsbedarf, Urlaub oder Krankheit anderer Arbeitnehmer gegeben sein.[1160]

bb) In der Person des Arbeitnehmers liegende Gründe

In der Person des Arbeitnehmers liegende Gründe sind all solche, die aus den persönlichen Verhältnissen des Arbeitnehmers folgen und ursächlich dafür sind, dass der Urlaub nicht mehr im laufenden Jahr genommen werden kann.[1161] Sie liegen insbesondere bei einer Arbeitsunfähigkeit des Arbeitnehmers vor.[1162]

b) Außerhalb des BUrlG

Übertragungsgründe außerhalb des BUrlG sehen ferner § 24 S. 2 MuSchG[1163], § 17 Abs. 2 BEEG[1164] und § 4 Abs. 2 ArbPlSchG[1165] vor. Nach § 24 S. 2 MuSchG kann etwa eine Frau den Urlaub, welchen sie vor Beginn des Beschäftigungsverbotes nicht oder nicht vollständig erhalten hat, nach Ende des Beschäftigungsverbots im laufenden oder nächsten Urlaubsjahr beanspruchen. Ähnlich regelt § 17 Abs. 2 BEEG für Arbeitnehmer in Elternzeit, dass der Arbeitgeber den Urlaub, der vor dem Beginn der Elternzeit nicht oder nicht vollständig

---

1158 ErfK/*Gallner*, § 7 BUrlG, Rn. 61; HWK/*Schinz*, § 7 BUrlG, Rn. 89.

1159 Neumann/Fenski/*Neumann*, § 7 BUrlG, Rn. 81; Schaub/*Linck*, § 104 Rn. 89; unzureichend sind hingegen *„übliche mit der Abwesenheit eines Arbeitnehmers immer verbundene Störungen im Betriebsablauf* [...]", so zutreffend Arnold/Tillmanns/*Arnold*, § 7 BUrlG, Rn. 50.

1160 ErfK/*Gallner*, § 7 BUrlG, Rn. 61; Schaub/*Linck*, § 104 Rn. 89; HWK/*Schinz*, § 7 BUrlG, Rn. 89.

1161 Schaub/*Linck*, § 104 Rn. 89; HWK/*Schinz*, § 7 BUrlG, Rn. 90.

1162 BAG, Urt. v. 05.12.1995 – 9 AZR 871/94, NZA 1996, 594 unter II. 2. a) m.w.N.; ErfK/*Gallner*, § 7 BUrlG, Rn. 62; HWK/*Schinz*, § 7 BUrlG, Rn. 90.

1163 Gesetz zum Schutz von Müttern bei der Arbeit, in der Ausbildung und im Studium (Mutterschutzgesetz) v. 23.05.2017 (BGBl. I S. 1228), zuletzt geändert durch Art. 57 Abs. 8 des Gesetzes v. 12.12.2019 (BGBl. I S. 2652).

1164 Gesetz zum Elterngeld und zur Elternzeit (Bundeselterngeld- und Elternzeitgesetz) i.d.F. der Bekanntmachung v. 27.01.2015 (BGBl. I S. 33), zuletzt geändert durch Art. 1 des Gesetzes vom 19.12.2022 (BGBl. I S. 2510).

1165 Gesetz über den Schutz des Arbeitsplatzes bei Einberufung zum Wehrdienst (Arbeitsplatzschutzgesetz) i.d.F. der Bekanntmachung v. 16.07.2009, zuletzt geändert durch Art. 2 Abs. 9 des Gesetzes vom 30.03.2021 (BGBl. I S. 402).

genommen wurde, nach Rückkehr aus der Elternzeit im laufenden oder nächsten Urlaubsjahr zu gewähren hat. Schließlich gilt nach § 4 Abs. 2 ArbPlSchG für Arbeitnehmer, die den ihnen zustehenden Urlaub vor Antritt des Wehrdienstes nicht oder nicht vollständig erhalten haben, dass der Arbeitgeber diesen dann nach dem Wehrdienst im laufenden oder nächsten Urlaubsjahr zu gewähren hat.

c) Sonderfall: Langzeiterkrankung

Hauptanwendungsfall von § 7 Abs. 3 S. 2 Alt. 2 BUrlG ist die krankheitsbedingte Arbeitsunfähigkeit des Arbeitnehmers.[1166] Erkrankt der Arbeitnehmer im Laufe des Kalenderjahres und war er deshalb nicht in der Lage, seinen Urlaub innerhalb des Urlaubsjahres (vollständig) in Anspruch zu nehmen, ordnet § 7 Abs. 3 S. 2 Alt. 2 BUrlG eine Übertragung des Urlaubs auf das Folgejahr an. Weil der Arbeitnehmer seinen Urlaub aber auch im Falle der Übertragung grds. innerhalb der ersten drei Monate des Folgejahres nehmen muss (S. 3), kann es insbesondere bei einer Langzeiterkrankung des Arbeitnehmers (die nicht nur während des Urlaubsjahres, sondern auch über den Übertragungszeitraum hinaus besteht) dazu kommen, dass der Arbeitnehmer seinen Urlaubsanspruch verliert, ohne dass er hierauf Einfluss nehmen konnte. Mit der Frage, ob die bundesurlaubsrechtlichen Bestimmungen tatsächlich diese für den Arbeitnehmer nachteilige Folge haben (dürfen), hatte sich sowohl das BAG als auch die arbeitsrechtliche Literatur in den vergangenen Jahrzehnten bereits mehrfach beschäftigt und dabei nicht immer denselben Standpunkt eingenommen.[1167]

aa) Frühere BAG-Rspr.: Kein Urlaubsverfall bei Langzeiterkrankung

In seiner früheren Rechtsprechung ging der 5. Senat des BAG davon aus, dass Urlaub, der infolge einer Langzeiterkrankung des Arbeitnehmers nicht genommen werden konnte, grundsätzlich nicht dem Verfall nach § 7 Abs. 3 S. 3 BUrlG unterliegt.[1168] Er ging davon aus, dass sich in einem solchen Fall keine *Übertragung* des Urlaubs, sondern ein automatischer *Übergang* des Urlaubs auf einen Zeitraum vollziehe, der nicht auf die ersten drei Monate des Folgejahres

---

1166 BAG, Urt. v. 05.12.1995 – 9 AZR 871/94, NZA 1996, 594 unter II. 2. a) m.w.N.; ErfK/*Gallner*, § 7 BUrlG, Rn. 62; HWK/*Schinz*, § 7 BUrlG, Rn. 90.

1167 Zu den unterschiedlichen Meinungsentwicklungen von BAG und Literatur ausführlich *Polzer*, Die Befristung des Urlaubsanspruchs auf das Kalenderjahr, S. 50 ff.

1168 Vgl. etwa BAG, Urt. v. 13.11.1969 – 5 AZR 82/69, NJW 1970, 679 unter 2.; BAG, Urt. v. 03.02.1971 – 5 AZR 282/70, BeckRS 1971, 106408 unter B. a); BAG, Urt. v. 21.07.1973 – 5 AZR 105/73, DB 1973, 1856 Rn. 18.

beschränkt ist.[1169] Wesentliches Argument hierfür war, dass das gesetzgeberische Ziel, den Arbeitnehmer im regelmäßigen Jahresrhythmus zur Erholung zu veranlassen, im Falle langdauernder Erkrankung nicht erreicht werden könne.[1170] Eine Verwirklichung des Urlaubs sei im Falle einer Erkrankung vielmehr unmöglich.[1171]

bb) BAG-Rspr. seit 1982: Möglichkeit des Verfalls auch bei Langzeiterkrankung

Erst im Jahr 1982 vollzog der dann zuständige 6. Senat des BAG einen Rechtsprechungswandel.[1172] Er war der Ansicht, dass auch Fälle einer dauerhaft krankheitsbedingten Arbeitsunfähigkeit des Arbeitnehmers von § 7 Abs. 3 S. 3 BUrlG erfasst würden, mit der Folge, dass nicht genommener Urlaub nach Ablauf des Übertragungszeitraums auch im Falle einer Langzeiterkrankung verfällt.[1173] Seine vom 5. Senat abweichende Auffassung begründete der 6. Senat damit, dass das Gesetz im Falle einer Langzeiterkrankung keine Ausnahme von dem Grundsatz vorsehe, dass Urlaubsansprüche innerhalb des Kalenderjahres, spätestens innerhalb des 3-monatigen Übertragungszeitraums gewährt und genommen werden müssten. Im Gegenteil habe der Gesetzgeber mit den Ausnahmetatbeständen des § 7 Abs. 3 S. 2 Alt. 1 (dringende betriebliche Gründe) und Alt. 2 (in der Person des Arbeitnehmers liegende Gründe) deutlich zu erkennen gegeben, dass auch im Falle einer krankheitsbedingten Arbeitsunfähigkeit (die insoweit unter Alt. 2 fällt) Verfall spätestens mit Ablauf des Übertragungszeitraums eintreten soll.[1174] Alleinige Voraussetzung für die Entstehung des Urlaubsanspruchs sei der Ablauf der Wartefrist nach § 4 BUrlG. In welchem Umfang oder ob der Arbeitnehmer überhaupt Arbeitsleistungen erbracht hat,

---

1169 BAG, Urt. v. 13.11.1969 – 5 AZR 82/69, NJW 1970, 679 unter 2., zu der Frage, ob und wenn ja, zu welchem (späteren) Zeitpunkt Verfall dann eintreten kann, äußerte sich das BAG aber nicht.

1170 Vgl. BAG, Urt. v. 13.11.1969 – 5 AZR 82/69, NJW 1970, 679 unter 2.

1171 BAG, Urt. v. 13.11.1969 – 5 AZR 82/69, NJW 1970, 679 unter 2.

1172 BAG, Urt. v. 13.05.1982 – 6 AZR 360/80, BeckRS 2012, 65204 unter II. 2.: „*Der nunmehr für die Entscheidung von Urlaubsrechtsfragen zuständige erkennende Senat hält in Abweichung vom bisher zuständigen Fünften Senat des Bundesarbeitsgerichts nicht daran fest, dass nach dem Bundesurlaubsgesetz entstandene Urlaubsansprüche, die wegen Krankheit eines Arbeitnehmers nicht gewährt und nicht genommen werden können, auf das ganze nachfolgende Urlaubsjahr übergehen.*“

1173 BAG, Urt. v. 13.05.1982 – 6 AZR 360/80, BeckRS 2012, 65204 (Ls.).

1174 BAG, Urt. v. 13.05.1982 – 6 AZR 360/80, BeckRS 2012, 65204 unter II. 4. b).

sei irrelevant.[1175] Komme es für die Entstehung des Urlaubsanspruchs also nicht darauf an, ob der Arbeitnehmer tatsächlich gearbeitet hat, könne umgekehrt auch nicht der Umstand, dass der Arbeitnehmer im Urlaubsjahr zwar gearbeitet hat, den Urlaub dann wegen Eintritts der arbeitsunfähigen Erkrankung aber nicht nehmen konnte, zu der Annahme führen, dass ihm der Urlaubsanspruch über den Übertragungszeitraum hinaus erhalten werden müsse.[1176] An dieser Rechtsprechung hielt das BAG in der Folgezeit fest.[1177]

3. *Zusammenfassung*

Nach nationalem Recht verfallen Urlaubsansprüche grundsätzlich mit Ablauf des Kalenderjahres. Eine Ausnahme gilt nur für den Fall, dass – inner- oder außerhalb des BUrlG gesetzlich angeordnete – Übertragungsgründe vorliegen, die eine Übertragung auf das Folgejahr ausdrücklich anordnen.

II. Europarechtliche Vorgaben

Seit Inkrafttreten der ersten Arbeitszeitrichtlinie 93/104/EG ist das nationale Urlaubsrecht vermehrt europarechtlichen Einflüssen ausgesetzt.[1178] Der Gerichtshof hat bereits in mehreren Entscheidungen zu der Frage Stellung genommen, ob und unter welchen Voraussetzungen Urlaubsansprüche dem Verfall unterliegen (können).[1179] Auf die in den Entscheidungen ergangenen Rechtsprechungsgrundsätze soll nachfolgend näher eingegangen werden.

1175 BAG, Urt. v. 13.05.1982 – 6 AZR 360/80, BeckRS 2012, 65204 unter II. 4. e).

1176 BAG, Urt. v. 13.05.1982 – 6 AZR 360/80, BeckRS 2012, 65204 unter II. 4. e); wie zu entscheiden ist, wenn der Arbeitgeber die Nichtgewährung des Urlaubs zu vertreten hat, lies der Senat offen.

1177 Vgl. etwa BAG, Urt. v. 05.12.1995 – 9 AZR 871/94, NZA 1996, 594 unter II. 2. a).

1178 ErfK/*Gallner*, § 7 BUrlG, Rn. 34.

1179 Vgl. exemplarisch die *Schultz-Hoff*-Entscheidung (EuGH, Urt. v. 20.01.2009 – C-350/06 (Schultz-Hoff), NZA 2009, 135) oder die Entscheidung in der Rs. *KHS* (EuGH, Urt. v. 22.11.2011 – C-240/10 (KHS), NZA 2011, 1333).

1. Verfallvoraussetzungen

a) Möglichkeit der Urlaubsnahme

aa) Grundsatz: Kein Verfall bei Unmöglichkeit der Ausübung des Urlaubsanspruchs (Rs. Schultz-Hoff*)*

Ausgehend von der Einordnung des Urlaubsanspruchs als „*besonders bedeutsame*[n] *Grundsatz des Sozialrechts der Gemeinschaft*“[1180], hat der EuGH bereits im Jahre 2009 in der Rs. *Schultz-Hoff*[1181] entschieden, dass ein Urlaubsanspruch grundsätzlich nicht dem Verfall unterliegen darf, wenn er aus vom Willen des Arbeitnehmers unabhängigen Gründen (wie etwa im Falle einer Langzeiterkrankung) nicht genommen werden konnte.[1182]

aaa) Sachverhalt

Der Arbeitnehmer Herr Schultz-Hoff erkrankte ab September 2004 bis zu seinem Ausscheiden aus dem Arbeitsverhältnis mit der Deutschen Rentenversicherung Bund (DRB) zum 30.09.2005 und darüber hinaus arbeitsunfähig. Er begehrte Abgeltung des aus dem Jahr 2004 und anteilig aus dem Jahr 2005 stammenden Urlaubs, den er aufgrund seiner arbeitsunfähigen Erkrankung nicht nehmen konnte. Das ArbG Düsseldorf[1183] wies die Klage mit der Begründung ab, dass der Urlaubsanspruch aus 2004 gem. § 7 Abs. 3 S. 3 BUrlG zum 31.03.2005 verfallen sei. Auch bestehe kein Abgeltungsanspruch des aus dem Jahr 2005 stammenden Urlaubsanspruchs, da die arbeitsunfähige Erkrankung des Herrn Schultz-Hoff bis zum Zeitpunkt des fiktiven Verfalls des Urlaubsanspruchs zum 31.03.2006 hinaus andauerte. Auch dieser Urlaubsanspruch sei daher verfallen. Gegen die Entscheidung des ArbG Düsseldorf legte Herr Schultz-Hoff Berufung beim LAG Düsseldorf ein. Dieses hegte Zweifel an der Vereinbarkeit der Befristungsregel des § 7 Abs. 3 S. 3 BUrlG mit europäischem Recht, setzte das Verfahren aus und legte dem EuGH folgende Frage zur Vorabentscheidung vor[1184]:

> „Ist Art. 7 I der Richtlinie 2003/88/EG dahin zu verstehen, dass Arbeitnehmer auf jeden Fall einen bezahlten Mindestjahresurlaub von vier Wochen erhalten müssen, insbesondere vom Arbeitnehmer wegen Krankheit im Urlaubsjahr nicht genommener Urlaub zu einer späteren Zeit zu gewähren ist, oder kann durch einzelstaatliche Rechtsvorschriften

---

1180 EuGH, Urt. v. 20.01.2009 – C-350/06 (Schultz-Hoff), NZA 2009, 135 Rn. 22.

1181 EuGH, Urt. v. 20.01.2009 – C-350/06 (Schultz-Hoff), NZA 2009, 135.

1182 EuGH, Urt. v. 20.01.2009 – C-350/06 (Schultz-Hoff), NZA 2009, 135 Rn. 43, 45, 49.

1183 ArbG Düsseldorf, Urt. v. 07.03.2006 – 3 Ca 7906/05, BeckRS 2010, 69683.

1184 LAG Düsseldorf, Vorlagebeschl. v. 02.08.2006 – 12 Sa 486/06, NZA-RR 2006, 628.

> und/oder einzelstaatliche Gepflogenheiten vorgesehen werden, dass der Anspruch auf bezahlten Jahresurlaub erlischt, wenn Arbeitnehmer im Urlaubsjahr vor der Urlaubsgewährung arbeitsunfähig erkranken und vor Ablauf des Urlaubsjahres bzw. des gesetzlich, kollektiv- oder einzelvertraglich festgelegten Übertragungszeitraums ihre Arbeitsfähigkeit nicht wiedererlangen?“

bbb) Entscheidungsgründe

Der EuGH wies darauf hin, dass Art. 7 Abs. 1 der RL 2003/88/EG einem jeden Arbeitnehmer einen Anspruch auf bezahlten Mindesturlaub im Umfang von vier Wochen gewähre, unabhängig davon, ob der Arbeitnehmer während des Bezugszeitraumes tatsächlich gearbeitet habe oder nicht.[1185] Auch liege es grundsätzlich in der Zuständigkeit der Mitgliedstaaten, einen Übertragungszeitraum festzulegen, der sich an den Bezugszeitraum anschließt, weil die Festlegung eines solchen Zeitraums zu den Voraussetzungen für die Ausübung und die Umsetzung des Urlaubsanspruchs gehöre.[1186] Dementsprechend dürften nationale Regelungen sogar den Verlust des Anspruchs auf bezahlten Jahresurlaub am Ende des Bezugs- und/oder Übertragungszeitraums vorsehen, allerdings nur unter der Voraussetzung, dass der Arbeitnehmer *„tatsächlich die Möglichkeit hatte, den ihm mit der Richtlinie verliehenen Anspruch* [auf bezahlten Jahresurlaub] *auszuüben*“[1187].[1188] Den Mitgliedstaaten sei es nicht erlaubt, bereits die Entstehung des Urlaubsanspruchs auszuschließen.[1189] Daher sei es ihnen auch nicht erlaubt, Regelungen zu treffen, die einen Verfall des Urlaubsanspruchs auch für den Fall vorsehen, dass es dem Arbeitnehmer nicht möglich war, Urlaub zu nehmen, weil er während des gesamten Bezugszeitraums und/oder über einen Übertragungszeitraum hinaus krankgeschrieben war.[1190] Solche Vorschriften würden zu einer Beeinträchtigung des jedem Arbeitnehmer unmittelbar durch Art. 7 der Arbeitszeitrichtlinie gewährten sozialen Rechts auf bezahlten Jahresurlaub führen.[1191] Dies sei ferner auch nicht nur dann der Fall, wenn der Arbeitnehmer nicht während des gesamten, sondern nur während eines Teils des Bezugszeitraumes arbeitsunfähig erkrankt ist und die arbeitsunfähige Erkrankung über

---

1185 EuGH, Urt. v. 20.01.2009 – C-350/06 (Schultz-Hoff), NZA 2009, 135 Rn. 39 ff.
1186 EuGH, Urt. v. 20.01.2009 – C-350/06 (Schultz-Hoff), NZA 2009, 135 Rn. 42.
1187 EuGH, Urt. v. 20.01.2009 – C-350/06 (Schultz-Hoff), NZA 2009, 135 Rn. 43.
1188 EuGH, Urt. v. 20.01.2009 – C-350/06 (Schultz-Hoff), NZA 2009, 135 Rn. 43, 45.
1189 EuGH, Urt. v. 20.01.2009 – C-350/06 (Schultz-Hoff), NZA 2009, 135 Rn. 46 f.
1190 EuGH, Urt. v. 20.01.2009 – C-350/06 (Schultz-Hoff), NZA 2009, 135 Rn. 47 f.
1191 EuGH, Urt. v. 20.01.2009 – C-350/06 (Schultz-Hoff), NZA 2009, 135 Rn. 45.

den Bezugs- und/oder Übertragungszeitraum hinaus fortbestehe.[1192] Auch bei nur teilweiser Arbeitsunfähigkeit während des Bezugszeitraums sei ein Verfall insoweit ausgeschlossen.[1193]

ccc) Kernaussagen

Mit der *Schultz-Hoff*-Entscheidung hat der EuGH die Zulässigkeit nationaler Verfallfristen zwar im Grundsatz anerkannt, sie jedoch an die Voraussetzung geknüpft, dass es dem Arbeitnehmer überhaupt möglich war, seinen Urlaubsanspruch auszuüben.[1194] Bestand eine solche Möglichkeit nicht, weil der Arbeitnehmer etwa über einen längeren Zeitraum hinweg arbeitsunfähig erkrankt war, soll ein Verfall des Urlaubsanspruchs ausscheiden.[1195] Für den Gerichtshof macht es dabei keinen Unterschied, ob der Arbeitnehmer während des gesamten Bezugs- und/oder Übertragungszeitraums oder auch nur Teile davon arbeitsunfähig erkrankt war. Nationale Bestimmungen, die einen Urlaubsverfall auch für den Fall anordnen, dass dem Arbeitnehmer eine Urlaubsnahme nicht (vollständig) möglich war, verstoßen gegen Art. 7 Abs. 1 der RL 2003/88/EG und sind damit europarechtswidrig.[1196]

ddd) Nationale Umsetzung

Im Anschluss an die *Schultz-Hoff*-Entscheidung hatte das BAG[1197] das durch den EuGH vorgegebene Ergebnis in das deutsche Recht zu implementieren. Der 9. Senat ließ dabei offen, ob dies mittels einer einschränkenden Auslegung nationalen Rechts erreicht werden könne, weil aus seiner Sicht jedenfalls „*eine richtlinienkonforme Rechtfortbildung durch teleologische Reduktion der zeitlichen Grenzen des § 7 Abs. 2 S. 1, 3 und 4 BUrlG in Fällen krankheitsbedingter Arbeitsunfähigkeit bis zum Ende des Urlaubsjahres und/oder des jeweiligen Übertragungszeitraums geboten und vorzunehmen*“[1198] sei.[1199] Eine richtlinienkonforme

---

1192 EuGH, Urt. v. 20.01.2009 – C-350/06 (Schultz-Hoff), NZA 2009, 135 Rn. 49 f.

1193 EuGH, Urt. v. 20.01.2009 – C-350/06 (Schultz-Hoff), NZA 2009, 135 Rn. 49 f.

1194 EuGH, Urt. v. 20.01.2009 – C-350/06 (Schultz-Hoff), NZA 2009, 135 Rn. 43.

1195 EuGH, Urt. v. 20.01.2009 – C-350/06 (Schultz-Hoff), NZA 2009, 135 Rn. 49.

1196 EuGH, Urt. v. 20.01.2009 – C-350/06 (Schultz-Hoff), NZA 2009, 135 Rn. 49 ff.

1197 Umsetzungsentscheidung des BAG v. 24.03.2009 – 9 AZR 983/07, NZA 2009, 538.

1198 BAG, Urt. v. 24.03.2009 – 9 AZR 983/07, NZA 2009, 538 Rn. 64.

1199 Kritisch zu der methodischen Umsetzung durch das BAG etwa *Ahrends*, Das europäisierte Urlaubsrecht, S. 312 ff.; *Benecke*, RdA 2011, 241 f.; *Kamanabrou*, SAE 2009, 121, 126 f.; *dies.*, SAE 2009, 233, 234 ff.; *Krause*, JA 2010, 550, 552; *Krieger/Arnold*, NZA 2009, 530, 531; *Picker*, ZTR 2009, 230, 232 ff.; *Pötters/Christensen*, JZ 2011, 387, 392 ff.; *Thüsing*, RdA 2010, 187, 189 f.

Rechtsfortbildung sei möglich, weil der EuGH unter dem Begriff „Auslegung" mehr verstehe als die im deutschen Rechtskreis übliche Unterscheidung zwischen Auslegung i.e.S. und Rechtsfortbildung.[1200] Die für die Vornahme einer teleologischen Reduktion erforderliche verdeckte Regelungslücke liege vor.[1201] Die Gesetzesmaterialien des BUrlG vor Geltung der ersten Arbeitszeitrichtlinie würden den Fall krankheitsbedingter Arbeitsunfähigkeit nicht erfassen.[1202] Die letzte Änderung des § 7 BUrlG sei mit Wirkung vom 01.06.1994 in Kraft getreten.[1203] Absatz 1 der Vorschrift sei danach um dessen S. 2 ergänzt worden, wonach der Urlaub zu gewähren ist, wenn der Arbeitnehmer dies im Anschluss an eine Maßnahme der medizinischen Vorsorge und Rehabilitation verlangt.[1204] Mit dieser Änderung sollte das gesundheitspolitische Anliegen des Gesetzgebers verdeutlicht werden.[1205] Dies entspreche einem der Ziele der Richtliniengeber, die den aus Art. 7 Abs. 1 der Arbeitszeitrichtlinie folgenden Anspruch auf bezahlten Jahresurlaub jedem Arbeitnehmer unabhängig von seinem Gesundheitszustand einräumen wollten.[1206] Die Gesetzesgeschichte des Bundesurlaubsgesetzes begründe insofern keinen Widerspruch zu den Zielen der Richtlinie.[1207] In dem Umstand, dass der krankheitsbedingt arbeitsunfähige Arbeitnehmer außerstande sei, den Urlaubsanspruch zu verwirklichen, liege gleichzeitig der Sachgrund für eine Ungleichbehandlung gegenüber arbeitsfähigen Arbeitnehmern, deren Anspruch weiterhin zeitlich befristet ist.[1208] Die richtlinienkonforme Auslegung von § 7 Abs. 3 S. 1, 3 und 4 BUrlG genüge insofern auch den Anforderungen an eine verfassungskonforme Auslegung vor dem Hintergrund des aus Art. 3 Abs. 1 GG folgenden allgemeinen Gleichheitssatzes.[1209]

Aus diesen Überlegungen folgerte der 9. Senat des BAG im Ergebnis, dass § 7 Abs. 3 S. 1, 3 und 4 BUrlG im Falle einer krankheitsbedingten Arbeitsunfähigkeit des Arbeitnehmers generell nicht zur Anwendung gelangen.[1210]

1200 BAG, Urt. v. 24.03.2009 – 9 AZR 983/07, NZA 2009, 538 Rn. 65 unter Verweis auf die Entscheidung des BAG vom 26.11.2008 – VIII ZR 200/05, EuZW 2009, 155 Rn. 21; vgl. zu den Unterschieden die Ausführungen unter § 5 D. III. 1.-3.

1201 BAG, Urt. v. 24.03.2009 – 9 AZR 983/07, NZA 2009, 538 Rn. 67.

1202 BAG, Urt. v. 24.03.2009 – 9 AZR 983/07, NZA 2009, 538 Rn. 67.

1203 BAG, Urt. v. 24.03.2009 – 9 AZR 983/07, NZA 2009, 538 Rn. 67.

1204 BAG, Urt. v. 24.03.2009 – 9 AZR 983/07, NZA 2009, 538 Rn. 67.

1205 BAG, Urt. v. 24.03.2009 – 9 AZR 983/07, NZA 2009, 538 Rn. 67.

1206 BAG, Urt. v. 24.03.2009 – 9 AZR 983/07, NZA 2009, 538 Rn. 67.

1207 BAG, Urt. v. 24.03.2009 – 9 AZR 983/07, NZA 2009, 538 Rn. 67.

1208 BAG, Urt. v. 24.03.2009 – 9 AZR 983/07, NZA 2009, 538 Rn. 68.

1209 BAG, Urt. v. 24.03.2009 – 9 AZR 983/07, NZA 2009, 538 Rn. 68.

1210 BAG, Urt. v. 24.03.2009 – 9 AZR 983/07, NZA 2009, 538 Rn. 66.

bb) *Ausnahme: Krankheitsbedingte Arbeitsunfähigkeit (Rs.* KHS*)*

Die *Schultz-Hoff*-Entscheidung des EuGH stieß in der arbeitsrechtlichen Literatur überwiegend auf Kritik.[1211] Vorgebracht wurde insbesondere, dass die Entscheidung Tür und Angel für die Möglichkeit einer dem Zweck des Urlaubsanspruchs widersprechenden unbegrenzten Ansammlung von Urlaubsansprüchen eröffne, wenn ein Verfall bei krankheitsbedingter Arbeitsunfähigkeit generell nicht eintreten dürfe.[1212]

Dem Verlangen nach einer zeitlichen Begrenzung des Übertragungszeitraums entsprach der EuGH sodann in der Rs. *KHS*[1213]:

aaa) Sachverhalt

Der klagende Arbeitnehmer Herr Schulte war infolge eines im Januar 2002 erlittenen Infarkts bis zur Beendigung seines Arbeitsverhältnisses zum 31.08.2008 arbeitsunfähig. Der auf das Arbeitsverhältnis anwendbare Tarifvertrag sah für den Fall einer arbeitsunfähigen Erkrankung eine Verfallfirst von 15 Monaten nach Ablauf des Kalenderjahres vor. Herr Schulte verlangte die Abgeltung des infolge der Arbeitsunfähigkeit nicht genommenen Jahresurlaubs aus den Jahren 2006 bis 2008. Das ArbG Dortmund[1214] sprach Herrn Schulte nur den gesetzlichen Urlaubsanspruch im Umfang von 20 Tagen sowie den Anspruch auf gesetzlichen Zusatzurlaub aufgrund der Schwerbehinderung im Umfang von zusätzlich 5 Tagen zu. Hiergegen legte die Arbeitgeberin beim LAG Hamm[1215] Berufung ein. Dieses kam zwar zu dem Ergebnis, dass der aus 2006 stammende Jahresurlaub infolge der tariflichen Verfallfrist von 15 Monaten verfallen sei, hegte aber Zweifel an der Vereinbarkeit der Tarifnorm mit Unionsrecht. Es wandte sich daher mit folgender Frage an den EuGH[1216]:

> „Ist Art. 7 Abs. 1 RL 2003/88/EG dahin auszulegen, dass er einzelstaatlichen Rechtsvorschriften und/oder Gepflogenheiten, nach denen der Anspruch auf bezahlten

---

1211 Kritisch etwa *Bauer/Arnold*, NJW 2009, 631, 632 f.; *Dornbusch/Ahner*, NZA 2009, 180, 182; *Düwell*, NZA-Beil. 2011, 133, 138 f.; *Eckert*, DStR 2009, 979, 982 f.; *Eckstein*, SAE 2010, 336, 337; *Gaul/Bonanni/Ludwig*, DB 2009, 1013, 1013; *Kamanabrou*, SAE 2009, 121, 123 ff.; *Picker*, ZTR 2009, 230, 233 f.; *Powietzka/Fallenstein*, NZA 2010, 673, 673 f.; *Sedlmeier*, EuZA 2010, 88, 91 ff.; *Subatzus*, DB 2009, 510, 511.

1212 Vgl. *Dornbusch/Ahner*, NZA 2009, 180, 182; *Subatzus*, DB 2009, 510, 511.

1213 EuGH, Urt. v. 22.11.2011 – C-240/10 (KHS), NZA 2011, 1333.

1214 ArbG Dortmund, Urt. v. 20.08.2009 – 4 Ca 1334/09, BeckRS 2010, 70213.

1215 LAG Hamm, Vorlagebeschl. v. 15.04.2010 – 16 Sa 1176/09, BeckRS 2010, 68282.

1216 LAG Hamm, Vorlagebeschl. v. 15.04.2010 – 16 Sa 1176/09, BeckRS 2010, 68282, Ls.

Mindestjahresurlaub bei Ablauf des Bezugszeitraums und/oder Übertragungszeitraums erlischt, auch dann entgegensteht, wenn der Arbeitnehmer längerfristig arbeitsunfähig ist und deshalb Mindestjahresurlaubsansprüche für mehrere Jahre ansammeln könnte, wenn diese nicht zeitlich begrenzt würden, und würde die zeitliche Begrenzung mindestens 18 Monate betragen müssen?“

bbb) Entscheidungsgründe

In seiner Entscheidung wiederholte der EuGH zunächst seine bereits in der Rs. *Schultz-Hoff* getroffenen Aussagen.[1217] Sodann führte er an, dass diese *„unter besonderen Umständen wie denen des Ausgangsverfahren nuanciert werden“*[1218] müssten.[1219] Der EuGH räumte ein, dass ein unbegrenztes Ansammeln von Urlaubsansprüchen während des Abwesenheitszeitraums des Arbeitnehmers dem Zweck des Anspruchs auf bezahlten Jahresurlaub zuwiderlaufen würde.[1220] Dieser sei darauf gerichtet, es dem Arbeitnehmer einerseits zu ermöglichen, sich von der Ausübung seiner ihm zugewiesenen Arbeitsaufgaben zu erholen und andererseits über einen Zeitraum der Entspannung und Freizeit zu verfügen.[1221] Diese Zwecke würden nur dann vollständig entfaltet, wenn eine *„gewisse zeitliche Grenze“*[1222] nicht überschritten werde.[1223] Bleibe der Urlaubsanspruch über diese Grenze erhalten, fehle ihm *„nämlich seine positive Wirkung für den Arbeitnehmer als Erholungszeit* [...].“[1224] Unter dieser Prämisse sei eine Verfallfrist nach nationalem Recht zwar möglich. Durch sie müsse jedoch gewährleistet sein, dass der Arbeitnehmer bei Bedarf über Erholungszeiträume verfügen kann, die *„längerfristig gestaffelt und geplant werden sowie verfügbar sein können.“*[1225] Ein Übertragungszeitraum müsse *„die Dauer des Bezugszeitraums, für den er gewährt wird, deutlich überschreiten.“*[1226] In diesem Zusammenhang hält der EuGH einen Übertragungszeitraum von 15 Monaten für zulässig und zieht hierfür auslegend die in Art. 9 Abs. 1 des ILO-Übereinkommens Nr. 132 enthaltenen Fristen heran[1227]: Danach muss der ununterbrochenen Teil des Jahresurlaubs

---

1217 EuGH, Urt. v. 22.11.2011 – C-240/10 (KHS), NZA 2011, 1333 Rn. 23 ff.
1218 EuGH, Urt. v. 22.11.2011 – C-240/10 (KHS), NZA 2011, 1333 Rn. 28.
1219 EuGH, Urt. v. 22.11.2011 – C-240/10 (KHS), NZA 2011, 1333 Rn. 28.
1220 EuGH, Urt. v. 22.11.2011 – C-240/10 (KHS), NZA 2011, 1333 Rn. 29 f.
1221 EuGH, Urt. v. 22.11.2011 – C-240/10 (KHS), NZA 2011, 1333 Rn. 31.
1222 EuGH, Urt. v. 22.11.2011 – C-240/10 (KHS), NZA 2011, 1333 Rn. 33.
1223 EuGH, Urt. v. 22.11.2011 – C-240/10 (KHS), NZA 2011, 1333 Rn. 33.
1224 EuGH, Urt. v. 22.11.2011 – C-240/10 (KHS), NZA 2011, 1333 Rn. 33.
1225 EuGH, Urt. v. 22.11.2011 – C-240/10 (KHS), NZA 2011, 1333 Rn. 38.
1226 EuGH, Urt. v. 22.11.2011 – C-240/10 (KHS), NZA 2011, 1333 Rn. 38.
1227 EuGH, Urt. v. 22.11.2011 – C-240/10 (KHS), NZA 2011, 1333 Rn. 41 f.

spätestens nach einem Jahr und der ununterbrochene Teil des bezahlten Jahresurlaubs spätestens 18 Monate nach Ablauf des Bezugsjahres gewährt und genommen werden. Die Vorschrift beruhe insofern auf der Erwägung, dass der Zweck des Urlaubsanspruchs nach Ablauf der dort genannten Fristen nicht mehr vollständig erreicht werden könne.[1228] Weil die Arbeitszeitrichtlinie nach ihrem 6. Erwägungsgrund den Grundsätzen der Internationalen Arbeitsorganisation Rechnung zu tragen habe, müsse der in Art. 9 Abs. 1 des Übereinkommens zum Ausdruck kommende Zweck des Anspruchs auf bezahlten Jahresurlaub bei der Berechnung des Übertragungszeitraums Berücksichtigung finden.[1229]

Unter Berücksichtigung dieser Umstände sei davon auszugehen, dass die streitgegenständliche tarifliche Verfallfrist von 15 Monaten dem Zweck des Urlaubsanspruchs nicht zuwiderlaufe, weil durch sie die für den Arbeitnehmer positive Wirkung des Urlaubsanspruchs als Erholungszeit gewährleistet sei.[1230] Eine nationale Regelung, die einen Übertragungszeitraum von 15 Monaten vorsieht und damit die Möglichkeit einer unbegrenzten Ansammlung von Urlaubsansprüchen einschränkt, sei daher auch dann zulässig, wenn ein Arbeitnehmer, der während mehrerer Bezugszeiträume in Folge arbeitsunfähig war, keine Möglichkeit hatte, den Urlaub zu nehmen.[1231]

ccc) Kernaussagen und Verhältnis zur bisherigen Rechtsprechung

In der *KHS*-Entscheidung macht der EuGH deutlich, dass auch er eine unbegrenzte Ansammlung von Urlaubsansprüchen für unionsrechtlich nicht geboten hält. Nationale Verfallfristen sollen daher auch dann zulässig sein, wenn Arbeitnehmer infolge einer Langzeiterkrankung keine Möglichkeit hatten, ihren Urlaubsanspruch wahrzunehmen. Eine Einschränkung nimmt der EuGH nur hinsichtlich der Länge des Übertragungszeitraums vor: Die Länge des Übertragungszeitraums müsse die Länge des Bezugszeitraums deutlich überschreiten.[1232] In Anlehnung an die in Art. 9 Abs. 1 ILO-Übereinkommen enthaltenen Fristen hält der EuGH einen Übertragungszeitraum von 15 Monaten für zulässig.[1233]

Mit seiner Entscheidung schob der EuGH der noch durch die *Schultz-Hoff*-Entscheidung eröffneten Möglichkeit der unbegrenzten Ansammlung von

---

1228 EuGH, Urt. v. 22.11.2011 – C-240/10 (KHS), NZA 2011, 1333 Rn. 41.
1229 EuGH, Urt. v. 22.11.2011 – C-240/10 (KHS), NZA 2011, 1333 Rn. 42.
1230 EuGH, Urt. v. 22.11.2011 – C-240/10 (KHS), NZA 2011, 1333 Rn. 43.
1231 EuGH, Urt. v. 22.11.2011 – C-240/10 (KHS), NZA 2011, 1333 Rn. 44.
1232 EuGH, Urt. v. 22.11.2011 – C-240/10 (KHS), NZA 2011, 1333 Rn. 38.
1233 EuGH, Urt. v. 22.11.2011 – C-240/10 (KHS), NZA 2011, 1333 Rn. 41 ff.

Urlaubstagen einen Riegel vor. Der EuGH hält zwar an dem dort aufgestellten Grundsatz fest, dass ein Urlaubsverfall nur bei Möglichkeit der Urlaubsnahme möglich ist. Er relativiert diesen Grundsatz jedoch durch die Zulässigkeit nationaler Verfallfristen, die einen Übertragungszeitraum von 15 Monaten vorsehen.

ddd) Nationale Umsetzung

In der Umsetzungsentscheidung im Nachgang an die *KHS*-Entscheidung merkte der 9. Senat des BAG an, dass auf die im Rahmen früherer Rechtsprechung gewonnenen Auslegungsergebnisse zurückgegriffen werden müsse.[1234] Nach dieser war ein Verfall des Urlaubsanspruchs ausgeschlossen, wenn der Arbeitnehmer in Folge lang andauernder Arbeitsunfähigkeit gehindert war, den Urlaub vor Ablauf des Kalenderjahres bzw. des Übertragungszeitraums auszuüben. Der Regelungsgehalt des § 7 Abs. 3 S. 3 BUrlG sei vielmehr dahin interpretiert worden, dass der Urlaub im Falle der Unmöglichkeit der Urlaubsnahme im Kalenderjahr aufgrund von Arbeitsunfähigkeit auf das folgende Kalenderjahr übertragen wurde, ohne hierbei zeitlichen Beschränkungen zu unterliegen.[1235] Hiervon ausgehend habe das BAG deshalb bereits in einer früheren Entscheidung klargestellt, dass der Urlaubsanspruch nicht nur aus dem neuen, zu Beginn eines jeden Jahres entstehenden Urlaubsanspruchs bestehe, sondern den übertragenen Urlaubsanspruch aus dem Vorjahr miteinschließt. Auf diese Weise wachse der Urlaubsanspruch an und nach § 7 Abs. 3 S. 3 BUrlG ergebe sich lediglich die Besonderheit, dass der Arbeitgeber den aus dem Vorjahr stammenden Urlaubsanteil innerhalb des ersten Quartals gewähren muss.[1236] Der aus dem Vorjahr übertragene Urlaubsanspruch sei nicht privilegiert, sondern unterliege (wiederum) dem Fristenregime des § 7 Abs. 3 BUrlG.[1237]

Ohne sich näher festzulegen, ob dieses Ergebnis auf einer richtlinienkonformen Auslegung oder einer richtlinienkonformen Rechtsfortbildung folgt[1238], entschied der 9. Senat, dass § 7 Abs. 3 S. 3 BUrlG unionskonform so auszulegen sei, dass gesetzliche Urlaubsansprüche vor Ablauf eines Zeitraums von 15 Monaten

1234 BAG, Urt. v. 07.08.2012 – 9 AZR 353/10, NZA 2012, 1216 Rn. 34 unter Verweis auf die Entscheidung des BAG v. 13.11.1969 – 5 AZR 82/69, NJW 1970, 679.

1235 BAG, Urt. v. 07.08.2012 – 9 AZR 353/10, NZA 2012, 1216 Rn. 34.

1236 BAG, Urt. v. 07.08.2012 – 9 AZR 353/10, NZA 2012, 1216 Rn. 34.

1237 BAG, Urt. v. 07.08.2012 – 9 AZR 353/10, NZA 2012, 1216 Rn. 34.

1238 Der 9. Senat ließ auch dahinstehen, „*inwieweit rechtsmethodisch an der klassischen Unterscheidung zwischen Auslegung und Rechtsfortbildung festzuhalten ist.*“, BAG, Urt. v. 07.08.2012 – 9 AZR 353/10, NZA 2012, 1216 Rn. 33.

nach dem Ende des Urlaubsjahres nicht erlöschen dürfen, wenn der Arbeitnehmer aus gesundheitlichen Gründen an seiner Arbeitsleistung gehindert war, sie dann aber – auch im Falle fortdauernder Arbeitsunfähigkeit – spätestens mit Ablauf des 31. März des zweiten Folgejahres untergehen.[1239] Diese Auslegung von § 7 Abs 3 BUrlG entspricht mittlerweile ständiger Rechtsprechung.[1240]

b) (Fehlender) Kausalzusammenhang zwischen mangelnder Urlaubsnahme und Tun/Unterlassen des Arbeitgebers

Neben dem Erfordernis der Möglichkeit der Urlaubsnahme stellt der EuGH hinsichtlich der Frage des Verfalls – vermehrt – auch darauf ab, ob der Arbeitgeber in irgendeiner Form dazu beigetragen haben könnte, dass der Arbeitnehmer von einer Realisierung seines Urlaubsanspruchs abgesehen hat.

aa) Weigerung der Zahlung des Urlaubsentgelts (Rs. King*)*

So hat der EuGH etwa eine Gegenausnahme von dem Grundsatz, dass ein unbegrenztes Ansammeln von Urlaubsansprüchen dem Urlaubszweck zuwiderlaufen und daher (zeitlich) eingeschränkt werden müsse, in der Rs. *King*[1241] für den Fall angenommen, dass sich der Arbeitgeber weigert, die Urlaubszeiten des Arbeitnehmers zu vergüten.

aaa) Entscheidungsgründe

Anknüpfend an seine bisherige Rechtsprechung zu langzeiterkrankten Arbeitnehmern führte der EuGH aus, dass die Zulässigkeit nationaler Verfallfristen, die eine Kumulierung von Urlaubsansprüchen zeitlich einschränken, aus Schutzwürdigkeitsgesichtspunkten nicht nur des Arbeitnehmers, sondern auch des Arbeitgebers herrührt.[1242] Weil auch der Arbeitgeber ein schutzwürdiges Interesse an der Verhinderung einer Ansammlung von zu langen Abwesenheitszeiten des Arbeitnehmers habe, die ferner auch zu Schwierigkeiten bei der Arbeitsorganisation führen könnten, sei es gerechtfertigt, eine Ausnahme von dem Grundsatz zuzulassen, dass der Urlaubsanspruch nur dann verfallen kann,

---

1239 BAG, Urt. v. 07.08.2012 – 9 AZR 353/10, NZA 2012, 1216 Rn. 32, 40.

1240 Vgl. nur BAG, Urt. v. 11.06.2013 – 9 AZR 855/11, BeckRS 2013, 72914 Rn. 19; BAG, Urt. v. 12.11.2013 – 9 AZR 727/12, BeckRS 2014, 65869 Rn. 12; BAG, Urt. v. 22.09.2015 – 9 AZR 170, NZA 2016, 37 Rn. 13.

1241 EuGH, Urt. v. 29.11.2017 – C-214/16 (King), NZA 2017, 1591; vgl. hierzu schon oben unter § 3 A. III. 2.

1242 EuGH, Urt. v. 29.11.2017 – C-214/16 (King), NZA 2017, 1591 Rn. 55.

wenn der Arbeitnehmer tatsächlich die Möglichkeit hatte, ihn auszuüben.[1243] Die Situation sei aber eine andere, wenn sich der Arbeitgeber – wie im Ausgangsverfahren[1244] – weigert, den Urlaub zu vergüten, weil er irrtümlich davon ausgeht, der Arbeitnehmer habe keinen Arbeitnehmerstatus und dementsprechend auch kein Anspruch auf bezahlten Urlaub. Anders als bei Fällen einer Langzeiterkrankung des Arbeitnehmers profitiere der Arbeitgeber dann nämlich von dem Umstand, dass der Arbeitnehmer seine Arbeitsleistungen nicht unterbrochen hat, um bezahlten Jahresurlaub zu nehmen.[1245] Ließe man es unter diesen Umständen zu, dass der Urlaubsanspruch erlischt, würde man aus Sicht des EuGH damit „*im Ergebnis ein Verhalten bestätigen, das zu einer unrechtmäßigen Bereicherung des Arbeitgebers führt und dem Zweck der Richtlinie, die Gesundheit des Arbeitnehmers zu schützen, zuwiderläuft.*“[1246] Habe der Arbeitgeber den Arbeitnehmer nicht in die Lage versetzt, seinen Urlaubsanspruch auszuüben, habe er „*die sich hieraus ergebenden Folgen zu tragen* […].“[1247]

bbb) Kernaussagen und Verhältnis zur bisherigen Rechtsprechung

In der *King*-Entscheidung hebt der EuGH wieder den Grundsatz hervor, dass ein Verfall des Urlaubsanspruchs nur dann eintreten kann, wenn der Arbeitnehmer tatsächlich in der Lage war, den Urlaubsanspruch wahrzunehmen.[1248] Von diesem Grundsatz soll nur dann abgewichen werden können, wenn besondere Umstände eine hiervon abweichende Bewertung rechtfertigen.[1249] Solche besonderen Umstände lägen zwar im Falle einer längerfristigen krankheitsbedingten Arbeitsunfähigkeit des Arbeitnehmers vor (so die Ausgangssituation in der Rs. *KHS*), nicht aber, wenn der Arbeitgeber von der Arbeitsleistung des Arbeitnehmers profitiert hat (so die Ausgangssituation in der Rs. *King*).[1250]

Indem der EuGH in seiner Entscheidung ausdrücklich auf seine vorherige Rechtsprechung zu langzeiterkrankten Arbeitnehmern Bezug nimmt und die dort geltenden Grundsätze zu denjenigen des Ausgangssachverhalts ins Verhältnis setzt, bringt er zum Ausdruck, dass er sich von seiner bisherigen

---

1243 EuGH, Urt. v. 29.11.2017 – C-214/16 (King), NZA 2017, 1591 Rn. 55.
1244 Zum Sachverhalt oben unter § 3 A. III. 2. a).
1245 EuGH, Urt. v. 29.11.2017 – C-214/16 (King), NZA 2017, 1591 Rn. 60.
1246 EuGH, Urt. v. 29.11.2017 – C-214/16 (King), NZA 2017, 1591 Rn. 64.
1247 EuGH, Urt. v. 29.11.2017 – C-214/16 (King), NZA 2017, 1591 Rn. 63.
1248 EuGH, Urt. v. 29.11.2017 – C-214/16 (King), NZA 2017, 1591 Rn. 56.
1249 EuGH, Urt. v. 29.11.2017 – C-214/16 (King), NZA 2017, 1591 Rn. 55 f.
1250 EuGH, Urt. v. 29.11.2017 – C-214/16 (King), NZA 2017, 1591 Rn. 60.

Rechtsprechung nicht distanzieren, sondern vielmehr eine Abgrenzung vornehmen und seine Urlaubsrechtsprechung insoweit fortentwickeln will.[1251] Im Falle langzeiterkrankter Arbeitnehmer, die ihren Urlaubsanspruch aufgrund ihrer Erkrankung nicht ausüben können, kommt daher nach wie vor die 15-Monats-Frist zur Anwendung. Hingegen soll kein Verfall des Urlaubsanspruchs eintreten können, wenn sich der Arbeitgeber geweigert hat, dem Arbeitnehmer für die Zeit des Urlaubs eine Vergütung zu gewähren. In diesem Fall profitiert der Arbeitgeber von der Arbeitskraft des Arbeitnehmers und ist nicht mit langen Abwesenheitszeiten des Arbeitnehmers konfrontiert, sodass er vor der Gefahr der unbegrenzten Ansammlung von Urlaubstagen aus Sicht des EuGH nicht notwendig geschützt werden muss.[1252]

bb) Unterlassene Mitwirkung an der Urlaubsverwirklichung

Neben der Möglichkeit der Urlaubsnahme ist seit der *Max-Planck*-Entscheidung nunmehr zusätzliche Voraussetzung für den Verfall des Urlaubsanspruchs, dass der Arbeitgeber an der Urlaubsverwirklichung mitgewirkt hat.[1253] Während der EuGH[1254] hierfür verlangt, dass der Arbeitgeber den Arbeitnehmer – erforderlichenfalls förmlich – dazu auffordert, seinen Anspruch auf bezahlten Jahresurlaub zu nehmen und ihm mitteilt, dass der Urlaub, wenn er ihn nicht nimmt, am Ende des Bezugs- bzw. Übertragungszeitraums verfällt, verlangt das BAG[1255] darüber hinaus auch die Mitteilung der Anzahl der dem Arbeitnehmer konkret zustehenden Urlaubstage.

aaa) Vermutung eines Kausalzusammenhangs

Wie dargelegt gründen sich die in der Rs. *Max-Planck-Gesellschaft* entwickelten Rechtsprechungsgrundsätze auf der Hypothese, dass ein Arbeitnehmer aufgrund seiner im Vergleich zum Arbeitgeber *„schwächeren Position"*[1256] darauf

1251 Zutreffend *Arnold*, ArbRAktuell 2017, 619; *v. Kummer/Lüthge*, NZA-RR 2018, 71, 72; *Siebert*, NJW 2018, 33, 37; *Stenslik/Tuchlinski*, DStR 2018, 814, 816.

1252 EuGH, Urt. v. 29.11.2017 – C-214/16 (King), NZA 2017, 1591 Rn. 59 f.

1253 EuGH, Urt. v. 06.11.2018 – C-684/16 (Max-Planck-Gesellschaft), NZA 2018, 1474 Rn. 45.

1254 EuGH, Urt. v. 06.11.2018 – C-684/16 (Max-Planck-Gesellschaft), NZA 2018, 1474 Rn. 45.

1255 BAG, Urt. v. 19.02.2019 – 9 AZR 423/16, NZA 2019, 977 Rn. 41.

1256 EuGH, Urt. v. 06.11.2018 – C-684/16 (Max-Planck-Gesellschaft), NZA 2018, 1474 Rn. 41.

angewiesen ist, dass der Arbeitgeber aktiv an der Urlaubsverwirklichung mitwirkt. Denn andernfalls könne er – so der EuGH – aus Angst vor nachteiligen Konsequenzen davon abgeschreckt werden, seinen Urlaub tatsächlich zu nehmen.[1257] Der Arbeitgeber muss daher durch geeignete Hinweis- und Aufforderungshandlungen *„dafür sorgen, dass der Arbeitnehmer tatsächlich in der Lage ist, seinen bezahlten Jahresurlaub zu nehmen* […].“[1258] Unterlässt der Arbeitgeber die Vornahme der Mitwirkungsobliegenheiten, wird vermutet, dass der Arbeitnehmer aus diesem Grunde von der Inanspruchnahme des Urlaubs abgesehen hat bzw. zumindest potenziell davon abgesehen haben könnte.[1259] Während also die Vornahme der Mitwirkungsobliegenheiten zu einer Urlaubs*verwirklichung* führen soll, soll ihre Unterlassung umgekehrt zur Urlaubs*verhinderung* führen (können), was deshalb auch den Erhalt des Urlaubsanspruchs zur Folge haben soll.[1260]

Unabhängig davon, ob die von EuGH aufgestellte Hypothese tatsächlich zutrifft[1261], wird der (mögliche) Kausalzusammenhang zwischen einem bestimmten Tun oder Unterlassen des Arbeitgebers und der mangelnden Urlaubsnahme zum tragenden Grund für den Erhalt des Urlaubsanspruchs erhoben.[1262] In den Worten des EuGH heißt es: *„Jede Praxis oder Unterlassung, die den Arbeitnehmer*

1257 Vgl. EuGH, Urt. v. 06.11.2018 – C-684/16 (Max-Planck-Gesellschaft), NZA 2018, 1474 Rn. 41; hierzu auch schon oben unter § 6 B. I.

1258 EuGH, Urt. v. 06.11.2018 – C-684/16 (Max-Planck-Gesellschaft), NZA 2018, 1474 Rn. 45.

1259 Vgl. EuGH, Urt. v. 06.11.2018 – C-684/16 (Max-Planck-Gesellschaft), NZA 2018, 1474 Rn. 41 f.: Der Arbeitnehmer könne von einer Geltendmachung seiner Rechte gegenüber dem Arbeitgeber *„abgeschreckt“* werden.

1260 Vgl. EuGH, Urt. v. 06.11.2018 – C-684/16 (Max-Planck-Gesellschaft), NZA 2018, 1474 Rn. 41 f.

1261 Zweifelnd etwa *Powietzka*, BB 2019, 52, 55 f.; *Wutte*, EuZA 2019, 222, 227; ferner *Arnold/Zeh*, NZA 2019, 1, 3; die Hypothese für zutreffend haltend hingegen wohl *Geiger*, NZA 2020, 359, 361 f.: *„Von so manchem Ordinarius ist überliefert, dass sie bei ihren Mitarbeiterinnen und Mitarbeitern zwei Worte gehasst haben: die Worte ‚Krankheit‘ und ‚Urlaub‘, und allein die Einreichung eines Urlaubsantrags schon das ‚Aus‘ für die Vertragsverlängerung und die weitere wissenschaftliche Karriere bedeuten konnte.“*

1262 Auf das Kriterium der Kausalität stellt auch das BAG ab, vgl. nur BAG, Vorlagebeschl. v. 07.07.2020 – 9 AZR 401/19 (A), NZA 2020, 1541 Rn. 26.

davon abhalten kann, den Jahresurlaub zu nehmen, [verstößt] *gegen das mit dem Recht auf Jahresurlaub verfolgte Ziel.*“[1263]

bbb) Keine Widerlegung, kein Verfall

Gelingt es dem Arbeitgeber nicht, nachzuweisen, dass er „*mit aller gebotenen Sorgfalt gehandelt hat, um den Arbeitnehmer in die Lage zu versetzen, den ihm zustehenden bezahlten Jahresurlaub zu nehmen*“[1264], erlischt der Urlaubsanspruch nicht mit Ablauf des Bezugs- oder Übertragungszeitraums.[1265] Der Urlaubsanspruch bleibt in diesem Fall erhalten.[1266]

2. Zusammenfassung

Fasst man die bisherigen, vom EuGH entwickelten Urlaubsgrundsätze zusammen, lässt sich festhalten, dass ein Verfall des Urlaubsanspruchs nach europäischen Grundsätzen und mithin auch nach nationalem Recht grundsätzlich unzulässig ist, wenn es dem Arbeitnehmer aus von seinem Willen unabhängigen Gründen[1267] (wie z.B. im Falle einer Langzeiterkrankung[1268]) nicht möglich war, Urlaub zu beanspruchen.[1269] Ferner darf ein Verfall des Urlaubsanspruchs nicht eintreten, wenn nicht auszuschließen ist, dass ein bestimmtes Verhalten des Arbeitgebers (Tun oder Unterlassen) für die Nichtinanspruchnahme des

1263 EuGH, Urt. v. 06.11.2018 – C-684/16 (Max-Planck-Gesellschaft), NZA 2018, 1474 Rn. 42; indem es der EuGH insofern ausreichen lässt, dass ein bestimmtes Arbeitgeberverhalten bzw. -unterlassen den Arbeitnehmer von der Urlaubsnahme abhalten „kann“, wird deutlich, dass das Tun oder Unterlassen nicht die alleinige Ursache für die mangelnde Anspruchsverwirklichung sein muss. Eine potenzielle (Mit-)Ursächlichkeit reicht aus; hierzu näher unten unter § 13 A. II. 3.

1264 EuGH, Urt. v. 06.11.2018 – C-684/16 (Max-Planck-Gesellschaft), NZA 2018, 1474 Rn. 46.

1265 EuGH, Urt. v. 06.11.2018 – C-684/16 (Max-Planck-Gesellschaft), NZA 2018, 1474 Rn. 46.

1266 Dabei bleibt der Urlaubsanspruch so lange erhalten, bis der Arbeitgeber seine Mitwirkungsobliegenheiten ordnungsgemäß nachholt und hierdurch die Befristung des Urlaubsanspruchs gem. § 7 Abs. 3 S. 1 und S. 3 BUrlG herbeiführt, vgl. BAG, Urt. v. 19.02.2019 – 9 AZR 423/16, NZA 2019, 977 Rn. 44.

1267 So etwa auch in EuGH, Urt. v. 25.06.2020 – C-762/18 u.a. (Varhoven kasatsionen), NZA 2020, 1001 Rn. 67: „*vom Willen dieses Arbeitnehmers unabhängig.*“

1268 Vgl. EuGH, Urt. v. 20.01.2009 – C-350/06 (Schultz-Hoff), NZA 2009, 135 Rn. 38, 49.

1269 EuGH, Urt. v. 20.01.2009 – C-350/06 (Schultz-Hoff), NZA 2009, 135 Rn. 49.

Urlaubs (mit-)ursächlich war.[1270] In beiden genannten Fällen verstößt ein Verfall des Urlaubsanspruchs mit Ablauf des nationalen Bezugs- bzw. Übertragungszeitraums gegen Art. 7 Abs. 1 der RL 2003/88/EG. Ob hieraus zugleich folgt, dass Urlaubsansprüche unbegrenzt erhalten bleiben müssen, hat der EuGH ausdrücklich nur für den Fall der Langzeiterkrankung verneint und diesbezüglich eine 15-monatige Verfallfrist für zulässig gehalten.[1271]

3. *Verhältnis Langzeiterkrankung und Mitwirkungsobliegenheiten*

Seit der Entscheidung des EuGH in der Rs. *KHS* ist anerkannt, dass Urlaubsansprüche auch im Falle einer Langzeiterkrankung des Arbeitnehmers jedenfalls 15 Monate nach Ablauf des Urlaubsjahres verfallen.[1272] Demgegenüber hat der EuGH in der Rs. *Max-Planck-Gesellschaft* klargestellt, dass ein Verfall von Urlaubsansprüchen ausgeschlossen ist, wenn der Arbeitgeber seine Mitwirkungsobliegenheiten nicht erfüllt hat.[1273] Nach Erlass der *Max-Planck*-Entscheidung hat sich daher schnell die Frage angeschlossen, wie diese Grundsätze miteinander in Einklang zu bringen sind, wenn beide Fallkonstellationen aufeinandertreffen.[1274] Hat der Arbeitgeber den Arbeitnehmer nicht entsprechend den Anforderungen des EuGH und des BAG zu Beginn des Kalenderjahres darauf hingewiesen, wie viel Urlaubstage ihm zustehen, ihn nicht aufgefordert, den Urlaub zu nehmen und ihn nicht darüber belehrt, dass er den Urlaub nehmen soll, weil er andernfalls erlischt und erkrankt der Arbeitnehmer dann im Laufe des Urlaubsjahres über einen Zeitraum, der über das Urlaubsjahr und/oder den Übertragungszeitraum hinausgeht, stellt sich die Frage, ob nicht genommener Urlaub dann – entsprechend den Vorgaben in der Rs. *KHS* – spätestens nach Ablauf der 15-Monats-Frist erlischt, oder ein Verfall – entsprechend den Vorgaben in der Rs. *Max-Planck-Gesellschaft* – wegen Nichterfüllung der

1270 EuGH, Urt. v. 29.11.2017 – C-214/16 (King), NZA 2017, 1591 Rn. 39 und EuGH, Urt. v. 06.11.2018 – C-684/16 (Max-Planck-Gesellschaft), NZA 2018, 1474 Rn. 42: „[…] *jede Praxis oder Unterlassung eines Arbeitgebers, die den Arbeitnehmer davon abhalten kann, den Jahresurlaub zu nehmen* [verstößt] *gegen das mit dem Recht auf bezahlten Jahresurlaub verfolgte Ziel.*“

1271 EuGH, Urt. v. 22.11.2011 – C-210/10 (KHS), NUA 2011, 1333 Rn. 44.

1272 EuGH, Urt. v. 22.11.2011 – C-214/10 (KHS), NZA 2011, 1333 Rn. 44; EuGH, Urt. v. 25.06.2020 – C 762/18 u.a. Varhoven kasatsionen), NZA 2020, 1001 Rn. 71; BAG, Urt. v. 11.06.2013 – 9 AZR 855/11, BeckRS 2013, 72914 Rn. 19.

1273 EuGH, Urt. v. 06.11.2018 – C-684/16 (Max-Planck-Gesellschaft), NZA 2018, 1474 Rn. 45 f., Rn. 55 f.

1274 Eingehend hierzu *Schlachter/Schneider*, RdA 2021, 240 ff.

Mitwirkungsobliegenheiten u.U. generell ausscheidet.[1275] Im Kern geht es also um die Frage, welche Rechtsprechungsgrundsätze in dieser Fallkonstellation Vorrang genießen. Dieser Frage soll im Folgenden nachgegangen werden.

a) Geltung der 15-Monatsfrist im Falle erfüllter Mitwirkungsobliegenheiten

Keine Probleme ergeben sich zunächst, wenn der Arbeitgeber seinen Mitwirkungsobliegenheiten rechtzeitig und ordnungsgemäß vor Eintritt der arbeitsunfähigen Erkrankung nachgekommen ist.[1276] Eine Kollision der unterschiedlichen Rechtsprechungsgrundsätze ist dann nicht zu befürchten und es bleibt bei der Geltung der aus richtlinienkonformer Auslegung von § 7 Abs. 3 BUrlG folgenden 15-Monatsfrist.[1277] In diesem Fall überwiegt das schutzwürdige Interesse des Arbeitgebers, ein unbegrenztes Ansammeln von Urlaubsansprüchen, die mit langen Abwesenheitszeiten und damit auch mit Schwierigkeiten bezüglich der Arbeitsorganisation einhergehen, zu verhindern.[1278]

b) Geltung der 15-Monatsfrist im Falle unterlassener Mitwirkungsobliegenheiten

Die Klärung der Frage, welche Rechtsprechungsgrundsätze sich durchsetzen, wird hingegen relevant, wenn der Arbeitgeber seinen Mitwirkungsobliegenheiten *nicht* rechtzeitig und ordnungsgemäß nachgekommen ist und der Arbeitnehmer arbeitsunfähig erkrankt. Dabei ist weiter danach zu differenzieren, ob der Arbeitnehmer *durchgehend*, d.h. während des gesamten Urlaubsjahres bis einschließlich 31.03. des zweiten auf das Urlaubsjahr folgenden Kalenderjahres dauerhaft arbeitsunfähig erkrankt ist und damit generell keine Möglichkeit (mehr) zur Urlaubsnahme bestand oder der Arbeitnehmer den Urlaub bis zum

---

1275 Vgl. hierzu BAG, Vorlagebeschl. v. 07.07.2020 – 9 AZR 401/19 (A), NZA 2020, 1541 Rn. 16 ff.

1276 Vgl. BAG, Vorlagebeschl. v. 07.07.2020 – 9 AZR 401/19 (A), NZA 2020, 1541 Rn. 18; BAG, Urt. v. 31.01.2023 – 9 AZR 107/20, BeckRS 2023, 8405 Rn. 15.

1277 BAG, Vorlagebeschl. v. 07.07.2020 – 9 AZR 401/19 (A), NZA 2020, 1541 Rn. 18.

1278 So zutreffend BAG, Vorlagebeschl. v. 07.07.2020 – 9 AZR 401/19 (A), NZA 2020, 1541 Rn. 18 mit Verweis auf EuGH, Urt. v. 25.06.2020 – C-762/18 u.a. (Varhoven kasationen), NZA 2020, 1001 Rn. 71; vgl. hierzu auch EuGH, Urt. v. 22.11.2011 – C-214/10 (KHS), NZA 2011, 1333 Rn. 28, 38, 44; EuGH, Urt. v. 29.11.2017 – C-214/16 (King), NZA-RR 2017, 1591 Rn. 55 ff.

Eintritt der krankheitsbedingten Arbeitsunfähigkeit zumindest *teilweise* hätte nehmen können.[1279]

aa) Durchgehende Arbeitsunfähigkeit

Das BAG geht davon aus, dass in Kombination von unterlassenen Mitwirkungsobliegenheiten und *durchgehend* krankheitsbedingter Arbeitsunfähigkeit, d.h. ununterbrochener Arbeitsunfähigkeit während des gesamten Urlaubsjahres bis einschließlich 31.03. des zweiten auf das Urlaubsjahr folgenden Jahres die 15-Monatsfrist uneingeschränkt zum Zuge kommt.[1280] Sei es dem Arbeitnehmer allein aufgrund durchgehend bestehender krankheitsbedingter Arbeitsunfähigkeit nicht möglich, den Urlaub anzutreten, sei ein Verfall des Urlaubsanspruchs möglich, weil dann allein die Langzeiterkrankung und nicht Handlungen oder Unterlassungen des Arbeitgebers wie die Nichterfüllung der Mitwirkungsobliegenheiten kausal für die Nichtinanspruchnahme des Urlaubs seien.[1281] Insofern habe der Arbeitgeber seine Mitwirkungsobliegenheiten zwar grds. auch gegenüber langzeiterkrankten Arbeitnehmern vorzunehmen.[1282] Ist aber eine Urlaubsnahme wegen krankheitsbedingter Arbeitsunfähigkeit ohnehin nicht möglich, hätte der Zweck der Mitwirkungsobliegenheiten auch bei deren ordnungsgemäßen Erfüllung nicht erreicht werden können.[1283] Es fehle in diesem Fall an einem Kausalzusammenhang zwischen unterlassener Mitwirkung des Arbeitgebers an der Urlaubsverwirklichung und unterlassener Urlaubsnahme des Arbeitnehmers, weshalb es auch nicht gerechtfertigt sei, an die Unterlassung der Mitwirkungsobliegenheiten die für den Arbeitgeber nachteilige Rechtsfolge

---

1279 Vgl. zur letztgenannten Konstellation auch die Ausführungen des BAG im Vorlagebeschluss v. 07.07.2020 – 9 AZR 401/19 (A), NZA 2020, 1541 Rn. 28 ff.

1280 Vgl. nur BAG, Urt. v. 28.03.2023 – 9 AZR 488/21, NZA 2023, 826 Rn. 30; BAG, Urt. v. 31.01.2023 – 9 AZR 107/20, BeckRS 2023, 8405 Rn. 14; BAG, Urt. v. 31.01.2023 – 9 AZR 85/22, BeckRS 2023, 8412 Rn. 11; BAG, Urt. v. 20.12.2022 – 9 AZR 401/19, BeckRS 2022, 46689 Rn. 21; BAG, Vorlagebeschl. v. 07.07.2020 – 9 AZR 401/19 (A), NZA 2020, 1541 Rn. 19 ff., 26; so auch LAG Hamm, Urt. v. 17.02.2022 – 5 Sa 872/21, NZA-RR 2022, 291 Rn. 39 ff.; DHSW/*Holthaus*, § 7 BUrlG, Rn. 81.

1281 BAG, Urt. v. 31.01.2023 – 9 AZR 107/20, BeckRS 2023, 8405 Rn. 14; BAG, Urt. v. 20.12.2022 – 9 AZR 401/19, BeckRS 2022, 46689 Rn. 21; BAG, Vorlagebeschl. v. 07.07.2020 – 9 AZR 401/19 (A), NZA 2020, 1541 Rn. 19.

1282 BAG, Vorlagebeschl. v. 07.07.2020 – 9 AZR 401/19 (A), NZA 2020, 1541 Rn. 20 ff.; hierzu ausführlich oben unter § 11 A. II.

1283 BAG, Vorlagebeschl. v. 07.07.2020 – 9 AZR 401/19 (A), NZA 2020, 1541 Rn. 24, 26 f.

der Nichtverfallbarkeit der Urlaubsansprüche zu knüpfen.[1284] Alleinige Ursache für die mangelnde Urlaubsrealisierung sei dann nämlich die fortbestehende Arbeitsunfähigkeit des Arbeitnehmers.[1285]

bb) Teilweise Arbeitsunfähigkeit

Hat der Arbeitgeber seine Mitwirkungsobliegenheiten unterlassen, der Arbeitnehmer den Urlaub im Urlaubsjahr bis zum Eintritt der Arbeitsunfähigkeit aber zumindest noch zum Teil hätte nehmen können, steht hingegen die Frage nach einer Mitursächlichkeit des Arbeitgebers an der mangelnden Urlaubsverwirklichung im Raum und damit die Frage, ob der Urlaubsanspruch in diesem Fall überhaupt oder jedenfalls nach Ablauf der 15-Monatsfrist verfallen darf.[1286]

aaa) Vorlagebeschuss des BAG v. 07.07.2020 – 9 AZR 401/19 (A) u.a.

Das BAG wandte sich diesbezüglich mit einer erneuten Vorlage an den EuGH.[1287] Es hat angefragt, ob das Unionsrecht ein Erlöschen des Urlaubsanspruchs bei einer ununterbrochen fortbestehenden Erkrankung des Arbeitnehmers 15 Monate nach Ablauf des Urlaubsjahres (oder einer längeren Frist) auch dann gestattet, wenn der Arbeitgeber zuvor seine Mitwirkungsobliegenheiten unterlassen hat, der Arbeitnehmer den Urlaub bis zum Eintritt der Arbeitsunfähigkeit aber zumindest zum Teil hätte nehmen können.[1288]

1284 BAG, Vorlagebeschl. v. 07.07.2020 – 9 AZR 401/19 (A), NZA 2020, 1541 Rn. 26: „*Unter diesen Umständen ist es dem Arbeitgeber, der seinen Obliegenheiten nicht nachgekommen ist, nicht verwehrt, sich auf die Befristung und das Erlöschen des Urlaubsanspruchs zu berufen.*“

1285 BAG, Urt. v. 31.01.2023 – 9 AZR 107/20, BeckRS 2023, 8405 Rn. 14; BAG, Urt. v. 31.01.2023 – 9 AZR 85/22, BeckRS 2023, 8412 Rn. 11; BAG, Urt. v. 20.12.2022 – 9 AZR 401/19, BeckRS 2022, 46689 Rn. 21; BAG, Vorlagebeschl. v. 07.07.2020 – 9 AZR 401/19 (A), NZA 2020, 1541 Rn. 26 f.

1286 BAG, Vorlagebeschl. v. 07.07.2020 – 9 AZR 401/19 (A), NZA 2020, 1541 Rn. 29 ff.

1287 BAG, Vorlagebeschl. v. 07.07.2020 – 9 AZR 401/19 (A), NZA 2020, 1541; vgl. für den Fall des unterjährigen Eintritts der Erwerbsunfähigkeit in Kombination mit unterlassener Mitwirkungsobliegenheiten auch die Parallelentscheidung des BAG v. 07.07.2020 – 9 AZR 245/19 (A), NZA 2020, 1547.

1288 BAG, Vorlagebeschl. v. 07.07.2020 – 9 AZR 401/19 (A), NZA 2020, 1541 Rn. 29 ff.

(1) Sachverhalt

Gegenstand des Ausgangsverfahrens war folgender Sachverhalt[1289]: Die Arbeitnehmerin erkrankte im Verlauf des Jahres 2017, ohne zuvor den gesamten ihr zustehenden gesetzlichen Urlaubsanspruch in Anspruch genommen zu haben. Die Arbeitgeberin hatte die Arbeitnehmerin weder aufgefordert, ihren Urlaub zu nehmen, noch darauf hingewiesen, dass nicht beantragter Urlaub mit Ablauf des Kalenderjahres bzw. mit Ablauf des Übertragungszeitraums verfallen kann. Die Arbeitnehmerin war der Ansicht, dass ihr die nicht genommenen restlichen 14 Urlaubstage aus dem Jahr 2017 weiterhin zustünden, da diese mangels arbeitgeberseitiger Erfüllung der Mitwirkungsobliegenheiten nicht dem Verfall unterlägen. Die Arbeitgeberin war demgegenüber der Auffassung, dass der aus dem Jahr 2017 stammende (Rest-)Urlaubsanspruch spätestens mit Ablauf des 31.03.2019 erloschen sei.

Die Vorinstanzen[1290] wiesen die Klage der Arbeitnehmerin ab. Das BAG[1291] setzte das Verfahren aus und wandte sich im Wege des Vorabentscheidungsverfahren an den EuGH.

(2) Begründung des Vorlagebeschlusses

Das BAG hielt eine Klärung durch den EuGH für erforderlich, weil der EuGH bereits zu der Frage des Anspruchsverfalls bei Langzeiterkrankung und der Frage des Anspruchsverfalls bei unterlassenen Mitwirkungshandlungen Stellung genommen, sich bislang aber nicht ausdrücklich dazu geäußert hat, wie diese Grundsätze im Falle ihres Zusammentreffens miteinander in Einklang zu bringen sind.[1292] In der *Max-Planck*-Entscheidung, in der der EuGH die Mitwirkungsobliegenheiten etablierte, ging es nicht um den Urlaubsanspruch eines langzeiterkrankten Arbeitnehmers.[1293] Insofern stelle sich die Frage, *„ob mit Rücksicht auf den Erholungszweck des Urlaubs der Grundsatz, dass das Erlöschen des Anspruchs von der Erfüllung der Aufforderungs- und Hinweisobliegenheiten*

1289 Hierzu ausführlich ArbG Paderborn, Urt. v. 04.04.2019 – 2 Ca 1602/18, BeckRS 2019, 19059 Rn. 1 ff.

1290 ArbG Paderborn, Urt. v. 04.04.2019 – 2 Ca 1602/18, BeckRS 2019, 19059 und LAG Hamm, Urt. v. 24.07.2019 – 5 Sa 676/19, NZA-RR 2019, 584.

1291 BAG, Vorlagebeschl. v. 07.07.2020 – 9 AZR 401/19 (A), NZA 2020, 1541.

1292 Vgl. BAG, Vorlagebeschl. v. 07.07.2020 – 9 AZR 401/19 (A), NZA 2020, 1541 Rn. 34 ff.; ausführlich hierzu *Schlachter/Schneider*, RdA 2021, 240, 240 ff.

1293 BAG, Vorlagebeschl. v. 07.07.2020 – 9 AZR 401/19 (A), NZA 2020, 1541 Rn. 41.

abhängt, nur eingeschränkt gilt"[1294] und eine zeitliche Befristung – wie in der Rs. *KHS* angenommen – zulässig ist.[1295]

bbb) Meinungsstand in der Literatur

In der arbeitsrechtlichen Literatur spricht sich ein Teil der Literatur[1296] für einen Vorrang der *KHS*-Judikatur, ein anderer Teil[1297] hingegen für einen Vorrang der in der Rs. *Max-Planck-Gesellschaft* aufgestellten Grundsätze aus, mit der Folge, dass Urlaubsansprüche auch im Falle einer Langzeiterkrankung bei Nichterfüllung der Mitwirkungsobliegenheiten keiner zeitlichen Begrenzung unterliegen und während der Dauer der Erkrankung insofern unbegrenzt angesammelt werden können.[1298]

Diejenige Stimmen, die sich für einen Vorrang der *KHS*-Judikatur aussprechen, stützen sich dabei vor allem auf das Argument, dass im Falle des Zusammentreffens von Langzeiterkrankung und unterlassenen Mitwirkungsobliegenheiten letztere regelmäßig nichts an der mangelnden Urlaubsverwirklichung ändern könnten und daher für die Nicht-Inanspruchnahme des Urlaubs nicht kausal würden.[1299] Auch habe der EuGH den Verfall des Urlaubsanspruchs

---

1294 BAG, Vorlagebeschl. v. 07.07.2020 – 9 AZR 401/19 (A), NZA 2020, 1541 Rn. 34.

1295 BAG, Vorlagebeschl v. 07.07.2020 – 9 AZR 401/19 (A), NZA 2020, 1541 Rn. 34, 41.

1296 *Arnold*, ArbRAktuell 2020, 388; *Jesgarzewski*, AA 2021, 026, 028; *Nonnenmühlen*, DB 2021, 178 unter III.; in diese Richtung auch *Schneider*, EuZW 2022, 1018, 1021; ferner *von Steinau-Steinrück*, NJW-Spezial 2020, 722, 723, der allerdings darauf hinweist, dass die Rechtsprechungsgrundsätze in der Rs. *Max-Planck-Gesellschaft* auch als Neuausrichtung des Urlaubsrechts zu verstehen sein könnten; für eine generelle Übertragbarkeit der *KHS*-Grundsätze auf den Fall unterlassener Mitwirkungsobliegenheiten sprechen sich auch *Arnold/Zeh*, NZA 2019, 1, 3; *Powietkza*, BB 2019, 52, 56 aus.

1297 So *Baring/Stein*, jurisPR-ArbR 21/2021 Anm. 5 unter C.; *Risse/Kurth*, NJW-Spezial 2023, 114, 114; *Rütz/Gorontzi*, DB 2021, 234 unter III.; in diese Richtung auch *Daum*, RdA 2020, 179, 183; *Wutte*, EuZA 2019, 222, 229, die an einer Übertragbarkeit der 15-Monatsfrist auf den Fall unterlassener Mitwirkungsobliegenheiten generell zweifeln, d.h. nicht nur in Kombination mit einer Arbeits- oder Erwerbsunfähigkeit des Arbeitnehmers; vgl. hierzu auch *Sagan*, NZA 2020, 350, 352.

1298 *Schlachter/Schneider*, RdA 2021, 240, 246 halten die Möglichkeit einer unbegrenzten Ansammlung von Urlaubsansprüchen aufgrund eines mangelnden berechtigten Interesses des Arbeitgebers jedenfalls dann für denkbar, wenn dieser seinen Mitwirkungsobliegenheiten nicht nur im Urlaubsjahr, sondern auch im Folgejahr, d.h. fortgesetzt nicht nachkommt.

1299 *Arnold*, ArbRAktuell 2020, 388; *Jesgarzewski*, AA 2021, 026, 028; *Schneider*, EuZW 2022, 1018, 1021.

in der *KHS*-Entscheidung nicht an die Erfüllung etwaiger Mitwirkungsobliegenheiten geknüpft.[1300] Die in der *KHS*-Entscheidung gefundene Kompromisslösung zwischen Urlaubsverfall und endlosem Urlaubsaufschub beanspruche daher auch im Falle unterlassener Mitwirkungsobliegenheiten Geltung.[1301]

Gegen die Geltung der in der Rs. *KHS* entwickelten Grundsätze wird hingegen eigewandt, dass der Arbeitgeber, der seinen Mitwirkungsobliegenheiten nicht nachkommt, im Ergebnis einem Arbeitgeber gleichgestellt würde, der sich gesetzeskonform verhält.[1302] Ein solches Ergebnis sei nicht hinnehmbar.[1303]

ccc) *Die Entscheidung des EuGH: Rs.* St. Vincenz-Krankenhaus *und* Fraport

Der EuGH hat sich in den verbundenen Rechtssachen *St. Vincenz-Krankenhaus* und *Fraport* für den Fall, dass der Arbeitnehmer erst im Verlauf des Bezugszeitraums arbeitsunfähig erkrankt oder erwerbsunfähig wird, sodann für einen Vorrang der Grundsätze aus der *Max-Planck*-Entscheidung ausgesprochen.[1304] Aus Sicht des EuGH kann sich ein Arbeitgeber nicht auf eine zeitliche Begrenzung des Urlaubsanspruchs, d.h. nicht auf die Anwendung der 15-Monats-Frist berufen, wenn der Arbeitnehmer im Bezugszeitraum, in dessen Verlauf eine Erwerbs- oder krankheitsbedingte Arbeitsunfähigkeit eingetreten ist, teilweise gearbeitet hat und der Arbeitgeber ihn nicht durch die Erfüllung der Mitwirkungsobliegenheiten in die Lage versetzt hat, seinen Urlaub tatsächlich zu nehmen.[1305]

Der EuGH greift hierzu zunächst den Grundsatz auf, dass arbeitsunfähige Arbeitnehmer arbeitsfähigen Arbeitnehmern gleichzustellen seien, mit der Folge, dass arbeitsunfähige Arbeitnehmer ihren Anspruch auf bezahlten Jahresurlaub grds. nicht mit Ablauf des Bezugs- bzw. Übertragungszeitraums verlieren dürften, wenn sie während des gesamten Bezugszeitraums oder auch nur eines Teils davon arbeitsunfähig erkrankt sind und es ihnen deshalb nicht möglich war, den Urlaub zu nehmen.[1306] Von diesem Grundsatz sei nur unter „*besonderen*

1300 *Arnold*, ArbRAktuell 2020, 388; *Nonnenmühlen*, DB 2021, 178 unter III.

1301 *Jesgarzewski*, AA 2021, 026, 028.

1302 *Baring/Stein*, jurisPR-ArbR 21/2021 Anm. 5 unter C.

1303 *Baring/Stein*, jurisPR-ArbR 21/2021 Anm. 5 unter C.

1304 EuGH, Urt. v. 22.09.2022 – C-518/20 (Fraport), C-727/20 (St. Vincenz-Krankenhaus), NJW 2022, 3203 Ls.

1305 EuGH, Urt. v. 22.09.2022 – C-518/20 (Fraport), C-727/20 (St. Vincenz-Krankenhaus), NJW 2022, 3203 Rn. 38 ff., Rn. 46.

1306 EuGH, Urt. v. 22.09.2022 – C-518/20 (Fraport), C-727/20 (St. Vincenz-Krankenhaus), NJW 2022, 3203 Rn. 29 ff.

Umständen"[1307] eine Ausnahme zu machen, „[...] *um die negativen Folgen einer unbegrenzten Ansammlung von Ansprüchen auf bezahlten Jahresurlaub, die während eines Zeitraums der Abwesenheit wegen einer Langzeiterkrankung erworben wurden, zu vermeiden.*"[1308] Eine solche Ausnahme beruhe auf dem eigentlichen Zweck des Urlaubsanspruchs sowie der Notwendigkeit, den Arbeitgeber vor den Schwierigkeiten zu schützen, die sich aus der Ansammlung von zu langen Abwesenheitszeiträumen im Hinblick auf die Arbeitsorganisation ergeben.[1309] Solche besonderen Umstände, wie sie der Rs. *KHS* zugrunde lagen und die ein Verfall des Urlaubs auch im Falle einer Langzeiterkrankung des Arbeitnehmers gestatten, liegen aus Sicht des EuGH aber nicht vor, wenn der Arbeitgeber den Arbeitnehmer, der tatsächlich gearbeitet hat, bevor er erwerbs- oder arbeitsunfähig wurde, nicht in die Lage versetzt hat, den Urlaub zu nehmen.[1310] Weil es insoweit dem Arbeitgeber obliege, den Arbeitnehmer in die Lage zu versetzen, seinen Urlaubsanspruch auszuüben, habe er die Folgen zu tragen, wenn er dieser Obliegenheit nicht nachkomme.[1311] Ein anderes Verständnis liefe darauf hinaus, „*den Anspruch, der in Art. 31 II GRCh verankert und in Art. 7 RL 2003/88/EG konkretisiert ist, inhaltlich auszuhöhlen.*"[1312]

ddd) Nationale Umsetzung

Das BAG setze die Vorgaben des EuGH aus den Rs. *St. Vincenz-Krankenhaus* und *Fraport* sodann mit Urteilen vom 20.12.2022[1313] um und entschied, dass der Urlaubsanspruch, den der Arbeitnehmer in einem Bezugszeitraum erworben

---

1307 EuGH, Urt. v. 22.09.2022 – C-518/20 (Fraport), C-727/20 (St. Vincenz-Krankenhaus), NJW 2022, 3203 Rn. 35.

1308 EuGH, Urt. v. 22.09.2022 – C-518/20 (Fraport), C-727/20 (St. Vincenz-Krankenhaus), NJW 2022, 3203 Rn. 35.

1309 EuGH, Urt. v. 22.09.2022 – C-518/20 (Fraport), C-727/20 (St. Vincenz-Krankenhaus), NJW 2022, 3203 Rn. 35 unter Verweis auf EuGH, Urt. v. 22.11.2011 – C-214/10 (KHS), NZA 2011, 1333 Rn. 34 und 39.

1310 EuGH, Urt. v. 22.09.2022 – C-518/20 (Fraport), C-727/20 (St. Vincenz-Krankenhaus), NJW 2022, 3203 Rn. 40 f., 45.

1311 EuGH, Urt. v. 22.09.2022 – C-518/20 (Fraport), C-727/20 (St. Vincenz-Krankenhaus), NJW 2022, 3203 Rn. 40.

1312 EuGH, Urt. v. 22.09.2022 – C-518/20 (Fraport), C-727/20 (St. Vincenz-Krankenhaus), NJW 2022, 3203 Rn. 45.

1313 BAG, Urt. v. 20.12.2022 – 9 AZR 401/19, BeckRS 2022, 46689 (Umsetzung der EuGH-Entscheidung *St. Vincenz-Krankenhaus*); BAG, Urt. v. 20.12.2022 – 9 AZR 245/19, BeckRS 2022, 40753 (Umsetzung der EuGH-Entscheidung *Fraport*).

hat, in dessen Verlauf er – zumindest teilweise – gearbeitet hat, bevor er erwerbs- oder arbeitsunfähig geworden ist, bei einer richtlinienkonformen Auslegung von § 7 Abs. 1 und Abs. 3 BUrlG nur dann 15 Monate nach Ablauf des Urlaubsjahres verfällt, wenn der Arbeitgeber seine Mitwirkungsobliegenheiten vorgenommen und den Arbeitnehmer hierdurch rechtzeitig in die Lage versetzt hat, den Urlaubsanspruch auszuüben.[1314] In einer solchen Konstellation seien nämlich nicht allein gesundheitliche Gründe ursächlich für die Ansammlung von Urlaubsansprüchen und die sich daraus ergebenden Schwierigkeiten im Hinblick auf die Arbeitsorganisation.[1315]

eee) Bewertung

(1) Sphärenzuordnung

Wie dargelegt sieht der EuGH den tragenden Grund für den Erhalt des Urlaubsanspruchs im Falle unterlassener Mitwirkungsobliegenheiten in dem Umstand, dass der Arbeitgeber einen möglichen Ursachenbeitrag dafür geleistet haben könnte, dass der Arbeitnehmer seinen Urlaub nicht genommen hat. Indem der Arbeitgeber den Arbeitnehmer nicht durch geeignete Hinweis- und Aufforderungshandlungen in die Lage versetzt hat, Urlaub zu nehmen, war der Arbeitnehmer möglicherweise davon „*abgeschreckt*“[1316], Urlaub zu beanspruchen.[1317] Wertungsmäßig liegt der EuGH damit auf einer Linie mit den in der Rs. *King* getroffenen Aussagen. Dort bildete die Weigerung der Zahlung der Urlaubsvergütung – und damit ebenfalls ein bestimmtes Arbeitgeberverhalten – den Grund für den Erhalt des Urlaubsanspruchs.

Diese Konstellation, in der ein bestimmtes Tun oder Unterlassen des Arbeitgebers den möglichen Grund für eine mangelnde Urlaubsrealisierung bildet, unterscheidet der EuGH ausdrücklich von Fällen, in denen der Arbeitnehmer (ausschließlich) aus Krankheitsgründen daran gehindert war, seinen Urlaub zu nehmen.[1318] Wesentliches Unterscheidungskriterium bildet dabei der Umstand,

---

1314 BAG, Urt. v. 20.12.2022 – 9 AZR 401/19, BeckRS 2022, 46689 Rn. 12, 22, bestätigt durch BAG, Urt. v. 28.03.2023 – 9 AZR 488/21, NZA 2023, 826 Rn. 30.

1315 BAG, Urt. v. 20.12.2022 – 9 AZR 401/19, BeckRS 2022, 46689 Rn. 19.

1316 EuGH, Urt. v. 06.11.2018 – C-684/16 (Max-Planck-Gesellschaft), NZA 2018, 1474 Rn. 41.

1317 EuGH, Urt. v. 06.11.2018 – C-684/16 (Max-Planck-Gesellschaft), NZA 2018, 1474 Rn. 41.

1318 Vgl. EuGH, Urt. v. 29.11.2017 – C-214/16 (King), NZA 2017, 1591 Rn. 55 ff.; vgl. auch *Burger*, öAT 2020, 103.

dass der Eintritt einer arbeitsunfähigen Erkrankung und die damit einhergehende Unmöglichkeit der Urlaubsnahme nicht vorhersehbar und regelmäßig weder von Arbeitnehmer noch von Arbeitgeber zu vertreten ist.[1319] Während die mangelnde Urlaubsrealisierung infolge einer Langzeiterkrankung also allein in die Sphäre des Arbeitnehmers fällt, den Arbeitgeber an der mangelnden Urlaubsnahme insofern kein Verschulden trifft, hat er die mangelnde Urlaubsnahme im Falle unterlassener Mitwirkungsobliegenheiten nach dem Verständnis des EuGH (zumindest potenziell) mitzuverantworten.[1320]

Vor dem Hintergrund dieser Wertungsunterschiede erscheint es sachgerecht, die Frage, ob die in der Rs. *KHS* etablierte 15-Monatsgrenze zur Anwendung kommen kann, danach zu beantworten, ob der Grund für die (teilweise) Nichtinanspruchnahme des Urlaubs ausschließlich der Sphäre des Arbeitnehmers oder (zumindest auch) der Sphäre des Arbeitgebers zuzuordnen ist.[1321] Liegt der Grund für die mangelnde Urlaubsrealisierung ausschließlich in der Sphäre des Arbeitnehmers, etwa weil der Arbeitnehmer während des gesamten Bezugs- bzw. Übertragungszeitraum arbeitsunfähig erkrankt ist, besteht Raum für die Anwendung der 15-Monatsfrist.[1322] Steht hingegen fest, dass ein bestimmtes Tun oder Unterlassen des Arbeitgebers – hier in Form unterlassener Mitwirkungsobliegenheiten – ursächlich für die mangelnde Urlaubsrealisierung war oder lässt sich ein Kausalzusammenhang zumindest nicht sicher ausschließen, hat der Arbeitgeber *„die sich hieraus ergebenden Folgen zu tragen."*[1323].[1324] Der Urlaubsanspruch muss dann erhalten bleiben.

1319 Vgl. EuGH, Urt. v. 20.01.2009 – C-350/06 u.a. (Schultz-Hoff), NZA 2009, 135 Rn. 51: *„das Eintreten einer krankheitsbedingten Arbeitsunfähigkeit* [ist] *nicht vorhersehbar*"; vgl. auch BAG, Vorlagebeschl. v. 07.07.2020 – 9 AZR 401/19 (A), NZA 2020, 1541 Rn. 27: [...] *die Arbeitsunfähigkeit* [beruht] *auf psychischen oder physischen Beschwerden und* [ist] *vom Willen des Arbeitnehmers unabhängig.*"

1320 Vgl. *Burger*, öAT 2020, 103.

1321 So auch *Burger*, öAT 2020, 103.

1322 Vgl. BAG, Vorlagebeschl. v. 07.07.2020 – 9 AZR 401/19 (A), NZA 2020, 1541 Rn. 19, 23 ff.

1323 So ausdrücklich auch in EuGH, Urt. v. 25.06.2020 – C-762/18 u.a. (Varhoven kasatsionen), NZA 2020, 1001 Rn. 77 und ebenfalls schon in EuGH, Urt. v. 29.11.2017 – C-214/16 (King), NZA 2017, 1591 Rn. 63.

1324 Vgl. hierzu auch die Argumentation von GA *de la Tour*, Schlussantrag v. 17.03.2022 – C-518/20 u.a., BeckRS 2022, 4658 Rn. 61.

(2) *Vermeidung der Ungleichbehandlung arbeitsfähiger und arbeitsunfähiger Arbeitnehmer*

Für einen Vorrang der *Max-Planck*-Grundsätze für den Fall, dass die unterlassene Vornahme der Mitwirkungsobliegenheiten seitens des Arbeitgebers möglicherweise kausal für die unterlassene Urlaubsnahme war, streitet auch der Umstand, dass langzeiterkrankte Arbeitnehmer im Vergleich zu arbeitsfähigen Arbeitnehmern andernfalls schlechter gestellt würden.[1325] Während Arbeitnehmer, die (erst) im Verlauf des Urlaubsjahres erkranken, ihre im Urlaubsjahr erworbenen Urlaubsansprüche bei Anwendung der *KHS*-Grundsätze nach Ablauf der 15-Monatsfrist verlören, könnten arbeitsfähige Arbeitnehmer, die aus anderen Gründen von einer Urlaubsnahme im Urlaubsjahr abgesehen haben, aber nicht vom Arbeitgeber zur Urlaubsnahme aufgefordert und auf die Verfallfristen hingewiesen wurden, ihre Urlaubsansprüche u.U. auch noch Jahre später von ihren Arbeitgebern einfordern, weil die Urlaubsansprüche im Falle unterlassener Mitwirkungsobliegenheiten (u.U. unbegrenzt) erhalten bleiben.[1326] Vor dem Hintergrund des allgemeinen Gleichbehandlungsgrundsatzes kann dies nicht gewollt sein.

cc) *Beispielsfälle*

Wann Urlaub nach der neuen Rspr. von EuGH und BAG im Falle einer Langzeiterkrankung des Arbeitnehmers und unterlassenen Mitwirkungsobliegenheiten nunmehr verfällt, soll nachfolgend anhand von Beispielsfällen veranschaulicht werden.

Die ersten beiden Konstellationen (1. und 2.) befassen sich dabei zunächst nur mit den Folgen für den aus dem Urlaubsjahr stammenden Urlaubsanspruch, wenn der Arbeitgeber seinen Mitwirkungsobliegenheiten im Urlaubsjahr nicht nachgekommen ist. Die 3. Konstellation behandelt sodann die Frage, wie der infolge unterlassener Mitwirkungsobliegenheiten auf das Folgejahr übertragene Urlaubsanspruch zu behandeln ist, wenn der Arbeitgeber die im Urlaubsjahr unterlassenen Mitwirkungsobliegenheiten sodann im Folgejahr nachholt. Die 4. Konstellation greift zuletzt die (Sonder-)Konstellation der früh im Urlaubsjahr eintretenden Erkrankung auf.

1325 Vgl. auch *Kiel*, FS Preis (2021), 599, 605.
1326 Zutreffend *Kiel*, FS Preis (2021), 599, 605.

aaa) 1. Konstellation: Unterlassene Mitwirkungsobliegenheiten im Urlaubsjahr und durchgehende Arbeitsunfähigkeit

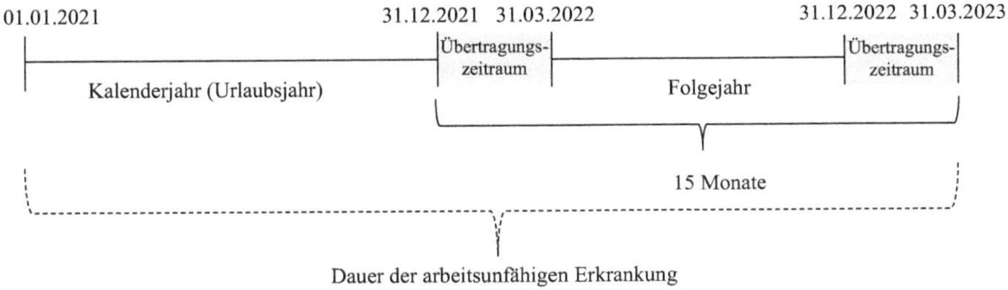

<u>1. Konstellation</u>: AG hat die Vornahme der Mitwirkungsobliegenheiten im Urlaubsjahr 2021 unterlassen, AN ist während des gesamten Urlaubsjahres bis einschließlich 31.03.2023 durchgehend arbeitsunfähig erkrankt.

In der 1. Konstellation hätte AN seinen (gesamten) Urlaub wegen seiner ununterbrochenen krankheitsbedingten Arbeitsunfähigkeit auch dann nicht realisieren können, wenn der Arbeitgeber ihn zur Urlaubsnahme aufgefordert und über die Konsequenzen bei Nichtinanspruchnahme des Urlaubs belehrt hätte. Die krankheitsbedingte Arbeitsunfähigkeit bildet vielmehr die alleinige Ursache für die Nichtverwirklichung des Urlaubsanspruchs im Urlaubsjahr (2021). Wegen der fehlenden (Mit-)Ursächlichkeit eines bestimmten Arbeitgeberverhaltens bzw. -unterlassens kommt es zu keiner Kollision der unterschiedlichen Rechtsprechungsgrundsätze und es bleibt bei der Geltung der 15-Monatsfrist.[1327] Der gesamte[1328] aus dem Jahr 2021 stammende Urlaub erlischt spätestens 15 Monate nach Ablauf des Kalenderjahres, d.h. vorliegend mit Ablauf des 31.03.2023.[1329]

1327 BAG, Urt. v. 28.03.2023 – 9 AZR 488/21, NZA 2023, 826 Rn. 30; BAG, Urt. v. 31.01.2023 – 9 AZR 85/22, BeckRS 2023, 8412 Rn. 11; BAG, Urt. v. 20.12.2022 – 9 AZR 401/19, BeckRS 2022, 46689 Rn. 21; BAG, Vorlagebeschl. v. 07.07.2020 – 9 AZR 401/19 (A), NZA 2020, 1541 Rn. 26 f.; LAG Nürnberg, Urt. v. 15.04.2021 – 3 Sa 401/20, BeckRS 2021, 44844 Rn. 23 f.; LAG Hamm, Urt. v. 17.02.2022 – 5 Sa 872/21, NZA-RR 2022, 291 Rn. 39 ff.

1328 Weil der Arbeitnehmer während des gesamten Urlaubsjahres arbeitsunfähig war, bedarf es keiner Differenzierung nach Zeitabschnitten.

1329 Vgl. BAG, Urt. v. 20.12.2022 – 9 AZR 401/19, BeckRS 2022, 46689 Rn. 21.

bbb) 2. Konstellation: Unterlassene Mitwirkungsobliegenheiten im Urlaubsjahr und teilweise Möglichkeit der Urlaubsnahme

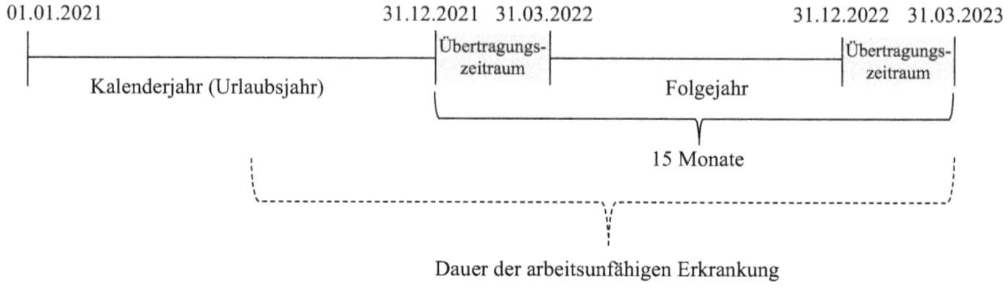

2. Konstellation:AG hat die Vornahme der Mitwirkungsobliegenheiten im Urlaubsjahr 2021 unterlassen, AN erkrankt erst im Laufe des Urlaubsjahres (ab dem 01.07.) und hätte seinen gesetzlichen Urlaub i.H.v. 20 Tagen (5-Tage-Woche) vor Eintritt der Erkrankung daher noch (teilweise) nehmen können.

In der 2. Konstellation kann die Ursache für die mangelnde Urlaubsnahme einerseits darin liegen, dass AN seinen Urlaub erst zu einem späteren Zeitpunkt im Jahr nehmen wollte (mögliche Ursache x^1). Andererseits kann sie jedoch auch darin liegen, dass AG ihn nicht zur Urlaubsnahme aufgefordert und über die Konsequenzen bei Nichtinanspruchnahme des Urlaubs belehrt und AN aus Angst vor nachteiligen Konsequenzen insofern von einer Urlaubsnahme abgesehen hat (mögliche Ursache x^2).[1330] Weil hier insofern nicht auszuschließen ist, dass die unterlassene Vornahme der Mitwirkungsobliegenheiten zumindest *auch* dazu beigetragen haben könnte, dass AN seinen Urlaub nicht genommen hat, verfällt der aus 2021 stammende Urlaub nach der Rspr. von EuGH und BAG infolge der unterlassenen Mitwirkungsobliegenheiten seitens des Arbeitgebers nicht mit Ablauf des Kalenderjahres (31.12.2021) bzw. des

1330 Vgl. auch die Schlussanträge von GA *de la Tour* v. 17.03.2022 – C-518/20 u.a., BeckRS 2022, 4658 Rn. 59: Es könne zweierlei Gründe dafür geben, „*dass ein Arbeitnehmer, bei dem während eines Bezugszeitraums eine volle Erwerbsminderung oder eine Arbeitsunfähigkeit aufgrund einer Krankheit eingetreten ist, keinen bezahlten Jahresurlaub genommen hat. Entweder konnte er seinen Urlaub nicht ausschöpfen, weil er krank wurde, oder er konnte ihn nicht nehmen, weil sein Arbeitgeber ihn nicht in die Lage versetzt hatte, dies zu tun.*“

Übertragungszeitraums (31.03.2022), sondern wird (zunächst) aufrechterhalten und auf das Folgejahr (2022) übertragen.[1331]

Dies gilt allerdings nur in dem Umfang, wie der Urlaubsanspruch bis zum Eintritt der Erkrankung, d.h. bis zum 01.07.2021 nach dem Verständnis des EuGH entstanden ist: Während das nationale Recht davon ausgeht, dass Urlaubsansprüche jeweils zu Beginn des Kalenderjahres neu entstehen, der Arbeitnehmer also – nach Erfüllung der 6-monatigen Wartezeit nach § 4 BUrlG – jeweils zu Beginn des Kalenderjahres seinen gesamten Jahresurlaub in Anspruch nehmen kann[1332], geht der EuGH davon aus, dass Urlaubsansprüche erst im Verlauf des Jahres, d.h. sukzessive entstehen.[1333] Aus Sicht des EuGH *erwirbt* der Arbeitnehmer den Urlaubsanspruch erst nach und nach im Verlauf des Bezugszeitraums.[1334] Voraussetzung dafür, dass das mit dem Recht auf bezahlten Jahresurlaub verfolgte Ziel – Erholung von den aus dem Arbeitsvertrag resultierenden Arbeitsaufgaben und Gewährleistung von Zeiten der Entspannung und Freizeit[1335] – erreicht wird, ist aus Sicht des EuGH nämlich, dass der Arbeitnehmer überhaupt Arbeitsleistungen erbracht hat, von denen er sich – im Nachhinein – erholen kann.[1336] Kurz gesagt geht der

---

1331 Vgl. EuGH, Urt. v. 22.09.2022 – C-518/20 (Fraport), C-727/20 (St. Vincenz-Krankenhaus), NJW 2022, 3203 Rn. 46; BAG, Urt. v. 20.12.2022 – 9 AZR 401/19, BeckRS 2022, 46689 Rn. 15, 22.

1332 Arnold/Tillmanns/*Arnold*, § 7 BUrlG, Rn. 21 f.; MüHdb.-ArbR/*Jacobsen*, § 27 Rn. 9; Schaub/*Linck*, § 104 Rn. 29; *Schlachter/Schneider*, RdA 2021, 240, 242; Tschöpe/*Zerbe*, C. Urlaub Rn. 2.

1333 *Ahrends*, Europäisiertes Urlaubsrecht, S. 77 ff.; *Kock/Heyde*, BB 2013, 2938, 2941; vgl. auch *Schneider*, EuZA 2016, 327, 331.

1334 Dies wird anhand der Entscheidungen des EuGH, Urt. v. 11.11.2015 – C-219/14 (Greenfield), NZA 2015, 1501 Rn. 29 ff.; EuGH, Urt. v. 13.06.2013 – C-415/12 (Brandes), NZA 2013, 775 Rn. 24 ff. und EuGH, Urt. v. 22.04.2010 – C-486/08 (Tirol), NZA 2010, 557 Rn. 32 deutlich, in denen der EuGH klar zwischen einzelnen Zeitabschnitten im Jahr und hiervon ausgehend zwischen Urlaubserwerb und Urlaubsgewährung differenziert; vgl. hierzu im Einzelnen auch *Ahrends*, Europäisiertes Urlaubsrecht, S. 77 ff.; ferner Franzen/Gallner/Oetker/*Gallner*, Art. 7 RL 2003/88/EG, Rn. 41.

1335 Vgl. etwa EuGH, Urt. v. 04.10.2018 – C-12/17 (Dicu), NZA 2018, 1323 Rn. 27 m.w.N.

1336 Besteht für bestimmte Zeiträume keine Arbeitspflicht, entsteht in diesen Zeiträumen insofern auch kein Anspruch auf bezahlten Erholungsurlaub, vgl. EuGH, Urt. v. 13.12.2018 – C-385/17 (Hein), NZA 2019, 47 Rn. 29; EuGH, Urt. v. 04.10.2018 – C-12/17 (Dicu), NZA 2018, 1323 Rn. 28: „*Das Ziel, es dem Arbeitnehmer zu ermöglichen, sich zu erholen, setzt nämlich voraus, dass dieser Arbeitnehmer eine Tätigkeit ausgeübt hat, die es zu dem in der RL 2003/88 vorgesehenen Schutz seiner Sicherheit*

EuGH also davon aus, dass der Urlaubsanspruch erst „Stück für Stück" erarbeitet wird.[1337]

Ist es europarechtlich insofern zulässig, das Urlaubsjahr hinsichtlich der Entstehung bzw. dem Erwerb von Urlaubsansprüchen in einzelne Zeitabschnitte zu unterteilen[1338], muss es auch möglich sein, die in den einzelnen Zeitabschnitten erworbenen Urlaubsansprüche auch hinsichtlich Befristung und Verfall unterschiedlich zu behandeln.[1339]

Auf Basis der AN für das Urlaubsjahr 2021 zustehenden gesetzlichen Urlaubstage im Umfang von 20 Urlaubstagen hat AN bis zum Eintritt der arbeitsunfähigen Erkrankung daher rechnerisch 10 Urlaubstage (6 Monate x 1,6667 Urlaubstage = 10 Urlaubstage) erworben. Nur in diesem Umfang muss der Urlaubsanspruch erhalten bleiben. Denn nur in diesem Umfang hätte AN den Urlaub bis zum Eintritt der Erkrankung tatsächlich realisieren können.[1340] Die 10 Urlaubstage, die rechnerisch erst in der 2. Jahreshälfte entstanden sind, verfallen

---

und seiner Gesundheit rechtfertigt, dass er über einen Zeitraum der Erholung, der Entspannung und der Freizeit verfügt."

1337 *Kock/Heyde*, BB 2013, 2938, 2941; *Schneider*, EuZA 2016, 327, 331.

1338 Dieses Verständnis des EuGH hat insbesondere Auswirkungen auf die Berechnung des Urlaubsanspruchs bei unterjähriger Änderung der Arbeitszeit, vgl. hierzu die Ausführungen bei *Kiel*, Jahrbuch d. Arbeitsrechts (Band 57) 2020, 95, 113 ff. m.w.N.

1339 Auch das BAG differenziert insoweit zwischen vor und während der Erkrankung entstehenden Urlaubsansprüchen, vgl. BAG, Urt. v. 31.01.2023 – 9 AZR 107/20, BeckRS 2023, 8405 Rn. 20: „*Urlaub kann außerdem nur in dem Umfang erhalten bleiben, in dem der Arbeitnehmer ihn bis zum Eintritt der krankheitsbedingten Arbeitsunfähigkeit tatsächlich hätte in Anspruch nehmen können. Soweit der Arbeitnehmer den Urlaub selbst bei ordnungsgemäßer Erfüllung der Mitwirkungshandlungen aus gesundheitlichen Gründen nicht hätte antreten können, treffen den Arbeitgeber nicht die grundsätzlichen eintretenden nachteiligen Folgen der Obliegenheitsverletzung. Eine Kausalität zwischen der Nichtinanspruchnahme des Urlaubs durch den Arbeitnehmer und der Nichtvornahme der Mitwirkung durch den Arbeitgeber ist in diesem Fall ausgeschlossen.*"; in diesem Sinne schon differenzierend in BAG, Vorlagebeschl. v. 07.07.2020 – 9 AZR 401/19 (A), NZA 2020, 1541 Rn. 40, in dem das BAG auf die „*vor der Erkrankung liegende Ansprüche aus dem Urlaubsjahr* […]" abstellt; so ebenfalls differenzierend *Arnold*, ArbRAktuell 2022, 537; *ders.*, ArbRAktuell 2020, 388; *Bayreuther*, NZA 2022, 1381, 1384; *Lunk*, FS Preis (2021), 811, 816.

1340 BAG, Urt. v. 31.01.2023 – 9 AZR 107/20, BeckRS 2023, 8405 Rn. 20; *Bayreuther*, NZA 2022, 1381, 1384.

hingegen 15 Monate nach Ablauf des Urlaubsjahres, d.h. hier mit Ablauf des 31.03.2023.[1341]

ccc) 3. Konstellation: Nachholung der Mitwirkungsobliegenheiten im Folgejahr

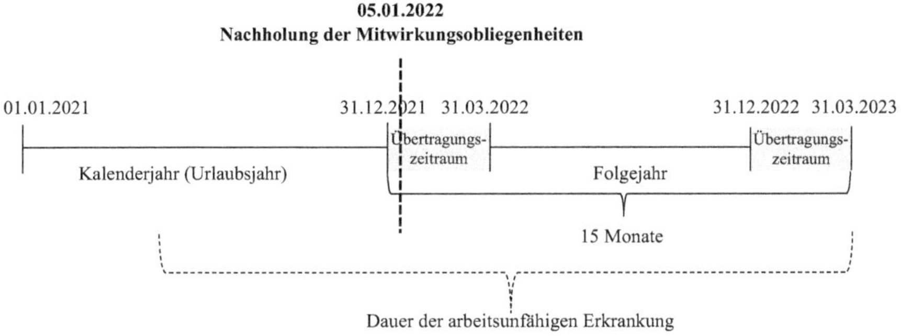

3. Konstellation:Konstellation wie Konstellation 2., allerdings holt AG seine Mitwirkungsobliegenheiten zu Beginn des Folgejahres (05.01.2022) nach.

Die 3. Konstellation knüpft an die 2. Konstellation an. Der vor Eintritt der arbeitsunfähigen Erkrankung entstandene und nicht ausgeübte Urlaubsanspruch im Umfang von 10 Urlaubstagen wurde infolge der unterlassenen Mitwirkungsobliegenheiten im Urlaubsjahr (2021) zunächst auf das Folgejahr (2022) übertragen.[1342] Er unterliegt nun (erneut) dem bundesurlaubsrechtlichen Fristenregime des § 7 Abs. 3 BUrlG.[1343] Holt AG die Mitwirkungsobliegenheiten in diesem Fall zu Beginn bzw. innerhalb der ersten Woche[1344] des Folgejahres (2022) nach, löst er die Befristung des aus 2021 stammenden Teils des Urlaubsanspruchs dann zumindest für das Folgejahr (2022) aus.[1345] Ob der auf das Folgejahr übertragene Anspruchsteil dann mit Ablauf des 31.12.2022 erlischt oder nicht, hängt dann

1341 Vgl. BAG, Urt. v. 31.01.2023 – 9 AZR 107/20, BeckRS 2023, 8405 Rn. 20; *Bayreuther*, NZA 2022, 1381, 1384.

1342 BAG, Urt. v. 20.12.2022 – 9 AZR 401/19, BeckRS 2022, 46689 Rn. 15.

1343 BAG, Urt. v. 20.12.2022 – 9 AZR 401/19, BeckRS 2022, 46689 Rn. 15.

1344 vgl. BAG, Urt. v. 31.01.2023 – 9 AZR 107/20, BeckRS 2023, 8405 Rn. 19; vgl. zum Zeitpunkt der Vornahme der Mitwirkungsobliegenheiten auch die Ausführungen oben unter § 10 A.

1345 BAG, Urt. v. 20.12.2022 – 9 AZR 401/19, BeckRS 2022, 46689 Rn. 15.

wiederum davon ab, ob AN eine Urlaubsnahme im Folgejahr (2022) möglich war oder nicht.

War es AN möglich, den Urlaub im Folgejahr zu nehmen und nimmt er den Urlaub gleichwohl nicht, erlischt der Urlaubsanspruch mit Ablauf des Kalenderjahres, d.h. hier mit Ablauf des 31.03.2022.[1346] War eine Urlaubsnahme hingegen auch im Folgejahr (2022) bis einschließlich 31.03.2024 unmöglich, kommt ausgehend von den bisherigen Rechtsprechungsgrundsätzen die 15-Monatsfrist zur Anwendung. Der auf das Folgejahr (2022) übertragene Anspruchsteil i.H.v. 10 Urlaubstagen erlischt dann – ebenfalls wie der im Folgejahr neu entstehende Urlaubsanspruch – spätestens 15 Monate nach Ablauf des Folgejahres (2022), d.h. vorliegend mit Ablauf des 31.03.2024.[1347] Die Berufung auf die 15-Monatsfrist ist dem Arbeitgeber in diesem Fall auch nicht deshalb zu versagen, weil er seine Mitwirkungsobliegenheiten ursprünglich einmal nicht erfüllt hat (hier im Urlaubsjahr 2021).[1348] Der Umstand, dass sich der Arbeitgeber einmal unkorrekt verhielt, führt nicht dazu, dass dieses einstige „Fehlverhalten“ dem Eintritt jedweder – auch späteren – für den Arbeitgeber günstigen Rechtsfolge entgegensteht. Hat der Arbeitgeber seine Mitwirkungsobliegenheiten unterlassen, wird dieses „Fehlverhalten“ gewissermaßen dadurch „sanktioniert“, dass der Urlaubsanspruch dann nicht mit Ablauf des aktuellen Kalenderjahres untergeht. Das Bedürfnis oder die Notwendigkeit, den Urlaubsanspruch aufrechtzuerhalten entfällt aber in dem Moment, in dem der Arbeitgeber seinen Mitwirkungsobliegenheit ordnungsgemäß nachkommt. In diesem Fall hat er das seinerseits Erforderliche getan, um den Arbeitnehmer zur Ausübung seines Urlaubsanspruchs in die Lage zu versetzen.[1349] Mit anderen Worten kann er sein einstiges Fehlverhalten zwar nicht mehr *rückwirkend* beseitigen, er kann aber den Eintritt für ihn nachteiliger Folgen in Form der unbegrenzten Ansammlung von Urlaubsansprüchen *für die Zukunft* vermeiden.[1350] Holt der Arbeitgeber seine Mitwirkungsobliegenheiten im Folgejahr nach, ist sein Interesse an einer unbegrenzten Ansammlung von Urlaubsansprüchen („wieder“) als berechtigt anzusehen. Als

---

1346 BAG, Urt. v. 20.12.2022 – 9 AZR 401/19, BeckRS 2022, 46689 Rn. 15; vgl. auch *Schlachter/Schneider*, RdA 2021, 240, 245: *„Wird die Obliegenheit jedoch im Übertragungszeitraum nachgeholt, fehlt es anschließend an der Kausalität des vorangegangenen Unterlassens.“*

1347 Vgl. BAG, Urt. v. 31.01.2023 – 9 AZR 85/22, BeckRS 2023, 8412 Rn. 11; BAG, Urt. v. 20.12.2022 – 9 AZR 401/19, BeckRS 2022, 46689 Rn. 21.

1348 Diesbezüglich zweifelnd wohl aber *Schlachter/Schneider*, RdA 2021, 240, 246.

1349 Vgl. *Schlachter/Schneider*, RdA 2021, 240, 245.

1350 Vgl. BAG, Urt. v. 19.02.2019 – 9 AZR 423/16, NZA 2019, 977 Rn. 44.

unberechtigt wäre es nur dann einzustufen, wenn der Arbeitgeber seine Mitwirkungsobliegenheiten *auch* im Folgejahr nicht nachkommt.

ddd) 4. Konstellation: Unterlassene Mitwirkungsobliegenheiten und früh im Urlaubsjahr eintretende Erkrankung des Arbeitnehmers

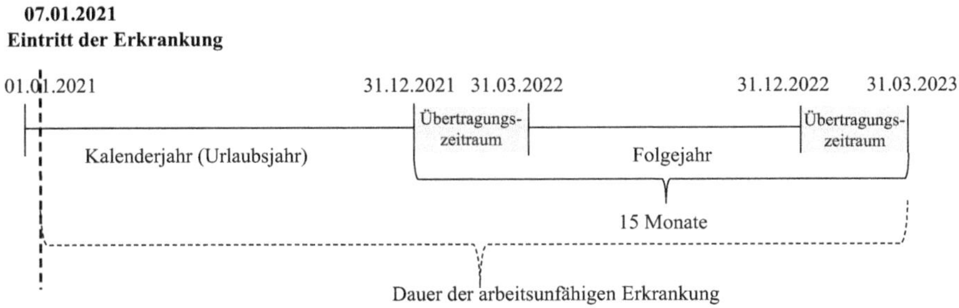

4. Konstellation:AN erkrankt bereits am 07.01.2021, ohne dass AG zuvor seinen Mitwirkungsobliegenheiten nachgekommen ist. Die arbeitsunfähige Erkrankung von AN hält über den 31.03.2023 hinaus an.

Die 4. Konstellation stellt eine Sonderkonstellation dar.[1351] Tritt die arbeitsunfähige Erkrankung von AN bereits zu einem so frühen Zeitpunkt im Kalenderjahr ein, dass es AG nicht möglich ist, zuvor seinen Mitwirkungsobliegenheiten nachzukommen, greift nach der Rspr. des BAG auch in diesem Fall die 15-Monatsfrist, obwohl die arbeitsunfähige Erkrankung streng genommen nicht bereits zu Beginn, sondern ebenfalls erst *im Verlauf* des Urlaubsjahres eingetreten ist.[1352] Im Regelfall hat AG eine (Urlaubs-)Woche ab Entstehung des Urlaubsanspruchs Zeit, seinen Mitwirkungsobliegenheiten nachzukommen.[1353] Tritt die arbeitsunfähige Erkrankung vor Ablauf dieser Woche ein, verfällt der Urlaub nach Ansicht des 9. Senats ausnahmsweise trotzdem 15 Monate nach Ablauf des Urlaubsjahres, d.h. im Beispiel mit Ablauf des 31.03.2023, obwohl AG seinen

1351 Vgl. BAG, Urt. v. 31.01.2023 – 9 AZR 107/20, BeckRS 2023, 8405 Rn. 16: „*besondere Konstellation*".

1352 BAG, Urt. v. 31.01.2023 – 9 AZR 107/20, BeckRS 2023, 8405 Rn. 16 f.

1353 BAG, Urt. v. 31.01.2023 – 9 AZR 107/20, BeckRS 2023, 8405 Rn. 19; *Karb*, öAT 2023, 122; vgl. zum maßgeblichen Zeitpunkt der Vornahme der Mitwirkungsobliegenheiten die Ausführungen oben unter § 10 A.

Mitwirkungsobliegenheiten nicht nachgekommen ist.[1354] Denn das Risiko, Urlaub wegen einer im Urlaubsjahr eintretenden Erkrankung nicht gewähren zu können, sei dem Arbeitgeber erst zugewiesen, wenn er seinen Mitwirkungsobliegenheiten auch tatsächlich nachkommen konnte.[1355]

dd) Widerlegung des vermuteten Kausalzusammenhangs

Liegt der tragende Grund für den Erhalt des Urlaubsanspruchs auch über den Bezugs- bzw. Übertragungszeitraums hinaus nach der Rspr. des EuGH in dem vermuteten Kausalzusammenhang zwischen einem bestimmten Tun bzw. Unterlassen des Arbeitgebers und der unterlassenen Urlaubsnahme seitens des Arbeitnehmers, drängt sich die Frage auf, ob und wenn ja, wie der vermutete Kausalzusammenhang zwischen unterlassenen Mitwirkungsobliegenheiten und unterlassener Urlaubsnahme widerlegt werden kann (hierzu sogleich unter (aaa)) und welche Anforderungen an die Widerlegung im Allgemeinen (unter (bbb)) und im Einzelfall (ccc)) zu stellen sind. Kann er erfolgreich widerlegt werden, stellt sich weiterhin die Frage, welche Rechtsfolgen sich dann in Bezug auf den – nicht realisierten – Urlaubsanspruch ergeben (unter (ddd)).

aaa) Zulässigkeit der Widerlegung

Der EuGH knüpft die Notwendigkeit der Erfüllung der Mitwirkungshandlungen an die Vermutung, ein Arbeitnehmer könne ohne deren Vornahme durch den Arbeitgeber von der Realisierung seines Urlaubsanspruchs abgehalten werden.[1356] Hieraus folgt umgekehrt, dass keine Notwendigkeit für die Vornahme der Mitwirkungsobliegenheiten besteht, wenn der Arbeitnehmer auch ohne deren Vornahme in der Lage ist, seinen Urlaub *„aus freien Stücken"*[1357] zu nehmen. Kann die Notwendigkeit der Vornahme der arbeitgeberseitigen Mitwirkungsobliegenheiten also in bestimmten Fällen entfallen, muss es – insbesondere auch unter Berücksichtigung von deren Sinn und Zweck – möglich sein, den vermuteten Kausalzusammenhang zwischen unterlassenen Mitwirkungsobliegenheiten und unterlassener Urlaubsnahme zu widerlegen.[1358]

1354 BAG, Urt. v. 31.01.2023 – 9 AZR 107/20, BeckRS 2023, 8405 Rn. 16 ff.

1355 BAG, Urt. v. 31.01.2023 – 9 AZR 107/20, BeckRS 2023, 8405 Rn. 16.

1356 EuGH, Urt. v. 06.11.2018 – C-684/16 – Max-Planck-Gesellschaft), NZA 2018, 1474 Rn. 41 ff.

1357 EuGH, Urt. v. 06.11.2018 – C-684/16 – Max-Planck-Gesellschaft), NZA 2018, 1474 Rn. 47.

1358 In diese Richtung auch MüHdb.-ArbR/*Klose*, § 86 Rn. 20.

bbb) Anforderungen an die Widerlegung

Schwieriger als die Frage nach dem „Ob", gestaltet sich die Frage nach dem „Wie" der Widerlegung der Vermutung. Diesbezüglich ist zunächst davon auszugehen, dass es sich bei der von EuGH und BAG aufgestellten Vermutung zwischen unterlassener Vornahme der Mitwirkungsobliegenheiten und unterlassener Urlaubsnahme um eine bloß tatsächliche Vermutung (*praesumtiones facti*[1359]) handelt, die nicht auf materiell-rechtlichen Gesetzen, sondern auf der allgemeinen Lebenserfahrung beruht.[1360] Sie fällt damit nicht unter § 292 ZPO, sondern unterliegt regelmäßig den Regeln über den Anscheinsbeweis (*prima-facie*-Beweis[1361]).[1362] Der Anscheinsbeweis wird in der Praxis häufig dann herangezogen, wenn ein „typischer Geschehensablauf"[1363] vorliegt, *„der nach der Lebenserfahrung auf eine bestimmte Ursache* [= hier unterlassene Mitwirkungsobliegenheiten] *für den Eintritt eines bestimmten Erfolges* [= hier unterlassene Urlaubsnahme] *hinweist.*"[1364]

Unterwirft man die Vermutung des Kausalzusammenhangs zwischen unterlassener Vornahme der Mitwirkungsobliegenheiten und unterlassener Urlaubsnahme also den Regeln über den Anscheinsbeweis, müsste ein Arbeitnehmer, der sich im Prozess auf das Bestehen seines Urlaubsanspruchs (bzw. auf den Nichtverfall infolge unterlassener Mitwirkungsobliegenheiten) beruft, den Anscheinsbeweis lediglich behaupten, d.h. im hiesigen Kontext lediglich darlegen, dass er infolge der unterlassenen Hinweis- und Aufforderungshandlungen seitens des Arbeitgebers davon abgehalten worden ist, seinen Urlaub in Anspruch zu nehmen. Der Arbeitgeber müsste diesen Anscheinsbeweis dann dadurch erschüttern, dass er Tatsachen darlegt und ggf. beweist, aus denen sich die ernsthafte Möglichkeit eines abweichenden Geschehensablaufs ergibt.[1365] Folglich müsste er darlegen und ggf. beweisen, dass der Arbeitnehmer von einer Urlaubsnahme nicht wegen der unterlassenen Mitwirkungsobliegenheiten, sondern aus anderen, nicht der Sphäre des Arbeitgebers zuordenbaren Gründen abgesehen hat.

1359 MüKo-ZPO/*Prütting*, § 292 ZPO, Rn. 7.

1360 Vgl. *Kiel*, Jahrbuch d. Arbeitsrechts (Band 57) 2020, 95, 104: *„Erfahrungssatz"*.

1361 Musielak/Voit/*Foerste*, § 286 ZPO, Rn. 23.

1362 Vgl. MüKo-BGB/*Junker*, Rom II-VO Art. 22 Rn. 7; MüKo-ZPO/*Prütting*, § 292 ZPO, Rn. 7.

1363 BGH, Urt. v. 11.12.2018 – KZR 26/17, NJW 2019, 661 Rn. 50; Musielak/Voit/*Foerste*, § 286 ZPO, Rn. 23.

1364 BGH, Urt. v. 19.01.2010 – VI ZR 33/09, NJW 2010, 1072 Rn. 8.

1365 St. Rspr. vgl. BGH, Urt. v. 07.02.2013 – III ZR 200/11, NJW 2013, 1092 Rn. 28 m.w.N.

Selbst dann, wenn man die für die Einordnung als Anscheinsweis erforderliche Typizität wegen der hier in Rede stehenden individuellen Willensentscheidungen der Arbeitnehmer (freie Entscheidung über Inanspruchnahme/Nichtinanspruchnahme des Urlaubs) verneinen würde[1366], ist jedenfalls davon auszugehen, dass die unterlassene Vornahme der Mitwirkungsobliegenheiten als mittelbarer Beweis (Indizienbeweis[1367]) für die Tatsache fungieren wird, dass der Arbeitnehmer aufgrund unterlassener Mitwirkungsobliegenheiten von einer Urlaubsnahme abgesehen hat und sein Urlaubsanspruch daher nicht verfallen ist. Auch in diesem Fall muss der Arbeitgeber dann Gegenbeweis antreten, d.h. den Indizienbeweis widerlegen.[1368]

So oder so muss der Arbeitgeber also der von EuGH und BAG aufgestellten Vermutung entgegentreten. Sei es, dass er für das Vorliegen anderer Urlaubshinderungsgründe den vollen Beweis erbringen muss, sei es, dass er zur Erschütterung des Anscheinsbeweises andere Tatsachen darlegen muss, aus denen sich die ernsthafte Möglichkeit ergibt, dass der Arbeitnehmer den Urlaub *„aus freien Stücken und in voller Kenntnis der sich daraus ergebenden Konsequenzen“*[1369] nicht genommen hat.

ccc) Widerlegung im Einzelfall

Auf welche Weise der Arbeitgeber den Anscheinsbeweis erfolgreich erschüttern bzw. den (vollen) Gegenbeweis führen kann, lässt sich nicht abschließend beantworten. Nicht ausreichend dürfte es jedenfalls sein, dem jeweiligen Mitarbeiter allein aufgrund seiner Stellung im Betrieb (Mitarbeiter der Personalabteilung, Führungskraft[1370])

1366 Regelmäßig wird angenommen, dass es bei individuellen Willensentscheidungen häufig an der erforderlichen Typizität mangelt; vgl. hierzu etwa Saenger/*Saenger*, § 286 ZPO, Rn. 43 mit zahlreichen Beispielen.

1367 Indizien sind (Hilfs-)Tatsachen, aus denen aufgrund von Erfahrungssätzen auf die unmittelbar erheblichen Tatsachen geschlossen wird, Sein/Jonas/*Thole*, § 284 ZPO, Rn. 8; vgl. zum Indizienbeweis ferner MüKo-ZPO/*Prütting*, § 284 ZPO, Rn. 24 f.

1368 Sein/Jonas/*Thole*, § 286 ZPO, Rn. 213; BGH, Urt. v. 06.04.2009 – II ZR 277/07, NZG 2009, 782 Rn. 19.

1369 EuGH, Urt. v. 06.11.2018 – C-684/16 – Max-Planck-Gesellschaft), NZA 2018, 1474 Rn. 47.

1370 MüHdb.-ArbR/*Klose*, § 86 Rn. 20 hält es bei diesem Personenkreis infolge einer teleologischen Reduktion hingegen für denkbar, lediglich zur Urlaubsnahme auffordern zu müssen; ähnlich geht das LAG Niedersachen, Urt. v. 20.08.2020 – 5 Sa 614/20, BeckRS 2020, 25555 Rn. 73 davon aus, dass Arbeitnehmer mit einem Mindestbildungshintergrund ihre Rechte kennen und dementsprechend nicht auf die Erfüllung der arbeitgeberseitigen Mitwirkungsobliegenheiten angewiesen sind; zustimmend insoweit *Glatzel*, NZA-RR 2021, 55.

pauschal[1371] eine entsprechende Kenntnis zu unterstellen und sich insofern auf den Standpunkt zu stellen, die Vornahme der Mitwirkungsobliegenheiten sei wegen der zu unterstellenden Kenntnis des Arbeitnehmers ohnehin nicht notwendig gewesen.[1372] Dafür, dass der Arbeitnehmer den Urlaub – bis zum Eintritt der arbeitsunfähigen Erkrankung – aus eigenen, freien Stücken nicht (vollständig) in Anspruch genommen hat, müssen vielmehr deutliche Anhaltspunkte im Einzelfall vorliegen.

Denkbar wäre in diesem Zusammenhang etwa, dass sich aus den Eintragungen einer Urlaubsliste, die der Arbeitnehmer zu einem vor der arbeitsunfähigen Erkrankung liegenden Zeitpunkt gemacht hat, ergibt, dass er den Urlaub (erst) in einem Zeitraum nehmen wollte, in den (sodann) die arbeitsunfähige Erkrankung fällt:

Beispiel 3: AN steht bei einer 5-Tage-Woche der gesetzliche Mindesturlaub i.H.v. 20 Tagen zu. Zu Beginn des Kalenderjahres trägt er in die Urlaubsliste Urlaub für die Zeit vom 04.07.–15.07.2022 (10 Urlaubstage) und für die Zeit vom 12.09.–23.09.2022 (10 Urlaubstage) ein. AG kommt seinen Mitwirkungsobliegenheiten nicht nach. Ab dem 01.06.2022 erkrankt AN arbeitsunfähig. Die arbeitsunfähige Erkrankung dauert auch noch über den 31.03.2023 hinaus an.

Die Eintragungen in die Urlaubsliste seitens AN lassen den Schluss zu, dass er Kenntnis von der Anzahl der ihm für das Jahr 2022 zustehenden Urlaubstage hatte. Auch kann aufgrund der Eintragungen davon ausgegangen werden, dass AN (ohnehin) gewillt war, seinen Urlaub tatsächlich in Anspruch zu nehmen, wodurch zugleich eine ausdrückliche Aufforderung zur Urlaubsnahme durch AG entbehrlich wird. Ferner entfällt die Notwendigkeit einer Belehrung über die Konsequenzen bei Nichtinanspruchnahme des Urlaubs. Denn zu einem drohenden Verfall der Urlaubsansprüche mit Ablauf des Kalenderjahres/Übertragungszeitraums kommt es nur dann, wenn der Urlaub nicht in Anspruch genommen wird. Hier war eine Urlaubsnahme aber gerade für Zeiträume angedacht, die zeitlich vor diesen Verfall-Stichtagen (31.12.2022 bzw. 31.03.2023) liegen.

Die von AN gemachten Eintragungen lassen insofern nicht nur darauf schließen, dass die Vornahme der Mitwirkungsobliegenheiten entbehrlich war. Sie

---

1371 D. h. ohne Vorliegen entsprechender Anhaltspunkte.

1372 Das BAG hat mit Urteil vom 22.10.2019 – 9 AZR 98/19, NJW 2020, 705 Rn. 19 entschieden, dass die Mitwirkungsobliegenheiten auch gegenüber einem „Geschäftsführer/Leiter der Geschäftsstelle“ eines eingetragenen Vereins vorzunehmen sind; nach hier vertretener Ansicht ist aber jedenfalls bei GmbH-Geschäftsführern eine Einschränkung auf Rechtsfolgenseite vorzunehmen, vgl. hierzu die Ausführungen oben unter § 7 B. I. 5. b) ee).

lassen zugleich den Schluss zu, dass AN den Urlaub auch im Falle ihrer ordnungsgemäßen, insbesondere rechtzeitigen Vornahme nicht zu einem Zeitpunkt genommen hätte, der vor dem Zeitpunkt des Eintritts der arbeitsunfähigen Erkrankung liegt. Zumindest dürften die Eintragungen in die Urlaubslisten hier geeignet sein, den vermuteten Kausalzusammenhang zwischen unterlassenen Mitwirkungsobliegenheiten und unterlassener Urlaubsnahme zu erschüttern. Keinen Unterschied macht es insoweit, dass Urlaub durch entsprechende Eintragungen in eine vom Arbeitgeber in Umlauf gebrachte Urlaubsliste nicht verbindlich festgelegt wird, sondern dem Arbeitgeber hierdurch nur die jeweiligen Urlaubswünsche seiner Arbeitnehmer mitgeteilt werden.[1373] Im hiesigen Kontext geht es nicht um die (rechtsverbindliche) Festlegung des Urlaubs, sondern darum, welche Rückschlüsse aus den Eintragungen in eine Urlaubsliste – rein tatsächlich – in Bezug auf die Kenntnis und die Absichten des Arbeitnehmers gezogen werden können.

ddd) Rechtsfolgen bei Widerlegung

Kann der vermutete Kausalzusammenhang zwischen unterlassenen Mitwirkungsobliegenheiten und mangelnder Urlaubsnahme widerlegt werden und steht damit fest, dass der Grund für die (teilweise) Nichtinanspruchnahme des Urlaubs nicht auf einem bestimmten Arbeitgeberverhalten bzw. -unterlassen, sondern auf einer freien Entscheidung des Arbeitnehmers beruht, können die in der Rs. *Max-Planck-Gesellschaft* aufgestellten Grundsätze (= Erhalt des Urlaubsanspruchs) nicht zur Anwendung kommen. Vielmehr unterliegt der vor Eintritt der arbeitsunfähigen Erkrankung entstandene Urlaubsanspruch dann der in der Rs. *KHS* entwickelten 15-Monatsfrist.

Die Anwendung der 15-Monatsfrist auch für diesen Fall, in dem die Arbeitsunfähigkeit nur während eines Teils des Bezugszeitraums bestanden hat, rechtfertigt sich einerseits daraus, dass der EuGH diese Konstellation wertungsmäßig gleichbehandelt wie die Konstellation, in der die krankheitsbedingte Arbeitsunfähigkeit während des gesamten Bezugszeitraums bestand.[1374] Andererseits dürfen dem Arbeitnehmer aus seiner Entscheidung, den Urlaubsanspruch erst zu einem späteren Zeitpunkt im Kalenderjahr zu nehmen, auch keine Nachteile erwachsen. Dem Arbeitnehmer steht grundsätzlich das gesamte Kalenderjahr als Zeitraum zur Verfügung, seinen Urlaub zu nehmen. Würde man einen Verfall des Urlaubsanspruchs mit Ablauf des Kalenderjahres insofern auch dann

---

1373 Arnold/Tillmanns/*Arnold*, § 7 BUrlG, Rn. 61; *Leinemann/Linck*, § 7 BUrlG, Rn. 16.
1374 EuGH, Urt. v. 20.01.2009 – C-350/06 u.a. (Schultz-Hoff), NZA 2009, 135 Rn. 49 f.

annehmen, wenn dem Arbeitnehmer die Urlaubsnahme zumindest bis zum Eintritt der arbeitsunfähigen Erkrankung möglich war, würde man den dem Arbeitnehmer zur Urlaubsausübung zur Verfügung stehenden Zeitraum erheblich verkürzen und den Arbeitnehmer faktisch dazu zwingen, den Urlaub so früh wie möglich im Urlaubsjahr zu nehmen, um nicht Gefahr zu laufen, dass der Urlaub wegen des – unvorhersehbaren – Eintritts einer arbeitsunfähigen Erkrankung später nicht mehr ausgeübt werden kann.[1375] Auf der anderen Seite bedarf es angesichts des Erholungszwecks des Urlaubs aber auch in diesem Fall keine grenzenlose Aufrechterhaltung des Urlaubsanspruchs. Vielmehr greifen hier dieselben Überlegungen wie in der Rs. *KHS*.[1376] Dass dem Arbeitgeber wegen der unterlassenen Vornahme der Mitwirkungsobliegenheiten zwar ein Fehlverhalten vorgeworfen kann, rechtfertigt ebenfalls keinen dauerhaften Erhalt des Urlaubsanspruchs. Ein Fehlverhalten des Arbeitgebers, dass keinerlei Einfluss auf die Entscheidung des Arbeitnehmers nimmt, den Urlaub in Anspruch zu nehmen oder nicht, bedarf keiner „Sanktionierung" dergestalt, dass nicht genommener Urlaub dauerhaft aufrechterhalten bleiben müsste.

ee) Zusammenfassung

Anknüpfungspunkt für die Frage, wann Urlaubsansprüche verfallen, ist das jeweilige Kalenderjahr. Es ist danach zu fragen, was der Grund für die Nichtinanspruchnahme der Urlaubsansprüche im jeweiligen Kalenderjahr war und ob er ausschließlich der Sphäre des Arbeitnehmers oder möglicherweise (auch) der des Arbeitgebers zuzuordnen ist. Kommt als mögliche Ursache für die Nichtrealisierung des Urlaubsanspruchs ein bestimmtes Arbeitgeberverhalten bzw. -unterlassen in Form der nicht oder nicht rechtzeitig vorgenommenen Mitwirkungsobliegenheiten in Betracht, stellt sich in einem zweiten Schritt die Frage, wie dieser vermutetete Kausalzusammenhang widerlegt werden kann. Anhaltspunkte können hierbei Eintragungen in eine Urlaubsliste liefern, die regelmäßig Rückschlüsse darauf zulassen, dass und wann der Arbeitnehmer seinen Urlaub im Urlaubsjahr nehmen wollte. Kann der vermutete Kausalzusammenhang zwischen unterlassenen Mitwirkungsobliegenheiten und mangelnder Urlaubsnahme nicht widerlegt werden, muss der Urlaubsanspruch aufrechterhalten bleiben.

1375 EuGH, Urt. v. 20.01.2009 – C-350/06 u.a. (Schultz-Hoff), NZA 2009, 135 Rn. 44, 51.
1376 EuGH, Urt. v. 22.11.2011 – C-214/10 (KHS), NZA 2011, 1333 Rn. 33 ff.

c) Zusammenfassung

Zu einer Kollision der unterschiedlichen Rechtsprechungslinien aus den Rs. *KHS* und *Max-Planck-Gesellschaft* kann es nur dann kommen, wenn der Arbeitnehmer seinen Urlaub im Kalenderjahr nicht (vollständig) in Anspruch genommen hat, ihm eine Urlaubsnahme aber bis zum Eintritt der arbeitsunfähigen Erkrankung zumindest teilweise möglich war und der Arbeitgeber die Mitwirkungsobliegenheiten nicht bzw. nicht rechtzeitig vorgenommen hat. Nur in diesem Fall steht eine (Mit-)Ursächlichkeit des Arbeitgebers an der mangelnden Urlaubsrealisierung im Raum. Kann eine potenzielle (Mit-)Ursächlichkeit des Arbeitgebers nicht sicher ausgeschlossen werden, greifen die in der Rs. *Max-Planck-Gesellschaft* aufgestellten Rechtsprechungsgrundsätze und der vor Eintritt der arbeitsunfähigen Erkrankung entstandene Urlaubsanspruch bleibt zunächst über das Kalenderjahr hinaus erhalten.[1377] Für den so übertragenen Anspruchsteil greifen dieselben Regelungen wie für den Urlaub, der im Folgejahr neu entsteht.[1378] Die Frage des Verfall(-zeitpunktes) richtet sich damit (wiederum) danach, ob der Arbeitgeber die Mitwirkungsobliegenheiten im Folgejahr ordnungsgemäß nachgeholt hat und ob dem Arbeitnehmer eine Urlaubsnahme im Folgejahr möglich war oder nicht. Die Frage des Verfalls ist mithin für jedes Kalenderjahr erneut und ohne Anknüpfung an vergangene Jahre zu beurteilen. Dies entspricht nicht nur der Rspr. des BAG, sondern ermöglicht auch eine rechtssichere Handhabung mit der Frage, unter welchen Voraussetzungen und zu welchem Zeitpunkt (Rest-)Urlaubsansprüche verfallen.

B. Gesetzlicher Zusatzurlaub

Weil das BAG[1379] gesetzliche Zusatzurlaubsansprüche (§ 208 Abs. 1 S. 1, § 151 Abs. 1, Abs. 2 SGB IX, § 19 Abs. 1 JArbSchG, §§ 56–64 SeeArbG, § 4 Pflege-ArbbV) im Hinblick auf Entstehung, Übertragung, Kürzung und Abgeltung

---

1377 BAG, Urt. v. 28.03.2023 – 9 AZR 488/21, NZA 2023, 826 Rn. 30; BAG, Urt. v. 31.01.2023 – 9 AZR 107/20, BeckRS 2023, 8405 Rn. 15; BAG, Urt. v. 20.12.2022 – 9 AZR 401/19, BeckRS 2022, 46689 Rn. 22.

1378 BAG, Urt. v. 20.12.2022 – 9 AZR 401/19, BeckRS 2022, 46689 Rn. 15; BAG, Urt. v. 19.02.2019 – 9 AZR 423/16, NZA 2019, 977 Rn. 44.

1379 St. Rspr., vgl. nur BAG, Urt. v. 30.11.2021 – 9 AZR 143/21, BeckRS 2021, 48632 Rn. 17; BAG, Urt. v. 10.03.2020 – 9 AZR 109/19, NZA 2020, 1255 Rn. 11; BAG, Urt. v. 22.01.2019 – 9 AZR 45/16, NJW 2019, 2046 Rn. 24; BAG, Urt. v. 13.12.2011 – 9 AZR 399/10, NZA 2012, 514 Rn. 40; BAG, Urt. v. 23.03.2010 – 9 AZR 128/09, NZA 2010, 810 Rn. 69.

grundsätzlich ebenfalls den Regelungen des BUrlG unterwirft, gelten die vorstehenden Ausführungen für gesetzliche Zusatzurlaubsansprüche entsprechend.

C. Vertraglicher Mehrurlaub

Auch für arbeits- oder tarifvertragliche Urlaubsansprüche gelten die vorstehenden Ausführungen entsprechend, sofern die Arbeits- oder Tarifvertragsparteien nicht ausdrücklich von der Geltung der Mitwirkungsobliegenheiten abgewichen haben. In diesem Fall ist nach der Rspr. des BAG[1380] von einem Gleichlauf von vertraglichem Mehr- und gesetzlichem Mindesturlaub auszugehen, sodass auch für den vertraglichen Mehrurlaub das unionsrechtlich modifizierte gesetzliche Fristenregime nach § 7 Abs. 3 S. 1 und S. 3 BUrlG greift.

D. Zusammenfassung und Ergebnisse

Wann Urlaub nach der neueren Rspr. des BAG und des EuGH kraft Gesetzes verfällt, lässt sich wie folgt zusammenfassen:

- Grundsätzlich verfällt nicht genommener Urlaub mit **Ablauf des 31.12.** eines Kalenderjahres, wenn der Arbeitgeber seine Mitwirkungsobliegenheiten ordnungsgemäß erfüllt hat und dem Arbeitnehmer eine Urlaubsnahme tatsächlich möglich war.
- Hat der Arbeitgeber seine **Mitwirkungsobliegenheiten nicht, nicht ordnungsgemäß oder nicht rechtzeitig erfüllt**, verfällt nicht genommener Urlaub nicht mit Ablauf des Kalenderjahres (31.12.), sondern wird auf das Folgejahr **übertragen**. Der Arbeitgeber hat – will er diesen übertragenen Urlaubsanspruch dann wirksam dem Zeitregime des § 7 Abs. 3 BUrlG unterwerfen – die Mitwirkungsobliegenheiten zu Beginn bzw. innerhalb der ersten Woche[1381] des Folgejahres erneut vorzunehmen und neben der Anzahl der für das aktuelle Urlaubsjahr neu entstandenen Urlaubstage

---

1380 Vgl. etwa BAG, Urt. v. 31.01.2023 – 9 AZR 107/20, BeckRS 2023, 8405 Rn. 23; BAG, Urt. v. 09.03.2021 – 9 AZR 310/20, NZA 2021, 1202 Rn. 20; BAG, Urt. v. 25.08.2020 – 9 AZR 214/19, NZA 2021, 217 Rn. 26; BAG, Urt. v. 25.06.2019 – 9 AZR 546/17, NZA 2019, 1577 Rn. 21; BAG, Urt. v. 26.05.2020 – 9 AZR 259/19, NZA 2020, 1416 Rn. 22 ff.; BAG, Urt. v. 19.02.2019 – 9 AZR 541/15, NZA 2019, 982 Rn. 37.

1381 BAG, Urt. v. 31.01.2023 – 9 AZR 107/20, BeckRS 2023, 8405 Rn. 19; vgl. zum Zeitpunkt der Vornahme der Mitwirkungsobliegenheiten auch die Ausführungen oben unter § 10 A.

dem Arbeitnehmer auch ausdrücklich die Anzahl der übertragenen (Rest-) Urlaubstage mitzuteilen.[1382]

- War dem Arbeitnehmer eine Urlaubsnahme bis zum 31.12. etwa infolge einer arbeitsunfähigen Erkrankung **nicht möglich** oder liegen sonst **Übertragungsgründe i.S.v. § 7 Abs. 3 S. 2 BUrlG** vor, verfällt nicht genommener Urlaub nicht mit Ablauf des Kalenderjahres, sondern wird ebenfalls auf das Folgejahr **übertragen**. Wird der Urlaub dann – trotz Möglichkeit – auch nicht innerhalb der ersten drei Monate des Folgejahres genommen, erlischt der Urlaubsanspruch mit **Ablauf des 31.03.** des Folgejahres, sofern der Arbeitgeber innerhalb des 3-Monats-Zeitraums gesondert darauf hingewiesen hat, dass der Arbeitnehmer den übertragenen Urlaub bis zum 31.03. nehmen muss, weil er andernfalls mit Ablauf des 31.03. verfällt.[1383]
- Ist der Arbeitnehmer **langzeiterkrankt**, sodass er den ihm zustehenden Urlaub weder innerhalb des Urlaubsjahres noch bis einschließlich 31.03. des zweiten auf das Urlaubsjahr folgenden Jahres nehmen kann, verfällt der aus dem Urlaubsjahr stammende Urlaub spätestens **15 Monate** nach Ablauf des Urlaubsjahres. Dies gilt unabhängig davon, ob der Arbeitgeber seine Mitwirkungsobliegenheiten erfüllt hat oder nicht, weil der Arbeitnehmer den Urlaub bei durchgehender Arbeitsunfähigkeit auch im Falle der Vornahme der Mitwirkungsobliegenheiten nicht hätte nehmen können und es mithin an der erforderlichen Kausalität zwischen unterlassener Vornahme der Mitwirkungsobliegenheiten und mangelnder Urlaubsnahme fehlt.
- War eine Urlaubsnahme vor Eintritt der arbeitsunfähigen Erkrankung im Kalenderjahr (Urlaubsjahr) zumindest **teilweise möglich** und hat der Arbeitgeber die Vornahme der **Mitwirkungsobliegenheiten unterlassen**, führt dies zu einem – u.U. dauerhaften – Erhalt des vor Eintritt der arbeitsunfähigen Erkrankung entstandenen Urlaubsanspruchs[1384], wenn nicht sicher

1382 Vgl. hierzu die Ausführungen oben unter § 8 B. I.

1383 BAG, Urt. v. 20.12.2022 – 9 AZR 401/19, BeckRS 2022, 46689 Rn. 14; BAG, Urt. v. 19.02.2019 – 9 AZR 514/15, NZA 2019, 982 Rn. 45; vgl. hierzu auch die Ausführungen oben unter§ 10 C. I.

1384 Eine Ausnahme gilt nur dann, wenn die arbeitsunfähige Erkrankung bereits so früh im Kalenderjahr eintritt, dass es dem Arbeitgeber nicht möglich ist, zuvor seinen Mitwirkungsobliegenheiten nachzukommen, vgl. BAG, Urt. v. 31.01.2023 – 9 AZR 107/20, BeckRS 2023, 8405 Rn. 16 ff.; vgl. hierzu auch das Beispiel oben unter § 13 A. II. 3. b) cc) ddd).

ausgeschlossen werden kann, dass die Nichtinanspruchnahme des Urlaubs seitens des Arbeitnehmers zumindest auch auf der unterlassenen Vornahme der Mitwirkungsobliegenheiten durch den Arbeitgeber beruht. Dem Arbeitgeber bleibt in diesem Fall nur die Möglichkeit, die Mitwirkungsobliegenheiten zu Beginn bzw. innerhalb der ersten Woche des Folgejahres **nachzuholen**. Holt er sie nach, greift für den übertragenen Anspruchsteil wieder das Fristregime des § 7 Abs. 3 BUrlG. Der Urlaubsanspruch verfällt dann **mit Ablauf des Folgejahres**, wenn dem Arbeitnehmer eine Urlaubsnahme im Folgejahr **möglich** war. War es dem Arbeitnehmer z.B. wegen der fortbestehenden krankheitsbedingten Arbeitsunfähigkeit (auch) im Folgejahr bis einschließlich 31.03. des zweiten auf das Folgejahr folgenden Jahres nicht möglich, den Urlaub zu nehmen, verfällt der übertragene Anspruchsteil hingegen **15 Monate nach Ablauf des Folgejahres**. Die Frage des Verfalls ist insofern immer bezogen auf das jeweilige (aktuelle) Kalenderjahr zu beantworten.

- Steht fest, dass der Arbeitnehmer den bis zum Eintritt der arbeitsunfähigen Erkrankung entstandenen Urlaub **aus freien Stücken nicht genommen** hat, obwohl ihm dies (zumindest teilweise) möglich war, kommen die in der Rs. *Max-Planck-Gesellschaft* entwickelten Grundsätze nicht zur Anwendung. Die mangelnde Urlaubsnahme beruht dann allein auf einer freien Willensentscheidung des Arbeitnehmers und ein Kausalzusammenhang zwischen unterlassenen Mitwirkungsobliegenheiten und unterlassener Urlaubsnahme ist zu verneinen. In diesem Fall ist es nach hier vertretener Ansicht aufgrund des Erholungszwecks des Urlaubs gerechtfertigt, den vor Eintritt der arbeitsunfähigen Erkrankung entstandenen Urlaubsanspruch der **15-Monats-Frist** zu unterwerfen.

- Wie der Arbeitgeber den vermuteten **Kausalzusammenhang** zwischen unterlassenen Mitwirkungsobliegenheiten und mangelnder Urlaubsnahme **widerlegen** kann, ist eine Frage des Einzelfalls. Als erfolgsversprechend dürfte es sich regelmäßig erweisen, wenn die von einem Arbeitnehmer in einer Urlaubsliste gemachten Eintragungen ergeben, dass der Arbeitnehmer den Urlaub ohnehin erst in einem Zeitraum nehmen wollte, in den dann die arbeitsunfähige Erkrankung fällt.

- Die vorstehenden Grundsätze gelten gleichfalls für **gesetzlichen Zusatzurlaub** sowie für **vertraglichen Mehrurlaub**, sofern die Arbeits- oder Tarifvertragsparteien für letzteren nicht ausdrücklich abweichende Regelungen hinsichtlich Übertragung und Verfall vereinbart und insbesondere die Geltung der arbeitgeberseitigen Mitwirkungsobliegenheiten wirksam ausgeschlossen haben.

§ 14 Verfall kraft Vereinbarung

In arbeitsvertraglichen, betriebsverfassungsrechtlichen oder tarifvertraglichen Regelungen finden sich häufig sog. allgemeine Ausschlussfristen[1385], die die Geltendmachung von Ansprüchen aus dem Arbeitsverhältnis an die Einhaltung bestimmter Fristen koppeln.[1386] Bei Nichteinhaltung dieser Fristen führt dies zum „Ausschluss" von Ansprüchen aus dem Arbeitsverhältnis – sie verfallen.[1387] Ob eine solche vertragliche Ausschlussfrist auch Urlaubsansprüche wirksam miteinbeziehen und bei Fristablauf dem Verfall unterwerfen kann, hängt dabei nicht nur von dem jeweiligen Regelungs*standort* der Vertragsklausel (Betriebsvereinbarung, Individualarbeitsvertrag oder Tarifvertrag), sondern auch davon ab, welchen Regelungs*gegenstand* sie konkret aufweist, sie also nur vertraglichen Mehrurlaub und/oder auch den gesetzlichen Mindesturlaub bei nicht rechtzeitiger Geltendmachung dem Verfall unterwerfen will.

Im Folgenden sollen zunächst die konkreten Ausgestaltungsmöglichkeiten vertraglicher Ausschlussfristen dargelegt werden (unter A.). Daran schließt sich die Untersuchung an, ob Ausschlussfristen wirksam auch in Bezug auf den gesetzlichen Urlaubsanspruch nach dem BUrlG (unter B.) bzw. sonstiger gesetzlicher Urlaubsansprüche (unter C.) oder vertraglicher Mehrurlaubsansprüche (unter D.) vereinbart werden können.

A. Ausgestaltung vertraglicher Ausschlussfristen

Vertragliche Ausschlussfristen sind entweder als einstufige oder als zweistufige Ausschlussfristen ausgestaltet.[1388] Während einstufige Ausschlussfristen lediglich die fristgerechte und meist schriftliche Geltendmachung des Anspruchs gegenüber dem Vertragspartner nach dem Eintritt eines bestimmten Ereignisses (z.B. Fälligkeit oder Beendigung des Arbeitsverhältnisses) verlangen, verlangen

---

1385 Eine allgemeine, undifferenzierte Ausschlussfrist erfasst grds. *sämtliche* aus dem Arbeitsverhältnis stammende Ansprüche der Arbeitsvertragsparteien, vgl. BAG, Urt. v. 13.12.2011 – 9 AZR 399/10, NZA 2012, 514 Rn. 17; BAG, Urt. v. 22.01.2008 – 9 AZR 416/07, NZA-RR 2008, 525 Rn. 19 m.w.N.

1386 Küttner-Personalbuch/*Schmidt*, Ausschlussfrist, Rn. 1; ausführlich zu vertraglichen Ausschlussfristen auch *Krause*, RdA 2004, 36 ff.

1387 MüHdb.-ArbR/*Krause*, § 71 Rn. 14; Küttner-Personalbuch/*Schmidt*, Ausschlussfrist, Rn. 1; Schaub/*Treber*, § 209 Rn. 8.

1388 *Husemann*, NZA-RR 2011, 337, 337 f.; Schaub/*Treber*, § 209 Rn. 8.

sog. zweistufigen Verfallfristen zusätzlich, dass der Anspruch binnen einer weiteren, meist gleich langen Frist[1389] gerichtlich geltend gemacht werden muss.[1390] Häufig finden sich in Bezug auf zweistufige Ausschlussfristen folgende oder ähnliche Formulierungen[1391]:

> „(1) Alle beiderseitigen Ansprüche aus dem Arbeitsverhältnis und solche, die mit dem Arbeitsverhältnis in Verbindung stehen, verfallen, wenn sie nicht innerhalb von drei Monaten nach Fälligkeit gegenüber der anderen Vertragspartei in Textform[1392] geltend gemacht werden.
>
> (2) Lehnt die Gegenseite den Anspruch ab, oder erklärt sie sich nicht innerhalb von zwei Wochen nach Geltendmachung des Anspruchs dagegen, so verfällt dieser, wenn er nicht innerhalb von drei Monaten nach der Ablehnung oder dem Fristablauf gerichtlich geltend gemacht wird."

Ausschlussfristen, ob ein- oder zweistufig, können entweder im Individualarbeitsvertrag selbst vereinbart sein oder auf der Grundlage eines Tarifvertrages oder einer Betriebsvereinbarung in das Arbeitsverhältnis einbezogen werden.[1393]

B. Gesetzlicher Mindesturlaub

Ob der gesetzliche Urlaubsanspruch vertraglichen Ausschlussfristen unterworfen werden kann, hängt zunächst davon ab, ob die Ausschlussfrist in einem

---

1389 Nach zwischenzeitlich st. Rspr. müssen zumindest in Arbeitsverträgen enthaltene Ausschlussfristen sowohl auf erster als auch auf zweiter Stufe eine Mindestfrist von drei Monaten vorsehen, vgl. BAG, Urt. v. 16.10.2019 – 4 AZR 66/18, NZA 2020, 260 Rn. 54; vgl. zur ersten Stufe ferner BAG, Urt. v. 27.01.2016 – 5 AZR 277/14, NZA 2016, 679 Rn. 21 sowie zur zweiten Stufe BAG, Urt. v. 12.03.2008 – 10 AZR 152/07, NZA 2008, 699 Rn. 24; BAG, Urt. v. 25.05.2005 – 5 AZR 572/04, NZA 2005, 1111 unter IV. 7. d).

1390 *Husemann*, NZA-RR 2011, 337, 337 f.; Schaub/*Treber*, § 209 Rn. 8.

1391 nach BAG, Urt. v. 03.12.2019 – 9 AZR 44/19, NJW 2020, 1317 wobei das Wort „schriftlich" diesseits durch das Wort „Textform" ersetzt wurde.

1392 Vor dem Hintergrund des § 309 Nr. 13b) BGB, der nach Art. 227 § 37 EGBGB auf alle nach dem 30.09.2016 begründeten Schuldverhältnisse Anwendung findet, werden jedenfalls in nach diesem Stichtag geschlossenen Arbeitsverträgen enthaltene Ausschlussklauseln keine strengere Form als Textform vorsehen dürfen, vgl. hierzu ArbG Köln, Urt. v. 25.10.2018 – 14 Ca 2289/18, BeckRS 2018, 47534 Rn. 30 ff.; ferner *Düwell*, BB 2016, 2485 ff.; BeckOK-ArbR/*Jacobs*, § 309 BGB, Rn. 41b; *Salamon*, NZA 2019, 1529, 1530.

1393 MüHdb.-ArbR/*Krause*, § 71 Rn. 13; Küttner-Personalbuch/*Schmidt*, Ausschlussfrist, Rn. 1.

Arbeitsvertrag, einer Betriebsvereinbarung oder einem Tarifvertrag enthalten ist.[1394]

I. Arbeitsvertrag

In Arbeitsverträgen können Ausschlussfristen, die auch den gesetzlichen Mindesturlaub (§§ 1, 3 BUrlG) miteinschließen, nicht wirksam vereinbart werden.[1395] Dies ergibt sich unmittelbar aus der Vorschrift des § 13 Abs. 1 S. 3 BUrlG, die es verbietet, von den Bestimmungen des BUrlG[1396] *zuungunsten* der Arbeitnehmer durch originäre einzelvertragliche Vereinbarung abzuweichen (Unabdingbarkeit des gesetzlichen Urlaubsanspruchs).[1397] Eine solche für den Arbeitnehmer ungünstige Abweichung läge aber vor, wenn eine arbeitsvertragliche Ausschlussfrist eine kürzere Frist als die durch § 7 Abs. 1 S. 1 bzw. S. 3 BUrlG vorgegebene 12- bzw. 15-Monatsfrist für die Geltendmachung des Urlaubsanspruchs vorsähe.[1398]

> Beispiel 4: Der Arbeitsvertrag von Arbeitnehmer AN enthält eine einstufige Ausschlussfrist, nach der sämtliche Ansprüche aus dem Arbeitsverhältnis innerhalb von 3 Monaten nach Fälligkeit gegenüber der jeweils anderen Vertragspartei in Textform geltend zu machen sind und bei nicht fristgerechter Geltendmachung verfallen. AN beantragt erst Mitte September 2022 Urlaub im Umfang des ihm im Jahr 2022 zustehenden Urlaubsanspruchs von 20 Tagen. Arbeitgeber AG verweigert die Urlaubsgewährung unter Berufung auf die vertragliche Ausschlussfrist.

Bei unterstellter Wirksamkeit der vertraglichen Ausschlussfrist hätte AN seinen Urlaubsanspruch hier spätestens mit Ablauf des 01.04.2022 24 Uhr und damit 9 bzw. 12 Monate früher als bei Geltung der gesetzlichen Fristen geltend machen müssen, um ein Erlöschen seines Urlaubsanspruchs zu verhindern.

1394 Vgl. Küttner-Personalbuch/*Schmidt*, Ausschlussfrist, Rn. 6.

1395 BAG, Urt. v. 19.06.2018 – 9 AZR 615/17, NZA 2018, 1480 Rn. 38; BAG, Urt. v. 18.11.2003 – 9 AZR 95/03, NZA 2004, 651, 653; BAG, Urt. v. 05.04.1984 – 6 AZR 443/81, NZA 1984, 257, 258; *Fuhlrott*, EWiR 2018, 725, 726 rät im Sinne der anwaltlichen Vorsicht dazu, neben der Herausnahme des Mindestlohnanspruchs auch Urlaubs(abgeltungs)ansprüche von einer arbeitsvertraglichen Ausschlussfristenregelung herauszunehmen; auch *Schneider*, EuZW 2022, 1018, 1022 empfiehlt, *„zwingende urlaubsrechtliche Ansprüche explizit von arbeitsvertraglichen Ausschlussfristen auszunehmen.“*

1396 mit Ausnahme von § 7 Abs. 2 S. 2 BUrlG.

1397 Schaub/*Linck*, § 104 Rn. 130; Neumann/Fenski/*Kühn*, § 13 BUrlG, Rn. 36; Powietzka/Rolf/*Powietzka*, § 13 BUrlG, Rn. 13.

1398 BAG, Urt. v. 19.06.2018 – 9 AZR 615/17, NZA 2018, 1480 Rn. 38.

Fristauslösendes Ereignis wäre die Fälligkeit des Urlaubsanspruchs. Mangels im BUrlG enthaltender Fälligkeitsregelungen kommt die allgemeine Bestimmung des § 271 Abs. 1 BGB zum Zuge, wonach der (Urlaubs-)Anspruch im Zweifel „sofort" fällig ist.[1399] Im Zusammenspiel mit § 1 BUrlG und § 4 BUrlG tritt Fälligkeit des (vollen) Urlaubsanspruchs[1400] nach einmaliger Erfüllung der Wartezeit daher am 01.01. eines jeden Beschäftigungsjahres ein.[1401] Die drei-Monats-Frist hätte im Beispiel damit gem. § 187 Abs. 1 Alt. 1 BGB (Ereignisfrist) am 02.01.2022 zu laufen begonnen und gem. § 188 Abs. 2 Alt. 1 BGB mit Ablauf des 01.04.2022 geendet. Für den Rest des Jahres wäre AN die Möglichkeit genommen, in den Genuss seines Anspruchs auf bezahlten Jahresurlaubs zu kommen.

Bei Eingreifen der vertraglich vereinbarten Ausschlussfrist stünden AN lediglich 3 Monate, bei Nichteingreifen der Ausschlussfrist hingegen 12 bzw. 15 Monate für die Ausübung seines Urlaubsanspruchs zur Verfügung. Die gesetzlichen Ausübungsfristen wären bei Anwendbarkeit der arbeitsvertraglichen Ausschlussfrist zulasten von AN deutlich verkürzt, was § 13 BUrlG nicht zulässt.[1402]

II. Betriebsvereinbarung

Aus denselben Gründen sind gem. § 13 Abs. 1 S. 3 BUrlG auch in Betriebsvereinbarungen enthaltene Ausschlussfristen unwirksam.[1403]

III. Tarifvertrag

Hingegen gestattet es § 13 Abs. 1 S. 1 BUrlG, von den Vorschriften des BUrlG durch Tarifvertrag abzuweichen. Die Vorschrift bringt zum Ausdruck, dass den Tarifvertragsparteien grundsätzlich auch auf dem Gebiet des Urlaubsrechts die Normsetzungsbefugnis eingeräumt ist.[1404] Sie ist damit Ausdruck der

---

1399 ErfK/*Gallner*, § 1 BUrlG, Rn. 21; *Leinemann/Linck*, § 1 BUrlG, Rn. 77 f.; Preis/Temming/*Preis*, § 47 Rn. 2218; H/W/K/*Schinz*, § 1 BUrlG, Rn. 19; Tschöpe/*Zerbe*, C. Urlaub Rn. 2.

1400 Sowohl des gesetzlichen als auch vertraglichen Mehrurlaubs, sofern für letzteren nicht wirksam abweichende (Fälligkeits-)Regelungen vereinbart wurden.

1401 ErfK/*Gallner*, § 1 BUrlG, Rn. 21; *Leinmann/Linck*, § 1 BUrlG, Rn. 77 f.; H/W/K/*Schinz*, § 1 BUrlG, Rn. 19.

1402 BAG, Urt. v. 19.06.2018 – 9 AZR 615/17, NZA 2018, 1480 Rn. 38.

1403 Vgl. Powietzka/Rolf/*Powietzka*, § 13 BUrlG, Rn. 23.

1404 ErfK/*Gallner*, § 13 BUrlG, Rn. 3; BeckOK-ArbR/*Lampe*, § 13 BUrlG, Rn. 1; HWK/*Schinz*, § 13 BUrlG, Rn. 5.

grundrechtlich geschützten Tarifautonomie und erfährt eine Einschränkung lediglich dahingehend, dass der Urlaubsanspruch selbst (§ 1 BUrlG), der Geltungsbereich des BUrlG (§ 2 BUrlG) und die Dauer des gesetzlichen Mindesturlaubs (§ 3 Abs. 1 BUrlG) der Änderungsbefugnis der Tarifvertragsparteien entzogen ist.[1405] Innerhalb dieser Grenzen dürfen die Tarifvertragsparteien von den (übrigen) Vorschriften des BUrlG aber auch zum Nachteil, d.h. *zuungunsten* des Arbeitnehmers abweichen.[1406] Bei beidseitiger Tarifgebundenheit gelten die jeweiligen tarifvertraglichen Regelungen dann nach § 4 Abs. 1 TVG unmittelbar. Andernfalls, wenn also keine beidseitige Tarifgebundenheit besteht, können die tariflichen Regelungen auch kraft arbeitsvertraglicher Bezugnahme auf das Arbeitsverhältnis der Parteien Anwendung finden (vgl. § 13 Abs. 1 S. 2 BUrlG).[1407]

1. Verstoß gegen § 13 Abs. 1 S. 1 BUrlG

Mit Blick auf den Wortlaut des § 13 Abs. 1 S. 1 BUrlG scheint es auf den ersten Blick zulässig, im Tarifvertrag eine Ausschlussfrist für die Geltendmachung des gesetzlichen Mindesturlaubsanspruchs vorzusehen. Durch die Vereinbarung einer kürzeren Frist zur Geltendmachung des Urlaubsanspruchs wird weder unmittelbar von dem Urlaubsanspruch selbst (§ 1 BUrlG) noch von dem Geltungsbereich des BUrlG (§ 2 BUrlG) oder der Dauer des gesetzlichen Mindesturlaubsanspruchs (§ 3 Abs. 1 BUrlG) abgewichen. Eine entsprechende tarifliche Ausschlussfrist würde vielmehr zu einer Abweichung von den in § 7 Abs. 3 S. 1 bzw. S. 3 BUrlG genannten Fristen führen, die in § 13 Abs. 1 S. 1 BUrlG aber keine ausdrückliche Erwähnung finden.

Ob auch solche tariflichen Regelungen zulässig sein können, die zwar vom Wortlaut des § 13 Abs. 1 S. 1 BUrlG nicht erfasst werden, aber u.U. *mittelbar* zu einer Beeinträchtigung der dort genannten bundesurlaubsrechtlichen Mindestnormen führen können, soll nachfolgend untersucht werden.

1405 BAG, Urt. v. 05.08.2014 – 9 AZR 77/13, NZA 2015, 625 Os. 1; ErfK/*Gallner*, § 13 BUrlG, Rn. 3; Neumann/Fenski/*Kühn*, § 13 BUrlG, Rn. 11.

1406 ErfK/*Gallner*, § 13 BUrlG, Rn. 3, 5; Neumann/Fenski/*Kühn*, § 13 BUrlG, Rn. 11.

1407 Vgl. BAG, Urt. v. 23.01.2002 – 4 AZR 56/01, NZA 2002, 800 unter 1.; Neumann/Fenski/*Kühn*, § 13 BUrlG, Rn. 42; BeckOK-ArbR/*Lampe*, § 13 BUrlG, Rn. 1; zur arbeitsvertraglichen Inbezugnahme von Tarifverträgen ausführlich *Schrader*, BB 2005, 714 ff.

a) *Mittelbarer Eingriff*

Das BAG[1408] und der überwiegende Teil der Literatur[1409] halten auch nur mittelbare Verstöße gegen § 13 Abs. 1 S. 1 BUrlG für ausreichend, um die Normsetzungsbefugnis der Tarifvertragsparteien entsprechend einzuschränken. Die Befugnis der Tarifvertragsparteien zur Schaffung günstigerer Normen dürfe nicht „*auf Umwegen zu einer Beeinträchtigung seiner Mindestnormen führen.*“[1410].[1411]

So hat das BAG z.B. eine tarifvertragliche Regelung aufgrund eines Verstoßes gegen § 13 Abs. 1 S. 1 BUrlG für unwirksam gehalten, die Urlaubsansprüche, deren Erfüllung u.a. aus in der Person des Arbeitnehmers liegenden Gründen nicht vor Beendigung des Arbeitsverhältnisses möglich war, von der Abgeltung nach § 7 Abs. 4 BUrlG ausschließt.[1412] Eine solche Regelung greife in die Unabdingbarkeit des gesetzlichen Urlaubsanspruchs (§§ 1, 3 Abs. 1 BUrlG) ein, weil der Übergang des gesetzlichen Urlaubsanspruchs in einen Abgeltungsanspruch an engere Voraussetzungen geknüpft werde als in § 7 Abs. 4 BUrlG vorgesehen.[1413] Damit liege zugleich ein Verstoß gegen § 13 Abs. 1 S. 1 BUrlG vor.[1414]

b) *Tarifliche Ausschlussfrist als (mittelbarer) Eingriff in § 1 BUrlG*

Ein solcher zumindest mittelbarer Eingriff in das unantastbare Recht des Arbeitnehmers auf bezahlten Erholungsurlaub (§§ 1, 3 BUrlG) ist auch dann anzunehmen, wenn dem Arbeitnehmer durch Anwendung einer Ausschlussfrist – in Abweichung von den gesetzlich vorgesehenen Zeiträumen – nur eine sehr kurze Zeitspanne verbleibt, seinen Urlaubsanspruch auszuüben.[1415] Dabei folgt die Eingriffsqualität nach hier vertretener Ansicht bereits daraus, dass die dem Arbeitnehmer durch § 7 Abs. 3 S. 1 und S. 3 BUrlG zur Urlaubsnahme zur Verfügung stehenden Zeiträume zum Inhalt des Urlaubsanspruchs (§ 1 BUrlG) zu

---

1408 BAG, Urt. v. 31.01.2023 – 9 AZR 244/20, BeckRS 2023, 2253 Rn. 71; BAG, Urt. v. 05.08.2014 – 9 AZR 77/13, NZA 2015, 625 Rn. 19; BAG, Urt. v. 22.01.2002 – 9 AZR 601/00, NZA 2002, 1041, 1045.

1409 ErfK/*Gallner*, § 13 BUrlG, Rn. 5, 8; Neumann/Fenski/*Kühn*, § 13 BUrlG, Rn. 14; Powietzka/Rolf/*Powietzka*, § 13 BUrlG, Rn. 5; *Schweighart/Ott*, NZA-RR 2015, 1, 2; HWK/*Schinz*, § 13 BUrlG, Rn. 6.

1410 *Schweighart/Ott*, NZA-RR 2015, 1, 2.

1411 Vgl. auch Neumann/Fenski/*Kühn*, § 13 BUrlG, Rn. 14.

1412 BAG, Urt. v. 10.02.1987 – 8 AZR 529/84, NZA 1987, 675 unter 3. a).

1413 BAG, Urt. v. 10.02.1987 – 8 AZR 529/84, NZA 1987, 675 unter 3. a).

1414 BAG, Urt. v. 10.02.1987 – 8 AZR 529/84, NZA 1987, 675 unter 3. a).

1415 Im Ergebnis auch BAG, Urt. v. 19.06.2018 – 9 AZR 615/17, NZA 2018, 1480 Rn. 38.

zählen sind, sodass die Verkürzung dieser Fristen zwangsläufig einen Eingriff in das Recht auf bezahlten Jahresurlaub (§ 1 BUrlG) selbst darstellt.

aa) Inhalt des gesetzlichen Urlaubsanspruchs

Nach nationalem Verständnis besteht der Inhalt des Urlaubsanspruchs in dem Recht des Arbeitnehmers, zum Zwecke der Erholung und zur selbstbestimmten Nutzung der Freizeit für einen bestimmten Zeitraum unter Fortzahlung des Arbeitsentgelts von der Arbeit freigestellt zu werden.[1416] Die Dauer des Urlaubs wird durch § 3 Abs. 1 BUrlG vorgegeben (jährlich 24 Werktage bei einer 6-Tage-Woche, d.h. 20 Tage bei Umrechnung auf eine 5-Tage-Woche[1417]). Darüber hinaus ergibt sich aus § 7 Abs. 3 S. 1 und S. 3 BUrlG, dass dem Arbeitnehmer für die Ausübung des Urlaubsanspruchs eine Frist von einem Jahr („Kalenderjahr", vgl. §§ 1, 7 Abs. 3 S. 1 BUrlG) bzw. – bei Vorliegen von Übertragungsgründen – eine Frist von 15 Monaten (vgl. § 7 Abs. 3 S. 3 BUrlG) eingeräumt wird. Innerhalb dieser Zeiträume ist der Arbeitnehmer berechtigt, seinen ihm nach dem Gesetz eingeräumten Urlaubsanspruch auszuüben.[1418]

Reiht man nun all diese gesetzlichen Vorgaben aneinander, besteht der Inhalt des gesetzlichen Urlaubsanspruchs insofern darin, den Arbeitnehmer innerhalb des Kalenderjahres bzw. unter bestimmten Voraussetzungen innerhalb von 15 Monaten an mindestens 20 Werktagen bezahlt von der Arbeit freizustellen. Der Inhalt des Rechts auf Urlaub erschöpft sich insofern nicht lediglich in seinem Gegenstand (bezahlte Freistellung). Auch die Urlaubsmodalitäten, d.h. der Umfang (§ 3 Abs. 1 BUrlG) sowie die gesetzlich vorgesehenen Zeiträume für die Ausübung des Urlaubsanspruchs (§ 7 Abs. 3 S. 1 und S. 3 BUrlG) sind zum Anspruchsinhalt zu rechnen, weil erst sie dem Urlaubsanspruch das Gepräge geben.[1419] Der Urlaubsanspruch wäre ein Anspruch ohne Inhalt, würde man etwa die konkrete Dauer (§ 3 Abs. 1 BUrlG) unberücksichtigt lassen.[1420] Auch

---

1416 Vgl. BAG, Urt. v. 08.09.1998 – 9 AZR 161/97, NZA 1999, 665, 666; BAG, Urt. v. 20.06.2000 – 9 AZR 405/99, NZA 2001, 100, 101; BAG, Beschl. v. 28.08.2001 – 9 AZR 611/99, NZA 2002, 323, 324.

1417 Vgl. zur Berechnung des Urlaubsanspruchs im Einzelnen ErfK/*Gallner*, § 3 BUrlG, Rn. 4 ff.

1418 Vgl. Arnold/Tillmanns/*Arnold*, § 7 BUrlG, Rn. 21 f.

1419 Das hat auch das BAG selbst einmal eingeräumt, vgl. BAG, Urt. v. 05.04.1984 – 6 AZR 443/81, NZA 1984, 257, 258 unter 3. c): „zum *Inhalt eines Rechts* [gehört] *auch die Dauer* [...], *innerhalb derer es ausgeübt werden kann.*"

1420 Treffend *Wutte*, EuZA 2019, 222, 230: „*Ein Leistungsanspruch ohne Anspruchshöhe ist ein Anspruch ohne Inhalt.*"

würde die Zielrichtung des Urlaubs als Erholungszeitraum faktisch ins Leere laufen, wenn die Möglichkeit der Ausübung des Urlaubsanspruchs keinen zeitlichen Grenzen unterläge. Sowohl die Dauer als auch die gesetzlichen Fristen für die Ausübung des Urlaubsanspruchs sind als untrennbare Bestandteile zum Inhalt des gesetzlichen Urlaubsanspruchs zu zählen.

bb) Eingriff durch Fristverkürzung

Sind die in § 7 Abs. 3 S. 1 und S. 3 BUrlG genannten Fristen insofern Bestandteil des Inhalts des Urlaubsanspruchs, hat die Verkürzung dieser Fristen zwangsläufig einen Eingriff in das Recht auf bezahlten Jahresurlaub (§ 1 BUrlG) zur Folge. Der Urlaubsanspruch wird an sich, nämlich in seinem *zeitlichen* Bestand tangiert, sodass zugleich ein Verstoß gegen § 13 Abs. 1 BUrlG vorliegt.[1421]

c) Vorrang des Fristenregimes des § 7 Abs. 3 S. 1 und 3 BUrlG

Zu demselben Ergebnis, wenn auch mit etwas abweichender Begründung, kommt auch das BAG[1422]: Aus Sicht des BAG sind tarifliche Ausschlussfristen auf den gesetzlichen Urlaubsanspruch nicht anwendbar, weil dieser durch § 7 Abs. 3 S. 1 und 3 BUrlG einem eigenständigen Fristenregime unterstellt ist.[1423] Die

---

1421 Einen Verstoß gegen § 13 Abs. 1 S. 1 BUrlG aus diesem Grund bejahen auch MüHdb.-ArbR/*Krause*, § 71 Rn. 21; Neumann/Fenski/*Kühn*, § 13 BUrlG, Rn. 29; HWK/*Schinz*, § 13 BUrlG, Rn. 24.

1422 BAG, Urt. v. 23.11.2017 – 6 AZR 43/16, NZA-RR 2018, 217 Rn. 38; BAG, Urt. v. 12.11.2013 – 9 AZR 727/12, BeckRS 2014, 65869 Rn. 20; BAG, Urt. v. 24.11.1992 – 9 AZR 549/91, NZA 1993, 472, 473 unter 3.

1423 Die Ansicht des BAG wurde nach der Entscheidung des EuGH in der Rs. *Schultz-Hoff* noch mit dem Argument angezweifelt, dass das Fristenregime des § 7 Abs. 3 BUrlG jedenfalls dann nicht mehr eingreife, wenn es dem Arbeitnehmer aufgrund einer Langzeiterkrankung nicht möglich war, seinen Urlaubsanspruch auszuüben. Weil der Urlaubsanspruch dann nicht mehr den Grenzen des § 7 Abs. 3 BUrlG unterliege, könne jedenfalls dieser übertragene Urlaubsanspruch ab Wegfall des Urlaubshindernisses wirksam tariflichen Ausschlussfristen unterworfen werden; vgl. etwa *Bauer/Arnold*, NJW 2009, 631, 635; *Gaul/Josten/Strauf*, BB 2009, 497, 499; *Polzer*, Die Befristung des Urlaubsanspruchs auf das Kalenderjahr, S. 155 ff.; Diese Einwände greifen im Nachgang an die Rs. *Max-Planck-Gesellschaft* aber nicht oder jedenfalls nicht in gleichem Umfang. Der infolge nicht oder nicht ordnungsgemäß erfüllter Mitwirkungsobliegenheiten nicht verfallene Urlaubsanspruch wird zwar ebenfalls auf das Folgejahr übertragen. Für ihn gilt dann aber (erneut) die Regelung des § 7 Abs. 3 BUrlG (vgl. nur BAG, Urt. v. 19.02.2019 – 9 AZR 423/16, NZA 2019,

Möglichkeit des Arbeitnehmers, seinen gesetzlichen Urlaubsanspruch innerhalb des Fristenregimes des § 7 Abs. 3 S. 1 und S. 3 BUrlG stets erfüllt zu bekommen, gehöre zum tariffesten Teil des Urlaubsanspruchs.[1424] Eine Verkürzung dieser gesetzlichen Fristen zuungunsten des Arbeitnehmers durch Ausschlussfristen, die den Arbeitnehmer zwängen, den Urlaubsanspruch bereits zu einem früheren Zeitpunkt geltend zu machen, lasse § 13 BUrlG nicht zu.[1425]

d) Berücksichtigung europarechtlicher Grundsätze

Zu beachten ist schließlich, dass auch im Rahmen von § 13 Abs. 1 S. 1 BUrlG europarechtliche Grundsätze zu berücksichtigen sind.[1426] Weil auch auf europäischer Ebene kein Tarifvorrang[1427] in Bezug auf den Mindesturlaub normiert ist, bildet die Grenze für die Regelungskompetenz der Tarifvertragsparteien (auch auf nationaler Ebene) die durch die Arbeitszeitrichtlinie selbst gezogene Grenze.[1428] Der in § 13 Abs. 1 S. 1 BUrlG angeordnete Tarifvorrang gilt deshalb nur insoweit, wie er nicht in Widerspruch zu den zu Art. 7 Abs. 1 RL 2003/88/EG entwickelten Auslegungsgrundsätzen des EuGH gerät.[1429]

Vor diesem Hintergrund könnte ein Eingriff in den durch §§ 1, 3 BUrlG gewährleisteten Urlaubsanspruch auch deshalb anzunehmen sein, weil der EuGH den Verfall des Urlaubsanspruchs von der Erfüllung bestimmter Voraussetzungen abhängig macht, deren Erfüllung bei Anwendbarkeit einer allgemeinen, undifferenzierten vertraglichen Ausschlussfrist nicht sichergestellt wäre.

---

977 Rn. 44). Die Argumente des BAG und der herrschenden Literatur behalten damit ihre Geltung.

1424 BAG, Urt. v. 23.04.1996 – 9 AZR 165/95, NJW 1996, 3293 unter II. 4.; BAG, Urt. v. 24.11.1992 – 9 AZR 549/91, NZA 1993, 472, 473 unter 3.

1425 Vgl. BAG, Urt. v. 23.11.2017 – 6 AZR 43/16, NZA-RR 2018, 217 Rn. 38; vgl. auch BAG, Urt. v. 19.06.2018 – 9 AZR 615/17, NZA 2018, 1480 Rn. 38 zu arbeitsvertraglichen Ausschlussfristen.

1426 MüHdb.-ArbR/*Klose*, § 89 Rn. 41; Neumann/Fenski/*Kühn*, § 13 BUrlG, Rn. 2; ausführlich hierzu *Schweighart/Ott*, NZA-RR 2015, 1, 2 f.

1427 Der in Art. 18 RL 2003/88/EG verankerte Tarifvorrang gilt nur in Bezug auf die Arbeitszeitvorschriften, nicht aber in Bezug auf den vierwöchigen Mindesturlaub nach Art. 7 Abs. 1 RL 2003/88/EG; vgl. Neumann/Fenski/*Kühn*, § 13 BUrlG, Rn. 2.

1428 Neumann/Fenski/*Kühn*, § 13 BUrlG, Rn. 2; *Schweighart/Ott*, NZA-RR 2015, 1, 3.

1429 Neumann/Fenski/*Kühn*, § 13 BUrlG, Rn. 2; *Schweighart/Ott*, NZA-RR 2015, 1, 3 ff.

aa) Europarechtliche Verfallvoraussetzungen

Wie dargelegt ist ein Verfall des Urlaubsanspruchs nur dann mit Europarecht vereinbar, wenn der Arbeitnehmer einerseits tatsächlich in der Lage war, seinen Urlaub zu nehmen und er andererseits vor Urlaubsantritt durch Erfüllung der arbeitgeberseitigen Mitwirkungsobliegenheiten auch dazu in die Lage versetzt wurde, seinen Urlaubsanspruch auszuüben.[1430] Im Hinblick auf den gesetzlichen Urlaubsanspruch gilt dies dabei unabhängig davon, ob der Verfall kraft Gesetzes oder aufgrund einer vertraglichen Ausschlussfrist angeordnet ist.[1431] Nur für den Fall der dauerhaft krankheitsbedingten Arbeitsunfähigkeit des Arbeitnehmers kann einschränkend vereinbart werden, dass der Urlaubsanspruch 15 Monate nach Ablauf des Kalenderjahres erlischt.[1432]

bb) Beachtung der europarechtlichen Verfallvoraussetzungen

(Grund-)Voraussetzung für eine wirksame tarifliche Ausschlussfrist wäre daher, dass sie diesen europarechtlichen Grundsätzen ausreichend Rechnung trägt.[1433]

Sie müsste den gesetzlichen Urlaubsanspruch also zunächst für den Fall vom Verfall ausnehmen, dass dem Arbeitnehmer eine Urlaubsnahme (z.B. aufgrund einer Langzeiterkrankung) nicht möglich war.[1434] Eine tarifliche Ausschlussfrist, die nicht danach differenziert, ob dem Arbeitnehmer eine Urlaubsnahme möglich war oder nicht und die eine kürzere Frist als 15 Monate nach Ablauf des Kalenderjahres bzw. Übertragungszeitraums vorsieht, wäre europarechtswidrig und damit zugleich wegen Verstoßes gegen § 13 Abs. 1 S. 1 BUrlG unwirksam.[1435]

Dasselbe würde im Grundsatz auch für eine tarifvertragliche Ausschlussfrist gelten, die den Verfall des gesetzlichen Urlaubsanspruchs nicht unter die Voraussetzung stellt, dass der Arbeitgeber seine aus richtlinienkonformer Auslegung von § 7 Abs. 1 S. 1, Abs. 3 S. 1 und 3 BUrlG folgenden Mitwirkungsobliegenheiten

---

1430 Oben unter § 13 A. II. 1.

1431 Der EuGH nimmt insofern keine Differenzierung vor, sondern sieht ein „*Erlöschen des Urlaubsanspruchs*" vor diesem Hintergrund generell als mit Art. 7 der RL 2003/88/EG unvereinbar an, EuGH, Urt. v. 06.11.2018 – C-684/16 (Max-Planck-Gesellschaft), NZA 2018, 1474 Rn. 46.

1432 EuGH, Urt. v. 22.11.2011 – C-214/10 (KHS), NZA 2011, 1333 Rn. 44.

1433 Vgl. *Schweighart/Ott*, NZA-RR 2015, 1, 3.

1434 So auch *Schweighart/Ott*, NZA-RR 2015, 1, 3.

1435 Vgl. EuGH, Urt. v. 20.01.2009 – C-350/06 und C-520/06 (Schultz-Hoff), NZA 2009, 135 Rn. 43; EuGH, Urt. v. 22.11.2011 – C-240/10 (KHS), NZA 2011, 1333 Rn. 28.

erfüllt hat.[1436] Die tarifliche Ausschlussfrist müsste, um wirksam zu sein, den Verfall des Urlaubsanspruchs vielmehr ausdrücklich an die Voraussetzung der vorherigen Erfüllung der Mitwirkungsobliegenheiten knüpfen, weil sie nur dann den europarechtlichen Anforderungen ausreichend Rechnung tragen würde.

cc) Kein Mehrwert für Tarifvertragsparteien

Aber auch eine tarifliche Ausschlussfrist, die die vorstehenden europarechtlichen Anforderungen wahrt, müsste, um nicht wegen (mittelbaren) Verstoßes gegen § 13 Abs. 1 S. 1 BUrlG unwirksam zu sein (s.o.), – entsprechend den gesetzlichen Regelungen in § 7 Abs. 3 S. 1 und S. 3 BUrlG – eine Mindestverfallsfrist von 12 bzw. 15 Monaten aufweisen. Weist sie aber die gleiche Länge wie die gesetzlichen (Verfall-)Fristen auf, tritt durch sie kein zeitlich früherer Verfall nicht genommenen Urlaubs ein, womit sich zugleich der Nutzen einer solchen tariflichen Ausschlussfrist erübrigt.

2. Zwischenergebnis

Der gesetzliche Urlaubsanspruch kann weder arbeits- noch betriebsverfassungsrechtlichen Ausschlussfristen unterworfen werden. Auch tarifliche Ausschlussfristen, die eine im Vergleich zu § 7 Abs. 3 S. 1 und S. 3 BUrlG kürzere Verfallfrist für den gesetzlichen Urlaubsanspruch vorsehen, sind wegen (mittelbaren) Verstoßes gegen § 1 BUrlG gem. § 13 Abs. 1 S. 1 BUrlG unwirksam. Tarifliche Verfallsfristen, die in ihrer Länge den gesetzlichen Fristen in § 7 Abs. 3 S. 1 und S. 3 BUrlG entsprechen oder gar darüber hinaus gehen, bringen den Tarifvertragsparteien keinen Mehrwert und dürften in der Praxis daher auch nicht anzutreffen sein.

C. Gesetzlicher Zusatzurlaub

Die soeben dargelegten Grundsätze gelten angesichts der *„urlaubsrechtlichen Akzessorietät“*[1437] zwischen gesetzlichem Mindest- und gesetzlichem Zusatzurlaub für gesetzliche Zusatzurlaubsansprüche entsprechend.

1436 Es kann insoweit keinen Unterschied machen, ob der Urlaubsanspruch kraft Gesetzes oder kraft tarifvertraglicher Ausschlussfrist verfällt.

1437 BAG, Urt. v. 30.11.2021 – 9 AZR 143/21, BeckRS 2021, 48632 Rn. 17; BAG, Urt. v. 10.03.2020 – 9 AZR 109/19, NZA 2020, 1255 Rn. 11; vgl. auch BAG, Urt. v. 22.01.2019 – 9 AZR 45/16, NJW 2019, 2046 Rn. 24; BAG, Urt. v. 13.12.2011 – 9 AZR 399/10, NZA 2012, 514 Rn. 40; BAG, Urt. v. 23.03.2010 – 9 AZR 128/09, NZA 2010, 810 Rn. 69.

D. Vertraglicher Mehrurlaub

Vertraglicher Mehrurlaub geht im Umfang über den gesetzlichen Mindesturlaub (§§ 1,3 BUrlG) hinaus. Er begründet *zugunsten* des Arbeitnehmers ein „Mehr“ in Form von zusätzlichen Urlaubsansprüchen. Die Zulässigkeit der Gewährung vertraglichen Mehrurlaubs folgt aus der Zielrichtung des BUrlG, das einen Mindestschutz für Arbeitnehmer und keinen Kompetenzschutz für den Gesetzgeber gegenüber sämtlichen anderen Regelungen bezweckt.[1438]

Ob und inwiefern vertraglicher Mehrurlaub vertraglichen Ausschlussfristen unterworfen werden kann, hängt dabei ebenfalls davon ab, ob die Ausschlussfrist in einem Arbeitsvertrag, einer Betriebsvereinbarung oder einem Tarifvertrag enthalten ist. Darüber hinaus ist zwischen arbeits- und tarifvertraglichem Mehrurlaub zu unterscheiden.

I. Regelungsstandort der Ausschlussfristenklausel

1. Arbeitsvertrag

a) Arbeitsvertraglicher Mehrurlaub

Wird dem Arbeitnehmer arbeitsvertraglich mehr Urlaub gewährt, als ihm nach dem BUrlG zusteht, ist es zulässig, für diesen zusätzlichen Urlaub strengere Regelungen hinsichtlich Voraussetzungen, Übertragbarkeit oder Verfall zu treffen.[1439] Im Grundsatz ist es daher auch zulässig, den arbeitsvertraglichen Mehrurlaub arbeitsvertraglichen Ausschlussfristen zu unterwerfen.[1440] Voraussetzung ist jedoch, dass die Ausschlussfrist, die von den gesetzlichen Fristen des § 7 Abs. 3 S. 1 und S. 3 BUrlG abweicht, hinreichend zwischen gesetzlichem Mindest- und arbeitsvertraglichem Mehrurlaub unterscheidet.[1441] Ist die Ausschlussfrist allgemein gefasst und unterwirft *sämtliche* aus dem Arbeitsverhältnis stammende Ansprüche (und damit auch den gesetzlichen Urlaubsanspruch) dem Verfall, ist sie nach der Rspr. des BAG wegen Verstoßes gegen das Transparenzgebot des § 307 Abs. 1 S. 2 BGB unwirksam.[1442] Aus Sicht des BAG stellt eine

1438 ErfK/*Gallner*, § 13 BUrlG, Rn. 4; Neumann/Fenski/*Kühn*, § 13 BUrlG, Rn. 3.

1439 BAG, Urt. v. 25.06.2019 – 9 AZR 546/17, NJW 2019, 3739 Rn. 21; BAG, Urt. v. 19.06.2018 – 9AZR 615/17, NZA 2018, 1480 Rn. 39; Neumann/Fenski/*Kühn*, § 13 BUrlG, Rn. 38; HWK/*Schinz*, § 13 BUrlG, Rn. 21.

1440 Vgl. BAG, Urt. v. 19.06.2018 – 9AZR 615/17, NZA 2018, 1480 Rn. 39.

1441 Vgl. BAG, Urt. v. 19.06.2018 – 9AZR 615/17, NZA 2018, 1480 Rn. 29.

1442 BAG, Urt. v. 19.06.2018 – 9AZR 615/17, NZA 2018, 1480 Rn. 29.

solche Ausschlussfrist die Rechtslage irreführend[1443] dar und suggeriert dem Arbeitnehmer, er müsse auch den gesetzlichen Urlaubsanspruch innerhalb der in der Ausschlussklausel genannten Frist geltend machen.[1444] Weil durch eine solche Klausel damit zugleich die Gefahr geschaffen werde, dass der Arbeitnehmer seinen gesetzlichen Urlaubsanspruch bei Verstreichen der Ausschlussfrist nicht mehr durchsetzt, obwohl dieser bei Zugrundelegung der bundesurlaubsrechtlichen Vorschriften noch nicht verfallen ist, sei eine solche allgemeine Ausschlussfrist, die den gesetzlichen Mindesturlaub nicht klar und deutlich von ihrem Anwendungsbereich ausnimmt, i.S.v. § 307 Abs. 1 S. 2 BGB intransparent.[1445] Sowohl für den gesetzlichen als auch den arbeitsvertraglichen (Mehr-) Urlaub greifen in diesem Fall die Bestimmungen des BUrlG.[1446]

Zu beachten ist ferner, dass das BAG selbst für den Fall, dass die arbeitsvertragliche Ausschlussfrist gesetzliche Urlaubsansprüche ausdrücklich aus ihrem Anwendungsbereich ausnimmt (differenzierte Ausschlussklausel), von einem Vorrang des eigenständigen – arbeitsvertraglichen oder gesetzlichen – Fristenregime des Urlaubsanspruchs ausgeht.[1447] Arbeitsvertragliche Regelungen, die den Mehrurlaub entweder – ausdrücklich oder konkludent – dem Fristenregime des § 7 Abs. 3 S. 1 und S. 3 BUrlG unterstellen oder aber für diesen ein eigenständiges, vom BUrlG abweichendes Fristenregime vorsehen, gehen als für den Urlaubsanspruch speziellere Regelungen aus Sicht des BAG einer vertraglich vereinbarten Ausschlussfristen vor.[1448]

b) *Tarifvertraglicher Mehrurlaub*

Auch tarifliche Mehrurlaubsansprüche können nicht unter den Anwendungsbereich einer arbeitsvertraglichen Ausschlussfristen fallen. Dies folgt unmittelbar aus § 4 Abs. 4 S. 3 TVG, wonach Ausschlussfristen für die Geltendmachung tariflicher Rechte nur in einem Tarifvertrag vereinbart werden können

---

1443 Irreführend deshalb, weil der gesetzliche Urlaubsanspruch vom Anwendungsbereich einer arbeitsvertraglichen Ausschlussfrist nicht erfasst wird, sondern den Fristen des § 7 Abs. 3 S. 1 und S. 3 BUrlG unterliegt, vgl. hierzu die Ausführungen oben unter § 14 B. I.

1444 BAG, Urt. v. 19.06.2018 – 9AZR 615/17, NZA 2018, 1480 Rn. 29.

1445 BAG, Urt. v. 19.06.2018 – 9AZR 615/17, NZA 2018, 1480 Rn. 29.

1446 BAG, Urt. v. 19.06.2018 – 9AZR 615/17, NZA 2018, 1480 Rn. 30; Neumann/Fenski/*Kühn*, § 13 BUrlG, Rn. 38, 41.

1447 BAG, Urt. v. 19.06.2018 – 9AZR 615/17, NZA 2018, 1480 Rn. 39.

1448 BAG, Urt. v. 19.06.2018 – 9AZR 615/17, NZA 2018, 1480 Rn. 39.

(sog. „*Ausschlussfristen-Vorbehalt*“[1449] der Tarifparteien für eigene tarifliche Ansprüche).[1450]

2. *Betriebsvereinbarung*

Ausschlussfristen können im Grundsatz auch in Betriebsvereinbarungen vereinbart werden (vgl. § 77 Abs. 4 S. 4 BetrVG).[1451] Die diesbezügliche Befugnis der Betriebspartner wird allerdings durch den Tarifvorbehalt des § 77 Abs. 3 BetrVG eingeschränkt.[1452] Sieht bereits ein einschlägiger oder fiktiv geltender Tarifvertrag eine abschließende Ausschlussfrist für Ansprüche aus dem Arbeitsverhältnis vor – was regelmäßig der Fall sein dürfte – kann eine Ausschlussfrist nicht (mehr) wirksam in einer Betriebsvereinbarung vereinbart werden.[1453] Weil in Betriebsvereinbarungen enthaltene Ausschlussfristen insofern nur ganz geringe praktische Relevanz[1454] haben, soll eine nähere Untersuchung hier unterbleiben.[1455]

3. *Tarifvertrag*

a) *Arbeitsvertraglicher Mehrurlaub*

Erfasst eine tarifliche Ausschlussfrist nach ihrem Wortlaut alle Ansprüche aus dem Arbeitsverhältnis (allgemeine Ausschlussfrist), fallen hierunter nach der Rspr. des BAG zunächst alle gesetzlichen, tariflichen und vertraglichen Ansprüche, die die Arbeitsvertragsparteien auf Grund ihrer durch das Arbeitsverhältnis begründeten Rechtstellung gegeneinander haben.[1456] Damit können im

---

1449 Löwisch/Rieble/*Löwisch*, § 4 TVG, Rn. 725.

1450 Löwisch/Rieble/*Löwisch*, § 4 TVG, Rn. 722, 725; vgl. auch Powietzka/Rolf/*Powietzka*, § 13 BUrlG, Rn. 21.

1451 BAG, Urt. v. 09.04.1991 – 1 AZR 406/90, NZA 1991, 734, 735 unter II. 2.; vgl. auch *Husemann*, NZA-RR 2011, 337, 338; *Litschen*, öAT 2020, 92, 93; Richardi/*Richardi/Picker*, § 77 BetrVG, Rn. 201, 203; *Salamon*, BB 2020, 2100, 2102.

1452 *Salamon*, BB 2020, 2100, 2102.

1453 BAG, Urt. v. 09.04.1991 – 1 AZR 406/90, NZA 1991, 734, 735 unter II. 3.; *Husemann*, NZA-RR 2011, 337, 338; *Salamon*, BB 2020, 2100, 2102; Küttner-Personalbuch/*Schmidt*, Ausschlussfrist, Rn. 16.

1454 Vgl. *Husemann*, NZA-RR 2011, 337, 338.

1455 Vgl. zu der Frage des zulässigen Regelungsbereichs einer in einer Betriebsvereinbarung enthaltenen Ausschlussfrist die Ausführungen von *Salamon*, BB 2020, 2100, 2102.

1456 Vgl. nur BAG, Urt. v. 27.10.2020 – 9 AZR 531/19, NZA 2021, 504 Rn. 12; BAG, Urt. v. 17.10.2017 – 9 AZR 80/17, NZA 2018, 57 Rn. 12; BAG, Urt. v. 13.12.2011 – 9 AZR

Grundsatz auch arbeitsvertragliche Mehrurlaubsansprüche unter den Anwendungsbereich einer tariflichen Ausschlussfrist fallen. Wie dargelegt[1457], greift aber auch für arbeitsvertragliche Mehrurlaubsansprüche regelmäßig ein eigenständiges Fristenregime. Die Befugnis der Arbeitsvertragsparteien zur Gewährung von Mehrurlaub schließt die Befugnis mit ein, den Mehrurlaub einem vom BUrlG abweichenden, eigenen Zeitregime zu unterwerfen.[1458] Haben sie von ihrer Regelungsbefugnis keinen Gebrauch gemacht und für den Mehrurlaub kein eigenständiges (vertragliches) Regelungswerk geschaffen, ist nach der Rspr. des BAG von der Geltung der gesetzlichen Regelung auch für den arbeitsvertraglichen Urlaub auszugehen, sodass der gesetzliche Mindesturlaub wie auch der Mehrurlaub in diesem Fall den besonderen Fristen der § 7 Abs. 3 S. 1, 3 BUrlG unterliegt.[1459]

Greift also auch für den Mehrurlaubsanspruch ein eigenständiges Zeitregime – sei es, weil für ihn die gesetzlichen Fristen des § 7 Abs. 3 S. 1, 3 BUrlG greifen, sei es, weil für ihn ein hiervon abweichendes (arbeits-)vertragliches Fristenregime geschaffen wurde – ist davon auszugehen, dass das BAG auch in diesem Fall von einem Vorrang des jeweiligen eigenständigen Zeitregimes ausgehen wird. Fällt der arbeitsvertragliche Mehrurlaub zwar nicht unter eine arbeitsvertragliche, sondern eine tarifliche Ausschlussfrist, kann insofern nichts anderes gelten. Auch in diesem Fall wird man im Wege der Auslegung regelmäßig zu dem Ergebnis kommen, dass der arbeitsvertragliche Mehrurlaub nicht von ihr erfasst, sondern vielmehr das für ihn geltende besondere Fristenregime vorrangig zur Anwendung kommen soll. Die Auslegungsgrundsätze, die das BAG einer arbeitsvertraglichen Ausschlussfrist zugrunde gelegt hat, beanspruchen bei einer tariflichen Ausschlussfrist, die nach ihrem Wortlaut auch den arbeitsvertraglichen Mehrurlaub erfasst, gleichermaßen Geltung.

b) Tarifvertraglicher Mehrurlaub

Auch tariflicher Mehrurlaub kann im Grundsatz strengeren Regelungen und mithin auch tariflichen Ausschlussfristen unterwerfen werden.[1460] Allerdings

---

399/10, NZA 2012, 514 Rn. 17; BAG, Urt. v. 22.01.2008 – 9 AZR 416/07, NZA-RR 2008, 525 Rn. 19 m.w.N.

1457 Oben unter § 14 D. I. 1. a).

1458 BAG, Urt. v. 25.06.2019 – 9 AZR 546/17, NZA 2019, 1577 Rn. 21; BAG, Urt. v. 19.06.2018 – 9AZR 615/17, NZA 2018, 1480 Rn. 39.

1459 BAG, Urt. v. 25.06.2019 – 9 AZR 546/17, NZA 2019, 1577 Rn. 21; BAG, Urt. v. 19.06.2018 – 9AZR 615/17, NZA 2018, 1480 Rn. 39.

1460 Vgl. Neumann/Fenski/*Kühn*, § 13 BUrlG, Rn. 7; HWK/*Schinz*, § 13 BUrlG, Rn. 3.

kommt das BAG auch in Bezug auf den tariflichen Mehrurlaub regelmäßig zu dem Auslegungsergebnis, dass dieser nicht von der tariflichen Ausschlussfrist erfasst wird, sondern das für ihn geltende, besondere Fristenregime vorrangig zur Anwendung kommen soll.[1461] Die tarifvertraglichen Urlaubsvorschriften seien regelmäßig so ausgestaltet, dass sie den Arbeitnehmer lediglich dazu zwängen, seine Ansprüche rechtzeitig vor Ablauf des Urlaubsjahres oder eines Übertragungszeitraums wahrzunehmen. Wäre die Ausschlussfrist hier parallel anwendbar, müssten die Arbeitnehmer ihre Urlaubsansprüche bereits zu Beginn eines jeden Jahres innerhalb der Ausschussfrist geltend machen, um deren Verfall zu verhindern.[1462] Dies entspreche regelmäßig weder dem Gesamtzusammenhang der tariflichen Urlaubsregelungen noch den Vorstellungen der Tarifvertragsparteien über Bestand und Erlöschen von Urlaubsansprüchen.[1463] Wie der gesetzliche Urlaubsanspruch unterliege auch der tarifliche Urlaubsanspruch einem eigenständigen Fristenregime, welches der vertraglich vereinbarten Ausschlussfrist vorgehe.[1464]

II. Zusammenfassung

Die Arbeits- und Tarifvertragsparteien können vertragliche Mehrurlaubsansprüche grds. frei regeln. Weil diese aber regelmäßig entweder dem Fristenregime des BUrlG oder einem eigenständigen vertraglichen Fristenregime unterworfen sind, geht dieses besondere Fristenregime als speziellere Regelung vertraglich vereinbarten Ausschlussfristen vor.[1465]

1461 BAG, Urt. v. 24.11.1992 – 9 AZR 549/91, NZA 1993, 472, 473 unter 3.; BAG, Urt. v. 21.06.2005 – 9 AZR 200/04, NJOZ 2006, 681 Rn. 35; BAG, Urt. v. 12.11.2013 – 9 AZR 727/12, BeckRS 2014, 65869 Rn. 20.

1462 BAG, Urt. v. 24.11.1992 – 9 AZR 549/91, NZA 1993, 472, 473 unter 3.

1463 BAG, Urt. v. 24.11.1992 – 9 AZR 549/91, NZA 1993, 472, 473 unter 3.

1464 BAG, Urt. v. 21.06.2005 – 9 AZR 200/04, NJOZ 2006, 681 Rn. 35; BAG, Urt. v. 12.11.2013 – 9 AZR 727/12, BeckRS 2014, 65869 Rn. 20.

1465 Hinsichtlich tariflichen Mehrurlaubs BAG, Urt. v. 24.11.1992 – 9 AZR 549/91, NZA 1993, 472, 473 unter 3.; BAG, Urt. v. 21.06.2005 – 9 AZR 200/04, NJOZ 2006, 681 Rn. 35; BAG, Urt. v. 12.11.2013 – 9 AZR 727/12, BeckRS 2014, 65869 Rn. 20; hinsichtlich arbeitsvertraglichen Mehrurlaubs BAG, Urt. v. 19.06.2018 – 9AZR 615/17, NZA 2018, 1480 Rn. 39.

E. Zusammenfassung

Zur besseren Übersichtlichkeit sollen die vorangegangenen Ausführungen in folgender Übersicht zusammengefasst werden:

	Gesetzlicher Mindesturlaub	**Arbeitsvertraglicher Mehrurlaub**	**Tariflicher Mehrurlaub**
Arbeitsvertragliche Ausschlussfrist	wird gem. § 13 Abs. 1 S. 3 BUrlG nicht erfasst	eine „allgemeine" arbeitsvertragliche Ausschlussfrist ist gem. § 307 Abs. 1 S. 2 BGB unwirksam; bei einer differenzierten Ausschlussklausel wird eine Auslegung regelm. ergeben, dass das besondere (vertragliche oder gesetzliche) Fristenregime des Urlaubsanspruchs der Ausschlussfrist vorgehen soll	wird gem. § 4 Abs. 4 S. 3 TVG nicht erfasst
Ausschlussfrist in Betriebsvereinbarung	wird gem. § 13 Abs. 1 S. 3 BUrlG nicht erfasst	umstr.[1466], wegen des Tarifvorbehalts des § 77 Abs. 3 BetrVG aber ohnehin von nur geringer praktischer Relevanz	wird gem. § 4 Abs. 4 S. 3 TVG nicht erfasst

1466 Für die Erstreckung von Ansprüchen aus dem Arbeitsverhältnis noch BAG, Urt. v. 09.04.1991 – 1 AZR 406/90, NZA 1991, 734, 734 unter II. 2.; offen gelassen hingegen in BAG, Urt. v. 12.12.2006 – 1 AZR 96/06, NZA 2007, 453 Rn. 26; für eine Erstreckung ferner *Salamon*, BB 2020, 2100, 2102; a.A. hingegen Richardi/*Richardi/Picker*, § 77 BetrVG, Rn. 204; *Preis/Ulber*, RdA 2013, 211, 215 f.

	Gesetzlicher Mindesturlaub	Arbeitsvertraglicher Mehrurlaub	Tariflicher Mehrurlaub
Tarifliche Ausschlussfrist	wird wegen (mittelbaren) Verstoßes gegen § 13 Abs. 1 S. 1 BUrlG bzw. nach Ansicht des BAG wegen des vorrangigen eigenständigen Fristenregimes des § 7 Abs. 3 S. 1, 3 BUrlG nicht erfasst	eine Auslegung wird regelm. ergeben, dass das besondere (vertragliche oder gesetzliche) Fristenregime des Urlaubsanspruchs der Ausschlussfrist vorgehen soll	eine Auslegung wird regelm. ergeben, dass das besondere (vertragliche oder gesetzliche) Fristenregime des Urlaubsanspruchs der Ausschlussfrist vorgehen soll

5. Teil: Verjährung

Die insbesondere im Nachgang an die *Schultz-Hoff*-Entscheidung viel diskutierte Streitfrage[1467], ob die zivilrechtlichen Verjährungsvorschriften der §§ 194 ff. BGB auf Urlaubsansprüche Anwendung finden, gewann – nachdem sie im Nachgang an die Entscheidung des EuGH in der Rs. *KHS* zunächst wieder abflachte[1468] – im Anschluss an das *Max-Planck*-Urteil abermals an Bedeutung.[1469] Sie stellte sich deshalb, weil der EuGH[1470] und im folgend das BAG[1471] für einen Verfall des Urlaubsanspruchs nunmehr voraussetzen, dass der Arbeitgeber bestimmte Mitwirkungsobliegenheiten erfüllt hat. Der Urlaubsanspruch ist gewissermaßen

---

1467 Vgl. hierzu nur *Bauer/Arnold*, NJW 2009, 631, 634 f.; *Bross*, EWiR 2009, 377, 378; *Eckert*, DStR 2009, 979, 982; *Gaul/Josten/Strauf*, BB 2009, 497, 499; *Gaul/Bonanni/Ludwig*, DB 2009, 1013, 1014; *Greyer*, ZTR 2009, 346, 354; *Kamanabrou*, SAE 2009, 233, 237 f.; *Liebscher*, öAT 2010, 11, 13; *Polzer*, Die Befristung des Urlaubsanspruchs auf das Kalenderjahr, S. 168 f.; *Sedlmaier*, EuZA 2010, 88, 93 f.; *v. Steinau-Steinrück/Mosch*, NJW-Spezial 2009, 338, 338.

1468 Vgl. Powietzka/Rolf/*Powietzka*, § 7 BUrlG, Rn. 120, angesichts der 15-Monatsfrist habe *„die Anwendung der (längeren) Verjährungsfristen keine praktische Bedeutung mehr."*; die Frage u.a. aber wiederum im Nachgang an die *King*-Entscheidung aufgeworfen von *v. Kummer/Lüthge*, NZA-RR 2018, 71, 73; *Stenslik/Tuchlinski*, DStR 2018, 814, 818; *Tiedemann*, EuZW 2018, 40, 44.

1469 Die Möglichkeit der Verjährung ablehnend etwa *Bayreuther*, NZA 2019, 945, 947; *Dullinger/Zöllner*, SAE 2020, 93, 101; *Geiger*, NZA 2020, 359, 360; *Jacobs/Münder*, RdA 2020, 13, 22 ff.; BeckOK-ArbR/*Lampe*, § 7 BUrlG, Rn. 19i; *Laskawy/Lomb*, EWiR 2021, 345, 346; *Oberthür*, RdA 2018, 286, 295; *Sagan*, NZA 2020, 350, 352; *Wutte*, RdA 2021, 360, 362 ff.; in diese Richtung auch *Grimm*, ZTR 2019, 651, 658; *Weidel*, NZA-RR 2021, 577, 580 f.; für Verjährung hingegen *Bruck*, DB 2021, 1019; *Fink*, ZfA 2022, 261, 266 f.; *Glatzel*, NZA-RR 2021, 55; *Häußer*, DB 2022, M4, M5; *Powietzka*, BB 2019, 52, 56; Powietzka/Rolf/*Powietzka*, § 7 BUrlG, Rn. 120; in diese Richtung ferner *Hülbach*, ArbRB 2020, 204, 205; *Sprenger*, ZTR 2020, 63, 68 f.; *Tiedemann*, EuZW 2018, 43, 44; vgl. auch *Bonanni/Fehlberg*, ArbR 2021, 122, 125: Die Anwendbarkeit der Verjährungsvorschriften könne *„Rechtssicherheit für alle Parteien schaffen und Arbeitgeber vor immensen Urlaubsforderungen bewahren."*; abwägend, aber im Ergebnis offen gelassen von *Daum*, RdA 2020, 179, 183; *Fuhlrott/Fischer*, RdA 2022, 19, 22.

1470 EuGH, Urt. v. 06.11.2018 – C-684/16 (Max-Planck-Gesellschaft), NZA 2018, 1474 Rn. 45 ff.

1471 BAG, Urt. v. 19.02.2019 – 9 AZR 423/16, NZA 2019, 977 Rn. 43 f.

so lange „*entfristet*"[1472], bis der Arbeitgeber seinen Mitwirkungsobliegenheiten nachkommt.[1473] Weil Urlaubsansprüche also über Jahre angesammelt werden können, rückte die Frage in den Vordergrund, ob der Urlaubsanspruch anderen zeitlichen Beschränkungen[1474], namentlich den Verjährungsreglungen der §§ 194 ff. BGB unterliegen kann.[1475]

Der EuGH hat diese Frage – auf eine erneute Vorlage des BAG[1476] – in der Rs. *LB/TO*[1477] für den Fall, dass der Arbeitgeber den Arbeitnehmer nicht durch Erfüllung der Mitwirkungsobliegenheiten in die Lage versetzt hat, den Urlaub zu nehmen, verneint. Mit Urteil vom 20.12.2022[1478] hat das BAG die Vorgaben des EuGH aus der *LB/TO*-Entscheidung auch für das nationale Recht umgesetzt und entschieden, dass Urlaubsansprüche nach nationalem Recht zwar der Verjährung unterliegen, die Verjährungsfrist infolge der gebotenen unionrechtskonformen Auslegung der § 199 Abs. 1 BGB, §§ 1, 3 Abs. 1, § 7 Abs. 1 und Abs. 3

1472 *Wutte*, RdA 2021, 360, 362.

1473 Vgl. BAG, Urt. v. 19.02.2019 – 9 AZR 423/16, NZA 2019, 977 Rn. 44.

1474 Eine mittelbare zeitliche Beschränkung sieht das Gesetz für den Fall der Beendigung des Arbeitsverhältnisses vor. Der dann entstehende Urlaubsabgeltungsanspruch gem. § 7 Abs. 4 BUrlG kann als reiner Geldanspruch sowohl einer einzelvertraglichen bzw. tariflichen Ausschlussfrist als auch der regelmäßigen dreijährigen Verjährungsfrist gem. §§ 195, 195 Abs. 1 BGB unterliegen, st. Rspr., vgl. nur BAG, Urt. v. 31.01.2023 – 9 AZR 456/20, NZA 2023, 757 Rn. 17 (Verjährung); BAG, Urt. v. 31.01.2023 – 9 AZR 244/20, BeckRS 2023, 2253 Rn. 27 (Verjährung); BAG, Urt. v. 31.01.2023 – 9 AZR 244/20, BeckRS 2023, 2253 Rn. 67 (tarifvertragliche Ausschlussfrist); BAG, Urt. v. 24.05.2022 – 9 AZR 461/21, NZA 2022, 1328 Rn. 9 (arbeitsvertragliche Ausschlussfrist); BAG, Urt. v. 27.10.2020 – 9 AZR 531/19, NZA 2021, 504 Rn. 12, 17 ff. (tarifvertragliche Ausschlussfrist); BAG, Urt. v. 07.07.2020 – 9 AZR 323/19, NZA 2020, 1713 Rn. 24 ff. (tarifvertragliche Ausschlussfrist); BAG, Urt. v. 22.10.2019 – 9 AZR 532/18, NZA 2020, 513 Rn. 10 (arbeitsvertragliche Ausschlussfrist); BAG, Urt. v. 22.01.2019 – 9 AZR 149/17, NZA 2019, 985 Rn. 33 (tarifvertragliche Ausschlussfrist); BAG, Urt. v. 18.09.2018 – 9 AZR 162/18, NZA 2018, 1619 Rn. 28 f. (arbeitsvertragliche Ausschlussfrist); vgl. ferner *Kiel*, FS Preis (2021), 599, 608; ErfK/*Gallner*, § 7 BUrlG, Rn. 84.

1475 Vgl. *Bonanni/Fehlberg*, ArbRB 2021, 122, 124: die Verjährung wäre „*nach nationalem Recht die einzige zeitliche Schranke für die Durchsetzbarkeit ggf. mehrjährig angesammelter Urlaubsansprüche* […]."

1476 BAG, Vorlagebeschl. v. 29.09.2020 – 9 AZR 266/20 (A), NZA 2021, 413.

1477 EuGH, Urt. v. 22.09.2022 – C-120/21 (LB/TO), NZA 2022, 1326.

1478 BAG, Urt. v. 20.12.2022 – 9 AZR 266/20, NZA 2023, 683.

BUrlG aber erst zu laufen beginnt, wenn der Arbeitgeber seinen Mitwirkungsobliegenheiten nachgekommen ist.[1479]

Einer eingehenden Untersuchung, ob Urlaubsansprüche – unter Berücksichtigung der hierzu ergangenen Urteile von EuGH und BAG – der Verjährung unterliegen, soll sich Teil 5 dieser Arbeit widmen. Nachdem zunächst Begriff, Rechtswirkungen, Telos sowie die Grundsätze zum Verjährungsbeginn dargelegt werden (unter § 15), soll dabei in einem ersten Schritt untersucht werden, ob der Urlaubsanspruch nach autonom-nationalem Verständnis der Verjährung unterliegt (unter § 16). Anschließend soll die *LB/TO*-Entscheidung des EuGH näher in den Blick genommen und untersucht werden, ob Art. 7 Abs. 1 der RL 2003/88/EG und Art. 31 Abs. 2 GRCh dem Verjährungseinwand des Arbeitgebers – wie vom EuGH angenommen – tatsächlich entgegenstehen, wenn der Arbeitgeber den Arbeitnehmer nicht durch Erfüllung der Mitwirkungsobliegenheiten in die Lage versetzt hat, den Urlaub zu nehmen (unter § 17). Zuletzt sollen Einzelfragen erörtert werden, die sich im Zusammenhang mit der Verjährung des Urlaubsanspruchs stellen (können) (unter § 18).

1479 BAG, Urt. v. 20.12.2022 – 9 AZR 266/20, NZA 2023, 683 Rn. 39 ff.

§ 15 Grundlagen

A. Begriff

Unter dem Begriff Verjährung (im weiteren Sinne) wurde früher die Herbeiführung eines neuen Rechtszustandes in Form der Begründung, der Änderung oder des Verlustes eines Rechts durch bloßen – vom Willen der Beteiligten unabhängigen – Zeitablauf verstanden.[1480] Nach heutigem Begriffsverständnis meint Verjährung hingegen nur noch die materiell-rechtliche Anspruchsverjährung, auf die allein sich die allgemeinen zivilrechtlichen Verjährungsvorschriften (§§ 194 ff. BGB) beziehen und die dem Schuldner nach Ablauf einer bestimmten Zeit ein Recht gewährt, die Leistung zu verweigern (§ 214 Abs. 1 BGB).[1481]

B. Rechtswirkungen

Im Unterscheid zu vertraglichen oder gesetzlichen Ausschlussfristen führt die Verjährung nicht zum Erlöschen des Rechts, sondern gibt dem Verpflichteten, d.h. dem Anspruchsschuldner lediglich eine (peremtorische) Einrede.[1482] Der Anspruch bleibt zwar bestehen, der Anspruchsschuldner ist aber gem. § 214 Abs. 1 BGB berechtigt (nicht verpflichtet[1483]), die Leistung dauerhaft zu verweigern.[1484] Die Verjährungseinrede wird nicht von Amts wegen berücksichtigt, sondern muss vom Schuldner (inner- oder außerhalb eines Prozesses[1485])

1480 Erman/*Schmidt-Räntsch*, § Vorb. vor § 194 BGB, Rn. 1; Staudinger/*Peter/Jacoby* (2020), Vorb. zu § 194 BGB, Rn. 1; MüKo-BGB/*Grothe*, § 194 BGB, Rn. 1.

1481 Erman/*Schmidt-Räntsch*, Vorb. vor § 194 BGB, Rn. 1; Staudinger/*Peter/Jacoby* (2020), Vorb. zu § 194 BGB, Rn. 3; ErfK/*Preis*, § 218 BGB, Rn. 3; MüKo-BGB/*Grothe*, § 194 BGB, Rn. 1; BeckOK-BGB/*Henrich*, § 194 BGB, Rn. 3; jurisPK-BGB/*Lakkis*, § 194 BGB, Rn. 3.

1482 MüKo-BGB/*Grothe*, § 214 BGB, Rn. 1; Staudinger/*Peter/Jacoby* (2020), Vorb. zu § 194 BGB, Rn. 4; Erman/*Schmidt-Räntsch*, § 214 BGB, Rn. 1.

1483 Vgl. OLG Frankfurt a. M., Beschl. v. 29.07.2010 – 15 W 18/10, NJW-RR 2011, 499, 500.

1484 Schulze/*Dörner*, § 194 BGB, Rn. 2, § 214 BGB, Rn. 3, Jauernig/*Mansel*, § 194 BGB, Rn. 4.

1485 MüKo-BGB/*Grothe*, § 214 BGB, Rn. 4; Jauernig/*Mansel*, § 194 BGB, Rn. 4; Erman/*Schmidt-Räntsch*, § 214 BGB, Rn. 3.

ausdrücklich erhoben werden.[1486] Erst wenn sich der Schuldner auf die Verjährungseinrede beruft, ist er zur Leistungsverweigerung berechtigt und die Durchsetzbarkeit des Anspruchs wird dauerhaft gehemmt.[1487] Wird die Einrede der Verjährung erstmals im Prozess erhoben, führt dies dazu, dass die ursprünglich zulässige und begründete Klage (nachträglich) unbegründet wird.[1488] Sieht der Anspruchsschuldner hingegen von einer Einredeerhebung ab und leistet er trotz Eintritt der Verjährung an den Gläubiger, kann er das Geleistete gem. § 214 Abs. 2 S. 1 BGB nicht mehr zurückfordern.[1489] Dies gilt selbst dann, wenn er keine Kenntnis von der Verjährung hatte.[1490] Gem. § 214 Abs. 2 S. 2 BGB steht der Leistung ein Schuldanerkenntnis nach § 781 BGB sowie eine Sicherheitsleistung (§ 232 ff. BGB) gleich.[1491]

C. Sinn und Zweck

Mit dem Verjährungsrecht soll primär ein angemessener Ausgleich zwischen den schutzwürdigen Interessen des Schuldners sowie des Gläubigers hergestellt werden.[1492] Darüber hinaus soll die Verjährung zur Rechtssicherheit und zum Rechtsfrieden beitragen.[1493]

I. Schuldnerschutz

Der vorrangige Zweck der Verjährung liegt in dem Schutz des Schuldners.[1494] Dieser soll vor einer drohenden Beweisnot und der Inanspruchnahme aus

---

1486 Schulze/*Dörner*, § 214 BGB, Rn. 3; MüKo-BGB/*Grothe*, § 214 BGB, Rn. 3 f.; MüHdb.-ArbR/*Krause*, § 71 Rn. 14; ErfK/*Preis*, § 218 BGB, Rn. 3 f.

1487 Vgl. MüHdb.-ArbR/*Krause*, § 71 Rn. 14; Erman/*Schmidt-Räntsch*, § 214 BGB, Rn. 1.

1488 BGH, Urt. v. 27.01.2010 – VIII ZR 58/09, NJW 2010, 2422 Rn. 28.

1489 Schulze/*Dörner*, § 214 BGB, Rn. 4; ErfK/*Preis*, § 218 BGB, Rn. 4; Erman/*Schmidt-Räntsch*, § 214 BGB, Rn. 7a.

1490 MüKo-BGB/*Grothe*, § 214 BGB, Rn. 9; ErfK/*Preis*, § 218 BGB, Rn. 4.

1491 Schulze/*Dörner*, § 214 BGB, Rn. 4; MüKo-BGB/*Grothe*, § 214 BGB, Rn. 10; Erman/*Schmidt-Räntsch*, § 214 BGB, Rn. 8.

1492 Vgl. BAG, Vorlagebeschl. v. 29.09.2020 – 9 AZR 266/20 (A), NZA 2021, 413 Rn. 47; BAG, Urt. v. 28.09.2005 – 5 AZR 52/05, NZA 2006, 149, 152.

1493 BGH, Urt. v. 25.07.2017 – VI ZR 222/16, BeckRS 2017, 120478 Rn. 9; BGH, Urt. v. 16.06.1972 – I ZR 154/70, NJW 1972, 1460; ErfK/*Preis*, § 218 BGB, Rn. 1.

1494 vgl. Mot. I S. 291: *„Der Schwerpunkt der Verjährung liegt nicht darin, daß dem Berechtigten sein gutes Recht entzogen, sondern darin, daß dem Verpflichteten ein Schutzmittel gegeben wird, gegen voraussichtlich unberechtigte Ansprüche ohne ein Eingehen auf die Sache sich zu verteidigen. Die Verjährung ist ein Mittel zum Zweck,*

unbegründeten[1495], unbekannten oder unerwarteten Forderungen geschützt werden.[1496]

Ob und wann der Gläubiger einen ihm gegen den Schuldner zustehenden Anspruch geltend macht, liegt grundsätzlich in seinem Ermessen. Damit ist er zugleich „besser" vor einer drohenden Beweisnot geschützt als der Schuldner.[1497] Denn während der Gläubiger der drohenden Beweisnot durch eine rechtzeitige Geltendmachung des Anspruchs und etwaige Beweissicherungsmaßnahmen entgegenwirken kann, muss der Schuldner erst abwarten, bis der Gläubiger tätig wird.[1498] Die zuverlässige Feststellung der den Anspruch und die Rechtsbeziehungen der Parteien betreffenden Tatsachen wird sich jedoch umso schwieriger gestalten, je mehr Zeit seit der Anspruchsentstehung vergangen ist.[1499] Damit ist der Schuldner gerade auch im Hinblick auf anspruchsvernichtende und anspruchshemmende Tatsachen in größerem Ausmaß dem Risiko der zeitablaufbedingten Unaufklärbarkeit ausgesetzt.[1500] Dieses Ungleichgewicht soll durch die Möglichkeit des Schuldners, die Geltendmachung des Anspruchs durch Erhebung der Verjährungseinrede dauerhaft zu verhindern, abgemildert werden.[1501]

---

nicht Selbstzweck."; vgl. auch Staudinger/*Peters/Jacoby* (2020), Vorb. zu §§ 194 BGB, Rn. 5; ErfK/*Preis*, § 218 BGB, Rn. 1.

1495 Erman/*Schmidt-Räntsch*, Vorb. vor § 194 BGB Rn. 2 hegt unter Verweis auf die heute geltenden verkürzten Verjährungsfristen Zweifel daran, „*ob man mit den Motiven* (I S 291) *immer davon ausgehen kann, dass ein Anspruch wohl nicht mehr begründet ist, wenn er über längere Zeit nicht geltend gemacht wird* […]."

1496 Vgl. BAG, Vorlagebeschl. v. 29.09.2020 – 9 AZR 266/20 (A), NZA 2021, 413 Rn. 48; BAG, Urt. v. 28.09.2005 – 5 AZR 52/05, NZA 2006, 149, 152; MüKo-BGB/*Grothe*, § 194 BGB, Rn. 6; BeckOK-BGB/*Henrich*, § 194 BGB, Rn. 1; ErfK/*Preis*, § 218 BGB, Rn. 1; Staudinger/*Peters/Jacoby* (2020), Vorb. zu §§ 194 BGB, Rn. 5; Erman/*Schmidt-Räntsch*, Vorb. vor §194 BGB, Rn. 2.

1497 Vgl. MüKo-BGB/*Grothe*, § 194 BGB, Rn. 6; Staudinger/*Peters/Jacoby*, Vorb. zu §§ 194 BGB, Rn. 5.

1498 Vgl. MüKo-BGB/*Grothe*, § 194 BGB, Rn. 6.

1499 MüKo-BGB/*Grothe*, § 194 BGB, Rn. 6; *Piekenbrock*, Befristung, S. 327; Erman/*Schmidt-Räntsch*, Vorb. vor § 194 BGB, Rn. 2.

1500 Vgl. MüKo-BGB/*Grothe*, § 194 BGB, Rn. 6; Staudinger/*Peters/Jacoby* (2020), Vorb. zu §§ 194 BGB, Rn. 5; Erman/*Schmidt-Räntsch*, Vorb. vor § 194 BGB, Rn. 2.

1501 Vgl. BAG, Vorlagebeschl. v. 29.09.2020 – 9 AZR 266/20 (A), NZA 2021, 413 Rn. 48; MüKo-BGB/*Grothe*, § 194 BGB Rn. 6; teilweise wird der Vorrang des Schuldnerinteresses auch damit begründet, dass der Gläubiger im Falle der verspäteten Geltendmachung seines Anspruchs „*gegen eigene Interessen verstoßen hat*", so ausdrücklich BeckOK-BGB/*Henrich*, § 194 BGB, Rn. 1; in diese Richtung auch Staudinger/*Peters/*

Daneben wird durch die Verjährungsregelungen auch dem berechtigten Interesse des Schuldners Rechnung getragen, bei längerer Untätigkeit des Gläubigers nicht mehr zur Anspruchserfüllung herangezogen zu werden.[1502] Denn selbst im Falle einer mangelnden Beweisnot und der Begründetheit des Anspruchs kann es den Schuldner „*hart treffen*"[1503], wenn er trotz Verstreichens einer längeren Zeitspanne noch mit Ansprüchen des Gläubigers konfrontiert werden kann.[1504] So kann er infolge des Zeitablaufs z.B. Regressansprüche gegen Dritte verloren haben, etwa weil diese nicht mehr aufzufinden oder zwischenzeitlich zahlungsunfähig geworden sind.[1505] Auch kann die Dispositionsfreiheit des Schuldners unangemessen beschränkt werden, wenn er sich für längere Zeit zur Anspruchserfüllung bereithalten und (unbefristete) Vorsorgemaßnahmen treffen muss.[1506]

II. Gläubigerschutz

Mit den Verjährungsregelungen soll ebenfalls den berechtigten Gläubigerinteressen Rechnung getragen werden.[1507] Der Gläubiger soll die faire Möglichkeit erhalten, die ihm zustehenden Ansprüche auch gegenüber dem Schuldner geltend zu machen und nicht zu einer voreiligen (förmlichen) Geltendmachung gezwungen werden.[1508] Er muss die Gelegenheiten haben, „*das Bestehen seiner Forderung zu erkennen, ihre Berechtigung zu prüfen, Beweismittel zusammenzutragen und die gerichtliche Durchsetzung der Forderung ins Werk zu setzen.*"[1509]

Jacoby (2020), Vorb. zu §§ 194 BGB, Rn. 9: „*Dem Gläubiger geschieht kein Unrecht, wenn er denn die Möglichkeit hatte, dem Eintritt der Verjährung vorzubeugen.*"

1502 Vgl. BAG, Vorlagebeschl. v. 29.09.2020 – 9 AZR 266/20 (A), NZA 2021, 413 Rn. 47 m.w.N.; vgl. auch *Piekenbrock*, Befristung, S. 329 spricht von „*zeitliche*[r] *Begrenzung der Haftung*".

1503 So die Formulierung der Gesetzesbegründung, BT-Drs. 14/6040, S. 96.

1504 BT-Drs. 14/6040, S. 96; vgl. auch BAG, Urt. v. 28.09.2005 – 5 AZR 52/05, NZA 2006, 149, 152.

1505 BT-Drs. 14/6040, S. 96; Staudinger/*Peters/Jacoby* (2020), Vorb. zu §§ 194 BGB, Rn. 5; ErfK/*Preis*, § 218 BGB, Rn. 1.

1506 BT-Drs. 14/6040, S. 96; ErfK/*Preis*, § 218 BGB, Rn. 1.

1507 Vgl. BT-Drs. 14/6040, S. 95: „*Was die Interessen des Gläubigers anbelangt, war es das Ziel zu gewährleisten, dass ihm eine faire Chance eröffnet wird, seinen Anspruch geltend zu machen.*"; a.A. Staudinger/*Peters/Jacoby* (2020), Vorb. zu §§ 194 BGB, Rn. 6.

1508 BT-Drs. 14/6040, S. 95.

1509 BT-Drs. 14/6040, S. 95.

III. Rechtssicherheit und Rechtsfrieden

Neben dem Schuldner- und Gläubigerschutz zielen die zivilrechtlichen Verjährungsvorschriften allgemein auf die Schaffung von Rechtsfrieden und Rechtssicherheit.[1510] Nach Ablauf einer bestimmten Zeitspanne soll keine Ungewissheit mehr über das Bestehen und die Durchsetzbarkeit von Ansprüchen bestehen.[1511] Ein über längere Zeit hindurch unangefochtener Zustand soll im Interesse des Rechtsfriedens und der Rechtssicherheit als zu Recht bestehend anerkannt werden.[1512] Die Verjährungsvorschriften dienen damit zugleich öffentlichen Interessen.[1513]

D. Beginn der Verjährung

I. Regelmäßige Verjährungsfrist, § 199 Abs. 1 BGB

Die regelmäßige (kenntnisabhängige) Verjährungsfrist beträgt nach § 195 BGB grundsätzlich 3 Jahre. Vorbehaltlich etwaiger Sonderregelungen unterliegen ihr grundsätzlich alle vertragliche und außervertragliche Ansprüche des Arbeitnehmers und damit grds. auch solche aus Tarifvertrag oder Betriebsvereinbarung.[1514] Der Beginn der regelmäßigen Verjährungsfrist wird nach § 199 Abs. 1 BGB an eine objektive Voraussetzung (Anspruchsentstehung, Nr. 1) und eine subjektive Voraussetzung (Kenntnis oder auf grober Fahrlässigkeit beruhende Unkenntnis des Arbeitnehmers, Nr. 2) geknüpft, die für den Beginn der regelmäßigen Verjährungsfrist kumulativ vorliegen müssen.[1515]

1. Anspruchsentstehung

Erste Voraussetzung für den Beginn der regelmäßigen Verjährungsfrist ist, dass der zugrundeliegende Anspruch entstanden ist. Dies ist regelmäßig der

---

1510 BT-Drs. 14/6040, S. 96, 100; BGH, Urt. v. 25.07.2017 – VI ZR 222/16, BeckRS 2017, 120478 Rn. 9; BAG, Vorlagebeschl. v. 29.09.2020 – 9 AZR 266/20 (A), NZA 2021, 413 Rn. 48; *Piekenbrock*, Befristung, S. 317 f.; Erman/*Schmidt-Räntsch*, Vorb. vor § 194 BGB, Rn. 2.

1511 BT-Drs. 14/6040, S. 100.

1512 BeckOK-BGB/*Henrich*, § 194 BGB, Rn. 1.

1513 BAG, Vorlagebeschl. v. 29.09.2020 – 9 AZR 266/20 (A), NZA 2021, 413 Rn. 48; ErfK/*Preis*, § 218 BGB, Rn. 1; *Piekenbrock*, Befristung, S. 317 f.

1514 ErfK/*Preis*, § 218 BGB, Rn. 5.

1515 BeckOK-BGB/*Henrich*, § 199 BGB, Rn. 3; Jauernig/*Mansel*, § 199 BGB, Rn. 2, 4; *Piekenbrock/Ludwig/Rodi*, ZIP 2014, 1353, 1354 f.; ErfK/*Preis*, § 218 BGB, Rn. 7.

Fall, sobald der Anspruch vom Gläubiger – notfalls auch klageweise – geltend gemacht bzw. durchgesetzt werden kann.[1516] Der Zeitpunkt der Entstehung des Anspruchs deckt sich damit häufig mit demjenigen der Fälligkeit des Anspruchs (§ 271 BGB).[1517] Denn von dem Zeitpunkt der Fälligkeit an kann der Gläubiger die ihm zustehende Leistung mit Erfolg fordern und den Ablauf der Verjährungsfrist durch Klageerhebung verhindern.[1518]

2. Kenntnis bzw. grob fahrlässige Unkenntnis des Arbeitnehmers

Neben der Entstehung des Anspruchs ist zweite Voraussetzung, dass der Gläubiger Kenntnis von den den Anspruch begründenden Umständen und der Person des Schuldners Kenntnis erlangt oder infolge grober Fahrlässigkeit nicht erlangt.

a) Die „den Anspruch begründenden Umstände"

Mit den „den Anspruch begründenden Umständen", sind die Tatsachen gemeint, aus denen sowohl der Anspruch selbst (anspruchsbegründende Tatsachen[1519]) als auch seine Fälligkeit herzuleiten sind.[1520]

b) Positive Kenntnis

Die hierauf bezogene Kenntnis erfordert dabei keine Kenntnis aller relevanten Tatsachen.[1521] Der Gläubiger muss nicht alle Details der dem Anspruch zugrundeliegenden Umstände (Anspruchs- und Fälligkeitsvoraussetzungen[1522])

1516 BGH, Urt. v. 21.05.2019 – II ZR 340/18, NJW 2019, 2461 Rn. 13; BGH, Urt. v. 17.07.2019 – VIII ZR 224/18, NVwZ-RR 2019, 952 Rn. 16 jeweils m.w.N.; MüKo-BGB/*Grothe*, § 199 BGB, Rn. 4; Jauernig/*Mansel*, § 199 BGB, Rn. 2.

1517 BAG, Urt. v. 24.06.2015 – 5 AZR 509/13, NZA 2015, 1256 Rn. 11; BAG, Urt. v. 23.10.2013 – 5 AZR 135/12, NZA 2014, 200 Rn. 24; MüKo-BGB/*Grothe*, § 199 BGB, Rn. 4; jurisPK-BGB/*Lakkis*, § 199 BGB, Rn. 5; ErfK/*Preis*, § 218 BGB, Rn. 8.

1518 BAG, Urt. v. 24.06.2015 – 5 AZR 509/13, NZA 2015, 1256 Rn. 11; BAG, Urt. v. 23.10.2013 – 5 AZR 135/12, NZA 2014, 200 Rn. 24.

1519 jurisPK-BGB/*Lakkis*, § 199 BGB, Rn. 117: *„sämtliche Tatsachen* […], *die (subsumiert) den Anspruch begründen* […]."

1520 jurisPK-BGB/*Lakkis*, § 199 BGB, Rn. 117; Staudinger/*Peters/Jacoby* (2020), § 199 BGB, Rn. 62; Erman/*Schmidt-Räntsch*, § 199 BGB, Rn. 21; BeckOK-BGB/*Spindler*, § 199 BGB, Rn. 26.

1521 BeckOK-BGB/*Spindler*, § 199 BGB, Rn. 22.

1522 jurisPK-BGB/*Lakkis*, § 199 BGB, Rn. 117, 127; Erman/*Schmidt-Räntsch*, § 199 BGB, Rn. 21.

vollständig überblicken.[1523] Er muss aus den ihm bekannten tatsächlichen Umständen auch nicht die richtigen rechtlichen Schlüsse ziehen.[1524] Maßgeblich ist vielmehr, ob eine Klageerhebung (und sei es auch nur in Form einer Feststellungsklage) bei verständiger Würdigung der dem Gläubiger bekannten Tatsachen so erfolgsversprechend ist, dass sie für ihn zumutbar[1525] ist.[1526]

c) *Grob fahrlässige Unkenntnis*

Der Kenntnis ist nach § 199 Abs. 1 Nr. 2 BGB die auf grober Fahrlässigkeit beruhende Unkenntnis gleichgesetzt. Sie liegt vor, wenn der Gläubiger nicht über die erforderliche Kenntnis verfügt, weil er ganz naheliegende Überlegungen nicht angestellt oder missachtet hat, was in dem zugrundeliegenden Fall jedem hätte einleuchten müssen.[1527] Letzteres ist insbesondere der Fall, „*wenn sich dem Gläubiger die den Anspruch begründenden Umstände förmlich aufgedrängt haben und er leicht zugängliche Informationsquellen nicht genutzt hat.*“[1528] Zwar besteht keine Pflicht oder Obliegenheit des Gläubigers, im Interesse des Schuldners Nachforschungen anzustellen.[1529] Erscheint das Unterlassen von Ermittlungen aber geradezu als unverständlich (was wiederum am Maßstab des Gläubigerinteresses zu beurteilen ist[1530]), ist ein grob fahrlässiges Verschulden des Gläubigers

---

1523 MüKo-BGB/*Grothe*, § 199 BGB, Rn. 28.

1524 Vgl. BGH, Urt. v. 16.06.2016 – I ZR 222/14, GRUR 2016, 1291 Rn. 42; BAG, Urt. v. 24.09.2014 – 5 AZR 593/12, NZA 2015, 35 Rn. 35; MüKo-BGB/*Grothe*, § 199 BGB, Rn. 29.

1525 Zu der Voraussetzung der Zumutbarkeit der Klageerhebung sogleich unter § 15 D. 2. d).

1526 BGH, Urt. v. 17.01.2019 – III ZR 209/17, NJW-RR 2019, 528 Rn. 82; BGH, Urt. v. 04.07.2017 – XI ZR 562/15, NJW 2017, 2986 Rn. 86; BGH, Urt. v. 28.10.2014 – XI ZR 348/19, NJW 2014, 3713 Rn. 35 jeweils m.w.N.; BAG, Urt. v. 24.09.2014 – 5 AZR 593/12, NZA 2015, 35 Rn. 37; MüKo-BGB/*Grothe*, § 199 BGB, Rn. 28.

1527 BGH, Urt. v. 04.07.2019 – III ZR 202/18, BeckRS 2019, 15717 Rn. 15; BGH, Urt. v. 08.07.2010 – III ZR 249/09, NJW 2010, 3292 Rn. 28 jeweils m.w.N.; BeckOK-BGB/*Spindler*, § 199 BGB, Rn. 23.

1528 BGH, Urt. v. 08.07.2010 – III ZR 249/09, NJW 2010, 3292 Rn. 28.

1529 BGH, Urt. v. 15.03.2016 – XI ZR 122/14, NJW-RR 2016, 1187 Rn. 34; BGH, Urt. v. 08.07.2010 – III ZR 249/09, NJW 2010, 3292 Rn. 28; jurisPK-BGB/*Lakkis*, § 199 BGB, Rn. 103.

1530 Vgl. BGH, Urt. v. 28.02.2012 – VI ZR 9/11, NJW 2012, 1789 Rn. 18; BeckOK-BGB/*Spindler*, § 199 BGB, Rn. 24.

anzunehmen.[1531]

d) Zumutbarkeit der Klageerhebung

Obwohl die subjektiven Voraussetzungen des § 199 Abs. 1 BGB im Grundsatz allein an die Tatsachenkenntnis anknüpfen, verlangt der BGH[1532] als übergreifende Voraussetzung für den Verjährungsbeginn, dass dem Gläubiger eine Klageerhebung zumutbar ist.[1533] An der Zumutbarkeit der Klageerhebung soll es etwa fehlen, wenn eine unsichere und zweifelhafte Rechtslage besteht, deren zuverlässige Einschätzung sich auch für einen rechtskundigen Dritten als schwierig gestaltet.[1534] Ferner soll sie dann fehlen, wenn der Durchsetzung des Anspruchs eine gegenteilige höchstrichterliche Rechtsprechung entgegensteht.[1535] Nicht ausreichend ist jedoch, wenn eine Rechtsfrage lediglich umstritten und durch die Rechtsprechung noch nicht höchstrichterlich entschieden ist.[1536]

1531 BGH, Urt. v. 15.03.2016 – XI ZR 122/14, NJW-RR 2016, 1187 Rn. 34; BGH, Urt. v. 08.07.2010 – III ZR 249/09, NJW 2010, 3292 Rn. 28; jurisPK-BGB/*Lakkis*, § 199 BGB, Rn. 103.

1532 St. Rspr. vgl. nur BGH, Urt. v. 17.01.2019 – III ZR 209/17, NJW-RR 2019, 528 Rn. 82; BGH, Urt. v. 04.07.2017 – XI ZR 562/15, NJW 2017, 2986 Rn. 86; BGH, Urt. v. 28.10.2014 – XI ZR 348/13, NJW 2014, 3713 Rn. 35 jeweils m.w.N.

1533 Jauernig/*Mansel*, § 199 BGB, Rn. 2, 5; Staudinger/*Peters/Jacoby* (2020), § 199 BGB, Rn. 84a.

1534 St. Rspr. vgl. BGH, Urt. v. 17.01.2019 – III ZR 209/17, NJW-RR 2019, 528 Rn. 82; BGH, Urt. v. 04.07.2017 – XI ZR 562/15, NJW 2017, 2986 Rn. 86; BGH, Urt. v. 28.10.2014 – XI ZR 348/13, NJW 2014, 3713 Rn. 35 jeweils m.w.N.; krit. zu dieser Rspr. *Bitter*, JZ 2015, 170, 174 ff.; *Bitter/Alles*, NJW 2011, 2081, 2083 f.; *Herresthal*, WM 2018, 401 ff.; *ders.*, ZIP 2022, 921, 922: „*Die Hemmung der Verjährung aufgrund einer unsicheren und zweifelhaften Rechtslage ist abzulehnen.*"; Staudinger/*Peters/Jacoby* (2020), § 199 BGB, Rn. 84c; BeckOK-BGB/*Spindler*, § 199 BGB, Rn. 26; vgl. auch *Schmal/Trapp*, NJW 2015, 6, 8: Durch die Rechtsprechung des BGH entstehe das „*Paradoxon, dass der Verjährungsbeginn wegen unzumutbarer Rechtsverfolgung so lange herausgeschoben wird, bis sich die Rechtslage durch erfolgreiche Klagen verändert, die offenbar trotz der vormals als unzumutbar eingeschätzten Rechtslage erhoben wurden.*"; ähnlich BeckOK-GK/*Piekenbrock*, § 199 BGB (Stand 15.05.2023), Rn. 137.

1535 BGH, Urt. v. 28.10.2014 – XI ZR 348/13, NJW 2014, 3713 Rn. 35; BAG, Vorlagebeschl. v. 29.09.2020 – 9 AZR 266/20 (A), NZA 2021, 413 Rn. 31.

1536 BGH, Urt. v. 21.02.2018 – IV ZR 385/16, NJW 2018, 1469 Rn. 17; vgl. auch BGH, Urt. v. 07.12.2010 – XI ZR 348/09, NJW 2011, 1278 Rn. 21: Erforderlich sei ein „*ernsthafter Meinungsstreit in Rechtsprechung und Schrifttum*".

3. *Fristberechnung, §§ 187 ff. BGB*

Die regelmäßige Verjährungsfrist gem. § 195 BGB beginnt mit dem Schluss des Jahres (31.12.), in dem die in § 199 Abs. 1 Nr. 1 und Nr. 2 genannten Voraussetzungen erstmals kumulativ vorliegen (sog. Ultimoverjährung).[1537] Für die Fristberechnung sind die §§ 187 Abs. 1, 188 Abs. 2 BGB heranzuziehen, sodass Verjährung am 31.12. des dritten Jahres um 24 Uhr eintritt.[1538]

II. Kenntnisunabhängige Verjährungsfrist, § 199 Abs. 4 BGB

Liegen die subjektiven Voraussetzungen des § 199 Abs. 1 Nr. 2 BGB nicht vor, greift die 10-jährige Regelhöchstfrist gem. § 199 Abs. 4 BGB, die ab dem Zeitpunkt der Entstehung des Anspruchs zu laufen beginnt.[1539] Für die Fristberechnung sind wiederum die §§ 187 Abs. 1, 188 Abs. 2 BGB heranzuziehen (taggenaue Berechnung).[1540]

1537 BeckOK-BGB/*Henrich*, § 199 BGB, Rn. 3; jurisPR-BGB/*Lakkis*, § 199 BGB, Rn. 193; Staudinger/*Peters/Jacoby* (2020), § 199 BGB, Rn. 85; ErfK/*Preis*, § 218 BGB, Rn. 7.

1538 BeckOK-BGB/*Henrich*, § 199 BGB, Rn. 3.

1539 MüKo-BGB/*Grothe*, § 199 BGB, Rn. 55; jurisPK-BGB/*Lakkis*, § 199 BGB, Rn. 195; Jauernig/*Mansel*, § 199 BGB, Rn. 9.

1540 Vgl. Jauernig/*Mansel*, § 199 BGB, Rn. 9.

§ 16 Urlaubsanspruch als Anspruch i.S.v. § 194 BGB

Ob der Urlaubsanspruch als Anspruch i.S.v. § 194 BGB anzusehen ist mit der Folge, dass für ihn die zivilrechtlichen Verjährungsvorschriften greifen, bedurfte auf nationaler Ebene lange Zeit keiner Entscheidung. Mit der Befristung des Urlaubsanspruchs auf das Kalenderjahr bestand eine feste zeitliche Grenze, innerhalb derer Urlaubsansprüche zur Verhinderung ihres Verlustes vom Arbeitnehmer geltend gemacht werden mussten. Für die Anwendung der Verjährungsregelungen verblieb kein Raum, weil die Urlaubsansprüche ohnehin vor Ablauf der Verjährungsfristen verfielen.[1541] Aufgrund der in § 7 Abs. 3 S. 1 und S. 3 BUrlG – mittelbar – gesetzlich geregelten Befristung des Urlaubsanspruchs lehnte auch das BAG eine Verjährung von Urlaubsansprüchen bislang ab.[1542] Eine Neubewertung hat es – allerdings ohne tiefergehende Begründung – erst im Nachgang an die Entscheidung des EuGH in der Rs. *LB/TO* vorgenommen.[1543]

Bevor näher auf die Frage eingegangen wird, ob europarechtliche Grundsätze der Anwendung der Verjährungsfristen entgegenstehen, soll zunächst allein unter Berücksichtigung *national-rechtlicher*[1544] Grundsätze untersucht werden, ob Urlaubsansprüche der Verjährung unterliegen können. Dabei soll in einem ersten Schritt geklärt werden, ob es sich bei dem Urlaubsanspruch um einen Anspruch i.S.v. § 194 Abs. 1 BGB handelt (unter A.). Daran schließt sich die Untersuchung an, ob § 7 Abs. 3 BUrlG – wie dies zum Teil in der

---

1541 Vgl. *Bauer/Arnold*, NJW 2009, 631, 634 f.; ErfK/*Gallner*, § 7 BUrlG, Rn. 84; *Greyer*, ZTR 2009, 346, 354; *Kiel*, Jahrbuch d. Arbeitsrechts (57), 2020, 95, 109; MüHdb.-ArbR/*Klose*, § 86 Rn. 26; *Sedlmaier*, EuZA 2010, 88, 94.

1542 BAG, Urt. v. 05.12.1995 – 9 AZR 666/94, NZA 1997, 151, 154: „*Befristete, auf das Kalenderjahr bezogene Freistellungsansprüche unterliegen nicht der Verjährung i.S.v. § 194 BGB.*“

1543 BAG, Urt. v. 20.12.2022 – 9 AZR 266/20, NZA 2023, 683 Rn. 38 f.; die Frage mangels Entscheidungserheblichkeit noch offengelassen in BAG, Urt. v. 19.03.2019 – 9 AZR 881/16, NZA 2019, 1046 Rn. 28.

1544 Auch die auf einer richtlinienkonformen Auslegung der bundesurlaubsrechtlichen Vorschriften beruhenden arbeitgeberseitigen Mitwirkungsobliegenheiten sind infolge der Umsetzung durch den 9. Senat des BAG nun Teil des nationalen Urlaubsrechts.

arbeitsrechtlichen Literatur[1545] vertreten wird – tatsächlich als abschließende spezialgesetzliche Regelung anzusehen ist mit der Folge, dass die Verjährungsregelungen der §§ 194 ff. BGB nicht zur Anwendung gelangen (unter B.).

A. Begriff des Anspruchs

I. Legaldefinition in § 194 Abs. 1 BGB

Die Vorschrift des § 194 Abs. 1 BGB definiert den Anspruch als das Recht einer Person, von einer anderen ein Tun oder Unterlassen zu verlangen. „Tun" umfasst dabei jedes Handeln, „Unterlassen" jedes Nichthandeln und damit auch ein Dulden.[1546] Erfasst werden gleichermaßen rechtsgeschäftlich wie gesetzlich begründete Ansprüche.[1547] Im Unterschied zu einem subjektiven Recht ist für das Entstehen eines Anspruchs erforderlich, dass dem Berechtigten ein anderer als Verpflichteter gegenübersteht.[1548]

II. Abgabe einer Freistellungserklärung und Zahlung(-szusage) als „Tun" des Arbeitgebers

Das Recht des Arbeitnehmers auf bezahlten Urlaub ergibt sich aus dem BUrlG, konkret aus den §§ 1, 3 BUrlG und kann sich zusätzlich aus einem Arbeits- oder Tarifvertrag ergeben. Dem Arbeitnehmer als Berechtigter steht sein Arbeitgeber als Verpflichteter gegenüber. Dieser ist verpflichtet, dem Arbeitnehmer den ihm nach dem BUrlG oder dem Arbeits- oder Tarifvertrag zustehenden Urlaub zu „gewähren"[1549].[1550] Der Arbeitgeber gewährt den gesetzlichen oder vertraglichen Urlaub, indem er den Arbeitnehmer unter Fortzahlung des Arbeitsentgelts von der Arbeit freistellt, d.h. einerseits eine Freistellungserklärung abgibt und andererseits entweder das Urlaubsentgelt zahlt oder die Zahlung vorbehaltlos

---

1545 Für Spezialität etwa NK-ArbR/*Düwell*, § 7 BUrlG, Rn. 91; *Leinemann/Linck*, § 7 BUrlG, Rn. 229; zweifelnd *Sagan*, NZA 2020, 350, 352; gegen Vorliegen von Spezialität hingegen *Fink*, ZfA 2022, 261, 266; *Jacobs/Münder*, RdA 2020, 13, 22; *Wutte*, RdA 2021, 360, 362; offengelassen von *Mehrens/Witschen*, EuZA 2019, 326, 346.

1546 Schulze/*Dörner*, § 194 BGB, Rn. 2; jurisPK-BGB/*Lakkis*, § 194 BGB, Rn. 2; Jauernig/*Mansel*, § 194 BGB, Rn. 2.

1547 MüKo-BGB/*Grothe*, § 194 BGB, Rn. 40.

1548 Erman/*Schmidt-Räntsch*, § 194 BGB, Rn. 2.

1549 So der Wortlaut von § 7 Abs. 1 S. 2, Abs. 2, Abs. 3 S. 1, Abs. 4 BUrlG.

1550 MüHdb.-ArbR/*Klose*, § 86 Rn. 68.

zusagt.[1551] In dieser Freistellungserklärung nebst Zahlung(-szusage) liegt die Erfüllungshandlung der dem Arbeitgeber aus dem Arbeitsverhältnis erwachsenen Nebenpflicht auf Gewährung bezahlten Urlaubs.[1552] Sie bildet das „Tun" i.S.v. § 194 Abs. 1 BGB, das der Arbeitnehmer von seinem Arbeitgeber verlangen kann.[1553]

Dass der Arbeitgeber bei der zeitlichen Festlegung der Lage des Urlaubs gem. § 7 Abs. 1 S. 1 BUrlG die Urlaubswünsche des Arbeitnehmers zu berücksichtigen hat, statuiert lediglich eine Obliegenheit des Arbeitgebers, die der eigentlichen Urlaubsgewährungshandlung (Abgabe einer Freistellungserklärung nebst Zahlung(-szusage)) zeitlich vorgelagert, aber nicht deren Bestandteil ist.

B. Vorrang von § 7 Abs. 3 BUrlG

Eine tiefergehende Untersuchung, inwiefern es sich bei § 7 Abs. 3 BUrlG um die gegenüber den §§ 194 ff. BGB speziellere Vorschrift handelt, blieb bislang aus.[1554] Auch das BAG hatte in seinem Vorlagebeschluss auf eine Klärung der Frage verzichtet, in welchem Verhältnis die Normen – nach ausschließlich *nationalen* Gesichtspunkten – zueinanderstehen.[1555]

Im Folgenden soll daher der Versuch unternommen werden, ein Antwort auf die Frage zu liefern, ob und inwiefern die Vorschrift des § 7 Abs. 3 BUrlG in Konkurrenz zu den §§ 194, 195 Abs. 1 BGB steht und wie dieser gegebenenfalls

---

1551 BAG, Urt. v. 20.08.2019 – 9 AZR 468/18, NZA 2019, 1581 Rn. 13; ErfK/*Gallner*, § 7 BUrlG, Rn. 4, 11; MüHdb.-ArbR/*Klose*, § 86 Rn. 69 f.; ausführlich hierzu *Hamacher*, NZA 2018, 487 ff.

1552 Vgl. MüHdb.-ArbR/*Klose*, § 86 Rn. 75.

1553 Ähnlich stellt *Wutte*, RdA 2021, 360, 363 auf die „*Urlaubsfreistellung (das Unterlassen, den Arbeitnehmer in dieser Zeit zur Arbeit anzuweisen, verbunden mit dem Tun, die Vergütung fortzuzahlen)*" ab; vgl. auch BAG, Urt. v. 20.12.2022 – 9 AZR 266/20, NZA 2023, 683 Rn. 39: „*Nach §§ 1, 3 I BUrlG ist der Arbeitgeber verpflichtet, den Arbeitnehmer für einen Zeitraum von 24 Werktagen zu Erholungszwecken von der vertraglichen Verpflichtung zur Arbeitsleistung freizustellen und die Vergütung nach Maßgabe des § 11 BUrlG fortzuzahlen. Dieses Recht des Arbeitnehmers als Gläubiger ist auf ein Tun des Arbeitgebers als Schuldner gerichtet und damit Anspruch iSd § 194 I BGB.*"

1554 Soweit ersichtlich setzen sich einzig *Jacobs/Münder*, RdA 2020, 13, 22 ff. und *Wutte*, RdA 2021, 360, 362 näher mit der *lex-specials*-Frage auseinander.

1555 Aus Sicht des BAG, Vorlagebeschl. v. 29.09.2020 – 9 AZR 266/20 (A), NZA 2021, 413 Rn. 37 ff. kommt es für die Frage, ob § 7 Abs. 3 BUrlG die Anwendung der Verjährungsregelungen verdrängt, vielmehr maßgeblich auf die Auslegung des Unionsrechts an.

bestehende Normenkonflikt aufzulösen ist. Weil die Normenkonkurrenzlehre mit unterschiedlichen Begriffen operiert, die nicht immer einheitlich verwendet werden[1556], ist zunächst eine Begriffsbestimmung vorzunehmen (unter I.), um auf der Grundlage der so definierten Begriffe zunächst das tatbestandsmäßige und sodann das konkrete Anwendungsverhältnis von § 7 Abs. 3 BUrlG zu den §§ 194 ff. BGB bestimmen zu können (unter II.).

I. Begriffsbestimmungen

1. Normenkonkurrenz auf Tatbestandsebene

Eine Normenkonkurrenz – im hier verstandenen Sinne – liegt vor, wenn ein bestimmter Lebenssachverhalt unter die Tatbestände zweier (oder mehrerer) Normen fällt.[1557] Bei der Frage der Normenkonkurrenz geht es also zunächst nur um das tatbestandsmäßige Verhältnis von Rechtsnormen, die dabei auf unterschiedliche Weise zusammentreffen können. Sie können entweder identisch sein, oder sich komplett unterscheiden.[1558] Sie können sich auch dergestalt überschneiden, dass beide Normen bestimmte, gemeinsame Merkmale aufweisen, aber gleichwohl jeder Norm noch ein eigenständiger Anwendungsbereich verbleibt oder sie können im Verhältnis der Spezialität zueinanderstehen.[1559] In letzterem Fall weist der Tatbestand der speziellen Norm alle Merkmale der generellen Norm und darüber hinaus noch ein weiteres, gegenüber der generellen Norm spezielles Merkmal auf.[1560] Es handelt sich also um Fälle, in denen eine generelle Norm (*y*-Norm) sowohl in ihrer Bedeutung als auch in ihrer Anwendungsbreite einen großen Anwendungsbereich hat, während eine andere Norm (*x*-Norm) neben sämtlichen *y*-Norm-Merkmalen noch spezielle *x*-Norm-Merkmale enthält, sodass alle Fälle von *x* zugleich solche von *y* darstellen.[1561]

1556 Vgl. *Barczak*, JuS 2015, 969, 970: *„Für das Feld der Normenkollisionen und Normenkonkurrenzen mangelt es bis heute an einer einheitlichen Terminologie* […].“

1557 *Larenz*, Methodenlehre, S. 154; *Rüthers/Fischer/Birk*, Rechtstheorie, Rn. 271, Rn. 770; *Zippelius*, Methodenlehre, S. 30.

1558 *Mauchle*, AJP/PJA 7/2012, 933, 936.

1559 *Mauchle*, AJP/PJA 7/2012, 933, 936.

1560 Vgl. *Bydlinski*, Methodenlehre, S. 465; *Larenz*, Methodenlehre, S. 155; *Zippelius*, Methodenlehre, S. 32.

1561 *Wank*, Methodenlehre, § 5 Rn. 172; vgl. auch *Barczak*, JuS 2015, 969, 973.

2. *Normenverhältnis auf Rechtsfolgenseite*

Von dem tatbestandsmäßigen Verhältnis ist das Verhältnis der Normen auf Rechtsfolgenseite zu unterscheiden. Die Rechtsfolgen der beiden – auf Tatbestandsebene miteinander konkurrierenden Normen – können identisch sein (*Rechtsfolgenidentität*) oder sich dergestalt unterscheiden, dass sie zwar unterschiedlich, aber nicht von vornherein widersprüchlich sind (*Rechtsfolgendivergenz*).[1562] Die Rechtsfolgen können sich aber auch bereits von vornherein gegenseitig ausschließen (*Rechtsfolgenwiderspruch*[1563]).[1564] In letzterem Fall führt die tatbestandsmäßige Normenkonkurrenz zu einem Normen*konflikt*[1565], sodass geklärt werden muss, welche der sich widersprechenden Rechtsfolgen zur Anwendung gelangt (zur diesbezüglichen methodischen Vorgehensweise sogleich unter II.).[1566]

3. *Anwendungsverhältnisse*

Wie die Normenkonkurrenzen aufzulösen sind, betrifft die Frage des konkreten Anwendungsverhältnisses der Normen, d.h. die Frage, ob und inwiefern die Normen, die auf Tatbestandsebene miteinander konkurrieren, zur Anwendung kommen und damit die mit ihnen verbundenen Rechtsfolgen auslösen.[1567]

Auch bzgl. des konkreten Anwendungsverhältnisses kommen im Grundsatz drei[1568] Möglichkeiten in Betracht: Zunächst können die Normen gleichermaßen d.h. ohne Einschränkung zur Anwendung gelangen (*Kumulation*).[1569] Auch können die Normen zwar beide anwendbar, aber die eine Rechtsfolge durch

1562 *Larenz*, Methodenlehre, S. 154; *Mauchle*, AJP/PJA 7/2012, 933, 936.

1563 Vgl. *Bydlinski*, Methodenlehre, S. 463: *„Antinomie"*.

1564 *Larenz*, Methodenlehre, S. 154; *Mauchle*, AJP/PJA 7/2012, 933, 936.

1565 *Wank*, Methodenlehre, § 5 Rn. 179 spricht von einer *„Normkollision"* bzw. einem *„Normwiderspruch"*, *„Wertungswiderspruch"*.

1566 Vgl. *Wank*, Methodenlehre, § 5 Rn. 179; vgl. auch *Bydlinski*, Methodenlehre, S. 464: Es müsse *„mit Hilfe des sonstigen Interpretationsmaterials eine begründbare Abgrenzung zwischen den beiden Tatbeständen gesucht werden* [...], *die beiden – da sie an sich gleichrangig sind – noch einen real bedeutsamen Anwendungsbereich läßt."*

1567 Vgl. *Barczak*, JuS 2015, 969, 971.

1568 Vgl. *Zippelius*, Methodenlehre, S. 30; Die Begrifflichkeiten werden in diesem Zusammenhang aber nicht immer gleich verwendet, so z.B. *Rüthers/Fischer/Birk*, Rechtstheorie, Rn. 770, die von *„Spezialität, Subsidiarität und Konsumtion"* sprechen.

1569 *Mauchle*, AJP/PJA 7/2012, 933, 937; *Zippelius*, Methodenlehre, S. 30: *„nebeneinander anwendbar"*.

Verwirklichung der anderen Rechtsfolge ausgeschlossen sein (*Alternativität*).[1570] Ferner kann die spezielle Rechtsnorm in einem Sinne abschließend gelten, dass die andere Rechtsnorm hinter ihr zurücktritt, d.h. von ihr verdrängt wird (*Exklusivität* bzw. *Derogation*).[1571]

II. Methodische Vorgehensweise zur Lösung der Normenkonkurrenz

1. Erster Schritt: Feststellung der Normenkonkurrenz

Für die Feststellung, ob eine (tatbestandsmäßige) Normenkonkurrenz vorliegt, müssen zunächst die Normtatbestände in den Blick genommen und geprüft werden, ob sich ein bestimmter Sachverhalt unter beide Normtatbestände subsumieren lässt.

2. Zweiter Schritt: Bestimmung des Anwendungsverhältnisses

Lässt sich eine Normenkonkurrenz hiernach feststellen, muss in einem zweiten Schritt das konkrete Anwendungsverhältnis der Normen geklärt werden.[1572]

Hierzu müssen die Normen entsprechend den anerkannten Auslegungsmethoden (grammatikalische, systematische, historische und teleologische Auslegung[1573]) ausgelegt werden (sog. wertende Betrachtung).[1574] Eine solche wertende Betrachtung muss grundsätzlich auch dann vorgenommen werden, wenn ein Fall der (tatbestandsmäßigen) Spezialität vorliegt.[1575] Zwar wird in der Literatur bei Vorliegen einer tatbestandsmäßigen Spezialität bisweilen auf die Berücksichtigung teleologischer Wertungen verzichtet und das Anwendungsverhältnis der Normen ausschließlich *„systematisch-logisch“*[1576] dahingehend

---

1570 *Mauchle*, AJP/PJA 7/2012, 933, 937; *Zippelius*, Methodenlehre, S. 30.

1571 *Mauchle*, AJP/PJA 7/2012, 933, 937; *Zippelius*, Methodenlehre, S. 30.

1572 Vgl. *Larenz*, Methodenlehre, S. 154.

1573 Vgl. zu den Auslegungsmethoden im Einzelnen *Kamanabrou*, Richtlinienkonforme Auslegung, S. 76 ff.; *Möllers*, Jur. Methodenlehre, S. 119 ff. jeweils m.w.N.

1574 Vgl. *Bydlinski*, Methodenlehre, S. 464; *Barczak*, JuS 2015, 969, 974; *Larenz*, Methodenlehre, S. 156.

1575 Vgl. auch *Barczak*, JuS 2015, 969, 974, nach dem zunächst zu prüfen ist, ob eine Normkollision durch Auslegung ausgeschlossen werden kann, *„bevor auf allgemeine Kollisionsregeln zurückzugreifen ist.“*; ferner *Herresthal/Weiß*, Methodenlehre, § 7 Rn. 117, nach denen der lex-specialis-Satz nicht *„schematisch*[…]“ angewendet werden darf.

1576 *Bydlinski*, Methodenlehre, S. 465.

bestimmt, dass die speziellere Norm bzw. das spezielle Gesetz („*lex specialis*") die generelle Norm („*lex genereali*") verdrängt bzw. derogiert („*derogat*").[1577] Dieser sog. „*lex specialis derogat legi generali*"-Grundsatz (übersetzt „Das spezielle Gesetz verdrängt das allgemeine"[1578]) beruht auf der Überlegung, dass eine speziellere Rechtsnorm eine sachnähere und damit gerechtere Regelung in Bezug auf einen bestimmten Lebenssachverhalt trifft als eine allgemeine Regelung, die zusätzlich noch weitere Lebenssachverhalte abdecken muss.[1579] Dementsprechend soll die speziellere Regelung nicht durch Rückgriff auf die allgemeinere Regelung ausgehebelt werden.[1580]

Aus der tatbestandsmäßigen Spezialität aber *stets* das Zurücktreten der generellen Norm abzuleiten, greift zu kurz.[1581] So sind Fälle denkbar, in denen der Gesetzgeber bei Vorliegen bestimmter (zusätzlicher) Voraussetzungen zwar die Anwendbarkeit einer speziellen Norm ermöglichen, die Anwendbarkeit einer generellen Norm aber nicht zugleich ausschließen wollte.[1582] Die Anwendbarkeit der generellen Norm führt auch nicht in jedem Fall dazu, dass die spezielle Norm gegenstandslos wird.[1583] Die Gefahr, dass der Anwendungsbereich der speziellen Norm ausgehebelt wird, besteht nur in dem Fall, in dem sich die Rechtsfolgen zweier – in (tatbestandsmäßiger) Normenkonkurrenz stehender – Normen widersprechen (*Rechtsfolgenwiderspruch*, s.o.).[1584] Schließen sich die

---

1577 Etwa *Bydlinski*, Methodenlehre, S. 465.

1578 *Wank*, Methodenlehre, § 5 Rn. 167, Rn. 172; Weber/*Groh*, Rechtswörterbuch, „lex specialis" = „*besonderes Gesetz, das dem (thematisch) allgemeineren vorgeht.*"

1579 Vgl. *Barczak*, JuS 2015, 969, 973.

1580 Vgl. *Klocke*, JA 2013, 581, 582: „*Will der Gesetzgeber einen Lebenssachverhalt – in der Regel privilegierend – abschließend regeln, so darf nicht auf generelle Normen zurückgegriffen werden.*"; um die Sicherung des Anwendungsbereichs einer Norm scheint es auch *Bydlinski*, Methodenlehre, S. 444 zu gehen: „*Führte eine bestimmte Interpretation einer Norm infolge des klaren Inhaltes einer anderen Gesetzesregel* […] *dazu, daß einer der beiden Bestimmungen unanwendbar oder zweck- und funktionslos wird, so ist diese Auslegung systematisch nicht anzunehmen. Denn es ist höchst unwahrscheinlich, daß irgendjemand unanwendbare oder sonst zwecklose Bestimmungen erlassen will.*"; vgl. auch *Klein*, Konkurrenz und Auslegung, S. 57: Die Spezialitätsregel habe „[…] *zur Voraussetzung, daß der Gesetzgeber keine völlig oder überwiegend leerlaufende Gesetze wollte*".

1581 Kritisch auch *Klein*, Konkurrenz und Auslegung, S. 56 f.; *Larenz*, Methodenlehre, S. 155 f.

1582 *Mauchle*, AJP/PJA 7/2012, 933, 940.

1583 Vgl. *Klein*, Konkurrenz und Auslegung, S. 56.

1584 Vgl. *Larenz*, Methodenlehre, S. 156.

Rechtfolgen gegenseitig aus, muss es notwendig zu einer Verdrängung der allgemeinen Norm kommen, weil andernfalls für die spezielle Norm kein Anwendungsbereich mehr verbliebe (sog. logische Spezialität).[1585]

Abgesehen von diesem (Ausnahme-)Fall, in dem sich das konkrete Anwendungsverhältnis der Normen bereits aufgrund (norm-)logischer Erwägungen ergibt, ist eine Berücksichtigung wertender bzw. teleologischer Erwägungen geboten.[1586] Es muss der Grundsatz gelten, dass Konkurrenzprobleme im Zweifel so zu lösen sind, dass *„das resultierende Anwendungsverhältnis die grundlegenden Wertungsentscheide des Gesetzgebers möglichst konsequent verwirklicht."*[1587]

III. Bestimmung des Anwendungsverhältnisses von § 7 Abs. 3 BUrlG und §§ 194, 195 Abs. 1 BGB

In Übertragung der vorgenannten Grundsätze ist zunächst festzustellen, ob § 7 Abs. 3 BUrlG und §§ 194 Abs. 1, 195 BGB zueinander in Normenkonkurrenz stehen. Ist dies der Fall, ist anschließend danach zu fragen, welches konkrete Anwendungsverhältnis hieraus resultiert.

1. Feststellung der (tatbestandsmäßigen) Normenkonkurrenz

Der Urlaubsanspruch als Anspruch i.S.v. § 194 Abs. 1 BGB fällt sowohl unter den Tatbestand des § 7 Abs. 3 BUrlG als auch unter denjenigen der §§ 194 Abs. 1, 195 BGB. Beide Normen regeln zeitliche Fristen für die Geltendmachung bestimmter Ansprüche.[1588] Während die §§ 194, 195 Abs. 1 BGB die Geltendmachung *sämtlicher*[1589] materiell-rechtlicher Ansprüche an bestimmte zeitliche Fristen

---

1585 *Mauchle*, AJP/PJA 7/2012, 933, 940; vgl. auch *Larenz*, Methodenlehre, S. 154: „[...] *es wäre unsinnig, wollte die Rechtsordnung zugleich A und Non-A gebieten.*"

1586 Für eine wertende Betrachtung bzw. die Berücksichtigung teleologischer Erwägungen auch *Herresthal/Weiß*, Methodenlehre, § 7 Rn. 117; *Larenz,* Methodenlehre, S. 156; *Rüthers/Fischer/Birk*, Rechtstheorie, Rn. 771; *Wank,* Methodenlehre, § 5 Rn. 173; *Zippelius*, Methodenlehre, S. 32; vgl. auch *Klocke*, JA 2013, 581, 582: *„Neben der einfachen Normlogik kann das Spannungsverhältnis auch durch den Sinn und Zweck der Normen gelöst werden."*

1587 Zutreffend *Mauchle*, AJP/PJA 7/2012, 933, 948; vgl. auch *Barczak*, JuS 2015, 969, 975: *„Gleichrangige Normen sind* [...] *nach dem Auslegungs- und Interpretationstopos der „Einheit der Rechtsordnung" so gegeneinander abzugrenzen, dass sie widerspruchsfrei nebeneinander bestehen können."*

1588 Vgl. BAG, Vorlagebeschl. v. 29.09.2020 – 9 AZR 266/20 (A), NZA 2021, 413 Rn. 45; *Jacobs/Münder*, RdA 2020, 13, 22.

1589 Mit Ausnahme der in § 194 Abs. 2 BGB genannten Ansprüche.

koppeln, betrifft § 7 Abs. 3 BUrlG *allein* den Urlaubsanspruch und sieht für dessen Geltendmachung auch eine gegenüber § 195 Abs. 1 BGB verkürzte Frist von einem Jahr (S. 1) bzw. bei Vorliegen von Übertragungsgründen von 15 Monaten (S. 3) vor.[1590] Wegen der unterschiedlich langen Fristen und der Beschränkung des § 7 Abs. 3 BUrlG auf den Urlaubsanspruch sind die Tatbestände damit zwar nicht identisch, sie sind aber auch nicht vollständig unterschiedlich. Vielmehr überschneiden sie sich insoweit, als sie beide – zumindest in einem weiteren Sinne – die Merkmale „Anspruch" und „zeitliche Frist" enthalten. Trotz dieser gemeinsamen Merkmale verbleibt ihnen jedoch kein eigenständiger Anwendungsbereich. Vielmehr fällt der Urlaubsanspruch (tatbestandsmäßig) immer zugleich unter § 7 Abs. 3 BUrlG wie auch unter die §§ 194 Abs. 1, 195 BGB.

Aufgrund der neueren Rspr. des BAG weist § 7 Abs. 3 BUrlG nun aber ein gegenüber §§ 194, 195 Abs. 1 BGB zusätzliches Merkmal auf. Es lässt sich darin finden, dass der Arbeitgeber nunmehr bestimmte Mitwirkungshandlungen (Mitteilung, Aufforderung, Belehrung) vornehmen muss, ehe die durch die Vorschrift (mittelbar) angeordnete Rechtsfolge des Verfalls des Urlaubsanspruchs greift. Während der Urlaubsanspruch nach den §§ 194, 195 Abs. 1 BGB also unabhängig davon der Verjährung unterliegt, ob der Arbeitgeber bestimmte Mitwirkungsobliegenheiten vorgenommen hat, knüpft § 7 Abs. 3 BUrlG an die Rechtsfolge des Verfalls in richtlinienkonformer Auslegung der Vorschrift (zusätzlich) die Voraussetzung, dass der Arbeitgeber zuvor seine Mitwirkungsobliegenheiten erfüllt hat.[1591] Mit dem Erfordernis der Erfüllung der Mitwirkungsobliegenheiten als (ungeschriebenes) Tatbestandsmerkmal[1592] stellt § 7 Abs. 3 BUrlG (*x*-Norm) damit ein im Vergleich zu den §§ 194, 195 Abs. 1 BGB (*y*-Normen) zusätzliches Merkmal auf, sodass von einem tatbestandsmäßigen Normen-Verhältnis der Spezialität auszugehen ist.

2. *Bestimmung des Anwendungsverhältnisses*

Für die Beantwortung der Frage, welches Anwendungsverhältnis aus der festgestellten Normenkonkurrenz resultiert, ist zunächst ein Blick auf die Rechtsfolgen der Normen zu werfen. Einer wertenden Betrachtung insbesondere anhand der Teleologie des Gesetzes bedarf es nämlich dann nicht, wenn sich bereits

---

1590 Vgl. auch *Wutte*, RdA 2021, 360, 362.

1591 Vgl. BAG, Urt. v. 19.02.2019 – 9 AZR 423/16, NZA 2019, 977 Rn. 43; BAG, Vorlagebeschl. v. 07.07.2020 – 9 AZR 401/19 (A), NZA 2020, 1541 Rn. 14.

1592 Vgl. *Sagan*, NZA 2020, 350, 351: „*tatbestandliche Voraussetzung*".

aufgrund des Rechtsfolgen-Verhältnisses der Normen ein (logisch-zwingender) Anwendungsvorrang einer der beiden Normen ergibt.[1593]

a) *Rechtsfolgenverhältnis*

Im Grundsatz führt § 7 Abs. 3 BUrlG auf Rechtsfolgenseite zum *Erlöschen* des Urlaubsanspruchs mit Ablauf des Kalenderjahres bzw. Übertragungszeitraums. Dies gilt auch nach neuerer Rspr. des BAG weiterhin dann, wenn der Arbeitgeber seine Mitwirkungsobliegenheiten erfüllt, der Arbeitnehmer seinen Urlaub aber – obwohl ihm dies möglich war – nicht genommen hat.[1594] Die §§ 194, 195 Abs. 1 BGB führen demgegenüber (nur) dazu, dass der (Urlaubs-)Anspruch mit Ablauf der Verjährungsfrist nicht mehr *durchsetzbar* ist.[1595] Im Unterschied zu § 7 Abs. 3 BUrlG bleibt der Urlaubsanspruch bestehen, der Arbeitgeber ist aber berechtigt, die Leistung, d.h. die Urlaubsgewährung nach Ablauf der Verjährungsfrist gem. § 214 Abs. 1 BGB zu verweigern.[1596]

Ein Widerspruch der Rechtsfolgen des § 7 Abs. 3 BUrlG und der §§ 194, 195 Abs. 1 BGB und damit ein aufgrund normlogischer Erwägungen beruhender Vorrang von § 7 Abs. 3 BUrlG ließe sich auf den ersten Blick also insoweit annehmen, als ein infolge von § 7 Abs. 3 BUrlG verfallener und damit nicht mehr existenter Urlaubsanspruch nicht zugleich existent und lediglich gem. § 214 Abs. 1 BGB nicht mehr durchsetzbar sein kann. Es macht insoweit keinen Sinn, wollte die Rechtsordnung für den Urlaubsanspruch die Rechtsfolge des Verfalls und *zugleich* die Rechtsfolge der – den Bestand des Anspruchs voraussetzenden – „bloßen" Undurchsetzbarkeit knüpfen.

Weil die von § 7 Abs. 3 BUrlG (mittelbar) angeordnete Rechtsfolge des Verfalls aber nicht mehr *per se*, sondern nach neuerer Rspr. des BAG nur noch dann eintritt, wenn der Arbeitgeber seine Mitwirkungsobliegenheiten erfüllt hat, sind die beiden Rechtsfolgen zwar weiterhin unterschiedlich, aber nicht (mehr) von vornherein antinomisch. Denn kommt der Arbeitgeber seine Mitwirkungsobliegenheiten nicht nach, bleibt der Urlaubsanspruch (zunächst) erhalten – und

---

1593 Vgl. *Klocke*, JA 2013, 581, 582; *Larenz*, Methodenlehre, S. 154.

1594 Vgl. nur BAG, Urt. v. 19.02.2019 – 9 AZR 423/16, NZA 2019, 977 Rn. 43.

1595 Schulze/*Dörner*, § 194 BGB, Rn. 2, § 214 BGB, Rn. 3; Jauernig/*Mansel*, § 194 BGB, Rn. 4; Erman/*Schmidt-Räntsch*, § 214 BGB, Rn. 1: *„Der Eintritt der Verjährung führt* [...] *nicht dazu, dass der verjährte Anspruch erlischt* [...]. *Der Anspruch bleibt vielmehr bestehen."*

1596 Schulze/*Dörner*, § 194 BGB, Rn. 2, § 214 BGB, Rn. 3; Jauernig/*Mansel*, § 194 BGB, Rn. 4; Erman/*Schmidt-Räntsch*, § 214 BGB, Rn. 1.

zwar so lange, bis der Arbeitgeber seine Mitwirkungsobliegenheiten nachholt.[1597] Bei weiterhin bestehendem (= existenten) Urlaubsanspruch besteht aber kein Widerspruch zu § 214 Abs. 1 BGB, weil die Vorschrift ebenfalls – zumindest mittelbar – von der Existenz eines (Urlaubs-)Anspruchs ausgeht und unter bestimmten Voraussetzungen lediglich dessen Durchsetzbarkeit hindert. Die beiden Rechtsfolgen schließen sich damit nicht mehr *generell*, sondern nur noch unter bestimmten Voraussetzungen gegenseitig aus. Eine alternative Anwendung der Rechtsnormen ist damit zumindest möglich.

b) Auslegung

Ein bereits aufgrund (norm-)logischer Erwägungen beruhender Vorrang von § 7 Abs. 3 BUrlG scheidet aus, sodass im Wege der Auslegung ermittelt werden muss, ob die beiden Normen in einem alternativen oder einem exklusiven Anwendungsverhältnis zueinanderstehen.[1598] In ersterem Fall wären zwar beide Normen anwendbar, durch die Verwirklichung der einen Rechtsfolge würde aber der Eintritt der anderen Rechtsfolge ausgeschlossen. In letzterem Fall würden die Verjährungsvorschriften hingegen (stets) durch die exklusive Anwendung von § 7 Abs. 3 BUrlG verdrängt.

aa) Auslegungsgrundsätze

Die Gesetzesauslegung dient dazu, den Zweck der jeweiligen Gesetzesnorm zu ermitteln.[1599] Ausgehend von den anerkannten Auslegungsmethoden[1600] ist

---

1597 Vgl. nur BAG, Urt. v. 19.02.2019 – 9 AZR 423/16, NZA 2019, 977 Rn. 44.

1598 Vgl. *Klocke*, JA 2013, 581, 582.

1599 *Rüthers/Fischer/Birk*, Rechtstheorie, Rn. 25; Ob das Ziel der Gesetzesauslegung in der Ermittlung des (subjektiven) Willen des historischen Gesetzgebers oder des (objektiv) normativen Gesetzessinns unter Berücksichtigung der gegenwärtigen Verhältnisse besteht, ist umstritten; vgl. hierzu *Larenz/Canaris*, Methodenlehre, S. 137: „*Wille des Gesetzgebers oder normativer Gesetzessinn?*"; *Engisch*, Einführung in das jur. Denken, S. 133 ff.; ferner Riesenhuber/*Riesenhuber*, Europäische Methodenlehre, § 10 Rn. 8: „*entstehungszeitlicher*" oder „*geltungszeitlicher*" Normzweck; einen Überblick über die hierzu bestehenden unterschiedlichen Theorien liefert *Würdinger*, JuS 2016, 1 ff.; vgl. zum Streitstand auch ausführlich *Kamanabrou*, Richtlinienkonforme Auslegung, S. 68 ff.

1600 Das deutsche Recht unterscheidet heute üblicherweise zwischen der grammatischen, der systematischen, der historischen und der teleologischen Auslegung, vgl. BVerfG, Beschl. v. 17.05.1960 – 2 BvL 11/59 u. 11/60, NJW 1960, 1563, 1564; Diese Auslegungsmethoden beruhen auf der Methodenkonzeption von *Savigny*, System

dabei zunächst der Wortlaut der jeweiligen Vorschrift in den Blick zu nehmen und die Wortbedeutung zu ermitteln (grammatische Auslegung).[1601] Lässt der Wortlaut der Vorschrift kein eindeutiges Auslegungsergebnis zu, ist die Vorschrift in ihrem systematischen Zusammenhang mit anderen Vorschriften zu betrachten (systematische Auslegung) und der Bedeutungsgehalt der Vorschrift unter Berücksichtigung ihres normativen Umfelds zu konkretisieren.[1602] Neben Wortlaut und Systematik kommt auch den Gesetzesmaterialien eine nicht unerhebliche Indizwirkung für die Beantwortung der Frage zu, welche Regelungskonzeption einem Gesetz zugrunde liegt.[1603] Dabei kann nicht nur die Begründung eines Gesetzesentwurfs, sondern auch die darauf bezogenen Stellungnahmen von Bundesrat (Art. 76 Abs. 2 S. 2 GG) und Bundesregierung (Art. 76 Abs. 3 S. 2 GG) und die Stellungnahmen, Beschlussempfehlungen und Berichte der Ausschüsse miteinbezogen werden.[1604] Diese sog. historische Auslegung dient dazu, zu ermitteln, welches Verständnis der Gesetzgeber von einer Norm hatte und was ihn zum Erlass der Norm bewogen hat.[1605] Der klar erkennbare Wille des Gesetzgebers darf weder übergangen noch verfälscht werden.[1606] Von zentraler Bedeutung ist schließlich die teleologische Auslegung, bei der die Ermittlung der vom Gesetzgeber mit der Norm verfolgte Zweck im Mittelpunkt steht.[1607]

---

des heutigen Römischen Rechts (Bd. 1), S. 213 ff.; dazu *Bydlinski*, Methodenlehre, S. 437 ff.; *Rüthers/Fischer/Birk*, Rechtstheorie, Rn. 698–703.

1601 *Kamanabrou*, Richtlinienkonforme Auslegung, S. 77; *Larenz/Canaris*, Methodenlehre, S. 141; *Zippelius*, Methodenlehre, S. 37.

1602 Vgl. *Bydlinski/Bydlinski*, Grundzüge jur. Methodenlehre, S. 32 f.; *Rüthers/Fischer/Birk*, Rechtstheorie, Rn. 744 ff.; *Schäfers*, JuS 2015, 875, 877 f.; *Zippelius*, Methodenlehre, S. 43.

1603 Vgl. nur BVerfG, Beschl. v. 06.06.2018 – 1 BvL 7/14 und 1 BvR 1375/14, NZA 2019, 774 Rn. 74 m.w.N.; vgl. auch *Bydlinski/Bydlinski*, Grundzüge jur. Methodenlehre, S. 37.

1604 BVerfG, Beschl. v. 06.06.2018 – 1 BvL 7/14 und 1 BvR 1375/14, NZA 2018, 774 Rn. 74.

1605 *Bydlinski*, Methodenlehre, S. 449; *Kamanabrou*, Richtlinienkonforme Auslegung, S. 83.

1606 BVerfG, Beschl. v. 06.06.2018 – 1 BvL 7/14 und 1 BvR 1375/14, NZA 2018, 774 Rn. 75; vgl. auch BVerfG, Beschl. v. 25.01.2011 – 1 BvR 918/10, NJW 2011, 842 Rn. 52 f.

1607 Vgl. *Schäfers*, JuS 2015, 875, 878 f.; *Zippelius*, Methodenlehre, S. 41.

bb) Auslegung von § 7 Abs. 3 BUrlG

aaa) Wortlaut

Der Wortlaut von § 7 Abs. 3 BUrlG lässt sich zunächst dahin interpretieren, dass es sich bei der Vorschrift um eine abschließende Regelung handeln soll. Die Vorschrift ordnet in S. 1 an, dass der Urlaub „im laufenden Kalenderjahr gewährt und genommen werden [muss]". Hierdurch kommt zum Ausdruck, dass der Urlaubsanspruch grundsätzlich auf das Kalenderjahr begrenzt, d.h. befristet ist.[1608] Die Annahme, dass der Urlaubsanspruch kalendermäßig befristet ist, wird durch S. 2 der Vorschrift verstärkt, wonach eine Übertragung des Urlaubs auf das Folgejahr „*nur*" unter bestimmten Voraussetzungen möglich sein soll. *E contrario* folgt hieraus, dass eine Übertragung und damit eine zeitliche Verlängerung der Inanspruchnahmemöglichkeiten des Urlaubs abgesehen von den in S. 2 genannten Übertragungsgründen grundsätzlich nicht statthaft sein soll.[1609]

Andererseits verhält sich § 7 Abs. 3 BUrlG aber auch nicht ausdrücklich zu der Frage, was passiert, wenn der Urlaubsanspruch innerhalb der in § 7 Abs. 3 BUrlG vorgesehenen zeitlichen Fristen nicht genommen wurde oder auch nicht genommen werden konnte. Die Vorschrift stellt insofern zwar den Grundsatz auf, dass der Urlaubsanspruch innerhalb des Kalenderjahres genommen werden muss und eine Übertragung des Urlaubs aus anderen als den in § 7 Abs. 3 S. 2 BUrlG gennannten Gründen nicht „statthaft" ist. Sie gibt aber keine explizite Auskunft darüber, welche konkreten Rechtsfolgen eine Nichtinanspruchnahme des Urlaubs innerhalb der vorgegebenen Fristen nach sich ziehen kann, ob der Urlaubsanspruch (ersatzlos) verfällt oder „nur" nicht mehr durchsetzbar ist. Aus dem Wortlaut der Vorschrift den Schluss zu ziehen, der Urlaubsanspruch gehe bei Nichtinanspruchnahme mit Ablauf des Kalenderjahres (ersatzlos) unter, ist damit jedenfalls nicht zwingend.[1610]

1608 Vgl. BAG, Urt. v. 13.05.1982 – 6 AZR 360/80, BeckRS 2012, 65204 unter II. 4. a); BAG, Urt. v. 28.11.1990 – 8 AZR 570/89, NZA 1991, 423 unter II. 2.; ausführlich auch *Ehlers*, Krank im Urlaub, S. 128 ff.

1609 *Ehlers*, Krank im Urlaub, S. 129; vgl. auch BAG, Urt. v. 19.02.2019 – 9 AZR 423/16, NZA 2019, 977 Rn. 27: „*Ohne eine zulässige Befristung des Urlaubsanspruchs wäre die gesetzliche Anordnung einer Übertragung des Urlaubsanspruchs in das Folgejahr bei Vorliegen besonderer Übertragungsgründe entbehrlich.*"

1610 Vgl. etwa *Ahrends*, Europäisiertes Urlaubsrecht, S. 318 ff., der zumindest im Hinblick auf § 7 Abs. 3 S. 3 BUrlG davon ausgeht, dass es sich bei der Vorschrift nicht zwingend um eine „*Ausschlussfrist*" handelt.

bbb) Systematik

Systematische Erwägungen deuten auf eine mangelnde Verdrängungswirkung hin. Von Bedeutung ist hier, dass § 7 Abs. 3 BUrlG eine andere Rechtsfolge vorsieht als die §§ 194, 195 Abs. 1 BGB. Während § 7 Abs. 3 BUrlG im Grundsatz zum Verfall, unter bestimmten Voraussetzungen aber auch zum Nichtverfall, d.h. zur Aufrechterhaltung des Urlaubsanspruchs führen kann, hindern die §§ 194, 195 Abs. 1 BGB gem. § 214 Abs. 1 BGB allein die Durchsetzbarkeit des fortbestehenden Urlaubsanspruchs. Die durch § 7 Abs. 3 BUrlG angeordnete Rechtsfolge kann damit gegenüber der des § 214 Abs. 1 BGB u.U. einschneidender, u.U. aber auch günstiger für den Arbeitnehmer als Berechtigter des Urlaubsanspruchs sein.

ccc) Historie

Die historische Auslegung lässt ebenfalls keine zwingenden Schlüsse auf die Annahme einer Verdrängungswirkung von § 7 Abs. 3 BUrlG zu. In der Gesetzesbegründung zu § 7 Abs. 2 und 3 BUrlG heißt es leidglich, dass mit der Regelung „*anerkannte Grundsätze des bisherigen Urlaubsrechts*“[1611] wiedergegeben werden. Zu diesen „anerkannten Grundsätzen“ zählte zwar auch schon vor Einführung des BUrlG die grundsätzliche Befristung des Urlaubsanspruchs auf das Kalenderjahr.[1612] Der Umstand, dass der gesetzgeberische Wille zum Zeitpunkt des Erlasses des BUrlG darauf gerichtet war, mit § 7 Abs. 3 BUrlG eine Befristungsregelung zu schaffen, legt insofern nahe, dass der Gesetzgeber die Frage der Verjährung nicht bewusst bedacht hat, weil sie wegen der Befristungsregel schlicht ohne praktische Relevanz war. Ob der Gesetzgeber § 7 Abs. 3 BUrlG aber als abschließende Regelung in dem Sinne verstanden hat, dass die §§ 194 ff. BGB auch dann nicht greifen sollten, wenn der Urlaubsanspruch über die gesetzlichen Fristen hinaus erhalten bleibt, lässt sich der Gesetzesbegründung nicht ausdrücklich entnehmen.

ddd) Sinn und Zweck

Für die hier zu erörternde Frage, ob § 7 Abs. 3 BUrlG als abschließende Spezialregelung zu verstehen ist, kommt es damit maßgeblich auf den Sinn und Zweck der Vorschriften an.

1611 BT-Drs. IV/785, S. 3.

1612 Hierzu ausführlich und m.w.N. *Ehlers*, Krank im Urlaub, S. 130 ff.; *Polzer*, Die Befristung des Urlaubsanspruchs auf das Kalenderjahr, S. 22 ff.

(1) Unterschiedliche Zwecke

Gegen eine Exklusivität von § 7 Abs. 3 BUrlG sprechen zunächst die unterschiedlichen Normzwecke der Vorschriften.[1613] Wie dargelegt dient § 7 Abs. 3 BUrlG dazu, sicherzustellen, dass der Arbeitnehmer in regelmäßigen zeitlichen Abständen tatsächlich in den Genuss bezahlten Erholungsurlaubs kommt, um hierdurch wiederum die Gesundheit des Arbeitnehmers zu stärken.[1614] Weil der Erholungszweck des Urlaubs dann nicht mehr voll verwirklicht wird, wenn der Urlaub erst weit nach Ablauf des Kalenderjahres als Bezugszeitpunkt genommen würde, sieht § 7 Abs. 3 BUrlG eine Bindung des Urlaubsanspruchs an das Kalenderjahr vor.[1615] Während § 7 Abs. 3 BUrlG also vorrangig dem Schutz des Arbeitnehmers als Gläubiger des Urlaubsanspruchs Rechnung tragen soll, dienen die Verjährungsvorschriften vorwiegend dem Schutz des Arbeitgebers als Schuldner des Urlaubsanspruchs.[1616] Dieser soll einerseits vor einer – mit fortschreitendem Zeitablauf zunehmenden – Beweisnot und andererseits davor geschützt werden, aus unbegründeten, unbekannten oder unerwarteten Forderungen in Anspruch genommen zu werden.[1617] Die Verjährungsvorschriften tragen damit – anders als § 7 Abs. 3 BUrlG – zugleich auch maßgeblich öffentlichen Interessen Rechnung.[1618] Sie sind Ausdruck des gesetzgeberischen Ziels, Rechtsfrieden und Rechtssicherheit herzustellen.[1619] Unterscheiden sich die jeweiligen Normzwecke – wie hier – ganz erheblich voneinander, spricht dies gegen Exklusivität.[1620]

1613 *Fink*, ZfA 2022, 261, 266; *Jacobs/Münder*, RdA 2020, 13, 22; *Wutte*, RdA 2021, 360, 362.

1614 Hierzu oben unter § 5 D. III. 4. b) bb) bbb).

1615 Vgl. BAG, Urt. v. 26.06.1969 – 5 AZR 393/68, NJW 1969, 1981, 1982 unter 1.; BAG, Vorlagebeschl. v. 13.12.2016 – 9 AZR 541/15 (A), NZA 2017, 271 Rn. 13; Arnold/Tillmanns/*Arnold*, § 7 BUrlG, Rn. 122 f.

1616 Vgl. Staudinger/*Peters/Jacoby* (2020), Vorb. zu §§ 194 BGB, Rn. 5; ErfK/*Preis*, § 218 BGB, Rn. 1.

1617 Vgl. BAG, Vorlagebeschl. v. 29.09.2020 – 9 AZR 266/20 (A), NZA 2021, 413 Rn. 47 f.; BAG, Urt. v. 28.09.2005 – 5 AZR 52/05, NZA 2006, 149, 152; MüKo-BGB/*Grothe*, § 194 BGB, Rn. 6; BeckOK-BGB/*Henrich*, § 194 BGB, Rn. 1; Staudinger/*Peters/Jacoby* (2020), Vorb. zu §§ 194 BGB, Rn. 5; *Piekenbrock*, Befristung, S. 327 ff.; ErfK/*Preis*, § 218 BGB, Rn. 1; Erman/*Schmidt-Räntsch*, Vorb. vor § 194 BGB, Rn. 2.

1618 BAG, Vorlagebeschl. v. 29.09.2020 – 9 AZR 266/20 (A), NZA 2021, 413 Rn. 48; ErfK/*Preis*, § 218 BGB, Rn. 1; *Piekenbrock*, Befristung, S. 317 f.

1619 BT-Drs. 14/6040, S. 96, 100; BGH, Urt. v. 25.07.2017 – VI ZR 222/16, BeckRS 2017, 120478 Rn. 9; BAG, Vorlagebeschl. v. 29.09.2020 – 9 AZR 266/20 (A), NZA 2021, 413 Rn. 48; *Piekenbrock*, Befristung, Verjährung, S. 317 f.

1620 Vgl. *Jacobs/Münder*, RdA 2020, 13, 22.

(2) Keine Gefahr der Zweckvereitelung bei alternativer Normanwendung

Unter teleologischen Gesichtspunkten könnte eine Exklusivität von § 7 Abs. 3 BUrlG aber deshalb anzunehmen sein, weil es bei alternativer Anwendung der Vorschriften möglicherweise zu einer Vereitelung des Zwecks von § 7 Abs. 3 BUrlG kommen könnte.[1621]

§ 7 Abs. 3 BUrlG sieht eine zeitliche Befristung des Urlaubsanspruchs von einem Jahr (S. 1) bzw. von 15 Monaten (S. 3) vor. Auch die §§ 194, 195 Abs. 1 BGB sehen eine zeitliche Befristung für die Geltendmachung des Urlaubsanspruchs vor.[1622] Sie räumen dem Arbeitnehmer hierzu lediglich eine gegenüber § 7 Abs. 3 BUrlG um 2 Jahre bzw. 1 Jahr und 9 Monate verlängerte Frist ein. Von einer Zweckvereitelung könnte insofern (nur) dann gesprochen werden, wenn der von § 7 Abs. 3 BUrlG bezweckte Gesundheitsschutz bei Geltung der in §§ 194, 195 Abs. 1 BGB vorgesehenen, längeren Fristen überhaupt nicht mehr gewährleistet wäre. Kurz gesagt: Wird der Gesundheit des Arbeitnehmers *ausschließlich* dann Rechnung getragen, wenn dieser seinen Urlaub spätestens zum Ablauf des Kalenderjahres bzw. des um 3 Monate verlängerten Übertragungszeitraums genommen hat, darf diese Wertung nicht durch eine mögliche alternative Anwendung der längeren Fristen der §§ 194, 195 ff. BGB umgangen werden.

(a) Höchstfrist für die Verwirklichung des Urlaubsanspruchs?

Zunächst gilt, dass der Gesundheit des Arbeitnehmers unzweifelhaft dann am besten Rechnung getragen wird, wenn auf Zeiten geleisteter Arbeit in regelmäßigen zeitlichen Abständen auch arbeitsfreie Zeiten der Erholung folgen: „*Je ferner die Urlaubsgewährung vom Urlaubsjahr stattfindet, desto größer ist die Gefahr der Zweckverfehlung.*“[1623] Dem Gesundheitsschutz des Arbeitnehmers wird insofern zwar *am besten* Rechnung getragen, wenn er in regelmäßigen zeitlichen Abständen, d.h. wie durch § 7 Abs. 3 BUrlG vorgesehen *innerhalb* des Urlaubsjahres,

---

1621 Vgl. *Larenz*, Methodenlehre, S. 156 f.; vgl. allgemein zu dem Kriterium der Zweckvereitelung als Ansatz für die Lösung von Normenkonflikten die Ausführungen bei *Mauchle*, AJP/PJA 7/2012, 933, 944 f.

1622 Vgl. BAG, Vorlagebeschl. v. 29.09.2020 – 9 AZR 266/20 (A), NZA 2021, 413 Rn. 45.

1623 So zutreffend *Düwell*, NZA-Beil. 2011, 133, 138; vgl. auch *Ehlers*, Krank im Urlaub, S. 133: Die „*notwendige Zweckbindung an die (geleistete) Arbeit wird* […] *nur dann vollständig erreicht, wenn* [der Urlaub] *zeitnah in Anspruch genommen wird.*“; ferner *Kamanabrou*, SAE 2009, 121, 124: Es gehe nicht darum, „*den Anspruch möglichst lange aufrechtzuerhalten, sondern darum, eine gewisse zeitliche Nähe zwischen dem Bezugszeitraum und dem Urlaub sicherzustellen.*“

spätestens innerhalb der ersten drei Monate des Folgejahres, tatsächlich über Erholungszeiträume verfügt. Ob dem Gesundheitsschutz als übergeordneter Zweck von § 7 Abs. 3 BUrlG aber *ausschließlich* bei einer Urlaubsrealisierung im Urlaubsjahr bzw. innerhalb des anschließenden Übertragungszeitraums Rechnung getragen werden kann, mit der Folge, dass bei Anwendung der §§ 194 ff. BGB der Zweck von § 7 Abs. 3 BUrlG *vereitelt* (und nicht lediglich gefährdet) würde, kann zumindest bezweifelt werden. So wird die Erholungsbedürftigkeit des Arbeitnehmers bei längeren, ununterbrochenen Arbeitszeiten nicht ab-, sondern zunehmen.[1624] Nähme man eine Zweckvereitelung in diesem Fall an, würde man die in § 7 Abs. 3 BUrlG genannten Fristen im Ergebnis auch als absolute Höchstfristen für die Inanspruchnahme des Urlaubs deklarieren, was schon aufgrund der individuellen Arbeitsbelastung und der daraus resultierenden individuellen Erholungsbedürftigkeit der Arbeitnehmer[1625] auf Schwierigkeiten stößt.[1626]

1624 Vgl. aber *Ehlers*, Krank im Urlaub, S. 133 der zutreffend darlegt, dass die Erholungsbedürftigkeit des Arbeitnehmers dann nicht mehr „*auf* [...] *der im Bezugszeitraum geleisteten Arbeit als relevante*[n] *Anknüpfungspunkt*" beruht; treffend auch BAG, Urt. v. 07.08.2012 – 9 AZR 353/10, NZA 2012, 1216 Rn. 41: „*Das Bedürfnis nach urlaubsgemäßer Erholung verringert sich auch, je mehr sich der zeitliche Abstand zum Entstehungsjahr des Urlaubs vergrößert.*"; noch deutlicher in BAG, Urt. v. 21.07.1973 – 5 AZR 105/73, DB 1973, 1856 Rn. 18: „[...] *das Bedürfnis nach urlaubsgemäßer Erholung für die in einem bestimmten Kalenderjahr geleistete Arbeit verringert sich, je mehr sich der zeitliche Abstand zum Entstehungsjahr des Urlaubs vergrößert.*"; auch der EuGH geht von einer (zeitlichen) Verknüpfung zwischen im Bezugszeitraum geleisteter Arbeit und anschließender Erholungszeit aus, wenn er in EuGH, Urt. v. 22.11.2011 – C-214/10 (KHS), NZA 2011, 1333 Rn. 33 darlegt, dass der Urlaubsanspruch seinen Zweckbestimmungen „*nach einer gewissen zeitlichen Grenze*" nicht mehr entsprechen könne. Wann diese Grenze genau überschritten sein soll, lässt der EuGH aber offen.

1625 Man denke hier nur an die unterschiedlichen Arbeitsbelastungen aufgrund unterschiedlicher Arbeitszeitmodelle (Vollzeit/Teilzeit/Schichtsysteme/Nachtarbeit etc.).

1626 Zumindest der EuGH scheint die in § 7 Abs. 3 BUrlG genannten Fristen nicht als absolute Höchstfristen anzusehen, wenn er in der Rs. *KHS* eine 15-monatige Verfallfrist nach Ablauf des Bezugs- bzw. Übertragungszeitraums noch als eine den Zweck des Urlaubsanspruchs nicht gefährdende Zeitspanne ansieht, vgl. EuGH, Urt. v. 22.11.2011 – C-214/10 (KHS), NZA 2011, 1333 Rn. 43; vgl. auch *Kamanabrou*, SAE 2009, 121, 124: „*Wie lang der Übertragungszeitraum sein sollte,* [...] *lässt sich nicht objektiv bestimmen.*"

(b) *Keine Zweckvereitelung bei mangelnder Urlaubsnahme im Urlaubsjahr*

Vorgenannte Frage bedarf im hiesigen Kontext aber auch keiner abschließenden Beantwortung. Denn die §§ 194 ff. BGB kämen ohnehin nur dann (alternativ) zur Anwendung, wenn der Arbeitgeber seine Mitwirkungsobliegenheiten unterlassen und der Arbeitnehmer von einer Urlaubsnahme abgesehen hat. Hat der Arbeitnehmer aber – entweder infolge unterlassener Mitwirkungsobliegenheiten oder auch aus sonstigen Gründen – von einer Urlaubsnahme im Bezugs- bzw. Übertragungszeitraum abgesehen, ist der mit § 7 Abs. 3 BUrlG verfolgte Zweck (Gewährleistung regelmäßiger Erholungszeiten im Urlaubsjahr und daraus resultierender Gesundheitsschutz) ohnehin nicht mehr (vollständig) realisierbar. Kann der mit § 7 Abs. 3 BUrlG verfolgte Zweck aber nicht mehr realisiert werden, kann er bei (alternativer) Anwendung der §§ 194 ff. BGB auch nicht vereitelt werden.

cc) *Zwischenergebnis*

Dem BUrlG ist kein der Anwendbarkeit der §§ 194 ff. BGB entgegenstehender Gesetzesbefehl zu entnehmen. § 7 Abs. 3 BUrlG und §§ 194, 195 Abs. 1 BGB stehen vielmehr dergestalt in einem Anwendungsverhältnis der Alternativität zueinander, dass dann, wenn der Arbeitnehmer seine Mitwirkungsobliegenheiten erfüllt, der Arbeitnehmer den ihm zustehenden Urlaub aber nicht innerhalb des Kalenderjahres genommen hat, die durch § 7 Abs. 3 BUrlG mittelbar angeordnete Rechtsfolge des Verfalls des Urlaubsanspruchs eintritt, wodurch zugleich die in § 214 Abs. 1 BGB angeordnete Rechtsfolge der mangelnden Durchsetzbarkeit des Urlaubsanspruchs ausgeschlossen wird. Erfüllt der Arbeitgeber seine Mitwirkungsobliegenheiten hingegen nicht, verfällt nicht genommener Urlaub nicht gem. § 7 Abs. 3 S. 1 BUrlG mit Ablauf des Kalenderjahres. In diesem Fall greifen – vorbehaltlich der europarechtlichen Zulässigkeit[1627] – die zivilrechtlichen Verjährungsvorschriften und der Urlaubsanspruch kann dann, wenn sich der Arbeitgeber nach Ablauf der Verjährungsfrist gem. § 214 Abs. 1 BGB auf die Einrede der Verjährung beruft, nicht mehr durchgesetzt werden.

1627 Hierzu sogleich unter § 17.

3. *(Faktische) Verdrängung durch Neubeginn der Fristen des § 7 Abs. 3 S. 1 und S. 3 BUrlG*

Nach dem Verständnis des 9. Senats des BAG soll Urlaub, der infolge nichterfüllter Mitwirkungsobliegenheiten nicht erlischt, zu demjenigen Urlaub hinzutreten, der für das Folgejahr neu entsteht.[1628] Das BAG hat in diesem Zusammenhang ausgeführt, dass der nicht erloschene Urlaubsanspruch gegenüber dem am 01.01. des Folgejahres neu entstehenden Urlaubsanspruchs nicht privilegiert ist und für ihn daher (erneut) die Regelungen des § 7 Abs. 1 S. 1 und Abs. 3 BUrlG gelten.[1629] Der übertragene Urlaubsanspruch unterliegt damit wieder demselben rechtlichen Schicksal, dem er unterliegen würde, wenn er nicht auf das Folgejahr übertragen worden wäre.[1630]

Hieraus wird teilweise geschlussfolgert, dass – bei konsequenter Anwendung dieser Rechtsprechungsgrundsätze – die zivilrechtlichen Verjährungsvorschriften faktisch nie auf Urlaubsansprüche Anwendung finden könnten.[1631] Sowohl der originäre als auch der nicht erloschene und auf das Folgejahr übertragene Urlaubsanspruch unterlägen vielmehr *stets* der Befristungsregel des § 7 Abs. 3 BUrlG, sodass für die Anwendung der Verjährungsvorschriften (wiederum) kein Raum (mehr) verbliebe.[1632]

In diesem Zusammenhang muss aber zwischen der Gleichbehandlung der Urlaubsansprüche in Bezug auf Übertragung und Verfall (gem. § 7 Abs. 3 BUrlG)

1628 Vgl. nur BAG, Urt. v. 19.02.2019 – 9 AZR 423/16, NZA 2019, 977 Rn. 44; BAG, Urt. v. 25.06.2019 – 9 AZR 546/17, NZA 2019, 1577 Rn. 19.

1629 Vgl. nur BAG, Urt. v. 19.02.2019 – 9 AZR 423/16, NZA 2019, 977 Rn. 44.

1630 Vgl. BAG, Urt. v. 19.02.2019 – 9 AZR 423/16, NZA 2019, 977 Rn. 44; BAG, Vorlagebeschl. v. 29.09.2020 – 9 AZR 266/20 (A), NZA 2021, 413 Rn. 19.

1631 Etwa *Wutte*, RdA 2021, 360, 363; vgl. auch LAG Düsseldorf, Urt. v. 02.02.2020 – 10 Sa 180/19, NZA-RR 2020, 576 Rn. 73, das offengelassen hat, ob die Unanwendbarkeit der Verjährungsvorschriften „*in rechtstechnischer Hinsicht unmittelbar daraus folgt, dass die allgemeinen Verjährungsregeln des BGB per se durch das eigenständige Fristenregime des § 7 III BUrlG als speziellere Regelung verdrängt werden oder die Lösung – anknüpfend an die in den neueren Entscheidungen des BAG zu findenden Formulierungen* [...] *darin gesehen wird, dass sich der Urlaub in den Fällen, in denen der Arbeitgeber – wie hier – seine Mitwirkungsobliegenheiten nicht erfüllt hat, gerade nicht aufgrund von § 7 III 2 BUrlG fortschreibt, sondern zu dem am 1.1. des Folgejahres neu entstehenden Urlaubsanspruch hinzutritt und in „Verschmelzung“ mit diesem aufs Neue dem Jahreszyklus der § 7 III BUrlG unterfällt* [...]."

1632 Vgl. LAG Düsseldorf, Urt. v. 02.02.2020 – 10 Sa 180/19, NZA-RR 2020, 576 Rn. 73; in diese Richtung auch *Bayreuther*, NZA 2019, 945, 947.

und der Gleichbehandlung in Bezug auf die Entstehung der Urlaubsansprüche unterschieden werden.

a) Notwendige Unterscheidung zwischen Entstehung und Verfall

Der infolge unterlassener Mitwirkungsobliegenheiten auf das Folgejahr übertragene Urlaubsanspruch soll nur in Bezug auf die Regelung des § 7 Abs. 3 BUrlG, mithin nur in Bezug auf Übertragung und Verfall denselben Regelungen unterliegen wie der im Folgejahr neu entstehende Urlaubsanspruch. Durch die (erneute) Unterwerfung unter die Regelung des § 7 Abs. 3 BUrlG wollte der 9. Senat des BAG dem Arbeitgeber die Möglichkeit eröffnen, die (versäumten) Mitwirkungsobliegenheiten zu Beginn des Folgejahres nachzuholen und hierdurch *„das uneingeschränkte Kumulieren von Urlaubsansprüchen aus mehreren Jahren* [zu] *vermeiden* […].“[1633]

Dieser Übertragungsvorgang nimmt dabei keinen Einfluss auf den Entstehungszeitpunkt des Urlaubsanspruchs. Die Vorschrift des § 7 Abs. 3 BUrlG regelt *allein* die Übertragung bzw. den Verfall von Urlaubsansprüchen. Sie trifft hingegen keine Feststellung in Bezug auf die Frage, wann Urlaubsansprüche entstehen. Diesbezüglich bleibt es vielmehr bei dem Grundsatz, dass Urlaubsansprüche (nach erstmaliger Erfüllung der Wartezeit) immer zu Beginn eines jeden Kalenderjahres neu entstehen (vgl. §§ 1, 4, 5 BUrlG).[1634] Hieraus folgt deshalb auch, dass der auf das Folgejahr übertragene (erneut) der Befristungsregel des § 7 Abs. 3 BUrlG unterliegende Anspruchsteil zwar mit Ablauf des Folgejahres bzw. des sich hieran anschließenden Übertragungszeitraums *verfallen* kann, er aber dann, wenn der Arbeitgeber seine Mitwirkungsobliegenheiten auch in dem Folgejahr bzw. in den nächsten drei Folgejahren unterlassen hat (und dementsprechend nicht verfallen ist), infolge des Eintritts der Verjährung aber u.U. nicht mehr *durchgesetzt* werden kann.

Beispiel 5: Arbeitnehmer AN hat die 6-monatige Wartezeit erfüllt. Zu Beginn des Jahres 2019 entstehen ihm bei einer 5-Tage-Woche damit 20 Tage Urlaub. Über diese 20 Urlaubstage wird AN nicht zu Beginn des Jahres 2019 im Sinne der Mitwirkungsobliegenheiten von Arbeitgeber AG unterrichtet. AN nimmt 2019 nur 15 Tage Urlaub. AG belehrt AN auch in den Folgejahren 2020, 2021 und 2022 nicht über die noch nicht verbrauchten 5 Urlaubstage aus 2019. AN nimmt diese auch in den Folgejahren nicht in Anspruch.

1633 BAG, Urt. v. 19.02.2019 – 9 AZR 423/16, NZA 2019, 977 Rn. 44.

1634 Vgl. BAG, Urt. v. 18.03.2003 – 9 AZR 190/02, NZA 2003, 1111 1. Ls.; ErfK/*Gallner*, § 4 BUrlG, Rn. 5.

Infolge der im Urlaubsjahr 2019 unterlassenen Mitwirkungsobliegenheiten sind die 5 Urlaubstage, die AN in 2019 nicht in Anspruch genommen hat, nicht verfallen, sondern wurden zunächst auf das Folgejahr 2020 übertragen. Weil AG aber auch in den Folgejahren nicht über die noch offenen 5 Urlaubstage aus 2019 informiert, zur Urlaubsnahme aufgefordert und über die Konsequenzen bei Nichtinanspruchnahme belehrt hat, wurden sie von Jahr zu Jahr weiterübertragen. Die 5 (Rest-)Urlaubstage sind damit zwar nicht gem. § 7 Abs. 3 BUrlG verfallen, sie sind aber – unterstellt die übrigen Verjährungsvoraussetzungen sind erfüllt[1635] – gem. §§ 195, 199 Abs. 1 BGB drei Jahre nach Ablauf des Urlaubsjahres, vorliegend also mit Ablauf des 31.12.2022 verjährt. Der Beginn der Verjährungsfrist knüpft sowohl nach § 199 Abs. 1 Nr. 1 BGB als auch nach § 199 Abs. 4 BGB an die Entstehung des Anspruchs an. Der Urlaubsanspruch von AN ist am 01.01.2019 entstanden. Der Übertragungsvorgang nimmt insofern zwar Einfluss auf den Verfallzeitpunkt des Urlaubsanspruchs, nicht aber auf dessen Entstehungszeitpunkt.

b) Entstehung des Anspruchs i.S.d. Verjährungsrechts

Zu einer anderen Bewertung käme man nur dann, wenn man den Urlaubsanspruch erst dann als i.S.v. § 199 Abs. 1 Nr. 1, Abs. 4 BGB „entstanden" ansähe, wenn der Arbeitgeber die europarechtlich gebotenen Mitwirkungsobliegenheiten erfüllt hat. Verjährungsrechtlich ist ein Anspruch (erst) in dem Zeitpunkt entstanden, zu dem er vom Gläubiger (hier also dem Arbeitnehmer) – notfalls klageweise – geltend gemacht bzw. durchgesetzt werden kann.[1636] Hiervon ausgehend wird zum Teil vertreten, dass die Entstehung des Urlaubsanspruchs i.S.d. Verjährungsrechts an die vorherige Erfüllung der Mitwirkungsobliegenheiten geknüpft ist, weil der Arbeitnehmer erst dann in der Lage ist, den Anspruch tatsächlich geltend zu machen.[1637]

1635 Kenntnis von der Person des Schuldners und der anspruchsbegründenden Umstände i.S.v. § 199 Abs. 1 Nr. 2 BGB, hierzu unten unter § 18 A. I. 2.

1636 BGH, Urt. v. 21.05.2019 – II ZR 340/18, NJW 2019, 2461 Rn. 13; BGH, Urt. v. 17.07.2019 – VIII ZR 224/18, NVwZ-RR 2019, 952 Rn. 16 jeweils m.w.N.; MüKo-BGB/*Grothe*, § 199 BGB, Rn. 4; Jauernig/*Mansel*, § 199 BGB, Rn. 2; vgl. auch die Ausführungen oben unter § 15 D. I. 1.

1637 So LAG München, Urt. v. 03.09.2019 – 9 Sa 177/19, BeckRS 2019, 46249 Rn. 181, wonach die §§ 1 und 7 Abs. 1 BUrlG dahin auszulegen seien, dass *„ein iSd. § 199 Abs. 1 BGB durchsetzbarer und fälliger Urlaubsanspruch erst entsteht, wenn der Arbeitgeber seinen, sich in richtlinienkonformer Auslegung des § 7 Abs. 1 BUrlG ergebenden Mitwirkungsobliegenheiten nachgekommen ist. Erst wenn der Arbeitnehmer vom Arbeitgeber durch die Erfüllung seiner Mitwirkungsobliegenheiten tatsächlich in die*

Auf die Frage, ob und inwiefern die für den Urlaubsanspruch geltenden unionsrechtlichen Vorgaben auf die Anwendbarkeit der nationalen Verjährungsfristen Einfluss nehmen, wird an späterer Stelle ausführlich eingegangen.[1638] Im hiesigen Kontext können sich die Ausführungen darauf beschränken, dass sich der Umstand, dass der Arbeitnehmer nach dem Verständnis des EuGH erst im Falle erfüllter Mitwirkungsobliegenheiten zur Geltendmachung seines Urlaubsanspruchs in der Lage ist, nach hier vertretener Ansicht nicht auf die Frage auswirken kann, *ob* Urlaubsansprüche verjähren, sondern allenfalls, *wann* sie verjähren. Dies folgt daraus, dass es im Rahmen von § 199 Abs. 1 Nr. 1 und Abs. 4 BGB nur auf die *objektive* Möglichkeit der Geltendmachung ankommt, während Schwierigkeiten, die den Gläubiger *subjektiv* an einer Rechtsverfolgung hindern, unberücksichtigt bleiben.[1639] Soweit es für den Entstehungszeitpunkt also auf die Fälligkeit des Anspruchs ankommt, ist unmaßgeblich, ob sie durch ein Verhalten einer Vertragspartei beeinflusst werden kann.[1640] Das Argument, der Arbeitnehmer könne aus Angst vor nachteiligen Konsequenzen – d.h. aufgrund subjektiver Empfindungen – von einer Geltendmachung seines Urlaubsanspruchs abgesehen haben, kann daher allenfalls im Rahmen von § 199 Abs. 1 Nr. 2 BGB Beachtung finden.[1641] Hierauf wird unten unter § 18 A. I. 2. und 3. näher eingegangen.

Lage versetzt wurde, den Urlaubsanspruch unmittelbar gegenüber dem Arbeitgeber geltend zu machen, ist der Arbeitnehmer auch in der Lage den Urlaubsanspruch zur Hemmung der Verjährung klageweise geltend zu machen."; diesbezüglich hat auch der 9. Senat des BAG Zweifel angemeldet, vgl. BAG, Vorlagebeschl. v. 29.09.2020 – 9 AZR 266/20 (A), NZA 2021, 413 Rn. 58: Aus Sicht des 9. Senats ist „*nicht geklärt, ob es Art. 7 RL 2003/88/EG sowie Art. 31 II GRCh gebieten, den wegen unterlassener Aufforderung und Hinweise des Arbeitgebers nicht verfallenen Urlaubsanspruch aus dem fraglichen Urlaubsjahr* […] *im Hinblick auf den Beginn der möglicherweise geltenden Verjährungsfristen (§ 199 I Nr. 1 BGB) so zu behandeln, als wäre er wie der Urlaub aus dem folgenden oder einem späteren Urlaubsjahr entstanden, zu dem er in unionsrechtskonformer Auslegung von § 7 III BUrlG hinzutritt.*"

1638 Hierzu sogleich unter § 17.

1639 MüKo-BGB/*Grothe*, § 199 BGB, Rn. 5; Staudinger/*Peters/Jacoby* (2020), § 199 BGB, Rn. 6.

1640 BGH, Urt. v. 22.10.1986 – VIII ZR 242/85, NJW-RR 1987, 237, 238; MüKo-BGB/*Grothe*, § 199 BGB, Rn. 5.

1641 Zu der Berücksichtigung subjektiver Hinderungsgründe Staudinger/*Peters/Jacoby* (2020), § 199 BGB, Rn. 6.

IV. Ergebnis: Kein Vorrang von § 7 Abs. 3 BUrlG

Aus nationaler Sicht ist § 7 Abs. 3 BUrlG nicht als abschließende Spezialregelung dahingehend zu verstehen, dass bei Anwendbarkeit der Vorschrift ein Rückgriff auf die allgemeinen zivilrechtlichen Verjährungsvorschriften der §§ 194 ff. BGB *per se* gesperrt wäre. Die Vorschriften kommen vielmehr alternativ zur Anwendung. Ein Rückgriff auf die §§ 194 ff. BGB ist demnach nur dann ausgeschlossen, wenn der Arbeitgeber seinen aus richtlinienkonformer Auslegung der bundesurlaubsrechtlichen Vorschriften folgenden Mitwirkungsobliegenheiten erfüllt hat, der Arbeitnehmer aber gleichwohl auf eine Urlaubsnahme verzichtet hat. Unterlässt der Arbeitgeber die Vornahme der Mitwirkungsobliegenheiten hingegen (wiederholt), steht der Anwendung der §§ 194 ff. BGB unter ausschließlicher Berücksichtigung national-rechtlicher Gesichtspunkte nach hier vertretener Ansicht grundsätzlich nichts im Wege.

§ 17 Vereinbarkeit mit europäischem Recht

In Bezug auf die Frage, ob europäische Vorgaben – namentlich Art. 7 RL 2003/88/EG und Art. 31 Abs. 2 GRCh – der Zulässigkeit des Verjährungseinwands entgegenstehen, wenn der Arbeitgeber den Arbeitnehmer nicht durch Vornahme der Mitwirkungsobliegenheiten in die Lage versetzt hat, den Urlaubsanspruch auszuüben, äußerte sich der EuGH auf eine erneute Vorlage des BAG[1642] am 22.09.2022 in der Rs. *LB/TO*[1643].

Auf die *LB/TO*-Entscheidung des EuGH soll im Folgenden näher eingegangen und anschließend einer kritischen Prüfung unterzogen werden.

A. Rs. *LB/TO*

I. Sachverhalt

Die Klägerin des Ausgangsverfahrens (T O) war vom 01.11.1996 bis zum 31.07.2017 bei ihrem Arbeitgeber (L B) als Steuerfachangestellte und Bilanzbuchhalterin beschäftigt. Im Februar 2018 klagte sie auf Abgeltung von 101 aus den Vorjahren stammenden Urlaubstagen. Nachdem sie erstinstanzlich[1644] in weiten Teilen unterlag, erging in der Zwischenzeit – am 06.11.2018 – die *Max-Planck*-Entscheidung des EuGH, in der dieser dem Arbeitgeber die Initiativlast für die Verwirklichung des Urlaubsanspruchs zuwies. Daraufhin gab das LAG Düsseldorf[1645] der Klage in der 2. Instanz teilweise statt, weil der Arbeitgeber in der Vergangenheit seinen Mitwirkungsobliegenheiten bei der Urlaubsgewährung nicht nachkam. Der Arbeitgeber wandte u.a. ein, dass jedenfalls die Urlaubansprüche, die aus Zeiträumen vor dem Jahr 2015 stammten, mittlerweile verjährt seien und legte beim BAG[1646] Revision ein.

1642 BAG, Vorlagebeschl. v. 29.09.2020 – 9 AZR 266/20 (A), NZA 2021, 413.

1643 EuGH, Urt. v. 22.09.2022 – C-120/21 (LB/TO), NZA 2022, 1326.

1644 ArbG Solingen, Urt. v. 19.02.2019 – 3 Ca 155/18, BeckRS 2019, 48586

1645 LAG Düsseldorf, Urt. v. 02.02.2020 – 10 Sa 180/19, NZA-RR 2020, 576.

1646 BAG, Vorlagebeschl. v. 29.09.2020 – 9 AZR 266/20 (A), NZA 2021, 413.

II. Vorlagebeschluss des BAG v. 29.09.2020 – 9 AZR 266/20 (A)

Insbesondere vor dem Hintergrund der in der Rs. *Max-Planck-Gesellschaft* getroffenen Aussagen des EuGH hegte das BAG Zweifel, ob es unionsrechtlich zulässig ist, dass Urlaubsansprüche, die infolge unterlassener Mitwirkungsobliegenheiten zwar nicht verfallen, dann aber nach Ablauf einer Frist von drei Jahren verjähren.[1647] Weil die Beantwortung dieser Frage aus Sicht des BAG von einer Auslegung des Unionsrechts abhängt[1648], wandte es sich diesbezüglich mit einer erneuten Vorlage an den EuGH und fragte an, *„ob das Unionsrecht die Verjährung des Urlaubsanspruchs nach Ablauf der regelmäßigen Verjährungsfrist gemäß § 194 I, § 195 BGB gestattet, wenn der Arbeitgeber den Arbeitnehmer nicht durch entsprechende Aufforderung und Hinweise tatsächlich in die Lage versetzt hat, seinen Urlaubsanspruch auszuüben.“*[1649]

III. Die Entscheidung des EuGH

Der EuGH verneinte die Frage sodann mit Urteil vom 22.09.2022[1650]. Art. 7 der RL 2003/88/EG und Art. 31 Abs. 2 GRCh stünden der Zulässigkeit des Verjährungseinwands entgegen, wenn der Arbeitgeber den Arbeitnehmer nicht durch Vornahme der Mitwirkungsobliegenheiten in die Lage versetzt hat, den Urlaubsanspruch auszuüben.[1651] Zwar sei die Verjährung des Urlaubsanspruchs in der Arbeitszeitrichtlinie 2003/88/EG selbst nicht geregelt.[1652] Da das Recht auf bezahlten Jahresurlaub jedoch nicht nur in Art. 7 der RL 2003/88/EG, sondern auch in Art. 31 GRCh unionsrechtlich verbürgt sei und Art. 7 RL 2003/88/EG das in Art. 31 Abs. 2 GRCh verankerte Grundrecht auf bezahlten Jahresurlaub lediglich *„widerspiegelt und konkretisiert“*[1653], dürfe eine Einschränkung des Grundrechts nur unter Einhaltung der in Art. 52 Abs. 1 GRCh vorgesehenen strengen Bedingungen erfolgen.[1654] Die Einschränkungen des Rechts auf bezahlten Jahresurlaub müssten insofern gesetzlich vorgesehen sein, den Wesensgehalt des betreffenden Grundrechts achten sowie den Grundsatz der Verhältnismäßigkeit wahren, d.h. nicht über das hinausgehen, was zur Erreichung des mit

---

1647 Vgl. BAG, Vorlagebeschl. v. 29.09.2020 – 9 AZR 266/20 (A), NZA 2021, 413 Rn. 42 ff.
1648 BAG, Vorlagebeschl. v. 29.09.2020 – 9 AZR 266/20 (A), NZA 2021, 413 Rn. 38 ff.
1649 BAG, Vorlagebeschl. v. 29.09.2020 – 9 AZR 266/20 (A), NZA 2021, 413 Ls.
1650 EuGH, Urt. v. 22.09.2022 – C-120/21 (LB/TO), NZA 2022, 1326.
1651 EuGH, Urt. v. 22.09.2022 – C-120/21 (LB/TO), NZA 2022, 1326 Rn. 57.
1652 EuGH, Urt. v. 22.09.2022 – C-120/21 (LB/TO), NZA 2022, 1326 Rn. 31.
1653 EuGH, Urt. v. 22.09.2022 – C-120/21 (LB/TO), NZA 2022, 1326 Rn. 32.
1654 EuGH, Urt. v. 22.09.2022 – C-120/21 (LB/TO), NZA 2022, 1326 Rn. 36.

ihnen verfolgten Ziels erforderlich ist.[1655] Diese durch Art. 52 Abs. 1 GRCh vorgegebenen Schranken hält der EuGH für den Fall, dass der Arbeitgeber seinen Mitwirkungsobliegenheiten nicht nachgekommen ist, für nicht gewahrt. Zwar würden die – gesetzlich vorgesehenen – Verjährungsvorschriften das Recht auf bezahlten Jahresurlaub nicht in seinem Wesensgehalt antasten, weil es durch sie lediglich einer zeitlichen Beschränkung von drei Jahren unterworfen wird.[1656] Darüber hinaus würde mit den Verjährungsregelungen auch ein legitimes Ziel verfolgt, nämlich die Gewährleistung der Rechtssicherheit.[1657] Die Gewährleistung der Rechtssicherheit dürfe jedoch nicht als Vorwand dienen, um zuzulassen, dass der Arbeitgeber aus seinen eigenen Versäumnissen – hier in Form unterlassener Mitwirkungsobliegenheiten – noch einen Vorteil zieht und sich gegenüber dem Arbeitnehmer auf die Einrede der Verjährung beruft.[1658] Andernfalls würde sich der Arbeitgeber, der während dreier aufeinanderfolgender Jahre von der Vornahme der Mitwirkungsobliegenheiten abgesehen und den Arbeitnehmer insofern nicht in die Lage versetzt hat, den Urlaubsanspruch auszuüben, ungerechtfertigt bereichern, was dem eigentlich von Art. 31 Abs. 2 GRCh verfolgten Zweck – dem Gesundheitsschutz der Arbeitnehmer – zuwiderlaufe.[1659] Das grundsätzlich berechtigte Interesse des Arbeitgebers, nicht mit Urlaubs- bzw. Urlaubsabgeltungsanträgen konfrontiert zu werden, die sich auf Urlaubsansprüche beziehen, die mehr als drei zurückliegen, sei schließlich dann nicht mehr berechtigt, wenn sich der Arbeitgeber infolge der wiederholten unterlassenen Vornahme der Mitwirkungsobliegenheiten selbst in eine solche Lage gebracht habe.[1660]

1655 EuGH, Urt. v. 22.09.2022 – C-120/21 (LB/TO), NZA 2022, 1326 Rn. 36 ff., 40 f.

1656 EuGH, Urt. v. 22.09.2022 – C-120/21 (LB/TO), NZA 2022, 1326 Rn. 37, 40.

1657 EuGH, Urt. v. 22.09.2022 – C-120/21 (LB/TO), NZA 2022, 1326 Rn. 41.

1658 EuGH, Urt. v. 22.09.2022 – C-120/21 (LB/TO), NZA 2022, 1326 Rn. 48; vgl. *Krimphove*, ArbRAktuell 2022, 493, 495: Der Argumentation des EuGH liege der „*im nationalen wie im europäischen bzw. internationalen Recht bekannte Rechtsgrundsatz des ‚estoppels', von ‚Treu und Glauben' in der Gestalt* des *‚venire contra factum proprium' bzw. des ‚Rechtsmissbrauchs' zugrunde* [nach dem] *sich niemand zu seinem eigenen Vorteil auf seine eigene Fehlleistung berufen darf.*"

1659 EuGH, Urt. v. 22.09.2022 – C-120/21 (LB/TO), NZA 2022, 1326 Rn. 52.

1660 EuGH, Urt. v. 22.09.2022 – C-120/21 (LB/TO), NZA 2022, 1326 Rn. 53.

IV. Reaktionen der Literatur

Als Hauptkritikpunkt an der *LB/TO*-Entscheidung wurde in der arbeitsrechtlichen Literatur vorgebracht, dass dem vom EuGH bezweckten Gesundheitsschutz der Arbeitnehmer durch den Ausschluss der Verjährung nur scheinbar Rechnung getragen werde.[1661] Nehme der Arbeitnehmer seinen Urlaub über Jahre hinweg nicht in Anspruch, werde der Gesundheitszweck des Urlaubs nicht bzw. nur bedingt[1662] erreicht.[1663] Die Rechtsprechung des EuGH sei insofern auch „*in sich brüchig.*“[1664] Während der EuGH vor dem Hintergrund des Erholungszwecks des Urlaubs bei langzeiterkrankten Arbeitnehmern eine zeitliche Grenze von 15 Monaten für europarechtlich zulässig hält, soll eine zeitliche Grenze bei arbeitsfähigen Arbeitnehmern generell ausscheiden, wenn der Arbeitgeber nur den formalen Hinweis unterlassen habe, der Arbeitnehmer möge seinen Urlaub nehmen, ehe er verfällt.[1665] Dieser eklatante Widerspruch lasse sich auch nicht mit angeblichen Schwierigkeiten im Hinblick auf die Arbeitsorganisation auflösen, auf die der EuGH abstellt.[1666] Im Gegenteil müsse man hier zu einem Erst-recht-Schluss kommen: „*Wenn schon der dauerkranke Arbeitnehmer eine zeitliche Begrenzung seines Urlaubsanspruchs hinnehmen muss, dann doch erst recht der gesunde Arbeitnehmer.*“[1667] Darüber hinaus habe der EuGH in der Rs. *Koch Personaldienstleistungen*[1668] betont, dass es für die Arbeitnehmer keinen finanziellen Anreiz geben dürfe, auf eine Urlaubsnahme zu verzichten.[1669]

1661 Etwa *Sprenger*, EuZA 2023, 188, 201: Der EuGH lasse das „*Problem, dass der Erholungszweck infolge Zeitablaufs verfehlt wird, unter den Tisch fallen* […].“; ferner *Sagan*, EuZW 2022, 1013, 1017: „*Dem Gesundheitsschutz, auf den sich der EuGH beruft* […] *hat er einen Bärendienst erwiesen.*“; *Häußer*, DB 2022, M4, M5: Es sei nicht erkennbar, „*wie der Erholungszweck des Urlaubs nach Ablauf der dreijährigen Regelverjährungsfrist noch erfüllt werden kann.*“; vgl. auch *Bayreuther*, NZA 2022, 1381, 1381 f., der ebenfalls bemängelt, dass sich der EuGH in der Entscheidung nicht eingehend mit den Auswirkungen einer unbegrenzten Ansammlung von Urlaubsansprüchen auf Arbeitnehmer und Betrieb auseinandersetzt.

1662 *Finck*, ZfA 2022, 261, 267.

1663 *Sprenger*, EuZA 2023, 188, 196.

1664 *Sagan*, EuZW 2022, 1013, 1017.

1665 *Sagan*, EuZW 2022, 1013, 1017; ähnlich *Sprenger*, EuZA 2023, 188, 197.

1666 *Sagan*, EuZW 2022, 1013, 1017.

1667 *Sprenger*, EuZA 2023, 188, 197.

1668 EuGH, Urt. v. 13.01.2022 – C-514/20 (Koch Personaldienstleistungen), NZA 2022, 205.

1669 *Sagan*, EuZW 2022, 1013, 1017 mit Verweis auf EuGH, Urt. v. 13.01.2022 – C-514/20 (Koch Personaldienstleistungen), NZA 2022, 205 Rn. 32.

Mit dem Ausschluss der Verjährung reiße der EuGH „*die Türen für einen solchen Anreiz sperrangelweit auf.*“[1670] Denn Arbeitnehmer und Arbeitgeber könnten sich nun – stillschweigend – darauf verständigen, dass nicht genommener Urlaub mit Beendigung des Arbeitsverhältnisses abgegolten wird. Hierfür reiche es bereits aus, dass der Arbeitnehmer seinen Mitwirkungsobliegenheiten schlicht nicht nachkommt und der Arbeitnehmer von einer Urlaubsnahme absieht.[1671] Der vom EuGH bezweckte Gesundheitsschutz laufe damit ins Leere.[1672]

Ferner wurde der Umstand, dass der EuGH in seiner Entscheidung nicht nur auf Art. 7 der RL 2003/88/EG, sondern auch auf Art. 31 Abs. 2 GRCh abstellt, kritisch gesehen.[1673] Durch den Rückgriff auf Art. 31 Abs. 2 GRCh erhalte die Arbeitszeitrichtlinie „*ihrerseits Direktwirkung im Horizontalverhältnis*“[1674], wodurch sich eine Umsetzung durch die Mitgliedstaaten im Grunde erübrige.[1675] Eine solche „*Verquickung von Primär- und Sekundärrecht*“[1676] sei auch „*vor dem Hintergrund der unterschiedlichen Legitimation der beiden Rechtsquellen problematisch.*“[1677]

V. Bewertung

1. Entzug eigener Pflichten durch die Erhebung der Verjährungseinrede

Mit Blick auf die Ausführungen des EuGH in der Rs. *Max-Planck-Gesellschaft* erscheint die *LB/TO*-Entscheidung zunächst durchaus konsequent. Trifft den Arbeitgeber die Pflicht bzw. die Obliegenheit, durch Aufforderung und Hinweis an der Urlaubsverwirklichung aktiv mitzuwirken, scheint es in der Tat nicht gerechtfertigt, dass sich der Arbeitgeber dieser Verantwortung dadurch

1670 *Sagan*, EuZW 2022, 1013, 1017; so im Nachgang an die Entscheidungen *Fraport* und *St. Vincenz-Krankenhaus* auch schon *Schneider*, EuZW 2022, 1018, 1021 f.: „*Unterlässt der Arbeitgeber den erforderlichen Hinweis, kann dies für den findigen Arbeitnehmer gar ein Anreiz sein, Urlaub anzusammeln und am Ende des Bezugszeitraums abzugelten anstatt diesen während des Arbeitsverhältnisses in Anspruch zu nehmen.*“

1671 *Sagan*, EuZW 2022, 1013, 1017.

1672 Vgl. *Sagan*, EuZW 2022, 1013, 1017.

1673 Bedenken äußern etwa *Sagan*, EuZW 2022, 1013, 1017; ferner *Imping*, DB 2022, 2857, 2859 f.; vgl. hierzu auch schon *Bayreuther*, NJW 2022, 3203, 3206.

1674 *Imping*, DB 2022, 2857, 2860.

1675 *Bayreuther*, NJW 2022, 3203, 3206; *Imping*, DB 2022, 2857, 2860.

1676 *Sagan*, EuZW 2022, 1013, 1017.

1677 *Sagan*, EuZW 2022, 1013, 1017.

entziehen kann, dass er sich nach drei Jahren auf die Einrede der Verjährung beruft[1678] Der EuGH hat im *Max-Planck*-Urteil ausdrücklich klargestellt, dass es eine Situation zu vermeiden gilt, in der der Arbeitgeber „*die Möglichkeit erhielte, sich unter Berufung auf den fehlenden Urlaubsantrag des Arbeitnehmers seiner eigenen Pflichten zu entziehen.*“[1679] Die Worte „*unter Berufung auf den fehlenden Urlaubsantrag*“ lassen sich hier ohne weiteres durch die Worte „*unter Berufung auf die Einrede der Verjährung*“ ersetzen. Auch bei Erhebung der Verjährungseinrede entzöge sich der Arbeitgeber seinen eigenen Pflichten bzw. Obliegenheiten hinsichtlich der Urlaubsverwirklichung und es obläge allein dem Arbeitnehmer, den – *faktischen*[1680] – Verlust des Urlaubsanspruchs i.S.d. dauerhaften Undurchsetzbarkeit durch das Ergreifen verjährungshemmender Maßnahmen i.S.v. § 204 Abs. 1 BGB zu verhindern.[1681]

2. *Notwendigkeit einer zeitlichen Begrenzung aufgrund des Erholungszwecks des Urlaubs*

Ob durch den Ausschluss der Verjährung bei unterlassenen Mitwirkungsobliegenheiten aber tatsächlich noch dem Gesundheitsschutz der Arbeitnehmer Rechnung getragen wird – und das ist im Grunde ja das Kernanliegen des EuGH –, lässt sich in der Tat durchaus in Zweifel ziehen.[1682] Entkoppelt der EuGH den Urlaubsanspruch gänzlich von seiner zeitlichen Komponente – dem Bezug zum Urlaubsjahr – bleibt nur noch der Freizeitaspekt erhalten, der aber nicht vordergründig auf den Gesundheitsschutz der Arbeitnehmer gerichtet ist.[1683] Bei Anwendbarkeit der Verjährungsregelungen wären die Arbeitnehmer

1678 Vgl. auch *Krimphove*, ArbRAktuell 2022, 493, 495.

1679 EuGH, Urt. v. 06.11.2018 – C-684/16 (Max-Planck-Gesellschaft), NZA 2018, 1474 Rn. 43.

1680 Im Rechtssinne hindert die Verjährung nach Ablauf einer bestimmten Frist zwar lediglich die Durchsetzbarkeit des Urlaubsanspruchs, *de facto* führt sie jedoch zu einem Forderungs*verlust;* vgl. BT-Drs. 14/6040, S. 100: „*Dabei kommt die tatsächliche Auswirkung der Verjährung in ihrer rechtlichen Ausgestaltung als rechtshemmende Einrede nicht voll zum Ausdruck: Sie führt de facto zu einem Forderungsverlust und steht so in ihrer Einwirkung auf die Forderung der Erfüllung oder dem Erlass gleich.*“

1681 In diese Richtung hat bereits das BAG in seinem Vorlagebeschl. v. 29.09.2020 – 9 AZR 266/20, NZA 2021, 413 Rn. 44 entsprechende Zweifel geäußert.

1682 Diesbezügliche Bedenken hegen etwa *Häußer*, DB 2022, M4, M5; *Sprenger*, EuZA 2023, 188, 196, 201; ferner *Sagan*, EuZW 2022, 1013, 1017.

1683 Dass nur noch die Eigenschaft als Zeitraum für Freizeit und Entspannung erhalten bliebe, wenn der Urlaubsanspruch über „*eine gewisse zeitliche Grenze*“ hinaus

zumindest gehalten, ihren Urlaubsanspruch innerhalb einer – erweiterten – Frist von 3 Jahren geltend zu machen, wodurch dem Urlaubszweck zumindest „besser“ Rechnung getragen würde.[1684]

3. *Kein Eingriff in den Schutzgehalt von Art. 31 Abs. 2 GRCh*

Ungeachtet etwaiger inhaltlicher Kritik hätte der EuGH aber schon nicht über Art. 52 Abs. 1 GRCh zu dem Ergebnis kommen können, dass Art. 7 der RL 2003/88 EG und Art. 31 Abs. 2 GRCh der Zulässigkeit des Verjährungseinwands entgegenstehen. Der EuGH legt zunächst zutreffend dar, dass die Verjährung des Urlaubsanspruchs in der RL 2003/88/EG selbst nicht geregelt ist.[1685] Weil aber Art. 7 Abs. 1 RL 2003/88/EG das in Art. 31 Abs. 2 GRCh verankerte Grundrecht auf bezahlten Jahresurlaub aus Sicht des EuGH *„widerspiegelt und konkretisiert“*[1686] und die regelmäßige Verjährung nach § 195 BGB eine Einschränkung der Wahrnehmung des Anspruchs auf bezahlten Jahresurlaub aus Art. 7 Abs. 1 RL 2003/88/EG bewirke, bewirke sie zugleich auch eine Einschränkung des Rechts aus Art. 31 Abs. 2 GRCh.[1687] Über diese Brücke kommt der EuGH dann zu einer Prüfung anhand von Art. 52 Abs. 1 GRCh, weil in der Grundrechtecharta verankerte Grundrechte nur unter Einhaltung der in Art. 52 Abs. 1 GRCh vorgesehenen strengen Bedingungen eingeschränkt werden dürften.[1688]

Nach hier vertretener Ansicht liegt bei Anwendung der regelmäßigen dreijährigen Verjährungsfrist aber schon kein Eingriff in den Schutzgehalt von Art. 31 Abs. 2 GRCh vor. Wie dargelegt[1689], garantiert Art. 31 Abs. 2 GRCh jeder Arbeitnehmerin und jedem Arbeitnehmer nur das Recht auf bezahlten Jahresurlaub als solches, mithin nur das „Ob“ des Urlaubsanspruchs, während die Ausübungsmodalitäten – das „Wie“ des Urlaubsanspruchs – der sekundärrechtlichen Ausgestaltung, d.h. der Richtlinie und dem transformierten (nationalen) Recht obliegen.[1690] So räumt der EuGH selbst ein, dass es grundsätzlich Sache der

---

aufrechterhalten bleibt, erkennt selbst der EuGH an, vgl. EuGH, Urt. v. 22.11.2011 – C-240/10 (KHS), NZA 2011, 1333 Rn. 33.

1684 Vgl. *Fink*, ZfA 2022, 261, 267.

1685 EuGH, Urt. v. 22.09.2022 – C-120/21 (LB/TO), NZA 2022, 1326 Rn. 31.

1686 EuGH, Urt. v. 22.09.2022 – C-120/21 (LB/TO), NZA 2022, 1326 Rn. 32.

1687 EuGH, Urt. v. 22.09.2022 – C-120/21 (LB/TO), NZA 2022, 1326 Rn. 34 f.

1688 EuGH, Urt. v. 22.09.2022 – C-120/21 (LB/TO), NZA 2022, 1326 Rn. 36.

1689 Oben unter § 3 A. III. 3. c) ee) ccc) (4) (c) (aa).

1690 Vgl. *Herresthal*, ZEuP 2014, 238, 260; Franzen/Gallner/Oetker/*Schubert*, Art. 31 GRCh, Rn. 19, 33.; *dies.*, EuZA 2020, 302, 310; *Wank*, FS Preis (2021), 1463, 1469, 1472; *ders.*, RdA 2020, 1, 8.

Mitgliedstaaten ist, (innerstaatliche) Regelungen aufzustellen, die die Voraussetzungen für die Wahrnehmung und die Umsetzung des Rechts auf bezahlten Jahresurlaubs regeln.[1691] Nur die Begründung bzw. Entstehung des Urlaubsanspruchs dürfe nicht von bestimmten Voraussetzungen abhängig gemacht oder generell ausgeschlossen werden.[1692] Es müsse gewährleistet sein, dass der Arbeitnehmer über tatsächliche Ruhezeiten verfügt, damit ein wirksamer Schutz seiner Sicherheit und seiner Gesundheit sichergestellt ist.[1693] Nationale Vorschriften, die sogar den Verlust des Urlaubsanspruchs vorsehen, seien demnach nur unter der Voraussetzung zulässig, dass dem Arbeitnehmer tatsächlich die Möglichkeit zustand, seinen Urlaubsanspruch auszuüben.[1694] Andernfalls würde eine solche Regelung in ihrer Wirkung einer Regelung gleichkommen, die bereits die Entstehung des Urlaubsanspruchs ausschließt.[1695]

Die zivilrechtlichen Verjährungsvorschriften hindern aber nicht etwa das Entstehen des Urlaubsanspruchs, sondern regeln allein die Frage, innerhalb welcher zeitlichen Grenzen der Urlaubsanspruch wahrzunehmen bzw. durchzusetzen ist.[1696] Es ist also nicht so, dass der Arbeitnehmer bei Anwendung der Verjährungsvorschriften überhaupt nicht in den Genuss bezahlten Jahresurlaubs kommen kann.[1697] Die Möglichkeit der Wahrnehmung des Urlaubsanspruchs wird lediglich auf einen Zeitraum von 3 Jahren „beschränkt". Und wenn man bedenkt, dass es sich bei dem Recht auf bezahlten *Jahres*urlaub um ein Recht handelt, das ausgehend von seiner Zweckrichtung auf das Kalenderjahr, d.h. auf *ein* Jahr bezogen ist, erscheint es schon vor diesem Hintergrund schwierig, in der Anwendung der Verjährungsvorschriften eine Beschränkung des Rechts auf bezahlten Jahresurlaub zu sehen. Bei Anwendung der Verjährungsvorschriften

---

1691 EuGH, Urt. v. 22.09.2022 – C-120/21 (LB/TO), NZA 2022, 1326 Rn. 24; so etwa auch schon in EuGH, Urt. v. 20.01.2009 – C-350/06 (Schultz-Hoff), NZA 2009, 135 Rn. 28, 34 f.

1692 EuGH, Urt. v. 20.01.2009 – C-350/06 (Schultz-Hoff), NZA 2009, 135 Rn. 46 f.

1693 EuGH, Urt. v. 20.01.2009 – C-350/06 (Schultz-Hoff), NZA 2009, 135 Rn. 23.

1694 EuGH, Urt. v. 22.09.2022 – C-120/21 (LB/TO), NZA 2022, 1326 Rn. 25, EuGH, Urt. v. 06.11.2018 – C-619/16 (Max-Planck-Gesellschaft), NZA 2018, 1612; EuGH, Urt. v. 20.01.2009 – C-350/06 (Schultz-Hoff), NZA 2009, 135 Rn. 43.

1695 EuGH, Urt. v. 20.01.2009 – C-350/06 (Schultz-Hoff), NZA 2009, 135 Rn. 48.

1696 Vgl. auch BAG, Vorlagebeschl. v. 29.09.2020 – 9 AZR 266/20 (A), NZA 2021, 413 Rn. 55.

1697 Steht dem Arbeitnehmer überhaupt kein Anspruch auf Urlaub zu, liegt ein Verstoß gegen Art. 31 Abs. 2 GRCh vor, vgl. Franzen/Gallner/Oetker/*Schubert*, Art. 31 GRCh, Rn. 34.

ist die dem Arbeitnehmer für eine Inanspruchnahme des Urlaubs grundsätzlich zur Verfügung stehenden Zeitspanne von einem Jahr sogar auf drei Jahre erweitert. Diesen Bezug zum Kalenderjahr hätte der EuGH insoweit bereits bei der (Vor-)Frage berücksichtigen müssen, ob die nationalen Verjährungsvorschriften (überhaupt) eine Beschränkung des Rechts auf bezahlten Jahresurlaubs i.e.S. bedingen und nicht erst bei der Frage, ob deren Anwendung den Wesensgehalt des Rechts auf bezahlten Jahresurlaub antasten (was der EuGH zurecht verneint[1698]). Weil die Verjährungsvorschriften lediglich das nicht vom Schutzbereich des Art. 31 Abs. 2 GRCh erfasste „Wie"[1699] betreffen und Art. 7 der RL/2003/88/EG nicht vorgibt, inwieweit nationales Recht die Geltendmachung des Rechts auf bezahlten Jahresurlaubs zeitlich beschränken kann, fällt es grds. in die Zuständigkeit der einzelnen Mitgliedstaaten, entsprechende Verfahrensregelungen in eigener Verantwortung aufzustellen, um den Schutz der dem EU-Bürger aus den Unionsvorschriften erwachsenen Rechte zu gewährleisten (sog. Grundsatz der Verfahrensökonomie der Mitgliedstaaten[1700]).[1701] Der EuGH hätte in der *LB/TO*-Entscheidung insoweit auf diesen Grundsatz abstellen und prüfen müssen, ob bei Anwendung der Verjährungsvorschriften die Grundsätze der Äquivalenz und Effektivität gewahrt wären[1702]:

a) Der Grundsatz der Verfahrensökonomie der Mitgliedstaaten

aa) Herleitung

Der Grundsatz der Verfahrensautonomie der Mitgliedstaaten hat seine Wurzeln im Grundsatz der loyalen Zusammenarbeit zwischen Europäischer Union

---

1698 EuGH, Urt. v. 22.09.2022 – C-120/21 (LB/TO), NZA 2022, 1326 Rn. 38 ff.

1699 Vgl. GA *de la Tour*, Schlussantrag v. 05.05.2022 – C-120/21, BeckRS 2022, 9475 Rn. 38: *„Soweit die Verjährungsvorschriften der §§ 194 ff. BGB auf den Anspruch auf bezahlten Jahresurlaub anwendbar sind, handelt es sich […] um Modalitäten für die Wahrnehmung dieses Anspruchs."*

1700 Hierzu Grabitz/Hilf/Nettesheim/*Classen*, Art. 197 AEUV, Rn. 23 ff.; Preis/Sagan/*Sagan*, Europäisches Arbeitsrecht, § 1 Rn. 1.120 ff.

1701 Vgl. EuGH, Urt. v. 19.06.2014 – C-501/12 bis C-506/12, C-540/12 und C-541/12 (Sprecht ua/Land Berlin), NZA 2014, 831 Rn. 112; BAG, Urt. v. 31.01.2023 – 9 AZR 244/20, BeckRS 2023, 2253 Rn. 41; BAG, Vorlagebeschl. v. 29.09.2020 – 9 AZR 266/20 (A), NZA 2021, 413 Rn. 50 f.; *Kiel*, FS Preis (2021), 599, 611.

1702 Auf den Grundsatz der Verfahrensökonomie der Mitgliedstaaten abstellend auch BAG, Vorlagebeschl. v. 29.09.2020 – 9 AZR 266/20 (A), NZA 2021, 413 Rn. 50 ff.; ebenfalls GA *de la Tour*, Schlussantrag v. 05.05.2022 – C-120/21, BeckRS 2022, 9475 Rn. 33 ff.

und Mitgliedstaaten (Art. 4 Abs. 3 Unterabs. 1 EUV).[1703] Die den Mitgliedstaaten zukommende (Verfahrens-)Autonomie meint die „autonome" Wahl der Mittel, derer sich der Mitgliedstaat zur Gewährleistung des materiellen Rechts bedient.[1704]

bb) Einschränkungen

Die Mitgliedstaaten sind in der Aufstellung eigener Regelungen aber auch nicht völlig frei, sondern müssen hierbei die Grundsätze der Äquivalenz- und der Effektivität beachten.[1705] Beide Grundsätze zielen darauf ab, die korrekte Einhaltung des EU-Rechts zu gewährleisten.[1706]

aaa) Äquivalenzgrundsatz

Der Äquivalenzgrundsatz verlangt von den Mitgliedstaaten, dass sie unionsrechtliche Sachverhalte nicht schlechter behandeln als rein innerstaatliche Sachverhalte.[1707] Er steht damit in engem Zusammenhang mit dem allgemeinen Grundsatz der Gleichbehandlung und beruht auf der Erwägung, dass die Verfahrensregelungen zum Schutz der EU- Rechte des Einzelnen innerhalb des innerstaatlichen Rechtsschutzsystems nicht ungünstiger gestaltet werden dürfen, als wenn nationales Recht bestimmte Individualrechte einräumt.[1708] Mit anderen Worten soll sichergestellt werden, dass nationale Rechtsvorschriften nichtdiskriminierend Anwendung finden, d.h. unabhängig davon, ob sie auf einen nationalen oder einen unionsrechtlichen Sachverhalt angewendet werden.[1709]

1703 Vgl. EuGH, Urt. v. 24.10.2018 – C-234/17 (XC u.a.), EuZW 2019, 82 Rn. 22; EuGH, Urt. v. 20.12.2017 – C-500/16 (Caterpillar), BeckRS 2017, 136049 Rn. 28; vgl. auch Grabitz/Hilf/Nettesheim/*Classen*, Art. 197 AEUV, Rn. 25.

1704 Kahl/Ludwigs/*Galetta*, Hdb. des VerwR., § 46 Rn. 5.

1705 Grabitz/Hilf/Nettesheim/*Classen*, Art. 197 AEUV, Rn. 23; grundlegend zu diesen Grundsätzen, EuGH, Urt. v. 16.12.1976 – C-33/76 (Rewe), BeckRS 2004, 70834; vgl. hierzu auch Kahl/Ludwigs/*Galetta*, Hdb. des VerwR., § 46 Rn. 1 ff.; Preis/Sagan/*Sagan*, Europäisches Arbeitsrecht, § 1 Rn. 1.120 ff.

1706 Kahl/Ludwigs/*Galetta*, Hdb. des VerwR., § 46 Rn. 6.

1707 Vgl. etwa EuGH, Urt. v. 15.04.2008 – C-268/06 (Impact), NZA 2008, 581 Rn. 46: „*Grundsatz der Gleichwertigkeit*"; EuGH, Urt. v. 30.06.2011 – C-262/09 (Meilicke), EuZW 2011, 642 Rn. 55; EuGH, Urt. v. 19.06.2014 – C-501/12 u.a. (Specht u.a.), NZA 2014, 831 Rn. 112 jeweils m.w.N.

1708 Vgl. EuGH, Urt. v. 15.04.2008 – C-268/06 (Impact), NZA 2008, 581 Rn. 46; Kahl/Ludwigs/*Galetta*, Hdb. des VerwR., § 46 Rn. 10 f.; Grabitz/Hilf/Nettesheim/*Classen*, Art. 197 AEUV, Rn. 23: „*Diskriminierungsverbot*".

1709 Kahl/Ludwigs/*Galetta*, Hdb. des VerwR., § 46 Rn. 13.

bbb) Effektivitätsgrundsatz

Der Effektivitätsgrundsatz besagt, dass die innerstaatlichen Verfahrensmodalitäten und Rechtsbehelfe so ausgestaltet sein müssen, dass die Ausübung der durch die EU anerkannten Rechte des Einzelnen nicht praktisch unmöglich gemacht oder übermäßig erschwert wird.[1710] Ob eine nationale Verfahrensvorschrift die Anwendung der unionsrechtlich eingeräumten Rechte in diesem Sinne unmöglich macht oder übermäßig erschwert, ist „*unter Berücksichtigung der Stellung dieser Vorschrift im gesamten Verfahren, des Verfahrensablaufs und der Besonderheiten des Verfahrens*"[1711] zu beurteilen.[1712]

cc) Wahrung der Grundsätze bei Anwendung der Verjährungsvorschriften

Ob die vorgenannten Grundsätze der Äquivalenz und der Effektivität bei Anwendung der zivilrechtlichen Verjährungsvorschriften gewahrt wären, soll im Folgenden untersucht werden.

aaa) Wahrung des Äquivalenzgrundsatzes

Den zivilrechtlichen Verjährungsvorschriften gem. §§ 194 ff. BGB unterliegen grundsätzlich alle Ansprüche, unabhängig davon, ob ihre Rechtsgrundlage im europäischen oder im nationalen Recht wurzelt und unabhängig davon, ob die Ansprüche dem Arbeitgeber oder dem Arbeitnehmer zustehen.[1713] Der durch Art. 7 Abs. 1 der Arbeitszeitrichtlinie und Art. 31 Abs. 2 GRCh gewährleistete Anspruch auf bezahlten Jahresurlaub würde bei Anwendung der Verjährungsvorschriften daher nicht ungünstiger behandelt als der durch §§ 1, 3 Abs. 1 BUrlG gewährleistete Urlaubanspruch oder andere Ansprüche mit vergleichbaren Gegenstand (z.B. Anspruch auf Arbeitsentgelt, Entgeltfortzahlung im Krankheitsfall etc.), die auf die Verletzung nationalen Rechts gestützt werden.[1714] Bei

---

1710 Vgl. nur EuGH, Urt. v. 28.01.2015 – C-417/13 (Starjakob), NZA 2015, 217 Rn. 61 m.w.N; EuGH, Urt. v. 30.06.2011 – C-262/09 (Meilicke), EuZW 2011, 642 Rn. 55; EuGH, Urt. v. 15.04.2008 – C-268/06 (Impact), NZA 2008, 581 Rn. 46; Preis/Sagan/*Sagan*, Europäisches Arbeitsrecht, § 1 Rn. 1.122 f.

1711 EuGH, Urt. v. 13.03.2007 – C-432/05 (Unibet), EuZW 2007, 247 Rn. 54.

1712 EuGH, Urt. v. 13.03.2007 – C-432/05 (Unibet), EuZW 2007, 247 Rn. 54; EuGH, Urt. v. 14.12.1995 – C-312/93 (Peterbroeck), BeckRS 2004, 76259 Rn. 14.

1713 BAG, Urt. v. 31.01.2023 – 9 AZR 244/20, BeckRS 2023, 2253 Rn. 43; BAG, Vorlagebeschl. v. 29.09.2020 – 9 AZR 266/20 (A), NZA 2021, 413 Rn. 52.

1714 Vgl. *Kiel*, FS Preis (2021), 599, 612.

Anwendung der zivilrechtlichen Verjährungsvorschriften wäre der Äquivalenzgrundsatz daher als gewahrt anzusehen.[1715]

bbb) Wahrung des Effektivgrundsatzes

Zweifelhaft ist entgegen, ob bei – uneingeschränkter – Anwendung der nationalen Verjährungsvorschriften auch der Effektivitätsgrundsatz als gewahrt angesehen werden kann.[1716]

(1) Fristlauf erst ab Kenntnis

Der EuGH hat etwa in der Rs. *Caixabank*[1717] entschieden, dass eine Verjährungsfrist, die zu einem Zeitpunkt zu laufen beginnt, zu dem der Anspruchsberechtigte den Umfang seiner Rechte nicht kennen oder vernünftigerweise nicht hätte kennen können, geeignet ist, die Ausübung der durch EU-Recht eingeräumten Rechte übermäßig zu erschweren und deshalb gegen den Effektivitätsgrundsatz verstößt.[1718] Bereits in der Rs. *Profi Credit Polska*[1719] hat der EuGH auf die nicht zu vernachlässigende Gefahr hingewiesen, dass Anspruchsberechtigte von der Ausübung ihrer Rechte absehen könnten, wenn sie den Umfang ihrer Rechte nicht kennen oder nicht richtig erfassen können, weil ihnen die hierzu erforderlichen Informationen fehlten.[1720]

1715 So auch BAG, Urt. v. 31.01.2023 – 9 AZR 244/20, BeckRS 2023, 2253 Rn. 43; BAG, Vorlagebeschl. v. 29.09.2020 – 9 AZR 266/20 (A), NZA 2021, 413 Rn. 52; *Sprenger*, EuZA 2023, 188, 194; *ders.*, ZTR 2020, 63, 69.

1716 Ablehnend GA *de la Tour*, Schlussantrag v. 05.05.2022 – C-120/21, BeckRS 2022, 9475 Rn. 48 ff.

1717 EuGH, Urt. v. 16.07.2020 – C-224/19, C-259/19 (Caixabank u.a.), BeckRS 2020, 16052.

1718 EuGH, Urt. v. 16.07.2020 – C-224/19, C-259/19 (Caixabank u.a.), BeckRS 2020, 16052 Rn. 91.

1719 EuGH, Urt. v. 13.09.2018 – C-176/17 (Profi Credit Polska), BeckRS 2018, 21395.

1720 EuGH, Urt. v. 13.09.2018 – C-176/17 (Profi Credit Polska), BeckRS 2018, 21395 Rn. 69; EuGH, Urt. v. 18.02.2016 – C-49/14 (Finanmadrid EFC), BeckRS 2016, 80362 Rn. 52; in diese Richtung auch EuGH, Urt. v. 08.07.2010 – C-246/09 (Bulicke), NZA 2010, 869 Rn. 41, wonach die (Ausschluss-)Frist in § 15 Abs. 4 AGG nur unter der Voraussetzung als mit dem Effektivitätsgrundsatz vereinbar anzusehen sei, dass sie zu dem Zeitpunkt beginnt, zu dem der Arbeitnehmer von den anspruchsbegründenden Umständen – im hiesigen Kontext von der behaupteten Diskriminierung – Kenntnis erlangt.

(2) Umfang der Kenntnis

Vor diesem Hintergrund ist es zumindest fraglich, ob die Arbeitnehmer bereits dann als ausreichend und vollständig informiert angesehen werden können, wenn sie Kenntnis von der Entstehung und dem Umfang des Urlaubsanspruchs i.S.v. § 199 Abs. 1 Nr. 2 BGB[1721] haben oder aber erst dann, wenn sie *auch* von der Befristung und dem möglichen Verfallzeitpunkt ihres Urlaubsanspruchs wissen, über die sie ihr Arbeitgeber – neben der ausdrücklichen Aufforderung zur Urlaubsnahme – im Rahmen der ihm obliegenden Mitwirkungshandlungen zu informieren hat (unter (a)).[1722] Daneben ist fraglich, ob Kenntnis von dem Umfang des Urlaubsanspruchs erst dann angenommen werden kann, wenn der Arbeitgeber den Arbeitnehmer ausdrücklich über die Anzahl der ihm zustehenden Urlaubstage informiert hat (unter (b)).

(a) Hinweis auf möglichen Verfall

(aa) Erfordernis des arbeitgeberseitigen Hinweises?

Dafür, dass eine im vorgenannten Sinne „erweiterte" Kenntnis der Arbeitnehmer zu verlangen ist, die sich nicht nur auf Entstehung und Umfang des Urlaubsanspruchs, sondern auch auf die jeweiligen Verfalldaten bezieht, spricht, dass sie nach dem Verständnis des EuGH erst dann hinreichend in der Lage sind, ihr Recht auf bezahlten Jahresurlaub auszuüben, wenn der Arbeitgeber auch auf die Verfalldaten hingewiesen hat.[1723] Erst wenn der Arbeitgeber den einzelnen Arbeitnehmer ausdrücklich zur Urlaubsnahme aufgefordert und ihm mitgeteilt hat, dass der Urlaub im Falle der Nichtinanspruchnahme zu einem bestimmten Zeitpunkt verfällt, der Arbeitnehmer aber gleichwohl *„aus freien Stücken und in völliger Kenntnis der sich daraus ergebenden Konsequenzen darauf verzichtet hat, seinen bezahlten Jahresurlaub zu nehmen"*[1724], dürfe der Urlaubsanspruch verfallen.[1725] Bedarf es nach dem Verständnis des EuGH aufgrund der *„schwächeren*

1721 Zu den den Urlaubsanspruch begründenden Umstände i.S.v. § 199 Abs. 1 Nr. 2 BGB näher unten unter § 18 A. I. 2.

1722 Diesbezüglich zweifelnd auch BAG, Vorlagebeschl. v. 29.09.2020 – 9 AZR 266/20 (A), NZA 2021, 413 Rn. 57.

1723 EuGH, Urt. v. 06.11.2018 – C-684/16 (Max-Planck-Gesellschaft), NZA 2018, 1474 Rn. 45 f.

1724 EuGH, Urt. v. 06.11.2018 – C-684/16 (Max-Planck-Gesellschaft), NZA 2018, 1474 Rn. 47.

1725 EuGH, Urt. v. 06.11.2018 – C-684/16 (Max-Planck-Gesellschaft), NZA 2018, 1474 Rn. 47.

Position"[1726] der Arbeitnehmer also (auch) eines ausdrücklichen Hinweises auf die Verfallmöglichkeit, könnte hieraus im Umkehrschluss gefolgert werden, dass Arbeitnehmern eine Ausübung ihres EU-rechtlich eingeräumten Rechts auf bezahlten Jahresurlaub andernfalls, d.h. ohne einen solchen Hinweis übermäßig erschwert wäre. Um es in den Worten des EuGH zu sagen könnten sie „*wegen der Unvollständigkeit der Informationen, über die sie verfügen*"[1727] davon abgehalten werden, ihr Recht auf bezahlten Jahresurlaub wahrzunehmen.

Zwar hat der EuGH die Mitwirkungsobliegenheiten primär zum Ausgleich bzw. der Stärkung der „*schwächeren Position*"[1728] der Arbeitnehmer und nicht primär zum Ausgleich bestehender Wissensdefizite – die nach den oben genannten Entscheidungen *Caixabank* und *Profi Credit Polska* den tragenden Grund für die Annahme eines Verstoßes gegen den Effektivitätsgrundsatz bildeten – etabliert.[1729] Im Zentrum der Ausführungen der *Max-Planck*-Entscheidung stand die Überlegung, dass Arbeitnehmer, die von ihrem Arbeitgeber aktiv und ausdrücklich zur Urlaubsnahme aufgefordert und über die Konsequenzen bei Nichtinanspruchnahme des Urlaubs belehrt werden, eher dazu angeregt würden, ihren Urlaub zu nehmen. Denn in diesem Falle würden sie eher davon ausgehen, dass ihr Arbeitgeber eine Urlaubsnahme billigt und dementsprechend nicht mit für sie nachteiligen Maßnahmen reagiert.[1730]

Wenngleich es also vordergründig diese „Ermutigungswirkung"[1731] war, die den EuGH dazu veranlasst hat, die arbeitgeberseitigen Mitwirkungsobliegenheiten zu etablieren, hat er es eben nicht bei der Aufforderungsobliegenheit zur Urlaubsnahme belassen, sondern *zusätzlich* noch einen Hinweis auf den drohenden Urlaubsverfall verlangt.[1732] Diese Hinweisobliegenheit hält der EuGH

1726 EuGH, Urt. v. 06.11.2018 – C-684/16 (Max-Planck-Gesellschaft), NZA 2018, 1474 Rn. 41.

1727 EuGH, Urt. v. 13.09.2018 – C-176/17 (Profi Credit Polska), BeckRS 2018, 21395 Rn. 69.

1728 EuGH, Urt. v. 06.11.2018 – C-684/16 (Max-Planck-Gesellschaft), NZA 2018, 1474 Rn. 41.

1729 Vgl. *Weidl*, NZA-RR 2021, 577, 581; treffend auch *Daum*, RdA 2020, 179, 182: Das Arbeitnehmerbild des EuGH beruhe „*nicht primär auf einem Informations-Ungleichgewicht, sondern auf der wirtschaftlichen Unterlegenheit des Arbeitnehmers.*"

1730 EuGH, Urt. v. 06.11.2018 – C-684/16 (Max-Planck-Gesellschaft), NZA 2018, 1474 Rn. 41 ff.

1731 Vgl. *Daum*, RdA 2020, 179, 181 f.

1732 EuGH, Urt. v. 06.11.2018 – C-684/16 (Max-Planck-Gesellschaft), NZA 2018, 1474 Rn. 45.

für erforderlich, weil dann „*sichergestellt ist, dass der Urlaub* [dem Arbeitnehmer] *noch die Erholung und Entspannung bieten kann, zu denen er beitragen soll* […].“[1733] Hieraus könnte abgeleitet werden, dass auch der EuGH – wie das BAG[1734] – eine Nichtinanspruchnahme des Urlaubs deshalb befürchten könnte (und entsprechend verhindern will), weil der Arbeitnehmer keine Kenntnis von der Befristung bzw. der Möglichkeit des Verfalls seines Urlaubsanspruchs hat, er also infolge eines Wissensdefizits potenziell von einer Ausübung seiner Rechte absehen könnte. Zusammengefasst könnte man also sagen, dass es bei den Mitwirkungsobliegenheiten um eine „*Motivation durch Information*“[1735] geht, weshalb angenommen werden könnte, Arbeitnehmer seien dann nicht imstande, ihr EU-rechtlich eingeräumtes Recht auf bezahlten Jahresurlaub richtig zu erfassen, wenn ihnen die hierzu erforderlichen Informationen, nämlich die Information über die Verfallmöglichkeit nach Ablauf bestimmter (nationaler) Fristen fehlen.[1736]

(bb) Folgerungen

Verlangte man zur Wahrung des Effektivitätsgrundsatzes, dass die nationale regelmäßige Verjährungsfrist nach § 199 Abs. 1 BGB erst zu dem Zeitpunkt zu laufen beginnt, zu dem der Arbeitnehmer neben der Kenntnis von dem Entstehen und dem Umfang seines Urlaubsanspruchs auch Kenntnis von der Verfallmöglichkeit bzw. dem konkreten Verfallzeitpunkt hat, hätte dies letztlich zur Folge, dass Urlaubsansprüche, die wegen unterlassener Mitwirkungsobliegenheiten nicht mit Ablauf des Kalenderjahres bzw. Übertragungszeitraums verfallen sind, auch nicht nach drei Jahren, sondern – wenn überhaupt – erst nach 10 Jahren (kenntnisunabhängige Verjährung, § 199 Abs. 4 BGB) verjähren könnten.[1737]

1733 EuGH, Urt. v. 06.11.2018 – C-684/16 (Max-Planck-Gesellschaft), NZA 2018, 1474 Rn. 45.

1734 BAG, Vorlagebeschl. v. 07.07.2020 – 9 AZR 401/19 (A), NZA 2020, 1541 Rn. 24; BAG, Urt. v. 19.02.2019 – 9 AZR 423/16, NZA 2019, 977 Rn. 25.

1735 So treffend die Formulierung von *Wutte*, RdA 2021, 360, 364.

1736 Vgl. EuGH, Urt. v. 13.09.2018 – C-176/17 (Profi Credit Polska), BeckRS 2018, 21395 Rn. 69; EuGH, Urt. v. 18.02.2016 – C-49/14 (Finanmadrid EFC), BeckRS 2016, 80362 Rn. 52.

1737 So im Ergebnis GA *de la Tour*, Schlussantrag v. 05.05.2022 – C-120/21, BeckRS 2022, 9475 Rn. 49, 63.

(cc) Bewertung

Nach hier vertretener Ansicht sprechen die besseren Gründe gegen eine solche Einschränkung von § 199 Abs. 1 Nr. 2 BGB. Zwar mag es mit Blick auf den Urlaubszweck nachvollziehbar sein, dass der EuGH dem Arbeitgeber im Rahmen der Urlaubsgewährung bestimmte Aufforderungs- und Hinweisobliegenheiten auferlegt und deren ordnungsgemäße Erfüllung zur Voraussetzung für einen Urlaubsverfall gemacht hat.[1738] Das mit den Mitwirkungsobliegenheiten verfolgte Ziel, durch Information und Motivation das Durchsetzungsrisiko von Urlaubsansprüchen zu verringern und eine Realisierung des Urlaubsanspruchs möglichst noch im Urlaubsjahr herbeizuführen, stellt sich bei der Frage der Verjährung aber nicht, oder jedenfalls nicht in gleichem Umfang.[1739] Denn die Frage der Verjährung stellt sich von vornherein erst dann, wenn der Arbeitgeber die Mitwirkungsobliegenheiten sowohl im Urlaubsjahr, also auch in den Folgejahren nicht vorgenommen hat und der Urlaubsanspruch mithin von Jahr zu Jahr weiterübertragen wurde.[1740] Der mit dem Hinweis auf den drohenden Verfall verfolgte Zweck, sicherzustellen, „*dass der Urlaub* [dem Arbeitnehmer] *noch die Erholung und Entspannung bieten kann, zu denen er beitragen soll*“[1741] rückt im Falle der Übertragung in immer weitere Reichweite. Von diesem anderen Ende her greifen dann die Verjährungsvorschriften.[1742] Diese zielen gerade nicht auf eine Anspruchsverwirklichung (im Urlaubsjahr), sondern wollen im Interesse des Rechtsfriedens und der Rechtssicherheit eine solche nach Ablauf bestimmter zeitlicher Fristen gerade verhindern.[1743] Darüber hinaus wollen sie gerade auch den Arbeitgeber vor einer Inanspruchnahme länger

---

1738 A.A. *Sagan*, EuZW 2022, 1013, 1017; *ders.*, EWiR 2022, 376, 377; wohl auch *Bauer*, ArbRAktuell 2022, 536.

1739 Vgl. auch *Häußer*, DB 2022, M4, M5: Die Rspr. des EuGH zu den Mitwirkungsobliegenheiten sei „*vor dem Hintergrund des europarechtlichen Effektivitätsgrundsatzes in Bezug auf eine Verfallregelung nachvollziehbar* […]“, sie könne angesichts der grundlegenden Unterschiede der beiden Rechtsinstitute jedoch „*nicht auf das Verjährungsrecht übertragen werden.*“

1740 Vgl. BAG, Urt. v. 19.02.2019 – 9 AZR 423/16, NZA 2019, 977 Rn. 44.

1741 EuGH, Urt. v. 06.11.2018 – C-684/16 (Max-Planck-Gesellschaft), NZA 2018, 1474 Rn. 45.

1742 So zutreffend *Wutte*, RdA 2021, 360, 364; vgl. auch *Häußer*, DB 2022, M4, M5.

1743 Vgl. *Häußer*, DB 2022, M4, M5; *Wutte*, RdA 2021, 360, 364; zu diesem Zweck der Verjährung oben unter § 15 C. III.

zurückliegender Ansprüche schützen.[1744] Diese Zielrichtung der Verjährung spricht mithin gegen die Notwendigkeit, den Lauf der Verjährungsfrist von einem Hinweis auf den drohenden Verfall des Urlaubsanspruchs abhängig zu machen.[1745]

Bedenkt man weiterhin, dass der EuGH die Fälle der „übermäßigen Erschwerung" mit den Fällen der „Unmöglichkeit" der Geltendmachung gleichsetzt, wird deutlich, dass die Informationslücken so gewichtig sein müssen, dass den Betroffenen eine Geltendmachung ihrer Rechte tatsächlich beinahe unmöglich sein muss, um von einem Verstoß gegen den Effektivitätsgrundsatz ausgehen zu können. Ob die fehlende Information über die Befristung und die Verfallmöglichkeit des Urlaubsanspruchs tatsächlich als einer der Unmöglichkeit der Geltendmachung vergleichbare übermäßige Erschwerung der Anspruchsverwirklichung angesehen werden kann, dürfte bezweifelt werden. So werden Arbeitnehmer möglicherweise zwar nicht immer um die exakten Verfalldaten ihrer Urlaubsansprüche wissen.[1746] Dass sie aber (überhaupt) davon ausgehen, dass ihnen Urlaubsansprüche nicht zeitlich unbegrenzt zur Verfügung stehen, sondern sie generell irgendwann in Anspruch genommen werden müssen, wird unterstellt werden können.[1747]

Nach hier vertretener Ansicht ist es daher nicht als übermäßige Erschwerung anzusehen, von den Arbeitnehmern zu verlangen, die ihnen zustehenden Urlaubstage zumindest innerhalb von drei Jahren nach Ablauf des Urlaubsjahres von ihrem Arbeitgeber einzufordern.[1748]

1744 Hierzu oben unter § 15 C. I.

1745 So auch *Häußer*, DB 2022, M4, M5; *Wutte*, RdA 2021, 360, 364.

1746 A.A. *Arnold/Zeh*, NZA 2019, 1, 3: „*In Deutschland beschäftigte Arbeitnehmer wissen um die Verfallregeln.*"

1747 So auch *Fink*, ZfA 2022, 261, 267; *Wutte*, RdA 2021, 360, 364.

1748 Ähnlich *Wutte*, RdA 2021, 360, 364: „*Nur, weil es dem Arbeitnehmer bei der Urlaubnahme hilft, im Urlaubsjahr umfassend und aufmunternd über seinen Urlaub informiert zu werden, muss es ihm nicht unzumutbar sein, diesen nach dem Urlaubsjahr irgendwann selbständig nachträglich geltend zu machen, so er ihn nicht verlieren will.*"; vgl. auch *Bauer*, ArbRAktuell 2022, 536: „*Arbeitnehmer kennen ihre Urlaubsansprüche zur Genüge. Dann sollte es ihnen auch zumutbar sein, diese innerhalb der dreijährigen Verjährungsfrist unabhängig davon geltend zu machen, ob der Arbeitgeber entsprechende Hinweise gegeben hat oder nicht.*"

(b) Mitteilung der Anzahl der dem Arbeitnehmer zustehenden Urlaubstage?

Der Lauf der Verjährungsfrist ist – aus europarechtlichen Gesichtspunkten – auch nicht an die vorherige Mitteilung des Arbeitgebers über die dem Arbeitnehmer zustehenden Urlaubstage zu knüpfen.[1749] Weder verlangt der EuGH eine entsprechende arbeitgeberseitige Information (aa)) noch ist der Arbeitnehmer zwingend auf eine solche angewiesen, um sein Recht auf bezahlten Jahresurlaub auszuüben (bb)).

(aa) Kein europarechtliches Erfordernis

Im *Max-Planck*-Urteil hat der EuGH dem Arbeitgeber zwar eine Obliegenheit zur Aufforderung und zum Hinweis auf die Befristung bzw. Verfallmöglichkeit des Urlaubsanspruchs auferlegt, aber – anders als die Interpretation des 9. Senats des BAG[1750] – gerade nicht explizit verlangt, dass der Arbeitgeber dem Arbeitnehmer auch die konkrete Anzahl der ihm zustehenden (Rest-)Urlaubsansprüche mitteilen muss.[1751] Sieht der EuGH den Arbeitnehmer also bereits dann als ausreichend in der Lage, seinen Urlaubsanspruch geltend zu machen, wenn der Arbeitgeber ihn nur ausdrücklich hierzu aufgefordert und über die Verfallmöglichkeit informiert hat, ist der Lauf der Verjährungsfrist nicht an die vorherige Mitteilung der exakten Anzahl der dem Arbeitnehmer (aktuell) zustehenden Urlaubstage zu koppeln.[1752]

(bb) Keine übermäßige Erschwerung

Unabhängig davon scheint es auch zu weitgehend, den Arbeitnehmer erst dann als dazu imstande anzusehen, seinen Urlaubsanspruch innerhalb der Verjährungsfrist durchzusetzen, wenn der Arbeitgeber ihn zuvor *„angemessen und vollständig darüber informiert hat, wieviel Urlaub ihm zur Verfügung steht."*[1753] Weil der jährliche Erholungsurlaub gem. § 2 Abs. 1 S. 2 Nr. 11 NachwG schriftlich

---

1749 So auch *Häußer*, DB 2022, M4, M5; *Wutte*, RdA 2021, 360, 364; a.A. hingegen GA *de la Tour*, Schlussantrag v. 05.05.2022 – C-120/21, BeckRS 2022, 9475 Rn. 49 f.; *Geiger*, NZA 2020, 359, 362.

1750 BAG, Urt. v. 19.02.2019 – 9 AZR 423/16, NZA 2019, 977 Rn. 41.

1751 A.A. aber wohl GA *de la Tour*, Schlussantrag v. 05.05.2022 – C-120/21, BeckRS 2022, 9475 Rn. 49 f.

1752 Zu weitgehend insofern GA *de la Tour*, Schlussantrag v. 05.05.2022 – C-120/21, BeckRS 2022, 9475 Rn. 48.

1753 So GA *de la Tour*, Schlussantrag v. 05.05.2022 – C-120/21, BeckRS 2022, 9475 Rn. 48.

niederzulegen ist, wird der Arbeitnehmer den Umfang seines Urlaubsanspruchs regelmäßig seinem Arbeitsvertrag, einem Tarifvertrag oder einer sonstigen Niederschrift entnehmen und sich so die erforderliche Kenntnis verschaffen können.[1754] Darüber hinaus sind in vielen Unternehmen mittlerweile auch digitale Zeiterfassungssysteme gängige Praxis, die Angaben zu den dem Arbeitnehmer zustehenden und noch verbleibenden Urlaubstagen enthalten und in die die Arbeitnehmer unmittelbar Einblick nehmen können.[1755] Eine zusätzliche und ausdrückliche Mitteilung seitens des Arbeitgebers über die genaue Anzahl der dem Arbeitnehmer zustehenden Urlaubstage würde es dem Arbeitnehmer u.U. zwar ersparen, selbst aktiv werden zu müssen und den Umfang seines Urlaubsanspruchs durch Lektüre seines Arbeitsvertrages, einer sonstigen Niederschrift[1756], des Gesetzes oder einer einschlägigen Kollektivvereinbarung selbst zu „ermitteln". Eine „übermäßige Erschwerung" der Geltendmachung der Rechte des Arbeitnehmers, die einer gegen den Effektivitätsgrundsatz verstoßenden „Unmöglichkeit" der Geltendmachung nahekommt, kann hierin aber nicht gesehen werden.

Etwas anderes folgt auch nicht aus dem Umstand, dass Urlaubsansprüche – von Jahr zu Jahr – übertragen werden können.[1757] Die aus zurückliegenden Jahren stammenden (Rest-)Urlaubsansprüche sind dann zwar nicht aus dem Arbeitsvertrag oder einer einschlägigen Kollektivvereinbarung „ablesbar". Es ist dem Arbeitnehmer aber auch nicht unmöglich, nachzuvollziehen, wie viel Urlaub er in den vergangenen Jahren jeweils in Anspruch genommen hat und wie viele (Rest-)Urlaubstage ihm dementsprechend verblieben sind. Wenn also für den Lauf der Verjährungsfrist *„auf den Ablauf des Jahres abgestellt* [wird], *in dem der Arbeitgeber seiner Hinweisobliegenheit nachgekommen ist*"[1758], weil

---

1754 So auch BAG, Vorlagebeschl. v. 29.09.2020 – 9 AZR 266/20 (A), NZA 2021, 413 Rn. 34: *„Der Umfang des Urlaubsanspruchs ergab sich aus der vertraglichen Abrede der Parteien."*

1755 So hat auch das BAG mit Beschl. v. 13.09.2022 – 1 ABR 22/21, NZA 2022, 1616 Rn. 19 entschieden, dass der Arbeitgeber bereits kraft Gesetzes dazu verpflichtet ist, *„ein System einzuführen, mit dem Beginn und Ende und damit die Dauer der Arbeitszeiten einschließlich der Überstunden* [...] *erfasst werden."*

1756 Vgl. § 2 Abs. 1 S. 1 NachwG: „Niederschrift".

1757 Vgl. GA *de la Tour*, Schlussantrag v. 05.05.2022 – C-120/21, BeckRS 2022, 9475 Rn. 48: *„Bei mehrfacher Übertragung von Urlaubsansprüchen ist diese Information umso notwendiger."*

1758 GA *de la Tour*, Schlussantrag v. 05.05.2022 – C-120/21, BeckRS 2022, 9475 Rn. 49.

„zu diesem Zeitpunkt […] *davon auszugehen* [ist], *dass der Arbeitnehmer von seinem Anspruch auf bezahlten Jahresurlaub im Sinne von § 199 Abs. 1 BGB ‚Kenntnis erlangt' hat*"[1759], dann ist dies nur vor dem Hintergrund begründbar, dass andernfalls die *„nicht unerhebliche Gefahr*"[1760] besteht, dass der Arbeitnehmer aus Angst vor nachteiligen Konsequenzen von einer Geltendmachung seines Urlaubsanspruchs nicht nur innerhalb des Urlaubsjahres, sondern auch innerhalb der Verjährungsfrist absieht.[1761] Man könnte so argumentieren: Weil es wertungsmäßig keinen Unterschied macht, ob der Arbeitnehmer zur Durchsetzung seines Urlaubsanspruchs einen entsprechenden Antrag stellen oder Klage[1762] erheben muss, weil beide Maßnahmen das Potenzial bergen, dass der Arbeitgeber hierauf mit für den Arbeitnehmer nachteiligen Maßnahmen reagieren und der Arbeitnehmer deshalb von einer Geltendmachung des Urlaubsanspruchs absehen könnte, können sowohl Verfall als auch Verjährung des Urlaubsanspruchs von vornherein nur eintreten, wenn der Arbeitgeber zuvor seinen Mitwirkungsobliegenheiten nachgekommen und damit seine Bereitschaft signalisiert hat, dem Arbeitnehmer (folgenlos) Urlaub gewähren zu wollen. Mit einem potenziell bestehenden *Wissens*defizit, das dem Arbeitnehmer die Geltendmachung seines Urlaubsanspruchs übermäßig erschwert bzw. unmöglich macht, hat dies jedoch nichts zu tun.

Auch in der Sache überzeugt das soeben geschilderte Argumentationsmuster nur auf den ersten Blick. Sieht man genauer hin, müsste diese Argumentationslinie in letzter Konsequenz die Nichtanwendbarkeit der Verjährungsvorschriften in Bezug auf alle Ansprüche des Arbeitnehmers zur Folge haben, die dieser gegen seinen Arbeitgeber hat (hierzu näher unten unter § 18 A. I. 3. b)).

Letztlich stellt die Mitteilung der konkreten Anzahl der dem Arbeitnehmer zustehenden Urlaubstage aber schon keine (zwingende) unionsrechtliche Vorgabe dar, an die die nationalen Gerichte gebunden wären. Für das Vorliegen der Kenntnis i.S.v. § 199 Abs. 1 Nr. 2 BGB zu fordern, dass der Arbeitgeber den Arbeitnehmern auch die exakte Anzahl der ihnen zustehenden Urlaubstage mitteilt, ließe sich daher allenfalls (noch) aufgrund nationaler Erwägungen ableiten (hierzu unten unter § 18 A. I. 3).

1759 GA *de la Tour*, Schlussantrag v. 05.05.2022 – C-120/21, BeckRS 2022, 9475 Rn. 49.

1760 GA *de la Tour*, Schlussantrag v. 05.05.2022 – C-120/21, BeckRS 2022, 9475 Rn. 48.

1761 So unterm Strich auch der Gedankengang von GA *de la Tour*, Schlussantrag v. 05.05.2022 – C-120/21, BeckRS 2022, 9475 Rn. 48 und ausdrücklich auch in Rn. 54 ff.

1762 Als verjährungshemmende Maßnahme i.S.v. § 204 Abs. 1 Nr. 1 BGB.

b) *Zusammenfassung*

Nach hier vertretener Ansicht liegt bei auch bei uneingeschränkter Anwendung der §§ 194 ff. BGB kein Verstoß gegen den Äquivalenz- und den Effektivitätsgrundsatz vor.[1763] Der Lauf der Verjährungsfrist ist nicht an die vorherige Erfüllung der Mitwirkungsobliegenheiten zu knüpfen.

4. *Zusammenfassung und Ergebnis*

Dass der EuGH die Frage der Verjährung so entscheidet, überrascht vor dem Hintergrund seiner Aussagen aus der *Max-Planck*-Entscheidung nicht sonderlich.[1764] Mag die *LB/TO*-Entscheidung im Ergebnis konsequent sein, ist der Weg, über den der EuGH zu diesem Ergebnis kommt, nur wenig überzeugend.[1765] Der EuGH schränkt mit der *LB/TO*-Entscheidung den Spielraum ein, der den Mitgliedstaaten ausweislich des Wortlauts von Art. 7 Abs. 1 der RL 2003/88/EG bei der Ausgestaltung des Urlaubsanspruchs ausdrücklich zugewiesen ist.[1766] Diese Autonomie der Mitgliedstaaten hätte der EuGH achten und seine Prüfung dementsprechend darauf beschränken müssen, ob bei Anwendung der Verjährungsvorschriften die Grundsätze der Äquivalenz und Effektivität gewahrt wären, was nach hier vertretener Ansicht zu bejahen ist.

B. Umsetzung der *LB/TO*-Entscheidung in das nationale Recht

Angesichts der Bindungswirkung der Auslegungsurteile des EuGH[1767] hatte das BAG keine andere Wahl, als die Vorgaben des EuGH aus der *LB/TO*-Entscheidung in das nationale Recht umzusetzen.[1768]

1763 So auch *Sprenger*, EuZA 2023, 188, 194 f.; *ders.*, ZTR 2020, 63, 69.

1764 Vgl. *Fuhlrott*, NZA-RR 2022, 612: Die LB/TO-Entscheidung konnte „*nach den Ausführungen des Generalanwalts und mit Blick auf die auch in der Vergangenheit anerkanntermaßen ‚urlaubsfreundliche' Rechtsprechung des EuGH nicht überraschen.*"; vgl. auch *Sagan*, EuZW 2022, 1013, 1017: „*Die Entscheidung in LB/TO bringt wenig Neues.*"

1765 Krit. etwa auch *Bauer*, ArbRAktuell 2022, 536; *Sagan*, EuZW 2022, 1013, 1017; *Sprenger*, EuZA 2023, 188, 194 ff.

1766 So auch *Sagan*, EuZW 2022, 1013, 1017.

1767 ErfK/*Schlachter*, Art. 267 AEUV, Rn. 44 f.; Grabitz/Hilf/Nettesheim/*Karpenstein*, Art. 267 AEUV, Rn. 102.

1768 Vgl. *Bauer*, ArbRAktuell 2023, 42.

I. Europarechtskonforme Auslegung von § 199 Abs. 1 BGB, §§ 1, 3 Abs. 1, 7 Abs. 1 und Abs. 3 BUrlG

Es entschied mit Urteil vom 20.12.2022[1769] – ohne sich näher festzulegen, ob das Ergebnis aus einer richtlinienkonformen Auslegung oder Rechtsfortbildung folgt –, dass Urlaubsansprüche zwar grundsätzlich der Verjährung unterliegen, die Verjährung bei der gebotenen unionsrechtskonformen Auslegung allerdings nicht zwangsläufig mit dem Schluss des Jahres beginnt, in dem der Urlaubsanspruch entstanden ist und der Arbeitnehmer über die in § 199 Abs. 1 Nr. 2 BGB geforderte Kenntnis verfüge.[1770] Für den Lauf der Verjährungsfrist sei vielmehr – zusätzlich – erforderlich, dass der Arbeitgeber seinen Mitwirkungsobliegenheiten nachgekommen und den Arbeitnehmer hierdurch in die Lage versetzt hat, seinen Urlaubsanspruch tatsächlich auszuüben.[1771] Die für den Senat verbindlichen Vorgaben des EuGH aus der *LB/TO*-Entscheidung bedingen bei unionsrechtskonformer Auslegung der §§ 1, 3 Abs. 1, 7 Abs. 1 und Abs. 3 BUrlG insoweit einen „anderen Verjährungsbeginn" i.S.v. § 199 Abs. 1 Nr. 1 BGB.[1772] Durch den Restriktivsatz in § 199 Abs. 1 BGB „soweit nicht ein anderer Verjährungsbeginn bestimmt ist", der durch das Gesetz zur Änderung zur Änderung des Erb- und Verjährungsrechts vom 24.09.2009[1773] in § 199 Abs. 1 BGB ergänzt wurde, habe der Gesetzgeber zu erkennen gegeben, dass entweder – positiv – ein anderer, von Abs. 1 abweichender Fristbeginn festgelegt oder – negativ – vorgesehen werden kann, dass die Verjährung nicht eintritt, bevor bestimmte Umstände eingetreten sind.[1774] Einen solchen von § 199 Abs. 1 BGB abweichenden Verjährungsbeginn sehe das BUrlG für den gesetzlichen Urlaubsanspruch vor.[1775] Sowohl die Verfallfristen gem. § 7 Abs. 3 S. 1 und S. 3 BUrlG als auch die Verjährungsfristen gem. §§ 194 Abs. 1, 195, 199 Abs. 1 BGB hingen davon ab, dass der Arbeitgeber seinen Hinweis- und Mitwirkungsobliegenheiten nachkommt und damit seiner Initiativlast bei der Verwirklichung des Urlaubs gerecht wird.[1776] Die mit der Verjährung verfolgten Zwecke träten insoweit hinter dem Ziel des

---

1769 BAG, Urt. v. 20.12.2022 – 9 AZR 266/20, NZA 2023, 683.

1770 BAG, Urt. v. 20.12.2022 – 9 AZR 266/20, NZA 2023, 683 Rn. 38.

1771 BAG, Urt. v. 20.12.2022 – 9 AZR 266/20, NZA 2023, 683 Rn. 31, 38.

1772 BAG, Urt. v. 20.12.2022 – 9 AZR 266/20, NZA 2023, 683 Rn. 38, 42.

1773 Gesetz zur Änderung des Erb- und Verjährungsrechts vom 24.09.2009, BGB l. 2009 I, S. 3142, 3144.

1774 BAG, Urt. v. 20.12.2022 – 9 AZR 266/20, NZA 2023, 683 Rn. 43.

1775 BAG, Urt. v. 20.12.2022 – 9 AZR 266/20, NZA 2023, 683 Rn. 44.

1776 BAG, Urt. v. 20.12.2022 – 9 AZR 266/20, NZA 2023, 683 Rn. 46.

Gesundheitsschutzes zurück.[1777] Sowohl die Befristung als auch die Durchsetzbarkeit von Urlaubsansprüchen beruhe im laufenden Arbeitsverhältnis auf einer Risikoverteilung zwischen Arbeitgeber und Arbeitnehmer.[1778] Erst nachdem der Arbeitgeber durch Erfüllung der Aufforderungs- und Hinweisobliegenheiten aktiv an der Urlaubsgewährung mitgewirkt habe, gehe das Risiko der (Nach-) Gewährung bzw. Inanspruchnahmemöglichkeit des Urlaubs bei Untätigkeit des Arbeitnehmers auf diesen über.[1779]

II. Verjährungsrechtlicher Gleichlauf zwischen Mindest- und Mehrurlaub

Der 9. Senat stellt in seiner Umsetzungsentscheidung zudem klar, dass die regelmäßige dreijährige Verjährungsfrist gem. § 195 BGB auch für vertragliche Urlaubsansprüche erst mit dem Schluss des Jahres beginnt, in dem der Arbeitgeber seinen Mitwirkungsobliegenheiten nachgekommen ist, sofern die Arbeits- oder Tarifvertragsparteien weder die Initiativlast des Arbeitgebers noch die Mitwirkungsobliegenheiten abweichend von den gesetzlichen Regelungen geregelt haben.[1780] In diesem Fall seien die Regelungen in §§ 1, 7 Abs. 1 S. 1 BUrlG, aus denen bei richtlinienkonformer Auslegung die arbeitgeberseitigen Mitwirkungsobliegenheiten folgen, als Bestimmungen i.S.v. § 199 Abs. 1 BGB, die einen anderen Verjährungsbeginn bestimmen, auch auf den vertraglichen Mehrurlaub anzuwenden.[1781] Es bestehe dann ein verjährungsrechtlicher Gleichlauf zwischen gesetzlichem Mindest- und vertraglichem Mehrurlaub, sodass der Mehrurlaub auch in verjährungsrechtlicher Hinsicht dem gleichen Schicksal wie der Mindesturlaub unterliege.[1782]

C. Zusammenfassung

Mit der *LB/TO*-Entscheidung macht der EuGH deutlich, dass ein Verlust des Urlaubsanspruchs *generell* ausscheidet, wenn der Arbeitgeber den Arbeitnehmer nicht durch Vornahme der Mitwirkungsobliegenheiten in die Lage versetzt hat, ihn auszuüben. Im Falle unterlassener Mitwirkungsobliegenheiten bleibt der

1777 BAG, Urt. v. 20.12.2022 – 9 AZR 266/20, NZA 2023, 683 Rn. 48.
1778 BAG, Urt. v. 20.12.2022 – 9 AZR 266/20, NZA 2023, 683 Rn. 49.
1779 BAG, Urt. v. 20.12.2022 – 9 AZR 266/20, NZA 2023, 683 Rn. 49.
1780 BAG, Urt. v. 20.12.2022 – 9 AZR 266/20, NZA 2023, 683 Rn. 50.
1781 BAG, Urt. v. 20.12.2022 – 9 AZR 266/20, NZA 2023, 683 Rn. 50.
1782 BAG, Urt. v. 20.12.2022 – 9 AZR 266/20, NZA 2023, 683 Rn. 50.

Urlaubsanspruch dem Arbeitnehmer nach der Rspr. des EuGH und des BAG sowohl über die Zeitgrenzen der § 7 Abs. 3 S. 1 und S. 3 BUrlG als auch über die Zeitgrenzen der §§ 194 ff. BGB hinaus erhalten. Dies folgt aus der (neuen) Rollen- bzw. Risikoverteilung zwischen Arbeitnehmer und Arbeitgeber hinsichtlich der Urlaubsverwirklichung, die nicht nur während des eigentlichen Bezugs- bzw. Übertragungszeitraums, sondern – ohne zeitliche Beschränkung – während des gesamten laufenden Arbeitsverhältnisses bestehe.[1783] Die Verantwortung, dafür Sorge zu tragen, dass der Arbeitnehmer tatsächlich in der Lage ist, seinen Urlaub zu nehmen, trägt so lange der Arbeitgeber, bis er seinen Mitwirkungsobliegenheiten nachgekommen und den Arbeitnehmer entsprechend in die Lage versetzt hat, den Urlaub zu nehmen.[1784] Erst dann geht das Risiko der (Nach-)Gewährung bzw. Inanspruchnahmemöglichkeit von Urlaub bei Untätigkeit des Arbeitnehmers auf diesen über.[1785] Die Erfüllung der Mitwirkungsobliegenheiten durch den Arbeitgeber ist damit nicht nur (zusätzliche) Voraussetzung für die Befristung des Urlaubsanspruchs auf das Kalenderjahr. Sie ist auch (zusätzliche) Voraussetzung für den Beginn der Verjährungsfrist gem. § 199 Abs. 1 BGB, womit die Verjährung von Urlaubsansprüchen im laufenden Arbeitsverhältnis praktisch ausgeschlossen ist.[1786] Das gilt auch in Bezug auf vertraglichen Mehrurlaub, sofern die Arbeits- oder Tarifvertragsparteien im Arbeits- oder Tarifvertrag weder die Initiativlast des Arbeitgebers noch die Mitwirkungsobliegenheiten in Abweichung von den gesetzlichen Bestimmungen geregelt haben.[1787] In diesem Fall besteht ein verjährungsrechtlicher Gleichlauf zwischen gesetzlichem Mindest- und vertraglichem Mehrurlaub.[1788]

1783 Erst die Beendigung des Arbeitsverhältnisses bedingt insoweit eine Zäsur, vgl. BAG, Urt. v. 31.01.2023 – 9 AZR 244/20, BeckRS 2023, 2253 Rn. 52: *„Ist das Arbeitsverhältnis beendet, trifft den Arbeitgeber nicht mehr die Obliegenheit, daran mitzuwirken, dass der Arbeitnehmer seinen Urlaub tatsächlich in Anspruch nimmt.“*

1784 Vgl. BAG, Urt. v. 20.12.2022 – 9 AZR 266/20, NZA 2023, 683 Rn. 49.

1785 BAG, Urt. v. 20.12.2022 – 9 AZR 266/20, NZA 2023, 683 Rn. 49.

1786 Zutreffend *Oberthür*, ArbRB 2023, 112, 113.

1787 BAG, Urt. v. 20.12.2022 – 9 AZR 266/20, NZA 2023, 683 Rn. 50.

1788 BAG, Urt. v. 20.12.2022 – 9 AZR 266/20, NZA 2023, 683 Rn. 50.

§ 18 Beginn und Neubeginn der Verjährung

Weil nach hier vertretener Ansicht weder nationales (oben unter § 16) noch europäisches Recht (oben unter § 17) der Anwendbarkeit der nationalen Verjährungsvorschriften auf den Urlaubsanspruch entgegenstehen, soll abschließend auf Fragen des Beginns (A.) und des Neubeginns (B.) der Verjährung nach national-rechtlichen Maßstäben eingegangen werden.

A. Beginn der Verjährung

I. Regelmäßige Verjährungsfrist, § 199 Abs. 1 BGB

Wie oben dargelegt, beginnt die regelmäßige dreijährige Verjährungsfrist gem. § 199 Abs. 1 BGB mit dem Schluss des Jahres zu laufen, in dem der Anspruch entstanden (Nr. 1) und der Gläubiger von den anspruchsbegründenden Umständen und der Person des Schuldners Kenntnis erlangt hat oder ohne grobe Fahrlässigkeit erlangt haben müsste (Nr. 2).

1. Entstehung des Urlaubsanspruchs (Nr. 1)

Nach nationalem Recht entsteht der Urlaubsanspruch erstmalig nach Ablauf der Wartezeit gem. § 4 BUrlG, in den Folgejahren jeweils zu Beginn eines Kalenderjahres.[1789] Zu diesem Entstehungszeitpunkt wird der Urlaubsanspruch i.S.v. § 271 BGB zugleich fällig und kann vom Arbeitnehmer gegenüber dem Arbeitgeber erstmals (objektiv[1790]) geltend gemacht werden.[1791]

1789 BAG, Urt. v. 06.08.2013 – 9 AZR 956/11, NZA 2014, 545 Rn. 11; MüHdb.-ArbR/*Klose*, § 86 Rn. 37; Schaub/*Linck*, § 104 Rn. 25; *Leinemann/Linck*, § 4 BUrlG, Rn. 18; MüKo-BGB/*Spinner*, § 611 a BGB, Rn. 839.

1790 Vgl. MüKo-BGB/*Grothe*, § 199 BGB, Rn. 5; ob der Arbeitnehmer subjektiv zur Geltendmachung seines Urlaubsanspruchs in der Lage ist, spielt im Rahmen von § 199 Abs. 1 Nr. 1 BGB keine Rolle, vgl. Staudinger/*Peters/Jacoby* (2020), § 199 BGB, Rn. 6; hierzu bereits oben unter § 16 B. III. 3. b).

1791 Arnold/Tillmanns/*Arnold*, § 7 BUrlG, Rn. 21 f.; *Friese*, Urlaubsrecht, Rn. 177; ErfK/*Gallner*, § 1 BUrlG, Rn. 21; *Leinemann/Linck*, § 1 BUrlG, Rn. 77 f.; Hohmeister/Oppermann/*Oppermann*, § 7 BUrlG, Rn. 2; MüKo-BGB/*Spinner*, § 611 a BGB, Rn. 839.

2. *Kenntnis von der Person des Schuldners und den anspruchsbegründenden Umständen (Nr. 2)*

a) Arbeitgeber als Schuldner

Dem Arbeitnehmer wird sein Arbeitgeber als Schuldner des Urlaubsanspruchs – von nur wenigen seltenen Ausnahmefällen abgesehen – bekannt sein.

b) Bestand des Arbeitsverhältnisses und Ablauf der Wartefrist

Gleiches gilt in Bezug auf den Bestand des Arbeitsverhältnisses und – im Hinblick auf den Vollurlaub – den Ablauf der 6-monatigen Wartezeit gem. § 4 BUrlG, die Voraussetzung für die Entstehung des Urlaubsanspruchs sind (= anspruchsbegründende Umstände).[1792]

c) Umfang des Urlaubsanspruchs

Der 9. Senat des BAG zählt zu den anspruchsbegründenden Umständen auch den Umfang des Urlaubsanspruchs.[1793] Hierfür spricht, dass die Höhe des Urlaubsanspruchs zu den Umständen zu zählen ist, *„die die Anspruchsnorm ausfüllen“*[1794]. Die Kenntnis i.S.v. § 199 Abs. 1 Nr. 2 BGB muss sich insofern auf den *Jahresumfang* des Urlaubsanspruchs beziehen, der sich regelmäßig aus dem Arbeits- und/oder Tarifvertrag, dem Gesetz oder einer sonstigen Niederschrift i.S.v. § 2 Abs. 1 S. 1 NachwG ergibt.[1795] Aus diesem Grunde dürfte jedenfalls von grob fahrlässiger Unkenntnis ausgegangen werden können, wenn der Arbeitnehmer diese für ihn leicht zugänglichen Informationsquellen nicht nutzt.[1796]

Nicht erforderlich ist es, dass der Arbeitnehmer Kenntnis von der genauen Anzahl der ihm (aktuell) zustehenden Urlaubstage hat. Für das nationale Recht ist insoweit anerkannt, dass der Anspruchsgläubiger die dem Anspruch zugrundeliegenden Umstände nicht im Detail überblicken muss.[1797] Ausreichend ist vielmehr, dass der Anspruchsgläubiger seine Anspruchsinhaberschaft und den Sachverhalt in Grundzügen kennt und weiß, dass dieser gewichtige

---

1792 Vgl. MüHdb.-ArbR/*Jacobsen*, § 27 Rn. 3 ff.

1793 Vgl. BAG, Vorlagebeschl. v. 29.09.2020 – 9 AZR 266/20 (A), NZA 2021, 413 Rn. 34, 57.

1794 Vgl. Jauernig/*Mansel*, § 199 BGB, Rn. 5.

1795 Vgl. auch BAG, Vorlagebeschl. v. 29.09.2020 – 9 AZR 266/20 (A), NZA 2021, 413 Rn. 34: Der Umfang des Urlaubsanspruchs ergebe sich für den Arbeitnehmer *„aus der vertraglichen Abrede der Parteien.“*

1796 Vgl. BGH, Urt. v. 08.07.2010 – III ZR 249/09, NJW 2010, 3292 Rn. 28 m.w.N.

1797 MüKo-BGB/*Grothe*, § 199 BGB, Rn. 28.

Anhaltspunkte für die Anspruchsentstehung liefert.[1798] Weder muss er über Detailwissen verfügen noch die zutreffenden rechtlichen Schlüsse aus dem Sachverhalt ziehen.[1799] Insofern muss es ausreichen, dass der Arbeitnehmer grob weiß, ihm stehen – aufgrund seines Arbeitsverhältnisses – noch (Rest-) Urlaubstage zu, die er von seinem Arbeitgeber einfordern kann. Kenntnis von der exakten Anzahl der ihm zustehenden Urlaubstage ist für den Verjährungsbeginn hingegen nicht zu fordern, auch nicht deshalb, weil dem Arbeitnehmer eine Klageerhebung sonst unzumutbar wäre (hierzu sogleich).

3. Zumutbarkeit der Klageerhebung

Das Kriterium der Zumutbarkeit verlangt der BGH[1800] als übergreifende Voraussetzung für den Verjährungsbeginn. Auch wenn der Anspruchsgläubiger Kenntnis bzw. grob fahrlässige Unkenntnis von der Person des Schuldners und den anspruchsbegründenden Umständen hat, kann es dem Lauf der Verjährungsfrist entgegenstehen, wenn dem Gläubiger die Erhebung einer Klage – auch nur in Form einer Feststellungsklage – unzumutbar ist.[1801]

a) Unzumutbarkeit wegen mangelnder Kenntnis von der genauen Anzahl der (Rest-)Urlaubstage

Wie dargelegt kann der Arbeitnehmer die Höhe seines Jahresurlaubsanspruchs regelmäßig seinem Arbeitsvertrag, einem einschlägigen Tarifvertrag, dem Gesetz, einer sonstigen Niederschrift i.S.v. § 2 Abs. 1 S. 1 NachwG oder den Eintragungen eines digitalen Zeiterfassungssystems entnehmen. Schwierigkeiten hinsichtlich der Bezifferung der dem Arbeitnehmer ggf. noch zustehenden (Rest-)Urlaubstage können sich daher allenfalls in Bezug auf solche Urlaubstage ergeben, die aus (weit) zurückliegenden Urlaubsjahren stammen. Aber auch in

1798 MüKo-BGB/*Grothe*, § 199 BGB, Rn. 28.

1799 Vgl. BGH, Urt. v. 16.06.2016 – I ZR 222/14, GRUR 2016, 1291 Rn. 42; BAG, Urt. v. 24.09.2014 – 5 AZR 593/12, NZA 2015, 35 Rn. 35; MüKo-BGB/*Grothe*, § 199 BGB, Rn. 29.

1800 St. Rspr. vgl. nur BGH, Urt. v. 17.01.2019 – III ZR 209/17, NJW-RR 2019, 528 Rn. 82; BGH, Urt. v. 04.07.2017 – XI ZR 562/15, NJW 2017, 2986 Rn. 86; BGH, Urt. v. 28.10.2014 – XI ZR 348/13, NJW 2014, 3713 Rn. 35 jeweils m.w.N.; hierzu auch bereits oben unter § 15 D. 2. d).

1801 St. Rspr. vgl. nur BGH, Urt. v. 17.01.2019 – III ZR 209/17, NJW-RR 2019, 528 Rn. 82; BGH, Urt. v. 04.07.2017 – XI ZR 562/15, NJW 2017, 2986 Rn. 86 m.w.N.; MüKo-BGB/*Grothe*, § 199 BGB, Rn. 28.

diesem Fall ist eine Rekonstruktion genommener und verbleibender Urlaubstage u.U. zwar schwierig, dem Arbeitnehmer aber nicht dergestalt unmöglich, dass ihm eine Klageerhebung unzumutbar wäre.[1802] Die Erhebung einer Klage muss zwar erfolgsversprechend, für den Arbeitnehmer aber nicht komplett risikolos möglich sein.[1803] Klagt der Arbeitnehmer zu viel oder zu wenig Urlaubstage ein, dürfte das Unterliegen-Risiko – das ohnehin jedem Rechtsstreit immanent ist – angesichts der Rekonstruktionsmöglichkeiten regelmäßig nicht so hoch sein, dass von „Unzumutbarkeit“ gesprochen werden müsste. Insbesondere dann, wenn nicht die Höhe des Urlaubsanspruchs für das aktuelle Urlaubsjahr[1804], sondern der Umfang aus zurückliegenden Urlausjahren stammender Resturlaubstage in Streit steht, steht dem Arbeitnehmer die Möglichkeit offen, eine entsprechende Feststellungsklage zu erheben.[1805]

b) Unzumutbarkeit wegen des Ergreifens verjährungshemmender Maßnahmen

Die Unzumutbarkeit der Rechtsverfolgung ergibt sich auch nicht aus dem Gesichtspunkt, dass für Arbeitnehmer vor Erlass des *Max-Planck*-Urteils grundsätzlich keine Veranlassung bestand, zur Wahrung ihrer Urlaubsansprüche verjährungshemmende Maßnahmen zu ergreifen, weil sie nach damaliger

---

1802 Auch das BAG scheint davon auszugehen, dass Arbeitnehmer grundsätzlich selbst in der Lage sind, die ihnen zustehenden (Rest-)Urlaubstage zu beziffern, vgl. BAG, Urt. v. 31.01.2023 – 9 AZR 244/20, BeckRS 2023, 2253 Rn. 46 bezüglich des Abgeltungsanspruchs nach § 7 Abs. 4 BUrlG: „*Der ausscheidende Arbeitnehmer ist grundsätzlich in der Lage, seinen Abgeltungsanspruch anhand des Bundesurlaubsgesetzes und der übrigen einschlägigen Vorschriften selbst zu berechnen und geltend zu machen. Er ist regelmäßig nicht auf weitere Auskünfte angewiesen, deren Einholung zusätzliche Zeit beanspruchen würde.*“; so auch schon in BAG, Urt. v. 27.10.2020 – 9 AZR 531/19, NZA 2021, 504 Rn. 26 sowie BAG, Urt. v. 07.07.2020 – 9 AZR 323/19, NZA 2020, 1713 Rn. 33.

1803 *Piekenbrock/Ludwig/Rodi*, ZIP 2014, 1353, 1355

1804 Zu dieser Konstellation etwa BAG, Urt. v. 12.07.2016 – 9 AZR 264/15, BeckRS 2016, 73354 Rn. 12 ff.; BAG, Urt. v. 12.04.2011 – 9 AZR 80/10, NZA 2011, 1050 Rn. 10 ff.

1805 Vgl. ErfK/*Gallner*, § 7 BUrlG, Rn. 32; vgl. zu den Voraussetzungen und Grenzen einer solchen Feststellungsklage BAG, Urt. v. 03.12.2019 – 9 AZR 54/19, NZA 2020, 541 Rn. 10 ff.; *Körlings*, DB 2020, 1348 ff.; vgl. auch das Muster für einen entsprechenden Feststellungsantrag bei DHSW/*Holthaus*, § 7 BUrlG, Rn. 74: „*… festzustellen, dass dem Kläger aus dem Jahr … noch … Tage Erholungsurlaub zustehen.*“

Rechtsprechung[1806] der nationalen Gerichte ohnehin am Ende des Kalenderjahres verfielen.[1807] Vor Ergehen der *Max-Planck*-Entscheidung bestand nicht weniger, sondern mehr Veranlassung für die Arbeitnehmer, ihre Urlaubsansprüche rechtzeitig und aktiv geltend zu machen, um deren Verfall, d.h. ihren Verlust zu verhindern.[1808]

Keine andere Bewertung rechtfertigt in diesem Zusammenhang auch der Umstand, dass es in der Rs. *Max-Planck*-Gesellschaft das erklärte Ziel des EuGH war, dem Arbeitgeber und nicht dem Arbeitnehmer eine aktive Rolle bei der Urlaubsverwirklichung zuzuweisen.[1809] Dem EuGH ging es darum, zu verhindern, dass Arbeitnehmer aus Angst vor nachteiligen Konsequenzen von der Geltendmachung ihrer Rechte gegenüber dem Arbeitgeber absehen.[1810] Deshalb soll aus Sicht des EuGH nicht der Arbeitnehmer, sondern der Arbeitgeber aktiv werden bzw. dazu beitragen, dass der Arbeitnehmer in den Genuss seines Anspruchs auf Erholungsurlaub kommen kann.[1811]

Vor diesem Hintergrund ließe sich nun argumentieren, dass die vom EuGH im *Max-Planck*-Urteil angestrebte Rollenverteilung wieder in ihr Gegenteil verkehrt würde, würde man von den Arbeitnehmern zur erfolgreichen Durchsetzung ihrer Urlaubsansprüche das Ergreifen verjährungshemmender Maßnahmen[1812] verlangen, zumal die Hürde, gegen den Arbeitgeber gerichtliche Schritte einzuleiten, nochmals deutlich höher liegen wird als diesen lediglich nach der Gewährung einzelner Urlaubstage zu fragen.[1813] Weitet man die Wertungen des EuGH in diesem Sinne auf die Frage der Verjährung aus, müsste man sie aber

---

1806 Zu der diesbezüglichen früheren Rechtsprechung des BAG und ihren Ausnahmen oben unter § 2 B.

1807 Diesen Gedanken wirft etwa *Wutte*, RdA 2021, 360, 364 auf, verneint die Unzumutbarkeit aus diesem Grund dann aber.

1808 So zutreffend *Wutte*, RdA 2021, 360, 364.

1809 Vgl. EuGH, Urt. v. 06.11.2018 – C-684/16 (Max-Planck-Gesellschaft), NZA 2018, 1474 Rn. 39 ff.

1810 EuGH, Urt. v. 06.11.2018 – C-684/16 (Max-Planck-Gesellschaft), NZA 2018, 1474 Rn. 41 ff.

1811 EuGH, Urt. v. 06.11.2018 – C-684/16 (Max-Planck-Gesellschaft), NZA 2018, 1474 Rn. 43 ff.

1812 Insbesondere die Erhebung einer Leistungs- oder Feststellungsklage, vgl. § 204 Abs. 1 Nr. 1 BGB; zur Hemmung der Verjährung durch Verhandlung ausführlich *Boemke/Dorr*, NJOZ 2017, 1578 ff.

1813 In diese Richtung die Argumentation von GA *de la Tour*, Schlussantrag v. 05.05.2022 – C-120/21, BeckRS 2022, 9475 Rn. 53 ff.

konsequenterweise nicht nur auf den Urlaubsanspruch, sondern zugleich auf sämtliche Ansprüche des Arbeitnehmers erstrecken, die ihm gegen den Arbeitgeber aus dem Arbeitsverhältnis zustehen.[1814] Denn nachteilige Konsequenzen hat der Arbeitnehmer – folgt man der Argumentationslinie des EuGH – nicht nur im Falle der Geltendmachung des Urlaubsanspruchs zu befürchten, sondern theoretisch bei jeder Geltendmachung *irgendeines* Anspruchs gegen den Arbeitgeber. Es gibt keinen sachlichen Grund, die Möglichkeit der Verjährung von Urlaubsansprüchen wegen des Erfordernisses des Ergreifens verjährungshemmender Maßnahmen zu verneinen, alle sonstigen Ansprüche aber den Verjährungsfristen zu unterwerfen und hinsichtlich dieser das Ergreifen verjährungshindernder Maßnahmen zu verlangen. Die Wertungen des EuGH beanspruchen vielmehr bei allen Ansprüchen des Arbeitnehmers gleichermaßen Geltung. Spielt man diesen Gedanken also konsequent zu Ende und entbindet den Arbeitnehmer von jeglichem Tätigwerden zum Zwecke der Durchsetzung von (Urlaubs-)Ansprüchen, würde dies im Ergebnis darauf hinauslaufen, dass das Rechtsinstitut der Verjährung in Bezug auf Arbeitnehmeransprüche generell keine Anwendung finden dürfte.[1815] Mit Blick auf Sinn und Zweck der Verjährungsvorschriften, die insbesondere auch öffentlichen Interessen Rechnung tragen wollen, lässt sich dieses Ergebnis nicht rechtfertigen.[1816]

Um den Arbeitnehmer zu ermutigen, seine Urlaubsansprüche zeitnah zu realisieren, erscheint es insofern zwar gerechtfertigt, dem Arbeitgeber bei der Verwirklichung des Urlaubsanspruchs innerhalb des Urlaubsjahres eine aktive Rolle zuzuweisen. Sie muss ihre Grenze aber dort finden, wo es nicht mehr primär um den Schutz und die Interessen des Arbeitnehmers als Anspruchsgläubiger, sondern – gewissermaßen in einem übergeordneten Sinne – darum geht, Rechtsfrieden und Rechtssicherheit herzustellen.[1817]

1814 Vgl. auch *Sprenger*, EuZA 2023, 188, 197: „*Darf es unter dem Vorzeichen, das der EuGH im hiesigen* [Max-Planck-] *Urteil gesetzt hat, überhaupt eine Verjährung von Ansprüchen aus dem Arbeitsverhältnis geben?*".

1815 Vgl. *Sprenger*, EuZA 2023, 188, 197.

1816 Vgl. auch *Häußer*, DB 2022, M4, M5: „*Verjährungsregelungen stellen aus übergeordnetem öffentlichen Interesse eine zeitliche Grenze auf, nach deren Ablauf ein Anspruch nicht mehr durchsetzbar ist. Die Frist für die Verjährung von Urlaubsansprüchen sollte daher – wie für andere Ansprüche aus dem Arbeitsverhältnis auch – mit Ablauf des Jahres beginnen, in dem der Anspruch entstanden ist und der Gläubiger von den den Anspruch begründenden Umständen und der Person des Schuldners Kenntnis erlangt oder ohne grobe Fahrlässigkeit erlangen müsste.*"

1817 So auch *Häußer*, DB 2022, M4, M5.

c) *Unzumutbarkeit wegen Nichterfüllung der Mitwirkungsobliegenheiten*

Aus dem Vorstehenden folgt zugleich, dass der Lauf der Verjährungsfrist auch nicht an die vorherige Erfüllung der arbeitgeberseitigen Mitwirkungsobliegenheiten zu koppeln ist.[1818] Weder ist der Arbeitnehmer „wissensmäßig" auf entsprechende Hinweise und Informationen angewiesen, um seinen Urlaubsanspruch (gerichtlich) geltend machen zu können, noch rechtfertigt die Gefahr, dass der Arbeitnehmer andernfalls von einer Geltendmachung seines Urlaubsanspruchs innerhalb der Verjährungsfrist absehen könnte, den Lauf der Verjährungsfrist von der Vornahme der Aufforderungs- und Hinweisobliegenheiten abhängig zu machen.

d) *Zwischenergebnis*

Der Lauf der Verjährungsfrist wird nach hier vertretener Ansicht nicht aus Unzumutbarkeitsgesichtspunkten hinausgeschoben. Insbesondere ist der Lauf der Verjährungsfrist entgegen manchen Stimmen nicht an die vorherige Erfüllung der Mitwirkungsobliegenheiten durch den Arbeitgeber zu koppeln.

4. *Fristberechnung*[1819]

Die regelmäßige Verjährungsfrist gem. § 195 BGB beginnt mit dem Schluss des Jahres (31.12.), in dem der Urlaubsanspruch entstanden und der Arbeitnehmer von der Person seines Arbeitgebers als Schuldner des Urlaubsanspruchs und den anspruchsbegründenden Umständen, d.h. von dem Bestand des Arbeitsverhältnisses und dem Ablauf der Wartefrist gem. § 4 BUrlG Kenntnis erlangt oder

---

1818 So aber der Vorschlag von GA *de la Tour*, Schlussantrag v. 05.05.2022 – C-120/21, BeckRS 2022, 9475 Rn. 63: *„Art. 7 der RL 2003/88/EG [...] und Art. 31 Abs. 2 der Charta der Grundrechte der Europäischen Union sind dahin auszulegen, dass sie einer nationalen Regelung entgegenstehen, nach der der für einen Bezugszeitraum erworbene Anspruch auf bezahlten Jahresurlaub sowie der damit korrelierende Anspruch auf finanzielle Vergütung für bei Beendigung des Arbeitsverhältnisses nicht genommenen bezahlten Jahresurlaub einer dreijährigen Verjährungsfrist unterliegt, deren Lauf, wenn der Arbeitgeber seinen Aufforderungs- und Hinweisobliegenheiten in Bezug auf die Urlaubsnahme durch den Arbeitnehmer nicht nachgekommen ist, mit dem Schluss dieses Bezugszeitraums beginnt."*, so auch *Geiger*, NZA 2020, 359, 362: *„Der Arbeitgeber muss diesen Obliegenheiten nachgekommen sein, damit Verfalls- und Verjährungsfristen der Urlaubsansprüche überhaupt beginnen können [...]."*

1819 Vgl. zur Fristberechnung auch Beispiel 5 oben unter § 16 B. III. 3. a).

ohne grobe Fahrlässigkeit erlangen müsste.[1820] Für die Fristberechnung sind die §§ 187 Abs. 1, 188 Abs. 2 BGB heranzuziehen, sodass Verjährung mit Ablauf des 31.12. des dritten Jahres eintritt.[1821]

II. 10-jährige Verjährungsfrist, § 199 Abs. 4 BGB

Hat der Arbeitnehmer keine Kenntnis oder grob fahrlässige Unkenntnis von dem Bestand des Arbeitsverhältnisses und ggf. dem Ablauf der Wartefrist, greift die kenntnisunabhängige 10-jährige Verjährungsfrist nach § 199 Abs. 4 BGB. Sie kommt also insbesondere bei Scheinselbständigen in Betracht.[1822]

B. Neubeginn der Verjährung

Anders als bei der Hemmung der Verjährung, bei der der Lauf der Verjährungsfrist für einen bestimmten Zeitraum lediglich „angehalten" wird, beginnt die Verjährung in den Fällen des § 212 BGB erneut zu laufen.[1823] Die „laufende Uhr" wird dann nicht lediglich angehalten, sondern „zurückgedreht".[1824] Im hiesigen Kontext würde es zu einem Neubeginn der Verjährung insbesondere dann kommen, wenn der Arbeitgeber den Urlaubsanspruch des Arbeitnehmers i.S.v. § 212 Abs. 1 Nr. 1 Alt. 4 BGB anerkannt hat.

I. Anerkenntnis i.S.v. § 212 Abs. 1 Nr. 1 BGB

1. Begriff des Anerkenntnisses

Ein Anerkenntnis im Sinne des § 212 Abs. 1 Nr. 1 BGB ist jedes tatsächliche (geschäftsähnliche[1825]) Verhalten, mit dem der Anspruchsschuldner gegenüber dem Anspruchsgläubiger unmissverständlich zum Ausdruck bringt, dass er sich der Existenz des Anspruchs bewusst ist und weshalb der Anspruchsgläubiger darauf vertrauen darf, der Anspruchsschuldner werde auf die Erhebung der

---

1820 BeckOK-BGB/*Henrich*, § 199 BGB, Rn. 3; jurisPK-BGB/*Lakkis*, § 199 BGB, Rn. 193; Staudinger/*Peters/Jacoby* (2020), § 199 BGB, Rn. 85; ErfK/*Preis*, § 218 BGB, Rn. 7.

1821 Vgl. BeckOK-BGB/*Henrich*, § 199 BGB, Rn. 3.

1822 Vgl. *Wutte*, RdA 2021, 360, 364.

1823 BeckOK-GK/*Meller-Hannich*, § 212 BGB (Stand 01.06.2023), Rn. 1.

1824 Schulze/*Dörner*, § 212 BGB, Rn. 1; BeckOK-GK/*Meller-Hannich*, § 212 BGB (Stand 01.06.2023), Rn. 1.

1825 MüKo-BGB/*Grothe*, § 212 BGB, Rn. 6.

Verjährungseinrede verzichten.[1826] Die Kundgabe eines Bindungswillens wie im Rahmen eines abstrakten Schuldanerkenntnisses i.S.v. § 781 BGB oder eine Willenserklärung sind nicht erforderlich.[1827] Ausreichend ist, dass der Schuldner gegenüber dem Gläubiger auf irgendeine Weise schlüssig kundtut, er erkenne den Anspruch tatsächlich an.[1828]

2. *Anerkenntnis durch Ausweis von Resturlaub auf Entgeltabrechnungen*

Als verjährungsunterbrechendes Anerkenntnis hat es der 9. Senat des BAG angesehen, wenn der Arbeitgeber auf der Entgeltabrechnung eine bestimmte Anzahl an Urlaubstagen ausweist.[1829] Aus Sicht des BAG bringt der Arbeitgeber hierdurch – rein tatsächlich – zum Ausdruck, dass Urlaubsansprüche sowohl dem Grunde als auch der Höhe nach in dem in der Entgeltabrechnung bezeichneten Umfang entstanden sind und nicht erfüllt wurden.[1830]

3. *Bewertung*

Wie oben unter § 8 C. II. 2. a) und b) dargelegt, darf ein verständiger Arbeitnehmer dann, wenn der Arbeitgeber auf der Entgeltabrechnungen nicht nur die Höhe des Lohns[1831], sondern auch eine bestimmte Anzahl an (vermeintlich) bestehenden Urlaubstage ausweist, zwar nicht vernünftigerweise davon ausgehen, der

---

1826 BGH, Urt. v. 24.01.2019 – IX ZR 233/17, NJW 2019, 1219 Rn. 15; BGH, Urt. v. 15.08.2012 – XII ZR 86/11, NJW 2012, 3633 Rn. 29 jeweils m.w.N.; BAG, Urt. v. 19.03.2019 – 9 AZR 881/16, NZA 2019, 1046 Rn. 31; Schulze/*Dörner*, § 212 BGB, Rn. 2; MüKo-BGB/*Grothe*, § 212 BGB, Rn. 6; Jauernig/*Mansel*, § 212 BGB, Rn. 2; BeckOK-GK/*Meller-Hannich*, § 212 BGB (Stand 01.06.2023), Rn. 4.

1827 BAG, Urt. v. 19.03.2019 – 9 AZR 881/16, NZA 2019, 1046 Rn. 31; MüKo-BGB/*Grothe*, § 212 BGB, Rn. 6.

1828 BAG, Urt. v. 19.03.2019 – 9 AZR 881/16, NZA 2019, 1046 Rn. 31.

1829 BAG, Urt. v. 19.03.2019 – 9 AZR 881/16, NZA 2019, 1046 Rn. 34 f.

1830 BAG, Urt. v. 19.03.2019 – 9 AZR 881/16, NZA 2019, 1046 Rn. 35; nach Ansicht des BAG, Urt. v. 19.03.2019 – 9 AZR 881/16, NZA 2019, 1046 Rn. 36 muss sich der Arbeitgeber die Entgeltabrechnungen nach den Grundsätzen der Rechtsscheinvollmacht zurechnen lassen, wenn er einen externen Dienstleister mit der Erstellung der Entgeltabrechnungen beauftragt, dieser auf den Entgeltabrechnungen aber Namen und Anschrift des Arbeitgebers angibt.

1831 Zu der Erstellung einer Abrechnung über die Höhe des Arbeitsentgelts ist der Arbeitgeber nach § 108 Abs. 1 GewO verpflichtet.

Arbeitgeber gewähre Urlaub auch dann, wenn er ihn nicht schuldet.[1832] Er wird hingegen davon ausgehen dürfen, dass auch der Arbeitgeber von dem Bestehen des Urlaubsanspruchs in der mitgeteilten Höhe ausgeht und daher weiterhin, d.h. zeitunabhängig zur (ausgewiesenen) Leistung gewillt ist.[1833] Würde man dies anderes sehen, würden derartige Auskünfte und Mitteilungen faktisch ihre Funktion verlieren.[1834] Dem Arbeitgeber ist es insofern zwar nicht verwehrt, die Höhe des ausgewiesenen Urlaubsanspruchs anzuzweifeln.[1835] Weil er mit der Mitteilung einer bestimmten Anzahl an Urlaubstagen aber einen Vertrauenstatbestand schafft, bleibt es ihm verwehrt, sich auf die Einrede der Verjährung zu berufen.[1836] Etwas anderes kann nur dann gelten, wenn sich der Arbeitgeber die Erhebung der Verjährungseinrede ausdrücklich vorbehalten hat, weil es in diesem Fall an der Schaffung eines Vertrauenstatbestandes fehlt.[1837]

Von einem tatsächlichen, die Verjährung neu beginnenden Anerkenntnis ist dabei nicht nur dann auszugehen, wenn der Arbeitgeber den Urlaub in einer Entgeltabrechnung mitteilt, sondern auch dann, wenn er ihn etwa auf Genehmigungsformularen, Urlaubslisten oder auf sonstige Weise ausweist.

4. *Teilanerkenntnis*

Weist der Arbeitgeber weniger Urlaubstage aus, als dem Arbeitnehmer tatsächlich zustehen, hat dies zur Folge, dass die Verjährung nur für den mitgeteilten Urlaubsteil, nicht aber für die darüberhinausgehenden, dem Arbeitnehmer insgesamt zustehenden Urlaubstage von neuem zu laufen beginnt. Denn ist die

---

1832 Vgl. BAG, Urt. v. 26.04.2022 – 9 AZR 367/21, BeckRS 2022, 18063 Rn. 30; BAG, Urt. v. 19.03.2019 – 9 AZR 881/16, NZA 2019, 1046 Rn. 16.

1833 Vgl. MüKo-BGB/*Grothe*, § 212 BGB, Rn. 6: Erforderlich für das Vorliegen eines Anerkenntnisses sei, *„dass der Gläubiger berechtigterweise vom fortbestehenden und zeitablaufunabhängigen Leistungswillen seines Schuldners ausgehen darf.“*

1834 Vgl. *Geiger*, NZA 2020, 359, 361; zu Sinn und Zweck einer Entgeltabrechnung HWK/*Lemke*, § 108 GewO Rn. 4: Möglichkeit für die Arbeitnehmer, *„die Berechnung ihres Entgeltanspruchs nachvollziehen und überprüfen zu können.“*

1835 Unter Umständen setzt sich der Arbeitgeber aber dem Vorwurf widersprüchlichen Verhaltens gem. § 242 BGB aus, wenn er sich nachträglich auf die Fehlerhaftigkeit der in der Entgeltabrechnung ausgewiesenen Urlaubsansprüche und damit auf ihren Verfall beruft, vgl. BAG, Urt. v. 19.03.2019 – 9 AZR 881/16, NZA 2019, 1046 Rn. 18 ff.

1836 *Geiger*, NZA 2020, 359, 361.

1837 Vgl. *Geiger*, NZA 2020, 359, 361.

Verbindlichkeit teilbar und das Anerkenntnis nur auf einen bestimmten Teil der Forderung begrenzt, beginnt die Verjährung nur für diesen Teil neu.[1838]

Beispiel 6: Arbeitnehmer AN steht der gesetzliche Urlaubsanspruch im Umfang von 20 Tagen zu. Tarifvertraglich werden ihm zusätzlich 10 Urlaubstage gewährt, sodass er einen jährlichen Urlaubsanspruch von insgesamt 30 Urlaubstagen hat. Auf der Januar-Abrechnung 2023 sind 35 Urlaubstage ausgewiesen. Tatsächlich stehen AN aber noch 38 Urlaubstage für 2023 zu, weil insgesamt 8 aus 2020 stammende (Rest-)Urlaubstage übertragen wurden.

Durch die von Arbeitgeber AG erstellte Entgeltabrechnung, in der 35 Urlaubstage ausgewiesen wurden, hat AG gegenüber AN zum Ausdruck gebracht, dass er vom Bestehen der 35 Urlaubstage ausgeht. Weil er aber nur die 35, statt der AN insgesamt verbleibenden 38 Urlaubstage ausgewiesen hat, hat er auch nur die 35 Urlaubstage i.S.v. § 212 Abs. 1 Nr. 1 BGB tatsächlich anerkannt. Hinsichtlich der übrigen 3 Urlaubstage fehlt es an einem bestimmten Verhalten von AG, aus dem AN entsprechendes Vertrauen schöpfen darf. Die Verjährungsfrist beginnt insofern an dem auf die Abrechnung folgenden Tag nur für die in der Abrechnung ausgewiesenen, aus 2020 stammenden 5 Resturlaubstage erneut zu laufen.[1839] Die übrigen 3 Urlaubstage verjähren hingegen am 31.12.2023, sofern AG die Einrede der Verjährung erhebt.

II. Zusammenfassung

Weist der Arbeitgeber in der Gehaltsabrechnung, einem Urlaubsantragsformular, einer Urlaubsliste oder in sonstiger Weise die dem Arbeitnehmer zustehenden Urlaubstage aus, erkennt er diese zwar nicht im Sinne eines abstrakten oder deklaratorischen Schuldanerkenntnisses i.S.v. § 781 BGB, aber – rein tatsächlich – gem. § 212 Abs. 1 Nr. 1 BGB im verjährungsrechtlichen Sinne an. Die Verjährungsfrist beginnt mit jeder erneuten Mitteilung neu zu laufen.[1840] Weist der Arbeitgeber versehentlich weniger Urlaubstage aus, als dem Arbeitnehmer tatsächlich zustehen, beginnt die Verjährung nur für den mitgeteilten Urlaubsteil neu.

1838 MüKo-BGB/*Grothe*, § 212 BGB, Rn. 9.

1839 Vgl. BAG, Urt. v. 19.03.2019 – 9 AZR 881/16, NZA 2019, 1046 Rn. 28: Die Verjährung werde *„am Tag nach der Erteilung einer jeden Entgeltabrechnung nach § 212 I Nr. 1 BGB jeweils neu in Lauf gesetzt* […]"; HWK/*Lembke*, § 108 GewO, Rn. 8.

1840 BAG, Urt. v. 19.03.2019 – 9 AZR 881/16, NZA 2019, 1046 Rn. 28, 30.

C. Zusammenfassung und Ergebnisse

Urlaubsansprüche unterliegen nach hier vertretener Ansicht der regelmäßigen 3-jährigen Verjährungsfrist gem. §§ 195, 199 Abs. 1 BGB. Arbeitnehmer wissen in der Regel um den Bestand ihres Arbeitsverhältnisses und den Umfang ihres jährlichen Urlaubsanspruchs. Auch ist der Lauf der Verjährungsfrist nicht deshalb an die vorherige Erfüllung der arbeitgeberseitigen Mitwirkungsobliegenheiten zu knüpfen, weil andernfalls zu besorgen steht, dass der Arbeitnehmer aus Angst vor negativen Konsequenzen von einer – gerichtlichen – Geltendmachung des Urlaubsanspruchs absieht. Die nationalen Verjährungsvorschriften zielen nicht auf eine Anspruchs*verwirklichung*, sondern – umgekehrt – auf die Herstellung von Rechtsfrieden und Rechtssicherheit. Die Zwecke der Verjährung beanspruchen dabei bei sämtlichen materiell-rechtlichen Ansprüchen gleichermaßen Geltung. Für eine Andersbehandlung des Urlaubsanspruchs fehlt es an einem hinreichenden sachlichen Grund.

6. Teil: Fazit und Ausblick

Das deutsche Urlaubsrecht befindet sich – nach wie vor[1841] – im Wandel. Nachdem die in den Rechtssachen *Schultz-Hoff* und *KHS* entwickelten Rechtsprechungsgrundsätze in das nationale Recht Eingang gefunden und sich mittlerweile als fester Bestandteil gängiger Rechtspraxis etabliert haben, hat der EuGH seine Rechtsprechung zu der Verfallbarkeit von Urlaubsansprüchen in der *Max-Planck*-Entscheidung vom 06.11.2018 weiterentwickelt und hierdurch erneut für Anpassungsbedarf des deutschen Urlaubsrechts gesorgt.

Ausgangspunkt der Wertungen des EuGH im *Max-Planck*-Urteil bildet dessen Bild von dem Arbeitnehmer als die *„schwächere Partei des Arbeitsvertrages"*[1842], primäres *Ziel* die Schaffung eines urlaubsfreundlichen Klimas im Betrieb.[1843] Mag sich das Ziel, welches der EuGH anstrebt, als legitim, wenn im Einzelfall sogar als erforderlich[1844] darstellen, ist die *normative Basis* für die in der *Max-Planck*-Entscheidung entwickelten Mitwirkungsobliegenheiten dünn.[1845] Weder aus dem Wortlaut von Art. 7 Abs. 1 der RL 2003/88/EG noch aus demjenigen des Art. 31 Abs. 2 GRCh lassen sich etwaige arbeitgeberseitige Aufforderungs- und Hinweisobliegenheiten ableiten. Der EuGH verstößt damit nicht nur gegen den Bestimmtheitsgrundsatz. Er engt zugleich den Ausgestaltungsspielraum der Mitgliedstaaten ein, der ihnen in Art. 7 Abs. 1 der Arbeitszeitrichtlinie in Bezug auf den Urlaubsanspruch ausdrücklich eingeräumt ist.

Über den Eingriff in die Autonomie der Mitgliedstaaten hilft auch die Brücke über Art. 31 Abs. 2 GRCh nicht hinweg. Zwar vermeidet der EuGH einen Bruch in seiner ständigen Rechtsprechung, wenn er die Unanwendbarkeit der bundesurlaubsrechtlichen Vorschriften wegen der mangelnden unmittelbaren Wirkung von Richtlinien nicht aus dem Verstoß gegen Art. 7 Abs. 1 der Arbeitszeit-RL,

---

1841 Vgl. nur die in Fn. 8 aufgeführten sowie die in dieser Arbeit erörterten, in den letzten Jahren zu Urlaubsfragen ergangenen Entscheidungen des EuGH.

1842 EuGH, Urt. v. 06.11.2018 – C-684/16 (Max-Planck-Gesellschaft), NZA 2018, 1474 Rn. 41.

1843 Vgl. *Daum*, RdA 2020, 179, 182.

1844 A.A. hingegen *Sagan*, EWiR 2022, 376, 377: Für die Mitwirkungsobliegenheiten bestehe *„kein praktisches Bedürfnis"*; *ders.*, EuZW 2022, 1013, 1017: *„Die vom EuGH eingeführte Hinweisobliegenheit schafft mehr Bürokratie, löst aber kein einziges Problem."*

1845 Vgl. *Mehrens/Witschen*, EuZA 2019, 326, 326.

sondern aus dem Verstoß gegen die Primärrechtsnorm des Art. 31 Abs. 2 GRCh folgert.[1846] Aber auch ein Verstoß gegen Art. 31 Abs. 2 GRCh kann nicht die Unanwendbarkeit nationaler Vorschriften zur Folge haben, die den Verfall des Urlaubsanspruchs nicht an die vorherige Erfüllung solcher arbeitgeberseitigen Mitwirkungsobliegenheiten knüpfen. Art. 31 Abs. 2 GRCh regelt nur das „Ob" des Urlaubsanspruchs, während die Mitwirkungsobliegenheiten die Modalitäten im Hinblick auf die Urlaubsgewährung und dementsprechend allein das „Wie" des Urlaubsanspruchs betreffen, dessen Ausgestaltung wiederum alleinige Sache der Mitgliedstaaten ist.[1847] Weil die Mitwirkungsobliegenheiten nicht vom Schutzbereich des Art. 31 Abs. 2 GRCh umfasst sind, kann auch offenbleiben, ob der EuGH Art. 31 Abs. 2 GRCh im *Max-Planck*-Urteil tatsächlich unmittelbare positive Horizontalwirkung zuerkennen wollte, mit der Folge, dass die Vorschrift unmittelbar auch zwischen Privaten Anwendung findet. Ein solches Verständnis wäre abzulehnen.

Trotz aller Kritik ist die vom EuGH im *Max-Planck*-Urteil vorgenommene Interpretation für die Mitgliedstaaten verbindlich.[1848] Die Umsetzung der europäischen Vorgaben im Wege einer richtlinienkonformen Auslegung der §§ 7 Abs. 1, Abs. 3 S. 1 und S. 3 BUrlG, wie sie der 9. Senat des BAG vorgenommen hat, ist methodisch jedoch nicht möglich, weil der Wortlaut der Vorschriften einer solchen Auslegung entgegensteht. Zur richtlinienkonformen Auslegung im weiteren Sinne zählt zwar auch die richtlinienkonforme Rechtsfortbildung, mittels derer eine Norm, die nicht im Einklang mit der Gesamtrechtsordnung steht, über ihren Wortlaut hinaus fortgebildet werden kann.[1849] Auch eine richtlinienkonforme Rechtsfortbildung stößt aber dort auf ihre Grenzen, wo das gewünschte Auslegungsergebnis gegen den – nationalen – Gesetzeszweck verstößt.[1850] § 7 Abs. 3 S. 1 und S. 3 BUrlG bezwecken in erster Linie den Gesundheitsschutz. Durch die grundsätzliche kalendermäßige Befristung des Urlaubsanspruchs auf das Kalenderjahr soll erreicht werden, dass Arbeitnehmer in regelmäßigen zeitlichen Abständen in den Genuss ihres Urlaubsanspruchs kommen, um sich

---

1846 Vgl. EuGH, Urt. v. 06.11.2018 – C-684/16 (Max-Planck-Gesellschaft), NZA 2018, 1474 Rn. 80 f.

1847 Vgl. Franzen/Gallner/Oetker/*Schubert*, Art. 31 GRCh, Rn. 18 f.; *dies.*, EuZA 2020, 302, 310; *Wank*, FS Preis (2021), 1463, 1469, 1472; *ders.*, RdA 2020, 1, 8.

1848 Vgl. Grabitz/Hilf/Nettesheim/*Karpenstein*, Art. 267 AEUV, Rn. 102; ErfK/*Schlachter*, Art. 267 AEUV, Rn. 44 f.

1849 Zu den Voraussetzungen richtlinienkonformer Rechtsfortbildung oben unter § 5 D. III. 3. a).

1850 Zu den Grenzen richtlinienkonformer Rechtsfortbildung oben unter § 5 D. III. 3. b).

erholen und ihre Freizeit selbstbestimmt nutzen zu können.[1851] Ob von einer Missachtung des gesetzgeberischen Zwecks ausgegangen werden muss, wenn der Urlaubsanspruch bei Geltung der Mitwirkungsobliegenheiten nicht mehr *per se*, sondern nur noch nach deren ordnungsgemäßen Erfüllung auf das Kalenderjahr befristet ist, ist fraglich, wegen des gleichzeitig vorliegenden Verstoßes gegen das Gebot der Normenklarheit aber auch nicht entscheidungserheblich. Die Norm des § 7 Abs. 1, Abs. 3 BUrlG würde bei Geltung der Mitwirkungsobliegenheiten nicht den Anforderungen an das Gebot der Normenklarheit und Bestimmtheit genügen. Die bundesurlaubsrechtlichen Vorschriften erweisen sich damit zwar als fortbildungsbedürftig, hingegen nicht als fortbildungsfähig. Hier ist deshalb der Gesetzgeber gefragt, dem Anpassungsauftrag durch eine Novellierung des BUrlG nachzukommen und hierdurch für Rechtssicherheit und Rechtsklarheit zu sorgen. Bis er dies getan hat, ist es vornehmlich Aufgabe der Rechtsprechung, Antworten auf die (Auslegungs-)Fragen zu geben, die sich im Nachgang an die *Max-Planck*-Entscheidung des EuGH stellten und immer noch stellen.

Das Beispiel, das der 9. Senat des BAG in den Urteilen vom 19.02.2019 für eine ordnungsgemäße Erfüllung der Mitwirkungsobliegenheiten anführt[1852], hilft Arbeitgebern dabei nur bedingt weiter. Offen bleibt etwa, welche Anforderungen an die – europarechtlich ohnehin nicht gebotene – Mitteilung der Anzahl der dem Arbeitnehmer zustehenden Urlaubstage konkret zu stellen sind, um den Mitwirkungsobliegenheiten rechtskonform nachzukommen.

Mit den Entscheidungen *St. Vincenz-Krankenhaus* und *Fraport* steht nun jedenfalls fest, dass es nach Auffassung des EuGH für die Frage des Urlaubsverfalls maßgeblich darauf ankommt, ob der Arbeitgeber in irgendeiner Form einen Ursachenbeitrag dafür geleistet haben könnte, dass der Arbeitnehmer seinen Urlaub nicht oder zumindest nicht vollständig in Anspruch genommen hat. Als einen „echten" Ursachenbeitrag und damit Hinderungsgrund für den Urlaubsverfall sieht der EuGH nicht nur ein aktives Tun des Arbeitgebers, sondern nunmehr ausdrücklich auch ein Unterlassen in Form der „Nichtmitwirkung" an der Urlaubsverwirklichung. Stehen mehrere mögliche Ursachen für eine Nichtinanspruchnahme des Urlaubs im Raum, können sich Arbeitgeber zwar dadurch „entlasten", dass sie die Mitwirkungsobliegenheiten möglichst frühzeitig im Urlaubsjahr – nach der Rspr. des BAG spätestens bis zum

---

1851 Vgl. BAG, Urt. v. 26.06.1969 – 5 AZR 393/68, NJW 1969, 1981, 1982 unter 1.; BAG, Urt. v. 20.06.2000 – 9 AZR 405/99, NZA 2001, 100, 101; ErfK/*Gallner*, § 1 BUrlG, Rn. 4; HWK/*Schinz*, § 1 BUrlG, Rn. 5; MüHdb.-ArbR/*Klose*, § 86 Rn. 6.

1852 Vgl. etwa BAG, Urt. v. 19.02.2019 – 9 AZR 423/16, NZA 2019, 977 Rn. 41.

Ablauf der ersten (Urlaubs-)Woche des Kalenderjahres[1853] – vornehmen, weil sich das Risiko der Gewährung bzw. Inanspruchnahmemöglichkeit des Urlaubs bei Untätigkeit des Arbeitnehmers dann von dem Arbeitgeber auf den Arbeitnehmer verlagert[1854], der vermutete Kausalzusammenhang zwischen unterlassenen Mitwirkungsobliegenheiten und nicht vollständiger Urlaubsnahme insofern durchbrochen wird. Erfolgt die Vornahme der Mitwirkungsobliegenheiten hingegen erst irgendwann im Verlauf des Urlaubsjahres und erkrankt der Arbeitnehmer etwa zu einem früheren Zeitpunkt arbeitsunfähig, stehen Arbeitgebern nur eingeschränkte Möglichkeiten zur Verfügung, den vermuteten Kausalzusammenhang zwischen unterlassenen Mitwirkungsobliegenheiten und Nichtinanspruchnahme des Urlaubs zu widerlegen.

Noch schwieriger wird sich die Widerlegung hinsichtlich solcher Urlaubsansprüche gestalten, die aus der Zeit vor Erlass der *Max-Planck*-Entscheidung stammen. Mangels Kenntnis von den – rückwirkend – geltenden Mitwirkungsobliegenheiten werden Arbeitgeber diesen nicht nachgekommen und die Gründe des Arbeitnehmers für eine Nichtinanspruchnahme des Urlaubs nur schwer zu rekonstruieren, geschweige denn nachzuweisen sein. Dies ist kritisch zu sehen, folgt aber aus der *ex-tunc*-Wirkung der Auslegungsurteile des EuGH. Zu keiner „rückwirkenden" Geltung der Mitwirkungsobliegenheiten kann es jedenfalls hinsichtlich arbeits- oder tarifvertraglicher Alturlaubsansprüche kommen. Dies zumindest dann nicht, wenn in Altarbeits- und/oder Alttarifverträgen eine der Vorschrift des § 7 Abs. 3 BUrlG entsprechende Regelung vereinbart wurde. In diesem Fall fehlt es an objektiven Anhaltspunkten für die Annahme eines „dynamischen" Regelungswillen der Arbeits- bzw. Tarifvertragsparteien, wie ihn der 9. Senat des BAG annimmt.

Insgesamt wird der Schutz des Urlaubsanspruchs durch die *Max-Planck*-Entscheidung nochmals erheblich aufgewertet. Wirklich überzeugen kann dabei nur der dahinterstehende Grundgedanke, die Rechte der Arbeitnehmer zu stärken. Dieser allein rechtfertigt es allerdings nicht, den Urlaubsanspruch zeitlich unbegrenzt aufrechtzuerhalten. Eine grenzenlose Übertragung des Urlaubsanspruchs widerspräche nicht nur dessen Sinn und Zweck, vielmehr greifen nach Ablauf einer gewissen Zeit auch andere schutzwürdige Interessen, die einem unbegrenzten Anspruchserhalt entgegenstehen. Diesen schutzwürdigen Interessen tragen die zivilrechtlichen Verjährungsvorschriften Rechnung, die gleichermaßen für

---

1853 BAG, Urt. v. 31.01.2023 – 9 AZR 107/20, BeckRS 2023, 8405 Rn. 19.

1854 BAG, Urt. v. 31.01.2023 – 9 AZR 107/20, BeckRS 2023, 8405 Rn. 18; BAG, Urt. v. 20.12.2022 – 9 AZR 266/20, NZA 2023, 683 Rn. 49.

alle materiell-rechtlichen Ansprüche greifen. Es gibt keinen sachlichen Grund, den Urlaubsanspruch anders zu behandeln und von der Geltung der Verjährungsvorschriften auszuklammern.[1855] Weder ist § 7 Abs. 3 BUrlG als speziellere, die Anwendung der §§ 194 ff. BGB – generell – verdrängende Vorschrift anzusehen, noch gebieten europarechtliche Vorgaben die Nichtanwendung der Verjährungsvorschriften. Normativ beziehen sich sowohl Art. 7 Abs. 1 der RL 2003/88/EG als auch Art. 31 Abs. 2 GRCh ausschließlich auf das Kalenderjahr und treffen keine Regelungen bzgl. darüberhinausgehender Zeiträume.[1856] Die Ausgestaltung der Modalitäten für die Geltendmachung bzw. Durchsetzung von Urlaubsansprüchen ist damit Sache der Mitgliedstaaten. Dabei wären die Grundsätze der Äquivalenz- und Effektivität bei Anwendung der Verjährungsvorschriften gewahrt. Arbeitnehmer wissen in der Regel, dass ihnen Urlaubsansprüche (zeitlich) nicht unbegrenzt zustehen. Sie sind nicht derart unwissend, dass sich die Ausübung ihres Rechts auf bezahlten Jahresurlaub ohne arbeitgeberseitigen Hinweis auf die möglichen Verfallfristen übermäßig schwer darstellen würde. Die mit den Mitwirkungsobliegenheiten bezweckte „Ermutigung" des Arbeitnehmers zur Geltendmachung seiner Rechte ist vor dem Hintergrund einer möglichst regelmäßigen Urlaubsrealisierung verständlich. Sie kann jedoch nicht so weit gehen, dass die Nichterfüllung der Mitwirkungsobliegenheiten nicht nur den Verfall am Ende des Kalenderjahres bzw. Übertragungszeitraums, sondern darüber hinaus auch den Lauf der 3-jährige Verjährungsfrist nach § 199 Abs. 1 BGB hindert.

Wie die Untersuchung und die zahlreichen in den letzten Jahren ergangenen Vorabentscheidungsersuchen zu Fragen des Urlaubsrechts zeigen, wird das deutsche Urlaubsrecht weiterhin maßgeblich durch den Dialog zwischen EuGH und BAG bestimmt.[1857] Es bleibt daher nur zu hoffen, dass der deutsche Gesetzgeber den Rufen nach einem Tätigwerden möglichst bald nachkommt.

1855 Vgl. auch *Sprenger*, EuZA 2023, 188, 201: Der Urlaubsanspruch erhalte *„über Art. 7 Abs. 3 Richtlinie 2003/88/EG eine fragwürdige Sonderstellung gegenüber anderen Ansprüchen aus dem Arbeitsverhältnis* […]."

1856 Vgl. *Fink*, ZfA 2022, 261, 267.

1857 Vgl. *Kiel*, FS Preis (2021), 599, 613; vgl. auch *Heukenkamp/Jellen*, SAE 2022, 23, 31: *„Die Parteien des Arbeitsverhältnisses können schon seit Langem Rechte und Pflichten in Bezug auf die Übertragung des Urlaubsanspruchs nicht mehr aus § 7 III BUrlG ablesen."*

Literaturverzeichnis[1858]

Ahrends, *Mirko*, Das europäisierte Urlaubsrecht, Wiesbaden 2019 [zit. als: *Ahrends*, Europäisiertes Urlaubsrecht].

Al-Deb'i, *Fadi* / ***Weidt***, *Christopher*, Die E-Mail im Zivilprozess, JA 2017, 618–622.

Altmeppen, *Holger*, Kommentar zum Gesetz betreffend die Gesellschaften mit beschränkter Haftung (GmbHG), 11. Auflage, München 2023 [zit. als: Altmeppen/*Bearbeiter*].

Andrä, *Kristina*, Hinweispflicht auf den Urlaubsanspruch gegenüber langzeiterkrankten Arbeitnehmern?, BB 2020, 2432.

Arnold, *Christian*, Frühzeitige Erfüllung der Mitwirkungsobliegenheit bei der Verwirklichung des Urlaubsanspruchs, Anm. zu BAG, Urt. v. 31.01.2023 – 9 AZR 107/20, ArbRAktuell 2023, 267.

ders., Kein Verfall von Urlaub bei langandauernder Erkrankung, Anm. zu EuGH, Urt. v. 22.09.2022 – C-518/20, C-727/20, ArbRAktuell 2022, 537.

ders., Reihenfolge der Gewährung von Urlaubsansprüchen, Anm. zu BAG, Urt. v. 01.03.2022 – 9 AZR 353/21, ArbRAktuell 2022, 341.

ders., Mitwirkungsobliegenheit des Arbeitgebers beim Zusatzurlaub für schwerbehinderte Menschen, Anm. zu BAG, Urt. v. 30.11.2021 – 9 AZR 143/21, ArbRAktuell 2022, 204.

ders., Mitwirkungsobliegenheit des Arbeitgebers bei Erteilung von Urlaub an arbeitsunfähige Mitarbeiter?, Anm. zu BAG, Beschl. v. 07.07.2020 – 9 AZR 401/19 (A), ArbRAktuell 2020, 388.

ders., Kein Verfall von Urlaubsansprüchen, Anm. zu BAG, Urt. v. 19.02.2019 – 9 AZR 541/15, ArbRAktuell 2019, 119.

ders., Mitwirkungsobliegenheiten des Arbeitgebers bei der Gewährung von Erholungsurlaub, Anm. zu BAG, Urt. v. 19.02.2019 – 9 AZR 541/15, ArbRAktuell 2019, 390.

ders., Unbegrenzte Übertragung des Urlaubsanspruchs, Anm. zu EuGH, Urt. v. 29.11.2017 – C-214/16, ArbRAktuell 2017, 619.

Arnold, *Manfred* / ***Tillmanns***, *Christoph*, Bundesurlaubsgesetz Praxiskommentar, 4. Auflage, Freiburg 2019 [zit. als: Arnold/Tillmanns/*Bearbeiter*].

1858 Aufsätze werden im Text ohne Titel zitiert, Festschriftbeiträge als *Bearbeiter*, FS Jubilar (Jahr).

Arnold, *Christian* / ***Zeh***, *Ricarda*, Der EuGH und das deutsche Urlaubsrecht – schon wieder neues auf Luxemburg!, NZA 2019, 1–6.

Auer, *Marietta*, Neues zu Umfang und Grenzen der richtlinienkonformen Auslegung, NJW 2007, 1106–1109.

Barczak, *Tristan*, Normenkonkurrenz und Normenkollision, JuS 2015, 969–976.

Baring, *Matthias* / ***Stein***, *Nada*, EuGH-Vorlage zum Erlöschen des Urlaubsanspruchs bei Langzeiterkrankung, jurisPR-ArbR 21/2021 Anm. 5.

Bauckhage-Hoffner, *Florian*, Urlaub ohne Urlaubsantrag? – Der EuGH weitet den Arbeitnehmerschutz im Urlaubsrecht erneut – ein wenig – aus, SAE 2019, 1–9.

ders., Setzt sich der Trend zur Ausdehnung von Urlaubsansprüchen fort?, Besprechung v. BAG, Vorlagebeschl. v. 13.12.2016 – 9 AZR 541/15, SAE 2017, 73–79.

Bauer, *Jobst-Hubertus*, Verjährung von Urlaub bei Verletzung arbeitgeberseitiger Unterrichtungsobliegenheit, Anm. zu BAG, Urt. v. 20.12.2022 – 9 AZR 266/20, ArbRAktuell 2023, 42.

ders., Verjährung von Urlaub bei Verletzung arbeitgeberseitiger Unterrichtungsobliegenheit, Anm. zu EuGH, Urt. v. 22.09.2022 – C-120/21, ArbRAktuell 2022, 536.

ders., Beiderseitige und einseitige Ausschlussfristen, NZA 1987, 440–442.

Bauer, *Jobst-Hubertus* / ***Arnold***, *Christian*, Altersdiskriminierung von Organmitgliedern, ZIP 2012, 597–605.

dies., EuGH kippt deutsches Urlaubsrecht – Die Schultz-Hoff-Entscheidung und ihre Folgen, NJW 2009, 631–636.

Bauer, *Jobst-Hubertus* / ***Medem***, *Andreas von*, Von Schultz-Hoff zu Schulte – der EuGH erweist sich als lernfähig, NZA 2012, 113–119.

Bauschke, *Hans-Joachim*, EuGH: Unionsrechtswidrigkeit der Regelung über den Urlaubsverfall nach § 7 III BUrlG, Anm. zu EuGH, Urt. v. 06.11.2018 – C-684/16, öAT 2018, 253.

Bayer, *Bastian* / ***Roncato***, *Raffaela*, Fallstricke bei arbeitsvertraglichen Ausschlussfristen, ArbRAktuell 2021, 92–95.

Bayreuther, *Frank*, Neue Urlaubsrechtsprechung des EuGH, NZA 2022, 1381–1384.

ders., Verfall von Urlaubsansprüchen bei Langzeiterkrankung, Anm. zu EuGH, Urt. v. 22.09.2022 – C-518/20, C-727/20, NJW 2022, 3203–3206.

ders., Einrichtung eines Systems der Arbeitszeiterfassung, NZA 2020, 1–9.

ders., Urlaubsrecht – finalisiert, NZA 2019, 945–951.

ders., Der EuGH und der urlaubsrechtliche Schadensersatzanspruch, NZA 2018, 24–26.

***Becker**, Silke / **Tuengerthal**, Hansjuergen*, Auch ohne Blick in die Ferne: Externe – ein Leitfaden für den Einsatz von Fremdpersonal im eigenen Unternehmen, BB 2016, 2229–2236.

***Benecke**, Martina*, Urlaub und Urlaubsabgeltung, Anm. zu BAG, Urt. v. 04.05.2010 – 9 AZR 183/09, RdA 2011, 241–244.

***Benkert**, Daniel*, Deutsches Urlaubsrecht unter europäischem Einfluss, NJW-Spezial 2022, 690–691.

***Bissels**, Alexander / **Falter**, Kira*, Reform des Fremdpersonaleinsatzes: Ein neuer Versuch aus dem BMAS, DB 2016, 534–535.

***Bitter**, Georg*, Aufschub des Verjährungsbeginns bei unklarer und klarer Rechtslage?, JZ 2015, 170–177.

***Bitter**, Georg / **Alles**, Matthias*, Die Rechtsprechung zum Aufschub des Verjährungsbeginns bei unklarer Rechtslage, NJW 2011, 2081–2084.

***Boemke**, Burkhard*, Aktuelles zum GmbH-Geschäftsführer aus arbeitsrechtlicher Sicht, RdA 2018, 1–24.

ders., Verantwortung des Arbeitgebers für die Urlaubsgewährung, jurisPR-ArbR 37/2015 Anm. 5.

ders., Studienbuch Arbeitsrecht, 2. Auflage, München 2004 [zit. als: *Boemke*, Studienbuch ArbR].

***Boemke**, Burkhard / **Dorr**, Christina*, Verjährungshemmung durch Verhandlung, NJOZ 2017, 1578–1586.

***Boecken**, Winfried / **Düwell**, Franz Josef / **Diller**, Martin / **Hanau**, Hans* [Hrsg.], NomosKommentar Gesamtes Arbeitsrecht, 2. Auflage, Baden-Baden 2023 [zit als.: NK-ArbR/*Bearbeiter*].

***Böhle**, Jan*, Widersprüchliche Vertragsabreden in ergänzungsbedürftigen Formularverträgen, JuS 2019, 523–527.

***Bonanni**, Andrea / **Fehlberg**, Franziska*, Update Urlaubsrecht – Entscheidungen und Vorabentscheidungsersuchen des 9. BAG-Senats des Jahres 2020 im Überblick, ArbRB 2021, 122–125.

***Bonanni**, Andrea / **Niklas**, Lisa-Marie,* Die neue Hinweispflicht des Arbeitgebers auf bestehende Urlaubsansprüche – Konkrete Umsetzung in der Praxis, ArbRB 2019, 208–212.

***Brenncke**, Martin*, Europäisierung der Methodik richtlinienkonformer Auslegung, EuR 2015, 440–461.

Bross, *Nikolaus*, Kein Verfall des gesetzlichen Anspruchs auf Urlaubsabgeltung bei Arbeitsunfähigkeit bis zum Ende des Übertragungszeitraums, Anm. zu BAG, Urt. v. 24.03.2009 – 9 AZR 983/07, EWiR 2009, 377–378.

Brors, *Christiane*, Mitbestimmung des Betriebsrats bei der Dokumentation der Arbeitszeit vor und nach der CCOO-Entscheidung des EuGH, NZA 2019, 1176–1180.

Bruck, *Julia M.*, Verjährung von Urlaubsansprüchen?, DB 2021, 1019.

dies., Unbegrenzter Urlaub nun auch bei Krankheit?, DB 2020, 562.

Burger, *Simon*, Mitwirkungsobliegenheiten des Arbeitgebers hinsichtlich der Urlaubsansprüche langandauernd erkrankter Arbeitnehmer, Anm. zu LAG Rheinland-Pfalz, Urt. v. 15.01.2020 – 7 Sa 284/19, öAT 2020, 103.

Bydlinski, *Franz*, Juristische Methodenlehre und Rechtsbegriff, 2. Auflage, Wien [u.a.] 1991 [zit. als: *Bydlinski*, Methodenlehre].

Bydlinski, *Franz* / ***Bydlinski***, *Peter*, Grundzüge der juristischen Methodenlehre, 3. Auflage, Wien 2018 [zit. als: *Bydlinski/Bydlinski*, Grundzüge jur. Methodenlehre].

Callies, *Christian* / ***Ruffert***, *Matthias* [Hrsg.], EUV/AEUV – Das Verfassungsrecht der Europäischen Union mit Europäischer Grundrechtecharta, Kommentar, 6. Auflage, München 2022 [zit. als: Callies/Ruffert/*Bearbeiter*].

Canaris, *Claus-Wilhelm*, Die richtlinienkonforme Auslegung und Rechtsfortbildung im System der juristischen Methodenlehre, S. 47–103, in: Im Dienste der Gerechtigkeit, Festschrift für Franz Bydlinski, Wien 2002.

Clemenz, *Susanne* / ***Kreft***, *Burghard* / ***Krause***, *Rüdiger* [Hrsg.], AGB-Arbeitsrecht, 3. Auflage, Köln 2023 [zit. als: C/K/K/*Bearbeiter*].

Conze, *Peter* / ***Karb***, *Svenja* / ***Wölk***, *Wolfgang* / ***Reidel***, *Alexandra-Isabel*, Personalbuch Arbeits- und Tarifrecht öffentlicher Dienst, 7. Auflage, München 2021 [zit. als: Conze/Karb/Wölk/Reidel/*Bearbeiter*].

Däubler, *Wolfgang* / ***Hjort***, *Jens Peter* / ***Schubert***, *Michael* / ***Wolmerath***, *Martin* [Hrsg.], Arbeitsrecht, Individualarbeitsrecht mit kollektivrechtlichen Bezügen, Handkommentar, 5. Auflage, Baden-Baden 2022 [zit. als: DHSW/*Bearbeiter*].

Däubler, *Wolfgang* / ***Deinert***, *Olaf* / ***Walser***, *Manfred*, AGB-Kontrolle im Arbeitsrecht, Kommentar zu den §§ 305 bis 310 BGB, 5. Auflage, München 2021 [zit. als: DDW/*Bearbeiter*].

Danwitz, *Thomas von*, Rechtswirkungen von Richtlinien in der neueren Rechtsprechung des EuGH, JZ 2007, 697–706.

Darm-Tobaben, *Tobias*, Zur Reihenfolge der Erfüllung unterschiedlicher Urlaubsansprüche, DB 2022, 2161.

ders., Zum Verfall des Zusatzurlaubs für schwerbehinderte Menschen, DB 2022, 1262.

Daum, *Jan Alexander*, Die Urlaubs-Verantwortlichkeit des Arbeitgebers, RdA 2020, 179–184.

Dauses, *Manfred A.* [Begr.] / ***Ludwigs***, *Markus* [Hrsg.], Handbuch des EU-Wirtschaftsrechts, Band 1, Stand: August 2022, München 2022 [zit. als: Dauses/Ludwigs/*Bearbeiter*, EU-Wirtschaftsrecht].

Diller, *Martin*, Gesellschafter und Gesellschaftsorgane als Arbeitnehmer, Köln 1994 [zit. als: *Diller*, Gesellschaftsorgane].

Dörr, *Claus*, Der unionsrechtliche Staatshaftungsanspruch in Deutschland zwanzig Jahre nach Francovich, EuZW 2012, 86–92.

Dornbusch, *Gregor* / ***Ahner***, *Lara*, Urlaubsanspruch und Urlaubsabgeltung bei fortdauernder Arbeitsunfähigkeit des Arbeitnehmers, NZA 2009, 180–183.

Drexler, *Alexander*, Die richtlinienkonforme Interpretation in Deutschland und Frankreich, 1. Auflage, Baden-Baden 2012 [zit. als: *Drexler*, Richtlinienkonforme Interpretation].

Düsterhaus, *Dominik*, Zwischen Rechts- und Vertrauensschutz: Die zeitlichen Wirkungen von Auslegungsurteilen des EuGH nach Artikel 267 AEUV, EuR 2017, 30–56.

Düwell, *Franz-Josef*, Ab 01.10.2016: Textform für arbeitsvertragliche Verfallklauseln, BB 2016, 24805–2486.

ders., Urlaubsrecht im Umbruch – Von der freien richterlichen Rechtsschöpfung zu den Problemen im Mehrebenenregelungssystem, NZA-Beil. 2011, 133–141.

Dullinger, *Thomas* / ***Zöllner***, *Andreas*, Verfall von Urlaub und Mitwirkungsobliegenheiten des Arbeitgebers, Anm. zu BAG, Urt. v. 19.02.2019 – 9 AZR 423/16 und 9 AZR 321/16, SAE 2020, 93–102.

Eckert, *Michael*, Blick ins Arbeitsrecht – Teil II, DStR 2022, 314–319.

ders., Blick ins Arbeitsrecht, DStR 2020, 1807–1812.

ders., Blick ins Arbeitsrecht, DStR 2009, 979–984.

Ecklebe, *Marc*, Schadensersatzpflicht des Arbeitgebers für verfallenen Urlaub – auch ohne Urlaubsantrag, DB 2014, 1991–1992.

Eckstein, *Martin*, Zeitliche Begrenzung von Urlaubsansprüchen bei lang andauernder Arbeitsunfähigkeit, SAE 2010, 336–341.

Ehlers, *Florian*, Krank im Urlaub – Das Schicksal von Urlaubsansprüchen bei langzeiterkrankten Arbeitnehmern, Baden-Baden 2016 [zit. als: *Ehlers*, Krank im Urlaub].

***Ehrike**, Ulrich*, Die Bindungswirkung von Urteilen des EuGH im Vorabentscheidungsverfahren nach deutschem Zivilprozeßrecht und nach Gemeinschaftsrecht, Saarbrücken 1997 [zit. als: *Ehrike*, Bindungswirkung von Urteilen des EuGH].

***Engisch**, Karl*, Einführung in das juristische Denken, 12. Auflage, Stuttgart 2018 [zit. als: *Engisch*, Einführung in das jur. Denken].

***Epiney**, Astrid*, Die Rechtsprechung des EuGH im Jahr 2018, NVwZ 2019, 767–777.

***Eufinger**, Alexander*, Mitwirkungsobliegenheiten des Arbeitgebers beim Zusatzurlaub für schwerbehinderte Menschen, Anm. zu BAG, Urt. v. 30.11.2021 – 9 AZR 143/21, GWR 2022, 166.

***Fenski**, Martin*, Was am Ende (vom Urlaubsrecht) übrigbleibt – Falsche Prämissen, falsche Ergebnisse, NZA 2014, 1381–1385.

***Fink**, Benedikt N.*, Verjährung des Urlaubsanspruchs – Mitwirkungsobliegenheit des Arbeitgebers und europarechtskonforme Auslegung des Bundesurlaubsgesetzes, ZfA 2022, 261–269.

***Fischer**, Katharina* / ***Fuhlrott**, Michael*, Unionsrechtliche Prägungen des deutschen Arbeitsrechts durch Vorabentscheidungsersuchen, RdA 2022, 19–27.

***Fischinger**, Philipp S.*, Neues im Urlaubsrecht, JA 2020, 502–507.

***Fleischer**, Holger* / ***Goette**, Wulf* [Hrsg.], Münchner Kommentar zum GmbHG, Band 2 (§§ 35–52 GmbHG), 3. Auflage, München 2019 [zit. als: MüKo-GmbHG/*Bearbeiter*].

***Fornaiser**, Matteo*, Entwicklungen in der Rechtsprechung zum Europäischen Arbeitsrecht 2018, GPR 2019, 141–148.

***Forst**, Gerrit*, Unterliegen Geschäftsführer dem Bundesurlaubsgesetz (BUrlG)?, GmbHR 2012, 821–828.

***Franzen**, Martin* / ***Gallner**, Inken* / ***Oetker**, Hartmut* [Hrsg.], Kommentar zum europäischen Arbeitsrecht, 4. Auflage, München 2022 [zit. als: Franzen/Gallner/Oetker/*Bearbeiter*].

***Franzen**, Martin*, Zeitliche Begrenzung der Urlaubsansprüche langzeiterkrankter Arbeitnehmer, NZA 2011, 1403–1405.

***Franzen**, Martin*, Privatrechtsangleichung durch die Europäische Gemeinschaft, Berlin/New York 1999 [zit. als: *Franzen*, Privatrechtsangleichung].

***Friese**, Birgit*, Urlaubsrecht, München 2003 [zit. als: Friese, Urlaubsrecht].

***Fuhlrott**, Michael*, Verjährungsbeginn bei Urlaub nur nach Erfüllung arbeitgeberseitiger Unterrichtungspflicht, Anm. zu EuGH, Urt. v. 22.09.2022 – C-120/21, NZA-RR 2022, 612.

ders., Kein Urlaubsverfall ohne ausdrücklichen Hinweis des Arbeitgebers auf bestehenden Urlaub, Anm. zu BAG, Urt. v. 19.02.2019 – 9 AZR 541/15, NZA-RR 2019, 511.

ders., Zur finanziellen Abgeltung nicht genehmigten Urlaubs („Max-Planck-Gesellschaft zur Förderung der Wissenschaften"), Anm. zu EuGH, Urt. v. 06.11.2018 – C-684/16, EWiR 2018, 725–726.

***Fuhlrott**, Michael* / ***Garden**, Florian*, Arbeitsrechtliche Folgen des „Stechuhr-Urteils" des EuGH, ArbRAktuell 2019, 263–265.

***Gas**, Tonio*, Die unmittelbare Anwendbarkeit von Richtlinien zu Lasten Privater im Urteil „Mangold", EuZW 2005, 737.

***Gallner**, Inken*, Rechtliche Spannungsfelder in Europa, S. 271–288, in: Grundlagen des Arbeits- und Sozialrechts, Festschrift für Ulrich Preis zum 65. Geburtstag, München 2021.

***Gaul**, Björn* / ***Bonanni**, Andrea* / ***Ludwig**, Daniel*, Urlaubsanspruch trotz Langzeiterkrankung – Handlungsbedarf für die betriebliche Praxis, DB 2009, 1013–1017.

***Gaul**, Björn* / ***Hahne**, Tobias C.*, Der Versuch des Gesetzgebers zur Kennzeichnung von Arbeitnehmern, Leiharbeitnehmern und sonstigem Fremdpersonal durch § 611 a BGB, BB 2016, 58–63.

***Gaul**, Björn* / ***Josten**, Daniela* / ***Strauf**, Hendrick*, EuGH: Urlaubsanspruch trotz Dauerkrankheit, BB 2009, 497–501.

***Gebauer**, Martin*, Der Durchbruch zur richtlinienkonformen Rechtsfortbildung: Anmerkung zu BGH, Urteil vom 26.11.2008, VIII ZR 200/05 – Quelle, GPR 2009, 82–87.

***Geiger**, Jan Fritz*, Die neue Bedeutung der Verjährung von Urlaubs- und Urlaubsabgeltungsansprüchen, NZA 2020, 359–362.

***Geiger**, Rudolf* / ***Khan**, Daniel-Erasmus* / ***Kotzur**, Markus* / ***Kirchmair**, Lando* [Hrsg.], Kommentar zum Vertrag über die Europäische Union und zum Vertrag über die Arbeitsweise der Europäischen Union, EUV/AEUV, 7. Auflage, München 2023 [zit. als: Geiger/Khan/Kotzur/Kirchmair/*Bearbeiter*].

***Gernhuber**, Joachim*, Die Erfüllung und ihre Surrogate, 2. Auflage, Tübingen 1994 [zit. als: *Gernhuber*, Erfüllung].

***Geserich**, Stephan*, Auslegung und Rechtsfortbildung, DStR-Beih 2011, 59–66.

***Geyer**, Markus*, Übertragung und Abgeltung von Urlaub bei Krankheit: Die Entscheidungen des EuGH vom 10. Januar 2009 und des BAG vom 24. März 2009 in der Praxis der Anwender des TV-L und TvöD, ZTR 2009, 346–355.

***Glatzel**, Brigitte*, Aktuelle Rechtsprechung zum Urlaubsrecht, NZA-RR 2021, 169–174.

dies., Verjährung von Urlaubsansprüchen, Anm. zu LAG Niedersachen, Urt. v. 20.08.2020 – 5 Sa 614/20, NZA-RR 2021, 55.

Goette, *Wulf*, Der Geschäftsführerdienstvertrag zwischen Gesellschafts- und Arbeitsrecht in der Rechtsprechung des Bundesgerichtshofs, S. 874–888, in: Festschrift für Herbert Wiedemann zum 70. Geburtstag, München 2002.

Gooren, *Paul*, Pflicht des Arbeitgebers zur Urlaubsgewährung europarechtskonform – Kein Verfall bei Obliegenheitsverletzung des Arbeitgebers, Anm. zu EuGH, Urt. v. 06.11.2018 – C-684/16, NZA-RR 2019, 12–13.

ders., Pflicht des Arbeitgebers zur initiativen Urlaubsgewährung?, NZA 2016, 1374–1379.

Gooren, *Paul* / ***Rudkowski***, *Lena*, Urlaubsabgeltung bei Tod des Arbeitnehmers – Bollacke reloaded, NJW 2017, 1149–1152.

Grabitz, *Eberhard [Begr.]* / ***Hilf***, *Meinhard [Fortf.]* / ***Nettesheim***, *Martin* [Hrsg.], Das Recht der Europäischen Union, Band I–III, EUV/AEUV, München, 78. Ergänzungslieferung, Stand: Januar 2023 [zit. als: Grabitz/Hilf/Nettesheim/*Bearbeiter*].

Grimm, *Detlev*, Urlaubsrecht 4.0 und neue Informations- und Hinweispflichten für Arbeitgeber, ZTR 2019, 651–659.

Groeben, *Hans von der* / ***Schwarze***, *Jürgen* / ***Hatje***, *Armin* [Hrsg.], Europäisches Unionsrecht, Band 4 (Art. 174 bis 358 AEUV), 7. Auflage, Baden-Baden 2015 [zit. als: v. der Groeben/Schwarze/Hatje/*Bearbeiter*].

Groeger, *Axel*, EuGH-Vorlage zum Erlöschen des Urlaubsanspruchs bei Langzeiterkrankung, ArbRB 2020, 331–332.

Grosche, *Nils* / ***Höft***, *Jan*, Richtlinienkonforme Rechtsfortbildung ohne Grenzen? – Zugleich Besprechung von BGH, NJW 2007, 427 – Quelle, NJOZ 2009, 2294–2309.

Grunewald, *Barbara* / ***Maier-Reimer***, *Georg* / ***Westermann***, *Harm Peter* [Hrsg.], Erman BGB: Handkommentar, 16. Auflage, Köln 2020 [zit. als: Erman-BGB/*Bearbeiter*].

Gsell, *Beate*, Anm. zu BGH, Urt. v. 26.11.2008 – VIII ZR 200/05, JZ 2009, 522–526.

Gsell, *Beate* / ***Krüger***, *Wolfgang* / ***Lorenz***, *Stephan* / ***Reymann***, *Christoph* [Gesamt-Hrsg. für das Zivilrecht], beck-online Großkommentar zum Zivilrecht, München 2023 [zit. als: BeckOK-GK/*Bearbeiter*].

Haase, *Karsten*, Der Erholungsurlaub des Geschäftsführers einer GmbH aus rechtlicher Sicht (I), GmbHR 2005, 265–272.

Häußer, *Christian*, Wieder einmal Urlaub, DB 2022, M4–M5.

Hackmann, *Maria*, Kein Ende der Bewegungen im Urlaubsrecht, S. 293–310, in: Gesellschaftliche Bewegungen – Recht unter Beobachtung und in Aktion, Festschrift für Wolfhard Kohte, 1. Auflage, Baden-Baden 2016.

Hamacher, *Anno*, Von der Kunst, den Urlaubsanspruch zu erfüllen, NZA 2018, 487–491.

Hartmann, *Felix*, Diskriminierung durch Antidiskriminierungsrecht? Möglichkeiten und Grenze eines postkategorialen Diskriminierungsschutzes in der Europäischen Union, EuZA 2019, 24–44.

ders., Die arbeitsrechtliche Rechtsprechung des Europäischen Gerichtshofs im zweiten Halbjahr 2015 und im Jahr 2016, EuZA 2017, 153–193.

Hau, *Wolfgang* / ***Poseck***, *Roman* [Hrsg.], Beck'scher Online-Kommentar zum BGB, 62. Edition, Stand: 01.05.2022, München 2023 [zit. als: BeckOK-BGB/ *Bearbeiter*].

Heukenkamp, *Elisabeth* / ***Jellen***, *Lea*, Die Mitwirkungspflichten des Arbeitgebers für das Erlöschen von Urlaubsansprüchen, SAE 2022, 23–32.

Henssler, *Martin*, Neue Herausforderungen für den europäischen und nationalen Arbeitnehmerbegriff, S. 433–444, in: Grundlagen des Arbeits- und Sozialrechts, Festschrift für Ulrich Preis zum 65. Geburtstag, München 2021.

ders., Fremdpersonaleinsatz durch One-Site-Werkverträge und Arbeitnehmerüberlassung – offene Fragen und Anwendungsprobleme des neuen Rechts, RdA 2017, 83–100.

ders., Überregulierung statt Rechtssicherheit – der Referentenentwurf des BMAS zur Reglementierung von Leiharbeit und Werkverträgen, RdA 2016, 18–24.

Henssler, *Martin* / ***Strohn***, *Lutz*, Gesellschaftsrecht Kommentar, 5. Auflage, München 2021 [zit. als: Henssler/Strohn/*Bearbeiter*].

Henssler, *Martin* / ***Willemsen***, *Heinz Josef* / ***Kalb***, *Heinz-Jürgen*, Arbeitsrecht Kommentar, 10. Auflage, Köln 2022 [zit. als: HWK/*Bearbeiter*].

Henssler, *Martin* / ***Pant***, *Benjamin*, Europäisierter Arbeitnehmerbegriff – Regulierung der typischen und atypischen Beschäftigung in Deutschland und der Union, RdA 2019, 321–332.

Herberger, *Maximilian* / ***Martinek***, *Michael* / ***Rüßmann***, *Helmut* / ***Weth***, *Stephan* / ***Würdinger***, *Markus* [Gesamt-Hrsg.], juris Praxiskommentar BGB, Band 1 – Allgemeiner Teil, 10. Auflage 2023, Saarbrücken 2023; Band 2 – Schuldrecht, 10. Auflage 2023, Saarbrücken 2023 [zit. als: jurisPK-BGB/*Bearbeiter*].

Herdegen, *Matthias*, Richtlinienkonforme Auslegung im Bankrecht: Schranken nach Europa- und Verfassungsrecht, WM 2005, 1921–1968.

***Herresthal**, Carsten*, Die zeitlichen Grenzen der Zinsnachforderung bei unwirksamen Zinsanpassungsklauseln in Prämiensparverträgen – Rechtsprechung gegen das Gesetz, ZIP 2022, 921–935.

ders., Die Verschiebung des Verjährungsbeginns bei unsicherer und zweifelhafter Rechtslage – Contra legale Rechtsgewinnung im Verjährungsrecht –, WM 2018, 401–410.

ders., Grundrechtecharta und Privatrecht, ZEuP 2014, 238–280.

ders., Die richtlinienkonforme und die verfassungskonforme Auslegung im Privatrecht, JuS 2014, 289–298.

ders., Voraussetzungen und Grenzen der gemeinschaftskonformen Rechtsfortbildung, EuZW 2007, 396–400.

***Herresthal**, Carsten / **Weiß**, Johannes*, Fälle zur Methodenlehre, 2. Auflage, München 2023 [zit. als: *Herresthal/Weiß*, Methodenlehre].

***Heselhaus**, Sebastian M. / **Nowak**, Carsten* [Hrsg.], Handbuch der Europäischen Grundrechte, 2. Auflage, München 2020 [zit. als: Heselhaus/Nowak/*Bearbeiter*, Europäische Grundrechte].

***Heuschmid**, Johannes*, Neujustierung des Arbeitszeitrechts und des Systems der Arbeitszeiterfassung durch den EuGH, NJW 2019, 1853–1854.

***Hlava**, Daniel*, Verantwortung des Arbeitgebers für die Urlaubsgewährung, jurisPR-Arb 41/2014 Anm. 6.

***Hohmeister**, Frank / **Oppermann**, Angelika*, Bundesurlaubsgesetz, 3. Auflage, Baden-Baden 2013 [zit. als: Hohmeister/Oppermann/*Bearbeiter*].

***Holthausen**, Joachim / **Steinkraus**, Astrid*, Die janusköpfige Rechtsstellung des GmbH-Geschäftsführers im Arbeitsrecht, NZA-RR 2002, 281–288.

***Hoppe**, Christian*, Belehrungspflicht des Arbeitgebers über Urlaubsverfall bei Langzeiterkrankung, Anm. zu LAG Hamm, Urt. v. 24.07.2019 – 5 Sa 676/19, ArbRAktuell 2019, 467.

***Höpfner**, Clemens*, Methodenfragen bei der Auslegung des Unionsrechts, in: Jahrbuch des Arbeitsrechts, Band 57, Schmidt, Ingrid [Hrsg.], Berlin 2020, 69–94.

ders., Gesetzesbindung und verfassungskonforme Auslegung im Arbeits- und Verfassungsrecht, RdA 2018, 321–337.

ders., Das deutsche Urlaubsrecht in Europa – Zwischen Vollharmonisierung und Koexistenz – Teil 1, RdA 2013, 16–27.

ders., Das deutsche Urlaubsrecht in Europa – Zwischen Vollharmonisierung und Koexistenz – Teil 2, RdA 2013, 65–73.

ders., Altersdiskriminierung und europäische Grundrechte – Einige methodische Bemerkungen zum Richterrecht des EuGH, ZfA 2010, 449–486.

ders., Die systemkonforme Auslegung – Zur Auflösung einfachgesetzlicher, verfassungsrechtlicher und europarechtlicher Widersprüche im Recht, Tübingen 2008 [zit. als: *Höpfner,* Die systemkonforme Auslegung].

***Höpfner**, Clemens* / ***Daum**, Jan Alexander*, Die Pflicht des Arbeitgebers zur Erfassung der Arbeitszeit, RdA 2019, 270–280.

***Hromadka**, Wolfgang*, Zur Auslegung des § 611 a BGB – Eine historisch-dogmatische Analyse, NZA 2018, 1583–1586.

***Huber**, Peter M.*, Auslegung und Anwendung der Charta der Grundrechte, NJW 2011, 2385–2390.

***Hueck**, Götz*, Zur arbeitsrechtlichen Stellung des GmbH-Geschäftsführers, ZfA 1985, 25–37.

***Hülbach**, Henning*, Keine Verjährung von Urlaubsansprüchen bei Nichterfüllung der Mitwirkungsobliegenheiten, ArbRB 2020, 204–205.

***Hund**, Daniel* / ***Miesen**, Elisabeth*, Verfall von Urlaubsansprüchen: Aktive Mitwirkung der Arbeitgeber erforderlich, DB 2020, 734.

***Husemann**, Tim*, Ausschlussfristen im Arbeitsrecht, NZA-RR 2011, 337–342.

***Jacobs**, Matthias* / ***Münder**, Matthias*, Deutsches Urlaubsrecht im europäischen Wandel – Teil II, RdA 2020, 13–25.

dies., Deutsches Urlaubsrecht im europäischen Wandel – Teil I, RdA 2019, 332–347.

***Jaeger**, Georg*, Die Zuständigkeit des ArbG und Geltung des Kündigungsschutzes für Geschäftsführer, NZA 1998, 961–967.

***Jarass**, Hans D.*, Charta der Grundrechte der Europäischen Union, 4. Auflage, München 2021 [zit. als: Jarass/*Bearbeiter,* Charta-Grundrechte].

ders., Die Bedeutung der Unionsgrundrechte unter Privaten, ZEuP 2017, 310–334.

ders., Zum Verhältnis von Grundrechtecharta und sonstigem Recht, EuR 2013, 29–45.

***Jarass**, Hans. D.* / ***Kment**, Martin*, EU-Grundrechte, 2. Auflage, München 2019 [zit. als: *Jarass/Kment,* EU-Grundrechte].

***Jesgarzewski**, Tim*, Zwei Vorlagen an den EuGH: Urlaubsverfall bei fehlender Mitwirkung des ArbG, AA 2021, 026–028.

***Juncker**, Maximilian*, Urlaub ohne Ende? – die Entwicklung des Urlaubsrechts im Jahr 2018, öAT 2019, 5–7.

***Junker**, Abbo*, Der unionsrechtliche Anspruch auf Urlaubsabgeltung nach Art. 7 Abs. 2 Richtlinie 2003/88/EG, S. 530–536, in: Grundlagen des Arbeits- und Sozialrechts, Festschrift für Ulrich Preis zum 65. Geburtstag, München 2021.

ders., Die Einflüsse des europäischen Rechts auf die personelle Reichweite des Arbeitnehmerschutzes – Der Arbeitnehmerbegriff in der Rechtsprechung des Europäischen Gerichtshofs, EuZA 2016, 184–206.

***Kahl**, Wolfgang* / ***Ludwigs**, Markus* [Hrsg.], Handbuch des Verwaltungsrechts, Band II: Grundstrukturen des europäischen und internationalen Verwaltungsrechts, 1. Auflage, Heidelberg 2021 [zit. als: Kahl/Ludwigs/*Bearbeiter*, Hdb. des VerwR.].

***Kahl**, Wolfgang* / ***Schwind**, Manuel*, Europäische Grundrechte und Grundfreiheiten – Grundbausteine einer Interaktionslehre, EuR 2014, 170–195.

***Kainer**, Friedemann*, Rückkehr der unmittelbar-horizontalen Grundrechtswirkung aus Luxemburg?, NZA 2018, 894–900.

ders., Privatrecht zwischen Richtlinien und Grundrechten – Zu den Grenzen richtlinienkonformer Auslegung und horizontalen Richtlinienwirkungen, GPR 2016, 262–270.

***Kamanabrou**, Sudabeh*, Richtlinienkonforme Auslegung im Rechtsvergleich, Tübingen 2021 [zit. als: *Kamanabrou*, Richtlinienkonforme Auslegung].

dies., Die Renaissance des Regelungswillen bei der richtlinienkonformen Rechtsfortbildung, S. 549–557, in: Grundlagen des Arbeits- und Sozialrechts, Festschrift für Ulrich Preis zum 65. Geburtstag, München 2021.

dies., Urlaubsabgeltung bei Tod des Arbeitnehmers im laufenden Arbeitsverhältnis, RdA 2017, 162–166.

dies., Urlaubsabgeltung bei krankheitsbedingter Arbeitsunfähigkeit nach der Schultz-Hoff-Entscheidung des EuGH, SAE 2009, 233–250.

dies., Urlaubsanspruch nach Langzeiterkrankung – ein Gebot des Gemeinschaftsrechts?, SAE 2009, 121–133.

dies., Das Anstellungsverhältnis des GmbH-Geschäftsführers im Lichte neuerer Rechtsprechung, DB 2002, 146–150.

***Karb**, Svenja*, Verfall des Urlaubsanspruchs bei Langzeiterkrankung trotz unterbliebener Mitwirkung des Arbeitgebers, Anm. zu BAG, Urt. v. 31.01.2023 – 9 AZR 107/20, öAT 2023, 122.

***Kiel**, Heinrich*, Neue Herausforderungen im europäischen Dialog zum Urlaubsrecht – Verfall und Verjährung von Urlaubsansprüchen, S. 599–613, in: Grundlagen des Arbeits- und Sozialrechts, Festschrift für Ulrich Preis zum 65. Geburtstag, München 2021.

ders., Aspekte tarifautonomer Gestaltung des Mehrurlaubs, NZA 2021, 1293–1297.

ders., Neujustierung des Urlaubsrechts, in: Jahrbuch des Arbeitsrechts, Band 57, Schmidt, Ingrid [Hrsg.], Berlin 2020, 95–121.

Kiel, *Heinrich* / ***Lunk***, *Stefan* / ***Oetker***, *Hartmut*, [Hrsg.], Münchner Handbuch zum Arbeitsrecht, Band 1: Individualarbeitsrecht I, 5. Auflage, München 2021 [zit. als: MüHdb.-ArbR/*Bearbeiter*].

Kielmansegg, *Sebastian Graf von*, Tücken im Dreieck – Die individualbelastende Richtlinienwirkung im Unionsrecht, EuR 2014, 30–62.

Klein, *Andreas*, Konkurrenz und Auslegung – Der deliktsrechtliche Gehalt vertragsrechtlicher Normen, Berlin 1997 [zit. als: *Klein*, Konkurrenz und Auslegung].

Klocke, *Daniel Matthias*, Überblick über die Konkurrenzen im Bürgerlichen Recht, JA 2013, 581–584.

Kloppenburg, *Thomas*, Vererblichkeit des Urlaubsabgeltungsanspruchs („Bollacke"), jurisPR-ArbR 29/2014 Anm. 1.

Kock, *Martin* / ***Heyde*** *Hannah*, Urlaubsanspruch von Arbeitnehmern nach einem Wechsel von Vollzeit zu Teilzeit und umgekehrt, BB 2013, 2938–2942.

Köhler, *Matthias* / ***Schürgers***, *Adrian*, Ausschlussklauseln in der Praxis, GWR 2021, 41–43.

Körlings, *Peter*, Unzulässige Feststellungsklagen im Urlaubsrecht – Grenzen der Zulässigkeit einer Elementenfeststellungsklage, DB 2020, 1348.

Körner, *Anne* / ***Krasney***, *Martin* / ***Mutschler***, *Bernd* / ***Rolfs***, *Christian*, [Hrsg.], beck-online.GROSSKOMMENTAR zum SGB: SGB I, SGB IV, SGB V, SGB VI, SGB VII, SGB X, SGB XI (Kasseler Kommentar), 121. Auflage 2023, München 2023 [zit. als: KassKomm/*Bearbeiter*].

Kohte, *Wolfhard*, Urlaubsrechtliche Reminiszenzen und organisationsvertragliche Perspektiven, S. 99–115, in: Festschrift für Peter Schwerdtner zum 65. Geburtstag, München u.a. 2003.

Kohte, *Wolfhard* / ***Beetz***, *Claudia*, Neue Rechtsprechung des BAG zum Urlaubsrecht, Anm. zu BAG, Urt. v. 24.03.2009 – 9 AZR 983/07, jurisPR-ArbR 25/2009 Anm. 1.

Konzen, *Horst*, Auswirkungen der europäischen Rechtsentwicklung auf das deutsche Arbeitsrecht – eine aktuelle Zwischenbilanz, ZfA 2005, 189–210.

Krause, *Rüdiger*, Urlaubsabgeltung bei dauerhafter Arbeitsunfähigkeit, JA 2010, 550–552.

ders., Vereinbarte Ausschlussfristen (Teil 1), RdA 2004, 36–47.

Krebber, *Sebastian*, Unionsrechtliches Arbeitsrecht vor dem Gerichtshof der Europäischen Union in den Jahren 2018 und 2019, ZfA 2020, 396–446.

ders., Unionsrechtliches Arbeitsrecht vor dem Gerichtshof der Europäischen Union in den Jahren 2016 und 2017, ZfA 2018, 323–373.

***Krieger**, Steffen / **Arnold**, Christian*, Urlaub 1. + 2. Klasse – Das BAG folgt der Schultz-Hoff-Entscheidung des EuGH, NZA 2009, 530–533.

***Krimphove**, Dieter*, Der EuGH und der ersatzlose Verfall des Jahresurlaubes, ArbRAktuell 2022, 493–496.

***Krois**, Christopher*, Inhalt und Grenzen des Verbots der Altersdiskriminierung, DB 2010, 1704–1708.

***Kuhn**, Anna*, Urlaubsansprüche von Fremdgeschäftsführern einer GmbH nach der Rechtsprechung des Europäischen Gerichtshofs, EuZA 2023, 292–311.

***Kummer**, Franziska von / **Lüthge**, Henrik*, Ansammlung von Urlaubsansprüchen trotz nationaler gesetzlicher Verfallregeln – Fortführung von Schultz-Hoff und Schulte, Anm. zu EuGH, Urt. v. 29.11.2017 – C-214/16, NZA-RR 2018, 71–73.

***Kuras**, Gerhard*, Gemeinschaftsrechtswidrigkeit des § 14 Abs. 3 S. 4 TzBfG – Besprechung v. EuGH, Urt. v. 22.11.2005 – C-144/04, RdA 2007, 169–176.

***Lachmann**, Maximilian*, Dauerbrenner Urlaub – Spielregeln und Handlungsspielräume für Arbeitgeber, BB 2022, 820–827.

***Larenz**, Karl*, Methodenlehre der Rechtswissenschaft, 2. Auflage, Berlin [u.a.] 1992 [zit. als: *Larenz*, Methodenlehre].

***Larenz**, Karl / **Canaris**, Claus-Wilhelm*, Methodenlehre der Rechtswissenschaft, 3. Auflage, Berlin u.a. 1995 [zit. als: *Larenz/Canaris*, Methodenlehre].

***Laskawy**, Dirk H. / **Lomb**, Peggy*, EuGH-Vorlage zur Verjährung von Urlaubsansprüchen, Anm. zu BAG, Vorlagebeschl. v. 29.09.2020 – 9 AZR 266/20 (A), EWiR 2021, 345–346.

***Latzel**, Clemens*, Leichtere Rechtsfindung mithilfe des EuGH, ZESAR 2016, 458–465.

ders., Schutz vor rückwirkendem Recht kraft Unionsrechts, EuR 2015, 415–440.

***Leinemann**, Wolfgang / **Linck**, Rüdiger*, Urlaubsrecht Kommentar, München 1995 [zit. als: *Leinemann/Linck*].

***Liebscher**, Christopher*, Die neue Urlaubsrechtsprechung bei Arbeitsunfähigkeit, öAT 2010, 11–15.

***Lindacher**, Walter F. / **Pfeiffer**, Thomas* [Hrsg.], AGB-Recht: Kommentar, 7. Auflage, München 2020 [zit. als: W/L/P/*Bearbeiter*].

***Linsenmaier**, Wolfgang*, Befristung und Bedingung – Ein Überblick über die aktuelle Rechtsprechung des Siebten Senats des BAG unter Berücksichtigung des Unionsrechts und des nationalen Verfassungsrechts, RdA 2012, 193–210.

***Litschen**, Kai*, Ausschlussfrist – neue Gefahren bei der rechtlichen Ausgestaltung, öAT 2020, 92–95.

Löwisch, *Manfred* / ***Rieble***, *Volker*, Tarifvertragsgesetz: Kommentar, 4. Auflage, München 2017 [zit. als: Löwisch/Rieble/*Bearbeiter*].

Lützeler, *Martin*, Keine Belehrungspflicht des Arbeitgebers bei langfristig erkrankten Arbeitnehmern, Anm. zu LAG Hamm, Urt. v. 24.07.2019 – 5 Sa 676/19, öAT 2019, 215.

Lunk, *Stefan*, Der Urlaubsanspruch des GmbH-Geschäftsführers – vom Primat des Anstellungsvertrages zum Diktat des EuGH?, S. 811–823, in: Grundlagen des Arbeits- und Sozialrechts, Festschrift für Ulrich Preis zum 65. Geburtstag, München 2021.

ders., Die Mitbestimmung beim Urlaub und die Pflicht zur Urlaubsgewährung (EuGH vom 06.11.2018), S. 451–462, in: Festschrift 100 Jahre Betriebsverfassungsrecht, München 2020.

ders., Der EuGH und die deutschen GmbH-Fremdgeschäftsführer – Auf dem Weg zum Arbeitnehmerstatus?, NZA 2015, 917–920.

Lunk, *Stefan* / ***Rodenbusch***, *Vincent*, Der unionsrechtliche Arbeitnehmerbegriff und seine Auswirkungen auf das deutsche Recht – Eine Prognose am Beispiel des GmbH-Geschäftsführers –, GmbHR 2012, 188–195.

Marquardt, *Cornelia* / ***Radina***, *Stefanie*, Urlaubsklauseln in der Vertragsgestaltung – Aktuelle Fragen und Hinweise zur Rechtsprechungsentwicklung, ArbRB 2018, 220–223.

Matthiessen, *Michael*, Arbeitsvertragliche Ausschlussfristen, 1. Auflage, Baden-Baden 2007 [zit. als: *Matthiessen*, Ausschlussfrist].

Mauchle, *Yves*, Normenkonkurrenzen im Obligationenrecht – zugleich ein Beitrag zum Verhältnis von Irrtumsanfechtung und Sachmängelhaftung, AJP/PJA 7/2012, 933–952.

Mehrens, *Christian*, Mitwirkungsobliegenheiten des Arbeitgebers bei der Urlaubsgewährung – Kürzung des Anspruchs, RdA 2020, 187–191.

Mehrens, *Christian* / ***Witschen***, *Stefan*, Der unionsrechtliche Urlaubsanspruch und seine Auswirkungen auf das nationale Recht – Ein Zwischenbericht, EuZA 2019, 326–349.

Meyer, *Jürgen* / ***Hölscheidt***, *Sven* [Hrsg.], Charta der Grundrechte der Europäischen Union, 5. Auflage, Baden-Baden 2019 [zit. als: Meyer/Hölscheidt/*Bearbeiter*].

Michael, *Lothar* / ***Payandeh***, *Mehrdad*, Richtlinienkonforme Rechtsfortbildung zwischen Unionsrecht und Verfassungsrecht, NJW 2015, 2392–2398.

Michalski, *Lutz* / ***Heidinger***, *Andreas* / ***Leible***, *Stefan* / ***Schmidt***, *Jessica* [Hrsg.], Kommentar zum Gesetz betreffend die Gesellschaften mit beschränkter Haftung (GmbH-Gesetz), Band 1: Systematische Darstellungen, §§ 1–34 GmbHG,

4. Auflage, München 2023, Band 2: §§ 35–85 GmbHG, §§ 1–4 EGGmbHG, 4. Auflage, München 2023 [zit. als: MHLS/*Bearbeiter*].

***Möllers**, Thomas M.J.*, Juristische Methodenlehre, 4. Auflage, München 2021 [zit. als: *Möllers*, Jur. Methodenlehre].

***Möllers**, Thomas M.J.* / ***Möhring**, Alexandra*, Recht und Pflicht zur richtlinienkonformen Rechtsfortbildung bei generellem Umsetzungswillen des Gesetzgebers, JZ 2008, 919–924.

***Mörsdorf**, Oliver*, Europäisierung des Privatrechts durch die Hintertür?, JZ 2019, 1066–1074.

ders., Unmittelbare Anwendung von EG-Richtlinien zwischen Privaten in der Rechtsprechung des EuGH, EuR 2009, 219–241.

ders., Verpflichtung des Käufers zur Zahlung eines Nutzungsentgelts im Rahmen der Neulieferung einer mangelhaften Kaufsache, ZIP 2008, 1409–1417.

***Mohr**, Jochen* / ***Bourazeri**, Konstantina*, GmbH-Geschäftsführer als arbeitgeberähnliche Personen, NZA 2019, 595–602.

***Moll**, Wilhelm* [Hrsg.], Münchner Anwaltshandbuch Arbeitsrecht, 5. Auflage, München 2021 [zit. als: MüHdb.-ArbR/*Bearbeiter*].

***Müller-Glöge**, Rudi* / ***Preis**, Ulrich* / ***Schmidt**, Ingrid* [Hrsg.], Erfurter Kommentar zum Arbeitsrecht, 23. Auflage, München 2023 [zit. als: ErfK/*Bearbeiter*].

***Münder**, Matthias*, Kein automatischer Verfall des Urlaubsanspruchs wegen nicht gestellten Urlaubsantrags, jurisPR-ArbR 49/2018 Anm. 2.

***Musielak**, Hans-Joachim* / ***Voit**, Wolfgang* [Hrsg.], Zivilprozessordnung mit Gerichtsverfassungsgesetz: Kommentar, 20. Auflage, München 2023 [zit. als Musielak/Voit/*Bearbeiter*].

***Natzel**, Ivo*, Tilgungsbestimmung – Heilmittel im Urlaubsrecht?, NZA 2011, 77–79.

***Neumaier**, Thomas*, Bestehen Aufforderungs- und Hinweispflichten des Arbeitgebers zur Urlaubsgewährung auch gegenüber Langzeiterkrankten?, jurisPR-ArbR 8/2022 Anm. 2.

***Neumann**, Dirk* [Begr.] / ***Fenski**, Martin*, Bundesurlaubsgesetz: Kommentar, 12. Auflage, München 2021 [zit. als Neumann/Fenski/*Bearbeiter*].

***Neuner**, Jörg*, Die Rechtsfindung contra legem, München 1992 [zit. als *Neuner*, Contra legem].

***Nonnenmühlen**, Philipp*, BAG ersucht EuGH: Verfällt Urlaub langzeiterkrankter Arbeitnehmer auch ohne vorherige Mitwirkungshandlung des Arbeitgebers?, DB 2021, 178.

***Oberthür**, Nathalie*, Verjährung von Urlaubs- und Urlaubsabgeltungsansprüchen Ein Update nach Maßgabe der neuesten Rechtsprechung des 9. BAG-Senats, ArbRB 2023, 112–114.

dies., Die neuen Vorgaben des Europäischen Gerichtshofs zum Urlaubsrecht, ArbRB 2019, 13–16.

dies., Aktuelle Tendenzen des EuGH und deren Auswirkungen auf das nationale Recht (Arbeitnehmerbegriff, Datenschutz und andere Fragen), RdA 2018, 286–297.

***Oehlschläger**, Johannes*, Mitwirkungsobliegenheiten des Arbeitgebers bei der Gewährung von Urlaubsansprüchen, Anm. zu BAG, Urt. v. 22.10.2019 – 9 AZR 98/19, jurisPR-ArbR 46/2021 Anm. 5.

***Ohler**, Christoph*, Grundrechtliche Bindung der Mitgliedstaaten nach Art. 51 GRCh, NVwZ 2013, 1433–1438.

***Oppermann**, Thomas* [Begr.] / ***Classen**, Claus Dieter* / ***Nettesheim**, Martin* [Hrsg.], Europarecht, 9. Auflage, München 2021 [zit. als: Oppermann/Classen/Nettesheim/*Bearbeiter*].

***Pache**, Eckhard*, Die europäische Grundrechtscharta – ein Rückschritt für den Grundrechtsschutz in Europa?, EuR 2001, 475–494.

***Payandeh**, Mehrdad*, Das unionsverfassungsrechtliche Rechtsstaatsprinzip, JuS 2021, 481–489.

ders., Europarecht: Grenzen des Selbstbestimmungsrechts von Religionsgemeinschaften, Anm. zu EuGH, Urt. v. 17.04.2017 – C-414/16, JuS 2018, 593–596.

***Pechstein**, Matthias*, EU-Prozessrecht, 4. Auflage, Tübingen 2011 [zit. als: *Pechstein*, EU-ProzessR].

***Pechstein**, Matthias* [Hrsg.] / ***Nowak**, Carsten* [Hrsg.] / ***Häde**, Ulrich* [Hrsg.], Frankfurter Kommentar zu EUV, GRC und AEUV, Band 4, 1. Auflage, Tübingen 2017 [zit. als: Pechstein/Nowak/Häde/*Bearbeiter*].

***Picker**, Christian*, Urlaubsanspruch trotz Dauererkrankung: Die Schultz-Hoff-Entscheidung des EuGH und ihre Folgen, ZTR 2009, 230–240.

***Piekenbrock**, Andreas*, Befristung, Verjährung, Verschweigung und Verwirkung, Tübingen 2006 [zit. als: *Piekenbrock*, Befristung].

***Piekenbrock**, Andreas* / ***Ludwig**, Thomas Claus* / ***Rodi**, Daniel*, Die Verjährung von Ansprüchen auf Erstattung von Bearbeitungsentgelten, ZIP 2014, 1353–1362.

***Piekenbrock**, Andreas* / ***Schulze**, Götz*, Die Grenzen richtlinienkonformer Auslegung – autonomes Richterrecht oder horizontale Direktwirkung, WM 2002, 521–572.

Pötters, *Stephan* / ***Christensen***, *Ralph*, Richtlinienkonforme Rechtsfortbildung und Wortlautgrenze, JZ 2011, 387–394.

Polzer, *Nikolaus*, Die Befristung des Urlaubsanspruchs auf das Kalenderjahr, Mannheim 2011 [zit. als: *Polzer*, Die Befristung des Urlaubsanspruchs auf das Kalenderjahr].

Polzer, *Nikolaus* / ***Kafka***, *Franz*, Verfallbare und unverfallbare Urlaubsansprüche, NJW 2015, 2289–2295.

Powietzka, *Arnim*, Verfall und Vererblichkeit von Urlaubsansprüchen – Neuregelung des Urlaubsrechts durch den EuGH, BB 2019, 52–59.

Powietzka, *Arnim* / ***Fallenstein***, *Diana*, Urlaubsklauseln in Arbeitsverträgen – Regelungsbedarf und Gestaltungsmöglichkeiten nach der „Schultz-Hoff"-Entscheidung, NZA 2010, 673–679.

Powietzka, *Arnim* / ***Rolf***, *Christian*, Kommentar zum Bundesurlaubsgesetz (BUrlG), 2. Auflage, Köln 2017 [zit. als: Powietzka/Rolf/*Bearbeiter*].

Preis, *Ulrich*, § 611 a BGB – Potenziale des Arbeitnehmerbegriffs, NZA 2018, 817–826.

Preis, *Ulrich* [Hrsg.] / ***Sagan***, *Adam* [Hrsg.], Europäisches Arbeitsrecht, Grundlagen – Richtlinien – Folgen für das deutsche Recht, 2. Auflage, Köln 2019 [zit. als: Preis/Sagan/*Bearbeiter*, Europäisches Arbeitsrecht].

dies., Der GmbH-Geschäftsführer in der arbeits- und diskriminierungsrechtlichen Rechtsprechung des EuGH, BGH und BAG, ZGR 2013, 26–75.

Preis, *Ulrich* / ***Temming***, *Felipe*, Arbeitsrecht – Individualarbeitsrecht – Lehrbuch für Studium und Praxis, 6. Auflage, Köln 2020 [zit. als: Preis/Temming/*Bearbeiter*].

dies., Der EuGH, das BVerfG und der Gesetzgeber – Lehren aus Mangold II, NZA 2010, 185–198.

Preis, *Ulrich* / ***Ulber***, *Daniel*, Die Rechtskontrolle von Betriebsvereinbarungen, RdA 2013, 211–226.

Reimer, *Franz*, Juristische Methodenlehre, 2. Auflage, Baden-Baden 2020 [zit. als: *Reimer*, Methodenlehre].

Reinhard, *Barbara* / ***Bitsch***, *Christian*, Sind GmbH-Geschäftsführer Arbeitnehmer? – Folgerungen aus der EuGH-Entscheidung „Danosa", ArbRB 2011, 241–244.

Reufels, *Martin* / ***Molle***, *Karl*, Diskriminierungsschutz von Organmitgliedern, NZA-RR 2011, 281–286.

Richardi, *Reinhard* [Hrsg.], Betriebsverfassungsgesetz mit Wahlordnung – Kommentar, 17. Auflage, München 2022 [zit. als: Richardi/*Bearbeiter*].

ders., § 611 a BGB als Restriktion des Arbeitsvertrages, NZA 2018, 974–976.

ders, Der Arbeitsvertrag im Licht des neuen § 611 a BGB, NZA 2017, 36–39.

ders., Ausschlußfristen bei unabdingbaren gesetzlichen Ansprüchen, insbesondere dem Urlaubsanspruch, RdA 1962, 62–65.

Riegger, *Stephan*, Die zeitliche Wirkung von Urteilen des EuGH – Maßgaben des Unionsrechts und Reaktionsmöglichkeiten mitgliedstaatlicher Gerichte, 1. Auflage, Baden-Baden 2021 [zit. als. *Riegger*, Zeitliche Grenzen].

Riesenhuber, *Karl* [Hrsg.], Europäische Methodenlehre, 4. Auflage, Berlin u.a. 2021 [zit. als. Riesenhuber/*Bearbeiter*, Europäische Methodenlehre].

Rinck, *Ursula*, Der Arbeitnehmerbegriff im Wandel – Entwicklungen und Perspektiven, RdA 2019, 127–130.

Risse, *Caroline* / ***Kurth***, *Paula Sophie*, Verfall und Verjährung von Urlaub und Urlaubsabgeltung, NJW-Spezial 2023, 114–115.

Röller, *Jürgen* [Hrsg.], Personalbuch 2022 – Arbeitsrecht, Lohnsteuerrecht, Sozialversicherungsrecht, 30. Auflage, München 2023 [zit. als. Küttner-Personalbuch/*Bearbeiter*].

Rodríguez Iglesias, *Gil Carlos*, Der EuGH und die Gerichte der Mitgliedstaaten – Komponenten der richterlichen Gewalt in der Europäischen Union, NJW 2000, 1889–1896.

Rolfs, *Christian* / ***Giesen***, *Richard* / ***Meßling***, *Miriam* / ***Udsching***, *Peter* [Hrsg.], Beck'scher Online-Kommentar zum Arbeitsrecht, 68. Edition, Stand: 01.06.2023 [zit. als. BeckOK-ArbR/*Bearbeiter*].

Roloff, *Sebastian*, Scheinselbständig, „scheintypologisch“ und „scheinbar“ zwingend – Gedanken zum Verständnis des § 611 a Abs. 1 BGB –, S. 1087–1097, in: Grundlagen des Arbeits- und Sozialrechts, Festschrift für Ulrich Preis zum 65. Geburtstag, München 2021.

Rosenkranz, *Frank*, Die Beschränkung der Rückwirkung von Entscheidungen des Europäischen Gerichtshof, Tübingen 2015 [zit. als. *Rosenkranz,* Die Beschränkung der Rückwirkung].

Roßnagel, *Alexander* / ***Pfitzmann***, *Andreas*, Der Beweiswert von E-Mail, NJW 2003, 1209–1214.

Rudkowski, *Lena*, Urlaub als Grundrecht des Arbeitnehmers, NJW 2019, 476–480.

Rüschenbaum, *Stephanie,* Verfall des gesetzlichen Mindesturlaubs nur bei Erfüllung der Mitwirkungsobliegenheiten des Arbeitgebers, jurisPR-ArbR 35/2019 Anm. 2.

Rüthers, *Bernd* / ***Fischer***, *Christian* / ***Birk***, *Axel*, Rechtstheorie mit Juristischer Methodenlehre, 12. Auflage, München 2022 [zit. als. *Rhüters/Fischer/Birk,* Rechtstheorie].

Rütz*, Eva /* ***Gorontzi****, Katharina*, Vorlagefrage des BAG an den EuGH wegen des Verfalls von Urlaubsansprüchen bei Bezug voller Erwerbsminderungsrente, DB 2021, 234.

Sagan*, Adam*, Arbeitsrecht: Verjährung von Urlaubsansprüchen – Nichtantritt wegen hohen Arbeitsaufwands und Mitwirkungsobliegenheit des Arbeitgebers, Anm. zu EuGH, Urt. v. 22.09.2022 – C-120/21 (LB/TO), EuZW 2022, 1013–1018.

ders., Zur Verjährung des Anspruchs auf bezahlten Jahresurlaub („LB (Prescription du droit au congé annuel payé)"), Anm. zu den Schlussanträgen des Generalanwalts Richard de la Tour v. 05.05.2022, EWiR 2022, 376–378.

ders., Die urlaubsrechtliche Rechtsprechung im Umbruch – Zur Rückwirkung der Mitwirkungsobliegenheiten des Arbeitgebers, NZA 2020, 350–353.

ders., Unterschiedliche Behandlung von Bewerbern wegen ihrer Konfession im Stellenbesetzungsverfahren eines kirchlichen Arbeitgebers, Anm. zu EuGH, Urt. v. 17.04.2018 – C-414/16 (Egenberger), EuZW 2018, 381–387.

Säcker*, Franz Jürgen /* ***Rixecker****, Roland /* ***Oetker****, Hartmut /* ***Limperg****, Bettina* [Hrsg.], Münchner Kommentar zum Bürgerlichen Gesetzbuch: Band 1 (§§ 1–240 BGB, AlgPersönlR, ProstG, AGG), 9. Auflage, München 2021; Band 2 (§§ 241–310 BGB), 9. Auflage, München 2022; Band 3 (§§ 311–432 BGB), 9. Auflage, München 2022; Band 5 (§§ 535–630 h BGB, BetrKV, HeizkostenV, WärmeLV, EFZG, TzBfG, KSchG, MiloG), 9. Auflage 2023 [zit. als. MüKo-BGB/*Bearbeiter*].

Saenger*, Ingo* [Hrsg.], Zivilprozessordnung: Handkommentar, 9. Auflage, Baden-Baden 2021 [zit. als. Saenger/*Bearbeiter*].

Salamon*, Erwin*, Ausschlussfristen im Arbeitsverhältnis – praktische Herausforderungen und Lösungsansätze, BB 2020, 2100–2106.

ders., Neues und Altes zu Ausschlussfristen in Allgemeinen Geschäftsbedingungen, NZA 2019, 1529–1534.

Savigny*, Friedrich Carl von*, System des heutigen Römischen Rechts, 1. Band, 1840 [zit. als. *Savigny*, System des heutigen Römischen Rechts (Bd. 1)].

Schäfers*, Dominik*, Einführung in die Methodik der Gesetzesauslegung, JuS 2015, 875–880.

Schaub*, Günter* [Begr.], Arbeitsrechts-Handbuch: Systematische Darstellung und Nachschlagwerk für die Praxis, 19. Auflage, München 2021 [zit als: Schaub/*Bearbeiter*].

Schewiola*, Sascha*, Rechtsprechungsänderung zum Verfall von Urlaubsansprüchen – Obliegenheiten des Arbeitgebers, Anm. zu BAG, Urt. v. 19.02.2019 – 9 AZR 541/15, ArbRB 2019, 67.

***Schiefer**, Bernd* / ***Köster**, Hans-Wilhelm*, Umsetzung der arbeits- und sozialrechtlichen Vorgaben der Großen Koalition – Bestandsaufnahme 2016, DB 2016, 169–176.

***Schlegel**, Rainer*, GmbH-Geschäftsführer und abhängige Beschäftigung, NZA 2021, 310–315.

***Schlachter**, Monika* / ***Heinig**, Hans Michael* [Hrsg.], Enzyklopädie Europarecht, Band 7: Europäisches Arbeits- und Sozialrecht, 2. Auflage, Baden-Baden 2021 [zit als: Schlachter/Heinig/*Bearbeiter*].

***Schlachter**, Monika* / ***Schneider**, Alexander*, Der Verfall von Urlaubsansprüchen – Vorabentscheidungsersuchen des BAG vom 07.07.2020, RdA 2021, 240–246.

***Schlachter**, Monika*, Drittwirkung von Grundrechten der EU-Grundrechtecharta, ZESAR 2019, 53–58.

dies., Grenzen zulässiger Rechtsfortbildung und Pflicht zur Umsetzung des Unionsrechts, EuZA 2015, 1–14.

***Schmal**, Karl Philipp* / ***Trapp**, Dan Bastian*, Der Beginn der Verjährungsfrist bei EuGH-induzierten Rechtsprechungsänderungen, NJW 2015, 6–10.

***Schmidt**, Maximilian*, Pflicht des Arbeitgebers zur Urlaubsgewährung, ZESAR 2017, 125–128.

***Schneider**, Angie*, Berechnung von Urlaubsansprüchen bei Erhöhung der Arbeitszeit, EuZA 2016, 327–336.

***Schneider**, Christopher*, Verfall von Urlaubsansprüchen – Nichtantritt wegen Langzeiterkrankung und Mitwirkungsobliegenheiten des Arbeitgebers, Anm. zu EuGH, Urt. v. 22.09.2022 – C-518/20, C-727/20 (XP/Fraport (C-518/20) und AR / St. Vincenz-Krankenhaus GmbH (C-727/20), EuZW 2022, 1018–1022.

***Schrader**, Peter*, Die arbeitsvertragliche Bezugnahme auf Tarifverträge, BB 2005, 714–716.

Schubert, Claudia, Die Grundrechtecharta der Europäischen Union als Mittel der Expansion des Unionsrechts?, EuZA 2020, 302–319.

dies., Der Urlaubsabgeltungsanspruch nach dem Abschied von der Surrogationsthese, RdA 2014, 9–16.

dies., Arbeitnehmerschutz für GmbH-Geschäftsführer, ZESAR 2013, 5–15.

***Schubert**, Jens M.*, Der Beschluss des EuGH in Sachen Brandes (C-415/12) – ein Lehrstück des unionalen Arbeitsrechts, RdA 2013, 370–378.

***Schulze**, Reiner* u.a. [Hrsg.], Bürgerliches Gesetzbuch, Handkommentar, 11. Auflage, Baden-Baden 2022 [zit. als: Schulze/*Bearbeiter*].

Schüren, *Peter,* Illegale Arbeitnehmerüberlassungen identifizieren – Kriterienkatalog als Lösung?, DB 2016, 234–236.

Schürnbrand, *Jan*, Die Grenzen richtlinienkonformer Rechtsfortbildung im Privatrecht, JZ 2007, 910–918.

Schwarze, *Jürgen* [Hrsg.] / ***Becker***, *Ulrich* / ***Hatje***, *Armin*/ ***Schoo***, *Johann* [jeweils Mithrsg.], EU-Kommentar, 4. Auflage, Baden-Baden 2019 [zit. als: Schwarze/Becker/Hatje/Schoo/*Bearbeiter*].

Schweighart, *Wilma* / ***Ott***, *Anja*, Die tarifvertragliche Abdingbarkeit des gesetzlichen Urlaubsanspruchs und ihre unionsrechtlichen Grenzen, NZA-RR 2015, 1–5.

Sedlmeier, *Johannes*, Urlaubsabgeltung ohne Grenzen?, EuZA 2010, 88–99.

Seifert, *Achim*, Arbeitszeitrechtlicher Arbeitnehmerbegriff – Horizontalwirkung des Rechts auf bezahlten Urlaub (Art. 31 Abs. 2 GRCh), EuZA 2015, 500–509.

ders., Die horizontale Wirkung von Grundrechten, EuZW 2011, 696–702.

Sprenger, *Markus*, Urlaub verjährt nicht, Anm. zu EuGH, Urt. v. 22.09.2022 – C-120/21, EuZA 2023, 188–201.

ders., Das Aus für den „Urlaub vom Urlaub“ – die Konsolidierung des Urlaubsrechts kommt voran, ZTR 2020, 63–71.

Stiebert, *Tom*, Abgeltung bei Verweigerung der Urlaubsgewährung durch Arbeitgeber, Anm. zu EuGH, Urt. v. 29.11.2017 – C-214/16, NJW 2018, 33–37.

Stiebert, *Tom* / ***Pötters***, *Stephan*, Wirksamkeit einer tariflichen Verfallklausel für Urlaubsansprüche langzeiterkrankter Arbeitnehmer, Anm. zu EuGH, Urt. v. 22.11.2011 – C-214/10, EuZW 2011, 958–962.

Starke, *Max Fabian*, EU-Grundrechte und Vertragsrecht, Tübingen 2016 [zit. als: *Starke*, EU-Grundrechte und Vertragsrecht].

Staudinger, *Julius von* [Begr.], J. von Staudingers Kommentar zum Bürgerlichen Gesetzbuch mit Einführungsgesetz und Nebengesetzen, *Buch 1* (Allgemeiner Teil: §§ 90–124; 130–133 (Sachbegriff, Geschäftsfähigkeit, Willenserklärung, Anfechtung, Auslegung), Neubearbeitung, Berlin 2021; §§ 164–240 (Stellvertretung, Zustimmung, Fristen, Verjährung, Selbsthilfe, Sicherheitsleistung), Neubearbeitung, München 2019; *Buch 2* (Recht der Schuldverhältnisse: §§ 362–396 (Erfüllung, Hinterlegung, Aufrechnung), Neubearbeitung, Berlin 2022; §§ 611–613 (Dienstvertrag und Arbeitsvertrag), Neubearbeitung, München 2020 [zit. als: Staudinger/*Bearbeiter* (Jahr)].

Steinau-Steinrück, *Robert von*, Urlaubsverfall bei Langzeiterkrankung und unterlassener Mitwirkung, Anm. zu BAG, Beschl. v. 07.07.2020 – 9 AZR 401/19 (A), NJW-Spezial 2020, 722–723.

Steinau-Steinrück, *Robert von* / ***Mosch***, *Ulrich*, Konsequenzen für Arbeitgeber aus dem neuen Urlaubsrecht, NJW-Spezial 2009, 338–339.

Stenslik, *Bastian-Peter*, Neues zu Ausschlussfristen in Arbeits- und Dienstverträgen, DStR 2017, 938–942.

Stenslik, *Bastian-Peter* / ***Tuchlinski***, *Ludger*, Neues zum Urlaubsrecht – nunmehr doch unbegrenzte Übertragung?, DStR 2018, 814–818.

Stern, *Klaus* / ***Sachs***, *Michael* [Hrsg.], Europäische Grundrechte-Charta GRCh, Kommentar, München 2016 [zit. als: Stern/Sachs/*Bearbeiter*].

Streinz, *Rudolf* [Hrsg.] / ***Michl***, *Walther*, Beck'sche Kurz-Kommentare EUV/AEUV, Band 57, 3. Auflage, München 2018 [zit. als: Streinz/*Bearbeiter*].

Stürner, *Rolf* [Hrsg.], Jauernig Bürgerliches Gesetzbuch, Kommentar, 18. Auflage, München 2021 [zit. als: Jauernig/*Bearbeiter*].

Stuntz, *Christina*, Verfall des Urlaubs bei Arbeitsunfähigkeit – Vertrauensschutz gegen Rechtsprechungsänderung, jurisPR-ArbR 25/2010 Anm. 5.

Subatzus, *Volker*, Übertragung von Urlaubsansprüchen bei Arbeitsunfähigkeit, Anm. zum EuGH-Urteil vom 20.01.2009, DB 2009, 510–512.

Suhr, *Jan*, Richtlinienkonforme Auslegung im Privatrecht und nationale Auslegungsmethodik, Dissertation, 1. Auflage, Baden-Baden 2011 [zit. als: *Suhr*, Richtlinienkonforme Auslegung].

Sura, *Stephan*, Die jüngere Rechtsprechung des BAG zu Ausschluss- und Verfallfristen, NZA-RR 2021, 57–67.

ders., (Kein) Urlaub im Jenseits – Vererbbarkeit des Urlaubsabgeltungsanspruchs bei Tod des Arbeitnehmers im laufenden Arbeitsverhältnis, EuZA 2019, 350–361.

Tettinger, *Peter J.*, Die Charta der Grundrechte der Europäischen Union, NJW 2001, 1010–1015.

Tiedemann, *Jens*, Urlaubsabgeltung auch für mehrere Bezugszeiträume bei arbeitgeberseitiger Weigerung der Urlaubsgewährung, Anm. zu EuGH, Urt. v. 29.11.2017 – C-214/16 (King), EuZW 2018, 40–45.

Tschöpe, *Ulrich* [Begr.], Arbeitsrecht Handbuch, 13. Auflage, Köln 2023 [zit. als: Tschöpe/*Bearbeiter*].

Thüsing, *Gregor*, Blick in das europäische und ausländische Arbeitsrecht, RdA 2010, 187–190.

ders., Unanwendbarkeit des nationalen Rechts bei Verstoß gegen das Verbot der Altersdiskriminierung („Kücükdeveci"), ZIP 2010, 196–202.

ders., Vorstand von Kapitalgesellschaften / Arbeitnehmerbegriff, ZESAR 2009, 486–487.

ders., Zu den Grenzen richtlinienkonformer Auslegung, ZIP 2004, 2301–2305.

Thüsing, *Gregor* / ***Pötters***, *Stephan* / ***Stiebert***, *Tom*, Neues aus Luxemburg: Aktuelle Rechtsprechung des EuGH zu den Diskriminierungsverboten und zum Urlaubsrecht, RdA 2012, 281–291.

Uffmann, *Katharina*, Digitalisierung der Arbeitswelt – Wie gestalten wir die notwendigen Veränderungen?, NZA 2016, 977–984.

Ulber, *Daniel*, Arbeitszeiterfassung als Pflicht des Arbeitgebers – Die Folgen der Entscheidung des EuGH in der Rechtssache CCOO, NZA 2019, 677–681.

ders., Ausschlussfristen und zwingendes Gesetzesrecht, DB 2011, 1808–1810.

Ulmer, *Peter* / ***Brandner***, *Hans E.* / ***Hensen***, *Horst-Diether* [Hrsg.], AGB-Recht: Kommentar, 13. Auflage, Köln 2022 [zit. als: U/B/H/*Bearbeiter*].

Vedder, *Christoph* / ***Heintschel von Heinegg***, *Wolff* [Hrsg.], Europäisches Unionsrecht – Handkommentar, 2. Auflage, Baden-Baden 2018 [zit. als: Vedder/Heintschel von Heinegg/*Bearbeiter*].

Waas, *Bernd*, Das Recht auf Nichterreichbarkeit, S. 1427–1438, in: Grundlagen des Arbeits- und Sozialrechts, Festschrift für Ulrich Preis zum 65. Geburtstag, München 2021.

Wagner, *Peer Philip*, Das elektronische Dokument im Zivilprozess, JuS 2016, 29–33.

Wank, *Rolf* / ***Maties***, *Martin*, Arbeitnehmer oder Gesellschaftsorgan oder Vereinsmitglied?, NZA 2007, 353–358.

Wank, *Rolf*, Die Konzeption des EuGH zum Urlaubsrecht, S. 1463–1475, in: Grundlagen des Arbeits- und Sozialrechts, Festschrift für Ulrich Preis zum 65. Geburtstag, München 2021.

ders., Juristische Methodenlehre: eine Anleitung für Wissenschaft und Praxis, München 2020 [zit. als: *Wank*, Methodenlehre].

ders., Die unmittelbare Wirkung von Unionsrecht unter Privaten im Arbeitsrecht, RdA 2020, 1–12.

ders., Der Arbeitnehmerbegriff in der Europäischen Union – Praktische Konsequenzen, EuZA 2018, 327–345.

ders., Der Wortlaut des Tarifvertrages – Legaldefinition, Protokollnotiz, gemeinsame Erklärung und Laienverständnis –, DB 2017, 2290–2293.

ders., Der Arbeitnehmer-Begriff im neuen § 611 a BGB, AuR 2017, 140–153.

ders., Die personelle Reichweite des Arbeitnehmerschutzes aus rechtsdogmatischer und rechtspolitischer Perspektive, EuZA 2016, 143–170.

ders., Altersgrenzen in Tarifverträgen nach der EuGH-Rechtsprechung, S. 585–603, in: Arbeitsgericht und Wissenschaft, Festschrift für Klaus Bepler zum 65. Geburtstag, München 2012.

ders., Betriebliche Altersgrenzen nach Age Concern England, SAE 2010, 123–137.

ders., Der Fremdgeschäftsführer der GmbH als Arbeitnehmer, S. 587–615, in: Festschrift für Herbert Wiedemann zum 70. Geburtstag, München 2002.

***Weber**, Klaus* [Hrsg.], Weber kompakt – Rechtswörterbuch, 8. Edition Stand 01.04.2023, München 2023 [zit. als: Weber/*Bearbeiter*, Rechtswörterbuch].

***Weber**, Martin*, Grenzen EU-rechtskonformer Auslegung und Rechtsfortbildung, 1. Auflage, Baden-Baden 2010 [zit. als: *Weber*, Grenzen].

***Weidl**, Katharina*, Der Urlaubsanspruch vor dem EuGH – Aktuelle Vorabentscheidungsersuchen des BAG, NZA-RR 2021, 577–582.

***Weigert**, Daniel-René*, Keine Änderung der Rechtslage durch § 611 a BGB – oder doch?, ArbRAktuell 2017, 557–559.

***Wienbracke**, Mike*, Die Rechtsprechung zur unionsrechtsinduzierten Vererbbarkeit des Urlaubsabgeltungsanspruchs – Von Bollacke bis Bauer, NZA-RR 2019, 121–126.

ders., Unterschiedliche Behandlung von Bewerbern wegen Ihrer Konfession im Stellenbesetzungsverfahren eines kirchlichen Arbeitgebers, Anm. zu EuGH, Urt. v. 17.04.2018 – C-414/16 (Egenberger), NZA-RR 2018, 349–350.

***Wietfeld**, Anne Christin*, Die richtlinienkonforme Auslegung – Auslegungsmethode oder Zielvorgabe?, JZ 2020, 485–494.

***Willemsen**, Heinz Josef / **Sagan**, Adam*, Die Auswirkungen der europäischen Grundrechtecharta auf das deutsche Arbeitsrecht, NZA 2011, 258–262.

***Winzer**, Thomas / **Baeck**, Ulrich / **Schaaf**, Stefan*, Neuere Entwicklungen im Arbeitsrecht – Noch offener Urlaub bei Beendigung des Arbeitsverhältnisses, NZG 2021, 450–454.

***Wißmann**, Helmut*, Neues aus Karlsruhe zur Vorlagepflicht nach Art. 267 Abs. 3 AEUV, S. 993–1006, in: Gesellschaftliche Bewegungen – Recht unter Beobachtung und in Aktion, Festschrift für Wolfhard Kohte, 1. Auflage, Baden-Baden 2016.

ders., Unionsrechtskonforme Auslegung von Tarifverträgen?, S. 649–659, in: Arbeitsgerichtsbarkeit und Wissenschaft, Festschrift für Klaus Bepler zum 65. Geburtstag, München 2012.

***Wittek**, Wolfgang*, Kein automatischer Verfall von Urlaubsansprüchen: Mitwirkungsobliegenheiten des Arbeitgebers, DB 2019, 2080.

***Würdinger**, Markus*, Das Ziel der Gesetzesauslegung – ein juristischer Klassiker und Kernstreit der Methodenlehre, JuS 2016, 1–6.

***Wutte**, Joachim*, Zeitliche Begrenzung des Urlaubsanspruchs trotz ausgebliebener Mitwirkung des Arbeitgebers zur Urlaubsnahme – verfristet, verjährt, verwirkt?, RdA 2021, 360–367.

ders., Mitverantwortung des Arbeitgebers für die Urlaubsnahme seiner Arbeitnehmer, EuZA 2019, 222–233.

***Wypych**, Artur-Konrad,* Zu den Mitwirkungsobliegenheiten des Arbeitgebers für die Verwirklichung des Urlaubsanspruchs des Arbeitnehmers, Anm. zu BAG, Urt. v. 19.02.2019 – 9 AZR 423/16, EWiR 2019, 603–604.

***Zimmermann**, André / **Völkerding**, Hendrik*, Verfall von Urlaub – neue Obliegenheiten des Arbeitgebers, DB 2019, 2023.

***Zippelius**, Reinhold*, Juristische Methodenlehre, 12. Auflage, München 2021 [zit. als: *Zippelius*, Methodenlehre].

Internetquellen

Geschäftsverteilungsplan für das Bundesarbeitsgericht, Stand 18.01.2023, abrufbar unter https://www.bundesarbeitsgericht.de/wp-content/uploads/2023/01/gvpl_20231801.pdf (zuletzt abgerufen am 04.07.2023).

DGB-Index Gute Arbeit Kompakt, Ausgabe 03/2016, abrufbar unter https://index-gute-arbeit.dgb.de/++co++1abb4c34-36f9-11e6-9c99-525400e5a74a (zuletzt abgerufen am 04.07.2023).

Duden online, abrufbar unter https://www.duden.de/rechtschreibung/festlegen (zuletzt abgerufen am 04.07.2023).

www.ingramcontent.com/pod-product-compliance
Ingram Content Group UK Ltd.
Pitfield, Milton Keynes, MK11 3LW, UK
UKHW021925290926
8980IPUK00016B/1455

9 783631 911563